Böhlau

Gottfried Wagner / Abraham Peck

Unsere Stunde Null

Deutsche und Juden nach 1945:
Familiengeschichte, Holocaust und Neubeginn

Historische Memoiren

Böhlau Verlag Wien Köln Weimar

Übersetzung der Texte von Abraham J. Peck aus dem Amerikanischen:

Marie-Therese Pitner und *Susanne Grabmayr*

Gedruckt mit Unterstützung durch:
Kölnische Gesellschaft für Christlich-Jüdische Zusammenarbeit – Köln,
Mariann-Steegmann-Foundation – Vaduz,
The Guterman Family Foundation – Tulsa,
DEGUSSA AG – Düsseldorf,
MA 7 – Kulturamt der Stadt Wien,
Abt. Wissenschafts- und Forschungsförderung

Bibliografische Information der Deutschen Bibliothek.
Die Deutsche Bibliothek verzeichnet diese Publikation
in der Deutschen Nationalbibliografie; detaillierte
bibliografische Daten sind im Internet über
http://dnb.ddb.de abrufbar.

ISBN 3-205-77335-7
ISBN 978-3-205-77335-1

http://www.boehlau.at
http://www.boehlau.de

Gedruckt auf umweltfreundlichem, chlor- und säurefreiem Papier.

Printed in Europe – Balti.comm.sia – Riga

Inhalt

Dank 9

Zum Geleit 13
Prof. Dr. Dr. hc. *Utz-Hellmuth Felcht*, DEGUSSA AG

Unsere Stunde Null
Vorwort 15
Ralph Giordano

Einleitung
Deutsche *und* Juden – Deutsche *oder* Juden? 19
Gottfried Wagner

Die deutsch-jüdische Symbiose – Mythos oder Wirklichkeit? 25
Abraham J. Peck

I. Kapitel

1. Von der Gründung der Bayreuther Festspiele (1876) bis zum Fall des »Dritten Reiches« (1945) 31
   Gottfried Wagner
2. Unsere untergegangene Welt: Die Familien Pik und Kolton 65
   Abraham J. Peck

II. Kapitel

1. Prinzip Macht – Deutsche Geschichte – Familiengeschichte 1945–1976: Von »Wir Opfer der Weltgeschichte« bis »100 Jahre Selbstdarstellung« 95
   Gottfried Wagner
2. Auf der Suche nach einer neuen Identität
   Die Auseinandersetzung mit der Shoah: 1977–1991 139
   Gottfried Wagner

3. Hitler steht immer vor unserer Tür. Von Landsberg nach Bremerhaven 173
Abraham J. Peck
4. Wir entdecken den Holocaust und leben mit seinen Konsequenzen 181
Abraham J. Peck
5. Der Kapitalismus ist an allem schuld:
Wir werden zur 68er Generation 191
Abraham J. Peck
6. In den Bauch des Untieres 201
Abraham J. Peck
7. Öffnen der »eisernen Kiste«: Der Holocaust als Last und Hoffnung 220
Abraham J. Peck

III. Kapitel

1. Der steinige Weg zum Dialog mit Abraham Peck
1991 bis 2006 245
Gottfried Wagner
2. Ein (falscher) Schritt in Richtung Versöhnung? 266
Abraham J. Peck
3. Was haben sie einander zu sagen: Österreicher, Deutsche und Juden
der Post-Holocaust-Zeit im Dialog 272
Abraham J. Peck
4. Holocaust, Völkermord und der Kampf der Kulturen (1992–2005) 281
Abraham J. Peck
5. Holocaust-Gedenken:
Im Schatten und im Licht der Familien-Geschichte 299
Abraham J. Peck

IV. Kapitel

1. Schatten der Vergangenheit:
Die Reise nach Deutschland und Polen im August 2005 317
Gottfried Wagner
2. Eine Reise durch Zeit und Trauma 346
Abraham J. Peck

V. Kapitel

1. Rückblick und Ausblick 373
Gottfried Wagner
2. Schlusskapitel 385
Abraham J. Peck

Anhang

Gottfried Wagner – Abraham J. Peck
Gemeinsame Veranstaltungen, Projekte und
Veröffentlichungen von 1991 bis 2006 393

Bildnachweis 399

Die Autoren 404

Anmerkungen 405

Personenregister 421

Widmung

Meine Texte zum gemeinsamen Buch mit Abraham Peck widme ich in Erinnerung an Antonietta Malacrida (16. Februar 1921–20. März 2006), meiner mutigen und loyalen Schwiegermutter.

Danksagung

Mein besonderer Dank für das Zustandekommen des Buches gilt Herrn Oscar Fabbro, Herrn Ralph Tatu, Frau Dr. Eva Rieger, Steegmann-Foundation Liechtenstein, Herrn Prof. Dr. Dr. hc. Utz-Hellmuth Felcht, Vorsitzender der Degussa AG (bis Mai 2006) und der Degussa-Stiftung, Herrn Dr. Eberhard Posner, ehemaliger Leiter der Unternehmenskommunikation der Siemens AG, München, Frau Christa Pfarr, Geschäftsführerin der Kölnischen Gesellschaft für Christlich-Jüdische Zusammenarbeit, Herrn Harry Guterman, Tulsa-Palm Beach und meiner italienischen Familie in Cerro Maggiore (Mi). Herrn Stefan Wunsch, Köln, danke ich für die engagierte Zusammenarbeit und das Lektorat der Texte, Frau Dr. Eva Reinhold-Weisz, Böhlau Verlag Wien, für ihre Geduld bei der Erstellung des Manuskripts und meiner Nichte Silvia Galli für die Gestaltung der Buchvorderseite.

Gottfried Wagner
Cerro Maggiore (Mi), Italien
Juni 2006

Widmung

Für meine Eltern, seligen Andenkens, die die Kraft und Hoffnung aufgebracht haben, mich in eine Welt zu setzen, die sie im Stich gelassen hatte, und die mir ihre bedingungslose Liebe und eine Vision für die Reparatur der Welt geschenkt haben.

Im Gedenken an meine ermordeten Onkeln, Tanten und Cousins, seligen Andenkens, die ich nie kennen gelernt habe. Ihre Schreie, uns zu »erinnern«, sind ein Teil von mir.

Danksagung

Dieses Buch ist über einen Zeitraum von 15 Jahren entstanden. In all diesen Jahren haben Gottfried und ich viele Menschen getroffen, die uns den Eindruck vermittelten, was wir tun und schreiben sei wichtig und könnte etwas bewegen.

Wir haben vor unterschiedlichen Zuhörern in vielen Teilen der Vereinigten Staaten, Kanadas, Deutschlands und Österreichs gesprochen. Immer wurden wir mit Interesse und Begeisterung aufgenommen. Es gab Menschen, die anderer Meinung waren als wir oder meinten, wir könnten mit unseren Bemühungen keinen Erfolg haben, aber meistens brachten sie uns Achtung entgegen und zeigten ein wissenschaftliches Engagement.

Harry Guterman, seine erste Frau Ursula, seligen Andenkens, und seine Frau Frania waren nicht nur im finanziellen Sinne großzügig, sondern unterstützten uns auch durch ihre Begeisterung für dieses Buch und ihre wunderbare Gastfreundschaft sowohl in Tulsa, Oklahoma, als auch in Palm Beach Gardens, Florida. Ich hätte mir keine besseren Freunde wünschen können, die an das glaubten, was Gottfried und ich taten. In vielerlei Hinsicht haben wir auch ihre Geschichten niedergeschrieben, denn auch sie haben die Welt der Schoah als Zeugen überlebt.

Eva Unterman aus Tulsa, Oklahoma, und ich haben uns nur einmal getroffen, aber bei diesem zufälligen Treffen hat sie mir Unterlagen übergeben, anhand welcher ich die Reise meiner Mutter während des Holocaust nachvollziehen konnte. Eva Unterman stellte mir nicht nur diese Unterlagen zur Verfügung, sondern hat auch an dieser Reise teilgenommen, hat unterwegs dieselben Stationen und dasselbe Leid erlebt: das Ghetto in Lodz, Auschwitz/Birkenau, Stutthof und Dresden.

Richard Pattenaude und Joseph Wood, der Präsident und der Rektor der University of Southern Maine, haben mir die Möglichkeit geboten, mich am akademischen Leben der Universität zu beteiligen und mich in meiner Arbeit in Bezug auf den interreligiösen Dialog und den Kampf gegen den Genozid nach 1945 ermutigt.

Finanzielle Zuwendungen des John Anson Kittredge Educational Fund und des Linda and Joel Abromson Fund der Jewish Community Alliance of Southern Maine haben es mir erlaubt, eine unvergessliche Reise in meine Vergangenheit nach Deutschland und Polen zu unternehmen.

Mein Dank geht an Dr. Eva Reinhold-Weisz, Stefanie Kovacic und Margarete Titz vom Böhlau Verlag, Wien, sowie an Stefan Wunsch, Köln, für ihre Anregungen bei der Fertigstellung und der Veröffentlichung dieses Buches. Besonders dankbar bin ich Marie-Therese Pitner und Susanne Grabmayr, einem Übersetzerteam von Weltklasseformat, das mit der großartigen Übersetzung meiner Arbeit aus dem Englischen ins Deutsche außerordentliches Talent bewiesen hat.

Vor fast 30 Jahren habe ich in der Danksagung zu meinem ersten Buch meiner Frau Jean Marcus Peck und meiner Tochter Abby Suzanne dafür gedankt, »dass sie meine vielen Forschungsreisen, meine Rückschläge und einen sehr angespannten und manchmal unnahbaren Ehemann und Vater akzeptiert haben«.

Ein Jahr nachdem ich diese Zeilen geschrieben hatte, wurde mein Sohn Joel David Peck geboren und teilte von nun an mit seiner Mutter und seiner Schwester unser Familienleben. Ich kann nicht behaupten, dass ich viele meiner Gewohnheiten geändert hätte: viele Forschungsreisen, Rückschläge und ein Ehemann und Vater, der sehr angespannt und manchmal unnahbar war.

Aber meine Liebe zu ihnen ist unerschütterlich und das gleiche gilt auch umgekehrt. Sie haben mich unterstützt und mir die Kraft gegeben weiterzumachen, wenn ich glaubte, nicht weitermachen zu können. Dafür werde ich ihnen ewig dankbar sein.

Welche Fehler ich auch immer bei der Fertigstellung meines Teils des Manuskripts gemacht haben mag, es sind ausschließlich meine eigenen. Ich gebe sie schon im Vorhinein zu, in der Hoffnung, sie mögen nur gering sein.

Abraham J. Peck
Portland, Maine, USA
April 2006

Zum Geleit

Die ehrliche Aufarbeitung der Geschichte der Degussa im »Dritten Reich« war und ist für mich ein wichtiges Anliegen. Gerne unterstützt die Degussa die Förderung des gemeinsamen Buches von Dr. Gottfried Wagner und Dr. Abraham J. Peck. Ich wünsche den Autoren eine breite Resonanz und eine faire Diskussion in der internationalen Öffentlichkeit.

Prof. Dr. Dr. hc. Utz-Hellmuth Felcht
Vorstandsvorsitzender der DEGUSSA AG

Düsseldorf, im April 2006

Unsere Stunde Null

Vorwort

Ralph Giordano

Gottfried Wagner und Abraham Peck haben sich an ein epochales Thema gewagt – an den Dialog zwischen den Post-Holocaust-Generationen, den nachgeborenen Töchtern und Söhnen, den Enkelinnen und Enkeln von Opfern und Tätern.

Dies Buch sind die eigenen Gedanken der beiden Autoren dazu, individuell bis ins letzte, und dennoch abstrahierbar auf viele Schicksalsgenossinnen und Schicksalsgenossen beider Ursprünge.

Dabei lassen sich unterschiedlichere Herkünfte als die zwischen dem Urenkel des großen Tonkünstlers und Antisemiten Richard Wagner und dem Sohn jüdisch-polnischer Überlebender des Holocaust nicht denken.

Gottfried Wagner, Sohn des *»uneingeschränkten Potentaten der Bayreuther Festspiele«* Wolfgang Wagner, wächst auf in einer tief mit dem *»Führer«* verbandelten Sippe, allen voran Winifred Wagner, die sich noch Jahrzehnte nach Hitlers Tod öffentlich zu ihm bekannte. Wer die Biographie Gottfried Wagners kennt, wie ich, erschrickt vor der Last, die die Zugehörigkeit zu dieser Familie dem unentwegten Streiter für Aufklärung und Licht auferlegt hat. Er setzt konsequent in dem neuen Buch das fort, was er in seinen autobiographischen Aufzeichnungen begonnen hatte – wieder verschweigt, vertuscht, beschönigt er nichts, wie die Großmutter, wie Onkel Wieland und Vater Wolfgang es taten (und dieser es nach wie vor tut). Gottfrieds letzte Stellungnahme zu den Bayreuther Machtkonstellationen ist durch gründliche historische Belege noch schonungsloser ausgefallen. In ihm ist etwas, das die große Verdrängung und Leugnung nicht gestattet, ein von der Suche nach Wahrhaftigkeit Getriebener. Und einer, der weiß: Erlösung kann es nur durch Wahrheit geben.

Mir wird heiß und kalt, wenn mein Freund Gottfried das Wort *»Vater«* in den Mund nimmt oder es niederschreibt – weil ich seine schmerzhafte Spaltung kenne, die Kluft zwischen unaufhebbarer Verwandtschaft und dem tiefen Abscheu vor einem Lebensweg, der in den elementaren politischen und ethischen Grundfragen dem des Sohnes antagonistisch entgegengesetzt ist.

Wie anders, wie ganz anders das Verhältnis Abraham Pecks zu seinem Vater, dem kleinen Juden aus Lodz, der, wie die Mutter auch, alle Höllen der Shoah durchlebt und sie unglaublicherweise durchgestanden hat. Er muss ein Gedächtnis ohnegleichen gehabt haben, denn sein Sohn schildert in diesem Buch die unvorstellbaren Leiden des Vaters unter deutscher Besatzung mit einer Akribie, wie sie mir selten vor Augen gekommen ist, wobei immer wieder das große Staunen des Nachgeborenen auftaucht: »Wie, Vater, wie Mutter, habt ihr das überstehen können?«

Ja, wie nur …

1991 haben sie sich zum ersten Mal getroffen, zwei Angehörige der Post-Shoah-Generation, haben sich gefunden, sind Freunde geworden und in zahlreichen Veranstaltungen aufgetreten. Zum ersten Mal am 3. März 1992 auf der 22. Jahreskonferenz über den *»Holocaust und die Kirchen«* in Seattle. Der Titel über der Tagung war programmatisch: *»Die Last teilen: Deutsche und Juden auf der Suche nach einem Neubeginn.«*

Und dann haben sie sich *»die Last geteilt«*, sind an die Arbeit gegangen, haben Bundesgenossinen und Bundesgenossen gesucht und – sind den drei großen Lügen der Nachkriegsepoche unnachsichtig entgegengetreten: Dem Mythos von *»Deutschland dem eigentlichen Opfer der Geschichte«*, dem Mythos *»Wir haben von nichts gewusst«* und dem *»Mythos des Widerstandes«* (– der nur ein Atoll im Pazifik der braunen Zustimmung war).

Wo immer Aufnahmebereitschaft für das Zwiegespräch zwischen den Nachgeborenen von Opfern und Tätern sichtbar wurde, haben Gottfried Wagner und Abraham Peck zugegriffen. Eine glatte Straße aber ist das nicht, auf der sie vorangehen. Organisierte Verdrängung, Geschichtslosigkeit, auch soziale Nöte legen ihnen und ihren Mitkämpfern manchen Stein auf den Weg, zumal in Deutschland, dem Ursprungsland des Holocaust.

Die dritte deutsche Demokratie, die Berliner Demokratie (nach der ersten von Weimar und der zweiten der alten Bundesrepublik) hat ein ganz handfestes, politisches Problem: Hitler, und was der Name symbolisiert, ist zwar seit dem 8. Mai 1945 militärisch geschlagen, aber geistig, oder besser ungeistig, lebt er auch zu Beginn des 21. Jahrhunderts immer noch weiter.

Die Zeichen, die die zeitgenössische Variante des Nationalsozialismus setzt, sind unverkennbar: Deutschland ist mit seiner Vergangenheit nicht im Reinen. Wobei gefährlicher noch als die Gewalttäter an der Front des Antisemitismus und des Fremdenhasses ihre ideologischen Hintermänner und finanziellen Mäzene sind. Nicht, dass die bekennende Unbelehrbarkeit die demokratische Republik aushebeln könnte, das nicht. Aber die Schmerzgrenze beginnt viel früher, nämlich dort, wo die Interpretationen des *Rechtsstaates* seinen hohnlachenden Feinden ungeachtet aller historischen Erfahrungen den Spielraum gewährt, der die Lektüre des jüngsten Verfassungsschutzberichtes über rechte Gewalttaten und Anschläge zu einem Albtraum macht.

Kann es in dieser Situation etwas Wichtigeres, etwas Notwendigeres, Unbedingteres geben, als das Gespräch zwischen den Nachgeborenen von Opfern und Tätern?

Ich glaube, im Sinne Gottfried Wagners und Abraham Pecks zu sprechen, wenn ich sage: Natürlich sind die jungen Deutschen von heute in jeder Beziehung an den Verbrechen Hitlerdeutschlands schuldlos – de jure, de facto, historisch, politisch, moralisch –, aber sie stehen in der Kette nationaler Geschichtsverantwortung. Die Stellung zum Holocaust wird der Gradmesser ihrer Persönlichkeit sein.

Mit diesem Buch wird ihnen ein Angebot gemacht: »Tauscht euch aus, redet miteinander!« So, wie die beiden Autoren es tun: Abraham Peck – Jude, geboren nur durch den Zufall, dass Vater und Mutter die deutsche Okkupation überstanden haben –, und Gottfried Wagner, Nachgeborener einer Sippe mit tiefbrauner Vergangenheit, der aber »nicht mit den Wölfen heulen« wollte und sich damit so manche Schläge und Tiefschläge einhandelte, darunter den beinahe Totalboykott seiner Arbeit in Deutschland.

Umso verdienstvoller die Ausnahmen.

Bemerkenswert sind die Sponsoren, ohne die das Buch nicht zustande gekommen wäre: Harry Guterman, der das Ghetto Lodz, Auschwitz-Birkenau und Dachau überlebt hat, die Firma Degussa (einst Lieferant von Zyklon B in die nationalsozialistischen Todeslager), heute repräsentiert durch Direktoren, die sich den Verbrechen der Firma in der NS-Zeit verantwortungsvoll stellen; auch nicht zu vergessen, das Großunternehmen Siemens und die Steegmann-Foundation in Liechtenstein, die Farbe bekennen.

Selbst Überlebender des Holocaust, und vom Alter her sozusagen der Pate der beiden weit Jüngeren, nehme ich hier am Ende des Vorworts die Gelegenheit wahr, dem Verlag meinen tiefempfundenen Dank zu sagen für die Herausgabe eines Werkes, das eines der sensibelsten Themen unserer Gegenwart und ganz gewiss auch noch einer längeren Zukunft behandelt.

Kompetentere Botschafter als Gottfried Wagner und Abraham Peck kann ich mir dabei nicht vorstellen.

Einleitung

Deutsche *und* Juden – Deutsche *oder* Juden?

Gottfried Wagner

Gegen kollektive Zuordnungen und über das Recht individueller Freiheit im Gespräch über die Shoah

Von 1945 bis heute trennten Juden und Deutsche folgende Fragen: *Wie viel hatte der nichtjüdische Durchschnittsdeutsche vor 1945 von dem gewusst, was man den Juden antat? In welchem Maße belastet die Verantwortung für die Verbrechen der Vergangenheit noch die Deutschen von heute? Welche Lehren sind aus der Geschichte des Holocaust zu ziehen?*[1]

Nur im historischen Kontext wird diese Polarisierung von Deutschen und Juden begreiflich. Zum Verständnis dieser Problematik ist die Interpretation des Historikers Christoph Schulte hilfreich: Nach seiner Ansicht ist es entscheidend, »Zeitpunkte und Bedingungen zu nennen, unter denen Juden deutscher Sprache (Hannah Arendt) begannen, den Diskurs über Deutschtum und Judentum zu eröffnen.

Erst nach dem und durch den Bruch mit der durch den Talmud geprägten, orthodoxen religiösen Tradition werden auf breiter Basis Versuche unternommen, das ›Judentum‹ begrifflich abstrakt zu bestimmen, und das auch nicht mehr ausschließlich religiös. Die zweite Bedingung für die Eröffnung des Diskurses um Deutschtum und Judentum ist, neben dem aufklärerischen Bruch mit der religiösen Tradition, die staatsbürgerliche Emanzipation der preußischen Juden ab 1812.«[2]

Schulte führt weiter aus: »Eine Wegscheide der modernen innerjüdischen Diskussion um Deutschtum und Judentum ist die Entstehung des Zionismus nach dem Erscheinen von Herzls *Judenstaat* 1896 [...] Der Konjunktion von Jude und Deutscher setzten auf einmal nicht nur die Antisemiten, sondern auch die Zionisten die Alternative Jude *oder* Deutscher entgegen. So fallen die eindringlichsten jüdischen Äußerungen zur Zusammengehörigkeit von Deutschen und Juden, Deutschtum und Judentum, zwischen 1896 und den Beginn des Ersten Weltkrieges, in den viele Juden in deutschnationaler Begeisterung freiwillig ziehen. Nach dem Krieg, schon nach der Judenzählung im deutschen Heer von 1916, werden die Stellungnahmen weit vorsichtiger und differenzierter: War im Wilhelminischen Kaiserreich die totale Konvergenz von Deutschem und Jüdischem noch ein Ideal, so wird dieses in der Weimarer Republik von einem Bewußtsein der unauflösbaren Dualität von Deutschen und Juden abgelöst. Nach der Shoah wird die Polarität von Deutschem und Jüdischem betont«.[3]

Selbst bei Kenntnis dieser historischen Fakten bleibt das *und* mit seiner Alternative *oder* für die Post-Shoah-Generationen provozierend, besonders in Verbindung mit kollektiven Zuordnungen und Verallgemeinerungen. Wer sind »die« Deutschen und »die« Juden in ihrer gemeinsamen deutschen Vorgeschichte, die den Weg hinter die Schwelle zum bloß Historisierenden der zwölf Jahre von 1933 bis 1945 bis heute unmöglich zu machen scheinen?

Hat der deutsche Historiker Christian Meier Recht, wenn er zu der deutsch-jüdischen Vergangenheit bemerkt: »Sie ragt in unverminderter Lebendigkeit in unser Leben hinein. Sie scheint uns heimsuchen zu wollen bis ins dritte und vierte Glied. Beweise dafür finden sich in den unzähligen Fehlleistungen, den Ausblendungen, den Benehmungen von Verstand und Umsicht, denen wir im Umgang auch aufgeklärter, auch prominenter Zeitgenossen mit der Judenvernichtung begegnen. Es gibt Argumente, die nehmen sich aus wie das törichte Lächeln, das in flagranti ertappte Kinder aufsetzen, wenn sie ihre Betroffenheit nicht zeigen wollen. [...] Was alles könnte ein wirklicher Sprachkritiker im Stil der Auseinandersetzungen um Auschwitz an unmissverständlichen Zeugnissen dafür finden, wie tief die Erinnerung daran in uns sitzt! Auch die Behauptung, wir hätten nichts damit zu tun, verrät zumindest, wie sehr es uns noch zu schaffen macht.«[4]

In diesem Zusammenhang kommt der Aussage der Auschwitz-Überlebenden Renate Harpprecht für das Gespräch zwischen Deutschen und Juden nach 1945 eine besondere Bedeutung zu. Sie schreibt: »Man kann sich sein Volk nicht aussuchen. Ich habe mir damals manchmal gewünscht, nicht Jüdin zu sein, dann bin ich es aber in sehr bewußter Weise geworden. Die jungen Deutschen müssen akzeptieren, daß sie Deutsche sind – aus diesem Schicksal können sie sich nicht davonstehlen.«[5]

Entspricht diese Forderung von Renate Harpprecht noch der heutigen Situation junger Deutscher? Ist die Zeit nicht gekommen, die Polarität von Deutschen und Juden kritischer zu hinterfragen? Christoph Schulte zeigt, ausgehend vom Trauma Auschwitz, eine wichtige Alternative auf: »Es ist einseitig und führt in die Irre, die deutsch-jüdische Geschichte nur so zu betrachten, als sei Auschwitz ihr notwendiges Resultat gewesen. Wir können und werden angesichts der Shoah die deutsch-jüdische Geschichte anders beurteilen, aber wir, nicht ›die Geschichte‹, fällen dieses Urteil [...] Die deutsch-jüdische Geschichte mögen manche als abgeschlossene Geschichtsperiode betrachten, die Geschichte der Juden in Deutschland dauert an.«[6] Und weiter: »Der Diskurs über Deutschtum und Judentum vor Auschwitz ist für jeden, der sich nur ein wenig mit moderner deutscher und jüdischer Geschichte befaßt, das hermeneutische Apriori aller Urteile danach. […] Auch die Nachgeborenen können die Nachkriegsdebatten nicht ohne jene andere verstehen, welche Haltung und Verhalten der deutschen Juden der Emanzipationsepoche bis hinein in die Zeit des Nationalsozialismus geprägt hatte: Deutschtum und Judentum«.[7] »Denn obwohl ich weiß, daß alle Rede von Deutschen und Juden historisch an den Diskurs von Deutschtum und Judentum anschließt, kann nur die Rede sein von Deutschen und Juden, Individuen und Individuen, jene fatalen Diskurszwänge vermeiden, die entstehen, wenn wir die Thematik weiterhin nach dem verallgemeinernden Schema der Kollektivbegriffe Deutschtum und Judentum verhandeln und Individuen in jene Schablonen pressen, die von den Denkfaulen und Dummen nur gegen die Individuen verwendet werden können. Ohnehin können nur Individuen, nicht Kollektive oder gar Kollektivbegriffe, wirklich in ein Gespräch kommen. Daran hat die Diskussion um Gershom Scholems Polemik ›Wider den Mythos vom deutsch-jüdischen Gespräch‹ (1962) erinnert. Scholem bestreitet, daß es je ein deutsch-jüdisches Gespräch im kollektiven Sinne und als historisch wirksames Phänomen gegeben habe; ein Gespräch, das nicht als ein jüdischer Monolog unter impliziter Erwartung jüdischer Selbstaufgabe geführt worden sei. Als kollektives Geschehen sei die Behauptung von einem deutsch-jüdischen Gespräch oder gar einer deutsch-jüdischen Symbiose in das Reich des Mythos zu verweisen. ›Die angeblich unzerstörbare geistige Gemeinsamkeit des deutschen Wesens mit dem jüdischen Wesen hat, solange diese beiden Wesen realiter miteinander gewohnt haben, immer nur vom Chorus der jüdischen Stimmen her bestanden und war, auf der Ebene der historischen Realität, niemals anders als eine Fiktion, eine Fiktion, von der Sie mir erlauben werden zu sagen, dass sie zu hoch bezahlt worden ist.‹ […] Aber die weltanschauliche Diskussion, die Scholems aus einer zionistischen Perspektive heraus entstandene Polemik entfachte, war von vornherein eine ideologische. Sie krankte an der schiefen Alternative zweier Behauptungen: ›Es gab ein deutsch-jüdisches Gespräch‹ und ›Das deutsch-jüdische Gespräch war eine Fiktion‹. Diese Alternative scheint mir schon in der Problemstellung irrig. Denn ein Gespräch gibt es nur zwischen Einzelnen, nicht zwischen Kollektiven wie ›den Deutschen‹ oder ›den Juden‹ […] Kollektive können sich überschreien oder grölen, ein Gespräch führen können sie in ihrer Masse nicht. Gespräche (ein notwendiger Plural) gibt es nur zwischen Einzelnen.«[8]

Der streitbare Schriftsteller, Diplomat und Israel-Kenner Jörg von Uthmann betont die gemeinsame deutsch-jüdische Geschichte: »Mit keinem anderen Volk sind die Juden eine so enge Symbiose eingegangen wie mit dem deutschen. Ihrem Beitrag verdankt die deutsche Kultur – man denke nur an die beiden Kirchenväter der östlichen und westlichen Heilslehre, Marx und Freud – einen Teil ihrer Weltgeltung. Angefangen mit den Salons der Rachel Varnhagen und Fanny Arnstein, hat sich das jüdische Bürgertum mit besonderer Hingabe der Pflege und Förderung deutscher Literatur, Musik und Philosophie verschrieben, wobei es sich durch auffallend sicheren Geschmack auszeichnete.«[9] Uthmann führt weiter aus: »Was ist es nun aber, das Deutsche und Juden so tief miteinander verbindet? Etwa fieberhafte Geschäftstüchtigkeit, die beide in aller Welt so unbeliebt gemacht hat? Oder jene Verehrung für das gedruckte Wort, die die Juden zum Volke des Buches und die Deutschen zum Volk der Dichter und Denken werden lassen? Ist es vielleicht der gemeinsame Glauben an das Absolute, die Besessenheit, jede gute Sache so weit zu treiben, bis eine böse daraus geworden ist? Oder ist es jene unnachahmliche Verbindung von Taktlosigkeit und Empfindlichkeit, von Anmaßung und Unterwürfigkeit, von Auserwähltseinsdünkel und Selbstverachtung die beide Völker auszeichnet? Ein wenig von alledem gewiß.«[10]

Noch spannungsreicher wird das deutsch-jüdische Verhältnis, wenn man Parallelen des Geschichtsbewusstseins im Sinne von Uthmann zur Sprache bringt: »Politische Geschichte und Heilsgeschichte sind bei Juden und Deutschen immer miteinander verbunden. Beide Völker haben eine spezifische Geschichtstheologie entwickelt. Kennzeichen dieser Geschichtstheologie ist die chiliastische Hoffnung auf die Wiederkehr des ersten (salomonischen, staufischen) Reiches, das zum Mythos verklärt wird – den Inbegriff der nationalen Wunschvorstellungen darstellt oder doch lange dargestellt hat. Das zweite und dritte Reich waren untaugliche Versuche, diesen Mythos in die Wirklichkeit zu übertragen. Insofern sind die deutsche Romantik und der Zionismus vergleichbare Phänomene. Auch der Kommunismus hat in diesem chiliastischen Antrieb seine Wurzeln.«[11]

Beklemmend lesen sich aus heutiger Sicht von Uthmanns Ausführungen zur deutsch-jüdischen Wahlverwandtschaft, wenn er Hitler als besonders »kompetenten Zeugen« ins Spiel bringt, der dem Danziger Senatspräsidenten Hermann Rauschning gestand: »Der Jude ist in allem und jedem das genaue Gegenteil des Deutschen und ihm doch wieder so verwandt, wie es nur zwei Brüder sein können. Es kann nicht zwei auserwählte Völker geben. Wir sind das Volk Gottes, besagt das nicht alles?«[12]

Der Hinweis auf Edgar Allan Poes Novelle »William Wilson« fasst das tragische Dilemma des deutschen Juden zusammen, dem die Mitbürger immer mehr Feindlichkeit entgegen bringen, je ähnlicher er ihnen wurde, bis zu dem Punkt, in dem der Doppelgänger sterbend bekennt, mit seiner Ermordung habe er das Beste in sich getötet.[13] Ist es tatsächlich so, dass mit der Nähe der geistigen Verwandtschaft auch die Schärfe des Widerspruchs wächst? Oder trifft Siegmund Freuds Behauptung über den »Narzismus der kleinen Unterschiede« zu, wenn er meinte, dass die »Intoleranz der Massen« sich merkwürdigerweise stärker gegen die kleinen Unterschiede als gegen fundamentale Differenzen äußere.[14]

Das Verhältnis der Deutschen und Juden zu ihrer Geschichte bleibt zwiespältig und in gewisser Weise zweigeteilt. Für die Deutschen stehen dafür Weimar und Bayreuth als Symbole. Es sind die Städte der deutschen Klassik und Romantik, die Wirkungsorte von Goethe, Schiller und Wagner, als imposante Beispiele weit ausstrahlender Provinzkultur. Aber zu Weimar gehört auch der Ettersberg mit Buchenwald und zu Bayreuth das Außenlager Bayreuth des KZ-Flossenbürg.

Zur jüdischen Geschichte gehört neben den Leistungen zur deutschen Kulturgeschichte, der Katastrophe der Shoah und der Gedenkstätte Yad Vashem in Israel auch das Verhältnis zu den Palästinensern – selbst das ist ohne deutsch-jüdische Geschichte nicht begreifbar.

Man ist sich der Problematik des Wortes Erinnerungskultur bei Deutschen und Juden bewusst und tut gut daran, weiterhin sensibel mit Vergleichen von Deutschen und Juden umzugehen, was auch den offenen Austausch über dunkle Kapitel eigener Geschichte betrifft.

Es geht im gemeinsamen Buch von Abraham Peck und mir erst einmal um unseren individuellen Versuch, mit familiärer, deutscher und jüdischer Geschichte umzugehen, gegen den Zwang abstrakter Kollektivbegriffe, gegen Denkfaulheit und gefährliche Dummheit beim Thema »Deutsche *und* Juden«. Erst nach jahrlanger Zusammenarbeit in der gemeinsam gegründeten Post-Shoah/Holocaust-Dialog-Gruppe[15] und der Weiterentwicklung unserer Monologe zu einem fragilen Dialog reifte in uns der Entschluss, das vorliegende Buch zu wagen. Wir sind nicht bereit, die »Gunst der Stunde Null« wie 1945, 1990 oder 2005 zu missbrauchen. Die Wahl des Buchtitels *Unsere Stunde Null. Deutsche und Juden nach 1945 – Familiengeschichte, Holocaust und Neubeginn* zeigt an, dass wir den Blick nicht von der Vergangenheit abwenden,[16] denn nur so ist für uns *Unsere Stunde Null* heute und für künftige Generationen von Deutschen und Juden möglich.

Die deutsch-jüdische Symbiose – Mythos oder Wirklichkeit?

Abraham J. Peck

Vor mehr als sieben Jahrzehnten kam der Rabbiner Leo Baeck zu der Erkenntnis, dass das Ende des deutschen Judentums gekommen war. Baeck sprach diese Worte kurz nach der Machtergreifung zu Beginn des Jahres 1933.

Dennoch war der Weg zu solch einer tragischen Endgültigkeit mit Hoffnung erfüllt – zumindest auf der Seite der deutschen Juden. Der Geist und die Hoffnung, die für mehr als ein Jahrhundert deutsch-jüdisches Leben ausmachten, schlugen sich im Begriff der *Bildung* nieder, einer Idee, die nach der Judenemanzipation entstand und die Charakterbildung, moralische Erziehung, den Vorrang der Kultur und einen Glauben an das Potenzial der Menschheit einschloss. Bildung war wichtig, vielleicht der wichtigste säkulare Begriff, der die ungewöhnliche Entwicklung des deutschen Judentums in der Zeit von 1780 bis 1840 vorantrieb – der Zeit also, in der es um soziale und politische Emanzipation kämpfte.

Für das deutsche Judentum war es das Ziel und die Aufgabe von Bildung, einen neuen deutschen Juden zu schaffen, der von seinen christlichen Nachbarn akzeptiert werden würde. Dies sollte durch einen Umerziehungsprozess – durch eine Aneignung von Höflichkeit, durch verbesserte Umgangsformen und Sitten – erreicht werden.

Aber das deutsche Judentum hatte noch ein weiteres Ziel. Es pflegte seine Idee von Bildung, um eine gemeinsame Grundlage mit dem nicht-jüdischen Deutschland sicher zu stellen. Darüber hinaus würde so ein Umfeld geschaffen werden, in dem das Allgemeine bedeutender sein würde als engstirniger Patriotismus, in dem deutsche Geschichte – die der Jude nicht vollständig mit dem Deutschen teilen konnte – weniger bedeutend sein würde als Kunst, Kultur oder das humanistische Ideal.

In der Theorie mögen solche Zielsetzungen verwirklichbar sein. Aber die Wirklichkeit war im 19. Jahrhundert und zu Beginn des 20. Jahrhunderts anders.

Man kann nachweisen, dass seit der Schaffung des Deutschen Reichs in den 70er-Jahren des 19. Jahrhunderts der Großteil des Umfeldes im Wesentlichen der jüdischen Idee von Bildung feindlich gesinnt war. In der Tat wurden die »Ideen von 1789«, der Französischen Revolution und Aufklärung die Grundlage, auf welcher der deutsch-jüdische Begriff von Bildung beruhte, ein Kodewort (wie Antisemitismus) für all das, was man als Gegensatz zu den »wahren« deutschen Idealen ansah. Wie ein deutscher Nationalist zu Beginn des Ersten Weltkriegs schrieb: »Die alten Begriffe müssen geändert werden: statt Religion nur Sprache und künstlerische Intuition und statt Menschheit – Rasse.«[17]

Der Triumph der Nationalsozialisten im Jahre 1933 und die Ereignisse vom November 1938 zerstörten schließlich den Glauben, dass Bildung als ein Mittel verwendet werden könnte, um in Deutschland ein modernes und demokratisches Umfeld zu schaffen.

Im Frühjahr 1945, nach der Niederlage von Nazi-Deutschland, standen sowohl das deutsche als auch das jüdische Volk an der Schwelle eines Neubeginns, was die Optimisten in der besiegten Nation »Stunde Null« nannten. Es sollte ein Neubeginn für Deutsche und Juden nach dem Holocaust sein und sollte zu einer Entwicklung der Bevölkerungsgruppen führen, die sich sehr stark von denen unterscheiden sollten, die man vorher gekannt hatte.

Deutschland sollte eine radikale Umformulierung seiner politischen und wirtschaftlichen Systeme durchlaufen. Es galt, das Gedankengut des Nationalsozialismus zu beseitigen, Ideen und Konzepte zu entwickeln, überdies zu erforschen, was Deutschland dazu veranlasst hatte, einen Feldzug unvergleichlicher Verbrechen gegen die europäische Bevölkerung, besonders gegen die Juden, zu führen.

Das jüdische Volk, immer noch traumatisiert von den Nachrichten, die aus Mittel- und Osteuropa über die Morde an zwei Dritteln seiner Bevölkerung kamen, wurde mit der Wirklichkeit einer Tragödie konfrontiert, die in der jüdischen und in der Menschheitsgeschichte ohne Vergleich war. Das gesamte Judentum sah sich veranlasst, seine Bemühungen wesentlich zu verstärken, ein jüdisches Heimatland zu schaffen, einen Traum von zwei Jahrtausenden, sodass es den Juden endlich gestattet sein würde, nicht mehr eine Schattennation zu sein, Subjekt der Launen und Wahnvorstellungen jener zu sein, die seine Vernichtung beabsichtigen.

Aber solche individuellen Neuanfänge hatten wenig zu tun mit der Beziehung zwischen Deutschen und Juden. Für bestimmte Gruppen der nordamerikanischen jüdischen Gemeinden wurde die Angelegenheit als religiöses Problem angesehen.

Gleich nach dem Zweiten Weltkrieg rief eine kleine und radikale Gruppe von orthodoxen amerikanischen und kanadischen Rabbinern zu einem Bann gegen Deutschland auf. Ähnlich dem Bann, der angeblich nach der Inquisition gegen Spanien verhängt wurde, sollte er jegliche Form jüdischen Lebens in Deutschland verhindern, das sich seit Jahrhunderten entwickelt hatte. Aber eine geplante globale Konferenz, die über solch einen Vorschlag entscheiden sollte, wurde nicht verwirklicht, vor allem deswegen, weil man fürchtete, dass ein solcher Bann den Juden schaden würde, die gezwungen waren, in Deutschland als Vertriebene zu wohnen.

Keinerlei Bemühungen um Aussöhnung seitens der gerade geschaffenen Bundesrepublik konnten jedoch den inoffiziellen Bann aufheben, der gegen die Nation durch fast alle Juden weltweit verhängt worden war. Deutschlands Wiedergutmachungsbemühungen durch die Zahlung riesiger Wiedergutmachungssummen an die Opfer des Holocaust und eine wachsende Freundschaft mit dem Staat Israel konnten nur einem ersten Schritt in Richtung Aussöhnung nahe kommen.

Gershom Scholem, einer der bedeutendsten jüdischen Gelehrten des 20. Jahrhunderts, der 1923 aus Deutschland nach Palästina emigriert war, betonte die Unmöglichkeit einer neuen und anderen Beziehung zwischen Deutschen und Juden. Sein Urteil war unwiderruflich. Es wurde im Titel eines offenen Briefes im Jahr 1964 an die Verlegerin einer Festschrift, Margarete Susman, zusammengefasst. Susman hatte von Scholem für ein Buch einen Beitrag erbeten, den er »nicht nur als eine Hommage, sondern auch als ein Zeugnis über den deutsch-jüdischen Dialog, dessen Zentrum unzerstörbar sei«, beschrieb. Dieser Satz, sicher ein Klischee zu dieser Zeit, war mit der Absicht geschrieben, einer neuen Ära von deutschem Selbstverständnis und Wiedergutmachungswillen Ausdruck zu verleihen und traf einen Nerv in Scholem; und so betitelte er seinen Beitrag »Gegen den Mythos des deutsch-jüdischen Dialogs«. Es genügt, einen Abschnitt aus diesem Beitrag zu zitieren, um Scholems Haltung zu verstehen:

»Ich streite ab, dass es je solch einen deutsch-jüdischen Dialog in irgendeinem ernst gemeinten Sinn als historisches Phänomen usw. gegeben hat. Zu einem Dialog braucht man zwei. Nichts kann irreführender sein, als solch eine Idee auf die Diskussionen zwischen Deutschen und Juden während der letzten 200 Jahre anzuwenden. Um es klar zu sagen: Die Juden versuchten einen Dialog mit den Deutschen, indem sie von allen möglichen Gesichtspunkten und Situationen ausgingen, fordernd, flehend, demütig und aufsässig [...] und heute, wenn die Symphonie endet, dann kann vielleicht die Zeit dazu reif sein, ihre Motive zu untersuchen und eine Kritik ihrer Töne zu wagen.«[18]

Und so blieb es bis zum Ende des 20. Jahrhunderts. Der Holocaust und die deutsche Rolle bei dessen Vollstreckung wurden die entscheidenden Motive, welche die Beziehung zwischen drei Generationen von Deutschen und Juden nach 1945 bestimmen.

Hätte es anders sein können? Hätten die Deutschen und Juden – die einen das Volk der »Dichter und Denker«, die anderen das »Volk des Buches« – ein anderes Verhältnis zueinander haben können, ein doppeltes Drama mit einem anderen Schluss?

Immerhin unterhalten Juden und Deutsche nach 1945 eine »besondere Beziehung«, die mit den Worten der deutschen Autorin Sabine Reichel »einer historischen Nabelschnur gleicht, die nicht abgeschnitten werden kann und in den unwahrscheinlichsten Augenblicken zieht«.[19]

Warum hat diese historische Nabelschnur ihre negativste Darstellung in Dan Diners wegweisender Beschreibung jüdischen Lebens in Deutschland nach 1945 als eine Art »negativer Symbiose« gefunden,[20] eine Fortsetzung von Gershom Sholems Ablehnung der deutsch-jüdischen Symbiose vor dem Holocaust als »Mythos«, der den Juden »den Unterschied zu den Deutschen bewusst macht und sie zwingt, sich damit auseinander zu setzen?«[21] Warum konnten diese beiden außergewöhnlichen, in so vieler Hinsicht begabten Völker, die europäische Kultur, ja Weltkultur gestaltet haben, warum konnten sie nicht eine »besondere Beziehung« eingehen, die verhindert hätte, dass sie mehr als sechs Jahrzehnte lang in Hass, Schuld und Misstrauen verharrten, wobei die Opferrolle des einen Volkes den Bemühungen des anderen scheinbar im Wege stand, einen ähnlichen Status zu erlangen, der mit seinem Platz als erstem Täter der Geschichte in Einklang steht?

Es stimmt nicht, dass das deutsche Judentum es nie versucht hätte. Wie Paul Mendes-Flohr, dessen vielleicht bedeutendster geistiger Interpret, meint, waren deutsche Juden »nicht länger einfach oder unzweifelhaft jüdisch. Ihre Identität und ihre kulturellen Loyalitäten waren fragmentiert und sie waren daher gezwungen, sich der Herausforderung zu stellen, mit mehrfachen Identitäten und kulturellen Bindungen zu leben.« Kurzum, das deutsche Judentum war, wie Mendes-Flohr es ausdrückt, im Besitz einer »gespaltenen Seele«, viel stärker als jede andere jüdische Gemeinschaft der Geschichte.[22] Sechs Jahrzehnte nach dem Ende des Zweiten Weltkriegs und den Bestrebungen von Nazi-Deutschland, das jüdische Leben in Europa zu vernichten, bleiben sowohl Deutsche als auch Juden durch die Ereignisse des Holocaust traumatisiert.

Beim Anbruch eines neuen Jahrhunderts, nur wenige Jahrzehnte nach dem Holocaust, scheinen Deutsche und Juden nicht in der Lage zu sein, sich auf eine Definition zu einigen, die ein »normales« Beziehungsmuster festlegen könnte. In der Tat scheint – zumindest in den Augen vieler Juden – eine derartige Normalität ein fast unmögliches Ziel zu sein.

Keine der beiden Gruppen hat die Tiefe ihrer Verluste in jenen Jahren wirklich erfasst. Die Juden müssen erst verstehen, dass sie abgesehen von unvorstellbaren Zahlen an Toten eine tausendjährige Kulturgeschichte verloren haben. Die Deutschen müssen erst begreifen, wie tief der Holocaust ihre Gesellschaft betroffen hat, sowie die Art und Weise, wie sie sich selbst sehen und von anderen, insbesondere von Juden, gesehen werden.

Der oft verkündete Gedanke einer »Stunde Null«,[23] die von Optimisten im Frühjahr 1945 nach der Niederlage Nazi-Deutschlands als Möglichkeit eines Neuanfangs für Deutsche und Juden nach dem Holocaust gesehen wurde, hielt weniger als ein halbes Jahrzehnt, bis die Ereignisse, die zur Gründung beider Nationen führten, es nicht mehr zuließen, aus dem Schatten von Auschwitz herauszutreten.

Deutschland war fest entschlossen, nach seinem Abstieg in die Barbarei wieder in den Kreis der zivilisierten Nationen einzutreten. In dem Bemühen um einen »Persilschein« hatte die besiegte Nation das Glück, im aufkommenden Kalten Krieg zwischen den Vereinigten Staaten und der Sowjetunion zu einem Brennpunkt zu werden.

Der Gedanke einer Stunde Null war für Deutschland gut. Die Nation sollte sich einem Wandel unterziehen, eine neue »humane Ausrichtung« (Ralph Giordano) sollte sie durch die Schaffung von Goethe-Gesellschaften vor dem fast völligen Verlust ihrer spirituellen Humanität retten, wie dies der verehrte liberale Historiker Friedrich Meinecke in seinem Buch *Die deutsche Katastrophe* (1946) mit der Rückkehr zu einem Goetheschen Humanismus vorschlug.

Der Historiker Michael Brenner meint dazu: »Während die politischen Strukturen und Regierungssysteme sich über Nacht verändern konnten, gab es im Alltagsleben und im Bewußtsein jener, die am meisten betroffen waren [Deutsche und Juden] keine ›Stunde Null‹.«[24]

Dieses Buch ist daher ein Versuch zweier durch die Schatten des Holocaust belasteter Menschen, Licht und Sinn am Ende eines sehr dunklen Tunnels zu finden, einen Dialogprozess zu einer wirklichen Stunde Null zu beginnen. Wir tun dies nicht nur für uns selbst, sondern für die Generationen, für unsere Kinder und deren Kinder, die nach uns kommen. Wir fordern sie auf, über das hinaus, was wir zu erdulden hatten, einem Handlungsfreiraum und dem Wunsch zuzustreben, eine positive Veränderung in unserer lange leidenden Welt zu bewirken.

I.

1. Von der Gründung der Bayreuther Festspiele (1876) bis zum Fall des »Dritten Reiches« (1945)

Gottfried Wagner

Gottfried Wagner beschreibt die Geschichte der Familie von Richard, Cosima, Siegfried, Winifred, Wieland und Wolfgang Wagner als Machtintrige und Selbsterhöhung von der Entstehung der Bayreuther Festspiele bis zum Ende des »Dritten Reiches« mit der Komplizenschaft Hitlers, in die er die Familiengeschichte seiner Mutter Ellen Drexel integriert.

Der Firmengründer Richard Wagner

Die Geschichte der Familie meines Vaters Wolfgang Wagner, der am 30. August 1919 in Bayreuth als zweiter Sohn und drittes von vier Kindern von Siegfried (1869–1930) und Winifred Wagner (1897–1980) geboren wurde, war bestimmt vom Gründer des einstigen Familienunternehmens Bayreuther Festspiele.

Der Gründer der Bayreuther Festspiele war mein Urgroßvater, der Opernkomponist Richard Wagner (1813–1883), der mit seiner Operntrilogie *Der Ring des Nibelungen* 1876 das gerade vollendete Theater unter großer nationaler und internationaler Beachtung eingeweiht hatte. Er gab schon zu Lebzeiten seinen Nachkommen und Erben genau vor, in welcher Weise das Familienunternehmen künftig zu führen sei. Er bestand auf der Pflege der eigenen Bühnenwerke, ganz im Sinne seiner Ideen vom Gesamtkunstwerk. Denn er wollte vor allem seine Weltanschauung mit Hilfe der von ihm geschaffenen Bühnenwerke durchsetzen.

Wesentliche Botschaften dieser Weltanschauung waren die Erlösung des Mannes durch die Frau, die Erlösung des Menschen vom Fluch des Geldes und die Verkündigung eines arischen Erlösungs-Mythos als Ersatzreligion mit Askese-Ideal, das die Reinigung des arischen Blutes und die Erlösung der Menschheit von den Juden beinhaltete. Die Erlösung der Menschheit von den Juden schloss Visionen von einem Deutschland ein, das frei von Juden war,[1] was aber Wagner nicht daran hinderte, geschäftlich und künstlerisch erfolgreich mit Juden zusammenzuarbeiten wie z.B. mit seinem Agenten Angelo Neumann oder mit dem Dirigenten Hermann Levi, die von seinem Antisemitismus wussten, sich deswegen aber nicht von ihm distanzierten.

Diese Erlösungsideen hatte Wagner bereits mit seinen frühen Bühnenwerken und in seinen theoretischen Schriften und Briefen lange vor der Verwirklichung der Bayreuther Festspiele entwickelt. Mit seinem Umzug 1872 nach Bayreuth konnte er sie dann in seinem stattlichen Anwesen, der Villa Wahnfried – nur ein Jahr nach Gründung und im Herzen des ersten Deutschen Reichs – im Rahmen der Bayreuther Festspiele (1876) voll entfalten. Ab 1878 propagierte er sie in seinen *Bayreuther Blättern*. Besonders mit den *Regenerationsschriften*, unter dem Einfluss des französischen Schriftstellers Joseph Arthur Graf Gobineau (1816–1882), formulierte Wagner seine Bayreuther Weltanschauung und arische Ersatzreligion für die Zukunft.

Gobineau sah die Arier als »Eliterasse« und prophezeite den Untergang der weißen Rasse durch Rassenmischung. Wagner berief sich auf die historische Figur von Jesus Christus. In einem Brief vom 17. Januar 1880 an seinen Jünger Hans von Wolzogen (1848–1938), Redakteur der Bayreuther Blätter (1878–1938), machte er den Zusammenhang zwischen den Schlussworten seiner letzten Oper *Parsifal* – »Erlösung dem Erlöser« – und einem arischen Christentum der Zukunft durch seinen Bayreuther Privatkult deutlich: »Was uns für alle Zukunft der wahrhaft erkannte, von aller alexandrisch-judaisch-römisch despotischen Verunstaltung gereinigte und erlöste, unvergleichlich erhabene einfache Erlöser in der historischen erfassbaren Gestalt des Jesus von Nazareth bedeutet und ist.«[2]

Über die Gründe von Wagners pathologischem Judenhass gibt es verschiedene Theorien. Eine ist, dass der gesetzliche Vater, Friedrich Wagner (1770–1813), der sechs Monate nach Wagners Geburt am 22. Mai 1813 nach der Völkerschlacht bei Leipzig (23. November 1813) an Lazarett-Thypus starb, nicht sein leiblicher Vater war. Mit dieser nicht bewiesenen Behauptung ist verbunden, dass der spätere Adoptivvater Ludwig Geyer (1779–1821), Dichter und erfolgreicher Portraitmaler, der die Witwe und Mutter Wagners, Johanna Rosine Wagner (1774–1848) am 28. August 1814 heiratete, der tatsächliche Vater gewesen sein könnte. Grund zu weiteren Spekulationen um Wagners tatsächliche Abstammung ist schließlich, dass Ludwig Geyer selbst Jude gewesen sein soll.

Da Wagner im jüdischen Pelzhändlerviertel am Brühl in Leipzig aufwuchs, bis zu seinem 14. Lebensjahr den typisch deutsch-jüdischen Namen *Geyer* trug und mit seinem Aussehen nach christlich-antisemitischen Vorurteilen einem Juden entsprach, entstand das Gerücht, Wagner sei ein selbsthassender Jude gewesen. Die nie beantwortete Frage nach dem Vater, die er sich in seinen autobiographischen Schriften und Bühnenwerken immer wieder stellte, prägte also auch noch Wagners nationalistische und antisemitische Weltanschauung in seinen Bayreuther Jahren.

Wie sehr sich Wagner der Wirkung seiner Weltanschauung und rassistischen Regenerationstheorien auf rechtsradikale Kreise seiner und kommender Generationen von Bayreuth-Pilgern bewusst war, lässt sich am Beispiel des Wagnerianers Arthur Seidl nachvollziehen. Seidl schrieb 1883 in Bezug auf den Inhalt der Erlösungsoper *Parsifal* und deren Protagonisten:

»Erscheint Kundry [...] wie die Vertreterin des jüdischen [...] Prinzips [...], so wird Parsifal dagegen [...] zum arisch-germanischen Typus des christlichen Erlösers [...]. Amfortas [...] trägt in der mimischen Darstellung die Maske des orientalisch-semitischen (schwarzen) Christustypus, während Parsifal im Schlussakt den germanischen (blond umrahmten) Christuskopf zeigt [...]. Daß aber Klingsor sich auch noch des Grals selber bemächtigen will und zu diesem Zwecke keine Mittel und Wege scheut [..., dass] das reine Judentum überall christlich-germanische Kultur an sich reißt, in sich dringen möchte und sie so bis in's innerste Mark zersetzten möchte, dünkt uns nicht nur verständlich, es ist eine so allbekannte, schier triviale Wahrheit, daß es hier kaum mehr besonders in Erinnerung gebracht werden sollte.«[3]

Wagner war sich seiner politischen Breitenwirkung auf rechtsradikale Kreise bewusst, die ihn wie einen arischen Religionsstifter der Zukunft verehrten. Er ahnte aber auch, dass er mit seinen sozialistischen Erlösungsideen ebenso linke totalitäre politische Systeme beeinflussen würde, wie dies dann im 20. Jahrhundert geschah. Man denke nur an den Einsatz von Anatolij Lunacarskij (1875–1933), den engen Mitarbeiter von Lenin und Stalin, einen der Väter der linken Wagner-Deutung, – gefolgt von Diebold und Bloch – ausgerechnet im Jahr 1933!

Cosima Wagner

Ganz im Sinne von Richard Wagners Weltanschauung wirkte dessen Witwe und zweite Frau Cosima Wagner (1837–1930), die zweite Tochter des Komponisten und Pianisten Franz Liszt (1811–1886), die als Leiterin der Bayreuther Festspiele von 1885 bis 1906 jede Abweichung von der Weltanschauung des »Meisters« mit ihrem Bayreuther Kreis nicht nur verhinderte, sondern diese auch radikalisierte. Sie verstand die Bayreuther Festspiele als Kultstätte, ganz wie ihr Meister als Einheit von Kunst, Religion und Weltanschauung, mit der sie sich ganz identifizierte. Auch bei ihr spielte die Frage nach möglichen jüdischen Wurzeln eine Rolle. Ihre Großmutter war eine geborene Bethmann und gehörte zu der bekannten jüdischen Bankiersfamilie in Frankfurt. Selbst wenn diese Annahme, wie bei Wagner, spekulativ war, kann es doch erklären, dass beide versuchten, ihre Identitätsprobleme durch übertriebenen Nationalismus und Antisemitismus zu kompensieren. Als militante Antisemitin verfolgte Cosima Wagner die Doppelstrategie ihres Mannes: sie wünschte den Untergang des Judentums, was sie aber nicht daran hinderte, Juden als Förderer der Festspiele schamlos auszunutzen, wie man ihren Tagebüchern entnehmen kann.[4] Sie schuf den Begriff der »Hausjuden«, die man duldete, weil man sie brauchte, obwohl man sie zutiefst verachtete. Ihr Hausjuden-Stigma prägte die Festspielleiter bis 1945 und auch das Konzept des philosemitischen Neu-Bayreuth als andere Seite der Medaille. All dies hielt jüdische Wagnerianer nicht davon ab, nach Bayreuth zu pilgern, um gesellschaftlich anerkannt zu werden.

Houston Stewart Chamberlain

Chefideologe des Bayreuther Kreises unter der Leitung von Cosima Wagner wurde der Kulturkritiker und Rassentheoretiker Houston Stewart Chamberlain (1855–1927), der seit 1882 ganz im Dienste der »Meisterin« Cosima stand und Eva Wagner (1867–1942), die zweite Tochter Cosimas aus der Ehe mit Richard Wagner, heiratete. Dass er im Jahr der Bayreuther Uraufführung von Wagners *Parsifal* und noch zu Lebzeiten von Richard Wagner (1882) bereits zu Cosimas engem Vertrauten avanciert war, sollte für Chamberlains Mission in Bayreuth und in Deutschland von großer Bedeutung werden. Er wurde bekannt durch seine Schriften über Richard Wagner und vor allem seine Rassentheorie, das Buch *Die Grundlagen des 19. Jahrhunderts* (1899), das starken Einfluss auf deutschnationalistische Kreise bis hin zum Kaiserhaus und später Hitler hatte. Mit den *Grundlagen des 19. Jahrhunderts* löste er eine öffentliche Auseinandersetzung unter Wagnerianern aus, da der Kunsthistoriker Henry Thode, Ehemann von Cosimas ältester Tochter Daniela aus erster Ehe mit Hans von Bülow, Chamberlain anklagte, wesentliche Gedanken seines Buches von Richard Wagner ohne Hinweis auf den Urheber übernommen zu haben. Nur auf Grund der Ehe mit Eva Wagner kam es zu einer Aussöhnung und einem Ende der gerechtfertigten Anschuldigungen von Thode. Der Bayreuther Historiker Karl Müssel weist darauf hin, dass Chamberlains Leitgedanken für sein »Grundlagen-Buch« von Wagner stammen. Chamberlain verherrlichte darin das Germanentum, dem er nach seiner Deutung von Gobineaus Lehre über die Ungleichheit der Rassen die höchste Stufe zuerkennen wollte. Selbst Christus wollte er – wie Wagner – nur als nordischen Menschen verstehen. Mit dieser Anthropologie beeinflusste er die Rassenlehre des »Dritten Reiches«. »Alfred Rosenberg, der Chefideologe des Nationalsozialismus«, so Müssel, »hat Chamberlains Gedanken in seinem Buch *Mythus des 20. Jahrhunderts* im Sinne von Hitlers Weltanschauung« weiterverarbeitet.[5]

Siegfried Wagner

Mein Großvater Siegfried Wagner wurde am 6. Juni 1869 in Tribschen in der Schweiz als einziger Sohn Wagners und drittes voreheliches Kind Cosimas und Richard Wagners geboren. Als schwacher Mustersohn war er Leiter der Festspiele von 1907 bis 1930, arbeitete im Familienbetrieb als Dirigent, Regisseur, komponierte aber auch wenig bedeutende selbstgetextete Märchenopern und Instrumentalwerke. 1930 starb er an einem Herzleiden während der Festspiele, im selben Jahr wie seine Mutter. Siegfried war ganz vom nationalistisch-antisemitischen Weltbild der überdominanten Eltern und Schwestern Isolde und Eva sowie den Stiefschwestern Daniela und Blandine von Bülow, Töchtern aus der ersten Ehe Cosimas mit dem Dirigenten Hans von Bülow, beeinflusst. Er glaubte, es der Mutter recht zu machen, indem er die Bayreuther Weltanschauung mit einer Doppelstrategie vertrat: privat blieb er radikaler Antisemit, gab sich aber gegenüber jüdischen Wagnerianern und Sponsoren im Interesse des Familienunternehmens, wenn es opportun war, liberal, wie man der Diskussion mit dem Bayreuther Rabbiner Falk Salomon, der im Sommer 1924 die offene Parteinahme der Familie Wagner für Hitler kritisierte, und einem Brief vom 25. Februar 1925 entnehmen kann, in dem er Juden aus geschäftlichem Kalkül duldete. Das schloss auch ein, dass jüdische Wagner-Sänger am Festspielhügel beschäftigt wurden, eine scheinliberale Großzügigkeit, die ihn mit der Zeit in Anbetracht seiner Begeisterung für Hitler immer unglaubwürdiger machte. Er hielt an der »Hausjuden-Politik« der Eltern fest. Ebenso widersprüchlich ging er mit seiner Homosexualität um. Einerseits stellte die Mutter ihm für deren Verwirklichung ein eigenes Häuschen zur Verfügung – das ursprüngliche Siegfried-Wagner-Haus –, andererseits forderte die Fortsetzung der Erbfolge die Geburt von Kindern aus seiner Ehe mit Senta Klindworth, geborene Winifred Williams.

Winifred Wagner

Winifred Wagner, meine Großmutter, wurde als Winifred Williams am 23. Juni 1887 in Hastings an der englischen Kanalküste geboren. Sie war die Tochter des Schriftstellers John Williams und der Schauspielerin Emily Florence Williams, geborene Karop. Sie verlor ihren Vater mit zwei, die Mutter mit drei Jahren. Nach dem Tod der Mutter kam Winifred bei englischen Verwandten unter, wurde aber mit der Schulpflicht in das Waisenhaus Margate Orphanage in East Grimstead abgeschoben, eine Leidenszeit, über die sie nie sprechen wollte und die viel von ihrem späteren herrischen Verhalten verständlich macht.

Mit zehn Jahren erkrankte sie schwer und kam deswegen bei englisch-dänischen Verwandten mütterlicherseits, Henriette Klindworth, geborene Karop, der Frau des Klavierpädagogen, Liszt-Schülers und Wagner-Verehrers Karl Klindworth (1830–1916) zur Erholung unter. Winifred wurde von den greisen Verwandten noch während des Aufenthalts als Pflegekind aufgenommen. Durch sie erhielt sie eine Schul- und Musikausbildung für höhere Töchter. Erst 1914 wurde die nun 16-Jährige von ihren Pflegeeltern adoptiert.

Vom Wagnerianer und völkisch-antisemitsch gesinnten Karl Klindworth, der einen der ersten Klavierauszüge des *Ring des Nibelungen* erstellte, wurde sie ganz in der Weltanschauung Richard Wagners erzogen. Daher nannte sie sich bereits zu Beginn der Adoptionszeit stolz Senta Klindworth, – ganz im Sinne der Selbstaufopferung der Protagonistinnen in den Opern Wagners, hier der Senta im *Fliegenden Holländer*. Aber nicht nur die Werke Richards, sondern auch die des Sohnes Siegfried Wagner wurden Teil ihrer musikalischen Erziehung durch den Adoptivvater. Als Winifred Siegfried Wagner im Sommer 1914 kennen lernte, war sie bereits militante Wagnerianerin – und damit für Cosima die ideale Heiratskandidatin zur Absicherung des Familienunternehmens durch kommende Wagnergenerationen.

Im Sommer 1914 lud Cosima die Klindworths mit Adoptivtochter Senta, also Winifred, zum ersten Mal zu den Generalproben der Festspiele nach Bayreuth ein. Während des Ersten Weltkriegs, am 22. September 1915, heiratete der 46-jährige homosexuelle Siegfried, ganz dem Wunsch der Mutter entsprechend, in der Villa Wahnfried in Bayreuth die 27 Jahre jüngere Braut, die sich sofort – zum eigenen Vorteil – ganz dem von Cosima rigoros eingeteilten Tagesablauf in der Villa Wahnfried unterordnete.

Zu Beginn ihrer Ehe folgte Winifred der Doppelstrategie ihres Mannes Siegfried, sich zum geschäftlichen Vorteil der Bayreuther Festspiele nach außen hin Juden gegenüber neutral zu geben. Als sie sich seit 1923 immer offener zu Hitler bekannte, baute sie sich ihre eigene Doppelstrategie auf. Einerseits dachte sie ganz im Sinne der antisemitisch-nationalistischen Weltanschauung Richard Wagners, die auch für Hitler wesentlich war, andererseits entschied sie zum Nutzen des Familienunternehmens, wann geschäftliche Kontakte mit Juden opportun blieben. In diesem Sinne war sie gut darauf vorbereitet, nach dem Tod ihres Mannes 1930 die Bayreuther Festspiele als Leiterin bis 1945 zu führen. Es ging bei Winifred, wie bei ihren Schwiegereltern, vor allem um Selbsterhöhung und persönliche Machtentfaltung durch die Bayreuther Festspiele.

Sie wurde wie ihre Schwiegermutter, ihr Schwager Chamberlain und ihr Mann radikale Verfechterin des Ersten Weltkriegs, hasste den Versailler Friedensvertrag von 1919 und die erste deutsche Republik, für die die Familie Wagner die Juden verantwortlich machte. Um sich von der »Judenherrschaft« zu befreien, hoffte man in der Villa Wahnfried auf eine völkisch-nationalistische Diktatur, war verzweifelt, als der rechtsradikale Putsch von Wolfgang Kapp scheiterte und hoffte auf einen Erlöser zum Segen Deutschlands, der aber auch den bankrotten Familienbetrieb aus einer schweren wirtschaftlichen Krisenzeit retten konnte.

Um Winifreds Judenpolitik als Festspielleiterin von 1930 bis 1945 zu begreifen, ist an die geistigen Einflüsse zu erinnern, die ihre eigene Weltanschauung formten. Es war eine unreflektierte, wilde Mischung nationalistischer, antisemitischer und rassistischer Ideen von Wagner, Chamberlain und Hitler, die eines gemein hatten: die Vision eines »judenfreien« Deutschlands und einer Menschheit, die durch die arische Rasse, vor allem durch die Deutschen, vom Judentum zu befreien sei.

Deshalb brachte sie ihre Kinder und ihr Umfeld in autoritärer Weise auf diesen weltanschaulichen Kurs, ganz besonders mit Blick auf das große Wagner-Jahr 1933[6] und auf den 30. Januar 1933, der für Winifred und die Familie Wagner weit mehr als nur eine der als lästig empfundenen Reichstagswahlen war. Sie glaubte fatalerweise auch daran, sich mit Hitler, trotz des gegenseitigen Einverständnisses im Urteil über die Juden als minderwertige und bedrohliche Rasse, persönlich wegen jüdischer Sänger und Wagnerianer zum Wohle der Bayreuther Festspiele arrangieren zu können. Sie lebte im Glauben, bei Hitler mitbestimmen zu können, wer Jude war und wer nicht. Als sie später begreifen musste, dass Hitler mit der Endlösung auch bei Juden ernst machte, die der Bayreuther Sache und Winifred stets gedient hatten, suchte sie nach Sündenböcken, um ihr idealisiertes Traumbild vom »*Freund Wolf*« als Erlöser Deutschlands mittels des heiligen arischen Grals – und damit der Festspiele – aufrecht erhalten zu können. Man denke an Hitlers Entsetzen über den jüdischen Wotan Friedrich Schorr bereits 1931 und – als Folge der Endlösung – an die in Vernichtungslagern ermordeten jüdischen Wagner-Sängerinnen Henriette Gottlieb und Ottilie Metzger-Lattermann.

Winifred verfolgte die Doppelstrategie der Hausjuden-Politik als Unternehmerin an der Seite Hitlers bis zum Ende der Shoah und des Zweiten Weltkrieges und hatte, ganz im Gegensatz zu ihren Söhnen, einen viel radikaleren Machtinstinkt als Unternehmerin, als sich das Blatt gewendet hatte und sie Hausjuden nach dem Ende des »Dritten Reiches« wieder für sich ausnutzen konnte – was nie, selbst nach dem Massenmord an den Juden und den anderen Opfern der Shoah und des Zweiten Weltkrieges etwas an ihrem Antisemitismus änderte. Sie später als Retterin der Juden zu feiern, wurde einer der letzten Triumphe von Neu-Bayreuth bei der Manipulation des Wagner-Archivs nach 1945. Die Sündenböcke, die in ihren Wahnvorstellungen die Endlösung angeblich ohne Hitlers Einverständnis vollzogen,[7] fand sie im »Nazi-Pöbel«: Bormann, Schleicher, Schemm und andere, die sie nach 1945 für die Vollstreckung der Endlösung verantwortlich machte, um Hitlers Rolle in der Weltgeschichte zu beschönigen und zu verfälschen.[8] Leute wie Bormann, die zu jedem Verbrechen zum Heil der Partei und Deutschlands bereit waren, sah sie in ihrem lebenslangen Hass gegen die Demokratie erst einmal für nützlich an. Der »Parteipöbel« war ihr gut genug gewesen, die verhasste Weimarer Demokratie auszuschalten, selbst mit an die Macht zu kommen und so auch zum Aufstieg Hitlers und seines rechtlosen Führerstaats nach dem 30. Januar 1933 beizutragen. Wer sich die Mühe macht, die antisemitischen Schriften und judenfeindlichen Bemerkungen von Richard, Cosima, Siegfried und Winifred Wagner, Chamberlain und Hitler, die Winifreds Weltbild prägten, genau zu lesen und zu vergleichen, wird feststellen müssen, das inhaltlich und weltanschaulich keine wesentlichen Unterschiede zu den antisemitischen Schriften und Reden des »Nazi-Pöbels« wie Schleicher und Bormann bestehen. Lediglich die Art, wie man für die Zukunft massenpsychologische Demagogie als Teil eigener Judenhetze in Wahnfried plante, die mit zur Vernichtung der Juden durch die Endlösung beitrug, war sublimer – der Effekt und die geduldete und geförderte Wirkung waren aber ähnlich.

Im Vorfeld dieser sich anbahnenden Katastrophe wurden in Bayreuth Winifreds vier Kinder geboren: am 5. Januar 1917 mein Onkel Wieland, am 29. März 1918 meine Tante Friedelind, am 30. August 1919 mein Vater Wolfgang und ein Jahr später seine zweite Schwester Verena.

Wie sich der Erste Weltkrieg auf sie auswirkte, verdeutlicht der Bayreuther Stadthistoriker Karl Müssel: »In der Misere der ersten Nachkriegsjahre, in denen weithin große Not herrschte, hatten es die demokratischen Kräfte trotz erkennbarer Bemühungen und Teilerfolge schwer, eine konstruktive Kommunalpolitik in Bayreuth durchzusetzen und in der Bevölkerung Vertrauen zu gewinnen. Bald sammelten sich auch in Bayreuth diejenigen, welche die Revolution von 1918 als ein Verbrechen am deutschen Volk ablehnten. Die Behandlung Deutschlands bei den Friedensverhandlungen in Versailles stärkte den nationalen und demokratiefeindlichen Kräften den Rücken. In Bayreuth bildete sich ein ›Deutschvölkischer Schutz- und Trutzbund‹ mit deutlich antisemitischer Tendenz, der

1922 eine Sonnwendfeier auf dem Rodersberg abhielt. Im November 1922 wurde eine Ortsgruppe der NSDAP gegründet, deren erster Führer der spätere Landtagsabgeordnete Emil Löw war. Als am 18. März 1923 der Nürnberger Julius Streicher (später als ›Frankenführer‹ hochstilisiert und als Judenhasser und Herausgeber des ›Stürmer‹ bekannt) bei einer Versammlung im Bayreuther Sonnensaal sprach, hatte die Partei bereits 300 Mitglieder. Im Anschluss an die Veranstaltung kam es zu einer ersten großen Straßenschlacht zwischen Hitleranhängern und -gegnern in Bayreuth. Eine Hundertschaft der Polizei war eingesetzt, um die Straßen zu räumen und Ruhe und Ordnung wiederherzustellen.«[9]

Hitlers erste Pilgerfahrt und Besuche in Bayreuth

Mitten in dieser gewalttätigen Zeit besuchte der 34-jährige Hitler als unbekannter Parteiführer im Mai 1923 ganz privat zum ersten Mal die Villa Wahnfried. Hitler betrachtete bereits als 16-Jähriger Richard Wagner und sein Werk als sein kulturpolitisches Modell. Er hielt sein Leben lang an dieser Liebe fest, die sich in vielen Dokumenten belegen lässt, so unter anderem in *Mein Kampf*. Er sah die Bayreuther Festspiele stets als seine persönliche Angelegenheit. Dies schloss seine Liebe zur Familie Wagner als »Onkel Wolf«, seine beachtliche finanzielle Unterstützung für den Familienbetrieb und auch seine Vereinnahmung des Wagner-Tempels als »Kriegsfestspiele« und Teil der NS-Propaganda-Maschinerie ab 1939 ein. Viele Forschungen zum Thema liegen bereits vor. Besonders beeindruckend ist die Hitler-Studie *Germany: Jekyll & Hyde* des Publizisten und Historikers Sebastian Haffner. Er erkennt die Bedeutung von Wagner für Hitler und bemerkt zu dessen Zielen 1939:

»1. Seine persönliche Macht zu erhalten und zu erweitern;
2. Rache an allen Personen und Institutionen zu nehmen, denen gegenüber er Hass empfindet, und das sind viele;
3. Szenen aus Wagner-Opern und Bilder im Stile [des österreichischen Malers Hans] Makart ins Werk zu setzen, wobei Hitler der Hauptheld ist.«[10]

Entscheidend ist bei Hitlers Wagner-Kult, sich mit ihm als eine Einheit aus Künstler und Politiker zu sehen, vor allem um den kulturellen Einfluss des Judentums bis hin zur Endlösung für immer zu vernichten.[11] Nach einem Besuch am Grab Wagners im Wahnfried Park und dem Hinweis, »Wagner ist meine Religion«[12], wurde er am 1. Oktober 1923 in Wahnfried von meiner Großmutter Winifred empfangen, die ihn sofort als bekennenden

Wagnerianer, warmherzigen, bescheidenen Menschen mit herrlichen blauen Augen, Freund und Erlöser begeistert aufnahm.

Seinen ersten großen politischen Auftritt hatte er beim »Deutschen Tag« am 30. September 1923. In der alten markgräflichen Reithalle, dem historischen Vorläufer der jetzigen Stadthalle, hielt Hitler seine erste große Bayreuther Rede, bei der er vor einer »Weltkatastrophe« warnte. Der gefeierte Redner wurde einen Tag später wieder in Wahnfried empfangen. Es kam zum ersten, im Detail inszenierten Besuch Hitlers in der Villa Wahnfried. Er gab sich als devoter Wagner-Pilger und ging als Freund auf die finanziellen Probleme der Familie Wagner ein, die sich aus dem Wegfall der Tantiemen für den *Parsifal* ergaben und versprach Hilfe im Falle seines Wahlsieges. Er zelebrierte dann seinen Gang an das Grab von Richard Wagner hinter der Villa Wahnfried und berichtete von seinen Putschplänen, die Unterstützung fanden. Siegfried bot Hitler sofort das Du an und war begeistert wie seine Frau: »Als der Führer zum erstenmal nach Bayreuth kam, gewann er sich als Mensch und deutscher Helferich in Wahnfried alle Herzen.«[13] Dieses Mal besuchte er auch die greise Cosima Wagner und lernte den todkranken Houston Stewart Chamberlain kennen, der ihn als den gottgesandten Nothelfer der Deutschen mit Lobeshymnen feierte.[14] Damit wurde Hitler Teil der Geschichte der Familie Wagner.

Hitler und Siegfried Wagner

Wie sehr mein Großvater von Hitler begeistert blieb, kann man seinen Zeilen von Weihnachten 1923, also nur einige Wochen nach dem missglückten Novemberputsch Hitlers in München, an Rosa Eidam entnehmen. Er jubelte: »Wir lernten den herrlichen Mann [Hitler] im Sommer hier beim Deutschen Tag kennen und halten treu zu ihm, wenn wir auch dabei ins Zuchthaus kommen sollten. Gesinnungslumpen waren wir ja in Wahnfried nie. [Auf die politischen Unruhen in den 1920er-Jahren in Bayern anspielend:] Die Zustände in Bayern sind ja unerhört. Die Zeiten der spanischen Inquisition sind zurückgekehrt. Meineid und Verrat wird heilig gesprochen, und Jude und Jesuite[n] gehen Arm in Arm, um das Deutschtum auszurotten. Aber vielleicht verrechnet sich der Satan diesmal. Sollte die Deutsche Sache wirklich erliegen, dann glaube ich an Jehova, den Gott der Rache und des Hasses. Meine Frau kämpft wie eine Löwin für Hitler! Großartig!«[15]

Hitler antwortete ihm darauf am 5. Mai 1924 aus der Feste Landsberg in Erinnerung an seinen offiziellen Besuch in Bayreuth anlässlich des »Deutschen Tages« am 30. September 1923. Er war sich der offenen Parteinahme der Familie Wagner für ihn bei einem künftigen Wahlsieg sicher: »Stolze Freude faßte mich, als ich den völkischen Sieg gerade in der Stadt sah, in der erst durch den Meister [Richard Wagner] und dann durch Chamberlain das geistige Schwert geschmiedet wurde, mit dem wir heute fechten.«[16]

Winifred Wagner und Hitler

Wie eng meine Großmutter sich mit Hitler verbunden fühlte, macht ihr offener Brief vom 14. November 1923, nur wenige Wochen nach dem Schreiben ihres Landsmanns und Schwagers Chamberlain an Hitler vom 7. Oktober und nur sechs Tage nach Hitlers gescheitertem Münchner Putsch vom 8. und 9. November 1923, deutlich. Der in der Bayreuther Oberfränkischen Zeitung veröffentlichte Text lautet unter anderem:

»Ganz Bayreuth weiß, daß wir in freundschaftlichen Beziehungen zu Adolf Hitler stehen. Wir waren an den verhängnisvollen Tagen gerade in München und sind die ersten gewesen, die von dort zurückkamen. Begreiflicherweise wandten sich Hitlers Anhänger an uns, um von Augenzeugen sich berichten zu lassen. Das Außerordentliche an der Tatsache, daß eine Frau in meiner Stellung so etwas getan hat, ist Veranlassung zu den übertriebenen Gerüchten und Aussagen sowohl bei Freund als auch bei Feind geworden. Seit Jahren verfolgen wir mit größter innerer Teilnahme und Zustimmung die aufbauende Arbeit Adolf Hitlers, dieses deutschen Mannes, der, von heißer Liebe zu seinem Vaterland erfüllt, sein Leben seiner Idee eines geläuterten, einigen, nationalen Großdeutschland zum Opfer bringt, der die gefahrvolle Aufgabe sich gestellt hat, der Arbeiterschaft über den inneren Feind und über den Marxismus und seine Folgen die Augen zu öffnen, der es wie kein zweiter fertig gebracht hatte, die Menschen untereinander zu verbrüdern und zu versöhnen, den schier unüberbrückbaren Klassenhaß zu beseitigen gewußt hat, der Tausenden und Abertausenden Verzweifelten die frohe Hoffnung auf ein wiedererstehendes, würdiges Vaterland und den festen Glauben daran wiedergegeben hat. Seine Persönlichkeit hat wie auf jeden, der mit ihm in Berührung kommt, auch auf uns einen tiefen, ergreifenden Eindruck gemacht, und wir haben begriffen, wie ein solch schlichter, körperlich zarter Mensch eine solche Macht auszuüben fähig ist. Diese Macht ist begründet in der moralischen Kraft und Reinheit dieses Menschen, der restlos eintritt und aufgeht für die Idee, die er als richtig erkannt hat, die er mit der Inbrunst und Demut einer göttlichen Bestimmung zu verwirklichen versucht. Ein solcher Mann, der so unbedingt für das Gute eintritt, muß die Menschen begeistern, hinreißen, mit aufopfernder Liebe und Hingabe für seine Person beseelen. Ich gebe unumwunden zu, daß auch wir unter dem Banne dieser Persönlichkeit stehen, daß auch wir in den Tagen des Glückes zu ihm standen, nun auch in den Tagen der Not ihm die Treue halten.«[17]

An dieser Haltung hielt sie in Nibelungentreue bis zu ihrem Tode am 5. März 1980 fest. Am 6. Dezember 1923 berichtete Winifred ihrer Freundin Helen von ihrem Einsatz für Hitler in der Landsberger »Haft« mit einem »Mordspaket« wollener Decken, einer Jacke, Strümpfen, Futterzeug, Büchern.[18] Man weiß, dass es Hitler in seiner Landsberger Haftzeit an nichts fehlte. Eine Hitler-Hysterie brach auch bei den Schwägerinnen Daniela und Eva in dieser Zeit aus. Vor Weihnachten 1923 richtete Winifred eine Sammelstelle für »Liebespakete« nach Landsberg ein.[19]

Hitler fand also bereits seit 1923/24 in der Familie Wagner volle gesellschaftliche Unterstützung und erfüllte sich so weit mehr als nur seinen Jugendtraum eines pubertären Bayreuth-Pilgers.[20] Winifred Wagner lieferte in ihren »Liebespaketen« die Schreibmaschine und das Papier, auf dem Hitler in Landsberg Rudolf Heß seine Autobiographie *Mein Kampf* diktierte. Auch Hitlers Heiratsantrag vom Herbst 1930, also nach Siegfrieds Tod – so der Historiker Robert Wistrich[21] – knüpfte die Bande von Winnie an Wolf, wie Hitler vertraut von ihr genannt wurde, noch enger. Doch aus eigenen Machtgelüsten lehnte sie es ab, nur »Frau Hitler« zu werden.

Welche Bedeutung für Hitler meine Großmutter und Bayreuth bereits ab 1923/24 hatten, kann man auch *Hitlers Tischgesprächen im Führerhauptquartier* mit Dr. Henry Picker in der Nacht vom 28. Februar zum 1. März 1942 entnehmen:

»Ich bin so oft durch Bayreuth gekommen, habe dann immer Besuch gemacht. Aber die Frau Wagner hat immerhin Bayreuth – das ist das große Verdienst von ihr – mit dem Nationalsozialismus zusammengebracht. Denn Siegfried: persönlich war er mir befreundet, politisch war er passiv. Die Juden hätten ihm das Genick abgedreht, er konnte nicht anders [...]«.[22]

Von der großen Lösung der Judenfrage Wagners zur Endlösung von Onkel Wolf

Was mich bei meiner langen Auseinandersetzung mit dem »Dritten Reich« und der Geschichte der Familie Wagner immer wieder besonders interessiert hat, war wann und wie sich die Spielarten von persönlichem Machtmissbrauch auf Grundlage des »arischen Selbsterhöhungswahns« von Richard Wagner und Hitler auf das Intrigenmachtspiel meines Onkels Wieland und meines Vaters Wolfgang auszuwirken begannen. Im Folgenden werden einige der vielen Episoden aus den Jahren 1931 bis 1945 angeführt.

1931: Hitler, Heil und Kasperle – Theater der Wagner-Kinder

Wieland war damals 14 und Vater zwölf Jahre. Zu betonen ist, dass Wagner-Nachkommen inmitten der Machtkämpfe in Wahnfried in einer kinderfeindlichen Erwachsenwelt nur eine kurze, wenn überhaupt irgendeine Kindheit hatten. Die Kinder Winifreds führten ein antisemitisches Kasperle-Theaterstück mit einem Text von Wolzogen auf.[23] Lieselotte Schmidt, Hurra-Nazi, Erzieherin der Kinder von Winifred und die Geliebte von Hans Frank, später Generalgouverneur des besetzten Polen, berichtete darüber:

»Es sollte ›möglichst ein Nazistück sein, wo auch ein Jude darin vorkommt‹, so [das Kindermädchen] Lieselotte [Schmidt]. Wolfgang habe sich schon ›einen Juden als Spielpuppe zugelegt mit einem herrlichen Zinken‹. Wieland malte die Kulissen, Verena spielte die ›Weiberrollen‹, Wolfgang übernahm die Leitung. Das Stück nannte sich *Prinzessin Bulette*, so Lieselotte, ›wahrhaftig ein Jude drin und der Kasperle ist ein Nazi.‹ [...] Der Inhalt [des Stückes ist]: ›Kasperle hält zwei [...] [aufdringliche] Verehrer, den reichen Bauern ›Protz‹ und ›den reisenden in Odeuren (Jude)‹ mit Ohrfeigen und Fußtritten von der Prinzessin fern und bekommt von ihr als Dank einen Kuss. Im Schlußreim heißt es: ›Es ist wahrhaft ein Skandal:/ diese Protzen und Parfümierer/ im deutschen Land – man schämt sich ihrer./ Da stößt man mal zu – zum edlen Zweck./ Die ganze Sorte ist einem ein Dreck./‹ ›Das Stück endet mit [...] [einem ausgestreckten Hitlergruss von Kasperle]: Der Kasperle schweigt und denkt sich seinen Teil/ und ruft zum Schluß nur noch: Hitler Heil!‹[24] Der Erfolg des Wagner Kinderstückes war groß, besonders [Gauleiter Hans] Schemm [einer der treuesten Gefolgsmänner der ersten Stunde von Hitler und devoter Freund der Wagners] war restlos begeistert.«[25]

1934: Hitler schlichtet im Erbfolgekrieg der Wagner-Kinder

Hitler besuchte im Herbst die Wagners häufig und, ganz seinem Stile entsprechend, gerne überraschend. Bei einem dieser Besuche im Oktober diskutierte er mit Winifred die »Erbhofgeschichte« Wahnfrieds mit Wieland als Alleinerben.[26] Das Reichserbhofgesetz sollte nun auf die Familie Wagner angewendet werden. Die Festspiele und Wahnfried sollten als Besitz der Sippe für unteilbar erklärt und nur einem arischen Erben übergeben werden. Wolfgang und die Schwestern Friedelind und Verena sollten keine Abfindung erhalten.[27] Das aber hätte das gemeinschaftliche Testament von Siegfried und Winifred vom 8. März 1929 hinfällig gemacht,[28] und das wollten natürlich die gleichberechtigten Nacherben Wolfgang, Friedelind und Verena nicht zulassen. Damit war der offene Erbfolgekrieg zwischen den Wagner-Kindern ausgebrochen, der zur Folge hatte, dass es nie mehr zum Frieden kommen konnte, und zwischen den Geschwistern stets Unfrieden, Misstrauen und Neid, nach außen hin mühsam kaschiert, herrschten. Daher bestand Hitler jetzt auf der Einhaltung des Testaments von Siegfried, was ihm sein Wolfi, wie er Wolfgang liebevoll seit Kindesbeinen nannte, nie vergaß. Vater verschwieg das nach 1945, denn sonst wären weder er noch Wieland Festspielleiter geworden. Der hier ausgebrochene Bruderzwist sollte sich später auch auf die nächsten Wagner-Generationen auswirken, wobei Winifred immer noch die Fäden zog.

1937: Die Festspiele und Nürnberger Parteitage als Weihnachtsfest

Ab 1937 wurden Wieland, Wolfgang und Verena immer mehr aktiver Teil der Nazi-Propaganda. Wie sehr die Bayreuther Festspiele auch im Jahr 1937 von Hitler bestimmt wurden, belegt folgende Episode. Er befahl am 15. August 1937 allen Mitwirkenden der Festspiele, die Nürnberger Reichsparteitagsgebäude zu besichtigen. Alle folgten in 30 Bussen der »Einladung«. Die Wagner-Kinder übernachteten im gleichen Hotel wie Hitler, im »Deutschen Hof«, und überredeten Onkel Wolf, noch einmal zu den Festspielen zu kommen.[29] Hitler kam mit dem Nazi-Chefideologen Alfred Rosenberg zur *Götterdämmerung* und machte aus ihm einen strammen Wagnerianer.[30]

Kaum war die Festspielzeit zu Ende, trafen sich die Wagners mit Hitler wieder während des Nürnberger Parteitags als seine Ehrengäste im Hotel »Deutscher Hof«. Hier ging es besonders um die Betreuung des Bruders des japanischen Kaisers Hirohito, Prinz Chichibu, kurz nachdem Japan im Juli 1937 China überfallen hatte. Hitler setzte darauf, Winifred als außenpolitische Propagandafigur und Schwiegertochter Wagners für den künftigen Alliierten der Achse Berlin-Tokyo zu benutzen – eine Bitte, der Winifred gerne nachkam. Nach drei Tagen Volleinsatz in Bayreuth für den japanischen Prinzen eilten die Wagners mit dem hohen Besuch zum Abschlusskongress des Parteitages nach Nürnberg. Winifred berichtete davon: »Wolf ist so dankbar, daß er Nickel [Verena] und mich nun durchaus zu dem Mussolini-Empfang in München am 25. September haben will«.[31] Auch Wolf war ganz zufrieden. Noch 1942 berichtete Hitler begeistert von diesen Bayreuther und Nürnberger Zeiten: »Der Tag nach der Beendigung der Festspiele und der Dienstag in Nürnberg, das ist für mich etwas Trauriges, wie wenn man vom Christbaum den Schmuck entfernt.«[32] Auf dem weltpolitischen Parkett bewegte sich Winifred wieder beim Empfang während Mussolinis Staatsbesuch Ende September 1937. Dort begoss man das Einverständnis, Hitler freie Hand beim Einmarsch nach Österreich zu lassen.

Im Winter 1937/38 wurde Wieland vom Militärdienst befreit – sicher halfen dem sensiblen Künstler und Führer-Liebling dabei auch seine Kontakte zu Hitler.

1938: Devisenschiebereien der Wagners und Hitlers Hilfe

Am 10. April 1938 fand die »Volksabstimmung« über den »Anschluss« Österreichs an das »Großdeutsche Reich« statt, die Hitler mit 99,73 Prozent bei fast 100-prozentiger Wahlbeteiligung gewann. Diese politische Hochstimmung machte Hitler den Wagners gegenüber besonders großzügig. Das lässt sich unter anderem auch an den wochenlangen Auslandsaufenthalten der Kinder in Italien und an Devisenschiebereien nachweisen. Unter dem Deckmantel einer längst verrechneten *Tannhäuser*-Spende von 1930 wurde eine schwarze Kasse geführt und die Summe von rund 800.000 Reichsmark Gewinn bringend angelegt.[33] Damit konnte Winifred sich dann einen Besitz am Bodensee kaufen und seit 1930 Geld in der Schweiz anlegen – und das trotz der seit 1933 sehr strengen Devisenbestimmungen! Im April 1938 kam es seitens der Zollfahndung zu einem Strafverfahren gegen das Haus Wagner wegen Devisenverschiebung ins Ausland.[34] Retter in der Not wurde Hans Frank, und es kam später zur Straffreiheit wegen Unzurechnungsfähigkeit des Karlsruher Verlegers Albert Knittel, der sich als Wahnfried-Vermögensverwalter bereichert hatte und nun zum willkommenen Sündenbock gemacht wurde. Das Geld aus der Schweiz wurde wieder nach Deutschland zurückgeführt. Ausreichende Beträge wurden dank Hitlers Eingreifen für die Festspiele wieder freigesetzt. Dessen ungeachtet machten Wieland und Wolfgang im Frühjahr 1938 mit Wielands neuem Mercedes – ein Führergeschenk – eine wochenlange Sizilienreise. Dass Onkel Wolf in dieser Zeit mit Mussolini verhandelte und in großen Paraden seine Einigkeit mit dem Duce in Rom zur Schau stellte, ergänzte den Sonderstatus der Familie Wagner auch im Ausland.

Trotz der Devisenschiebereien der Wagners befahl Hitler am 22. Mai 1938 zum 125. Geburtstag Wagners die Errichtung der Richard-Wagner-Forschungsstätte. Bereits im März des Jahres hatte Winifred eine Denkschrift für die Forschungsstätte vorgelegt. Ihr Text zeigt, wie sehr sie ganz im Sinne von Richard Wagners Weltanschauung Einfluss auf die Festspiele nahm. Dabei war sie sich der Unterstützung Hitlers sicher: »Wagner, der Mann, der es im Zeitalter des Liberalismus wagte, mit seiner Schrift ›Das Judentum in der Musik‹ einer furchtbaren Macht den Fehdeschuh hinzuwerfen, und diese Macht endlich sogar als den ›plastischen Dämon des Verfalls der Menschheit‹[35] kennzeichnete, hat sich für immer die unerbittliche Feindschaft derjenigen zugezogen, die nun rücksichtslos die Presse gegen ihn eingesetzt hatten.«[36]

Winifreds Schrift endet u.a. mit der Forderung nach Gleichschaltung der Interpretation von Werk und Leben Wagners durch sie und kommende Wagner-Generationen: »Abwehr aller tendenziösen Angriffe auf Wagners Person und Werk, Klarstellung der rein arischen Abstammung Wagners, eine kritische Gesamtausgabe der Schriften und die Vorbereitung einer neuen Biographie des Meisters.«[37] Es ging also um die Monopolisierung und »Arisierung« Wagners durch die Familie im internationalen Operngeschäft. Jeder Zweifel an Wagners Abstammung von seinem Adoptivvater Geyer, d.h. dem möglichen jüdischen Vater Wagners, sollte, ähnlich wie bei Hitlers Großvater Schickelgruber, für immer eliminiert werden. Damit konnte sich Winifred unter dem Schutz Hitlers auch an ihren Schwägerinnen rächen, die zu verhindern suchten, dass sie ihr rassistisch-antisemitisches Wagner-Bild nun auch im Sinne der nationalsozialistischen Ideologie auslegte.

In diesen Tagen forderten die Sudentendeutschen mit einem Aufmarsch in Bayreuth, wieder ins Reich zurückzukehren, und im Siegfried-Wagner-Haus wurde im Führeranbau ein großes Zimmer für die geheime Präsentation des Modells des Westwalls gesperrt.

Am *Götterdämmerungs*-Tag, dem 1. August 1938, machte Wieland Onkel Wolf eine besondere Freude mit seinem Eintritt in die NSDAP. Er plauderte mit Hitler über seine Absicht, Maler zu werden und Musik zu betreiben, nachdem es wieder einige Pannen bei den *Parsifal*-Dekorationen gegeben hatte. Ganz im Stile der Familie und fern vom gemeinen Volk nahm Wieland bei Ferdinand Staeger in München, den Hitler besonders schätzte, Privatunterricht.[38]

Am 7. Dezember 1938 war in der *Bayerischen Ostmark* zu lesen, dass es nun keine jüdischen Geschäfte mehr in Bayreuth gebe.[39]

1939: Wagner-Partituren zu Hitlers 50. Geburtstag, Winifreds politisches Scheitern und Sorgenkind Friedelind zu Beginn des Zweiten Weltkriegs

Am 15. März 1939 marschierten die deutschen Truppen in der »Resttschechei« ein, machten sie zum Protektorat Böhmen und Mähren und verstießen damit gegen das Münchner Abkommen. Mein Vater war als Soldat mit dabei,[40] was er später immer verheimlichte. Makaber machte sich der freigestellte Künstler Wieland darüber lustig: »Wolf war mit in der Tschechei und hat dort die Bevölkerung unterdrückt. Vom Schlagsahneessen hat er in diesem Krieg 5 Pfund zugenommen«.[41]

In die Geschichte der Bayreuther Festspiele hingegen ging ein besonderes Geschenk der deutschen Industrie an Hitler ein: die Originalpartituren, die Richard Wagner Ludwig II. von Bayern geschenkt hatte. Zu »Führers« fünfzigsten Geburtstag waren die 800.000 RM schnell gefunden, und so besaß Hitler jetzt die Originalpartituren der *Feen*, des *Liebesverbots* und von *Rienzi*, eine Orchesterskizze des *Fliegenden Holländers*, die Originalpartiturreinschrift des *Rheingolds* und der *Walküre*, die Originalreinschrift der Orchesterskizze des 3. Aktes von *Siegfried* und eine Abschrift der Orchesterskizze der *Götterdämmerung*.[42] Winifred bat Hitler darum, diese Schätze im Wahnfried-Archiv zu deponieren, doch Hitler wollte sie immer bei sich haben.[43]

Damals machte auch die Notiz Schlagzeilen, dass angeblich Volksdeutsche zur Zwangsarbeit ins Innere Polens verschickt worden seien.[44] Wie nie zuvor wurde das Siegfried-Wagner-Haus abgesichert. Militärs und Minister gingen dort ein und aus. Meine Tante Verena vernahm das Wort *Lysagora*, ein Ort in Polen. Vaters Einheit war an der polnischen Grenze stationiert, und diese versteckten Hinweise beunruhigten die Familie, aber im Zweifelsfalle hoffte man mit Recht immer wieder auf Hitler als Schützer. Am 31. Juli feierte man die »Weltbestleistung« deutscher Bomber: mit 501 Stundenkilometern über 2.000 Kilometer.[45] Hitler besuchte alle Aufführungen und genoss den Jubel der Massen. Am 30. Juli verlieh er seiner Winnie in der Pause der *Walküre* das »Ehrenkreuz für die kinderreiche Mutter« in Bronze,[46] ganz im Sinne der »deutschblütigen und erbgesunden Kinder«.

In diesen Tagen traf sich Hitler im Siegfried-Wagner-Haus mit dem englischen Zeitungszaren Lord Kemsley. Der deutschfreundliche Botschafter Henderson wollte seinen Bayreuther Aufenthalt nutzen, um Hitler für ein Waffenstillstandsabkommen mit England zu gewinnen. Am 30. Juli scheiterte Winifred damit, Hitler im Siegfried-Haus zu einem Treffen mit Henderson zu bewegen.[47]

Am 24. August wurde Vaters Kompanie nach Rosenberg in Oberschlesien verlegt. Am 26. August machte der angebliche Massenmord bei Bielitz und Lodz mit Kopfprämien für Deutsche in den Nazi-Medien Schlagzeilen.[48] Vater war mit Einfall der Wehrmacht Soldat in Polen geworden, während sich Wieland ganz seiner Malerei hingeben durfte. Wie Winifred in den Tagen des Ausbruchs des Zweiten Weltkrieges auf Vaters Einsatz in Polen reagierte, geht aus ihrem Brief an Friedelind vom 7. Oktober 1939 hervor: »In Wolfgangs Kompanie sind 4 eiserne Kreuze verteilt worden. Gefallen sind bisher etwa 6 Mann«.[49]

Als Vater während eines Einsatzes verwundet wurde, informierte Hitlers Arzt Karl Brandt Winifred auf Wunsch Hitlers regelmäßig über Vaters Zustand und besuchte ihn in der Charité. Winifred konnte sich dann wieder ihrem Einsatz für Hitlers Sache widmen.

Große Probleme hatte sie mit der Tochter Friedelind, die sich zur Nazi-Gegnerin gemausert hatte und mit Kriegsausbruch nicht mehr aus der Schweiz nach Deutschland zurückkehren konnte. Sie schrieb der Tochter am 10. Oktober: »Ich bedauere außerordentlich, dass Du in dieser schicksalhaft schweren Zeit es über Dich bringst, Dich außerhalb der Familie und außerhalb der Volksgemeinschaft zu stellen. [...] Alles, was vorgefallen sein mag, bedeutet nichts gegenüber dem, was wir jetzt zu tragen haben, und daß Du in dieser Zeit erst recht in Deine Familie und an die Seite Deiner Mutter gehörst.«[50] Zu Weihnachten kam nach langer Zeit ein Brief von Friedelind. Wieder forderte Winifred von der Tochter Gehorsam: »Ich nehme zur Kenntnis, dass Du Deiner Heimat und Deinem Vaterland den Rücken kehrst. Ich bitte Dich aber in Rücksicht auf die Geschwister, daß Du im neuen Jahr wenigstens diese blutsmäßigen Bindungen mehr und liebevoller pflegst und lasse uns etwas mehr an Deinem persönlichen Leben und Ergehen teilnehmen.«[51] Es ging Winifred aber keineswegs um echte mütterliche Sorge, sondern um die Kontrolle dessen, was die aufsässige Tochter tat, deren Ruf bei Hitler und anderen Nazigrößen nicht mehr zu retten war.

1940: KdF-Festspiele und Hitlers »Geschenk« aus dem besetzten Paris

Die Festspiele wurden seit 1940 völlig von Hitler und der NSDAP abhängig,[52] was jedoch für Winifred große Vorteile hatte, denn von nun an wurden der Kartenverkauf, die Werbung und die Medienarbeit durch die Organisation »Kraft durch Freude« (KdF) erledigt.[53]

Doch es gab auch ganz andere Probleme für sie. Vor allem Friedelind war für Winifreds Ansehen im »Dritten Reich« und bei Hitler eine schwere Belastung geworden. Anfang des Jahres kam es zu großen Spannungen zwischen Friedelind und dem Rest der Familie, da sie aus Protest gegen die Verfolgung von Juden in Nazi-Deutschland in die USA auswandern wollte. Um die Ausreisepapiere für Friedelind, die in der Schweiz lebte, zu bekommen, musste Winifred persönlich in Himmlers Berliner Haus kommen. Himmler kannte im Detail alle Briefe zwischen Mutter und Tochter, da sie von der SS abgefangen wurden, und befahl, dass Friedelind zurück nach Deutschland zu kommen habe.[54] Daher traf sich Winifred am 9. Februar 1940 in Zürich im Hotel »Baur au Lac« mit ihr. Es kam zu einer dramatischen Auseinandersetzung zwischen Tochter und Mutter, in der Winifred forderte, dass Friedelind sofort aufhören solle, sich öffentlich gegen Hitler zu äußern: »Wenn Du nicht zustimmst, wird man Dich mit Gewalt holen und Dich an einen sicheren Ort bringen und wenn Du nicht hören willst, wird der Befehl erteilt, dass Du bei der ersten Gelegenheit vertilgt und ausgerottet wirst.«[55] Ein Jahr später, im März 1941, konnte Friedelind mit der persönlichen Einwilligung Churchills nach Buenos Aires ausreisen, wo ihr Arturo Toscanini ein Visum verschaffte.

Am 23. Juli 1940 kam Hitler zur großen Freude der Wagners zur *Götterdämmerung*. Beim morgendlichen Gespräch im Wahnfried-Garten ging es wieder einmal um das schwarze Schaf Friedelind. Vor der Aufführung kam Onkel Wolf zum Tee nach Wahnfried, wo er aber nicht mehr wohnte, denn die Friedelind-Geschichte zeigte erste Auswirkungen. Man diskutierte über einen Luftschutzkeller, was Hitler für gänzlich überflüssig hielt. Er war sehr optimistisch, denn »der Krieg findet Hunderte von Kilometern entfernt von Bayreuth statt«.[56]

Als Geschenk brachte Hitler aus Paris ein Lehnbach-Portrait mit, was Winifred aus Dankbarkeit in den Musiksalon des Führeranbaus hängte und wo es bis zu ihrem Tode 1980 blieb. Damals raubten Rosenberg und sein Gefolge in französischen Museen und Archiven Schätze deutscher Geschichte, die legal von französischer Seite erworben worden waren. Darunter auch Briefe und Autographen von Wagner, an denen Hitler besonders für seine eigene, sehr wertvolle Wagner Sammlung interessiert war. Dieser Besuch Hitlers bei den Wagners sollte der letzte gewesen sein.

1941: Der Fall vom treuen Heß, der Aufstieg vom »Schwein« Bormann und Wielands Machtintrigen bei Onkel Wolf

Im Mai 1941 wagte Heß einen Vorstoß, um ein Friedensabkommen mit England zu erreichen (10. Mai), da er einen Zweifrontenkrieg vermeiden wollte. Sein Einsatz scheiterte, Hitler war außer sich und entließ ihn aus dem Amt des Stellvertreters. Er beauftragte Bormann mit der Leitung der Parteikanzlei. Damit war Bormanns große Stunde gekommen. Winifred, die sich bestens mit Heß verstand, versuchte ihm zu helfen und schrieb u.a. an eine Freundin: »an einen Verrat von Heß ist überhaupt nicht zu denken – er ist dem Führer treu wie Gold ergeben. [...] Er hat ihn deshalb auch zu seinem Stellvertreter gemacht!«[57]

Durch die neue Macht Bormanns, der die Wagners seit dem Vorfall mit Friedelind immer weniger schätzte, wurde Winifreds Kontakt zu Hitler immer mehr eingeschränkt. Dies hatte negative Folgen für ihre Macht und ihren Einfluss.[58] Bormann bekam im Hause Wagner von nun an nur noch den Spitznamen »Das Schwein«, zumal er sich im Sommer 1941 zusätzlich zu seinen Häusern in München und am Obersalzberg eine Villa in der Parsifalstraße in Bayreuth kaufte – ein Zeichen seiner Macht, konnte er doch so seine Liebe zu Richard Wagner zeigen. Er hatte sogar die Idee, in Bayreuth seinen Lebensabend zu verbringen, so jedenfalls Hitler gegenüber von Schirach.[59]

In diesem Festspielsommer kam es zur offenen Auseinandersetzung zwischen Wieland und Heinz Tietjen, Generalintendant der Preußischen Staatstheater und künstlerischer Leiter der Bayreuther Festspiele von 1930 bis 1945. Wieland warf Tietjen vor, er wolle ihn, den rechtmäßigen Erben, ausschalten, damit er selbst am Festspielhügel weiterhin Alleinherrscher bleiben könne.[60] Winifred stand im Kreuzfeuer der beiden Machtbesessenen. Sie versuchte vergeblich, zu vermitteln. Aber auch mein Vater meldete seinen Machtanspruch an und wusste von nun an geschickt, die Mutter und Tietjen, dessen Assistent er in Berlin war, durch Schmeicheleien auf seine Seite zu ziehen.

Ende September 1941, nach einer weiteren harten Auseinandersetzungen mit Tietjen im August,[61] empfing Hitler durch einen privaten Seiteneingang Wieland in der Reichskanzlei. Das Fazit dieses Treffens überlieferte die Sängerin Barbara Kemp: »Tietjen war durch Wielands Allianz mit Hitler und Goebbels einem Vernichtungskrieg ausgeliefert gewesen.«[62]

Ohne den Machtkampf und das Intrigenspiel zwischen Goebbels (Wieland) und Göring (Tietjen) in Sachen NS-Kultur ist diese heftige Auseinandersetzung unverständlich. Mit dem Aufstieg Bormanns wendete sich das Blatt gegen Winifred, und ihre Kontakte zu Hitler wurden von diesem Zeitpunkt an immer schwieriger. Damit kam vor allem Wielands Stunde, der von nun an, neben seiner Nähe zum »Führer«, immer mehr auch auf die »Karte« Göring setzte und sie gegen Goebbels erfolgreich ausspielte.[63]

1942: Die neue Machtkonstellation der Wagner-Enkel in Bayreuth im »Endsieg«

Nun war die große Zeit der Wagner-Kinder bei Hitler gekommen, und Winifred spielte von nun an nur noch eine untergeordnete Rolle. Die neue Machtkonstellation der Wagner-Enkel machte Hitler vor aller Welt deutlich, als er Wieland und Wolfgang am 10. Juni 1942 zum Essen in die »Osteria Bavaria« in München einlud und während des Mittagessens betonte, dass er beide als Bayreuther Erben ansehe: Wieland für die künstlerische und Wolfgang für die technische Seite, lautete sein Wille.[64] Hitlers Vision sollte sich aber erst bei der Wiedereröffnung der Bayreuther Festspiele 1951 verwirklichen.

Im August machte Wieland einen weiteren Versuch zur »Machtergreifung« durch einen Coup gegen die Mutter. In einem langen Brief an Hitler versuchte er, beim »Führer« mit einer großangelegten Intrige gegen Praetorius endlich »reinen Tisch zu machen«.[65] »Es sei«, so Wieland, »ein Skandal gewesen, dem Führer 1934 kubistische und expressionistische Machwerke auf der Bayreuther Bühne vorgesetzt zu haben.«[66] Damit bediente sich Wieland des Vokabulars derer, die von *Entarteter Kunst* und Musik im »Dritten Reich« sprachen. Das entsprach auch ganz der Weltanschauung Siegfried Wagners, der sich 1926 gegen »hypermoderne Moden in Bayreuth«[67] ausgesprochen hatte. Welche Kunst Wieland als Maler im »Dritten Reich« vertrat, lässt sich von dem Ölgemälde ablesen, das er von seinem Vater schuf und das er Hitler 1940 geschenkt hatte: spießiger Postkartenkitsch, ganz Onkel Wolfs Geschmack entsprechend.

Doch der Angriff auf Emil Praetorius, den berühmten konservativen Bühnenbildner an großen deutschen Bühnen vor und während des »Dritten Reiches«, so auch in Berlin und Bayreuth, galt der Mutter und seinem Intimfeind Tietjen, die ihn daran hinderten, an die Macht zu kommen. Seit 1942 konnte Wieland auf Grund seiner Nähe zu Hitler solche Schachzüge wagen. Er plante Rundfunksendungen und besondere Aufnahmen mit Furtwängler und Krauss (als »Kriegserklärung« gegen Tietjen) und forderte nun, die Praetorius-Bühnenbilder und Tietjen-Regien durch seine eigenen zu ersetzen.[68] Die Folge seiner Hetzkampagne: Praetorius bekam Arbeitsverbot, sein Haus wurde durchsucht – wobei man einen Briefwechsel mit Juden in Holland fand. Der Münchner Gauleiter Paul Giesler erklärte ihn zum Staatsfeind.[69] Erstaunlicherweise durfte Praetorius auf Hitlers Anweisung von Anfang 1943 weiterarbeiten.[70] Die Gründe dafür bleiben bis heute im Dunklen. Wielands Rechnung ging also nicht auf. Die Parteipresse gebot »eine gewisse Zurückhaltung« gegenüber Praetorius, der nun ganz der Willkür von Goebbels ausgesetzt war. Hitler nahm zu diesem Zeitpunkt eher die politische Unzuverlässigkeit Tietjens in Kauf, als jetzt schon den nur 26-jährigen, sehr unerfahrenen Wieland in Bayreuth an die Macht zu lassen.[71]

1943: Wielands *Ring*-Projekt nach dem Endsieg oder der Verlust der Wirklichkeit

Da Winifred seit 1942 erkennen musste, dass ihre Söhne Wieland und Wolfgang immer mehr an Einfluss bei Hitler gewannen und geschickt im Intrigenumfeld der NS-Elite taktierten, was auch nach außen durchsickerte, wurde ihre Motivation größer, sich in anderer Hinsicht zu engagieren. In ihrem sicheren Instinkt für die richtige Einschätzung der politischen Großwetterlage ahnte sie die Notwendigkeit, sich Hintertüren offen zu halten. Das schloss auch das Taktieren im Umgang mit Verfolgten für den schlechtestmöglichen Fall, nämlich den Niedergang des »Dritten Reiches«, mit ein. Mit anderen Worten: Sie entwickelte seit 1943 Konzepte für ihr Überleben nach einem möglichen Fall Hitlers und des NS-Regimes. Dies bekannte sie jedoch nie ehrlich und offen. In den Hilfsaktionen für Verfolgte sah sie die Möglichkeit, später gegebenenfalls ihren eigenen Kopf aus der Schlinge zu ziehen. Die immer schlechteren Frontnachrichten, vor allem aus dem Osten (Stalingrad!), waren verheerend, und die Bombardements auf Deutschland, einschließlich Bayreuth, wurden immer heftiger. In dieser verzweifelten Situation schrieb sie am 8. März 1943 in völliger Selbstverleugnung an Hitler: »Mein hochverehrter Freund

und Führer! [...] Ich bitte Dich, mir Deine letzte Entscheidung in der Angelegenheit [des Festspielprogramms] günstigst übermitteln zu lassen. [...] Alle Gedanken und alle heißen Wünsche sind bei Dir und Deiner gigantischen Aufgabe! In unauslöschbarer Dankbarkeit und Verehrung Deine treu – ergebene Winifred«.[72]

In dieser Phase des sich immer mehr zuspitzenden Zweifrontenkriegs sah Wieland, der weiterhin vom Kriegsdienst freigestellt war, die Zeit gekommen, den ganzen *Ring* in eigener Regie, eigenem Bühnenbild und eigenen Kostümen am Festspielhügel zu verwirklichen – fern von jeglicher weltpolitischen, deutschen und familiären Wirklichkeit. Es kann daher nicht verwundern, dass er mit seinen illusionären Projekten für die Zeit nach dem Endsieg nicht durchkam. Statt dessen glaubte er wieder einmal an eine Intrige von Tietjen gegen ihn. Daher versuchte Wieland über Verenas Kontakte zur Nazi-Elite, ein alternatives Projekt für sich durchzusetzen. Dieser Versuch lief über Magda Goebbels – und damit über Joseph Goebbels –, der Wielands Musiklehrer Overhoff zum Oberspielleiter am Theater Altenburg machte. Wieland konnte aber auch auf die Hilfe von Winifreds Freund Hans Severus Ziegler, einem der mächtigsten Kulturfunktionäre Thüringens, rechnen, der sich unter anderem durch die Ausstellung *Entartete Musik* 1938 in Düsseldorf zu einem Liebling von Goebbels und Rosenberg emporgearbeitet hatte. Goebbels stellte für Wieland den beachtlichen Sonderzuschuss von 120.000 RM zur Verfügung, und Wieland konnte für die Vorbereitung der *Götterdämmerung*-Premiere das gesamte Altenburger Theater für eine Woche schließen.[73]

Am 11. April 1943 heirateten meine Eltern in Wahnfried, und Hitler schickte ihnen einen großen Rosenstrauß mit seinen besten Glückwünschen.

Über die Familie meiner Mutter Ellen Drexel

Mein Großvater mütterlicherseits war Adolf Heinrich Drexel, Weinhändler in Wiesbaden-Biebrich. Er wurde am 23. Juli 1887 in Vockenhausen geboren und starb am 2. Oktober 1941 in Wiesbaden. In Frankfurt am Main hatte er den kaufmännischen Beruf erlernt und war dann in Brighton (England) und Buenos Aires (Argentinien) tätig. 1908 wurde er zum Militär eingezogen und kam wie sein Bruder Hans Christoph zur Artillerie. Bei Hans Christoph Drexel handelt es sich um den bekannten Maler, Mitglied der Blauen Reitergruppe, Anthroposoph und erklärten Antinazi mit Berufsverbot.

Nach seinen Auslandsaufenthalten und dem Militärdienst betrieb Adolf Drexel in Wiesbaden-Biebrich eine Weinhandlung. Er selbst trank gerne einen guten Tropfen und war wohl ein humorvoller, unterhaltsamer Mensch, der durchaus bereit war, Schabernack zu treiben.

In einer der letzten möglichen Kriegstrauungen heiratete er am 29. November 1918 in Wismar meine Großmutter, die Lehrerin Thora Auguste Franziska Nissen. Sie wurde am 6. März 1881 in Hamburg geboren und starb am 22. Oktober 1953 in Wiesbaden an einer Überdosis Tabletten, eine Folge der Entfremdung von meiner Mutter.

Als junge Frau war sie sehr hübsch gewesen und zog sich gut an. Die Liaison mit meinem Großvater kommentierten die Drexelschen Verwandten mit dem Satz: »Was will denn unser Adolf mit dieser Mondänen?«, was sie aber nicht beeindruckte. Sie war modern, aufgeschlossen und konnte durchaus provozieren. Das bewies sie, wenn sie es in einem Konzert wagte mitzusummen, was man ihr verübelte.

Die Ehe meiner Großeltern war wegen der unterschiedlichen Interessen und Lebenseinstellungen nicht glücklich. Ein geschäftliches Missgeschick, das Großvater zwang, wegen einer übernommenen und zerbrochenen Bürgschaft seine Weinhandlung aufzugeben, warf einen dunklen Schatten auf die Ehe und das Familienleben. So musste Großmutter Thora die Familie als Lehrerin allein ernähren, und das in den wirtschaftlich und politisch sehr instabilen, schweren Zeiten der krisengebeutelten Weimarer Republik.[74]

Eine Freundin der Familie Drexel, Erika Vielhaber, schrieb am 11. März 1980 diese aufschlussreichen Zeilen über Großmutter Thora und meine Mutter als kleines Mädchen: »ich sehe sie (Thora) sehr deutlich vor mir, deutlicher und unverwechselbarer als die meisten Menschen, die uns in Wiesbaden begegnet sind in den Jahren, als wir dort in der lieben Walkmühlstraße wohnten. Eine wahrhaft vornehme Erscheinung, schlank, sehr apart, im Grund herb, aber zu uns immer freundlich, in meiner Erinnerung eine interessante Frau, letztlich ›unbürgerlich‹, Typ ›berufstätige Frau‹, ich vermute, dass sie auch ohne Mann das Leben gemeistert hätte, vielleicht sogar unter weniger Einsatz, etwas leichter, bequemer. Deine Eltern waren ja sehr, sehr verschieden. Deine Mutter war absolut nicht der Typ ›Hausfrau und Mutti‹, eher wie heute Journalistinnen, Ärztinnen, Politikerinnen. Meine Mutter hatte die junge gebildete Nachbarin sehr gerne und allmählich lieb gehabt, der Verkehr mit Euch lag ihr, und wir Kinder mochten Deine Eltern sehr gerne und standen uns ja sehr, sehr gut mit Euch Kindern, Ellen, was warst Du ein Dickkopf! Ich sehe Dich vor mir, wenn Du Deinen ›Anfall‹ im Garten hattest, wenn das bildschöne, kernige Kind sich geärgert hatte und seinen Willen durchsetzten wollte gegen die Eltern, die Geschwister, die großen Nachbarmädchen, deren lebendige Puppe Du ja lange gewesen bist, ehe wir Dich als Mensch und Gesprächspartner kennenlernten.«[75]

In ihren autobiographischen Aufzeichnungen von 1981/82 schreibt Mutter:

»Meine Mutter konnte es, glaube ich, nie verschmerzen, dass sie nicht zum Theater durfte, ihr größter Herzenswunsch wäre gewesen – Operettensängerin zu werden – doch es galt in den Kreisen meiner Großeltern als nicht schicklich. So wurde sie Lehrerin an einer höheren Töchterschule in Hannover – bis sie heiratete. Soweit ich mich erinnern kann, liebte sie diesen Beruf [...] und war auch eine beliebte Lehrerin. Was sie nicht werden durfte, wollte sie nun in mir verwirklicht sehen. Sie sorgte dafür, dass ich Tänzerin wurde, doch ich war ihr nicht ehrgeizig genug. Das war unser beider Kummer! Mein Vater liebte mich, und ich war seine ›Lala‹ – das war mein Kosename innerhalb der Familie. Vielleicht war ich [ein] etwas überschlankes, beinah unterentwickeltes junges Mädchen – man verglich mich sehr oft mit der Filmschauspielerin Karin Hardt.«[76] Weiter führte sie aus: »Ab dem zwölften Lebensjahr musste ich schon für meine Ausbildung als Tänzerin das Geld selbst verdienen durch Theater und Tanzen in sämtlichen Vereinen, die es gab. Das war zuviel mit meiner Schulausbildung zusammen, die dadurch zu kurz kam. Vom zwölften bis vierzehnten Lebensjahr [1931–1933] – Kinderballettschule am Staatstheater Wiesbaden und dort dann noch 2 Jahre Elevin [1933–1935] – also 4 Jahre. Ballettmeister Arthur Sprankel, ein Frankfurter, war unser Ballettmeister, und holte mich nach Breslau, wohin er – nach Wiesbaden ging für ein Jahr [Spielzeit 1935–1936]. Ich war dort am großen Schauspielhaus, das zur Oper gehörte und reines Operettentheater war. Es war eine unheimlich harte, strapaziöse Zeit, denn alle 14 Tage wechselte die Operette und dreimal die Woche war Doppelvorstellung und vormittags Vorbereitung für die nächste Operette. In Breslau musste ich mich einer sehr gründlichen staatlichen Prüfung unterziehen, in der ich als Beste abschnitt. Von 1936/39 [also in den Spielzeiten von 1936 bis 1939] ging ich nach Darmstadt an das Landestheater. Viel, viel gab es dort wieder zu tun, aber auch viel frohe und übermütige Stunden habe ich dort erlebt. [...] Immer noch war ich sehr familiengebunden, denn die Not meiner Familie, menschlich und wirtschaftlich, rührte mein Herz und so nahm mein Ehrgeiz zu, es zu was zu bringen, um ihnen mehr helfen zu können. Ich bewarb mich an die Staatsoper Berlin [...] und wurde im Winter 1938/39 zum Vortanzen bestellt und engagiert. Das stand sogar in der Darmstädter Zeitung. Ich freute mich mächtig darauf, wollte ich nun doch weiterkommen, beruflich und bildungsmäßig. Beruflich durch Besuche guter Ballettschulen und geistig durch Vorlesungen an der Uni und durch private Stunden. Doch der Krieg machte einen schweren Strich durch meine Rechnung.

Mit Beginn meines Vertrages [Spielzeit 1939/40] begann der 2. Weltkrieg und sehr bald – ich weiß nicht mehr genau wann, [...] wurden die Verdunklung[en] beschlossen – alles orientierte sich nun kriegsmäßig. Noch glaubte oder hoffte man auf ein baldiges Ende, doch es sollte 6 Jahre dauern. Unsagbar viel Grauenhaftes und Schweres kam auf uns zu. [...] Im Oktober 1940 lernte ich Unter den Linden in Berlin Wolfgang durch zwei Colleginnen kennen – Friedel Romanowski und Gertrud Reissinger. Wir trafen uns zufällig und begegneten uns erst mit großer Distanz. [...] Wir gingen irgendwo Unter den Linden in ein Restaurant. [...] Von da ab sahen wir uns natürlich des öfteren im Theater [Oper unter den Linden] bei den Proben und Vorstellungen. [...] Ich arbeitete weiter als Tänzerin und er als Hilfsinspizient im ersten Jahr, das zweite Jahr als Hilfsregisseur und im 3. Jahr als Regisseur. [...] Er lud mich nach Bayreuth ein. Von der übrigen Familie wurde ich nicht gerade liebevoll aufgenommen – man betrachtete mich sehr misstrauisch und eifersüchtig – oder wie man es nennen will – ich war ja ganz und gar eine andere Welt.

Mit meinem Einzug nach Wahnfried im Herbst 1942 lernte ich allerdings langsam auch eine ungeheuer problematische und komplizierte Familie kennen. Natürlich war unser Leben auch sehr stark überschattet durch den schon 3 Jahre anhaltenden Zweiten Weltkrieg. Unsere Hochzeit wurde festgelegt auf den 11. April 1943. In Berlin wurde eine Wohnung für uns gesucht in der Leistikowstr. in der Nähe vom Funkturm. Wolfgangs Junggesellenzeit – unser heimliches Idyll in der Motzstr. war leider, leider am Ende. Doch war es sicher ein Segen, denn das Haus in der Motzstraße wurde bei einem Luftangriff total zerstört und vielleicht wäre es dann auch unser Ende gewesen. [...] Am 11. April 1943 heirateten wir im Siegfried Wagner Haus in Bayreuth, aber ab 1942 gehörte ich schon ganz zur Familie Wagner und immer bedrückender wurde dadurch mein Leben.

Vor meiner Hochzeit beendete ich meine Tänzerinnen-Tätigkeit. Ich gab meinen Vertrag [Spielzeit 1942/43] zurück. Es war keine große Schwierigkeit, denn mein ehemaliger Chef, Generalintendant Heinz Tietjen, wurde nun mein Trauzeuge. Allerdings lag er am Tag unserer Hochzeit im Krankenhaus in Berlin in der Joachimsthalerstraße und der damalige technische Direktor des Festspielhauses in Bayreuth, Paul Eberhard – genannt Paul – war dann sein Stellvertreter. Der zweite Trauzeuge war der Maler Franz Stassen, mit der beste Freund meines Schwiegervaters Siegfried und glühendster Verehrer von Richards und Siegfrieds Werken.«[77]

Sehr kritisch sah Großmutter Thora die Hochzeit meiner Eltern, da sie von der Familie Wagner wie ein armer, ungebetener Zaungast behandelt wurde. Als der Trauzeuge Stassen das merkte, stieß er zur Verwunderung der Hochzeitsgäste demonstrativ auf Großmutter Thora an, wie mir später Mutters Bruder, mein Onkel Gustav Drexel, erzählte.

Er traf meine Eltern am 4. Mai 1943 in Berlin und besuchte mit ihnen in der »Oper unter den Linden« in der Loge Tietjens eine *Carmen*-Vorstellung. Als Onkel Gustav, der sich auf einer Durchreise an die Ostfront nach Russland befand, Vater fragte, wie er sich denn in den Kreisen der Nazi-Elite fühle, meinte er, das sei alles eine Frage der richtigen Einschätzung der Machtverhältnisse. Onkel Gustav verstand das nicht, und Vater ergänzte, es sei eben manchmal notwendig, einen gegen den anderen auszuspielen. Damit war meine Onkel gar nicht einverstanden. So fand die Entfremdung der Familien Wagner und Drexel ihren Anfang, und Mutter spielte ihre neue Rolle als Wagner-Ehefrau, wie man es erwartete.

Doch zurück zu ihren Aufzeichnungen, die klar machen, dass der Bruch mit der Drexel-Familie nicht immer so verlief, wie man es programmiert hatte. Dazu eine Tagebuchnotiz meiner Mutter: »Mein sehr geliebter jüngerer Bruder Ernst fiel 1943 mit 19 Jahren auf einem Schiff als Matrose im Schwarzen Meer. Es bewegte mich zutiefst.«[78]

Winifred bewertete den Schock meiner Mutter ihrer Freundin Helena Roesener gegenüber in einem Brief vom November 1943 so: »Die Nerven dieser überaus sensiblen jungen Frau waren von dieser Zeit an labil«.[79]

Weiter klagte Mutter: »Mein guter, gütiger Vater hat es nicht mehr erlebt – er starb im Herbst 1941. Auch dieser Tod bewegte mich zu allertiefst – erkannte ich doch zum ersten Mal, dass ich einem guten, geliebten Menschen nie mehr ein gutes Wort sagen konnte und wie viel hätte ich darum gegeben, zu seinen Lebzeiten liebevoller und verständnisvoller gewesen zu sein. Damals nahm ich mir vor – so etwas sollte mir nicht wieder passieren. 1943 waren nun meine ersten Festspiele als Wolfgangs Frau. Zutiefst traurig mussten wir in dieser Zeit meine erste Fehlgeburt erleben. Eine Operation wurde etwa später fällig und danach musste ich noch einmal eine Fehlgeburt durchmachen. Der Krieg brachte eben zu viele Aufregungen mit sich. Wir wünschten uns so über alle Maßen Kinder und ich kam wieder in andere Umstände und verbrachte nun ganz in Wahnfried mein Leben.«[80]

Doch zurück zu den Ereignissen in Bayreuth nach der Heirat meiner Eltern. Nach der Hochzeit war Winifred mit Mutter in Prag unterwegs, um Möbel für die Berliner Wohnung der Eltern zu kaufen. Dort hörte Winifred vom günstigen Verkauf von Möbeln und Gebrauchsgegenständen aus jüdischem Besitz, schwieg aber später darüber, ob sie sich tatsächlich daran bereichert hatte.[81] Winifred hatte damals auch riesige Vorräte von Textilien in ihrem stattlichen Haus in Oberwarmensteinach gehamstert. Nach der Hochzeit empfing Hitler meine Eltern in der Reichskanzlei für eine volle Stunde.[82]

Im Festspielsommer 1943 bestand Hitler auf den *Meistersingern von Nürnberg* im Gedenken an die Uraufführung von 1868 mit dem Bühnenbild Wielands. Zum ersten Mal musste Wieland mit dem verhassten Tietjen, der Regie führte, zusammenarbeiten. Furtwängler machte gute Miene zum bösen Intrigenspiel der beiden während der Proben. Wielands Bühnenbilder gefielen Hitler, da sie sich am Reichsbühnenbildner Benno von Arndt orientierten. Um die Festwiese am Ende der Oper zu einer Nazi-Massendemonstration zu machen, wurden mit Hitlers Erlaubnis außer dem Festspielchor noch die Hitlerjugend (HJ), der Bund Deutscher Mädel (BDM) und Männer der SS-Standarte Wiking als Mitwirkende eingesetzt.

Winifred setzte dem Ganzen die Krone auf, als sie zur Freude von Hitler im Programmheft die *Meistersinger* mit dem Endsieg in Verbindung brachte: »Die Meistersinger zeigen in eindrucksvoller Form den schaffenden deutschen Menschen in seinem völkisch bedingten Schöpferwillen [...] der im gegenwärtigen Ringen der abendländischen Kulturwelt mit dem destruktiven Geist des plutokratisch-bolschewistischen Weltkomplotts unseren Soldaten die unüberwindliche Kampfkraft und den fanatischen Glauben an den Sieg unserer Waffen verleiht.«[83] Mit solchen Phrasen lenkte sie von ihren Zweifeln am Endsieg ab.

Das hinderte Winifred jedoch nicht daran, wie immer ihren Künstlerempfang zu geben. Am 10. Juli wurde ein langes Interview mit ihr über die Geschichte der Bayreuther Festspiele und der Familie Wagner gemacht, was aber nicht für die Öffentlichkeit bestimmt war. Stolz berichtete sie u.a. vom Jahre 1923, dem gescheiterten Putsch, und meinte: »Wir gehörten zu denen, die unentwegt an den Führer glaubten und durch dick und dünn zu ihm gestanden haben. [...] Niemand hat uns das schöner und edler gedankt als der Führer selbst.«[84] Zwischen den Zeilen liest sich das so, als betrachte sie all dies bereits als vergangen. Der Sturz Mussolinis am 25. Juli brachte große Unruhe in die Festspiele, zumal die Wagners ihn ganz besonders schätzten.

Im Dezember 1943 wurde mein Cousin Wolf-Siegfried geboren – der erste Name *Wolf* sollte die Freundschaft zu Hitler betonen. Als die Hochzeit meiner Tante Verena mit meinem Onkel Bodo Lafferentz am 26. Dezember nach dessen Scheidung in größter Eile vorgezogen wurde, fehlten noch Dokumente. Zusätzlich zu den zwei vor Ort vorhandenen Zeugen – Wieland und Wolfgang – waren zwei weitere notwendig. Zur Ergänzung wurden in Abwesenheit Hitler und Himmler eingetragen.[85]

1944: Wielands Einsatz im KZ-Außenlager Bayreuth Flossenburg und Hitlers Vision der Friedensfestspiele 1945

Während die deutsche Luftabwehr die Bombardements der Alliierten auf Deutschland immer schlechter abwehrte, konnte sich Winifred 1944 noch über Kleinigkeiten beschweren, die ihr nicht passten, so im Januar über den Verlust der Telefonleitung wegen der Kriegsereignisse und anlässlich der Feier zum Todestag von Wagner am 13. Februar über die Verwendung der *Wesendonck-Lieder*. Sie wollte damit das Tabu aufrecht erhalten, das Cosima über Wagners Geliebte Mathilde Wesendonck verhängt hatte. Ohne die Beziehung Wagners zur Wesendonck wäre möglicherweise der *Tristan* nicht entstanden.[86]

Sehr dramatisch sollte dieses Jahr für den Admiral der französischen Marine, Trolley de Prevaux, werden, der in erster Ehe mit der Urenkelin von Franz Liszt, Blandine, einer Großtante von mir, verheiratet war. In zweiter Ehe heiratete er 1939 die nach Paris emigrierte jüdische Polin Lotka Leitner. Beide schlossen sich dem Widerstand an und wurden am 29. März von den Deutschen verhaftet. Blandine versuchte, den von ihr geschiedenen Mann durch Interventionen bei Winifred zu retten.[87]

Am 75. Geburtstag von Siegfried Wagner (am 6. Juni) beunruhigte die Nachricht vom D-Day, also der Invasion der Alliierten in der Normandie, die Wagners. Trotz der sich anbahnenden Katastrophe gab Hitler den Befehl, die Festspiele 1944 vorzubereiten, was auch die Errichtung von Schützengräben um das Festspielhaus durch flämische Kriegsgefangene zur Folge hatte.[88]

Zu diesem Zeitpunkt war die Mehrheit der Bayreuther Bevölkerung gegen die Durchführung der Festspiele. Fern von jeglicher Kriegsrealität bestand Wieland weiter auf seinem Anspruch, die Festspiele endlich übernehmen zu können. Aber es kam zu dem für ihn lauen Kompromiss, dass nur die *Meistersinger*, für die er im Vorjahr das Bühnenbild unter Tietjen geschaffen hatte, zwölf Mal aufgeführt wurden und erst für 1945 eine Neuinszenierung geplant war, selbstverständlich ohne Tietjen.

Aufschlussreich ist die Beschreibung, die Otto Daube, der auf Einladung des »Führers« zu den Festspielen anreiste, von seiner Ankunft in Bayreuth gab: »Während auf dem einen Gleis des Bayreuther Hauptbahnhofs Sonderzüge mit Festspielgästen einliefen und von einer Musikkapelle, abwechselnd der Wehrmacht und des Arbeitsdienstes, begrüßt wurden, kreuzten sich auf dem anderen Gleise Sonderzüge mit Flüchtlingen aus den Bombennächten der Großstädte mit ihren Feuersäulen und den verlassenen Trümmerwüsten.«[89]

Mitten in der zweiten *Meistersinger*-Pause am 20. Juli 1944 sickerte die Nachricht durch, dass Hitler Opfer eines Attentats geworden sei. Am 21. Juli berichtete die Bayreuther Presse: »Sein Wirken steht unter höherem Schutz.«[90] Noch während der Festspiele wurde von den Hinrichtungen der Attentäter um Claus Graf Staufenberg und der Verfolgung ihrer Familien berichtet. Hartherzig bezeichnete Winifred die Attentäter Hitlers Zeit ihres Lebens als Verräter, und auch mein Vater fand später nur abwertende Worte wie »Dilettanten, nicht einmal fähig, ein Attentat auszuführen« für sie.[91]

Am 9. August fand die letzte Aufführung der *Meistersinger* mitten in Zeiten der Mobilmachung für den totalen Krieg statt. Nur einige Tage später erreichte die Nachricht von der Erschießung von Jacques und Lotka durch Barbie, den Henker von Lyon, die Familie Wagner, ein Thema das nach 1945 tabu war. Es kam erst 1999 durch das Buch von Aude Yung-de Prevaux, der Tochter von Jacques und Lotka, zur Sprache. Verächtlich sprach Winifred über die »Mischehe« von Jacques mit Lotka und empfand keinerlei Mitleid für deren Schicksal. Als am 25. August 1944 Paris befreit wurde, hatte das Folgen für die französische Bayreuth-Wagner-Sängerin, Anhängerin Hitlers und Freundin Winifreds, Germaine Lubin: sie wurde zehn Monate eingesperrt und bekam fünf Jahre Auftrittsverbot.[92]

Am 16. Oktober gab Winifred ein öffentliches Treuebekenntnis für Adolf Hitler ab und schrieb u.a.: »Heute nach über 20 Jahren, nach Jahren des heißesten Kampfes um die deutsche Seele, nach ungeahnten Erfolgen und tiefsten menschlichen Erschütterungen –

steht der Führer jetzt wie damals als leuchtendes Beispiel in seiner makellosen Persönlichkeit vor uns [...] er ist ins Heldische emporgewachsen, ist unser Führer durch Nacht und Licht [...] und aus einem gläubigen Herzen beschwören wir, dass auch wir in unserer Liebe und Verehrung, in unserem Glauben an seine gottgewollte Sendung die Gleichen geblieben sind und bleiben werden.«[93]

1944 konnte sich kaum mehr ein junger Deutscher der Teilnahme am totalen Krieg entziehen. Dank Schwager Bodo Lafferentz gab es aber wieder einmal eine Sonderregelung für Wieland. Nach der Schließung der deutschen Theater im August und seiner Rückkehr nach Bayreuth konnte er sich vor einer Einberufung in den Volkssturm drücken, indem er Anfang September stellvertretender ziviler Leiter des KZ-Außenlagers Bayreuth-Flossenbürg wurde.[94] Dort hatte er alle Privilegien. Er teilte sich seinen Arbeitstag ein, wie er wollte, was seine Mutter kritisierte. Statt einen Bittbrief an den »Führer« zu verfassen, um ihn von dem lästigen KZ-Dienst zu befreien, beschwerte er sich, »dass die Mutter eher das Gegenteil tun würde«.[95] Wieland glaubte damals daran, Hitlers Hilfe zur Ausreise aus Deutschland zu erhalten.[96] Am 21. Dezember 1944 konnte ein russischer Häftling aus dem »Institut« fliehen, was zur Folge hatte, dass 18 andere Häftlinge ins KZ Flossenbürg verschleppt wurden. Auf Grund von Tbc und Unterernährung überlebten im Bayreuther Außenlager Flossenbürg von 85 Häftlingen nur 15.[97] Wieland war bis April 1945 dort beschäftigt und schwieg darüber Zeit seines Lebens. Die SS-Wachmänner des KZs wurden 1951 wegen Mangels an Beweisen freigesprochen. Erst 1989 wurde der Fall durch die Bayreuther Gymnasiastin Karin Osiander aufgedeckt.[98]

Doch zurück zum Oktober 1944 und Wielands Ausreiseplänen, über die er mit Hitler sprechen wollte und die seine damals kranke Mutter wütend machten.[99] Am 2. Dezember gratulierte Hitler seinem Liebling Verena zum Geburtstag und erfuhr so, dass auch Wieland und seine Frau Gertrud in Berlin waren. Nachts um 2 Uhr kam es zum Essen oben in der Reichskanzlei, nicht im sicheren Führerbunker.[100] Hitler versuchte auf seine jugendlichen Bewunderer ganz normal zu wirken und sprach von den guten alten Zeiten.[101] Er berichtete, folgt man Gertrud Strobels Aufzeichnungen über die Aussagen Wielands, von seinen schweren Verletzungen beim Attentat des 20. Juli. Hitler ähnelte, so Wieland zu Gertrud Strobel »seltsamerweise Friedrich dem Großen, aber seine Augen wären noch größer, die Unterpartie hervortretend gegen die Nase und die Gestalt sehr gebeugt.«[102] Mit großem Interesse nahm er an Wielands Karriere Anteil und glaubte fest an den baldigen Endsieg, und das trotz einiger Zweifel meiner Tante Verena, die sich Hitler jedoch verbat. Er hatte Visionen von den Friedensfestspielen 1945, plante sogar etwas Einzigartiges dafür und hatte nach eigener Aussage schon teuere Kleiderstoffe und Kulissenmaterial im Keller des Hauses der Deutschen Erziehung in Bayreuth einlagern lassen.[103]

Wieland sah, dass Hitler krank war, und bemerkte: »Man kann nur sagen, wenn es möglich wäre, noch zutraulicher, noch lieber usw. zu sein, so war er es.«[104] Nach diesem Nachtmahl kam es zu einem Spaziergang, bei dem Wieland ausführlich mit Hitler über die Festspiele 1945 unter seiner Leitung sprach.[105] Als Lafferentz versuchte, am 19. Dezember bei Goebbels – trotz totalem Krieg – für Wieland die Befreiung vom unbeliebten KZ-Dienst zum Zweck des Besuches von Kulturveranstaltungen zu erreichen, verweigerte dies Goebbels entschieden. Noch am 17. Dezember berichtete Tietjen Winifred stolz und erleichtert: »Du wirst erstaunt sein, dass ich die Frage des Führers, ob im Sommer 1945 in Bayreuth gespielt werden kann, was die künstlerische und technische Durchführung anbelangt, ohne Bedenken mit ›Ja‹ beantworten kann. Es wären dazu nicht mehr Führerbefehle nötig als bisher.«[106]

Wieland schrieb in diesen Monaten des Zusammenbruchs des »Dritten Reiches« einen langen Brief an seine Mutter, in dem er am 22. Dezember forderte, dass entweder er oder Tietjen 1945 die Bayreuther Festspiele leiten solle. Mein Vater, der Tietjen nahestand, sollte ihn zum Rücktritt bewegen. Als einen weiteren Schachzug versicherte er sich der Mitwirkung Furtwänglers[107] – die dann erst 1951 zustande kommen sollte. Die Weihnachtstage 1944 verbrachte die Familie während der Fliegeralarme im Wahnfried-Keller.

1945: »Wenn wir schon in einer rechtlosen Zeit leben, dann können wir doch unseren Vorteil dabei haben.«

Das Jahr 1945 begann mit den üblichen Intrigen Wielands gegen seine Mutter und Tietjen, als er ihr am 5. Januar seinen siebenseitigen Brief – mit einem Katalog privater und beruflicher Forderungen – übergab, worin er sich auf Hitler als Zeugen für seine Machtübernahme als Festspielleiter 1945 berief. Er spielte vor allem Tietjen und Winifred gegeneinander aus, indem er den Anspruch der nächsten männlichen Generation – womit er sich und Vater meinte – wie folgt begründete: »Es ist bitter für uns, daß für Dich ständig diese Loyalität [zu Tietjen] mehr wiegt als Deine Pflicht, an unserer Seite zu stehen und uns zu helfen.«[108] Wieland weigerte sich in diesem Schreiben, unter Tietjen zu arbeiten, dem er misstraue und der seit Jahren daran arbeite, »die Familie zu spalten«.[109] Er forderte die künstlerische Leitung der Söhne unter der organisatorischen Leitung der Mutter. Der Brief endete mit der Bitte, sich endlich von Tietjen zu trennen.[110]

Winifred, die Machtpolitikerin, war sich ihrer guten rechtlichen Position auf Grund des Testaments ihres Mannes Siegfried voll bewusst – sie konnte ihren Festspielleitersessel nur im Falle einer Wiederverheiratung verlieren – und antwortete: »Ich werde mir alles überlegen und dann sagen [...] ob ich [!] Festspiele veranstalten kann!«[111] Tietjen, ein Meister der Intrige, ließ Wieland gleichsam an die Wand fahren, indem er gar nicht auf dessen Brief reagierte. Wieland kochte vor Wut und plante, Hitler aufzusuchen, um alle seine Karten gegen Tietjen auszuspielen. Hitlers Reaktion fiel keineswegs klar zugunsten Wielands aus, zumal er in den letzten Kriegsmonaten ganz andere Probleme als die Machtintrigen der Familie Wagner hatte. Vater war in seinem geheimen Wunsch, mit dem Bruder an die Macht zu kommen, durch Tietjen, bei dem er in Berlin assistierte, »diplomatisch« geschult. Er arbeitete sich unter ihm vom Hilfsinspizienten zum Regieassistenten hoch, ließ Bruder Wieland die Grobarbeit gegen Mutter und Tietjen machen, denen er sich im entscheidenden Moment aus der zweiten Reihe heraus andiente. Brillant nutzte er die Position des zweiten Sohnes für seine eigenen Machtansprüche, ohne sich zu exponieren. Er verstand es, im entscheidenden Moment die Mutter, Tietjen, den Bruder, aber auch Hitler für sich zu gewinnen und diese gegeneinander auszuspielen.

Diese Talente sollten ihn später zum uneingeschränkten Potentaten der Bayreuther Festspiele auf Lebenszeit machen. Seine Ratschläge in den letzten Monaten des »Dritten Reiches« zeigen ihn in der Tat als viel realistischeren Mit-Thronanwärter, da er Wieland bereits auf die Ereignisse nach dem Krieg vorbereitete, den er als verloren erkannte. Er empfahl dem Bruder, mit der gemeinsamen Machtübernahme bis nach dem Krieg »zu warten«.[112] Damit erkannte er natürlich den richtigen Moment. In diesen Monaten stritt sich Winifred um das Festspielbudget mit Tietjen, der wie gewohnt aus dem Vollen schöpfen wollte.[113]

Besonders gefährdet waren damals, in den letzten Monaten der »Endlösung«, die Frau des Festspielhausbaumeisters Konrad Pöhner und deren Kinder, da sie unter die Bestimmungen der Nürnberger Rassengesetze fielen. Wolfgang Bayer, der Cousin von Frau Pöhner, war bereits nach Auschwitz-Birkenau deportiert worden. Winifred hatte jetzt bei Hitler keinen Einfluss mehr, und von Seiten der Söhne, die mit ihrer Machtübernahme nach dem Krieg bereits voll beschäftigt waren, kam in diesem Moment keinerlei Hilfe. Wieland fühlte sich durch die KZ-Tätigkeit beim Schmieden seiner Zukunftspläne behindert. Wie verroht er zu diesem Zeitpunkt war, wird aus einer Bemerkung ersichtlich, die Gertrud Strobel aufzeichnete: »Wenn wir schon in einer rechtlosen Zeit leben, dann können wir doch unseren Vorteil dabei haben.«[114] Dass Vater später, in seiner Autobiographie von 1994, seinen privaten Krieg gegen Gertrud Strobel fortsetzte, ist daher leicht verständlich, denn es war eine der typischen Verhaltensweisen der Brüder nach ihrer Machtübernahme 1951, die Aussagen unbequemer Zeugen mit allen Mitteln auszuschalten.

Einer der letzten Coups Wielands, sich im Chaos der letzten Kriegsmonate zu bereichern, war ein Brief vom 9. Januar, in dem er Hitler bat, die Cosima-Wagner-Tagebücher, die der Stadt Bayreuth durch dubiose Machenschaften der Tochter Eva zugekommen waren, an das Wahnfried-Archiv zurückzugeben. Winifred unterstütze Wielands Anliegen in einem Brief an Himmler[115], doch Oberbürgermeister Kempfler machte im Interesse der Stadt das Spiel der Wagners nicht mit, und die Tagebücher Cosimas blieben weiterhin bis zu ihrer Veröffentlichung 1976 im Besitz der Stadt Bayreuth. Ein anderer Versuch, Geld zu machen, war Wielands Vorschlag vom Januar, die Forschungsstätte solle einen Neudruck sämtlicher Partituren, Klavierauszüge und Textbücher Wagners finanzieren.[116]

Am 3. Februar wurde die mit viel Geld wieder aufgebaute »Berliner Staatsoper unter den Linden« erneut durch Bomben zerstört, und Vater zog mit meiner Mutter nach Bayreuth. Bezüglich der Bayreuther Festspiele, so Gertrud Strobel, sagte Hitler zu Wieland: »Ich kann Bayreuth keinen Sonderschutz zuteil werden lassen; aber das kann ich sagen: wenn es bis Mitte Februar stehen bleibt, dann passiert nichts mehr!«[117]

Das Bombardement von Dresden vom 13. und 14. Februar schockierte Winifred derart, dass sie von Wieland und Verena forderte, sofort in ihr sicheres Haus am Bodensee zu ziehen, während Vater für den Volkssturm in Bayreuth abrufbar bleiben musste und Wieland Dienst im KZ hatte. Mutter war zu diesem Zeitpunkt mit meiner Schwester Eva im siebten Monat schwanger.

Ende Februar 1945 versuchten Wieland und Schwager Lafferentz, finanziert durch den Erlös aus dem Verkauf der *Parsifal*-Klavier-Auszüge, mit ihren Familien die Flucht in die Schweiz einzuleiten.[118] Das Ganze sollte als Forschungsauftrag des Instituts, sprich des KZ, laufen.

Am 12. März brannte die Wiener Staatsoper ab und damit auch Wielands Bühnenbilder zu einem *Ring des Nibelungen*, den er mit Karl Böhm plante. Es sollte aber erst in den 1960er-Jahren zu einer erfolgreichen Zusammenarbeit der beiden NS-Günstlinge kommen.

Ebenso folgenschwer war die Zerstörung der Wohnungen von Praetorius und Tietjen in Berlin, wobei viele wichtige Dokumente zur Geschichte der Familie Wagner, auch im Zusammenhang mit Hitler, zerstört wurden, was allerdings dann später den Brüdern bei ihrer Machtübernahme half.

Seit März waren Winifred und Vater damit beschäftigt, die wichtigsten und wertvollsten Gegenstände und Dokumente, einschließlich der umfangreichen Korrespondenz mit Hitler, erst einmal in den Keller des Winifred-Wagner-Krankenhauses auszulagern.[119]

Ab dem 24. März 1945 wurde das Ende des »Dritten Reiches« auch in Bayreuth immer greifbarer. Die Amerikaner standen bereits in Aschaffenburg, drei Tage später waren sie in Coburg und dann in Bamberg.[120] Trotz des nahen Endes hielt Winifred, nun völlig schizophren, am 30. März noch fest zu ihrem Führer, als sie schrieb: »Hoffen wir, dass noch eine Wende kommt […] ich glaube ja immer noch fest daran, dass der Führer noch einen Trumpf in der Hand hat, den wir alle nicht ahnen!«[121]

Am 5. April 1945 wurde Bayreuth besonders schwer bombadiert. Dabei wurden der Bayreuther Hofgarten und die Villa Wahnfried getroffen. Die Bomben, so der Chorsänger Friedrich Theiß, »schlugen schräg in die Seite der Gartenfront, der Saal ist zur Hälfte fort, der ›Kindersaal‹ ist völlig abgestürzt, das Dach hängt schief herunter.«[122]

Vater war zu diesem Zeitpunkt beim Volkssturm und Wieland im »Institut«.[123] Meine Mutter Ellen saß während dieses Bombardements im Wahnfried-Keller und konnte dieses Erlebnis Zeit ihres Lebens nicht verarbeiten. Am Tag darauf wurden die verbliebenen Häftlinge unter SS-Bewachung beim Entschärfen von Bomben und bei Räumarbeiten eingesetzt.[124] Am 6. April flohen Großmutter, Mutter und die Hausdame Emma Bär in das Wochenendhaus in Oberwarmensteinach im Fichtelgebirge,[125] und Vater begann, die im Winifred-Wagner-Krankenhaus gelagerten Archivkisten ebenfalls nach Oberwarmensteinach zu bringen. Faktisch hatte er so die Kontrolle über alle Unterlagen, auch über diejenigen, die später die Wagners belasten konnten.

Wieland und Lafferentz fuhren noch in der Nacht vom 6. auf 7. April nach Berlin, um Hitler zur Herausgabe der Wagner-Partituren zu bewegen, die er zu seinem 50. Geburtstag als Geschenk der deutschen Industrie erhalten hatte.[126] Hitler ließ den beiden durch Bormann ausrichten, dass sie sich keine Sorgen machen sollten, weil die Partituren sich am denkbar sichersten Ort, also im Safe des Führerbunkers in Hitlers Privatkanzlei in der Vossstraße, befänden.[127] Was mit ihnen in diesen Tagen wirklich passierte, bleibt eines der vielen Geheimnisse. Danach setzten sich Wieland und Lafferentz mit anderen wichtigen Dokumenten an den Bodensee ab und wollten Winifred mitnehmen. Sie weigerte sich und glaubte daran, dass sie durch ihre Präsenz das ihr anvertraute Wagner-Werk vor schlimmer Wendung, so Vater, behüten könnte.[128] Es ging aber keineswegs nur um Wagners Werk, sondern auch um die Kontrolle über die belastenden Dokumente für die Zeit nach dem Niedergang des NS-Regimes.

Am 11. April wurde Bayreuth zu 35 Prozent durch Bomben zerstört und das Bayreuther KZ-Außenlager aufgelöst.[129] Einen Tag später verließ Gauleiter Wächtler trotz Androhung der Todesstrafe mit NS-Gefolge, Lastwagen und gestohlenen Lebensmitteln die zerstörte Stadt. Der stellvertretende Gauleiter Ludwig Ruckdeschel denunzierte seinen Intimfeind Wächtler sofort bei Hitler, und Wächtler wurde von einem SS-Mann im Bayerischen Wald erschossen. Am 14. April besetzten die Amerikaner Bayreuth, und die Bayreuther vernichteten in Eile ihre Parteiabzeichen und Hitler-Bilder. An diesem Tage wurde meine Schwester Eva in Oberwarmensteinach nahe Bayreuth geboren. Zu Winifreds Entsetzen verbrannte an diesem Tage ihre Freundin Lis Becker das große Hitler Portrait.[130]

Interessanterweise beschlagnahmten die Amerikaner die rüstungstechnisch wichtigen Unterlagen des KZ-Außenlagers sofort.[131] Was mit ihnen dann passierte, ist bis heute nicht geklärt. Während in Bayreuth die Nazi-Zeit vorbei war, stand Oberwarmensteinach immer noch unter Artilleriefeuer. Winifred berichtete über diesen sehr dramatischen Moment im Leben meiner Mutter und Schwester: »Eva wurde unter dem Artilleriefeuer geboren – ständig die Fliegerverbände über uns herbrausend, Tiefflieger in unmittelbarer Nähe etc.etc. Ich war ja damals mit dem noch nicht 24 Stunden alten Säugling in den Wald geflohen, und Ellen war auf einer Leiter mit Matratzen in den sogenannten Keller transportiert worden, falls das leichte Holzhaus einfiele!«[132]

Diese Version der heroischen Winifred bei der Rettung meiner Mutter und Schwester hat wenig mit dem zu tun, was wirklich passierte. Winifred befahl den Transport von Ellen in den Keller, wogegen sich meine von der Geburt geschwächte Mutter nicht wehren konnte, und rannte mit Eva in den Wald. Diese Episode führte zu einer lebenslangen Spannung zwischen der überdominanten Schwiegermutter und Schwiegertochter, wobei die glaubwürdigere Version meiner Mutter keinerlei Berücksichtigung fand.

Am 19. April besetzten die Amerikaner Oberwarmensteinach, und auf Grund der Abwesenheit der Wagners kam es in Wahnfried und im Führerbau zu Plünderungen durch Bayreuther Bürger und Häftlinge. Selbst damals noch schrieb Winifred Hitler zu seinem Geburtstag am 20. April 1945 – ob dieser Brief je ankam, ist unbekannt.[133] In der Schlacht um Berlin an Hitlers Geburtstag wurde die Bechstein-Villa zerstört, und damit gingen viele weitere wichtige Dokumente verloren – Fotos und Briefe Hitlers an die Familien Wagner und Klindworth.[134] Die Flucht Wielands mit seiner und der Familie Lafferentz am 22. April 1945, in der Absicht, die Wagner-Handschriften zum eigenen Existenzaufbau zu vergolden, misslang.[135] Österreich löste sich am 27. April von Deutschland und erklärte seine Unabhängigkeit – man begann, sich dort als erstes Opfer des Nationalsozialismus zu sehen. Sicher war es kein Zufall, dass das Radio nach dem Selbstmord von Hitler und Eva Braun, die kurz zuvor noch geheiratet hatten, die Todesmeldung mit Wagners *Trauermarsch* aus der *Götterdämmerung* umrahmte.

Zum Kriegsende sollte Winifred später sagen: »1945 war die absolute Kapitulation. Etwas anderes war gar nicht möglich!«[136] Daraus entwickelte sie dann ihre Theorie, Opfer der Weltgeschichte geworden zu sein. Die Zeit der Machtübernahme durch ihre Söhne war angebrochen.

2. Unsere untergegangene Welt: Die Familien Pik und Kolton

Abraham J. Peck

Für die Juden im mittelalterlichen Europa, die Opfer sozialer und religiöser Gewalt wurden, diente Polen als Ort der Zuflucht und Sicherheit. Die Juden nannten es Polin, da in der heiligen Sprache Hebräisch, lashon hakodesh, die beiden Worte po und lin so viel bedeuteten wie »dort sollst Du wohnen« im Exil aus dem Land Israel.

Jahrhunderte hindurch lebten die Juden Polens in einer Atmosphäre der Toleranz und Autonomie wie nirgendwo sonst in Europa. Aber zu Beginn des 20. Jahrhunderts hatte sich die Atmosphäre verdüstert und ließ Böses ahnen. Der wachsende polnische Nationalismus predigte ein »Polen für die Polen«, für die Juden gab es keinen Platz in diesem Umfeld.

Dies war die Situation, in welche meine beiden Eltern kurz vor beziehungsweise während des Ersten Weltkriegs hineingeboren worden waren. Geboren und aufgewachsen in kleinen polnischen Dörfern, zogen sie beide in den frühen 1930er-Jahren in Polens zweitgrößte Stadt Lodz. Sie trafen sich einmal im Jahr 1938, sahen sich aber erst fünf Jahre später wieder. Als sie sich in der Hölle des Lodzer Ghettos wieder trafen, waren sie optimistisch genug zu heiraten. Bald jedoch verwandelte sich der Optimismus in die Düsterheit des Holocaust und beide schritten sie durch dessen Tor ohne zu wissen, ob sie leben oder untergehen würden.

Mein Vater, Shalom Wolf Peck (Pik), seligen Andenkens, war ein kleiner Mann, nicht viel größer als einen Meter fünfzig. Dies fiel mir aber nie auf. Er wirkte immer größer, weil er etwas zu sagen hatte und einen Grund dafür hatte. Das glich seine geringe Körpergröße mehr als aus. Seine Stimme war authentisch – er war ein Überlebender des Holocaust.

Diese Worte in der Vergangenheitsform zu schreiben, fällt mir nicht leicht. Meinem Vater war das Geschenk eines langen, wenn auch tragischen Lebens zuteil geworden. Er starb am 5. Juli 2005 (28. Siwan 5765 nach dem jüdischen Kalender) im Alter von 92 und einem halben Jahr. Er starb zu Hause, nur eine Hospizkrankenschwester und ich saßen an seinem Bett. Obwohl es mir sehr schwer fiel, die Last seiner Krankheit, den im Mai einsetzenden vollkommenen körperlichen und geistigen Zusammenbruch, die wiederholten Fahrten zu Krankenhäusern und Rehabilitationszentren in Florida und die Nachtwache, die ich über eine Woche lang rund um die Uhr an seinem Bett hielt, durchzustehen, als er langsam aus dem Leben glitt, hätte ich es nicht anders gewollt.

Als meine Mutter Anna (Anje), seligen Andenkens, in der Nacht vom 7. März 1988 (18. Adar 5748) an den Folgen eines Herzschlags in der Wohnung in Florida starb, in der sie seit 1978 gelebt hatten, erhielt ich die Nachricht von meinem Vater durch einen Telefonanruf um sieben Uhr früh. Ich hatte keine Zeit mehr, mich von ihr zu verabschieden oder ihr das zu versprechen, was sie, wie ich wusste, von mir hören wollte: dass ich für meine Familie und meinen Vater sorgen würde; dass ich immer eine gute und sichere Arbeit haben würde; dass ich ein guter Jude sein und in einer Welt, die von Natur aus unsicher war, sicher leben würde.

Damals schwor ich, dass dies bei meinem Vater nicht geschehen würde. So viele Geschwister meines Vaters und meiner Mutter waren allein an einem unbekannten Ort gestorben und lagen in namenlosen Gräbern im großen Friedhof Polen. Sie waren von den Deutschen ermordet worden, da der »Tod ein Meister aus Deutschland« ist, wie Paul Celan in seiner *Todesfuge* schrieb.

Ich hielt mein Versprechen und ließ ihn nicht allein sterben. Kurz vor seinem Tod vertraute mir mein Vater unter Mühen zwei Dinge an: »Abe, du warst mein ganzes Leben« und, als ich ihm erzählte, dass ich nach Polen reisen würde, um seinen Geburtsort und den meiner Mutter zu besuchen und das Ghetto und die Lager zu sehen, in denen sie während des Holocaust gelitten hatten, flüsterte er auf Jiddisch »geh nicht«.

Aber ich ging dennoch. Ich wollte am eigenen Leib all die Schatten erfahren, die, so lange ich mich erinnern konnte, Teil meines Lebens gewesen waren.

Polen war immer der letzte dunkle Fleck auf der Landkarte, der Ort in meiner Familiengeschichte, der immer auf mich wartete, der mir aber nie zugänglich war. Ich hätte mehrere Male hinfahren können – zu wissenschaftlichen Konferenzen, mit jüdischen Jugendlichen zum Marsch der Lebenden oder als Teilnehmer einer amerikanisch-jüdischen Gruppe. Aber ich fuhr nie. Meine Eltern hatten mir ihre Gefühle über die Polen und das Land Polen vor und während des Zweiten Weltkriegs so negativ geschildert, dass mich dies von einer Reise abhielt.

Im letzten Lebensjahr meines Vaters drängte es mich aber immer stärker nach Polen. Das Buch, das ich mit meinem Kollegen und Freund Gottfried Wagner herausgab, handelte von den Familiengeschichten, die uns so sehr geprägt hatten. Fast fünfzehn Jahre lang waren wir im Zwiegespräch gewesen – der Sohn eines Überlebenden und der Sohn einer Familie, die den Verlust von Deutschlands Menschlichkeit verkörperte. Uns beiden war es ein persönliches wie berufliches Anliegen, jene Orte zu besuchen, wo sich diese Familiengeschichte abgespielt hatte.

Ich hatte aber einen noch wichtigeren Grund. Ich wollte meinem Vater unbedingt erzählen, dass ich seinen Geburtsort und den meiner Mutter gesehen hatte und dass ich auf dem Boden jener Orte gestanden war, die ihre Familien zerstört und für mich eine Welt ohne Familie geschaffen hatten.

»Die zwei traurigsten Völker auf Erden« – Polen, Juden und die Erinnerung[137]

Die jüdische Tradition fordert uns zur Erinnerung auf. Die Juden sind ein Volk der Erinnerung. Was geschieht jedoch, wenn diese Erinnerung auf den schrecklichen Augenblick der jüdischen Erfahrung fixiert bleibt? Was geschieht, wenn Juden durch die Geschehnisse des Holocaust so traumatisiert sind, dass es keinen Blick darüber hinaus gibt?

Was geschieht, wenn im Gegensatz zum deutsch-jüdischen Dialog das Verhältnis zwischen Juden und Polen – in den Worten von Eva Hoffman – »die Form eines moralischen Krieges angenommen [hat], der im Wechsel von Anklage und Gegenanklage, von Übertreibung und Leugnen immer weiter eskaliert.«

Es ist nicht geklärt, wem in der polnischen Geschichte der Platz des »Überopfers« gebührt. Drei Millionen polnischer Juden starben während des Holocaust und drei Millionen Polen starben während des Zweiten Weltkriegs. Mehr als eine Million Juden starben im Auschwitz-Komplex, aber die ersten Häftlingszüge nach Auschwitz I, ins so genannte Stammlager, bestanden mehrheitlich aus polnischen Katholiken.

Sowohl die Polen als auch die Juden beanspruchen eine Art »Überopfer-Status« für sich, worum sie die Deutschen der Zeit nach dem Holocaust sehr beneiden.

Der polnisch-jüdische Dichter Antoni Slonimski schrieb in seinem epischen Gedicht *Elegie für die jüdischen Städtchen*:

Verschwunden sind Städtchen, wo der Schuster Dichter war,
Der Uhrmacher Philosoph, der Friseur Musikant.
Verschwunden all die Städtchen, wo der Wind Bibelgesang
Mit polnischen Liedern und slawischer Schwermut mengte,
Wo alte Juden in Kirschbaumschatten der Gärten
Um die heiligen Mauern Jerusalems klagten.
Verschwunden all die Städtchen, schattengleich vergangen,
ein Schatten, der sich nun zwischen unsere Worte legt,
als Bruder naht und so die beiden vom Übermaß
desselben Leids gewürgten Völker neu verbindet
Die Monde, Winde, Teiche und die Sterne über ihnen,
Die im jahrhundertealten Blut tragische Geschichten,
Die Geschichten von den beiden traurigsten Völkern auf Erden festgehalten haben.

Die zwei traurigsten Völker auf Erden – eines, das eine Teilung nach der anderen erlebte, einen misslungenen Aufstand nach dem anderen und das sich als gekreuzigter Jesus von Europa sah, und das andere Volk, das sich als »Licht unter den Völkern«, als eine heilige Gemeinschaft sah, die die Botschaft von dem einen Gott, von moralischen und ethischen Werten trägt, die zum Vorbild für die Welt werden sollten.

Und geblieben ist lediglich die Erinnerung. Geblieben ist uns nur das Wissen, dass wir nicht verstehen können, wer wir sind und wer wir geworden sind, ohne den anderen zu verstehen. Und dennoch haben sich die Wege der beiden traurigsten Völker auf dieser Erde für immer voneinander getrennt.

Welche Ironie. Polen ermöglichte es seiner jüdischen Gemeinschaft, zum größten und berühmtesten Judentum heranzuwachsen, das die Welt je erlebt hat. Juden kamen erstmals vor tausend Jahren nach Polen und wanderten weiter ein, weil der polnische Adel, die *Szlachta*, im Juden ein wertvolles Gut sah. Juden erlebten in Polen eine Toleranz, wie nirgendwo sonst in Europa, besonders in jenen Jahrhunderten, wo tätliche Angriffe und Vertreibungen die Regel waren.

Juden schufen eine Legende über Polen. Sie nannten es Polin, weil die beiden Worte *po* und *lin* in der heiligen Sprache des Hebräischen, der Lashon haKodesh, bedeuteten »hier sollst du dich niederlassen«, im Exil vom Land Israel. Polen war ein Ort, wo der Satan, wie der berühmte polnisch-jüdische Erzähler Scholem Asch beschrieb, »keine Macht über die Juden hat und die Thora im ganzen Land verbreitet ist. Dort gibt es Synagogen und Schulen und rabbinische Akademien. Gott sei gedankt.«

Nicht dass alles idyllisch war. Als die Juden in der Pestzeit im 14. Jahrhundert aus Westeuropa flüchteten und in Polen Schutz suchten, kamen sie in großer Zahl. Sie ließen sich in Lwow (Lviv), Sandomierz, Kazimierz in der Nähe von Krakau wie auch in vielen Städten Großpolens, Kleinpolens, Kurlands und Rotrutheniens nieder.

1454 brachen in Breslau und anderen schlesischen Städten antijüdische Ausschreitungen aus. Ein päpstlicher Legat, der Franziskaner Johannes Capistranus, warf den Juden die Entweihung der christlichen Religion vor. In Schlesien machten seine Worte großen Eindruck und die Juden wurden aus Niederschlesien verbannt. Als Johannes Capistranus jedoch die Katholiken von Krakau und anderen Städten aufhetzen wollte, war er weniger erfolgreich.

Ende des 16. Jahrhunderts lebten etwa 500.000 Juden in Polen, nicht nur Aschkenasim, aus deutscher Verfolgung, sondern auch sephardische Juden, die während der Inquisition aus Spanien und Portugal vertrieben worden waren.

Die Mehrheit der Juden konnte ihr Glück nicht fassen. Wenn sie sich im übrigen Europa umschauten und ihr Los in Polen betrachteten, erkannten sie, dass die Worte

Polin eine ganz besondere Bedeutung hatten. In vielen polnischen Städten – wenn auch nicht in allen – wurde Juden vollkommene Freiheit in Handel und Handwerk gewährt.

Auch wenn die jüdische Wirtschaftstätigkeit von den *Szlachta* geschätzt wurde, weil die Juden eine Alternative zu einer lebensfähigen Mittelschicht darstellten, die dem polnischen Adel Konkurrenz machen konnte, schlossen sich die Juden den polnischen Bürgern im ersten von vielen gemeinsamen Kämpfen gegen eine oft tyrannische polnische Oberschicht an.

In einem 1589 geschlossenen Vertrag mit dem Stadtrat von Kamionka Strumiowa »nahmen die Stadträte die Juden in ihre eigenen Rechte und Freiheiten auf, während sich die Juden bereit erklärten, die gleichen Lasten wie die Bürger zu tragen«. Diese versprachen, »jene Juden als unsere echten Nachbarn vor Übergriffen und Gewalt seitens des Adels und der Soldaten zu schützen«. Nirgendwo auf der Welt hat es Vergleichbares gegeben.

Juden wurde die Selbstverwaltung gestattet. Im 16. Jahrhundert gab es in ganz Europa keine ähnliche jüdische Selbstverwaltung. Die *Va'ad Arba Arazot*, wie der Landtag der Vier Länder hebräisch genannt wurde, wurde vom polnischen Monarchen Stephan Bathory 1579 ins Leben gerufen. Den Vorsitz führte ein Generalmarschall, Mitglieder waren ein Generalrabbi, ein Generalschreiber und ein Generalkämmerer. Dieser Landtag repräsentierte alle Juden. Durch Verbindungsbeamte, die so genannten *Shtadlanim*, verhandelte er mit den zentralen und lokalen polnischen Behörden und versuchte die Beschlüsse, die die Juden betrafen, im *Sejm*, dem polnischen Parlament, und den Landtagen des Adels zu beeinflussen.

Es gab auch Zeiten gemeinsamen Leidens. 1648 richtete sich der Kosakenaufstand unter der Führung des ukrainischen Hetmans Bohdan Khmelnitzky sowohl gegen Polen als auch gegen Juden. Beide waren nicht stark genug, den Teilungskräften zu widerstehen. Sie verloren das Land, das sie als Polen kannten, an Russen, Österreicher und Preußen.

1794 ehrte Polen seine Juden mit der Gründung einer eigenen militärischen Einheit jüdischer Freiwilliger im Aufstand gegen das zaristische Russland unter dem Helden der amerikanischen Revolution, General Tadeuz Kosciuszko. »Nichts kann die beiden weit entfernten Völker von der Heiligkeit unserer Sache und der Gerechtigkeit der gegenwärtigen Revolution stärker überzeugen«, schrieb er in einer *Verlautbarung zur Bildung eines Regiments von Juden*, »als dass sie, obwohl getrennt durch Religion und Sitten, ihr eigenes Leben aus eigenem freien Willen opfern, um diesen Aufstand zu unterstützen.« Unter Oberst Berek Josielewicz nahm das jüdische Regiment an der Schlacht zur Befreiung Warschaus teil.

Wurden die Juden in Polen im 18. Jahrhundert Waffenkameraden genannt, so waren sie im 19. Jahrhundert »Brüder«. In seinem epischen Gedicht *Pan Tadeusz* schuf der große polnische Dichter Adam Mickiewicz die Figur des Jankiel, des jüdischen Wirts (einem zur damaligen Zeit üblichen jüdischen Beruf). Er schrieb es 1834 im Exil nach der Niederschlagung des Aufstands gegen Russland im gleichen Jahr.

Jankiel ist ein würdiger, traditioneller Jude, der für den polnischen Landadel spioniert, als dieser Napoleons Konflikt mit Russland für die Wiederherstellung der Unabhängigkeit Polens ausnützen wollte. Mickiewicz lässt den Juden Jankiel den Dabrowski-Marsch spielen (»Polen ist noch nicht verloren«), der später die polnische Nationalhymne werden sollte.

Es war Mickiewicz, der im polnischen Juden den »älteren Bruder« der Polen sah. Dieser Satz wurde vom polnischen Papst Johannes Paul II. wiederholt, der als polnischer Katholik die Juden »unsere älteren Brüder« nannte. Mickiewicz war überzeugt davon, dass Polen, das neue auserwählte Volk, seine göttliche Mission der Befreiung der europäischen Völker vom Joch des Autoritarismus nur gemeinsam mit seinem älteren Bruder erfüllen konnte. »Für eure Freiheit und die unsere« war später der Schlachtruf der polnischen Aufständischen.

»Ich glaube, dass eine Union Polens mit Israel«, schrieb Mickiewicz, »für uns ein Quell spiritueller und materieller Stärke wäre. Polens Wiedergeburt würde am besten vorbereitet, würden die Ursachen seines Niedergangs abgebaut und würde die Union und die Bruderschaft mit allen Rassen und Religionen, die unser Mutterland als ihre Heimat betrachten, wiederbelebt.« Teil dieses Mutterlands und einer multikulturellen Möglichkeit waren Juden, Ukrainer, Deutsche, Weißrussen, Armenier und sogar Schotten.

Anfang des 20. Jahrhunderts hatte sich dieses Denken stark verändert. Andere, stärker nach innen gerichtete Kräfte wollten andere Wege zur Schaffung eines freien Polens finden, das sowohl im geographischen als auch im linguistischen und kulturellen Sinn polnisch war. Polen für den polnischen Christen, meinte Roman Dmowski, der Begründer der Nationaldemokratischen Partei *Endecja*. Seine *Endeks* sahen im Juden nicht mehr einen älteren Bruder, sondern einen wirtschaftlich, religiös und kulturell anderen. Die Juden waren nicht mehr die *zydki*, die kleinen Juden der polnischen Literatur, die wohl schlau, aber auch weise und oft äußerst nützlich waren. Die Juden waren nun der Inbegriff des verdächtigen anderen, der einer Wiedergeburt der wahren polnischen Nation im Wege stand.

Als ein freies Polen aus dem Schatten des Ersten Weltkrieges trat, wurden die Juden nicht mehr als Partner in der Schöpfung gesehen. In der Zwischenkriegszeit gaben mehr als drei Viertel der Juden in Polen ihre Nationalität als jüdisch – und nicht polnisch – und als Muttersprache jiddisch an. Die Juden wurden als Juden in Polen und nicht Juden Polens gesehen, und waren auch oft selbst davon überzeugt.

Was war mit dem *Polin* der jüdischen Träume geschehen, dem Polen Nahrung gegeben hatte, als es seinen Juden im Gedicht und im Edikt sagte, ihr seid anders, aber ihr seid unsere Nachbarn und wir werden euch verteidigen?

Tatsächlich hatte der polnische Nationalismus den multikulturellen Traum ermordet. Die Polen sagten zwar, dass die Juden die anderen waren, sie kannten sie aber gut. Polen spielten mit Juden, trieben Handel mit ihnen, teilten mit ihnen die wachsende Verarmung der polnischen Nation in der Zwischenkriegszeit.

Nach dem Tod von Marschall Josef Pilsudski, dem gütigen Diktator und Beschützer der Juden, führte eine wachsende anti-jüdische Stimmung Mitte der 1930er-Jahre zum Arbeitsverbot für Juden am Sonntag, dem christlichen, aber nicht jüdischen Ruhetag. Durch das Verbot der rituellen Schlachtung verloren die Juden das Recht, ihre Nahrung nach religiösen Gesetzen zuzubereiten. Polen versperrte den meisten Juden den Universitätszugang wie auch bestimmte Berufszweige, gleichzeitig wurde behauptet, dass Juden die polnische Gesellschaft kontrollierten und eine jüdische Nation innerhalb der polnischen Nation schaffen wollten.

Leczyca (Linshits)

In dieses sich wandelnde Klima wurde mein Vater als sechstes von sieben Kindern am 4. Februar 1913 als Sohn von Isaac Nechemiah und Miriam Bracha (Berkovich) Pik in der polnischen Kleinstadt Leczyca geboren.

Die Juden von Leczyca bezeichneten die Stadt mit ihrem jiddischen Namen Linshits oder Lintchits, sie hatte aber auch etliche andere Namen, alle irgendwo in der Variationsbreite zwischen Leczyca und Linshits. Linshits befindet sich ungefähr 38 Kilometer nordwestlich von Lodz, Polens zweitgrößter Stadt, die einmal die zweitgrößte jüdische Bevölkerung hatte. Es war kein wirkliches Schtetl im Sinne von *Anatewka*. Unter den mehr als 10.000 Bewohnern lebten über 4.000 Juden. Schon 970 wurden Juden in Linshits nachgewiesen, bereits 1453 gab es eine jüdische Gemeinde.

Nicht die ganze jüdische Geschichte in Linshits verlief gut. Der große Historiker der polnischen Juden, Simon Dubnow, beschrieb die Ermordung von zwei Ältesten der Linshitser jüdischen Gemeinde, nachdem diese für die Tötung eines christlichen Jungen aus einem Nachbardorf zum Tode verurteilt worden waren. Keiner der beiden bekannte sich der damals üblichen Blutverleumdung für schuldig, sie wurden aber dennoch an die Folterbank gekettet, wo sie eines entsetzlichen Todes starben. Dubnow erzählte weiter: »Die Körper der beiden hingerichteten Juden wurden in Stücke gehackt und auf Pfählen an den Kreuzungen aufgehängt. Die Zisterziensermönche von Leczyca schlugen aus dem Vorfall Kapital, indem sie die Relikte des vorgeblichen Märtyrers in ihrer Kirche verwahrten und ein Bild mit allen Einzelheiten des Mordes aufhängten.«[138]

Jahre später führte Isaiah Taub, der sich auf die Jüdische Landwirtschaftsgesellschaft in der Zeit vor dem Zweiten Weltkrieg in Polen spezialisiert hatte, eine Gruppe jüdischer Touristen durch Leczyca. »Unter den alten, sehenswerten Gebäuden, die wir besuchten«, schrieb er, »war eine alte Kirche. An den Innenwänden der Kirche befanden sich Särge mit katholischen Heiligen und Märtyrern. Dort fiel uns eine Nische mit dem Skelett eines kleinen Kindes hinter Glas auf. Die in goldenen Lettern angebrachte Inschrift lautete: Hier ruhen die Relikte eines Christenkindes, das von den Juden zum Pessachfest ermordet und dessen Blut zum Backen von Mazzes verwendet worden war.«[139]

Die Familie Pik war in Linshits relativ neu angesiedelt, da sie Mitte des 19. Jahrhunderts aus der Tschechoslowakei eingewandert war. Der Familienname Pik, oder Pick in seiner mittel- oder westeuropäischen Schreibweise, ist ein *kinnui*, d.h. ein Wort, das im Talmud vorkommt. Es bedeutet »Übername« oder »stellvertretende Bezeichnung«. Mittels *kinnui* unterschieden die Juden im Mittelalter zwischen einem heiligen Vornamen und einem weltlichen Namen, der eine gewisse Beziehung dazu hatte. Pik ist eine Adaptation aus dem böhmischen und polnischen Wort *byk* oder Bulle, womit nicht das Tier gemeint ist, sondern vielmehr das *kinnui* des hebräischen Wortes für Josef. In der Bibel wird Josef mit einem jungen Bullen verglichen.[140]

Umgeben von seinen geliebten Eltern Isaac Nehemiah und Miraim Bracha, den drei älteren Schwestern Rachel, Hinda Leah und Rivka sowie den beiden älteren Brüdern Matthias, Chaim Leib und einem jüngeren Bruder Simcha Gershon, der im Alter von zwölf Jahren 1929 verstarb, lebte mein Vater wie ein typischer polnischer Jude einer Kleinstadt.

Seine Ausbildung beschränkte sich auf den Besuch der Cheder, der jüdischen Volksschule, und einige Jahre in einer polnischen Schule. Bereits im Alter von 16 Jahren wurde er in die Bäckerlehre zu einem polnischen Christen namens Ignacy Solinski geschickt, der ein kleines Geschäft in Linshits besaß. Solinski war der einzige Pole, den mein Vater nach dem deutschen Einmarsch stets als einen »anständigen und guten Katholiken« bezeichnete, beispielhaft sowohl im Geschäfts- als auch im Privatleben.

Ignacy Solinski war eine Ausnahme. Als die 1930er-Jahre in Linshits Einzug hielten, machte sich der wachsende Antisemitismus, angefacht durch die Nationaldemokratische Partei, auch in der Stadt meines Vaters breit. Ein Vorfall blieb meinem Vater besonders in Erinnerung. Als Jugendlicher ging er mit seinen jüdischen Freunden an einem warmen Sommertag schwimmen. Kurz nachdem er ins Wasser gegangen war, hörte er den Schrei

»Sie schlagen die Juden zusammen!« Eine Horde *Endek*-Jugendlicher war zum Wasser gelaufen und hatte die Freunde meines Vaters angegriffen, als diese aus dem Wasser kamen. Mein Vater, der sich nie vor einem Kampf mit Antisemiten scheute, rannte aus dem Wasser und ging mit Fäusten auf den ersten *Endek* los, den er sah. Anscheinend gab er es ihm, so gut er konnte.

Nach Beendigung seiner Lehre Anfang der 1930er-Jahre zog es meinen Vater nach Lodz, weil er in einer städtischeren Umgebung leben wollte. Als gutem Bäcker und Konditor gelang es ihm, sich mit Unterstützung von Ignacy Solinski als Partner in einer Konditorei und Bäckerei einzukaufen und ein Großstadtleben zu beginnen. Das Geschäft meines Vaters war ein Erfolg. Er stellte herrliche Kuchen, Backwaren und Brote her. Er errang sogar einen Preis bei einem internationalen Wettbewerb in Frankreich.

Und dennoch bereitete die wachsende antisemitische Stimmung in Lodz und ganz Polen, die nicht bloß durch die Nationaldemokratische Partei angefacht wurde, meinem Vater große Sorgen. Nicht nur waren tätliche Angriffe gegen Juden immer häufiger an der Tagesordnung, durch den nationalen wirtschaftlichen Boykott jüdischer Geschäfte wurde auch die Rentabilität immer stärker in Frage gestellt.

1938 kam eines Tages eine junge Frau in sein Geschäft, um eine Challa, das zeremonielle Brot für den Sabbat, zu kaufen. In dem anschließenden Gespräch stellte sich heraus, dass sie dreiundzwanzig war und sieben Brüder hatte. Mein Vater war von ihrer Selbstsicherheit, ihrem jugendlichen, guten Aussehen und ihrem jüdischen Identitätsgefühl beeindruckt. Er sollte sie erst fünf Jahre später in einer viel düstereren Zeit wiedersehen.

Zwolen

Der Geburtsort meiner Mutter, Zwolen oder Zwolin, im jüdischen Sprachgebrauch, befindet sich etwa dreißig Kilometer westlich in unmittelbarer Nähe zu Radom. 1554, hundert Jahre nach der Stadtgründung, wurden erstmals Juden in Zwolin erwähnt und beim Ausbruch des Zweiten Weltkrieges lebten fast 5.000 Juden in der Stadt mit etwa 10.000 Einwohnern. Zwolin war die Heimat einer einflussreichen chassidischen Gemeinde, die von Rabbi Samuel-Elie Taub und seinen Schülern geleitet wurde; die Rabbiner komponierten Melodien zu verschiedenen Gebeten und für besondere Anlässe.[141]

Meine Mutter wurde am 19. März 1915 als jüngstes von neun Kindern von Abraham Joseph und Perle (Mandelman) Kolton geboren. Ihre einzige Schwester hieß Roza. Ihre sieben Brüder, die sie über alles liebte, waren Yankel, Beryl, Yeheskiel, Pinchas, Asher Selig, Eli und Schmuel.

Die Familie Kolton besaß eine Schusterei und ein Ledergeschäft. Der Vater meiner Mutter war Mitglied der chassidischen Gemeinde von Zwolin, und als ein Teil der Familie, darunter meine Mutter und ihre Eltern, in den frühen 1930er-Jahren nach Lodz zog und dort ein Geschäft zur Herstellung von Beinprothesen eröffnete, wurde er Anhänger der chassidischen Alexander-Gemeinde, die nach dem Dorf Alexander benannt worden war, das etwas zwanzig Kilometer von Lodz entfernt lag.[142]

Meine Mutter fühlte sich im Chassidismus und der Ultra-Orthodoxie jedoch nicht wohl. Nach einigen Jahren an der orthodoxen Beis Yaakov (Beth Jacob) Schule verließ sie diese, um – sehr zum Leidwesen ihrer Eltern – im Familiengeschäft zu arbeiten und ein jüdisches, aber nicht chassidisches Leben zu führen.

Das Ghetto von Lodz – Mein Vater

Lodz wurde als letzte der großen polnischen Städte gegründet und schuf als erste, seit der Emanzipation der Juden, unter der Naziherrschaft ein geschlossenes Ghetto für seine Juden.

In den Jahren zwischen Anfang und Ende seiner aktiven Existenz als autonome polnische Stadt bildete Lodz aber eine Ausnahme unter den anderen wichtigen Metropolen Polens. Als die Stadt 1820 ihre offizielle Verfassung erhielt, waren die Juden schon seit über einem Vierteljahrhundert Teil ihrer Entwicklung. 1939 betrieben fast eine Viertelmillion Juden die Zeitungen der Stadt, ihre Handelsunternehmen und arbeiteten als Freiberufler. In dieser »Stadt der Nationalitäten« gab es neben den Juden noch eine andere Gruppe, die eine entscheidende Rolle im sozialen und wirtschaftlichen Leben der Stadt spielte. Es waren ethnische Deutsche, die schon 1820 nach Lodz gekommen waren und dort die Manufakturbetriebe entwickelt hatten. 1939 waren es weit über 60.000 Menschen. Beim Ausbruch des Zweiten Weltkrieges waren also mehr als 40 Prozent der Bevölkerung von über 700.000 Einwohnern nicht polnisch. Noch ungewöhnlicher war das Gefühl der Sicherheit, das die Lodzer Judenschaft hatte, obwohl Polen eine Geschichte des Antisemitismus hatte. In dieser »jüdischsten« Stadt Polens übten die Lodzer Juden hundert Jahre lang einen enormen Einfluss auf das gesamte Leben aus.[143]

Lodz war eine Arbeiterstadt, ähnlich dem nordenglischen Industriezentrum Manchester. Als »Manchester Polens« war es ein wichtiges Textilzentrum, hatte aber auch eine schmutzige, stickige Luft. Selbst der *Yizkor bukh* (Erinnerungsband) der Lodzer Judenschaft konnte kein romantischeres Bild der Gemeinde zeichnen. Für dessen Verfasser war Lodz ein Ort, wo »die Straßen eng [...] nicht für Schwerverkehr geeignet waren [...] der keine Gärten, ansprechenden Häuser oder Boulevards hatte. Der graue Rauch aus den Fabriksschloten verdeckte den Himmel. Die Fabriksirenen waren die Musik der Stadt.«[144]

Oberflächliche Beschreibungen können allerdings täuschen. Die Lodzer Juden schufen eine aufregende und beeindruckende Vielfalt kultureller, wirtschaftlicher und politischer Errungenschaften, insbesondere in der Zwischenkriegsjahren von 1918 bis 1939. Der vielleicht berühmteste polnische Dichter, Julian Tuwim, wurde in Lodz geboren und schrieb dort seine ersten Gedichte. Der Pianist Artur Rubinstein und der Künstler Artur Szyk waren Söhne der Stadt. Die Zwischenkriegsjahre brachten Schriftsteller wie Izchak Katzenelson, Israel Rabon und Moshe Broderson sowie den brillanten Komödianten Shimon Dzigan hervor. In dieser Zeit entwickelte sich in der Judenschaft auch eine reiches, vielfältiges politisches Leben, das vom linken Sozialismus mit Kontakten zum Bund, der religiös definierten Agudath Israel bis natürlich zur Begeisterung für zahllose zionistische Fraktionen reichte.

In den 1930er-Jahren geriet die Stellung von Lodz als Polens sicherstes jüdisches Umfeld immer stärker ins Wanken. Der aufkommende nationalistische Antisemitismus bestimmter sozialer Schichten wurde in Lodz von einer wachsenden anti-jüdischen Stimmung in der polnischen Arbeiterklasse begleitet, welche die nicht-polnische Dominanz im kulturellen und wirtschaftlichen Leben der Stadt ablehnte.

Auch die polnische Bevölkerung wurde zunehmend antisemitisch und folgte damit der NS-Regierung in Berlin. In den 1930er-Jahren wurde insbesondere die jüdische »Dominanz« in der Textilindustrie abgelehnt, die die Deutschen über hundert Jahre entwickelt hatten.[145]

Am 8. September 1939 zog die deutsche Wehrmacht in Lodz ein und begann mit der Besetzung, die schließlich über hundert Jahre jüdischen Lebens in Polens zweitgrößter Stadt beenden sollte.

1. September 1939, fünf Uhr morgens: der Beginn des Zweiten Weltkriegs. Mein Vater diente in der polnischen Armee und hatte irgendwo zwischen Lodz und Warschau Wachdienst. Er hörte Sirenen aufjaulen und rannte zu einem Bunker. Er sah eine Frau mit zwei kleinen Kindern vor dem Bunker stehen. Alle drei weinten. Die Frau fragte meinen Vater, ob er Jude sei. Gleichzeitig wiederholten zwei zivile Wachen vor dem Bunker immer wieder: »Dies ist kein Ort für Juden.« Mein Vater wusste, dass die deutschen Bomber jederzeit kommen konnten. Er nahm sein Gewehr und hielt das Bajonett gegen die Kehle eines der Wachen. »Lass sie herein«, befahl er. Ängstlich ließ die Wache sie herein.

Plötzlich hörte mein Vater im Lautsprecher, dass alle polnischen Soldaten »nach Warschau, nach Warschau«, beordert wurden. Er spannte seine von Pferden gezogene Kanone an und ritt zur Hauptstadt. Als er einige Tage später nach Warschau gelangte, plünderten alle polnischen Soldaten um ihn herum Juweliergeschäfte. Er sah, dass ein polnischer Offizier auf ihn zurannte. »Der Krieg ist verloren«, schrie der Offizier, »und ich bin ebenfalls verloren.« Er rannte in eine Seitenstraße und schoss sich mit seinem Revolver in den Kopf.

Mitte Oktober ging der sechswöchige deutsche *Blitzkrieg* gegen Polen zu Ende. Mein Vater ergab sich wie viele polnische Truppen. Er war Unteroffizier und wäre sicherlich im Rang aufgestiegen, hätte Polen gesiegt. Er hatte einen Sprengsatz innerhalb von Sekunden vor der Detonation entschärft und somit viele Angehörige seiner Kompanie vor Tod und Verwundung bewahrt. Sein befehlshabender Offizier sagte ihm, dass er als Offizier einen lobenden Bericht über die Tat meines Vaters einreichen und ihn für einen Orden und eine Beförderung vorschlagen werde, obwohl er Jude war – und fast alle Juden doch Feiglinge seien.

Als der polnische Offizier Selbstmord beging, fuhr gleichzeitig ein Zug mit Soldaten ein. Mein Vater dachte, es seien Polen, es waren aber Deutsche. Die deutschen Soldaten befahlen den polnischen Soldaten, ihre Taschen zu leeren. Für jeden polnischen Soldaten, der sich weigerte, geplünderte Waren abzugeben, würden zehn erschossen werden. Mein Vater wurde mit anderen polnischen Soldaten gefangen genommen und in einem Stacheldrahtverhau eingesperrt.

Eine weitere Gruppe deutscher Soldaten kam in schwarzen Uniformen mit SS-Runen am Kragenspiegel. Sie stellten den Häftlingen nur eine Frage: »Wer von euch ist Jude?« Dann fragten sie jene, die sich als Juden zu erkennen gegeben hatten, wer von ihnen krank sei. Unter den inhaftierten jüdischen Soldaten befanden sich viele orthodoxe Jeshiwa-Studenten. Viele von ihnen, die sanft und ängstlich waren, hatten Durchfall. Die Deutschen brachten sie mit dem Versprechen, dass sie in einem Lazarett behandelt würden, auf Lastwagen weg. Einige Minuten später hörte mein Vater Maschinengewehrfeuer. Die Deutschen hatten diese armen, kranken jüdischen Jungen erschossen. Zum ersten Mal hatte mein Vater deutschen Betrug erlebt. Die Deutschen sollten ihre jüdischen Opfer bei jedem Zusammentreffen täuschen, wie mein Vater hinzufügte. Er konnte ein derartiges Verhalten bei einem so guten und freundlichen Volk wie den Deutschen nicht verstehen.

Niemand war mehr darüber erstaunt als die polnischen Juden, dass Deutschland Polen mit der Absicht überfiel, es zu zerstören. Sie hatten Geschichten gehört, wie die NS-Regierung die deutschen Juden behandelte, dass es Sanktionen, sogar Vertreibungen geben würde.

Die meisten Juden in Polen konnten sich nur auf Erinnerungen ihrer Landsleute stützen. Da erinnerte man sich an die anständigen und netten kaiserlichen Truppen in den

Kriegsjahren von 1914 bis 1918. Sie unterschieden sich deutlich von den verhassten zaristischen russischen Truppen, die »alle Antisemiten waren«.

Mein Vater war mit solchen Erzählungen aufgewachsen. Im Ersten Weltkrieg waren die Deutschen nach der Vertreibung der Russen nach Linshits gekommen und die Russen waren in die Stadt gekommen, als sie die Deutschen vertrieben hatten. Dies geschah immer wieder während des Krieges. Seine Mutter, meine Großmutter, erzählte ihm von Willi und Hans, zwei deutschen Soldaten, die sich mit ihr anfreundeten und in die Familie aufgenommen wurden. Sie erinnerte sich, wie freundlich sie waren, wie sie bei Besuchen Essen und Haushaltswaren mitgebracht hatten.

Mein Vater war sehr überrascht, als alle polnischen Soldaten, Juden wie Nichtjuden, frei gelassen und nach Hause geschickt wurden. Auf seiner Rückreise nach Lodz sah er Beweise deutscher Gewalttätigkeiten gegen Juden. Im Gegensatz zu den christlichen Soldaten zog mein Vater seine Militäruniform aus, da er den Deutschen keinen Vorwand liefern wollte, ihn anzuhalten und nachzufragen, ob er Jude sei. Eine polnische Uniform hätte dazu Anlass gegeben.

Er ging sofort zu seiner Konditorei, um mit seinem Geschäftspartner zu sprechen. Er konnte ihn jedoch nirgends finden, stattdessen sah er, dass alle Backwaren im Geschäft brannten. Am nächsten Morgen kam die Tochter des Partners ins Geschäft und mein Vater fragte nach dem Verbleib des Partners. Sie führte ihn zum Friedhof. Zwei SS-Männer seien ins Geschäft gekommen und hätten ihrem Vater befohlen, sich vom Backofen zu entfernen. Sie gaben ihm fünf Minuten. Er dachte, dass dies ein Scherz sei. Sie erschossen ihn auf der Stelle. Meinem Vater blieb keine andere Wahl, als sein Geschäft und die Gegend, in der er lebte, zu verlassen. Er musste nach Linshits zurückkehren, weil es in Lodz wenig zu essen und tausend SS-Leute gab. Als mein Vater dort ankam, stellte er fest, dass sein Bruder Chaim Leib für ihn Essen vorbereitet hatte. Unter den Besatzern von Linshits waren relativ wenige SS-Leute, zumeist waren es Wehrmachtstruppen. Man konnte sich daher leichter verstecken und der Entdeckung entgehen. Mein Vater musste jedoch die traurige Wahrheit von Menschen in Extremsituationen erfahren. Der Wille zu überleben überschattete alles: Loyalitäten, Religion, Nachbarschaftsgefühle. Es wurde ihm klar, dass die Möglichkeit, von polnischen Informanten in einem kleinen Ort wie Linshits ausgeliefert zu werden, viel größer war als in einer großen Metropole wie Lodz.

Bewaffnet mit einem riesigen Sack voll Essensvorräte wurde mein Vater bis zur Stadt Ozorkow nahe Lodz mitgenommen. Dort sprang er in eine Straßenbahn, die, wie er zu seinem Schrecken feststellte, voll mit Deutschen war. Sie schnappten meinen Vater und sein Essen und brachten ihn in ein Gebäude, wo er fast zu Tode geprügelt wurde. Mehrere Tage lang konnte er nur unter Schmerzen atmen. Die Deutschen waren nicht am Essen meines

Vaters, sondern nur an der Tatsache interessiert, dass er Jude sein könnte. Mein Vater sah jedoch nicht »jüdisch« aus. Sein polnischer Akzent war sehr gut, besser als sein jiddischer. Dies war ein wesentlicher Grund für sein Überleben während des Holocaust. Abgesehen von diesem einen Vorfall in der Straßenbahn von Ozorkow gelang es ihm, sich in den meisten Fällen als polnischer Christ auszugeben, solange er noch seine Freiheit hatte.

Als er nach Lodz zurückkehrte, sah mein Vater Kundmachungen, wonach alle Juden bis fünf Uhr nachmittags in ihren Häusern sein mussten. Es war nach sechs Uhr abends und mein Vater trug auf dem Weg zu seiner Wohnung noch immer seine vielen Säcke mit Essen. Um sieben Uhr hatte er seine Wohnung fast erreicht. Plötzlich kamen zwei deutsche Soldaten auf meinen Vater zu. Wie durch ein Wunder trat einer vom Gehweg auf die Straße, um meinen Vater vorbei zu lassen. Sie hielten ihn für einen polnischen Christen.

Ende Oktober beschloss mein Vater, seine Familie in Linshits zu besuchen. Dort erfuhr er, dass seine Schwester Hinda Leah und ihre Kinder nicht mehr dort waren. Hinda Leah hatte gegenüber einer Nachbarin, einer Volksdeutschen, anscheinend die Bemerkung gemacht, dass Hitler letztlich den Krieg verlieren würde. Die Frau zeigte sie an und ihre Familie wurde verschleppt.

Um den Deutschen aus dem Weg zu gehen, entschloss sich mein Vater zu einer Vorgangsweise, die er beibehalten sollte, bis er in verschiedene Arbeits- und Konzentrationslager deportiert wurde. Er begann sich im jüdischen Friedhof von Linshits zu verstecken, weil er dachte, dass deutsche Soldaten dort nicht nach lebenden Juden suchen würden. Seine Schwester Rachel brachte ihm Essen und er wärmte sich am Feuer. Einmal besuchte er Ignacy Solinski, der ihn wie einen lang vermissten Sohn begrüßte. Solinskis Frau jedoch schrie, dass die Deutschen sie und ihren Mann töten würden, weil sie einen Juden unter ihrem Dach duldeten. Sie jagte meinen Vater mit einem Nudelholz aus dem Geschäft.

Im Dezember 1939 wurde in Linshits von den Deutschen das erste jüdische Ghetto errichtet, um die Juden der Stadt von den polnischen Katholiken zu trennen. Die »Judenstraße«, *Ulica Zydowska*, markierte den Beginn dieser Bemühung. Mein Vater glaubte keine andere Wahl zu haben, als nach Lodz zurückzukehren. Er versteckte sich aber auch dort im neuen jüdischen Friedhof am Rand des Lodzer Vorortes Marysin.

Am 1. Mai 1940, dem offiziellen Datum des »geschlossenen« Ghettos von Lodz, wurden mehr als 160.000 Juden Häftlinge ihrer eigenen Umgebung. Fast 80.000 Lodzer Juden waren umgesiedelt worden, in Teile Polens unter russischer Kontrolle »geflohen« oder hatten die Stadt auf andere Weise verlassen. Das Ghetto, wie auch das übrige Lodz, wurden in Litzmannstadt umbenannt, zu Ehren des deutschen Generals Karl Litzmann (1850–1936), der die Stadt 1915 in einer Schlacht eingenommen hatte. Litzmann unterstützte später Adolf Hitler und trat in die NSDAP ein.

Anfangs blieb meinen Vater kaum eine andere Wahl, als Teil des Ghettos zu werden. Er zog in eine Wohnung in der Franciszkanska-Straße 56, die von den Deutschen in Franzstraße umbenannt wurde. Sein Zimmergenosse war Rabbi Boruch Leiserowski (später Baruch Leizerowski), den mein Vater schon vor dem Krieg gekannt hatte. Der ursprünglich aus Litauen stammende Leiserowski war ein begabter Thoragelehrter, der die Tochter eines wohlhabenden Juden geheiratet hatte, der bei Ausbruch des Krieges Selbstmord begangen hatte. Das Gebäude, in dem mein Vater lebte, hatte Rabbi Leiserowskis Schwiegervater gehört und der Rabbi hatte es verwaltet.[146]

Über das Schicksal des Lodzer Ghettos und seiner Einwohner war schon lange vor dem 8. Februar 1940 entschieden worden, dem Tag, an dem mehr als 160.000 Juden offiziell in die am stärksten vernachlässigten Viertel *Stare Miasto* (Altstadt) und das unglaublich verwahrloste *Baluty* (Balut) im Norden der Stadt getrieben wurden. Balut war so arm, dass die im Zentrum von Lodz wohnenden Juden aus Scham oft wenig oder keinen Kontakt zu ihren verarmten Verwandten hatten.[147] Innerhalb des offiziellen Ghettos mit einem Umfang von elf Kilometern gab es keine Kanalisation. Von den 31.000 Wohnungen im Ghetto hatten nur 725 fließendes Wasser.[148]

Anfangs arbeitete mein Vater für keine der Einrichtungen im Ghetto, die als »Unterstützung« für die deutsche Wehrmacht bei der Nachfrage nach Kleidung, Schuhen usw. geschaffen worden waren, denn er hatte schon Arbeit in einer Ghetto-Bäckerei gefunden. Kurze Zeit nach der Gründung des Ghettos konfiszierten die Deutschen allerdings den gesamten Mehlvorrat der Bäckerei. Ohne fixe Anstellung wurde mein Vater zur Zielscheibe der Deutschen. Er wollte sich aber nicht an der Arbeit im Ghetto beteiligen, da er nicht das Risiko eingehen wollte, zur Arbeit außerhalb des Ghettos herangezogen zu werden. Wer wusste schon, was ihn dort erwartete? Wurde man im Ghetto jedoch ohne Arbeit angetroffen, bedeutete dies ein sicheres Todesurteil. Er ging daher zu seinem alten Versteck, dem jüdischen Friedhof, zurück. Diesmal arbeitete er aber in der Beerdigungsabteilung. Er dachte, dass er so zwar an der offiziellen Arbeit im Ghetto teilnahm, sich aber dort auch, falls nötig, verstecken konnte.

Lodz unterschied sich von allen anderen Ghettos. Es handelte sich um eine vollkommen abgeschlossene Welt, wo die Nationalsozialisten die Juden hintergehen konnten, wie nirgendwo sonst. Es war »hermetisch« abgeschlossen, nur wenige Nachrichten drangen hinein oder heraus. Es gab weder die Möglichkeit der Flucht noch des Widerstandes. Es wurde keine Verbindung zum mehrheitlich feindlichen polnischen Untergrund hergestellt, zusätzlich wurden die Juden auf »arischer« Seite von 150.000 feindseligen Deutschen bedroht, die nun in Polens am stärksten nazifizierter und germanisierter Stadt lebten. Ein Ghetto-Bewohner nannte es eine NS-»Festung«.[149]

Von Anfang an wusste mein Vater, dass das Lodzer Ghetto das Ende des jüdischen Lebens bedeutete, wie er es gekannt hatte. Er sah, wie viele Juden verhungerten, da er so viele in dem Teil des »neuen« jüdischen Friedhofs von Lodz begraben musste. In diesen so genannten »Friedhofsfeldern« wurden mindestens 43.000 Juden und Sinti und Roma (Zigeuner) aus dem Lodzer Ghetto anonym und ohne jegliche Feierlichkeit begraben. – Außer einem. Mein Vater erinnerte sich an einen Abend auf dem Friedhof. Er hatte gerade seine Schicht beendet und wollte nach Hause gehen, weil er hungrig war und in seinem Zimmer noch etwas Brot hatte. Im Dunkeln befahl ihm ein deutscher Soldat auf deutsch stehen zu bleiben, sonst würde er erschossen. Er fragte meinen Vater, ob er Spion sei. Mein Vater antwortete, dass er in der Beerdigungsabteilung arbeite und zeigte auf seinen Hut und das Abteilungszeichen auf seinem Mantel. Der Leichnam eines hochrangigen deutschen Generals wurde dann auf das Friedhofsareal gebracht. Er war ein hervorragender Offizier gewesen und hatte an der russischen Front gekämpft. Als man entdeckte, dass er Halbjude mit einem jüdischen Vater und einer christlichen Mutter war, befahl Adolf Hitler seine Erschießung. Der Befehl wurde ausgeführt und der Leichnam auf den jüdischen Friedhof von Lodz gebracht.

Mein Vater erinnerte sich an diesen ungewöhnlichen Anblick. Es war fast Mitternacht, als der Sarg in Begleitung von zwei Reihen deutscher Soldaten gebracht wurde. Nach der Beerdigung wurde das Grab mit Gras bedeckt, sodass keine Spur vom Begräbnis oder der Existenz des Generals zurück blieb.

Mein Vater war derjenige, der die meisten Sinti und Roma begrub, die nach Lodz deportiert worden waren, etwa 5.000 davon aus dem Burgenland an der österreichisch-ungarischen Grenze.[150] Viele von ihnen wurden erbarmungslos zu Tode geprügelt oder verhungerten.

Die Rabbiner des Ghettos, die zuvor nie mit nicht-jüdischen Begräbnissen auf einem jüdischen Friedhof konfrontiert worden waren, entschieden, dass jeder Sarg mit einem Sinto/Rom und mit zwei oder drei kleinen jüdischen Kindern belegt werden sollte.

Der Friedhof war für meinen Vater nicht nur Arbeitsstelle und Ort der Sicherheit, sondern auch ein Platz, an dem er über sein Schicksal und das Schicksal der europäischen Juden nachdachte. Oft sprach er zu den Toten vor deren Beerdigung – der Monolog kreiste immer um die eine Frage: Warum stößt uns dies zu und warum lassen dies die Welt und Gott zu? Irgendwann Ende 1942 erhielt er schließlich eine Antwort von einer erstaunlichen Seite.

Die Deutschen hatten entsetzliche Angst vor Krankheit und Ansteckung. Eines Abends kam ein deutscher SS-Offizier auf den Friedhof und hielt sich ein Taschentuch vor die Nase. Mein Vater hatte gerade eine ganze Gruppe von Gräbern gesäubert und desinfiziert. Der SS-Offizier war von den Bemühungen meines Vaters beeindruckt und sagte ihm, dass er gute Arbeit leiste.

Mein Vater hatte erkannt, dass manche der älteren deutschen Aufseher im Ghetto – manche waren Veteranen des Ersten Weltkriegs – »anständig« waren. Aber welcher Jude konnte sich in Gegenwart eines SS-Manns, vor allem eines Offiziers, wohl fühlen? Warum auch immer, diesmal fühlte sich mein Vater wohl genug, um dem SS-Offizier, der ihn fast menschlich angesprochen hatte, eine Frage zu stellen, die ihn schon sehr lange beschäftigte.

»Verzeihen Sie«, fragte mein Vater, »aber warum verdienen wir dies als Juden? Was haben wir angestellt?« Der Deutsche regte sich auf und begann zu zittern. Er richtete seine Pistole auf meinen Vater. »Hör zu, du jüdischer Scheißkerl«, schrie er meinen Vater an. »Normalerweise spreche ich nicht mit Judenpack«, sagte er meinem Vater, »aber ich werd's dir sagen. Ohne unseren Führer Adolf Hitler würde ganz Europa und dann die ganze Welt in jüdischer Hand sein. Ihr Juden seid ein Volk ohne Scham. Euch hat Gott vergessen und ihr seid auf der Welt überflüssig.«

Da wusste mein Vater, dass das jüdische Volk dem Untergang geweiht war. Wegen der Täuschung, wegen der Freundschaft von Willi und Hans im Ersten Weltkrieg, wegen seiner Unfähigkeit zu glauben, was er Tag für Tag, Nacht für Nacht erlebte, wenn er einen jüdischen Toten nach dem anderen begrub, hatte er nie solche Gedanken gehegt, wie er dies jetzt tat. Er war ein Häftling, der sein eigenes Todesurteil hörte und das Todesurteil jedes jüdischen Mannes, jeder jüdischen Frau und jedes jüdischen Kindes, das auf dieser Erde lebte.

Das Lodzer Ghetto – Meine Mutter

In gewissem Sinne betraf die Einrichtung des Lodzer Ghettos meine Mutter nicht in dem Maße wie meinen Vater.

Als sie mit ihren Eltern nach Lodz zog, fanden sie in Baluty mitten im Elend des ärmsten Lodzer Viertels eine Wohnung. Für Kleinstadtjuden wie die Koltons, die an das Leben in einer großen Familie und mit der weiteren Verwandtschaft gewöhnt waren, war es wichtig, inmitten von Juden zu wohnen. Bei der Gründung des Ghettos mussten meine Mutter und ihre Eltern ihre recht große Wohnung verlassen und in viel kleinere Räume in der Mlynarska-Straße 36 ziehen, die nun Mühlgasse hieß. Sie war im Strohschuhbetrieb 86 in der Widokstraße 5 beschäftigt, welche die Nationalsozialisten in Rungestraße umbenannten. Sie stellte sechs Paar Strohstiefel pro Tag für deutsche Frontsoldaten her und bekam dadurch schreckliche Blasen an den Händen.

Diese Arbeit war für meine Mutter schrecklich, weitaus schrecklicher jedoch war die Dezimierung ihrer Familie. Ihre Mutter starb vor dem Einmarsch der Deutschen in Polen 1939. Ihr Vater, der als Schuster arbeitete, wurde 1941 von deutschen Soldaten erschossen, als diese im Laden nach Leder suchten. Als er sagte, dass er keines hätte, erschossen sie ihn auf der Stelle. Einige Brüder meiner Mutter lebten im Ghetto.

Der Nahrungsmangel und die Ausbreitung von Krankheiten forderten innerhalb von wenigen Monaten unter den Ghettobewohnern ihren Tribut. Ein deutliches Bild der Lebensbedingungen vermittelte der *Lodzer Ghetto-Anzeiger*, die geheime, aber »offizielle« Zeitung, die von einer Gruppe talentierter Verfasser und Beobachter auf polnisch und deutsch herausgegeben wurde. Polnische und westeuropäische Juden, die im Herbst 1941 nach Lodz deportiert worden waren, schrieben: »Wenn Sie in die Nähe der Drukarskastraße und aus den Höfen der Limanowskastraße kommen, steigt ein stickiger, ekelhafter Gestank in Ihre Nase. Nur ein wirklich gottverlassenes Ghetto kann so stinken [...] eine Horde von Jungen stochert mit Spaten und Hacken, mit Schalen und kleinen Stöcken im Sand bis sie zum Abfall kommen und ziehen etwas aus dem scheußlichen Dreck. Entsetzt frage ich einen Jungen: Was machst du da, was suchst du denn da? Wir graben nach Kartoffeln! Ich schaue entsetzt auf diese Kartoffeln. Stinkende, verfaulende Reste aus den Küchen in der Nähe [...] Und dennoch wird jeder winzige Rest mit den Fingern herausgezogen, sorgfältig untersucht und in einem kleinen Sack oder einer Schale gesammelt. Das ist nicht einfach Hunger, sondern der Wahn degenerierter Tiere, denn die Früchte dieses stundenlangen Grabens, der faulige, armselige Abfall, können nie die dafür verwendete Energie ersetzen. Das ist bodenloser Wahnsinn, eine Schmach und Schande. Das darf nicht sein, das kann nicht sein.«

Für meine Mutter wurde das Undenkbare denkbar. Innerhalb von Monaten verhungerten drei ihrer Brüder in ihren Armen.

Anfang 1943 lebte meine Mutter im gleichen Gebäude wie mein Vater. Mein Vater hatte Durchfall bekommen und klopfte an ihre Türe und fragte, ob sie noch Reis gegen den Durchfall hätte. Sie erinnerte ihn daran, dass sie sich 1938 in seiner Bäckerei getroffen hatten.

So lernten sie sich wieder kennen und verbrachten Zeit miteinander. Im September 1943 beschlossen sie zu heiraten. Religiöse Feiern waren im Ghetto nicht mehr erlaubt, daher vollzog Mordechai Rumkowski, der allseits bekannte »Älteste« des Jüdischen Rates, die Zeremonie. Mindestens 20 oder 25 andere Paare wurden gleichzeitig getraut. Rumkowski sagte den Ehepaaren, dass sie nur einander brauchten. Jedes Paar erhielt als Hochzeitsgeschenk einen Laib Brot. Glücklicherweise vollzog der Zimmergenosse meines Vaters, Rabbi Leiserowski, im Geheimen die religiöse Feier. So begann ihr Eheleben im Lodzer Ghetto.

Der Vorsitzende des Jüdischen Rates im Ghetto von Vilnius, Jacob Gens, sagte zu einem jungen Partisanen im Ghetto: »Das Ghetto ist eine Welt für sich, eine besondere Welt. Das Ghetto ist eine Todeskammer für Männer, Frauen und kleine Kinder. Das Todesurteil wurde schon ausgesprochen, aber noch nicht vollzogen, das endgültige Datum ist nicht bekannt.«[151]

Abgesehen von Mordechai Rumkowski, der wahrscheinlich über die Todesfelder von Kulmhof Bescheid wusste, zu denen die Lodzer Juden deportiert wurden, wusste man im Ghetto nichts über deren Schicksal. Der Anzeiger schrieb mehrmals besorgt über bestimmte seltsame Ereignisse, die sich im Ghetto abspielten: »[...] große Gepäcktransporte langen seit 25. Mai im Ghetto ein. Die Menschen im Ghetto sind über das Eintreffen dieser Transporte, die jede Menge Kleidung enthalten, äußerst verwundert [...]« (30.–31. Mai 1942). »Seit Ende Mai hat das Ghetto enorme Mengen an Kleidung erhalten« (21. Juli 1942). Kurz nach der großen Verhaftungswelle und Deportation schrieb der Anzeiger am 25. September 1942 schließlich verzweifelt: »Absolut nichts ist über den Verbleib der von diesem Ghetto ausgesiedelten Menschen bekannt.« Erst am 22. Juni 1944 begann der Anzeiger sich über das Schicksal der Lodzer Juden klar zu werden: »Die Menschen vermuten allgemein, dass die allmähliche Liquidation des Ghettos im Gange ist.« Dieser Mangel an Information über Kulmhof ist höchst erstaunlich, vor allem wenn man bedenkt, dass im Ghetto von Vilnius durchaus bekannt war, dass die deportierten Juden zum Hinrichtungsplatz im Wald von Ponary gebracht wurden.[152] Noch mehr erstaunt die Tatsache, dass die Tötung der Lodzer Juden in Kulmhof im Warschauer Ghetto von Anfang an bekannt war.

Sechs Monate nach der Heirat riss die Glückssträhne meines Vaters. Im Februar 1944 erfuhr er von einem der Brüder meiner Mutter, dass er zu einem Arbeitseinsatz geholt werden könnte. Einige Tage später kamen die Deutschen mit zwei großen Schäferhunden. Zuerst wollte mein Vater aus dem Fenster springen, entschloss sich dann aber doch, sich von meiner Mutter zu verabschieden. Dies wollten ihm die deutschen Aufseher nicht gestatten und drohten mit seiner Erschießung, sollte er ein Wort zu ihr sagen. Sie gab ihm etwas Brot und seine Uhr und sah, wie er aus dem Gebäude marschierte.

Mein Vater wurde ins Zentralgefängnis in der Czarnieckiego-Straße (Schneidergasse) gebracht. Er wusste, dass ihn in diesem Gefängnis ein schreckliches Schicksal erwartete, weil die Häftlinge von dort zur Eisenbahnrampe nach Radogoszcz (Radegast) gebracht wurden, von wo aus die Züge in unbekannte Richtung fuhren.

Nachdem er mehrmals geschlagen worden war, floh mein Vater aus dem Gefängnis, konnte sich aber nirgends verstecken. Daher kam er freiwillig zurück. Einen Monat lang wurde er in Czarnieckiego eingesperrt. Während der gesamten Zeit sah er meine Mutter nicht, erhielt aber von der Tochter seiner Schwester Rachel eines Nachts Besuch und konnte kurz mit ihr sprechen. Sie klagte: »Onkel Shalom, hoffentlich sehen wir uns wieder.« Sie, ihre Schwester und ihre Mutter wurden vom KZ Stutthof in der Nähe von Danzig ins Meer getrieben und ertranken Ende April 1945. Schließlich wurde mein Vater im März 1944 ins Arbeitslager nach Tschenstochau gebracht. Meine Mutter sah ihn kurz davor. Sie brachte ihm einen Pullover und ein Stück Brot, das er ihr jedoch zurückwarf.

Nach der Deportation meines Vaters aus dem Ghetto konnte meine Mutter nur zusehen, als alle Zeichen darauf hindeuteten, dass das Ghetto von Lodz liquidiert wurde. Es war das letzte große jüdische Ghetto in Polen, das noch als solches bestand. Anfang Mai 1944 befahl Reichsführer SS Heinrich Himmler dessen Liquidation und im folgenden Monat wurden mehr als 7.000 Juden von Lodz ins Todeslager von Kulmhof geschickt.

Fast den gesamten August 1944 hindurch wurden mehr als 65.000 Ghettobewohner, d.h. alle verbliebenen Insassen des Lagers (außer etwa 800 Menschen), darunter auch Chaim Mordecai Rumkowski, zur Bahnstation von Radegast gebracht und aus Lodz deportiert. Auch meine Mutter zählte zu diesen. Sie hatte noch nie von dem Ort gehört, zu dem sie angeblich transportiert wurden. Er hatte einen ungewöhnlichen Namen – Auschwitz.

Nackt unter Wölfen – in den Konzentrationslagern: Mein Vater

Zur Zeit seiner Deportation wusste mein Vater nicht, dass er zu einem Transport von 1.500 Juden aus dem Lodzer Ghetto gehörte, der für die Zwangsarbeit in der Hugo Schneider Aktiengesellschaft-Metallwarenfabrik (HASAG) vorgesehen war.

Der Waffenproduzent HASAG war nach der IG Farben und den Hermann Göring Werken die drittgrößte Fabrik dieser Art. Der HASAG, deren Hauptsitz sich in Leipzig befand, war das Recht eingeräumt worden, die nationalen Munitionsfabriken Polens in der Stadt Skarzysko-Kamienna im Distrikt Radom zu führen. Die sich über dreieinhalb Quadratkilometer erstreckenden Fabriken waren in drei Abschnitte – die Werke A, B und C – aufgeteilt. 1942 wurde jedem Werk ein zusätzliches jüdisches Arbeitslager angegliedert, der gesamte Komplex lief unter dem Namen Judenzwangsarbeitslager Hasag Skarzysko-Kamienna.[153]

Mein Vater wusste nicht, dass er mit seinem Transport von Lodz zum HASAG-Komplex letztlich auf seine endgültige, unausweichliche Vernichtung zusteuerte.

Dies wird klar, hält man sich vor Augen, dass sich die Entscheidung, das Ghetto Mitte 1942 in ein echtes Arbeitslager umzuwandeln, nicht auf kriegswirtschaftliche Überlegungen stützte. Es ging einfach um die Umsetzung der deutschen Politik der *Vernichtung durch Arbeit.*[154] Letztlich würde »diese Arbeitskraft durch Überarbeitung und Aushungern automatisch beseitigt, und das finanzielle Ziel der Ausbeutung würde mit dem ursprünglichen Ziel der Vernichtung konvergieren, und beide Ziele eins werden«.[155]

Bei den jüdischen Arbeitern folgte die HASAG derselben Philosophie. Den jungen, kräftigen Arbeitern wie meinem Vater schenkten sie wenig Beachtung, wichtiger waren die älteren, möglicherweise besser gestellten Juden, die vielleicht Wertsachen besaßen. Die jüngeren Arbeiter wurden in den Werken A und B, die älteren im Werk C an höchst giftigen Arbeitsplätzen ohne Schutzkleidung eingesetzt. Nach drei Monaten Arbeit unter schrecklichen Bedingungen wurden sie nicht mehr als arbeitsfähig angesehen. Sie wurden dann Ziel von »Selektionen« und Massenerschießungen.

Im Frühling 1944 brach in der HASAG-Fabrik von Skarzysko eine Typhusepidemie schrecklichen Ausmaßes aus, die hunderte Juden das Leben kostete. Ersatz war dringend nötig. Etwa 1.500 Juden aus Lodz wurden daher direkt nach Skarzysko gebracht. Eine weitere Gruppe, darunter auch mein Vater, kam ins HASAG-Lager von Tschenstochau.[156]

HASAG-Pelcery war das größte Arbeitslager. Ende Juni 1944 arbeiteten dort etwa 5.000 Juden aus Lodz und Tschenstochau. In einer Baracke lebten 48 Menschen, jeweils zwei in einem Stockbett, mit Läusen infiziertes Stroh diente als Auflage. Wurde ein Jude selektiert, legte man ihn zu den Toten und ließ ihn dort sterben. Die Kranken steckte man in ein »Krankenhaus«, einen ehemaligen Stall, wo keiner behandelt wurde.

Als mein Vater in Tschenstochau ankam, traf er einen Häftling namens Pik, der zum Christentum konvertiert war. Er stammte aus Tschenstochau, sein Vater war ein bekanntes Mitglied der Gemeinde. Der jüngere Pik nahm meinen Vater unter seine Fittiche, da er annahm, dass sie entfernt miteinander verwandt waren. Obwohl mein Vater eine Stelle in einer Bäckerei bekommen hatte, die Backwaren für das Lager herstellte, sagte der Pik aus Tschenstochau zum ihm, dass es besser sei, zur jüdischen Lagerpolizei zu gehören, die im Lager patrouillierte.

Der Kapo der jüdischen Polizei jedoch war ein schrecklicher, bösartiger Kerl. Auch er war zum Christentum konvertiert und als Sadist bekannt, sogar gegenüber seinen eigenen Polizisten. Mein Vater traf einen jüdischen Polizisten, der wie er zur Polizei ging, um einer gefährlicheren Arbeit zu entgehen. Eines Abends schlief er auf seinem Posten ein. Der Kapo der jüdischen Polizei entdeckte ihn und schlug so auf ihn ein, dass er nur um Haaresbreite dem Tod entging. Mein Vater hatte keinerlei Interesse, für einen solchen Menschen zu arbeiten. Sein neuer Freund Pik aus Tschenstochau meinte daraufhin, dass er sich keine Sorgen machen solle, man werde ihn zum Kapo machen.

»Was muss ich da tun?«, fragte mein Vater. Ach, nur die jüdischen Arbeiter zum Werk begleiten oder sicherstellen, dass das Licht zur richtigen Zeit gelöscht wird, wurde ihm gesagt.

Einige Wochen lang ging mein Vater mit den anderen zum Werk. Er merkte jedoch, dass viele Kapos selbst Sadisten waren und jüdische Mitbrüder scheinbar zum Spaß schlugen. Mein Vater bekam bei dieser Arbeit zwar besseres Essen, wollte aber kein Sadist werden.

Beinahe hätte sich die Möglichkeit ergeben, von Tschenstochau nach Lodz zurückzukehren. Ein von Rumkowski unterzeichneter Befehl forderte, einige ehemaliger Bewohner des Lodzer Ghettos zurückzuschicken. Mein Vater setzte alles daran, in diese Liste der Rückkehrer aufgenommen zu werden, damit er meine Mutter wiedersehen konnte, aber es gelang ihm nicht.

Langsam hatte mein Vater das Gefühl, dass er Tschenstochau niemals lebendig verlassen würde. Daraufhin wandelte sich seine Verzweiflung in Strategie. Wo könnte er hingehen, um nicht gefunden zu werden? Der beste Ort, entschied er, sei das Heiligtum in *Jasna Gora* (polnisch: Heller Hügel), wo Unsere Liebe Frau von Tschenstochau, die Schwarze Madonna, seit über sechs Jahrhunderten das wichtigste Heiligtum Polens darstellt.

Es gelang meinem Vater irgendwie, das Lager zu verlassen und nach Jasna Gora zu fliehen. Dort blieb er einige Tage, bis er von einem ukrainischen Wachposten aus dem Lager entdeckt wurde, der dort beten wollte.

Welche Bestrafung auch immer meinem Vater drohte, es kam nicht dazu, da er ein oder zwei Tage nach seiner Ergreifung mit anderen Häftlingen per Bahn in das HASAG-Werk von Skarzysko-Kamienna transportiert wurde.

Hier sah sich mein Vater mit den schlimmsten Bedingungen während seiner Gefangenschaft konfrontiert. Im Frühjahr 1944 konnten die Lebensbedingungen in Skarzysko-Kamienna (das die Juden auf Jiddisch Skarzisk nannten) bestenfalls als »täglicher Überlebenskampf an zwei Fronten« beschrieben werden: »Im Werk mörderische Arbeit, das ständig erhöhte Arbeitspensum, Prügel durch die deutschen und polnischen Aufseher [...] Im Lager kämpften sie gegen Hunger, Überfüllung, Dreck, Krankheit und die interne Lagerverwaltung.[157]

Noch ernster wurde seine Lage, als er dem Werk C zugewiesen wurde. »Dies war«, schrieb ein Augenzeuge, »ein Ort jenseits der menschlichen Existenz. Ein Ort der Aufgabe und des Wahnsinns.« Ein anderer schrieb: »Wer immer das Werk C durchlief, wird bis zum Ende seines Lebens von Erinnerungen an monströse Tage und Nächte heimgesucht werden, als Männer Hunde beneideten, die frei herumlaufen durften und zu fressen bekamen.«[158]

Mein Vater kam in diese Welt, wo, wie er sich erinnerte, rechts und links Juden erschossen wurden. Einer der schlimmsten Verbrecher war Kurt Krause, der ehemalige Chef des Werkschutzes, einer Gruppe von deutschen und ukrainischen Killern, deren wichtigste Aufgabe darin bestand, »ein kleines Vermögen zu machen und gleichzeitig die eigenen Frustrationen in Gewaltakten an anderen auszulassen«.[159]

Mein Vater hatte erfahren, dass eine Gruppe polnischer Partisanen gedrohte hatte, Krause zu ermorden, wenn er nicht aufhörte, polnische katholische Arbeiter zu misshandeln. Mein Vater überlegte sich daher eine Überlebensstrategie. Er begann anderen Häftlingen zu erzählen, dass er eine polnische Katholikin in der Kirche geheiratet hätte. Krause hörte davon und fragte ihn danach. Meinem Vater gelang es, Krause zu überzeugen, dass er ein katholischer Konvertit war. Daraufhin befahl Krause, dass mein Vater mit den anderen Katholiken zur Arbeit geschickt wurde. Dies bedeutete für meinen Vater, dass er besseres Brot und andere Nahrungsmitteln erhielt.

Am schlimmsten wurde mein Vater von Paul Kuhnemann, dem »Buckligen« (auf Jiddisch: *der Hojker*) gequält. Kuhnemann wurde im November 1943 Lagerkommandant. Er war klein, gedrungen und hatte tatsächlich einen Buckel. Kuhnemann sprach fließend Jiddisch und kannte jüdische Sitten, was er, wie es hieß, als Nachtwächter in einer jüdischen Fabrik gelernt hatte.[160] Kuhnemann war ein Kommandant, der sich einmischte. Er tauchte überall in Begleitung von einem riesigen Schäferhund auf, beobachtete diejenigen, die hart arbeiteten, und ermordete diejenigen, die es seiner Meinung nach nicht taten. In den wenigen Monaten, die mein Vater in Skarzysko-Kamienna verbrachte, traf er zweimal persönlich mit Kuhnemann zusammen.

Eines Tages kam ein Häftling aus dem Lodzer Ghetto, ein älterer Mann, den mein Vater flüchtig kannte, voller Angst zu ihm. Die Deutschen und Ukrainer, erzählte er meinem Vater, wüteten, sie schossen wahllos auf Juden. In diesem Augenblick kam Kuhnemann mit seinem Hund auf die beiden zu. Er ließ den anderen Juden mit einer Gruppe abführen und fragte meinen Vater: »Willst du mit diesen Männern mitgehen? Wie alt bist du?« Mein Vater antwortete, dass er einunddreißig sei. Sichtlich zufrieden mit der Antwort meines Vaters, ging Kuhnemann weiter. Die Gruppe von Männern wurde abgeführt und erschossen.

Mein Vater erinnerte sich auch an einen stattlichen jungen Juden, der sich beim Arbeitseinsatz einen Fuß verletzt hatte. Er konnte ihn nicht belasten und bat meinen Vater, ihn beim Gehen zu stützen. Bevor mein Vater dies tun konnte, kam Kuhnemann vorbei und fragte den Jungen auf Jiddisch mit einem mitleidigen Lächeln, was los sei. »Nichts«, antwortete der Junge. »Bist du sicher?«, fragte Kuhnemann. »Dann steh erst auf dem einen Fuß und dann auf dem anderen.« Der Junge konnte es nicht; Kuhnemann zog seine Pistole heraus und schoss dem Jungen in den Kopf.

Als die Sowjettruppen im Juli 1944 am Rande des Distrikts von Radom in der Nähe von Skarsyko-Kamienna waren, kam der Befehl zur Evakuierung jüdischer Zwangsarbeiter in Konzentrationslager.

Aus einigen anderen Munitionsfabriken wurden die Häftlinge nach Auschwitz gebracht. In Skarzysko-Kamienna lagen die Dinge aber anders. Eine »Selektion« führte zur Ermordung von 500 Häftlingen. Einige Tage später, in der Nacht vom 30. Juli 1944, versuchten etwa 250 Häftlinge mitten im Durcheinander aus dem Werk C zu fliehen. Alle wurden gefasst und erschossen. Am nächsten Tag brachte ein Transport 1.500 Männer in das KZ Buchenwald, nahe der berühmten Stadt Weimar.[161] Mein Vater war unter ihnen. Er kam dort am 5. August 1944 mit gefesselten Händen und Füßen an, weil er versucht hatte, aus dem Zug zu fliehen. In Buchenwald wurde meinem Vater klar, dass die Nationalsozialisten neben dem Krieg gegen die Juden auch einen Krieg gegen menschliche Werte führten.

Buchenwald war 1937 als »Umerziehungszentrum« für politische Feinde des Nationalsozialismus, vor allem Kommunisten und Sozialdemokraten aus verschiedenen Ländern, gewöhnliche Kriminelle und Zeugen Jehovas oder Bibelforscher, wie sie in Deutschland hießen, gegründet worden. Bald gesellten sich Juden, die beim berüchtigten antisemitischen Pogrom am 9. und 10. November 1938, der so genannten »Kristallnacht«, verhaftet worden waren, so genannte sozial Unwerte, Homosexuelle sowie Sinti und Roma zu ihnen. Nach dem Überfall auf die Sowjetunion im Juni 1941 wurden auch sowjetische Kriegsgefangene ins Lager gebracht.

Einer der ersten Menschen, den mein Vater in Buchenwald traf, war ein deutsch-jüdischer Politiker, der seit 1937 im Lager war. Aufgrund dieser außergewöhnlichen Mischung von Häftlingen in Buchenwald erkannte mein Vater, dass der Nationalsozialismus ein Übel mit globalen Proportionen war. Seit seinem Zusammentreffen mit dem SS-Offizier am Friedhof des Lodzer Ghettos zweifelte er nicht mehr daran, dass die Vernichtung jüdischen Lebens für das NS-Regime Priorität hatte, nun sah er, dass es sich um eine groß angelegte und letztlich geschichtsverändernde Politik handelte.

Im Lager traf er auch Phillip Auerbach, einen deutschen Juden aus Hamburg, der als ausgebildeter Pharmazeut ein »großes Tier« war, weil er jedes vorhandene Medikament, auch wenn die Menge sehr gering war, erhalten und verteilen konnte. Auerbach überlebte den Krieg und wurde nach dem Krieg ein hochrangiger Beamter der bayerischen Staatsregierung, der für die Wiedergutmachung an jüdischen Überlebenden des Holocaust verantwortlich war. In Buchenwald gelang es ihm, meinem Vater ein Paar besohlte Schuhe zu verschaffen, die er für seine Arbeit im berüchtigten Lagersteinbruch brauchte, wo er mehrmals von brutalen deutschen Kapos geschlagen wurde.

Die Arbeit im Steinbruch war schwer, auch für einen jungen Mann wie meinen Vater. Mein Vater meinte, dass der Steinbruch kein Arbeitsplatz, sondern ein Ort des Leidens und der Qual war. In seiner Arbeitseinheit waren vor allem französische Häftlinge. Er blieb nicht lange in Buchenwald. Kurze Zeit später wurde er nach Schlieben, in ein anderes HASAG-Lager verlegt, eines von vielen Nebenlagern von Buchenwald, das sich 120 Kilometer südlich von Berlin im heutigen Brandenburg befand. In vielerlei Hinsicht war Schlieben sein gefährlichstes Lager. Dort wurden insbesondere Panzergranaten hergestellt. Mein Vater erkannte die Gefahr und sagte den Lagerbehörden, dass er Schlosser sei, in der Hoffnung, auf diese Weise nicht in die Munitionsfabrik gesteckt zu werden.

Es wurden jedoch alle Zwangsarbeiter für die Produktion der Panzergranaten gebraucht, für einen Krieg, der kurz vor dem Zusammenbruch schien. Mein Vater traf hier mit einigen Freunden aus dem Lodzer Ghetto zusammen, die schon vor ihm in Schlieben eingetroffen waren. Sie waren am Verhungern.

Als mein Vater einige Nahrungsmittel aus der Lagerküche stahl, wurde er erwischt. Er wurde vor den SS-Oberscharführer gebracht und sollte erhängt werden, aber ein jüdischer Häftling aus Prag, der ebenfalls Pik hieß und behauptete, ein Cousin meines Vaters zu sein, setzte sich für ihn ein. Er war ein Günstling des Oberscharführers, einer »seiner Juden«, die dem NS-Offizier Wertsachen beschafften. Mein Vater wurde geschlagen, sonst geschah weiter nichts.

Eines Tages flog eine Gruppe britischer Bomber über Schlieben und ließ ihre Last fallen. Eine der Bomben traf direkt die Munitionsfabrik, in der mein Vater arbeitete, und löste eine Serie von Dynamitexplosionen aus. Von den 1.500 Männern in der Fabrik überlebten nur sechs den Bombenangriff.

Mein Vater war einer von ihnen. Er hatte mehrere Rippenbrüche und all seine Zähne verloren. Obwohl er nicht arbeiten konnte, erhielt er den Befehl, eine Gruppe schwerkranker Häftlinge im so genannten Lagerkrankenhaus zu bewachen.

Als die Sowjetarmee das Lager im April 1945 immer mehr einkreiste, beschloss die SS wie bei vielen anderen KZs, ihre »wertvolle« Fracht in eine sicherere Umgebung zu schaffen, wo sie ihrer Tötungsaufgabe weiter nachgehen konnte. Mehrere Lagerinsassen wurde auf Pferdewagen nach Theresienstadt in der Tschechoslowakei und in andere Lager gebracht. Einer anderen Gruppe wurde befohlen, zu Fuß ins Lager Theresienstadt zu marschieren – darunter war mein Vater.[162]

Die wenigen Juden des »Todesmarsches«, die Theresienstadt einige Tage später mehr tot als lebendig erreichten, fanden eine Szene vor, die das Chaos des kollabierenden NS-Regimes und den verlorenen Krieg widerspiegelte.

Dem Roten Kreuz wurde gestattet, Pakete an die zumeist westeuropäischen Juden zu verteilen, die im Vorzeigelager des KZ-Systems übrig geblieben waren, einem Ort, wo »Hitler den Juden ihre eigene Stadt schenkte«.

Im April 1945 war in Theresienstadt nichts mehr vorzuzeigen. Es war ein Ort der Toten und Sterbenden. Die Rotkreuz-Pakete aber waren ein Gottesgeschenk, abgesehen davon, dass das Rote Kreuz an die Neuankömmlinge und halbtoten Juden aus Schlieben keine Pakete verteilte. Aber mein Vater überlebte. Am 8. Mai betrat die erste Gruppe sowjetischer Soldaten Theresienstadt. Mein Vater hatte genug Kraft, sie zu begrüßen, obwohl er nur mehr vierzig Kilogramm wog. Er rannte zu einem russischen Panzer, nahm von einem Soldaten ein Maschinengewehr und richtete es auf eine Gruppe deutscher Aufseher, die sofort die Arme hochhielten. Innerhalb weniger Tage brach eine Typhusepidemie im Lager aus. Viele ehemalige Häftlinge wurden krank und sogar die behandelnden sowjetischen Ärzte erkrankten an Typhus. Mein Vater jedoch nicht. Er konnte mit dem internationalen Team von Ärzten und Krankenschwestern, ehemaligen KZ-Häftlingen, arbeiten. Mein Vater erinnerte sich an mehrere Ärzte aus Belgien, Polen, der Tschechoslowakei, Ungarn und einen, Dr. Goldstein, der mit meinem Vater in die amerikanische Zone von Deutschland reisen sollte.

Eines Tages Anfang Juni 1945, einige Wochen, nachdem das Lager zunächst isoliert und dann nach der überstandenen Typhusepidemie wieder geöffnet worden war, saß mein Vater mit zwei russischen Militäroffizieren, einem Major und einem Hauptmann, der jüdischer Arzt war, zusammen. Auch Rabbi Eugene Lipman, ein junger amerikanischer jüdischer Kaplan, der im Juni 1945 in die Tschechoslowakei transferiert worden war, um mit den Überlebenden von Theresienstadt zu arbeiten, saß am Tisch. Plötzlich kam ein Freund meines Vaters, ein Kantor aus Lodz, der Theresienstadt kurz vor Ausbruch des Typhus verlassen hatte, um seine Familie in Polen zu suchen, ins Zimmer. Er ging zu meinen Vater und sagte: »Shalom, deine Frau ist da.«

Meine Mutter

Als meine Mutter im August 1944 an der Rampe am Radegaster Bahnhof stand und darauf wartete, in einen Zug nach irgendwo zu steigen, was mochte sie da gedacht haben? Auch wenn sie gewusst hätte, wohin sie fuhr, hätte der Name Auschwitz ihr nichts gesagt. Sie wusste vielleicht, dass tausende Juden von Lodz an einen Ort namens Kulmhof in den Tod geschickt worden waren, sie wusste aber nichts über die Todesmaschinerie an einem weit von Lodz entfernten Ort, der Sinnbild für die Übel des 20. Jahrhunderts werden sollte.

Sie wusste, dass ihr Vater und drei ihrer Brüder im Ghetto von Lodz gestorben waren. Sie wusste auch, dass sie ihren Mann Shalom seit März jenes Jahres nicht mehr gesehen hatte und nicht wusste, ob er tot war oder lebte.

Als meine Mutter am Bahnhof von Auschwitz ankam, hatte sie keine Ahnung, dass fast eine Million Menschen dort gestorben waren, Opfer der geplanten Ermordung des jüdischen Volkes sowie vieler Sinti und Roma.

Als sie aus dem Zug stieg, wird sie gesehen haben, wie hunderte und aberhunderte von Männern und Frauen nach links oder rechts geschickt wurden. Vielleicht hat sie auf ihrem Weg vom Zug auf die Rampe einen Häftling in gestreifter Uniform getroffen, der ihr sagte, dass sie sich jetzt im biblischen Gehinnom oder der Hölle befand und dass sie bald himmelwärts schweben würde, wie der Rauch, den sie in der Ferne aus Schornsteinen quellen sah.

Sie wurde auserwählt, nach rechts zu gehen, während andere, viele ältere oder Frauen mit Kindern nach links gehen mussten. Was bedeutete dies alles?

Für meine Mutter bedeutete dies Leben. Es bedeutete auch, dass sie vollkommen kahl geschoren wurde. Fühlte sie sich wie Lucille Eichengreen, wie sie ein Häftling in Auschwitz, die ihre Gefühle so beschrieb:[163]

»Als ob sie meine Gedanken lesen könnte, schlug mich die SS-Frau mit dem Handrücken hart ins Gesicht. Mein Kopf flog zurück, aber die Aufseherin schnitt weiter. Als sie meine Achselhöhlen und das übrige Körperhaar rasierte, konzentrierte ich mich auf meinen Hass: Hass gegen sie, Hass gegen die Deutschen, die mich auf diese schwitzende, nackte Kreatur, ohne Haare, ohne Würde, degradierten. Für sie war ich nicht mehr ein menschliches Wesen, nur eine entbehrliche Jüdin. Ich erinnerte mich an meinen Vater und an meine Schwester: Waren auch sie an einen solchen Ort gebracht worden, um eine ähnliche Erniedrigung zu erleiden – oder, wie bei meinem Vater, ermordet zu werden? Würde ich das je wissen? Ich wollte schreien, um mich schlagen, kratzen. Stattdessen blieb ich in stiller Wut stehen.

Ich blickte auf den Berg von Haaren um uns, Haar jeder möglichen Farbe. Was würden sie mit all dem Haar tun? Einige Minuten lang standen wir bewegungslos da, dann spürten wir die Hände der Aufseherin, die uns zu den Drehtüren schob. Ich erschrak über ein Spiegelbild in den oberen Glasscheiben – ein ovaler, eiförmiger Kopf mit zwei dunklen, großen Augen, abstehenden Ohren. War dieser grässliche Anblick ich? Ich hob meine Arme, um den Kopf zu berühren, aus Abscheu vor dem Spiegelbild ließ ich meine Hände jedoch sinken, verneinte einen Augenblick lang den Schock, den Albtraum, der ich war.«

Meine Mutter sollte nicht länger als eine Woche oder zehn Tag in den Frauenbaracken von Auschwitz II verbringen, dem berüchtigten Lager Birkenau, wo sich die Gaskammern und Krematorien befanden. Sie sollte von einem SS-Soldaten mit einem Gewehrstumpf in den Magen geschlagen werden – dies sollte ihre lebendigste Erinnerung an Auschwitz sein.

Von Auschwitz wurde meine Mutter an einen Ort etwa 35 Kilometer östlich von Danzig (polnisch: Gdansk) transportiert, jener berüchtigten »freien Stadt« Polens, die so viele Konflikte zwischen ihren deutschen und polnischen Bürgern erlebt hatte. Beryl, der Bruder meiner Mutter, lebte in Danzig, nachdem er Zwolen verlassen hatte, um sein Glück zu machen. Meine Mutter konnte aber nicht ahnen, dass sich der Ort, zu dem sie von Auschwitz transportiert worden war, auf polnisch *Sztutowo* genannt, so nahe von ihrem geliebten Bruder befand.

Stutthof, das Konzentrationslager, in das meine Mutter kam, war das erste KZ, das 1939 auf polnischem Boden errichtet, und das letzte, das am 9. Mai 1945 befreit wurde. In jenen Jahren wurden an die 100.000 Menschen ins Lager deportiert, viele polnische Nichtjuden wie auch Juden aus Warschau, Bialystock, Arbeitslagern im Baltikum und jenen von Auschwitz. 60.000 von ihnen starben durch Vergasung, tödliche Injektionen oder andere unmenschliche Behandlungen.

Meine Mutter erhielt den Befehl, in einer Kücheneinheit zu arbeiten, und versuchte heimlich für sich etwas Essen beiseite zu schaffen. Sie wurde jedoch von einer ukrainischen weiblichen Wachperson entdeckt, die meine Mutter mit einem Eisentopf auf den Kopf schlug. Noch Monate später, sogar nach ihrer Befreiung, hatte sie durch diesen Schlag eine große Schwellung.

Am 24. November 1944 wurde meine Mutter gemeinsam mit 500 anderen Männern und Frauen zur Arbeit in einer Waffenfabrik in Dresden ausgewählt. Die Fabrik war ein Nebenlager des KZ Flossenbürg in Bayern nahe der tschechischen Grenze. Auf der Dresdner Liste hatte meine Mutter die Nummer 266 und ihre Lagernummer in Stutthof war 82 764.[164]

Am 26. November erreichte der Zug Dresden und alle Insassen wurden sofort zur Fabrik Bernsdorf & Co. in der Schandauerstraße 68 geschickt, die dem Herstellergiganten Reemtsma gehörte.

Auf meine Mutter wartete eine Überraschung. Der zivile Leiter der Fabrik war niemand anderer als Hans Biebow, der deutsche Verwalter des Lodzer Ghettos, der in Lodz riesige Gewinne gemacht hatte und sich gegen die Liquidation des Ghettos ausgesprochen hatte, weil die Geschäfte so gut liefen. Schon vor der Liquidation von Lodz hatte Biebow überlegt, wie er seine Geschäfte an einem anderen Ort weiterführen könnte. Die Wahl fiel auf Dresden.

In Dresden waren die Bedingungen viel besser als in Stutthof. Die jüdischen Arbeiter waren in einem großen Gebäude mit Zentralheizung untergebracht. Die SS-Offiziere waren lediglich für die Aufrechterhaltung der Disziplin zuständig, es war ihnen aber nicht gestattet, diejenigen, die sie beaufsichtigten, zu schlagen oder zu töten. Die Lebensbedingungen hatten sich allerdings nicht vollkommen geändert. Der Hunger unter den Arbeitern war noch immer groß und viele, die krank und stark geschwächt aus Stutthof gekommen waren, überlebten nicht.

Am 13. Februar 1945 bombardierten die amerikanische und die britische Luftwaffe die Stadt Dresden und zerstörten die Fabrik in der Schandauerstraße. Meine Mutter und zwei Freundinnen überlebten im Fabriksschutzraum am Rand von Dresden und liefen zum Fluss, um der Bombardierung zu entkommen. Dabei dachten sie auch an eine Flucht aus Dresden. Sie wurden gefasst und zum ausgebombten Gebäude gebracht und in einen Keller gesteckt, in dem sie über eine Woche blieben.[165] Meine Mutter hatte aber Glück. Wäre sie in die Schandauerstraße zurückgebracht worden, hätte sie einen »Todesmarsch« Richtung Theresienstadt mitmachen müssen, wo viele Schwache, die mit den anderen nicht mithalten konnten, abgeführt und erschossen wurden.[166]

Eine nichtjüdische Frau kam vorbei und öffnete den Keller, so konnten meine Mutter und ihre beiden Freundinnen flüchten und sich in die Tschechoslowakei durchschlagen, wo sie von amerikanischen Truppen in Böhmen befreit wurden.

Meine Mutter ging nach Prag, einem Treffpunkt für Überlebende, und begann sofort nach dem Verbleib meines Vaters zu forschen. In dem großen Saal, wo sich die Überlebenden trafen, ging meine Mutter immer wieder von einem Tisch zum anderen und fragte, ob jemand meinen Vater gesehen habe. Eines Tages kam sie zu einem Tisch und der Mann, den sie gefragt hatte, sagte ja, ich habe Ihren Mann gerade in Theresienstadt verlassen. Er lebt.

Ich kann mir nicht vorstellen, was meine Mutter in diesem Augenblick empfunden haben mag. Vielleicht sehr wenig. Welche Empfindungen waren nach ihrem Martyrium noch übrig geblieben?

Aber sie und dieser Mann, ein Kantor aus Lodz, der mit meinem Vater in Theresienstadt gewesen war und das KZ verlassen hatte, bevor es aufgrund der Typhusepidemie geschlossen wurde, fanden einen Tschechen, der bereit war, sie nach Theresienstadt zu bringen.

Es sollte noch drei Wochen dauern, bis sie Theresienstadt betreten konnten. Als mein Vater sie sah, wusste er nicht, wer sie war. Ihre Haar war abgeschnitten. Sie war dünn und blass und trug ein Fetzenbündel. Sie ging mit Holzpantinen. Mein Vater erinnerte sich, dass er meiner Mutter viele Fragen über ihre Leben im Lodzer Ghetto stellen musste, bevor er sicher war, dass sie seine Frau war.

Der gesundheitliche Zustand meiner Mutter war sehr schlecht. Der jüdische Arzt, der mit meinem Vater beisammen saß, hörte ihr Herz ab und rief sofort nach medizinischem

Gerät. Sie brauchte sofort Hilfe. Die folgenden drei Monate blieben meine Eltern in Theresienstadt. Mein Vater beaufsichtigte die Ärzte und Krankenschwestern, die sich um die Überlebenden von Theresienstadt kümmerten. Er gab zu, dass er damals eine Uniform der Roten Armee trug. Das war besser als die Streifen seiner KZ-Uniform. Mein Vater war der Sowjetarmee dankbar. Dann traf er jedoch Soldaten, die zugaben, dem sowjetischen Geheimdienst NKVD anzugehören. Scherzhaft sagte einer der Soldaten zu meinem Vater, dass er ihn, sollte ihm je ein Verbrechen gegen den sowjetischen Staat vorgeworfen werden, verhaften müsse. »Aber«, fuhr er fort, »ich bezweifle, dass wir dich je zurückbringen würden.«

Das reichte meinem Vater. Er schlug das Angebot der Sowjets aus, sie nach Wien zu begleiten und Teil der sowjetischen Besatzungstruppen zu werden. Stattdessen bemühte er sich gemeinsam mit Rabbi Lipman, einen Transport aus der Tschechoslowakei in die amerikanische Besatzungszone von Deutschland zu bekommen. Mit Fahrkarten vom Roten Kreuz fuhren mein Vater und meine Mutter im Zug durch die Stadt Pilsen. Als der Zug anhielt, suchte mein Vater für meine Mutter Wasser. Er konnte keines finden. Stattdessen fand er eine Brauerei und bekam dort so viel Bier, wie er wollte.

Am 22. August 1945 kamen mein Vater und meine Mutter, die noch schwer krank war, in die bayerische Stadt Landsberg am Lech. Sie waren befreit, aber noch nicht frei.

II.

1. Prinzip Macht – Deutsche Geschichte – Familiengeschichte 1945–1976: Von »Wir Opfer der Weltgeschichte« bis »100 Jahre Selbstdarstellung«

Gottfried Wagner

Gottfried Wagner erzählt über sein Aufwachsen in der Villa Wahnfried unter dem dunklen Schatten Hitlers nach 1945, seine Erfahrungen mit dem Schweigen und Verschweigen der jüngsten Vergangenheit bis zu seinen unruhigen Studentenjahren in Deutschland und Österreich und seine Erlebnisse bei den Feiern zum 100-jährigen Bestehen der Bayreuther Festspiele.

Von Machtintrigen im »Dritten Reich« zur Neidhöhle in Neu-Bayreuth: Business as usual

Die Wagners fielen auch nach Ende des Zweiten Weltkrieges wieder auf die »Butterseite«, denn es war zweifellos von großem Vorteil, dass Bayreuth und damit die Bayreuther Festspiele in der amerikanischen Besatzungszone von Bayern lagen. Bis zur abschließenden triumphalen Urteilsverkündigung im Prozess gegen Winifred Wagner am 8. Dezember 1948, in der sie als »Minderbelastete« eingestuft wurde, arbeiteten die Zeit und der beginnende Kalte Krieg zwischen der kommunistischen Diktatur Stalins und den westlichen Demokratien zu Gunsten von Winifred und ihren Söhnen. Sie musste nur 6.000 Mark in den Wiedergutmachungsfond einzahlen. Auch mit den Einschränkungen durch ihre Bewährungsfrist von zweieinhalb Jahren konnte sie gut leben: sie durfte kein Unternehmen führen, beaufsichtigen, kontrollieren oder erwerben, also die Festspiele nicht mehr leiten, und das Vermögen wurde während der Bewährungszeit gesperrt.[1]

Wer aber die Gerichtsakte der Jahre 1947 bis 1949 genauer liest, wird feststellen müssen, dass die Integration der Hitler-Lieblinge und Wagnerschrein-Gralshüter-Elite auf Lügen beruhte: die schamloseste war, dass es sich »schließlich bei ihr«, einer lebenslangen

Antisemitin und Hitler-Verehrerin, – »um eine Frau handelt, die eine hochherzige Gesinnung und große Menschlichkeit gezeigt hat«,[2] da sie verfolgte Juden gerettet habe. Die traditionelle Wagnersche Hausjuden-Politik teilte stets in nützliche Juden – oft überassimilierte jüdische Wagnerianer wie Elsa Bernstein[3] – und Juden ein, die unerwünscht waren. Willkürlich zu entscheiden, wer Jude war und wer nicht, macht Winifred sicher nicht zu einem Rettungsengel von Juden im »Dritten Reich«. Man denke nur an die jüdischen Wagner-Sängerinnen Henriette Gottlieb und Ottilde Metzger-Lattermann, von deren Ermordung in Auschwitz die Wagners in Bayreuth wussten. Jeder, der Winifred kannte, wusste, dass sie bis zu ihrem Lebensende Juden in Voll-, Halb- und Vierteljuden einteilte und mit rassistischen Kommentaren wie »armer Mischling« ganz in der Terminologie der Nürnberger Rassengesetze stigmatisierte. Dass Dr. Karl Würzburger, ein ehemaliger Bayreuther Jude, der später Wieland und Wolfgang Wagner zur Machtübernahme einen entscheidenden Persilschein ausstellte, am 26. Juni 1947 während des Prozesses auf Winifreds Seite wechselte, sollte schwerwiegende Folgen haben.

Noch gravierender sind Winifreds Lügen und Vaters Manipulationen bei allen Hitler-Briefen im Zusammenhang mit dem Prozess. Mein Vater hatte in den letzten Kriegstagen bei Nacht und Nebel alle wesentlichen Dokumente des Wagner-Archivs – vor allem die zahlreichen Briefe Hitlers – in Großmutters Haus in Oberwarmensteinach ausgelagert und hatte so die Kontrolle darüber erhalten. Den »Amis« – also dem Colonnel Floris und CIC-Offizier Lichtblau, d.h. *C*ommander *i*n *C*hief und damit von hohem militärischem Rang – gaben im September 1946 sicher weder Winifred noch Wolfgang die intimen Briefe von Winnie an Wolf, an Wieland und Wolfi.[4] Sohn und Mutter manipulierten sofort nach Kriegsende wesentliche Informationsquellen, die sie entweder zurückhielten oder verschwinden ließen. Daran hat sich bis heute nichts geändert, denn nach 1975 – also nach dem Skandal um das Winifred Wagner Feature von Hans Jürgen Syberberg – verschwanden alle entscheidenden Briefe zwischen Hitler und den Wagners bei meiner Cousine Amelie Lafferentz Hohmann, der ältesten Tochter meiner Tante Verena, in München.

Dass erst 1987 eine Bayreuther Schülerin zufällig die Akte Wieland Wagner fand, die dessen enge Beziehung zum Führer, seine Parteizugehörigkeit ab 1938 und seine leitende Position im KZ-Außenlager Bayreuth-Flössenburg offen legte, zeigt, wie lange solche Manipulationen möglich waren.

Ebenso skandalös bei der Urteilsbegründung war die Reinwaschung Richard Wagners von jeglichem Antisemitismus und die »Erkenntnis«, dass viele Wagnerianer auch »Hitlerianer« gewesen seien![5]

Gezinkt war auch die Wahl der Zeugen und Prozesszuschauer! Die Zeugen hatten entweder, wie Lotte Warburg Angst oder falsche Loyalität gegenüber Winifred, wie Emil

Praetorius. Unliebsame Zeugen wie Georg Spitzer, Gustav Kröninger und der bereits tote Bayreuther Sozialist Oswald Merz wurden durch Winifreds Claqueure im Sitzungssaal am 25. Juni unglaubwürdig gemacht.[6]

Diejenigen, die das heile Bild der unschuldigen Familie trübten, wie etwa die eigene Tochter und Nazigegnerin Friedelind mit ihrer Autobiographie *Nacht über Bayreuth*, wurden erfolgreich von Großmutter und Vater lächerlich gemacht oder bei ihren Recherchen boykottiert. So betonte Winifred am 9. November 1947, »das Buch ist voller Unrichtigkeiten.«[7] Ähnlich verfuhr man mit dem unerwünschte Vetter Franz Beidler im März 1947, den Winifred, Wolfgang und Wieland mit üblen Mitteln ausschalteten.

Was aber geschah, bis es zur Unterzeichnung des offiziellen Verzichts Winifreds am 21. Januar 1949 kam?

Im Frühjahr 1948 beendeten die Amerikaner in Bayern die Entnazifizierung, was von großem Vorteil für die Familie Wagner war, um nun wieder an den Familienbesitz zu kommen. Die Persilscheine für Fritz Kempfler, den Bayreuther Oberbürgermeister in der Nazizeit, für Hans Reisinger, den Schwiegervater Wielands, und für Otto Strobel, Leiter des Richard-Wagner-Archivs in der Nazizeit, ließen nun auch »Gutes« für Winifred und ihre Söhne erhoffen. Jetzt arbeiteten Wieland und Wolfgang bei Ausschluss der Schwestern ganz im Sinne männlicher Dominanz an Vertragsentwürfen. Als Wielands Frau Gertrud bereits zu diesem Zeitpunkt ihre Stellung als »Herrin von Wahnfried« beanspruchte, tobte Vater und sprach vom »Verteilen von Fellen, die man noch gar nicht hat«,[8] was realistisch war. Aber er sah deutlich voraus, dass damit ein Krieg zwischen den Brüdern und deren Familien vorprogrammiert war, als er bereits Mitte Juni, seinen eigenen Machtanspruch geschickt verschweigend, an Wieland schrieb: »Der Begriff Herrin schließt eben schon den ganzen Blödsinn in sich, denn durch ihn wird klar zum Ausdruck gebracht, dass jedes vernünftige Nebeneinander ausgeschlossen ist.«[9]

Im Mai wurde ein Freund der Familie, der Sozialdemokrat Hans Rollwagen, zum Oberbürgermeister gewählt. Er machte die Familie Wagner zur Trumpfkarte seiner Wahlkampagne, da er die wirtschaftliche Bedeutung des Familienbetriebs für die ansonsten bedeutungslose Provinzstadt klar erkannte.[10]

Für die Wagners hatte auch die Ablösung der Reichsmark und durch die D-Mark im Juni 1948 große Bedeutung, denn damit konnte in den Westzonen der Wiederaufbau eingeleitet werden.

Entscheidend für die Machtübernahme der Brüder wurde, dass der neue Bayreuther SPD-Oberbürgermeister Hans Rollwagen im August um ein Treffen mit Winifred bat, dessen Inhalt sie dann mit folgenden, aufschlussreichen Worten ihrer Freundin Helena

Roesener mitteilte: »[...] die Stadt sei gewillt, unter die Vergangenheit [der letzten drei Jahre] einen Strich zu machen und die begangenen Fehler möglichst wieder gut zu machen [...] Ich habe ja immer behauptet, eines Tages würde man kommen und uns bitten, wieder in Erscheinung zu treten – nun sind wir scheint's soweit.«[11]

Die Wagners hatten also von nun an wieder das Sagen und die SPD wurde Teil der Neu-Bayreuther Lobby, was im Interesse des sommerlichen Wagner-Tourismus bis heute gilt.

Es konnte daher für die Familie nicht besser kommen, als der Gouverneur Clay sein Interesse an der baldigen Wiederaufnahme der Festspiele bekundete und der neue Oberbürgermeister sich servil den Vorstellungen der Familie unterordnete. Winifreds vehementer indirekter Einfluss macht deutlich, dass sie zwar wegen der Machtübernahme der Söhne nach außen hin als Festspielleiterin zurücktrat, aber auch in der Zukunft keineswegs bereits war, die Rolle der grauen Eminenz aufzugeben. So hatte sie bis zum Abschluss des Stiftungsvertrages mit Wolfgang 1973 in der Tat immer das entscheidende Wort mitzureden.

Von Bedeutung für die Auseinandersetzung der Brüder wurde Wielands Rückkehr vom Bodensee nach Bayreuth Mitte November 1948. Mit Gelassenheit sah Winifred dem erneuten Berufungsverfahren am 1. Dezember im Bayreuther Schwursaal des Justizgebäudes entgegen. Sie war durch den Oberbürgermeister und die Amerikaner, deren Interessen längst vom Kalten Krieg bestimmt waren, bereits wieder hoffähig gemacht worden, zumal die Vergabe von »Persilscheinen« inzwischen zum Normalfall westdeutscher Nachkriegspolitik geworden war. Aufschlussreich ist, dass keine Zeugen mehr gebeten wurden, und Friedelinds Autobiographie als Dokument gar nicht mehr ernst genommen wurde.

Doch was ging hinter verschlossenen Türen wirklich zwischen Winifred, Wieland und Wolfgang beim Kampf um den Bayreuther Intendantensessel vor?

Der Machtkampf begann für Wolfgang mit der völligen Kontrolle über das Wagner-Archiv kurz vor Kriegsende, was Wieland sehr besorgt machte, denn er und die Mutter wurden bei den drohenden Entnazifizierungsprozessen dadurch von ihm abhängig und erpressbar.

Listig entzog sich Wieland jeglicher Strafe auf Grund des amerikanischen Entnazifizierungsgesetzes, indem er sich mit seiner Familie 1945 in die französische Zone am Bodensee abgesetzt hatte. Dort gab es vergleichsweise milde Entnazifizierungsbestimmungen, die sich auf Nazis in wichtigen Positionen konzentrierten. Wieland profitierte zusätzlich von den lax arbeitenden Untersuchungsausschüssen.[12] Sobald die Gefahr für ihn vorbei war, als Nazi und Führergünstling entlarvt zu werden, präsentierte er sich der

Welt als Künstler und wartete auf den richtigen Moment zur Machtübernahme in Bayreuth. Zusammen mit Vater tat er alles dafür, dass man in der internationalen Öffentlichkeit nicht mehr über ihre enge Beziehung zu Hitler, Wielands Parteizugehörigkeit seit 1938 und schon gar nicht über seine leitende Position im KZ-Außenlager Flossenbürg-Bayreuth sprach.[13]

Dazu schrieb Wieland am 6. Mai 1946 an seinen Lehrer Overhoff: »Ich habe schwere Bedenken, in die andere Zone zu gehen, bevor die Bayreuther Sache entschieden ist und ich eine Gewähr dafür habe, dass man mich unbehelligt läßt und aus mir keinen Fall macht.«[14] Er wolle auch nicht die Rolle eines Sündenbockes oder eines stellvertretenden für Mama spielen, »denn ihr dürfte es kaum gelingen, für die Zukunft etwas auf die Beine zu stellen«.[15] Er hatte auch Furcht vor anderen, die mehr über seine Nähe zu Hitler wussten. Praetorius schrieb im November 1946: »Ich weiß, wie nazistisch diese Wagner-Jugend war, wie sie sich mit der Huld Hitlers brüstete und darauf sich ihre Unverschämtheiten und geistig-künstlerische Anmaßung allein begründete.«[16]

Aufschlussreich ist auch diese Bemerkung Wielands gegenüber Overhoff: »Lassen Sie irgendeinen lieben Freund aus Bayreuth oder aus der Stänkerzentrale Haus Hirth [also einen Freund von Praetorius] eine Anzeige starten – ob man nun etwas ausgefressen hat oder nicht, ist ja völlig egal.«[17]

Mit »Stänkerzentrale Hirth« spielte Wieland auf den Münchner Verleger Georg Hirth an, bei dem sich verfolgte Künstler trafen, die in der NS-Zeit als »entartet« galten, also auch Praetorius. Mit Recht musste Wieland, der Praetorius bei Hitler und anderen NS-Größen ans Messer liefern wollte, um so auch Tietjen auszuschalten, mit Widerstand gegen seine Machtübernahme rechnen.

Im Klartext: Wieland gelang es, der Verhaftung zu entgehen und das vorzubereiten, was er in der Nazizeit nicht geschafft hatte: die Mutter auszuschalten, um endlich selbst an die Macht zu kommen, allerdings um einen hohen Preis. Mit dem ungeliebten Bruder Wolfgang, der, taktisch geschickter, parteilos geblieben war, aber sonst ebenfalls alle Vorteile als ein Wagner und Wahlsohn von Onkel Wolf genossen hatte, zumindest nach außen hin die Macht zu teilen. Aber Wieland musste davon ausgehen, dass auch der Bruder zu viel über seine und die Vergangenheit der Mutter wusste.

Besorgt nutzte Wieland neben der Vorbereitung seiner Machtintrigen die Zeit ab 1945 am Bodensee, um sich auf das neue Firmenprodukt nach Hitler vorzubereiten. Er war sich klar, dass ein Konzept für die Bayreuther Festspiele im Stile der eigenen Nazivergangenheit in einem demokratischen Deutschland keine Chance mehr haben würde. Vor allem wurde von ihm der entschiedene Kurswechsel im Umgang mit Wagners Antisemitismus, Leben und Werk, der Freundschaft mit Hitler und der Rolle der Familie

Wagner im »Dritten Reich« Bestandteil der Rückgewinnung eigener Macht. Seine neue Strategie bestand darin, diese Themen radikal zu tabuisieren, zu verschweigen, zu verfälschen und zu verdrängen. Daher schuf Wieland erst einmal die neue Legende seines makellosen Lebens, als er an die Freundin Maria Dernburg 1946 schrieb:

»Ich habe mich immer von der Partei und ihrer wagnerfeindlichen und amusischen Prominenz ferngehalten [...] da mich als Enkel Richard Wagners von den sturen Vertretern des Willens zur Macht eine Welt trennte [...]. Du weißt, dass für mich genau wie für meine Eltern die Judenfrage und der Antisemitismus nicht existiert haben.«[18]

Eine ähnliche Lebenslüge tischte mein Vater in seiner Autobiographie *Lebens-Akte* 1994 auf, wenn er im siebten Kapitel mit dem dubiosen Titel *Vom Ende zum Anfang* schrieb:

»Mein Bruder nicht und ich ebenso wenig hatten zum Glück Veranlassung, in Sack und Asche zu gehen und uns reuevoll an die Brust zu schlagen, dafür war unsere Vergangenheit zu kurz und zu wenig bedeutend. Auch hatten wir uns nichts Verbrecherisches zuschulden kommen lassen und mußten nach keiner Rechtfertigung für Getanes oder Unterlassenes suchen. Vielmehr sannen wir darauf, wie wir produktiv und eigenschöpferisch wirksam werden könnten.«[19]

Aufschlussreich für seine völlige Unfähigkeit zu trauern sind auch seine liebevollen Beschreibungen von Onkel Wolf, also Hitler, im vierten Kapitel seiner Autobiographie (mit dem Titel *Opus Drei*) und dessen offiziellen Besuchen 1936, 1937, 1938 und 1939 im Gästehaus des Familienanwesens der Villa Wahnfried, dem eigens für ihn errichteten so genannten Führerbau des Siegfried-Wagner Hauses:

»Die nun mehr jeweils während der Festspielzeit gegebene unmittelbare Anwesenheit Hitlers auf dem Wahnfried-Grundstück, in direkter Nachbarschaft also, führte dazu, daß er – zumal die sommerliche Urlaubszeit politisch relativ ruhig war (und immer noch ist) – seine bohemienähnliche Geselligkeit auf uns, meine Geschwister und mich, ausdehnte, indem er uns kommen ließ und einlud. Gegenüber meiner Mutter zeigte er stets tadellose Umgangsformen, benahm sich wie ein Kavalier altösterreichischer Schule. Er küßte, sich verneigend, ihr die Hand und war reserviert zuvorkommend; im Gespräch hörte er, keinen von uns unterbrechend, aufmerksam und aufgeschlossen zu. In unserer Gegenwart vermied er jedes unbeherrschte Aufbrausen, auch wurden durch ihn keine Teppiche durch Bisse entwertet. Man konnte und mußte den Eindruck gewinnen, daß er in unserem Kreise einen Ersatz für die ihm fehlende Harmonie, die man gemeinhin in der Familie erwartet, suchte, ja vielleicht sogar finden würde. Da wir Kinder [Vater spricht von sich als Teenager im Alter von 17 bis 19 Jahren] bei ihm auch mit aller Offenheit und ohne Hemmungen uns äußern und ihn fragen konnten, war das Zusammensein unkompliziert und bar jener kultisch achtungsgebietenden Distanz, die ihn sonst und anderwärts als von Gott Gesandten für Ehre und Größe der Deutschen von deren gemeinem Leben abschirmte.«[20]

In diesem Verdrängungsdeutsch gehalten sind dann auch seine Verfälschungen zu Richard Wagners Antisemitismus, Richard Wagners Einfluss auf Hitler und seine Beantwortung der Frage, ob Wagner der Sohn Florian Geyers war und ob Geyer Jude war. Auch Cosima stellt er einen Arierpass wegen der Großmutter Bethmann aus Frankfurt aus. Das sind Themen für kommende Historikergenerationen – hoffentlich ohne Hofschranzenhaltung gegenüber Bayreuth und dem deutschen Wagner-Kult.

Doch zurück zu Winifred nach dem Antritt ihrer Söhne als Festspielleiter. Was Winifred von Wieland und Wolfgangs Machtübernahme wirklich dachte, gestand sie erst sehr viel später, im Rahmen meiner Mitarbeit am Feature von Hans Jürgen Syberberg (1975):

»Der Wieland hätte doch glatt als Schuldiger mit vor die Spruchkammer kommen müssen usw. Er war z. B. Gaukulturrat hier in Bayreuth und weiß ich was alles. Ihm ist ein Jahr Militärdienst und der ganze Frontdienst erlassen worden: Ja, lieber Gott, ist das nicht Nutznießertum [...] der hat nie Anklage gekriegt vor der Spruchkammer [...] Daß Wieland so glatt durchgekommen ist [...] ich meine, das ist sehr erfreulich für Bayreuth [...] aber im Grunde genommen unverständlich. Und: wenn wir es ganz klar und deutlich sagen wollen: ich habe alles auf meinen Buckel genommen [...] und war der Sündenbock [...] und ich habe also dadurch die beiden Jungens quasi reingewaschen.«[21]

Zu Wielands Lebzeiten hätte sie solch eine Aussage bestimmt nicht gewagt. Mein Vater schwieg dazu und bereitete nun die Reinwaschung seiner eigenen Person vor: Winifred und Wieland die Schuldigen, und er das einzige Unschuldslamm.

In die Kategorie »minderbelastet« mit einer bescheidenen »Sühnesumme« wurde mein Onkel Bodo Lafferentz eingestuft. Auch das kommentierte Winifred gegenüber ihrer Freundin Gerdy Troost im Juni 1949 als ungerecht, trotz des hohen SS-Ranges und der Parteifunktionen von Bodo.[22] Damit war Vater aus dem Schneider. Er wusste, warum er in seiner Autobiographie seine Mutter immer verteidigte:[23] Winifred, Wieland und Wolfgang wussten zu viel über die Schuld des jeweils anderen und konnten sich jeder Zeit gegenseitig erpressen. Ihrer Geschichtsschreibung ist daher grundsätzlich erst einmal zu misstrauen.

Endlich, am 21. Januar 1949, hatten Wieland und Wolfgang die Mutter soweit, den Text ihrer Entmachtung, sprich Abdankung, zu unterschreiben, ein Wunsch, den sie im »Dritten Reich« noch nicht hatten verwirklichen können:

»Ich verpflichte mich hiermit feierlich, mich jedweder Mitwirkung an der Organisation, Verwaltung und Leitung der Bayreuther Festspiele zu enthalten. Einer schon lange gehegten Absicht entsprechend, werde ich meine Söhne Wieland und Wolfgang mit den bezeichneten Aufgaben betrauen und ihnen entsprechende Vollmachten erteilen.«[24]

Was sich wie ein Verzicht aus gutem Willen liest, ist nichts anderes als das, was das Urteil (vom 8. Dezember 1948) von ihr verlangte. Auf Grund der Erfahrungen von 1934, als Onkel Wolf Wieland vom Verzicht auf den Alleinerbeanspruch überzeugte, sah sich Wieland diesmal gezwungen, mit dem Bruder zu teilen, was später verheerende Folgen im internen Intrigenkampf der Brüder auf dem Festspielhügel haben sollte, den Winifred stets mitentfachte und so als graue Eminenz nicht nur die Brüder, sondern auch deren Familien gegeneinander ausspielte.

Totgeschwiegen wurde beim Machtwechsel von den Söhnen auch das gemeinschaftliche Testament des Vaters Siegfried und der Mutter vom 8. März 1929 mit der darin enthaltenen Erbfolgevorschrift, die alle vier Kinder zu gleichen Teilen zu Nacherben machte. Damit schaltete die Mutter im gegenseitigen Einverständnis mit den Söhnen die Schwestern aus. Es kam zwar zur Revolte der Schwestern, aber um im Moment nicht die Machtrückgewinnung durch weitere Familienquerelen zu gefährden, vertröstete man beide geschickt mit vagen Versprechungen.

Natürlich war diese Abdankung auch als Maulkorb für Winifred gedacht – und falls sie nicht den Vorstellungen ihrer Söhne entsprach, wussten diese sie unter Druck zu setzen, indem sie keinerlei Kontakt zu ihr bis zu dem Moment pflegten, wo sie nachgab. Sie hatten von ihrer Mutter, Tietjen, Hitler und den anderen Mitgliedern der NS-Eilte im »Dritten Reich« gelernt, wie man unliebsame Gegner und Feinde unter Druck setzt oder ausschaltet. Das längst wieder servile deutsche Umfeld akzeptierte diese neue Rollenverteilung sofort.

Was Winifred von der neuen Machtfülle der Söhne hielt, schrieb sie im Juni 1949 ihrer Freundin Ilse Heß: »Ich bleibe halt ganz im Hintergrund – aber da die Jungens mit meinem Eigentum und meinem Vermögen die Festspiele durchführen müssen, sind sie mir natürlich Rechenschaft schuldig, und ohne mein Einverständnis geschieht nichts.«[25]

Trotz aller offensichtlichen Erfolgsmeldungen über Wieland und Wolfgang gab es auch durchaus gerechtfertigte Zweifel an der Qualifikation der Wagner-Enkel. So schrieb Emil Praetorius Mitte Mai 1949 an Heinz Tietjen über den Neu-Bayreuther Geist nicht zu Unrecht: »Aber das Groteske ist ja heute, dass Nazitum, Antisemitismus usw. keineswegs mehr belasten, ja fast das Gegenteil der Fall ist, nämlich Gegnerschaft verdächtig macht. Das ganze ist die reine Narrenkomödie.«[26]

Wichtig war Vaters Präsentation eines detaillierten Finanzplans, den er nur mit Hilfe bester Berater wie Konrad Pöhner, der eine Zeit lang das Amt eines Bürgermeisters und Kulturreferenten innehatte, mit dem Ziel aufstellte, die Bayreuther Festspiele unter seiner und Wielands Leitung zu eröffnen.[27] Perfekt war auch das Timing Vaters bei der Gründung der »Gesellschaft der Freunde von Bayreuth« durch den ehemaligen Freikorps-Führer Gerhard Rossbach, wodurch die Festspiele mit Hilfe deutscher Industrieller und Firmenchefs wie Hans Bahlsen, Berhold Beitz und Otto Springorum wieder auf eine wirtschaftlich solide Grundlage gestellt wurden. Winifreds Vertrauter, Moritz Klönne, wurde der erste Präsident der »Freunde«.[28]

Wieland zog sich nun ganz in die Kunst Wagners zurück und überlegte, wie dessen Opern nach Hitler auf unpolitische Art und Weise neu vermarktet werden konnten. Wolfgang schaffte das Geld heran und Wieland schuf das »neue Konzept« für das Produkt der Festspiele »Wagner und Co.« nach Hitler. Endlich konnte man nach den lähmenden Jahren der Entnazifizierung wieder voll im Einsatz sein.

Die offene Parteinahme von Dr. Karl Würzburger für die neuen, Erfolg versprechenden Festspielleiter sorgte für die entsprechende Bayreuth-Werbung zum richtigen Moment.[29] Würzburger verhalf somit den Festspielen zum Etikett »Neu-Bayreuth«.

Das Thema Wagner und Antisemitismus war damit erst einmal vom Tisch. Die Brüder verweigerten jede öffentliche Aussage zu Hitler und zur Nazizeit und verboten der Mutter, darüber zu reden, was sie nach außen hin einzuhalten schien, ihr aber im Kreise ihrer Altnazis, besonders in den Richard-Wagner-Verbänden, wo sie weiter servil wie zu Führers Zeiten angebetet wurde, immer wieder unterlief. Sie hielt weiter in Treue fest zu ihrem Wolf und lobte, wie Hitler 1933 die Bayreuther Festspiele gerettet habe.[30] Wieland prägte später den zynischen Anti-Winifred-Slogan: »Die glaubt immer noch an den Endsieg.« Damit hatte er die Lacher auf seiner Seite und konnte von der eigenen und der Vergangenheit des Bruders ablenken.

Zu Pfingsten 1950 gab Klönne bei der ersten Generalversammlung der »Gesellschaft der Freunde von Bayreuth« im Festspielhaus bekannt, dass man die Bayreuther Festspiele mit 400.000 DM unterstützen werde. Vater kündigte anschließend die Wiedereröffnung der Bayreuther Festspiele für den 29. Juli 1951 an.

1951: Neu-Bayreuther Flucht in Psychoanalyse und Abstraktion

Die tickende Bombe aus der Nazizeit – oder wie soll man mit der Zeugin Winifred umgehen?
Ende Juli 1951 begann die Ära Wieland und Wolfgang Wagner und ihr Neu-Bayreuth. Sie war alles andere als neu und sicher keine Stunde Null. Der Slogan »Hier gilt's der Kunst«, den Siegfried 1924 bei der Wiedereröffnung der Festspiele nach dem Ersten Weltkrieg gewählt hatte, war nach Hitler noch verlogener. Mit Furtwängler als Dirigen-

ten der 9. Sinfonie zur Wiedereröffnung am 29. Juli 1951 setzte man auf hauseigene Kontinuität aus der Nazi-Zeit. Die Opern-Vorstellungen begannen ausgerechnet mit dem *Parsifal* in der Regie und im Bühnenbild von Wieland. Aus dem Rassenmythos machte er eine psychoanalytische Parabel mit allen unverbindlichen Deutungsmöglichkeiten – ein genialer Schachzug, denn damit war der Mythos »Wagner und Freud« geboren und es wurde gleichzeitig jegliche politische Diskussion zum »Fall Wagner« vor und während des »Dritten Reiches« verhindert.

Dass Neu-Bayreuth auch ästhetisch nicht mit der Vergangenheit brechen wollte, wird durch die *Meistersinger*-Inszenierung von Rudolf Hartmann deutlich, denn das Bühnenbild schuf einer der Architekten Hitlers, Hans Reisinger, der Schwiegervater Wielands. Die genaue Lektüre des Bayreuther Festspielbuches von 1951 zeigt, dass die Brüder die eigene Vergangenheit und damit auch die Geschichte der Bayreuther Festspiele massiv verfälschten, wie man dem Abschnitt zur 75-jährigen Geschichte des Familienunternehmens, d.h. der Ära Winifred Wagner, entnehmen kann. Hier liest man nur von den goldenen Stimmen und Ähnlichem in den 1930er und 1940er-Jahren. Auch die kurz vor oder nach 1945 geborene nächste Wagner Generation wurde Teil des Neu-Bayreuther Marketings, wie man dem Festspielbuch 1951 entnehmen kann, besonders wenn man die Details der verlogenen Darstellung der »Aera Winifred Wagner (1930–1944)«[31] genauer liest.

Eigene Erfahrungen

Die oben geschilderten Ereignisse bei der Machtübernahme der Bayreuther Festspiele wirkten sich stark auf das Zusammenleben der Familien von Wieland und Wolfgang Wagner in Wahnfried aus, also auch auf meine ältere Schwester Eva und mich.

Von meiner Kindheit in der »Tiefkühltruhe« der machtbessenen Wagners der zweiten und dritten Generation habe ich bereits detailliert in meiner Autobiographie aus dem Jahre 1997 berichtet.

Ich konnte als Kind nie begreifen, warum ich mit meinen Cousinen Iris, Nike und Daphne und meinem Cousin Wolf-Siegfried, zu dessen Taufpaten Hitler zählte und den wir alle Wummi nannten, nicht spielen durfte. Auch andere Kinder durften das Familienanwesen zum Spielen nicht betreten. Warum amerikanische Offiziere im Siegfried-Wagner-Haus auf dem Grund der Villa Wahnfried wohnten und wir im winzigen Gärtnerhaus, warum meine Großmutter immer von den »wilden Niggern« und deren Musik abfällig sprach, obwohl ich von einem Afroamerikaner – trotz Verbots – immer Schokolade und Orangen freundlich zugesteckt bekam, warum auf meine kindliche Neugierde im Alter von vier Jahren niemand eingehen wollte – auf all diese Fragen bekam ich keine Antworten. Meine erste Wagner Oper als vierjähriges Kind war der *Parsifal*: Tod, Blut, endloses Leiden. Die gefeierte Inszenierung meines Onkels von 1951 erfüllte mich mit Schrecken und Angst. Erst sehr viel später begriff ich, dass meine Abwehr instinktiv richtig war.

Wer mich zu keinem typischen Wagner machte, war meine Mutter, die unter dem ständigen Familienkrieg, den Winifred immer wieder förderte, sehr litt. Ohne dass Vater uns Erklärungen gab, verschwand Anfang der 1950er-Jahre meine Mutter immer wieder in Nervenklinken, was ich als Kind leider oft als Liebesentzug empfand. So wurden meine ältere Schwester Eva und ich in Mutters Krisenzeiten oder den Familienkriegszeiten oft in Kinderheime abgeschoben.

Details erfuhr ich erst nach der Scheidung meiner Eltern 1976. Mutters große Depressionen damals konnte ich erst viel später begreifen. Auf Druck meines Vaters hatte sie die Kontakte zu ihrer Mutter Thora seit 1951 völlig abgebrochen, da Thora angeblich dem Niveau der Wagners nicht entsprach. Sie war sehr gebildet und den Wagners gegenüber kritisch eingestellt. Am 22. Oktober 1953 nahm sie sich mit einer Überdosis von Beruhigungsmitteln in Wiesbaden das Leben.[32] Es blieb mir verwehrt, meine Großmutter Thora kennen zu lernen. Wie mir viel später mein Onkel Gustav mitteilte, gab sie ihrem Schmerz über diese Entfremdung immer wieder mit folgenden Worten Ausdruck: »Ein im Leben verlorenes Kind schmerzt mehr als ein totes Kind«.

Wichtig war für mich auch eine Begegnung aus dem Jahr 1954, als ich zum ersten Mal meine Tante Friedelind traf, die ältere Schwester meines Vaters, die eine *Lohengrin*-Aufführung im Festspielhaus besuchte. Über sie kursierten merkwürdige Geschichten innerhalb der Familie, die mich neugierig machten, sie kennen zu lernen. Mein Vater machte meist abfällige Bemerkungen über sie: Sie sei ein schrecklich ungezogenes Kind gewesen und von zu Hause einfach nach Amerika abgehauen. Als ich diese »freche amerikanische Tante«, die in der Familie »*Maus*« genannt wurde, im Festspielhaus zum ersten Mal erlebte, gewann ich gleich ein ganz anderes Bild von ihr. Sie sah uns »Wagnerschen Nasenbären« sehr ähnlich und beeindruckte mich durch ihre exotische Kleidung und ihr burschikoses, lautes Auftreten. Sie kam mit einem Lächeln auf mich zu und begrüßte mich herzlich. Sie war die einzige in der Familie, die mich nach meinen Interessen fragte und wie einen Jungen meines Alters behandelte. Sie verzichtete auf das Bayreuther Gehabe und den Wagner-Kult, den der Rest der Familie mit Inbrunst pflegte. Vater verhinderte jeden näheren Kontakt mit ihr, was ich sehr bedauerte. So kam es, dass ich sie erst viel später schätzen lernen konnte.

Von Wahnfried zum Festspielhügel und Schulalltag in Bayreuth

Im Januar 1955 konnten wir das Gärtnerhaus verlassen und eine Villa am Festspielhügel beziehen. Der Wechsel vom Wahnfriedpark zum Festspielhügel war ein tiefer Einschnitt in meine Kindheit. »Endlich werden wir in Ruhe und Frieden leben können«, sagte meine Mutter, die sich um meinen labilen Gesundheitszustand sorgte. Ich hatte nun ein eigenes großes Zimmer. Aber meine Lage verbesserte sich dadurch nicht, denn da unsere Villa nur wenige Meter vom Festspielhaus entfernt lag und mein Vater sich tags und nachts nunmehr ausschließlich dem Unternehmen Wagner widmete, erlosch bald der letzte Rest von Familienleben. Unser neues Heim verwandelte sich in ein räumliches Anhängsel des Festspielhauses. Mein Vater duldete nichts anderes mehr als den Kult um das Wagner-Erbe. Er ließ das Grundstück durch hohe Mauern, Holzwände und Sträucher einfrieden, über die ich nur durch die Fenster im zweiten Stock hinwegblicken konnte. Jetzt sah man vom Garten aus im Sommer das Festspielhaus zwar nicht mehr, aber dafür fühlte ich mich manchmal wie im Gefängnis. Ich vermisste den offenen großen Garten, die Stadtnähe der Villa Wahnfried und die verbotenen Spiele mit den »Wieland-Kindern«.

Da wir in einen anderen Stadtteil umgezogen waren, musste ich nun die Graser-Schule besuchen und fand schwer Kontakt zu anderen Kindern. Nur im Fach Musik, besonders im Singen war ich gut.

1955: »Franco – Hitler!« – Das Gastspiel in Barcelona

Eine mehr als willkommene Abwechslung vom öden Schulalltag war meine erste große Auslandsreise im April 1955. Ich flog mit meinen Eltern nach Barcelona, wo die Bayreuther Festspiele mit der *Parsifal*- und der *Walküre*-Inszenierung meines Onkels gastierten. Diese erste Mittelmeererfahrung beeindruckte mich tief und nachhaltig. Die luxuriösen Hotels, großen Gärten und Villen und das tiefblaue Meer, aber auch die flirrende Gesellschaft innerhalb und außerhalb des Opernhauses fand ich faszinierend. Die »Wolfgang-« und »Wieland-Kinder« wurden überschwänglich mitgefeiert. Großmutter Winifred erklärte bei allen erdenklichen Gelegenheiten, »wie uranständig und großartig doch diese Spanier uns Deutschen gegen die Bolschewiken beigestanden haben«. Begeistert erzählte sie von Hitler, pries dessen spanischen Bundesgenossen, Caudillo Francisco Franco, und schwelgte in Erinnerungen an die herrlichen Zeiten der nationalsozialistischen Diktatur. Die Gastgeber applaudierten ihr herzlich, mein Vater schwieg, und ich begann mitzujubeln: »Franco-Hitler! Franco-Hitler!« Ich wusste nicht, was das bedeutete.

Im Sommer beschäftigte mich nur noch das Festspielhaus, und ich wollte an allem, was darin vorging, teilhaben. So wurde ich auch Zeuge der Machtkämpfe zwischen meinem Onkel und Vater, der mir damals oft leid tat.

Unter diesen schlechten Bedingungen kam unter der szenischen Leitung meines Vaters der *Fliegende Holländer* heraus. Die Holländer-Geschichte Wagners verstand ich nicht. Ich hatte Angst vor dem Geisterschiff und konnte nicht begreifen, was es mit dem Selbstmord Sentas am Ende der Oper auf sich hatte und warum dadurch der Holländer »erlöst« werden sollte. Auch vor diesem Festspielereignis waren meine Schwester und ich abgeschoben worden, diesmal in das Kinderheim »Reneé« in Wyk auf der Insel Föhr. Der Abschied von den Eltern und Bayreuth fiel mir leichter als in den Jahren zuvor.

Ich fühlte mich nirgendwo zu Hause.

An diesem Lebensgefühl änderte sich auch nichts, nachdem wir nach Bayreuth zurückgekehrt waren. Ich wurde wieder häufiger krank. Die Weihnachtsfeiertage verbrachten wir in diesem Jahr im Hotel »Wetterstein« in Seefeld/Tirol. Dort traf ich zum ersten Mal auf Menschen, die stolz darauf waren, »Deutsche« zu sein. Das begriff ich genauso wenig wie den Spruch: »Wir Deutschen sind wieder wer«, den man nun öfter hören konnte.

Damals diskutierten die Erwachsenen hitzig über die deutsche Wiederaufrüstung. Als ich meinen Vater fragte, was denn die Bundeswehr und die Nationale Volksarmee, die Streitkräfte der DDR, seien, antwortete er: »Die Bundeswehr sind unsere braven Soldaten hier, die uns vor den kommunistischen Soldaten der Volksarmee schützen, wenn sie uns angreifen.« Diese Erklärung leuchtete mir ein. Aber die Volksarmee der »Sowjetzone« beunruhigte mich nicht sonderlich. Was den Erwachsenen im sich verschärfenden Kalten Krieg Sorgen bereitete, empfand ich eher wie eine Räuber- und Gendarmgeschichte.

1956: Erste Auseinandersetzungen mit der Nazi-Vergangenheit der Familie Wagner

Meine erste radikale und schmerzliche Auseinandersetzung mit der Familiengeschichte im »Dritten Reich« geschah 1956. Ich entdeckte zum ersten Mal Bilder über den Nationalsozialismus in Wochenschauen, Zeitungen und Illustrierten. Bei einer Schulfilmveranstaltung sahen wir Ausschnitte aus zeitgenössischem Propagandamaterial über Nazi-Deutschland, die Nürnberger Parteitage der NSDAP und den von Hitler entfesselten Weltkrieg: im Stechschritt marschierende deutsche Soldaten, hysterischer Massenjubel für den »Führer«, Kriegsverbrechen der Wehrmacht, und all das untermalt von Richard Wagners Musik. Mich erschütterten die Bilder von Leichenbergen im Konzentrationslager Buchenwald.

Verängstigt erzählte ich meinem Vater von den furchtbaren Filmen und besonders davon, welche Musik ich dazu gehört hatte. »Du bist noch zu klein, um das alles zu verstehen«, antwortete er. Als ich mich damit nicht zufrieden gab, schrie er mich an, ich solle spielen oder besser endlich meine Hausaufgaben machen, als nach Dingen zu fragen, die ich eh' nicht begreifen könne. Da ich wusste, dass ich verprügelt würde, wenn ich weiter auf meinen Fragen beharrte, schwieg ich. Aber ich war entschlossen, der Sache auf den Grund zu gehen.

Den nächsten Versuch, die Wahrheit zu erfahren, machte ich bei meiner Großmutter, die mir auf meine Frage, ob es die Konzentrationslager im »Dritten Reich« wirklich gegeben habe, antwortete: »Das ist alles die Propaganda der New Yorker Juden, die uns und die Deutschen schlecht machen wollen!« Damals begann ich zu begreifen, was sie bei ihren Feiern zum 20. April, also zu Hitlers Geburtstag, mit USA meinte: Unser Seliger Adolf.

Ich begriff auch, warum Großmutter mich als zappeliges Kind beim Essen immer wieder mahnte, mich nicht wie in einer Judenschule zu benehmen. Damals hielt ich die Italiener wegen ihrer Lebendigkeit für Juden.

Der Herbst sollte diesmal einige Abwechslung bringen, denn ich begann heimlich, in der Familiengeschichte zu forschen. Meine Eltern waren wie üblich nach der Festspielzeit in den Ferien, und so sorgte Gunda Lodes, die in der Telefonzentrale der Festspielverwaltung tätig war, für meine Schwester und mich. Gunda war durch ihre warmherzige, liebevolle Art ein Tantenersatz für mich geworden, und ich verdanke es ihr, dass ich meine Kinder- und Jugendjahre in Bayreuth nicht nur als Albtraum erlebte. Gundas Vater, der gütige Hans Lodes, war seit Jahrzehnten der Hausmeister der Bayreuther Festspiele.

Bevor meine Eltern in ihre Ferien verreisten, hatte mir mein Vater strengstens untersagt, im Festspielhaus zu spielen. Dieses Verbot war für mich wie eine Aufforderung, den Generalschlüssel, den Vater an einem geheimen Platz versteckt hatte, in meiner Hosentasche verschwinden zu lassen und meine Streifzüge durch das Festspielhaus zu beginnen. So betrat ich mit klopfendem Herzen die Zimmer über dem alten Malersaal. Dort fand ich ein großes Gipsmodell des Festspielhauses, Gemälde mit Darstellungen aus dem *Ring des Nibelungen*, dicke Wälzer über Menschenrassen, Festspielführer aus den Jahren 1933 bis 1944, Fotos von meiner Großmutter, meinem Onkel Wieland und Vater mit dem »Führer«. Ein riesiges Ölgemälde, das Hitler mit einem bedrohlich blickenden deutschen Schäferhund zeigte, erschreckte mich.

Besonders über das Gipsmodell wollte ich mehr wissen und überlegte, wer mir am besten meine Fragen beantworten könnte. An meinen Vater konnte ich mich nicht wenden, da ich auf verbotenen Pfaden wandelte. Außerdem hatte mir seine Reaktion auf meine Fragen zu den Filmen über die Nazizeit gezeigt, dass er sich zu diesem Thema nicht äußern wollte. Opa Lodes dagegen gab mir bereitwillig Antwort: »Das ist ein Gipsmodell des Festspielhauses. Der ›Führer‹ wollte nach dem Endsieg das alte Festspielhaus überdachen und nur noch zu ganz besonderen Anlässen von ganz besonderen Personen benutzen lassen. Neben diesem alten wollte er ein anderes Festspielhaus bauen lassen, das genau dem alten gleichen sollte und das für die Aufführungen benutzt werden sollte.«

»Dieser ›Führer‹, war er oft hier?« wollte ich wissen. »Der ›Führer‹ liebte Wagner und deine Familie sehr.« Da Opa Lodes so freundlich vom »Führer« sprach, wollte ich wissen, wo er heute sei. »Der ist schon lange tot«, antwortete Opa Lodes und nahm mich energisch an der Hand, um mich aus der Rumpelkammer zu ziehen. Schweigend und mit ernstem Gesicht, schloss er die Türen und sagte dann: »Ohne deinen Vater will ich dich hier nicht mehr sehen, denn sonst kannst du nicht mehr zu uns kommen.« Erst sehr viel später sollte ich erfahren, dass es sich bei diesem Gipsmodell um die »Monumentalisierung« des Festspielhauses durch den Nazi-Architekten Emil-Rudolf Mewes von 1940 handelte. Mit der Rückkehr meiner Eltern war es mit der Familienforschung ohnehin vorbei und auch mit dem unbeschwerten Leben in der Familie Lodes.

Unsere Schulklasse erhielt einen neuen Lehrer namens Popp, der es genoss, mir Schliff beizubringen und seine Erlebnisse als Soldat im Zweiten Weltkrieg zu schildern: »Wenn wir Deutschen nur ein wenig mehr Zeit gehabt hätten, wäre uns der Endsieg sicher gewesen. Aber die ganze Welt war eben gegen uns«, klagte er.

Großmutter Winifred war 1956 aus gesundheitlichen Gründen aus ihrem Haus im Fichtelgebirge in das Siegfried-Wagner-Haus umgezogen, das seit dem Auszug der Amerikaner 1954 leer stand. Wieland zog aus Protest gegen den Umzug der Mutter eine vier Meter hohe Mauer zwischen der Villa Wahnfried und dem Siegfried Haus, das Winifred dreist weiterhin unter viel Applaus »Führerbau« nannte. Sie lebte ganz in Nostalgie für Hitler, was das Verhältnis zu Wieland und seiner Familie schwer belastete, denn Wieland begriff, dass dies seiner Legende vom hehren Künstler mit reiner Weste schaden würde.

Ich besuchte sie hin und wieder heimlich. Meist fand ich sie im Vorzimmer zum Speisesaal im Parterre, an ihrem Schreibtisch sitzend. Sie rauchte ununterbrochen ihre filterlosen North States, schrieb Briefe oder schaute durch das offene Fenster auf den Wahnfried-Park. So konnte sie kontrollieren, wer dort ein- und ausging. Meist machte sie dann gehässige Bemerkungen über die Besucher.

Bei den Proben zum *Parsifal* im Festspielhaus ritt mich der Teufel und ich schraubte die rote Lampe aus dem Gralskelch. Als *Parsifal* am Ende der Oper den Gral zum Leuchten bringen wollte, klappte es mit dem Theatertrick nicht. Wieland tobte vor Wut. Meine Jugendfreunde Werner, Helmut und ich lachten uns ins Fäustchen: keine Erlösung!

Je radikaler Wieland in seinen Wagner-Inszenierungen am Hügel wurde, desto mehr begann Winifred hinter der Szene sich für Vater einzusetzen. Das verschlechterte immer mehr das Verhältnis der Brüder untereinander. Was aber beide verband, war die Angst, die Mutter könne in Interviews wieder kompromittierende Geschichten aus der Nazizeit ausplaudern oder ihnen den Vertrag kündigen. In Bezug auf Wielands abstrakte archetypische Deutung des *Rings*, in der er sich immer mehr über den germanischen und griechischen Mythos des Großvaters hinwegsetzte, meinte sie: »Wenn der Verfall des Dritten Reichs nicht gekommen wäre, wäre Wieland auch niemals auf seine Art gekommen, behaupte ich.«[33]

Das hatte natürlich auch Konsequenzen für ihr Verhältnis zu uns Enkelkindern. Um nicht durch Großmutter an die Nazi-Zeit und das enge Verhältnis zu Hitler erinnert zu werden, wurden wir von ihr isoliert, was sie sehr traf. Daher suchte sie Ersatz bei Freunden aus den goldenen Führerzeiten wie bei der Familie Mitford und dem ehemaligen englischen Faschistenführer Oswald Mosley und bekannte immer wieder stolz wie 1950: »Ich stehe zu ihm und seiner Familie in freundschaftlichen Beziehungen, die sich natürlich auch mit den großen Fragen England-Deutschland-Europa berühren. Bestimmt gehört Mosley zu den einsichtigen Engländern und hat wieder Boden gefasst – nachdem er und seine Frau während des Krieges eingesperrt waren.«[34]

1957: Deutschland, Deutschland über alles?

Mit zehn fühlte ich mich zu Hause und in der Schule derart unwohl, dass ich wegen angeblicher Wachstumsherzschwäche für Monate an den Schliersee zu einem älteren Ehepaar namens Zankl abgeschoben wurde. Nach meiner Rückkehr nach Bayreuth verschaffte mir Frau Moritz, meine neue Lehrerin, ein wenig Erleichterung. Sie hatte meine Situation erkannt und munterte mich auf. Frau Moritz kommentierte, warum wir Kinder die erste Strophe der deutschen Nationalhymne: »Deutschland, Deutschland, über alles« nicht singen sollten. Sie fand sie zu nationalistisch. Großmutter sagte damals sinngemäß zu mir: Selbst in der Schule verdreht man jetzt deutsche Geschichte. Ihr armen Kinder!

1958: Besuch von Hitlers Berghof mit Vater

Im Juli 1958 bestand ich die Aufnahmeprüfung für das Humanistische Gymnasium und war sehr froh, da ich meine Schulzeit bis zu diesem Zeitpunkt wie einen Albtraum empfand.

Nach meinem ersten Prüfungserfolg freute ich mich auf die Oberschule. Doch wurde mein Optimismus bald gedämpft. Ich wurde krank, und wieder unterrichteten mich

Privatlehrer in Bayreuth und Berchtesgaden. Von dort aus fuhr mein Vater gerne mit mir zum Berghof Hitlers hinauf. Erst im April 1959 konnte ich das Gymnasium besuchen.

Im August 1958 dachte Winifred wegen der ständigen Zurückweisung durch ihre Söhne daran, ihnen den Vertrag zu kündigen,[35] was dann wieder zu einer Familienkrise führte.

1959: Wieland der »Widerstandskämpfer« gegen die Nazis

Im Herbst 1959 begann mein Vater seine erste Inszenierung vom *Ring des Nibelungen* vorzubereiten, den er in der kommenden Saison herausbringen wollte. Auch meine Mutter hatte nur der großen Wagnerschen Sache zu dienen.

In diesen Jahren verfestigte Wieland seine Legende vom Widerstandskämpfer gegen die Mutter und den Nationalsozialismus[36] bei Mithilfe untertäniger Medien, was auch Vater zum Aufbau seines Mythos als kritischer Realist in der Nazizeit nutzte. Es kam zur harten Konfrontation Wielands mit seinem Lehrer Kurt Overhoff, der wie wenige Wielands und Vaters Verfälschung der eigenen Biographien kannte. Overhoff: »Für Wieland gab es damals [also im »Dritten Reich«] nur einen Abgott und ein Leitbild, den geliebten Onkel Wolf – und wer es wagte, auch nur einen Schatten von Kritik an diesem Idol zu üben, mit dem brach er jede Diskussion ab und bedrohte ihn mit ›Anzeige‹ – das und nichts anderes ist die Wahrheit.«[37]

Gegen solche Attacken wehrte sich Wieland, indem er den Slogan von der Mutter, die immer noch an den Endsieg glaube, wiederholte. Sein verzerrtes Geschichtsbild vermittelte er seinen Kindern, wie es Vater mit Eva und mir tat.

1960: Gescheiterte Versilberung der *Tristan*-Partitur und Winifreds Stiftungsplan

Zu Anfang der 1960er-Jahre stellte Wieland auch seine persönliche Revolution zur Schau, indem er aus seinem Verhältnis mit der Sängerin Anja Silja öffentlich kein Geheimnis machte, was Winifred noch mehr gegen ihn aufbrachte. Damit begann auch das Familienleben für die Kinder Wielands immer mehr aus den Fugen zu geraten, da die finanziellen Bedürfnisse explodierten. So versuchte Wieland die *Tristan*-Partitur zu versilbern, was Winifred rigoros verhinderte. Später nahm sie dazu ihrer Freundin Gerdy Troost gegenüber im Juni 1973 Stellung und sah die geplatzte Transaktion mit der *Tristan*-Partitur als Beginn, »die Stiftungsidee zu gebären«.[38]

Als die Festspiele des Jahres 1960 näher rückten, bestand ich darauf, Onkel Gustav Drexel, den Bruder meiner Mutter, und dessen Familie in Wiesbaden kennen zu lernen. Die gemeinsamen Tage mit ihm, seiner Frau Henny und meiner kleinen Cousine Christa genoss ich sehr und war traurig, als ich schon nach einer Woche abreisen musste. Viele Fragen blieben offen, zumal ich gerne viel mehr über Großmutter Thora gewusst hätte, aber das schien Onkel Gustav zu sehr zu belasten und man sprach nicht über ihr trauriges Ende.

Danach wurde ich mit meiner Schwester wieder nach Berchtesgaden geschickt, diesmal in das elegante Hotel Geiger. Ich empfand die Festspiele diesmal nur als Bedrohung des häuslichen Friedens. Mein Vater war überfordert und ständig unter dem Druck der Konkurrenz meines Onkels, die Familie bekam es zu spüren.

1961: »Bayreuth wird zum Bordell: Linke, Juden und Neger

Im Sommer 1961 trat ich meinem Vater zum ersten Mal offen entgegen. Ich protestierte gegen die ständigen Zurechtweisungen, die er meiner Mutter zumutete. Es endete mit Prügel für mich und einem handfesten Streit meiner Eltern. Die Auseinandersetzung hatte ein Nachspiel. Ich landete im Internat in Stein an der Traun.

Dort traf ich Wummi, und wir pflegten einen herzlichen Kontakt. Als Vater davon hörte, wurde ich sofort nach Bayreuth zurückgeholt. Einen Vorteil hatte dieser erzwungene Abgang aus Stein allerdings. Ich konnte bei Wielands *Tannhäuser*-Proben zuschauen. Aufregung stand ins Haus: Die junge schöne afro-amerikische Sängerin Grace Bumbry sang die Venus, und Maurice Béjart schuf eine provokative erotische Choreographie des *Tannhäuser*-Bacchanals in der Venusbergszene des 1. Aktes. Die Altwagnerianer waren entsetzt und erklärten: »Gott sei Dank singt sie nicht die Elisabeth. Das hätte gerade noch gefehlt, daß eine Negerin eine Wagner-Heroin in Bayreuth singt.«

Aber das war nicht der einzige Grund zur Erregung. Wieland hatte sich aus Opportunismus mit Linken eingelassen, obwohl das Ulbricht-Regime in der DDR in diesem Sommer mitten in Berlin die Mauer errichtet hatte, um zu verhindern, dass der SED-Staat durch Massenflucht »ausblutete«. Die Kommunistenhysterie ergriff auch die »Gesellschaft der Freunde von Bayreuth«, es war sogar von Krieg die Rede. Ganz außer sich tobte meine Großmutter öffentlich: »Wie konnte sich Wieland ausgerechnet mit den linken Juden Bloch und Schadewaldt einlassen. Und dann noch die Bumbry! Bayreuth wird zum Bordell.« Mein Vater saß dabei und schwieg. Ich hatte damals noch vage Vorstellungen davon, was »links«, »Jude« und »Neger« bedeutete, war aber als verkappter

»Wielandianer« aufgebracht über die Intrigen meiner Großmutter und vom Schweigen meines Vaters.

1962: Konfirmation und die Wagners als fromme Heiden

Im April 1962 wurde ich von dem geistreichen Pfarrer Flotow konfirmiert. In seiner genauen und kritischen Art öffnete er mir die Augen für die Großartigkeit der Bibel als Geschichtsbuch. Ich wurde mir damals bewusst, dass Vater und Mutter mir keinerlei christliche Werte vermittelt und vorgelebt hatten. Ich ging gerne in den sonntäglichen Gottesdienst und bedauerte, dass Vater, Mutter und Eva dazu keinerlei Beziehung hatten. In der Gesamtfamilie Wagner sprach man nur von »Pfaffen« und »Scheißkirchen«. Manchmal schwärmten meine Eltern zwar von Albert Schweitzer, dies aber vor allem, weil der Mann aus Lambarene mit meinem Großvater Siegfried Kontakt gehabt hatte und diese Verbindung dem Familienimage nutzte. Meine Großmutter fand Schweitzers Engagement in Lambarene »einen sinnlosen Einsatz für Neger« und äußerte sich immer offener gegen diese Art von Christentum. Mein Vater nannte uns Wagners »fromme Heiden« im Sinn Goethes. Das verstand ich nicht. Pfarrer Flotow verdanke ich, dass in mir Interesse für Fragen der Ethik heranwuchs.

Auch sonst verließ ich Schritt für Schritt die eingefahrenen Familiengleise. So hörte ich begeistert immer wieder die *Brandenburgischen Konzerte* Johann Sebastian Bachs in der Einspielung von Pablo Casals, und Mozart wurde mein Lieblingskomponist, wohingegen mein Umfeld nur Richard Wagner gelten ließ.

1963: Die Entdeckung der Hitler Filmrollen

Im Zusammenhang mit dem 13. Februar 1963, dem 80. Todestag Richard Wagners, schaltete sich Winifred wieder in die große Politik ein. Sie glaubte, gesamtdeutsche Interessen durchaus subversiv zu vertreten, und lud auch Ostdeutsche ein, wie z. B. 1963 Hans Pischner, den Generalintendanten der Deutschen Oper in Ostberlin – und das zwei Jahre nach dem Bau der Mauer. Vater und der Bayreuther Oberbürgermeister empfingen die Delegation nicht. Winifred lud sie zusammen mit Friedelind bei sich ein und propagierte offen die Wiedervereinigung.[39] Sie nahm auch Einladungen in andere kommunistische Diktaturen an, so nach Rumänien – offiziell sah sie das völlig »unpolitisch«, was sie dann im richtigen Moment auch zur Propagandierung ihrer eigenen Weltanschauung nutzte, wobei sie stets von diktatorischen Staatsformen viel hielt und westliche Demokratien als dekadent ablehnte.[40]

Der Sommer 1963 stand im Zeichen des 150. Geburtstags von Richard Wagner. Das Motto lautete: »Ein Leben für das Theater«. Wagner wurde wieder einmal unpolitisch als »europäisches Theatergenie« präsentiert – ein Widerspruch, da sich Wieland bereits durch seine Kontakte mit Bloch politisch immer mehr nach links entwickelt hatte. Je mehr Wieland den Salonsozialisten markierte, desto konservativer gab sich mein Vater. Es war nur folgerichtig, dass Großmutter Winifred ihn als den wahren Erben des Wagnerschen Vermächtnisses sah.

Im Herbst wurde meine Schwester in eine Haushaltungsschule für höhere Töchter geschickt. Damit war ich befreit von ihrer ständigen Aufsicht. Die neue Freiheit nutzte ich zu meiner ersten »Polit-Aktion«: Ich malte die seit 1955 im Festspielpark stehende völkische Richard-Wagner-Marmorbüste von Arno Breker rot an. Genüsslich sah ich zu, wie dann die Feuerwehr das bedrohliche Monster säuberte.

Im Herbst 1963, meine Eltern erholten sich gerade im Urlaub von den Festspielstrapazen, erkundete ich einen Holzschuppen, der neben der Garage stand. Dort stand Vaters schweres BMW-Motorrad mit Beiwagen. Darin fand ich in zwei Pappkartons zahlreiche runde Aluminiumdosen verschiedener Größe. Sie waren so verrostet, dass ich sie mit bloßen Händen nicht öffnen konnte. Ich schaffte sie heimlich in mein Zimmer, entfernte den Rost und machte sie vorsichtig mit einem Schraubenzieher auf. In jeder Dose lag eine Filmrolle. Ich nahm eine der größeren und zog den Filmstreifen unter einer Lupe hindurch. Was ich entdeckte, warf mich um. Ich sah meine Tanten, Onkel Wieland und Großmutter Winifred zusammen mit Hitler, dieser im eleganten Doppelreiher, scherzend durch den Wahnfried-Park promenieren. Der glückliche »Führer«, die glücklichen Wagner-Kinder, die glückliche Großmutter Winifred! Dann Bilder vom »Führer« im Festspielhaus. Alle rissen den Arm stramm hoch zum Hitlergruß. Wagners Kunst und »Führers« Macht. Kraftstrotzende Herrenmenschen und lächelnde Sieger, Endsiegstimmung im Vormarsch. Onkel Wolf und die Wagners gehörten zusammen – das war die Filmbotschaft. Gedreht hatte das alles mein Vater. Er und Wieland wie der Rest der Erwachsenenwelt wurden mir mit einem Schlag unheimlich. Ich erinnerte mich an die Bilder von Buchenwald aus der Wochenschau, die ich 1956 gesehen hatte. Mir wurde klar: Ich musste die Filme aufbewahren und verhindern, dass mein Vater sie erneut versteckte oder gar vernichtete, und deponierte sie in meiner Kleiderkammer. Die leeren Dosen verschmutzte ich wieder und legte sie zurück in die beiden Pappkartons im Beiwagen. Ich beschloss, nichts von meinem Fund zu erzählen, Vater aber nun hartnäckig nach Hitler zu fragen.

Die erste Gelegenheit dazu ergab sich während der Winterferien im schweizerischen Arosa im Dezember 1963. Es war bei einem der langen Spaziergänge mit meinen Eltern und meiner Schwester. Ich wollte meinen Vater nicht in eine Verteidigungsposition bringen, denn das hätte einen baldigen Gesprächsabbruch bewirkt. So betonte ich, gegen meine Überzeugung, dass ich mich quasi nur aus »rein« historischen Gründen für die Verbindung meiner Familie mit dem »Führer« interessierte. Ich fragte Vater, wie Hitler als Mensch auf ihn gewirkt habe. Er machte keinen Hehl daraus, dass Onkel Wolf ihn fasziniert hatte. Er beschrieb seine Begegnungen mit ihm mit zurückhaltender Sympathie. Stolz erzählte er mir auch später immer wieder, wie der »Führer« ihn in der Berliner Charité besucht hatte, wo der berühmte Chirurg Ernst Ferdinand Sauerbruch höchstpersönlich für Vater gesorgt hatte, als er im »Polenfeldzug« verwundet worden war. »Dein Onkel wurde ja durch Hitler vom Krieg freigeschrieben, und nur ich mußte dem Vaterland dienen«, ergänzte er. Ausführlich und begeistert berichtete er von Arbeitsdienst und Militärausbildung, wo eine einzigartige Kameradschaft geherrscht habe. Er erzählte, wie der einzige Freund seines Lebens, Emil, in einem Dorf von »hinterhältigen Polaken« umgebracht worden sei, während die »tapfere deutsche Armee« Polen erobert habe.

Und immer wieder Hitler! Nach einer *Götterdämmerung*-Vorstellung im Festspielhaus waren mein Onkel und mein Vater einer Einladung Hitlers zu einem endlosen nächtlichen Gespräch am »Führerkamin« im »Führerbau« über die Zukunft der deutschen Kunst im Geist Richard Wagners als Ausdruck der Welterneuerung durch den Nationalsozialismus gefolgt. Ich hatte einige Schwierigkeiten, den Wortschwall Vaters zu begreifen, stellte aber keine Zwischenfragen, um ihn nicht zum Abbrechen zu provozieren. Er berichtete weiter: »Wir saßen am Kaminfeuer, und Hitler entwarf uns seine kulturellen Zukunftsvisionen. ›Wenn wir die Welt erst einmal von den bolschewikisch-jüdischen Verschwörern gesäubert haben werden, dann wirst du, Wieland, die Theater des Westens, und du, Wolfgang, die Theater des Ostens leiten.‹« Leise fragte ich Vater, wen Hitler gemeint habe, als er von »bolschewikisch-jüdischen Verschwörern« sprach. Meine Zwischenfrage irritierte ihn, und ich hatte Sorge, er würde das Gespräch beenden. Stattdessen nahm er sich nun der deutschen Geschichte an. Mit dem »Schandvertrag von Versailles« habe alles angefangen, dem sei dann die Massenarbeitslosigkeit gefolgt in der chaotischen Weimarer Republik mit den unfähigen Linken und »Scheißliberalen«. So kam er auf das »großartige Wirken Hitlers bis 1939«. Das wollte ich genauer wissen, und Vater blieb mir die Antwort – aus seiner Sicht – nicht schuldig: »Hitler hat die Arbeitslosigkeit überwunden und die deutsche Wirtschaft wieder zur weltweiten Achtung gebracht, unser Volk aus der moralischen Krise befreit und alle anständigen Kräfte vereint. Wir Wagners verdankten ihm die idealistische Rettung der Bayreuther Festspiele.« »Aber wie war das mit den Juden, Vater?« Er erwiderte: »Da wird viel herumgeredet, und da ist auch viel Gehetze gegen uns Deutsche von den Linksintellektuellen dabei, mit der Anzahl usw. Das war aber der einzige wirkliche Fehler, den Hitler beging. Wenn er die Juden für sich gewonnen hätte, dann hätten wir den Krieg gewonnen. Nach dem Krieg wäre alles nicht so schlimm geworden, wie immer die Propagandamaschine der Alliierten behauptet.«

Wir gingen den Rest des Spaziergangs schweigend nebeneinander her, bis meine Mutter auf die Weihnachtsgeschenke zu sprechen kam.

1964: Es gibt nach Auschwitz keine Diskussion mehr über Adolf Hitler

Nach der Rückkehr aus den Winterferien im Januar 1964 traf ich in Bayreuth Maria Kröll. Ihretwegen fuhr ich regelmäßig nach Creussen, dreizehn Kilometer südlich von Bayreuth. Dort lebte sie mit ihren Eltern Joachim und Ursula und ihrer jüngeren Schwester Dorle. Ihr Vater unterrichtete Deutsch, Geschichte und Erdkunde am Deutschen Gymnasium und war bei den Schülern beliebt wegen seiner unkonventionellen Art und Lehrmethoden.

Joachim Kröll regte mich an, mich mit Heinrich Böll, Günter Grass und anderen engagierten Schriftstellern zu beschäftigen und er war der Erste, der mich aufklärte über die deutsch-jüdische Geschichte. Nach solchen Gesprächen empfand ich mein elterliches Zuhause und den Festspielbetrieb mitsamt Publikum als unerträglich. Meinem Vater konnte es nicht entgehen, dass in mir Kritik erwachte und mein Interesse an deutscher Geschichte und Politik wuchs. So wagte ich es, die Existenz zweier deutscher Staaten zu begrüßen. Mein Vater hielt damals Franz-Josef Strauß für den einzigen anständigen Politiker und reagierte entsprechend wütend auf meine Erklärungen. Die Diskussion über die Existenzberechtigung der DDR endete wie viele Diskussionen zuvor: Mein Vater verbat sich jedes weitere Wort, beschimpfte Joachim Kröll als »miesen Sozi«, der einen schlechten Einfluss auf mich habe. Gegen meinen Willen wurde ich Ende April 1965 wieder nach Stein an der Traun gebracht, um mich aus dem Einflussbereich der Krölls zu entfernen.

Die Mehrheit meiner Schulkameraden stammte aus Wirtschaftswunderfamilien. Ihre Eltern hatten keine Zeit für sie oder sie waren geschieden oder ihre verwöhnten Sprösslinge waren stinkfaul und wenig begabt, so dass sie auf einer gewöhnlichen Schule niemals das Abitur erreicht hätten. Besonders hochmütig gebärdeten sich zwei Nachfahren aus der Familie Bismarck. Die stete Auseinandersetzung mit dem Geprotze in meinem

Umfeld verstärkte in mir das Bedürfnis, linke Literatur zu lesen. Mein Mitschüler Henry Hohenemser, Sohn des damaligen Münchner Kulturreferenten, diskutierte mit mir zum ersten Mal über Antisemitismus. Ich begann, Arbeiten von Ernst Bloch, Sigmund Freud, Theodor Adorno, Hannah Arendt, Max Horkheimer und Bruno Bettelheim zu lesen.

Im Festspielsommer liebte es Großmutter, als Fachfrau und Hobby-Historikerin über Hitler, den Menschen, befragt zu werden. Stolz wiederholte sie immer wieder, dass sie den Menschen Hitler besser gekannt habe, als die Mehrzahl der anderen.[41] Und der war für sie eben ein wunderbarer, warmherziger Mann und Freund. All das empfanden Vater und Onkel nur wie eine tickende Bombe, die jederzeit wieder hochgehen konnte.

Sie waren daher immer damit beschäftigt, Winifred und ihren Freundeskreis auf Sparflamme zu halten und lächerlich zu machen, um so von der eigenen engen persönlichen Beziehung zu Hitler und ihren Nazi-Karrieren abzulenken. Ein Beispiel dafür war Wielands Brief an Hans Severus Ziegler, der ihn im »Dritten Reich« beim Engagement nach Altenburg unterstützt hatte. Wieland schrieb Ziegler im August 1964: »Es gibt nach Auschwitz keine Diskussion mehr über Adolf Hitler. Sie haben meiner Mutter, den Bayreuther Festspielen und der Stadt Bayreuth einen schlechten Dienst geleistet.«[42]

Bei Kenntnis der Biographien Wielands und Wolfgangs war das zu diesem Zeitpunkt sicher der beste Schachzug, den Wieland für sich und das Familienunternehmen tun konnte, aber er bedeute auch die Weigerung, sich der eigenen Verantwortung zu stellen.

1965: Wieland, Wolfgang, Bloch und Mayer als philosemitische Bayreuther Spätblüten

In den Sommerferien 1965 erlebte ich die Proben zu Wielands neuem *Ring* mit. Der Konflikt zwischen den Sponsoren, der »Gesellschaft der Freunde von Bayreuth«, und Festspielgästen wie dem marxistischen Philosophen Ernst Bloch oder Hans Mayer, dem renommierten Literaturhistoriker, wurde mir immer klarer. Und auch der Heiligenschein meines Onkels begann für mich zu verblassen. Er lavierte immer opportunistischer hin und her zwischen Krupp und Siemens auf der einen und Bloch und Mayer auf der anderen Seite. Er gab sich immer mehr links, weil er ahnte, dass sich die Machtverhältnisse im Kulturbetrieb nach dorthin verändern würden.

Nach den Ferien kehrte ich zurück in das Steiner Internat. Ich beschäftigte mich damals vor allem mit den frühen Schriften von Karl Marx, besonders seinem Aufsatz »Zur Judenfrage«. Als ich später in einer Diskussion mit meinem Vater meine Leseerfahrungen einbrachte, verlegte er sich wie üblich auf Monologe. Er begann mit den Rassengesetzen von 1935, die sich die Juden selbst zuzuschreiben hätten, denn sie seien »die schlimmsten Rassisten in der Geschichte« gewesen. Ich wagte zu entgegnen, dass man die Nürnberger Rassengesetze doch nicht mit den orthodoxen jüdischen Traditionen vermengen könne. Aufgebracht erwiderte mein Vater, dass die Juden sogar den Nürnberger Rassengesetzen wesentliche Impulse gegeben hätten. »Der Marx war doch selbst Antisemit und wollte die Emanzipation der Gesellschaft vom Judentum.«

»Aber doch wohl kaum die Endlösung«, antwortete ich. Damit war das Gespräch beendet.

1966: Das Ende von Wieland Wagners Neu-Bayreuth

1966 machte Winifred offen Propaganda für die neonazistische NPD. Sie hatte bereits ein Jahr zuvor Sympathie dafür gezeigt, wenn sie Ilsa Ernst im August 1965 schrieb: »Die NPD wird hoffentlich unsere Hoffnungen und Erwartungen erfüllen. Ich bin im Bild und wurde auch zur Gründungsfeier nach Hannover eingeladen.«[43]

Sie nahm dann aus Rücksicht auf die Festspiele nicht teil. Als die NPD 1966 13,6 Prozent in Bayreuth gewann, war sie vor Begeisterung ganz aus dem Häuschen. Busenfreundin Troost berichtete: »Ja – der Ausgang der Wahlen war wirklich überraschend – hoffentlich bewähren sich die Vertreter der NPD nun. Zum Ausmisten ist es ja wirklich an der Zeit.«[44]

Die Neonazis hatten bei den Kommunalwahlen von 1966 in Bayreuth drei von 42 Stadtratssitzen gewonnen und dadurch bei meiner Großmutter die »Hoffnung auf den Endsieg« wiedererweckt. Meine Tante Friedelind war außer sich, als meine Großmutter sich langsam wieder zur First Lady rechtsradikaler Gruppierungen mauserte und politische Freunde empfing wie Edda Göring, Ilse Heß, den damaligen NPD-Vorsitzenden Adolf von Thadden, Gerdy Troost, die Frau des NS-Architekten und Hitler-Freundes Paul Ludwig Troost, den britischen Faschistenführer Oswald Mosley, den verwandten NS-Filmregisseur Karl Ritter sowie den rassistischen Autor und ehemaligen Reichskultursenator Hans Severus Ziegler. Auf ihren Einladungen konnte man »endlich« wieder offen über den »Führer« sprechen, nachdem man ihn jahrelang hinter dem Kode-Wort »USA« (Unser Seliger Adolf) versteckt hatte. Mit Recht kritisierte Friedelind in einem *Spiegel*-Interview im Dezember 1967 die Rückkehr von »faschistischem Ungeist«.

Im Juli, kurz vor der Festspielzeit, wurde Wieland ins Kulmbacher Krankenhaus eingeliefert und wenig später in die Münchner Universitätsklinik verlegt. Mein Vater informierte mich zwar nicht über den Gesundheitszustand meines Onkels, aber ich ahnte, dass die Sache ernst war. Das glaubten auch andere. Nun begann der offene Krieg zwischen dem Wieland- und dem Wolfgang-Lager, wobei das letztere seine Stunde gekommen sah. Im anderen zeigten sich erste Risse. Mancher spielte mit dem Gedanken, die Seite zu wechseln. Mein Vater empfing gern die Devotion, die ihm nun unverhofft entgegengebracht wurde. Unerwartet war er nun alleiniger Festspielleiter. Selbst ich wurde nun von Leuten freundlich gegrüßt, die mich zuvor nicht beachtet hatten. Die Wolfgangs waren »in«, die Wielands waren »out«. Ich fand den neuen Zustand genauso widerlich wie den alten. Bayreuth, der Festspielhügel, die Familie und alles drum herum kotzten mich nur noch an. Ich spielte mit dem Gedanken, Deutschland zu verlassen. Aber wie ohne Geld und ohne Beruf?

Am 17. Oktober sah ich mir im Kino den Film *Der Spion, der aus der Kälte kam* an. Mitten in der Vorstellung wurde ich darüber informiert, dass mein Onkel im Sterben lag. Ich trampte nach München. Dort umarmte mich Vater zum ersten und letzten Mal, schweigend. Mutter teilte mir weinend die Nachricht von Wielands Tod mit. Die Trauerfeier für Wieland im Festspielhaus am 21. Oktober 1966 werde ich nie vergessen. Es war eine Riesenheuchelei. Großmutter Winifred brach in Tränen aus – für ihren armen Wolfgang, den armen »Wolf«, der nun ganz allein die Verantwortung für die Bayreuther Festspiele tragen musste. Die feine Gesellschaft entdeckte urplötzlich ihre Liebe zum toten Wieland. In seiner Ansprache würdigte Bloch Wieland als linke *anima candidissima* – eine Verklärung, die nach heutigem Wissensstand unerträglich ist.

Blitzlichter zuckten und Kameras surrten, als sich der lange Trauerzug zum Gottesackerfriedhof bewegte. Gleich danach begann der Poker um die Neuordnung der Machtverhältnisse. Die besten Karten hatten mein Vater, meine Großmutter und meine Schwester Eva.

1967: Auf der Flucht von Bayreuth nach Paris und London

Zu Jahresbeginn 1967, in Zeiten völliger familiärer Zwistigkeiten und finanzieller Probleme ohne Ende, verfasste Winifred am 13. Februar als ersten Entwurf einer Stiftungssatzung einen dreiseitigen Nachtrag zu ihrem Testament,[45] der in enger Zusammenarbeit mit Vater entstand.

Der weitere Weg zur Abwicklung war steinig und reich an Skandalen und familiären Schlammschlachten. Er endete schließlich 1973 mit der endgültigen Stiftungssatzung, die Vater zum lebenslangen, uneingeschränkten Herrscher der Bayreuther Festspiele machte.

Da mein Vater erkannte, dass der Druck der Alleinverantwortung für die Festspiele und der Stress der letzten Schlacht auf dem Festspielhügel unsere Beziehung weiter zu verschlechtern drohte, erlaubte er mir, die Schule in Stein als Externer zu besuchen.

Seitdem störte ich mit meinen Freunden Norbert Friedrich und Henry Hohenemser NPD-Veranstaltungen in Oberbayern. Henry und ich hatten unsere Fluchtwege genau festgelegt, bevor ich, verkleidet wie Charly Chaplins großer Diktator, in Neonaziversammlungen auftauchte. Es reichte, schweigend durch die Biersäle zu laufen, um den Pöbel anzustacheln. Wie ein gejagter Hase rannte ich dann auf ausgekundschafteten Pfaden davon und sprang in Henrys alten VW-Käfer, der mit laufendem Motor auf mich wartete.

Damals war ich in den für bayerische Verhältnisse eher liberalen Schulbetrieb im Steiner Internat nicht mehr integrierbar. Ich ging von der Schule. Der Chorleiter der Bayreuther Festspiele, Wilhelm Pitz, vermittelte mich im Juni an Charles Spencer, den Chairman des bedeutenden New Philharmonic Chorus in London. Familie Spencer nahm mich herzlich auf. Ich genoss in vollen Zügen das Konzert- und Opernangebot der Saison und besuchte täglich eine Sprachschule, um mein Englisch zu verbessern. Ich war begeistert, ganz in der Nähe des Studios der Beatles zu wohnen. Charles Spencer, erfolgreicher Chormanager und Geschäftsmann, war ein leidenschaftlicher Musikfreund und kritischer Wagnerianer. Die Idylle wurde abrupt unterbrochen durch ein weltpolitisches Ereignis: den Sechstagekrieg zwischen Israel und den arabischen Ländern im Juni 1967. Noch nie wurde ich so heftig auf jüdische Geschichte gestoßen. Voller Bangen saßen wir vor dem Fernsehapparat. Tag und Nacht diskutierten wir leidenschaftlich über die Ereignisse.

Dabei erfuhr ich, dass Charles' Eltern Wiener Juden gewesen waren. 1938, nach dem »Anschluss« Österreichs an Hitlerdeutschland, fielen sie dem Naziterror zum Opfer. Charles und seine Schwester entkamen. Charles Tochter Diana berichtete mir weitere erschütternde Details, während wir Familienfotos betrachteten. Damals wohnte ich als Kind von Tätern wie ein Sohn in einer Familie, die furchtbar unter der Nazibarbarei gelitten hatte. Charles bemerkte meine Befangenheit und Scham. Ich gestand ihm, wie bedrückend ich das Bayreuther Erbe mit seinem Antisemitismus empfand, und erzählte ihm von dem fanatischen Rassismus meiner Großmutter. Er sagte: »Erst nach den Tätergenerationen wird vielleicht Hoffnung für einen Neubeginn zwischen Juden und Deutschen sein, was nicht verhindern wird, dass es zwischen Deutschen und Juden individuelle Freundschaften geben kann. Fühle dich nicht schuldig, aber lerne aus den Fehlern deiner Familie.« Dieser kluge Rat sollte ein Motto meines Lebens werden. Charles wurde für mich eine prägende Persönlichkeit.

Bald darauf traf ich in Paris meine Tante Blandine de Prevot, eine Urenkelin von Franz Liszt. Sie erzählte, dass die Nazis ihren Mann, einen Widerstandskämpfer, ermordet hatten. Sie tat dies ohne Anklage. Unsere Gespräche waren seitdem offen.

Mitte Juli lud mich Blandines Tochter Daniela nach Lessey in der Normandie ein, wo sie in einem Schloss wohnte. Dort lernte ich deren Tochter Blandine kennen. Sie war in meinem Alter und faszinierte mich durch ihre offene Opposition zur Welt ihrer Eltern.

Nach einem kurzen Austausch von Höflichkeiten erkannten wir sofort, dass wir in allen wesentlichen Dingen ähnliche Auffassungen hatten und dass wir in den wenigen Punkten, wo wir nicht übereinstimmten, die Verschiedenheit als Bereicherung empfanden.

Cousine Blandine erzählte mir viel von ihrem Kontakt zu dem Filmregisseur Jean-Luc Godard – *Außer Atem* – und den maoistischen Kreisen, in denen sie damals verkehrte. Nächtelang diskutierten wir, wie man unsere verkommene Weltgesellschaft verändern könne. Sie diskutierte leidenschaftlich und bekämpfte soziale Ungerechtigkeit.

1968: Vietnamkrieg, erste Zweifel an der linken Szene und Erinnerungen an Führer und Duce

Der Vietnamkrieg und die Studentenunruhen in West-Berlin unter Rudi Dutschke und in Paris unter Daniel Cohn-Bendit beherrschten die Diskussionen von Henry Hohenemser und mir. Besonders das Attentat auf Dutschke am 11. April und die Notstandsgesetze vom 30. Mai politisierten mich. Ich verteidigte zu Hause die Positionen der Studenten zum Entsetzen meines Vaters und auch meiner Schwester, die ihren Nutzen auf der Seite des Establishments gefunden hatte.

Im heißen Politsommer 1968 stellte mich meine Großmutter ihren »uranständigen Kreisen« mit dem Satz vor: »Das ist Gottfried, der Freund der Bolschewiken und Juden.« Dann lachte sie laut und männlich.

Vor Eröffnung der Festspiele rückte ein schwerbewaffnetes Polizeiaufgebot heran, als ob Terroristen das Festspielhaus samt Premierengästen in die Luft sprengen wollten. In Wahrheit ging es um ein paar harmlose Studenten, die gegen die westdeutschen Industriellen unter den Festspielgästen protestierten. Als ich sah, dass die Polizisten gewaltsam gegen die Protestierer vorgingen, beschimpfte ich die Beamten als »Bullen«. Nur die Tatsache, dass ich der Sohn vom Chef war, ersparte mir eine Verhaftung. Nach der Premiere gab es im Neuen Schloss den üblichen Empfang. Auch dort hatten sich Demonstranten versammelt. Obwohl ich beim Empfang nicht gern gesehen war, setzte ich mich an den Tisch von Willy Brandt. Den SPD-Außenminister und Vizekanzler der großen Koalition in Bonn hielt ich damals für den einzigen glaubwürdigen deutschen Politiker. Bayreuther SPD-Größen umschmeichelten ihren Vorsitzenden und hofften auf Karrierehilfe. Sie wurden nervös, als einige Mitglieder des Balletts offen ihre Sympathie für die protestierenden Studenten bekundeten. Die Unruhe stieg, als sie begannen, Brandt unbequeme Fragen zur aktuellen Weltpolitik, zu Vietnam und zu Rudi Dutschke, Kopf des Sozialistischen Deutschen Studentenbundes (SDS), zu stellen. Brandt blieb souverän: Er bat die Kontrahenten an seinen Tisch und diskutierte mit ihnen zum Entsetzen des Bayreuther Establishments und der geladenen Gäste. Unter ihnen waren Sponsoren, die wie meine Großmutter im kleinen Kreis den SPD-Chef nur als »Sausozi« oder »Willy Weinbrand« bezeichneten. Mein Vater schwieg dazu. Ich verstand dies als Zustimmung.

In diesem »roten« Festspielsommer 1968 freute sich Winifred besonders über den Besuch einer *Siegfried*-Vorstellung durch den NPD Parteivorsitzenden Adolf von Thadden im Gefolge des NS-Kampffliegers Hans Ulrich Rudel. Hitler war wieder einmal allgegenwärtig. Ende dieses Festspielsommers, an Mutters 49. Geburtstag am 20. August 1968, fiel die Besetzung der Tschechoslowakei durch die Truppen des Warschauer Paktes. Das Klirren der amerikanischen Panzer durch Bayreuth, die sich Richtung Grenze bewegten, empfand ich als bedrohlich.

Im September fuhr ich mit den völlig erschöpften Eltern für eine Woche nach Italien. Wir übernachteten im eleganten Astor Hotel in Bologna. Bei einer Taxifahrt merkte der Fahrer, dass wir Deutsche waren und drehte seinen Bildrahmen, der Papst Paul VI. zeigte, um und wir sahen stattdessen ein Foto von Hitler mit Mussolini. Der Fahrer rief begeistert:

»Berlino-Roma. Bravi, bravi il Führer e il Duce!« Vater schwärmte von seiner Italienreise mit Wieland im Juli 1938, wo ihm Hitler und Mussolini halfen, ihren Mercedes wieder in Gang setzen zu lassen. »Wie sehr waren wir von Mussolini begeistert!« Sofort war die Urlaubsstimmung vorbei, als ich Hitler und Mussolini als Verbrecher verurteilte. Vater gab dem faschistischen Taxifahrer eine dickes Trinkgeld, was mich noch mehr versimmte.

Die Verfolgung der Reformpolitiker seit dem 29. September und die gewaltsamen Demos in der »Schlacht am Tegler Weg« in West Berlin am 4. November ließen bei mir erste Zweifel an den Idealen der linken Studentenbewegung aufkommen.

In diesen Tagen schrieb Großmutter an Freundin Troost: »Ja, der Rundfunk und die Zeitungen zum 9. November – einmal die Verherrlichung der Novemberrevolution 1918 und dann die Hassgesänge auf unseren 9. November 1923 – es ist zum Verzweifeln.«[46] Den 9. November 1938 erwähnte sie natürlich nicht.

Ich war damals noch nicht reif genug, einerseits meine Rebellion gegen die unverarbeitete Nazi-Vergangenheit der Familie Wagner zu artikulieren und mich anderseits von linker Gewaltbereitschaft zu distanzieren. Weit war ich als 21-jähriger Oberschüler noch davon entfernt, Alexander und Margarete Mitscherlich und deren Bestseller *Die Unfähigkeit zu trauern*[47] von 1967 zu verstehen. Das bezog sich auf meine komplexen familiären, aber auch auf die gesellschaftlichen Entwicklungen im Deutschland des Jahres 1968. Erst zwei Jahre später las ich Hannah Arendts Buch *Macht und Gewalt*,[48] was mich tief beeindruckte und bei mir eine Distanzierung von der linksradikalen Szene bewirkte.

1969: NPD, Besuche von alten Freunden aus goldenen Führer-Zeiten bei Winifred

Für den Februar 1969 bereitete die NPD einen außerordentlichen Parteitag in Bayreuth vor. Im Vorfeld hatte Hans Severus Ziegler Winifred Wagner für ein aktives Engagement in der NPD gewinnen wollen. In diesem Zusammenhang schrieb sie am 16. Januar 1969 ihrer Freundin Gerdy Troost: »Dabei greift man unerhört gemein immer wieder unseren armen harmlosen Dr. Ziegler an! [...] Wolfgang hat mir gestern 1.000 Mark angeboten, wenn ich während der Tagung wegführe!«[49] – Vater hatte wie immer in solchen Momenten das Geschick, seine Mutter auf seine Seite zu bringen, und sie fuhr zum ergebenen Lieblingsenkelsohn Wieland Lafferentz, dem Sohn von Bodo.

Nur wegen der versäumten Zahlung der Saalmiete an die Stadt konnte dann der NPD-Parteitag nicht in der Bayreuther Stadthalle stattfinden. Winifred war außer sich über die linken Sozis und sah sich wieder in die Zeiten des 9. November 1923 versetzt, als es galt, Widerstand zu leisten.

Vater ließ durch den Pressesprecher der Festspiele, Herbert Barth, den Winifred wegen seiner Unterwürfigkeit gegenüber Vater und wegen seines marxistischen Weltbilds »Spulwurm« nannte, in der *Frankenpost* am 16. Januar 1969 verkünden: »Mehr als 20 Jahre wurde alles getan, Bayreuth vom Odium einer üblen braunen Vergangenheit zu befreien. Diese Aufarbeit soll durch die rechtsradikalen Provokateure wieder zunichte gemacht werden.«[50]

Was heißt da Aufarbeit? Barth arbeitete seit Wielands opportunistischer Hinwendung zum marxistischen Freund Ernst Bloch, der Richard Wagner und Bayreuth beim schicken Salonmarxismus hoffähig machte, an dieser »Aufarbeit«. Er versuchte nun immer mehr, auch Vater davon zu überzeugen, dieses neue linke Image auch für sich und die Bayreuther Festspiele zu vermarkten. NPD-Veranstaltungen in Bayreuth waren da eine hervorragende Gelegenheit – für Winifred jedoch wieder ein willkommener Anlass, an die Vergangenheit zu erinnern, indem sie ihre Freunde, vor allem Ziegler, verteidigte.

In diesem Jahr liefen die Vorbereitungen zum 100. Geburtstag von Siegfried Wagner im Juni auf Hochtouren, und es ging wieder einmal um die Geschichtsschreibung des Hauses Wagner. Zdenko von Kraft, bereits verdienter Hofberichterstatter seit der Wiedereröffnung der Bayreuther Festspiele 1951, entsprach ganz Winifreds Erwartung beim Thema Hitler, dessen große Verdienste er in seiner Siegfried-Wagner-Biographie darlegte. Wieder einmal peinlich für Vater! Friedelind tobte, weil Vater Siegfried nicht als Antinazi dargestellt wurde,[51] was aber der Wahrheit entsprach. Winifred verteidigte von Kraft. Da Vater wieder von der eigenen Rolle im »Dritten Reich« ablenken wollte, nannte er von Krafts Buch »festspiel-und familiengefährdend«.[52]

Winifred kritisierte ihren Sohn hart, wenn sie Ende Juni 1969 an Fritz Kempfler schrieb: »Wolfgang ist derart kopfscheu, wenn man eine Handhabe hat, unsere ›braune‹ Vergangenheit nachzuweisen, dass er dann das Kind mit dem Bade ausschüttet.«[53]

Diese aufschlussreiche Bemerkung ergänzte sie einige Wochen später in einem Brief an ihre Freundin Ilse Ernst: »[...] auf deutsch meint er, dass unsere braune Gesinnung einmal wieder breitgetreten worden sei und die Meute wieder auf Bayreuth gehetzt wird!«[54]

Begeistert war Winifred daher über Mosleys Bayreuth-Besuch 1969, als sie Gerdy Troost Mitte August davon berichtete: »Er hatte von Kanzler Erhard 5 Jahre Einreiseverbot nach Deutschland. Kiesinger hob das Verbot auf, und zwei Tage später waren sie hier!! [...] Allmählich werde ich ganz salonfähig. Nur Deutschland traut sich nicht an mich heran.«[55]

Man weiß, dass Kiesinger Faschisten und Nazis wegen seiner eigenen dunklen Vergangenheit deckte. Bei ihren Altnazi-Freunden war sie freilich immer salonfähig geblieben, so bei Ilse Heß, Emmy und Edda Göring, Gerdy Troost, dem ehemaligen Hitler-Adjutanten Nikolaus von Below, Hitlers Pilot Hans Baus, Hans Severus Ziegler, Karl Ritter, dem ehemaligen UFA-Regisseur und ein Verwandter der Wagners, dem ehemaligen Gauleiter Karl Kaufmann, Karl Wolf, dem persönlichen Adjutanten Himmlers, und Lotte Bechstein, die Freundin aus der Jugendzeit vor dem Ersten Weltkrieg und Hitler-Intima wie sie ab 1923. In diesen Kreisen gedachte sie besonders gerne am 20. April des geliebten »Führers« im Musiksalon.[56] Man blieb aber auch sonst in engem Kontakt und tauschte Leseerfahrungen aus, die sich auf die »goldenen Zeiten mit *Wolf*« bezogen. Besonders angetan war Großmutter von August Kubizeks Autobiographie *Adolf Hitler, Mein Jugendfreund*, die 1956 in Graz erschienen war. Darin verherrlichte er Hitlers Liebe zu Wagner und wies nach, wie sehr Hitler von Wagners Weltanschauung geprägt worden war.[57] Ganz besonders pries sie auch Zieglers Buch *Adolf Hitler, Aus dem Erleben dargestellt*,[58] das sie vielen Freunden geschenkt hatte.

Natürlich schätzten Winifred und ihr Kreis keinerlei Literatur, die sich mit Hitler kritisch auseinander setzte, wie etwa das Buch von Hitlers Chefdolmetscher Paul Schmidt. Besonders wütend war sie über Albert Speers Erinnerungen von 1969, den sie nur noch als Verräter sah.

In diesem Jahr begriff ich endlich, dass das Abitur für mich der Schlüssel zur persönlichen Freiheit war, und ich begann mich intensiv auf die Abschlussprüfungen vorzubereiten.

Mich interessierten vor allem deutsch-jüdische Autoren der Weimarer Republik. So wählte ich zum Befremden meines Deutschlehrers Grütter Arnold Zweigs Roman *Der Streit um den Sergeanten Grischa* zum Thema eines Referats und wählte als Geschichtsthema Goebbels Propagandareden.

Vor dem Hintergrund des Vietnamkriegs interessierte mich damals an Zweigs Roman die Antikriegsthematik und sein Verfahren, die Struktur der bürgerlich-kapitalistischen Gesellschaft als Ursache des Kriegs zu entlarven.

Mit der Absicht zu provozieren, teilte ich meine Themenwahl erst meiner Großmutter und dann meinem Vater mit. Großmutter zeigte sich empört: »Links, Jude – wie kannst du uns das nur antun!« Vater schwieg mal wieder vielsagend.

In dieser Zeit hörte ich häufiger von Familiensitzungen wegen einer geplanten »Festspielhaus-Stiftungssatzung«. Ich wollte dazu mehr wissen. Vater betonte immer wieder, all das sei auch in meinem Interesse und diene auch meiner Zukunft. Er sprach von einem Paragraphen, der meine Nachfolge regele, wenn ich eine entsprechende Qualifikation nachweise. Ich fand diese vagen Auskünfte beunruhigend, zumal ich mir überlegte, wie ich nach dem Abitur meinen Berufswunsch verwirklichen konnte. Ich wollte erst einmal am Theater als Regieassistent arbeiten. Mein Vater hatte aber ganz andere Pläne mit mir: Er wollte, dass ich Jura studierte, damit ich eines Tages in den Festspielbetrieb als Manager einsteigen könne.

Zur Abiturfeier in Stein kam nur meine Mutter, mein Vater hielt sich am Festspielhügel für unabkömmlich. Als ich nach Bayreuth zurückkehrte, fand ich vieles verändert. Die Schar der Jasager hatte sich vergrößert. Die 68er Rebellion war gescheitert. Die sozialliberale Koalition unter Willy Brandt stand bevor. Sie würde bald mehr Demokratie wagen und sich den Nachbarn im Osten zuwenden.

Meine Großmutter ließ seit Wielands Tod jede Zurückhaltung fallen. Das erlebte ich etwa im Zusammenhang mit dem amerikanischen Dirigenten Lorin Maazel, der den Wieland-*Ring* 1968 und 1969 musikalisch betreut hatte und für den nächsten *Ring* in der Inszenierung meines Vaters 1970 vorgesehen war. Bei einer ihrer Einladungen im Siegfried-Wagner-Haus erklärte Großmutter Winifred zur Erheiterung ihrer Gäste: »Obwohl Maazel Jude ist, scheint er doch ganz begabt. So nimmt ihn Wolf nächstes Jahr trotzdem wieder.« Ich saß neben Lorin Maazel und seiner Frau und schämte mich zu Tode. Maazel schien diese Bemerkung nicht gehört zu haben, oder vielleicht wollte er sie auch nicht hören. Er sagte 1970 »wegen Krankheit« ab.

Da ich keine klare Vorstellung davon hatte, was ich studieren wollte, beugte ich mich im Herbst dem Druck meines Vaters und nahm an der Universität in München das Jurastudium auf. Ich nutzte die Zeit aber auch, um Vorlesungen in den geisteswissenschaftlichen Fächern zu hören, die mich viel mehr interessierten. In den Semesterferien im Oktober besuchte ich meine Eltern in Bayreuth. Sie lasen gerade Albert Speers *Erinnerungen*. Speer war zunächst Hitlers Architekt gewesen und hatte gemeinsam mit dem »Führer« bombastische Bauten entworfen, die nach dem Endsieg errichtet werden sollten. Im Krieg ernannte ihn Hitler zum Chef der Kriegsproduktion. In dieser Funktion sorgte Speer unter anderem dafür, dass Nazideutschland den Krieg und damit das Terrorsystem verlängern konnte. In den Nürnberger Kriegsverbrecherprozessen wurde Speer zu zwanzig Jahren Haft verurteilt. Er saß sie in Berlin-Spandau ab und nutzte die Zeit, um sein Rechtfertigungsbuch zu schreiben. Speer starb 1981.

Vater zeigte mir gegenüber offen seine Sympathie für Speer. Ähnlich wie die einstige NS-Größe ließ er seine Bewunderung für Hitler immer wieder anklingen. Diese Haltung provozierte eine neue Auseinandersetzung zwischen uns, die wir dann während der Winterferien in Arosa fortsetzten. Befremdend fand ich, dass Speer nur Andeutungen über die Vernichtung der europäischen Juden machte. Wie immer, wenn wir nicht einer Meinung waren, musste ich mir anhören, ich sei zu unreif, um die tragische und opferreiche Geschichte Deutschlands zu verstehen. Das Klima verschlechterte sich noch dadurch, dass ich den Regierungswechsel in Bonn – Brandt wurde Bundeskanzler – begrüßte, was für meinen Vater unerträglich war. Überall vermutete er linke Verschwörungen.

1970: Richard Wagner als Mitstreiter von Karl Marx als Neu-Bayreuther Machtspiele

Mein Vater war ohnehin in einer Götterdämmerungs-Stimmung. Die Kritiken seiner *Ring*-Inszenierung 1970, die Diskussionen über den künftigen Kurs der Festspiele und über die geplante Stiftung zerrten an seinen Nerven.

Meine Schwester bemühte sich damals besonders um ihr Idol »Omi« Winifred. Bald war sie der Liebling einflussreicher Sponsoren und Industrieller. Sie war sich mit Vater einig, dass alles, was ich vorschlug, nichts taugte und integrierte sich vollständig in den Festspielbetrieb. Wer sich mit ihr nicht gut stellte, hatte es bis 1975 am Festspielhügel nicht leicht. Das Motto »Nach Cosima und Winifred nie mehr eine Weiberdiktatur«, wie es mein Onkel Wieland gefordert hatte, galt wieder einmal nicht mehr.

Geduldet war bereits zu diesem Zeitpunkt nur der am Festspielhügel, der sich den autoritären, nach außen hin aber als liberal verkauften Regeln meines Vaters unterordnete. Die Blütezeit des Hofschranzentums begann. Wer den Künstler Wolfgang Wagner lobte, hatte Privilegien. Ich bemerkte mit einiger Befremdung, wie dem Bayreuther Marketing für die Hundertjahrfeier 1976 ein linkes Image aufgepfropft wurde. Garanten dieser Verschiebung waren: Herbert Barth, der zusammen mit Dietrich Mack als Herausgeber der Cosima-Tagebücher vorgesehene Schriftsteller und Wagner-Verehrer Martin Gregor-Dellin, Egon Voss, der spätere Herausgeber der neuen kritischen Richard-Wagner-Gesamtausgabe, und Dorothea Glatt-Behr, später auch Oswald Georg Bauer, heute

Generalsekretär der Bayerischen Akademie der Schönen Künste. Auch Gudrun Mack, die Sekretärin Barths, später die zweite Frau Vaters, gab sich links und sah ihre große Chance kommen.

Im Herbst 1970 zog ich nach Mainz und studierte dort, was mich wirklich interessierte: Musikwissenschaft, Psychologie und Germanistik.

1971: Erste Erfahrungen mit totalitären Uni-Linken

Mit Entsetzen las ich Ende März das Interview des Holocaust Verleugners und Historikers David Irving mit Großmutter.[59] Sie schwärmte von ihm, als ich sie später deswegen ansprach und als ich explodierte, lachte sie mich aus.

Im Sommersemester 1971 setzte ich meine Studien im österreichischen Graz und dann im Bayreuther Festspielhaus bei Maximilian Kojetinsky, dem musikalischen Studienleiter der Festspiele, mit Klavier, Kontrapunkt und Harmonielehre fort.

Im Wintersemester 1971/72 begann ich von Erlangen aus, mich nach Regieassistenzen umzusehen. Bei meinen Studien in Erlangen, in der theaterwissenschaftlichen Abteilung, fühlte ich mich unwohl, da ich viele der Studenten ideologisch zu engstirnig fand – Nachzügler der 68er Generation. Jeder, der nicht so »progressiv-marxistisch« war wie sie, wurde schnell zum Reaktionär gemacht.

Da mich damals bereits Bertolt Brecht interessierte, belegte ich einen Kurs über dessen Theaterarbeit und zählte so zunächst zu den »fortschrittlichen Kräften«. Als die studentischen Hüter der reinen linken Lehre aber herausbekamen, wer ich war, nahmen sie mir mein Interesse für Brecht nicht ab. Denn wie sollte sich der »reaktionäre Wagner« mit dem »fortschrittlichen Brecht« vereinen lassen? So wurde ich wieder einmal zum Außenseiter. Erlangen sah ich nur als eine Zwischenstation an und wollte schnell die nötigen Scheine machen, um mein Nomadenleben dann anderswo fortzusetzen.

1972: Vaters Geschichtsbild und der *Tannhäuser*-Skandal

Im Februar 1972 trat ich bei Hans Peter Lehmann meine erste Regieassistenz an und studierte dann in Erlangen weiter. Da es von Erlangen nach Bayreuth nicht weit ist, besuchte ich am Wochenende hin und wieder meine Eltern. Der Frieden zwischen meinem Vater und mir währte nur kurz. Er war vorbei, wenn die Sprache auf Willy Brandts Ostpolitik kam. Ich sah dazu keine Alternative, wohingegen mein Vater die Entspannungspolitik als einen Ausverkauf deutscher Interessen bezeichnete. An diesen Wochenenden besuchte ich auch meine Großmutter, um mehr von ihr und ihren Jahren mit dem »Führer« zu erfahren. Obwohl sie meine »linksradikale« Einstellung kannte, beantwortete sie meine Fragen meist recht offen. Sie schwärmte von Hitlers wunderbaren, hellen, hypnotischen Augen, seiner Sanftmut, seinen guten Manieren, seinem Charme, seiner Liebe zu Vater und Wieland, seinen Plänen mit den Buben in der Zukunft eines »besseren Deutschlands«, seiner tiefen Kenntnis der Werke Wagners, seiner Liebe zur Natur und zu den Menschen.

Hier unterbrach ich ihren Redefluss und fragte sie, wie es denn mit der Liebe zu den Menschen im Fall der Juden gewesen sei. Sie erwiderte: »Du kennst die Juden noch nicht, warte ab. Eines Tages wirst du mich begreifen, und Hitler wird in der Weltgeschichte anders dastehen.« Das erinnerte mich an Vaters Reaktionen, wenn ich ihn nach Hitler fragte.

Ich beging in solchen Gesprächen anfänglich den Fehler, bei ungeheuerlichen Aussagen zu explodieren: »Hör doch auf damit! Sechs Millionen Juden sind dir wohl nicht genug, um aufzuhören, dir etwas vorzumachen.« Sie verteidigte sich immer wieder mit dem Satz: »Das sind doch nur die Lügen und Verleumdungen der amerikanischen Juden!«

Was ich als Neunjähriger noch mehr oder weniger kritiklos hingenommen hatte, da ich es damals nicht verstand, wollte ich jetzt, mit 25, genau wissen. Jetzt merkte ich, dass der Antisemitismus meiner Großmutter brutal war. Ich fragte sie damals auch nach den Schicksalen jüdischer Sänger, die vor der Naziherrschaft in Bayreuth aufgetreten waren, später emigrieren mussten oder in Konzentrationslagern ermordet wurden wie Henriette Gottlieb, Ottilie Metzger-Lattermann, Margarethe Matzenauer, Hermann Weil, Alexander Kipnis, Eva Liebenberg, Friedrich Schorr und Emanuel List. In solchen Momenten sah sie sich in ihren Lebenslügen ertappt und wurde besonders aggressiv. »Du kannst das nicht verstehen. Das war doch gar nicht Hitler, sondern Schleicher, Bormann und die anderen Verbrecher, die den Nationalsozialismus verrieten. Ich habe immer versucht, den Juden, die in Bayreuth sangen, zu helfen!«, schrie sie erregt. Ich erwiderte: »Also haben du und die Familie von Auschwitz gewusst!« An dieser Stelle waren die Gespräche beendet.

Übrigens kam es ihr, um ihr Geschichtsbild aufrechtzuerhalten, auch auf eine plumpe Fälschung der historischen Wahrheit nicht an: General Kurt von Schleicher war 1934 von den Nazis ermordet worden und konnte daher mit dem Holocaust nichts zu tun haben.

Mit solchen Auskünften gab ich mich nun nicht mehr zufrieden und änderte daher meine Taktik. Ich blieb nun ruhig und gab mich so, als wäre ich ein Historiker ohne persönliche Betroffenheit. Der Trick funktionierte. Großmutter beantwortete meine Fragen, und vor allem beauftragte sie ihre Vertraute, Gertrud Strobel, die militante Antisemitin, mir ohne Wissen Vaters historische Materialien zu geben. Gertrud Strobel, die meine Absichten erstaunlicherweise nicht durchschaute, sah nun in mir den einzigen »uran-

Gottfried Wagner

Abbildungen

1 Richard Wagner im Gralstempel. Bayreuther Wagner Erlösungskult. Fotomontage von Gottfried Wagner.

2 Joseph Arthur Graf Gobineau (1816 bis 1882), Rassentheoretiker, Hauptwerk: *Essai sur l'inégalité des races* (4 Bde., 1853–1855), Untergang der weißen Elite-Rasse durch Mischung mit anderen Rassen, Degeneration, inspirierte Wagner zu den Regenerationsschriften. Besuchte in den Jahren 1880–1881 Bayreuth.

3 Houston Stewart Chamberlain (1855–1927), Rassentheoretiker unter dem Einfluss von Richard Wagner; Schwiegersohn Wagners durch Heirat mit Eva Wagner, Hauptschrift: *Grundlagen des 19. Jahrhunderts* (1899), einer der Lieblingsautoren von Hitler, den er seit September 1923 persönlich kannte.

4 Adolf Hitler (1889–1945) am Königsee bei Berchtesgaden, 1936 – Fotografie von Heinrich Hoffmann.

5 Alfred Rosenberg (1893–1946), Parteiphilosoph, Rassentheoretiker und Leiter des Außenpolitischen Amtes der NSDAP, ab 1919 Hitlers Gefolgsmann, Hauptwerk: *Der Mythus des zwanzigsten Jahrhunderts* (1930), stark von Gobineau und Chamberlain beeinflusst, die zweite »NS-Bibel« neben Hitlers *Mein Kampf.*

6 Weihnachten in Wahnfried – Selbstvergottung der Familie Wagner in Bayreuth. Die Heilige Familie von Paul Joukowsky 1880 [Archiv Gottfried Wagner]. Das Bild entstand für das Weihnachtsfest 1880, rechts Joukowsky als Joseph, Siegfried Wagner als Jesuskind, die Schwestern Blandine von Bülow, Isolde Wagner und Eva Wagner als musizierende Engel, Daniela von Bülow als Maria, Mutter Gottes.

7 Familie Wagner 23. August 1881 vor der Villa Wahnfried, Parkseite [Archiv Gottfried Wagner], Fotografie von Adolf von Groß, Blandine, Heinrich von Stein (Erzieher von Siegfried Wagner), Cosima Wagner, Richard Wagner, Paul von Joukowsky (sitzend), erste Reihe: Isolde mit Neufundländerwelpe, Daniela, Neufundländer, Eva und Siegfried.

8 Familie Wagner um 1900: von links: Marie Gravina (Tochter von Blandine), Daniela, Blandine Gräfin Gravina, Guido Gravina (Sohn von Blandine), Siegfried, Henry Thode (Danielas Mann), Isolde, Eva, Cosima, Manfred Gravina (Sohn von Blandine).

9 Siegfried mit Winifred und den Kindern, 1922: Siegfried mit Wolfgang (links) und Wieland (rechts), vor Siegfried: Verena, Winifred mit Friedelind auf den Stufen der Treppe zur Stadtseite von Villa Wahnfried.

10 Taschengeld mit Führerfotos – Hitler – Wolfi und Wieland 1929. Wolfgang (rechts) und Wieland (links) fotografieren »Onkel Wolf« (1929). – Die Fotos waren ein großer finanzieller Erfolg im 3. Reich.

11 Bei der Grundsteinlegung des Richard Wagner Denkmals in Leipzig am 6. März 1934, Fotografie von Heinrich Hoffmann, 1934: von links: vorne Winifred Wagner, dahinter Wieland Wagner, neben Winifred: Hitler, Leipzigs Oberbürgermeister Carl Friedrich Goerdeler, Gauleiter Martin Mutschmann und Joseph Goebbels.

12 Wieland und Wolfgang mit »Onkel Wolf«, 1936.

13 Winifred, Hitler, Wieland und Wolfgang vor der Villa Wahnfried, 1940: von links: Artur Kannenberg (Hitlers persönlicher Kellner auf Reisen), Wolfgang Wagner, Winifred, ein Adjutant, Hitler, Julius Schaub (Hitler Adjutant) und Wieland Wagner.

14 Ellen Drexel als Balletteleevin 1934, unten rechts als Montage: Ellen Drexel-Wagner und Gustav Drexel bei ihrer mit den Eltern Adolf Drexel und Thora Nissen-Drexel in Wiesbaden 1934.

15 Familie Gustav Drexel: vorne Gottfried Wagner, Gustav und Henny Drexel, dahinter Renate Alberts Drexel, Renate Drexel, Christa Drexel, Wiesbaden 2001.

16 Neu-Bayreuther Firmenwerbung 1953 – Eva, Wolfgang, Gottfried und Ellen Wagner, 1953.

17 Neu-Bayreuther Firmenwerbung: Gottfried Wagner vor dem Schwan aus der Inszenierung seines Vaters Wolfgang, 1953.

18 Gottfried Wagner mit Lotte Lenya bei einem Kurt-Weill-Konzert in der Fisher Concert Hall, New York März 1978.

19 Gottfried Wagner mit Frau Teresina in Massada/Israel – Januar 1990.

20 Gottfried Wagner im Europaparlament, 27. Januar 1999 vor einer Diskussion über seine Autobiographie *Wer nicht mit dem Wolf heult.*

21 Gottfried bei Proben zu *Songspiel Mahagonny* im Theater von Esortil Dezember 1999.

22a Poster von der ersten regielichen Umsetzung einer Szene der Oper *Lost Childhood* durch Gottfried Wagner, 10. Mai 2001 in New York.

22b Yehuda Nir, Janice Hamer, Mary Azrael und Gottfried Wagner in New York, März 2000.

23 Gottfried und seine italienische Familie in Cerro Maggiore, August 2003.

24 Harry Guterman mit Abraham Peck und Gottfried Wagner in Tulsa 1993.

25 In Landsberg vor dem Gefängnis, in dem Hitler 1923/1924 inhaftiert war, 12. August 2005: von links nach rechts: Alberto Galli, Eugenio Wagner, Gottfried Wagner, Abraham Peck.

26 In Bayreuth vor der Villa Wahnfried, 13. August 2005 – von links nach rechts: Gottfried Wagner, Abraham Peck, Eugenio Wagner, Alberto Galli.

27 Abraham Peck und Gottfried Wagner in Auschwitz-Birkenau, 18. August 2005.

Das künstliche Amerika von Los Angeles wurde mir etwas sympathischer, als ich einige Tage bei der Witwe Ernst Josef Aufrichts im North Canon Drive verbringen durfte. Aufricht war zu Weimarer Zeiten der bedeutende Direktor des Berliner »Theaters am Schiffbauerdamm« gewesen. Ich hatte seine Autobiographie *Erzähle, damit du dein Recht erweist* aus dem Jahr 1966 in New York gelesen und mich damit auf das Treffen mit Margot Aufricht und Paul Vambery vorbereitet, der in Berlin Aufrichts Dramaturg gewesen war. Das Buch war für mich nicht nur interessant, weil es beschreibt, wie Brecht und Weill bei der *Dreigroschenoper* zusammengearbeitet hatten. Mich erschütterte Aufrichts Bericht über seine Flucht vor den Nazis nach Amerika. Margot Aufricht sprach mit mir deutsch, um zu zeigen, dass sie die Deutschen nicht über einen Kamm schor, und schon gar nicht meine Generation. Immer wieder dachte ich während dieser Gespräche, welcher Größe es bedurfte, dass sie mit mir als Enkel von Winifred Wagner vorurteilsfrei sprach, deren Freund Adolf Hitler auch die Familie Aufricht aus Deutschland vertrieben hatte. Als wir uns über Nazi- und Neu-Bayreuth unterhielten, sagte sie gütig: »Ihre Familie hat Ihnen mit ihrer Sicht der deutschen Geschichte ein Erbe hinterlassen, an dem sie Ihr Leben lang tragen werden.«

Als ich am 13. April Margot Aufricht einen meiner Besuche abstattete, hatte sie den Tisch mit Kerzen dekoriert, und es gab Kaffee und Kuchen. Es war mein 31. Geburtstag. Sie schenkte mir eines der letzten Exemplare des Buches ihres Mannes mit einer herzlichen Widmung; es gehört zu meinen liebsten Erinnerungsstücken. Ich war derart gerührt, dass ich meine Tränen nicht zurückhalten konnte, zumal ich von meiner Familie keinerlei Geburtstagsgruß erhalten hatte. In diesen Momenten identifizierte ich mich stark mit der deutsch-jüdischen Großeltern- und Elterngeneration.

Durch den Germanisten Cornelius Schnauber, Fritz Langs Nachlassverwalter und profunden Kenner der jüdischen Exilliteratur, lernte ich Martha Feuchtwanger, die Witwe des Schriftstellers Lion Feuchtwanger, Ronald Schoenberg, Richter und Sohn aus Arnold Schoenbergs zweiter Ehe, und seine Frau Barbara, die Tochter des österreichischen Komponisten Alexander von Zemlinsky kennen. Ich wollte von Ronald alles über seinen Vater und sein Judentum wissen, und der Wagnerianer Ronald wollte alles über Richard Wagner, aber nichts über dessen Antisemitismus hören. Wir sprachen aneinander vorbei.

Am 20. April flog ich über Chicago nach Bloomington im Bundesstaat Indiana, das letzte Stück auf abenteuerliche Weise in einer einmotorigen Propellermaschine. Dort wollte ich einen weiteren Zeitzeugen treffen: Hans Busch. Er war der Sohn von Fritz Busch, der 1924 in Bayreuth die *Meistersinger* dirigiert hatte. Fritz Busch musste Nazideutschland wegen seiner liberalen Haltung verlassen. Danach zählte er zu den Gründern des Glyndebourne Festivals, einer Art Gegen-Bayreuth. Er hatte 1923 mit Weill zusammengearbeitet und die Uraufführung des *Protagonisten* in Leipzig dirigiert. Sein Sohn Hans hatte 1945 als Regisseur mit Weill die Volksoper in einem Akt *Down in the Valley* mit dem Libretto von Arnold Sundgard in Bloomington uraufgeführt.

Hans Busch sprach offen über seine Abscheu gegenüber dem von ihm als »NS-Günstling« bezeichneten Dirigenten Karl Böhm, der 1933 seinen Vater als Dirigenten an der Dresdner Oper verdrängt hatte. Auch meine Großmutter widerte ihn an. Viel Verletztheit schwang in seinen Erzählungen über den brutalen Rausschmiss seiner Familie aus Deutschland mit. Das beschämte mich.

Kaum aber kam er auf seine Zeit mit Weill, strahlte sein Gesicht, und er sprach mit Wärme von der großen Liebenswürdigkeit und Bescheidenheit des Komponisten. Hans lud mich zur Generalprobe der Oper *Danton and Robespierre* von John Eaton ein, die in Bloomington ihre erfolgreiche Uraufführung erlebte.

Während am Abend die Generalprobe lief, wollte ich im Dunkeln kurz den Saal verlassen. Ich stieß eine der beiden Schwingtüren auf, schritt hindurch und wollte sie zurückfallen lassen, als ich eine kleine Gestalt wahrnahm, die mir mit unverkennbar deutschem Akzent zurief: »Attention, please!« Ich hielt die Schwingtür zurück, und eine kleine Dame, die ich mangels Licht nicht richtig erkennen konnte, bedankte sich. Ich antworte: »My pleasure!« und stellte mich vor.

Die Dame im Dunkeln fragte neugierig: »Like Richard Wagner?« Ich antwortete eher amüsiert: »Ja, aber mit gemischten Gefühlen. Darf ich wissen, mit wem ich hier im Dunkeln spreche?« Eine freundliche, lachende Stimme sagte: »You may, my name is Busoni!« Woraufhin ich ebenso neugierig fragte: »Like Ferruccio?« Sie bejahte und schlug vor, dass wir uns bei Licht im Foyer kennen lernen sollten. So begann eine meiner wichtigsten Freundschaften: die mit Hannah Busoni, die mich im Sommer 1978 in ihrem Appartment ihres »Hänsel-und-Gretel-Hauses« auf der Rückseite der Carnegie Hall aufnahm. Dort war bis 1994 meine New Yorker Bleibe. Hannah half mir in ihrer diskret-großzügigen Art, wenn mir das Wasser bis zum Hals stand. Sie erzählte mir viel über Busoni, Weill, ihren Mann, den Maler Raffaele Busoni, Lotte Lenya, die Uraufführung der *Dreigroschenoper*, die sie als Mädchen in Berlin miterlebt hatte, und über ihre Flucht aus Nazideutschland. Sie war eine geborene Apfel, Tochter eines sehr angesehenen jüdischen Anwalts in der Weimarer Republik, der 1933 nach Frankreich fliehen musste. Da Hannahs Eltern geschieden waren, entkam sie mit der Mutter nach England. Hannah war geistig ungemein lebendig, hatte einen trockenen Humor und beherrschte die deutsche Sprache so exzellent, dass sie mich in ihrer Ausdrucksweise an meine deutschen Lieblingsautoren der 1920er-Jahre erinnerte. Sie hing mit Dankbarkeit an New York, wo sie sich mit allen möglichen Jobs durchs Leben schlagen musste, bis die Bundesrepublik ihr dann endlich als »Wiedergutmachung« die Pension einer deutschen Richterin zusprach.

Engagiert und selbstlos förderte sie nun junge Musiker und Musikwissenschaftler, die sich für ihren Schwiegervater Ferruccio interessierten. Durch Hannah wurde ich zum ersten Mal in Amerika mit dem anderen geistigen Erbe meiner Familie konfrontiert, mit Liszt, den Busoni geschätzt hatte. Wer bei Hannah lebte, musste glauben, er wohne im Berlin der Weimarer Republik. Viele ihrer Freunde hatten ein ähnliches deutsch-jüdisches Schicksal, und alle nahmen mich, den Enkel von Winifred Wagner, wie einen eigenen Enkel auf.

Bei Hannah lernte ich unter anderem Paul Falkenberg kennen. Bis 1933 hatte er als bedeutender Tonschnittmeister in Berlin gelebt. Er fand es aufregend und plausibel, als ich ihm erklärte, Weill habe in seinen Songs mit Brecht auch jüdische Sakralmusik verfremdet. Er schenkte mir mein erstes Sabbatgebetbuch.

Als ich Hannah eines Tages nach ihrer Identität fragte, antwortete sie mir: »It's good to be Jewish«, womit sie die Schicksalsgemeinschaft der verfolgten deutschen Juden meinte und nicht eine religiöse Gemeinde. Hannah wird immer bei mir sein, auch wenn sie meine Briefe nie beantwortete – dazu konnte sie leider keiner ihrer Freunde bewegen. Wenn ich sie anrief, fragte sie gleich: »Wann kommst du? Du kannst vorne im Salon schlafen!«

Die Zeit stand still zwischen uns. Unsere Abschiede waren immer schnell, denn wir gingen davon aus, dass ich schon bald wieder die steile Treppe in den zweiten Stock emporkeuchen und schwitzend mit meinen Koffern vor ihrer Tür stehen würde. Dann umarmten wir uns, und sie ging daran, für den gefräßigen Dauergast zu kochen. Das habe ich schließlich verhindert, indem ich sie ausführte. Wie könnte ich Hannahs leuchtende Augen vergessen, wenn sie mir wieder einmal ihre Tür öffnete!

In Schuyler Chapins Wohnung an der Ecke 66th Street und Lexington Avenue traf ich nach Jahren Leonard Bernstein wieder, und die Erinnerung an die schlimmen Jahre in Bayreuth kamen zurück. Er schwärmte verklärt von Wieland und wetterte gegen meinen Vater, den er für einen verkappten Nazi hielt. Als ich wissen wollte, wie er zu dieser Meinung gekommen sei, erzählte er mir von einem Treffen mit meinem Vater wegen eines geplanten *Tristan*-Dirigats, das aber dann nicht zustande kam. »Solange der in Bayreuth der Festspielleiter ist, werde ich am Festspielhügel nicht dirigieren«, erklärte er aufgebracht. Bernstein hatte wie viele jüdische Künstler dagegen viel Sympathie für meine Tante Friedelind. »Du setzt wohl die Tradition deiner Tante mit deiner Arbeit an Weill fort«, sagte Bernstein wohlwollend.

Ich antwortete: »Friedelind glaubt immer noch an Richard Wagners Unschuld in Sachen Antisemitismus. Ich nicht!« Es war offensichtlich, dass dieses Thema Bernstein bewegte. Er kam ins Grübeln und dachte laut: »Wie kommt es, dass ich als Jude die Musik dieses widerlichen Antisemiten, vor allem seinen *Tristan*, so liebe?« Ich erwiderte:

»Eigentlich habe ich kein Recht, dir als ein Urenkel Wagners etwas zu sagen. Aber ich sehe im *Tristan*, bei all meiner Aversion gegen den Menschen Wagner, keinen Antisemitismus. Und du solltest ihn eines Tages aufnehmen.«

Er nahm *Tristan* später in München auf und produzierte ein Video zu seinem Wagner-Dilemma. 1990 gab er mir den noch nicht vollendeten Film mit der Bitte, ihn zu beurteilen. Ich fand ihn missglückt, was er bei unserem letzten Gespräch im April heiter zur Kenntnis nahm. Er bat mich, mit ihm am Schluss des missglückten Videos zu arbeiten. Kurz darauf starb er, nachdem er sich noch für meine Vortragsreise über Wagner in Israel gegen die Bayreuther Machenschaften bemüht hatte.

Ende Juli 1978 flogen Beatrix und ich wegen des Umzugs meiner Mutter und um berufliche Kontakte zu knüpfen nach Deutschland. Meine Stippvisite war überschattet vom schlechten Gesundheitszustand meiner Mutter. Da ich mir weiterhin Sorgen um meine berufliche Zukunft machte, versuchte ich in Deutschland, in Theatern oder bei Medien Aufträge zu bekommen. Vergeblich. Ich hatte starke Zweifel, ob ich in der verkrampften intellektuellen Theaterszene eine Zukunft haben würde. Ich wartete nur darauf, endlich wieder die Koffer zu packen und Deutschland zu verlassen. Diese Sehnsucht verstärkte sich noch, als ich meine Mutter in Bayreuth abholte, wo sie bei meiner Großmutter Winifred gewohnt hatte. »Omi« war nun wieder ganz die Politikerin von einst. Sie war völlig auf die Linie meines Vaters eingeschwenkt, nachdem sie nach der Scheidung meiner Eltern so getan hatte, als wollte sie ihre ehemalige Schwiegertochter und ihre Enkel unterstützen. Als ich sie kurz vor unserer Abreise um einen Vorschuss von 4.500 Mark auf meinen künftigen Pflichtteil bat, antwortete sie mir kalt lächelnd: »Du kannst sie dir doch bei deinen reichen New Yorker Juden oder im Kurt-Weill-Archiv holen!« Sie schwärmte nun von der zweiten Frau und Sekretärin meines Vaters, Gudrun, an der sie 1976 kein gutes Haar gelassen hatte. Kein Wunder, dass ich mich »zu Hause« fremder fühlte als je zuvor. Mitte Oktober 1978 flog ich zurück nach New York.

Ich arbeitete nun mit noch größerem Nachdruck an der Gliederung einer Weill-Biographie. In dieser hektischen Zeit zog ich zweimal um. Ich landete am Ende als Untermieter von Marion McLaughlin in zwei kleinen Zimmern in einem Haus an der Ecke 71st Street/Lexington Avenue. Die Zeit dort war bedrückend. Einige Nachbarn waren nicht einverstanden, dass ich dort wohnte. So wurde ich häufig nach Mitternacht angerufen und auf deutsch beschimpft: »Dreckige deutsche Sau, verschwinde aus unserem Haus. Wir wollen hier keine Nazis. Verschwinde hier, sonst legen wir dich um!« Ich bekam Atemnot, denn ich war derartigen Aggressionen zuvor nie begegnet. Ich schnaufte einmal tief durch und sagte: »Wir sollten uns persönlich kennen lernen. Ich bin zwar Deutscher, aber kein Nazi, und außerdem wurde ich 1947 geboren.« Daraufhin hörte ich ein wütendes Schnauben, und der anonyme Anrufer warf den Hörer auf die Gabel. Dieses böse Spiel sollte sich mehrere Male wiederholen. Es zermürbte mich, da ich keine Nacht mehr ruhig schlafen konnte. Ich stellte fest, dass Schweigen ausbrach, wenn ich einen Lift betrat, aus dem ich zuvor deutsche Wörter vernommen hatte. Jetzt ahnte ich, aus welchem Personenkreis der Anrufer stammte. Hier lebten offenbar Menschen mit einem deutsch-jüdischen Schicksal. Da mich jede Form von Hass anwidert, versuchte ich, diese Zwischenfälle schnell zu verdrängen. Doch es gelang mir nicht.

Bereits Mitte Juni 1978 hatte ich im Hampshire House den Mann kennen gelernt, der den Opernweltmarkt beeinflusste: big boss Ronald Wilford. Ich präsentierte ihm meine Biographie, legte Interviews vor, die ich gegeben hatte, und ergänzte das durch weitere Dinge, die einem Agenten nützlich erscheinen könnten. Er konzentrierte sich auf das Interview in der *New York Times* und erklärte, er werde es seinem besten Agenten, Mathew Epstein, geben und ihn bitten, mich zu empfangen. Und dann bat er mich noch, meinen Vater zu grüßen. Fazit: Nach einer Stunde war ich so klug wie zuvor.

1979: »Vergangenheitsbewältigung« – and back in Germany

Ich erhielt einen Termin bei Epstein nach vielen erniedrigenden Versuchen erst neun Monate später, Mitte Februar 1979. Epstein sah die einzige Chance für mich darin, mich als Wagner in Richtung Bayreuth zu vermarkten. Ich schwieg und wollte mich verabschieden. Epstein war fassungslos: »Sie werden hier und anderswo nie einen Job finden, wenn Sie nicht meinem Rat folgen. Ich wollte Ihnen nur helfen.« Angewidert verließ ich das Büro und hoffte, nie von Leuten wie Epstein abhängig zu werden.

Da ich in den USA nicht genug Geld verdienen konnte, flog ich im Februar 1979 zurück nach Deutschland. Ich begab mich nun ohne Agenten auf Jobsuche und schrieb sämtliche Theater in Deutschland an. Ich fuhr von Pontius zu Pilatus.

Damals las ich einen wichtigen Beitrag von Günther Anders zum Thema »Vergangenheitsbewältigung« im deutschen Fernsehen: der Holocaust Film. Mit Recht beklagte Anders, dass »das Jahr 78 eigentlich das Jahr 45 ist, da der Schock, der im Jahre 45 hätte eintreten müssen, nun erst eingetreten war. Deutschland war, trotz der Fülle der Ereignisse, die sich in den letzten 35 Jahren abgespielt haben, ungeschichtlich geworden.«[66] Er forderte: »Was einzutreten hat, was nun durch den Film vielleicht wirklich in Gang gekommen ist, ist also das Gegenteil eines psychoanalytischen Heilungsprozesses: eben eine Störung, um nicht zu sagen: eine Verstörung der Gesundheit. Die Verstörung ist in der Tat die Bedingung möglicher moralischer Gesundheit«.[67]

Im Sommer 1979 nahm ich wegen meiner desolaten finanziellen Situation eine Regieassistenz bei den Salzburger Festspielen an. Ich arbeitete mit an Dieter Dorns Inszenierung der Richard-Strauss-Oper *Ariadne auf Naxos* unter der musikalischen Leitung von Karl Böhm. Als ich Böhm traf, musste ich unwillkürlich an die Berichte von Hans Busch über seinen Vater und Böhm denken. Wie Bayreuth empfand ich Salzburg als ein Paradies der Verdrängung der NS-Zeit und hörte immer wieder zu meinen Entsetzen den Satz »wir Österreicher sind das erste Opfer des Nationalsozialismus.«

Nach den wenig erfreulichen Wochen in Salzburg flog ich im September 1979 nach Ankara, um die Regie von Carl Orffs *Carmina Burana* zu übernehmen. Nach meiner Rückkehr nach Deutschland arbeitete ich an den Opernhäusern in Frankfurt bis Januar 1980 und dann in Trier – ich nahm diese Jobs nur an, um mich über Wasser zu halten und begriff immer mehr, dass ich keine Zukunft – trotz aller Freude an Regiearbeiten wie mit Busonis *Turdandot* und *Arlecchino*, – im deutschen Opernrepertoirebetrieb suchte, denn meine Vorstellungen einer sinnvollen Theaterarbeit mit dem Schwerpunkt »Aufarbeitung der Nazizeit« war mit der deutschen, platt linken Musiktheaterszene mit sozialistischen Heilsverkündigungen unvereinbar geworden. Mein Unwohlsein besserte sich auf meiner nächsten Station nicht.

Nach Trier nahm ich ein Angebot an, als Dramaturg und Regisseur an der Oper in Wuppertal zu arbeiten. Ich begriff erst später, dass Operndirektor Friedrich Meyer-Oertel und Generalintendant Hellmuth Matiasek nur an meiner Mitarbeit interessiert waren, weil sie eine Bayreuth-Connection suchten. Außerdem erschien es ihnen zweckmäßig, mich wie ein Museumsstück in den Medien zu vermarkten, als im Februar 1981 Richard Wagners erste Oper *Die Feen* in Wuppertal aufgeführt wurde.

1980: Großmutters skurrile Beerdigung als Auftakt zu neuen Machtkämpfen

Am 5. März 1980 starb meine Großmutter im Überlinger Krankenhaus. Ich hatte sie drei Wochen zuvor zum letzten Mal gesehen. Dieses Treffen wird mir deshalb in Erinnerung bleiben, weil sie in einer befremdlichen Klarheit über ihren nahenden Tod sprach. Unter ihrem Tod litt besonders meine Tante Friedelind. Der Rest der Familie war sofort mit der Abwicklung der Erbschaft und Veränderung der neuen Machtverhältnisse beschäftigt. Mehr denn je stand dabei Vater im Mittelpunkt, der von nun an erleichtert keinerlei Aufdeckung der eigenen Nazi-Vergangenheit durch die Mutter zu fürchten hatte. Die feierliche Beisetzung am 10. März in Bayreuth war eine einzige Peinlichkeit. Mein Vater und seine zweite Frau Gudrun hatten einen Sitzplan erstellt, der die Familie trennte und allen zeigte, wer in ihrer Gunst stand und wer nicht. Die endlosen verlogenen Reden wurden von einem Streichquartett unterbrochen. Die Redner nannten meine Großmutter »Retterin Bayreuths« und fanden kein Wort für die innige Freundschaft von »Winnie« und »Wolf«. Oberbürgermeister Wild zeichnete sich dabei aus, ihre nationalsozialistische Vergangenheit totzuschweigen.

Und dann war da noch ein Medienrummel ganz nach dem Fahrplan der Bayreuther PR-Profis. Unter den Zaungästen waren Abgesandte der NPD und alte Freunde meiner Großmutter aus der Nazizeit. Ihren Kondolenzversuchen wich ich aus. Mein Vater zeigte seine Allpräsenz als Festspielchef, nun endlich ohne Mutter. Er hielt es nicht für nötig, die eigene Familie und die Gäste zu empfangen. Wurde nach außen Trauer geheuchelt, so waren die meisten in meiner Familie doch froh, dass der dominante Überschatten endlich verschwunden war. Man kam dann gleich zur Sache: zum Verteilen des Erbes. Nie war ich so erleichtert, als ich endlich Bayreuth verlassen konnte.

Viel schwerer als der Tod der Großmutter fiel mir die Trennung von Beatrix. Weihnachten 1980 erkannten Beatrix und ich, dass unsere Wochenendehe zwischen München und Wuppertal auf die Dauer nicht aufrechtzuerhalten war.

1981: Der Beginn des eigenen Lebens – Teresina und meine italienische Familie

In dieser Zeit war es Johannes Meyer-Lindenberg nach vierjährigen Versuchen gelungen, Vater zu einem Treffen zu bewegen. Bei Schneegestöber fuhren wir im Februar 1981 nach Bayreuth und fanden eine Unterkunft nur noch im Hotel »Goldener Anker« im ersten Stock, direkt neben dem Zimmer Nummer 23, wo 1923 Hitler übernachtet hatte, als er meine Großmutter zum ersten Mal traf. Ich hielt dies für ein böses Omen, aber Johannes redete mir diesen Anflug von Aberglauben schnell aus.

Vater empfing uns im Festspielhaus aus Rücksicht auf seine Frau und meine Halbschwester Katherina, die ich nicht kennen lernte. Der Beginn des Gesprächs entsprach dem kalten Wetter. Vater war das Treffen sichtlich unangenehm. Ständig wiederholte er, dass er nur wenig Zeit und noch viele andere wichtige Dinge zu tun habe. Johannes taktierte mit großer Geschicklichkeit. Er erklärte Vater, dass er sich endlich zu einem regelmäßigen Gedankenaustausch mit mir bereit finden und seine öffentlichen Attacken und abfälligen Äußerungen gegen mich einstellen solle. Als Johannes wissen wollte, wann das nächste Treffen zwischen Vater und mir stattfinden könne, wollte er sich nicht festlegen, was Johannes verärgerte. Er forderte einen Termin in Wuppertal. Als Hauptergebnis wurde festgehalten, dass Vater und Sohn wieder zu einem weiteren Gespräch bereit seien und Vater sich nicht mehr öffentlich negativ über mich äußern würde. Zufrieden verließ Johannes das Büro meines Vaters. Im März 1981 besuchte mein Vater mit seiner zweiten Frau Gudrun zum ersten und zum letzten Mal eine Aufführung unter meiner Regie: *Bastien und Bastienne* von Mozart. Beim Abschied wollte ich meinem Vater in die Augen sehen. Aber er wich aus, und ich fühlte, dass er sich nicht an die Absprache vom Treffen im Februar halten würde.

Im April 1981 traf ich Johannes Meyer-Lindenberg. Ich bat ihn wegen meiner Scheidung um Hilfe. Dann begann die Behandlung. Ich fing an zu erzählen. Nachdem ich eine halbe Stunde monologisiert hatte, erklärte Johannes mit gütigem Lächeln: »Du brauchst keine Psychoanalyse, sondern eine eigene Familie und dann das richtige berufliche Umfeld, was du in Wuppertal mit Karriereleuten wie Meyer-Oertel und Matiasek sicher nicht hast.« Bereits am nächsten Tag begann ich zur Verwunderung meiner Chefs nicht mehr nur für das Theater und ihre Karriere zu leben, und flog nach der Premiere meiner Inszenierung von *Beatrice und Benedict*, zu der zu meiner großen Freude meine Tante Friedelind gekommen war, nach Paris, um an einer jüdischen Hochzeit teilzunehmen. In diesem neuen, heiteren Lebensgefühl wurde ich mir der Sinnlosigkeit meines bisherigen Lebens bewusst. Es musste sich einiges ändern.

Im Juli 1981 lernte ich bei meiner warmherzigen Vermieterin Dodo Koch Teresina Rossetti aus Cerro Maggiore in der Provinz Mailand kennen. Teresinas ausgeprägter Sinn für Gerechtigkeit, vielseitige analytische Begabungen, Sinn für Pragmatik, aber auch ihre Schönheit faszinierten mich. Trotz aller sofortigen Verliebtheit klärten wir aufgrund beiderseitiger schlechter Lebenserfahrungen mit aller Unmissverständlichkeit vom ersten Moment an, was für uns ein sinnvolles Leben war und was nicht. Und doch waren die Hürden, die vor uns standen, alles andere als niedrig: Da waren meine laufende Scheidung und die schwierige berufliche Situation, eine unheilbare Krankheit von Teresinas Vater, die geographische Distanz und die so unterschiedlichen Familien. Als ich am 12. Juli 1981 abends den Zug mit Teresina aus dem Kölner Bahnhof in Richtung Italien abfahren sah, wusste ich: Mit ihr habe ich die große Chance zu einem sinnvollen und erfüllten Leben. Viele Dinge, die mir als unlösbar erschienen waren, verloren an Gewicht. Ich begann, zu mir zu finden und zum ersten Mal mich durch sie zu Hause zu fühlen. Sie wurde die loyalste und zuverlässigste Unterstützerin meiner schwierigen Arbeit als freiberuflicher Autor und Regisseur mit unbequemen Themen, eine hingabevolle Mutter für unseren Sohn Eugenio und das bei aller beruflichen Selbstständigkeit in ihrer Firma und später auch im Gemeinderat von Cerro Maggiore in der Bürgerliste »Insieme« (Gemeinsam). Durch das Zusammenleben mit Mamma Antonietta, Eugenio, meinem Schwager Enzo Galli und meiner Schwägerin Francesca Rossetti-Galli und deren Kindern Silvia und Alberto, die in unserer Wohnung mit aufwuchsen, lernte ich den Sinn eines solidarischen Familienlebens kennen und schätzen. Dadurch rückten die schlechten Erfahrungen mit der Familie Wagner immer mehr in den Hintergrund und ich begann endlich ein eigenes Leben mit meiner italienischen Familie.

Doch zurück zur Zeit, als ich zum ersten Mal meine künftige italienische Familie im Juli 1981 kennen lernte. Nach einem Besuch der Generalprobe der peinlichen *Meistersinger*-Inszenierung meines Vaters in Bayreuth, machte ich mich auf den Weg nach Italien. Der 24. Juli 1981 wird mir stets in Erinnerung bleiben. An diesem Tag begann ein neuer Abschnitt in meinem Leben: meine Integration in Teresinas Familie. Sie verlief nicht ohne Reibungen. Mir fiel es aufgrund meiner zerrütteten Familienverhältnisse nicht leicht, mich bei den Rossettis einzugliedern. Außerdem musste ich, der ich Italien nur als Tourist kannte, einige Vorurteile überwinden. Dabei wurde mir bewusst, wie fragwürdig meine soziale und kulturelle Prägung durch Bayreuth war. Im Hause Rossetti schwärmte man keineswegs von der Allianz zwischen Hitler und Mussolini. Das *Lohengrin*-Vorspiel zum 3. Akt zur Verkündung der Nazi-Propaganda in der Lombardei von 1943–1945 hatte die Familie als bedrohlich empfunden. Ich war also keinesfalls sofort der ersehnte Schwiegersohn.

Hinzu kam, dass meine Scheidung noch nicht abgeschlossen war und ich nicht wusste, wie eine katholische Familie darauf reagieren würde. Und nicht zuletzt waren meine beruflichen Aussichten dürftig. Von trauter Zweisamkeit mit Teresina bei meinem ersten Aufenthalt in Cerro Maggiore konnte keine Rede sein. Ich musste mich nun der Großfamilie Rossetti vorstellen, was mir schnell zu anstrengend wurde. Wenn mich Teresina aber mit verständnisvollem Lächeln ansah, spürte ich die Herzlichkeit des Empfangs und gab gerne nach.

Anfang August wurde Teresinas Vater ins Krankenhaus von Legnano eingewiesen. Damit änderte sich mit einem Schlag alles. Dort erfuhren wir, dass der Knochenkrebs ihm nicht mehr viel Zeit zu leben lassen würde. Jetzt erfuhr ich, was es bedeuten kann, wenn eine Familie zusammenhält. Ich war zum ersten Mal dabei, als ein Mensch starb.

Drei Nächte später starb Papà Antonio mit nur 59 Jahren. Sein Tod hinterließ bei mir Spuren: Zum ersten Mal wurde mir schmerzlich bewusst, dass unser Leben eines Tages zu Ende geht. Kein Wunder, dass ich damals begann, es noch höher zu achten.

In diesen schweren Tagen wurde uns der Priester Giuliano ein wichtiger Helfer und Freund. Kein Thema wurde ausgelassen: nicht die religiöse Krise Teresinas, nicht meine undifferenzierte Aversion gegen das Christentum, speziell gegen die katholische Kirche, und ebenso wenig meine Scheidung. Ich musste mit einiger Beschämung feststellen, welche dummen Vorurteile ich auch gegenüber Priestern hatte. Giuliano war nicht nur ein warmherziger, bescheidener Gesprächspartner mit einer vitalen Vision der Bibel und des Christentums, sondern er verfügte auch über eine weitgefächerte Bildung. Ich begriff, dass die katholische Kirche nicht allein aus einer repressiven Hierarchie besteht. Vielmehr lebt sie auch im globalen spirituellen Dialog mit den anderen monotheistischen Religionen und mit Atheisten. Besonders begann mich die Stellung des Papstes Johannes Pauls II. gegenüber den Juden zu interessieren.

Als ich im Herbst wieder in Wuppertal war, trat ich ausgerechnet am Reformationstag, dem 31. Oktober, in die katholische Kirche ein, was man in Bayreuth abfällig kommentierte; denn die Wagners hatten nach außen hin eine urprotestantische Fassade errichtet.

Wie absurd erschien mir in diesen Wochen meine Existenz als Dramaturg und Regisseur im Wuppertaler Opernhaus! Ich wartete nur noch auf den richtigen Moment, um Wuppertal zu verlassen, und brauchte nun eine andere Arbeit.

1982: Abschied von der Opernwelt

Das Jahr 1982 begann in jeder Weise dramatisch. Mit der Hilfe von Pater Ising hatte ich ein Zimmer im Franziskanerkloster in der Annagasse in München gefunden. Ohne jedes Bedauern über meinen Abschied von den deutschen Bühnen, arbeitete ich seit Ende Januar 1981 bis Herbst 1983 in München und dann in Mailand bei der Deutschen Bank als Trainee.

Nach meiner Hochzeit im Juli musste ich bis Herbst warten, um nach Cerro Maggiore umzuziehen und meine Tätigkeit in der Deutschen Bank der Filiale Mailand bis Sommer 1985 fortzusetzen.

1983: Dissonantes Intermezzo in Bayreuth

Direkt nach unserer Hochzeit fuhr ich mit Teresina und Mamma Antonietta nach Bayreuth, um meine Mutter zu besuchen. Da uns Vater nicht in seinem Haus empfangen wollte, lud uns Tante Friedelind zum Abendessen ins elegante Hotel »Schloss Tiergarten« ein. Als sie erfuhr, dass wir keine Karten für eine Festspielvorstellung hatten, rief sie gegen unseren Willen Vater an und forderte drei Karten für *Tristan und Isolde*. In Kürze erklärte ich Mamma Antonietta den Inhalt des ersten Aufzugs von *Tristan und Isolde*, während wir die stickige Familienloge ansteuerten.

In den Pausen gingen wir ins Festspielrestaurant, wo uns die Anwesenden meist demonstrativ übersahen. Ich wartete ungeduldig auf das Ende der Vorstellung, unsere Stippvisite bei meinem Vater und seinen Hofschranzen hatte mir und Teresina die Laune verdorben, nicht zuletzt deswegen, weil Vater sich geweigert hatte, Mamma Antonietta zu begrüßen. Ich wollte verhindern, dass beide einen noch schlechteren Eindruck von Bayreuth mit nach Hause nahmen. Sie waren von der Musik und Ponnelles Inszenierung angetan. Als ich Mamma Antonietta nach der Vorstellung fragte, wie sie ihren Aufenthalt in Bayreuth fand, antwortete sie besorgt: »Die Opernvorstellung war schön. Aber ich glaube, dass du in Bayreuth nicht glücklich werden kannst!« Über das, was sie als meine Schwiegermutter in Bayreuth erleben musste, schwieg sie. Diese Reise war ihr erster und letzter Besuch in Bayreuth.

1984: Bayreuther Geschichtsfälschungen: Wagner und die Juden

Im Sommer 1984 wurde ich über die Ausstellung *Wagner und die Juden* in der Villa Wahnfried informiert, die man als reine Alibiveranstaltung abwickelte. Bei genauer Analyse entpuppte sie sich als eine der schamlosesten Manifestationen und Geschichtsklitterungen von Neu-Bayreuth, ein absurder Nachzügler der Fernsehserie *Holocaust* von 1977 (!). Dazu nahm ich später regelmäßig auf meinen Reisen sehr kritisch Stellung.[68]

1985: Rückkehr in den Kulturbereich

Nachdem ich bei der Deutschen Bank im Sommer 1985 gekündigt und ein überraschend positives Abschlusszeugnis bekommen hatte, versuchte ich, mich finanziell irgendwie über Wasser zu halten. Auf Grund der offiziellen Geschichtsschreibung in Bayreuth und weil ich meine deutsch-jüdischen Studien weiter betreiben wollte, befasste ich mich intensiv mit dem 19. und 20. Jahrhundert.

Daneben setzte ich mich mit Liszt auseinander und arbeitete an Studien zu dessen Ethik als Gegenposition zu Wagner an einem Programmheft-Beitrag für die *Götterdämmerung*sinszenierung von Götz Friedrich. Dies tat ich gezwungenermaßen, da ich darin eine Möglichkeit sah, wieder im Kulturbetrieb Fuß zu fassen.

1986: Liszt, Wagner und die Juden

Erst im Jahr darauf (1986) entdeckte ich Liszt wirklich. In Vorträgen und Rundfunksendungen in der Schweiz, Italien, Belgien, Frankreich und den USA boten sich mir viele Möglichkeiten zum Gedankenaustausch. Mich interessierte besonders Liszts Haltung zu den Juden. Seine Arbeit *Die Zigeuner und ihre Musik* von 1859 mit dem entscheidenden Kapitel *Die Israeliten* war sicher auch durch Wagners rassistische Hetzschrift *Das Judentum in der Musik* von 1850 angeregt worden. Liszt beendet aber seine Schrift nicht wie Wagner mit dem »Untergang«, dem »Selbstmord« der Juden. Nach einer antisemitischen Analyse der jüdischen Religion und Rasse empfahl er den Juden, die er als Nation verstand, sich Palästina durch »eigene Kraft« zurückzuerobern.

1987: Erneute Auseinandersetzung mit Wagner, Bayreuth und Hitler

1987 machte ich Rundfunksendungen über Liszt und Wagner in Deutschland und der Schweiz, bei denen mir die dunkleren Seiten meiner Vorfahren immer klarer wurden.

Auf Grund eines Angebots des Bonner Theaters erhielt ich einen Vertrag für eine freie Dramaturgie bei den *Meistersingern von Nürnberg* für die Spielzeit 1987/88. Das Projekt erforderte meine Anwesenheit in Deutschland, zunächst vor allem, um im Richard-Wagner-Museum in Bayreuth im Frühjahr 1987 zu recherchieren. Es dauerte eine Weile, bis man mir gestattete, das Archiv aufzusuchen. Die Archivleitung kannte die Stimme ihres Herrn und verfolgte meine Arbeit mit Argwohn. Ich hielt mich mit meinen kritischen Kommentaren über die Ausstellung *Wagner und die Juden* und den ebenso haarsträubenden Katalog von 1985 nicht zurück. Es bedurfte einiger harter Auseinandersetzungen, um durchzusetzen, dass ich Briefe der eigenen Familie lesen durfte, ohne jedes Mal eine detaillierte Begründung abgeben zu müssen. Mein Ärger über die bürokratischen Schikanen regte mich an, mich gründlicher im Archiv umzusehen, und ich begann, mich dort mit den Bayreuther Tabuthemen Antisemitismus, Gobineau, Cosima Wagner, Houston Stewart Chamberlain, Winifred Wagner und Hitler zu beschäftigen.

Das war auch nützlich im Hinblick auf eine Vortragseinladung zum Toscanini-Symposium Anfang November 1987 in Parma. Harvey Sachs, der weltweit angesehene Toscanini-Biograph, ließ mir Themenfreiheit, und ich entschied mich dafür, über »Toscaninis Bayreuther Dirigierstil« zu sprechen. Bei der Lektüre der *Bayreuther Blätter* und der Festspielführer von 1878 bis 1943 musste ich mehrmals im öffentlichen Wahnfried-Park spazieren gehen, weil mir schlecht wurde angesichts dieser pränazistischen und nazistischen

Lektüre. Das war also der kulturelle Boden der eigenen Familie! Ich ließ mir die zugänglich gemachten Materialien kopieren, wissend, dass es in Bayreuth immer noch viele Quellen gab (und gibt), die kritischen Forschern vorenthalten bleiben oder die mein Vater und sein Verfälschungsteam gern für immer unter Verschluss halten werden.

Im November hielt ich beim Toscanini-Kongress in Parma meinen vorgesehenen Vortrag. Da die Zeit des großen italienischen Dirigenten am Festspielhügel in das Vorfeld des Nationalsozialismus fiel, interessierten mich das politische Umfeld und die Rolle meiner Großmutter, die Hitler ab 1923 bei der deutschen Bourgeoisie salonfähig gemacht hatte. Ich las einmal mehr die Autobiographie meiner Tante Friedelind *Nacht über Bayreuth*, in der sie 1944 geschrieben hatte, welche unüberwindliche Kluft zwischen ihr und meinem Vater lag.

1988: Karl Lubmirski und Ralph Giordano

Die Vorbereitungen zu den *Meistersingern* im Frühjahr 1988 in Bonn und im Sommer zum *Ring* in Orange sah ich als Möglichkeiten, Geld zu verdienen. Die einzig positive Erinnerung an diese Zeit war das Zustandekommen meines provokativen Videoclips *Der Ring des Nibelungen oder die Folgen von Machtmißbrauch*, der beim Festival in Biarritz den ersten Preis gewann. Die Zusammenarbeit mit Bonn und Orange endete in einer Auseinandersetzung vor Gericht mit einem Vergleich, da meine Ansichten zu Wagner mit denen des Theaters und Festivals unvereinbar waren. Dies war auch mein innerer Abschied von etablierten Opernfestivals, wo ich nur wieder in die Wagner-Ecke abgeschoben wurde.

Viel wichtiger wurden im Jahre 1988 zwei Treffen: das eine mit dem Dichter Karl Lubomirski und das andere mit dem Publizisten Ralph Giordano.

Anfang März lernte ich in Mailand den Lyriker Karl Lubomirski kennen. Von Anfang an entwickelte sich unser Gespräch vielschichtig, was auch bedeutete, am Schicksal des anderen Anteil zu nehmen. Bald lernte ich Karls farbig-sinnliche Erzählweise mit allen Schattierungen feinsinnig-beißenden Humors, mit tiefer Melancholie und dann wieder explodierender Lebensfreude kennen. Karl hatte zwar Innsbruck wie ich Bayreuth unwiderruflich hinter sich gelassen, wir blieben aber – ob wir wollten oder nicht und Karl als Dichter noch mehr als ich – geprägt und abhängig von deutscher Kultur und Sprache. Es stellte sich bei uns eine stille Solidarität gegenüber dem freundlichen, aber letztlich oft unverbindlichen Verhalten des italienisch-katholischen Umfelds ein. Obwohl es für uns besser ist, in Italien zu leben, als anderswo in Europa, fühlen wir uns doch als kosmopolitische Außenseiter und Nomaden. Wie sehr wir uns in entscheidenden Fragen nahe stehen, wurde mir auch bei der Lektüre von Karls Gedicht *Auschwitz* von 1990 deutlich. Er sagt das Unsagbare so:

> *Hier fiel ein großes Blatt*
> *vom Baum des Todes*
> *größer noch als Babylon*
> *Jerusalem und anderswo*
> *ein Blatt*
> *das keinen Winden folgt,*
> *das liegt und liegt und liegt*
> *und wenn Geschichte selbst verweht*
> *erst mit seinem Ort*
> *vergeht.*[69]

Nach meiner Israelreise 1990 ist er ein zuverlässiger Mitstreiter für den deutsch-jüdischen Dialog in der Kontroverse mit dem Wagner-Kult in Bayreuth geworden. Was mich stets mit Karl verbinden wird, ist seine Unbestechlichkeit in humanitären Fragen. Er war diskriminiert worden durch selbst ernannte Päpste in einer scheinlinken internationalen Kulturlobbylandschaft. Auch in dieser Hinsicht haben wir biographische Berührungspunkte.

Bereits der Beginn unserer Freundschaft hatte eine gute Wirkung: Ich fuhr ohne innere Aversion gegen Riber und Co. nach Bonn. Dort kam ich erst einmal bei meiner »Wahlverwandten« Bettina Fehr unter. Angeregt von unseren Gesprächen, gab mir Bettina am 14. März eine Nachtlektüre, die Folgen haben sollte: Ralph Giordanos *Die zweite Schuld oder von der Last, Deutscher zu sein.* Ich las die 363 Seiten nicht, ich verschlang sie, denn was ich da bei Giordano las, sprach mir aus der Seele. Die inhaltliche Klarheit und sprachliche Schönheit, seine differenzierten historischen, politischen und kulturellen Analysen und seine Humanität überwältigten mich. Das war nach langer Zeit endlich wieder ein deutschsprachiger Autor, der mir etwas zu sagen hatte. Sein durchlittenes Leben hat ihn zum Humanisten gemacht, der sich mit Zivilcourage gegen die deutsche Verdrängungsgesellschaft stellt. Mein erster Eindruck: »Er schreibt genau das, was für mich wichtig ist.«

Am 15. März rief Bettina Ralph Giordano an und stellte mich nicht nur als den »Weill-Wagner« vor, sondern sagte auch, welche Hoffnungen ich auf ein Gespräch mit ihm über deutsch-jüdische Geschichte setzte. Drei Tage später folgten Bettina und ich Giordanos Einladung nach Köln. Als wir nach dem Klingeln auf Einlass warteten, öffnete sich die Tür. Wir sahen einen hübsch dekorierten Nachmittagskaffeetisch zwischen geschmackvollen Stilmöbeln. Statt der Begrüßung durch den Gastgeber klang das Vorspiel zum ersten Akt von *Tristan und Isolde* an. Dann kam uns Ralph Giordano entgegen. Nachdenklich sagte er zu mir: »Diese Musik gehört zu meinen Lieblingskompositionen Wagners.« Ich antwortete: »Es ist unmöglich, von Wagners *Tristan und Isolde* nicht fasziniert zu sein, aber mit dem ›anderen Wagner‹ müssen wir leider auch leben.«

Er stimmte zu und gab mir die Hand. Ich hatte eigentlich vor, Ralph Giordano nach seinem Leben und seiner Arbeit zu fragen. Doch dazu sollte es in den folgenden drei Stunden nicht kommen. Er hatte viele Fragen zu meiner Lebensgeschichte. Wir saßen in entspannter Atmosphäre auf dem Sofa. Ich bemerkte, wie sich seine feinen und melancholischen Gesichtszüge aufzuhellen begannen, während ich ihm antwortete. Wie selbstverständlich öffnete ich mich ihm und sprach mit ihm wie mit einem alten Freund. Als ich von »Winnie« und »Wolf« erzählte, griff er meinen Arm und unterbrach meinen Redefluss mit einer Frage, die mich irritierte: »Sind Sie wirklich der Sohn von Wolfgang Wagner?« Ich reagierte kaum, denn ich glaubte, ihn falsch verstanden zu haben, und fuhr fort, über die Korrespondenz zwischen Hitler und meiner Großmutter zu erzählen. Mit freundlicher Hartnäckigkeit wiederholte er die Frage: »Sind Sie wirklich der Sohn von Wolfgang Wagner?«

Nun merkte ich, dass er mich tatsächlich nach meinem Vater fragte. Ich fragte lachend zurück: »Warum wollen Sie das wissen?«

Er antwortete ernst: »Ich habe Ihren Vater einmal in Bayreuth interviewt. Es tut mir leid, wenn ich Ihnen sagen muss, dass ich ihm kein Wort geglaubt habe. In dem Mann ist kein Humanum.«

Ich antwortete: »Sie brauchen sich nicht zu entschuldigen, denn Sie sagen nur das, was ich seit meiner Kindheit weiß und erfahren habe.«

Giordano griff nach seinem Roman *Die Bertinis* und schrieb in den Band: »Für Gottfried Wagner – mit Sympathien auf den ersten Blick«. Und dann sagte er mit Nachdruck: »Ob Sie wollen oder nicht, Sie müssen Ihre Lebensgeschichte schreiben. Das sind Sie ihrer und der folgenden deutschen Generationen schuldig.«

Ich war damit gar nicht einverstanden und sagte: »Mit 41 Jahren eine Art Autobiographie gegen die verkommenen Bayreuther Zustände schreiben? Wozu? Wen interessiert das? Um dann noch isolierter als zuvor zu sein?«

Giordano: »Sie haben nichts mit dem verlogenen Bayreuth der Wagners zu tun, aber Sie sind ein Wagner, der sich seiner menschlichen und historischen Verantwortung bewusst ist. Schreiben Sie Ihre Lebensgeschichte. Die Aufarbeitung wird Ihnen persönlich und eines Tages auch bei Ihrer Reintegration in Deutschland helfen. Ich werde Sie unterstützen.«

Bewegt verließen wir Ralph Giordano. Ich wusste, dass das Treffen Folgen für mein Leben haben würde.

Mitte August trug ich im Rahmen des Internationalen Jugendfestspieltreffens in Bayreuth meine Gedanken zu den *Fällen Nietzsche und Wagner* vor. Meine kulturpolitische Zitatzusammenstellung aus den Schriften *Der Fall Wagner* und *Nietzsche kontra Wagner* schuf eine eisige Stimmung, es fiel mir schwer, dagegen anzusprechen. Als ich den Vortrag mit Nietzsches Lobpreisung von Bizets *Carmen* und mit einer Einspielung des Schlusses dieser Oper beendete, war die Stimmung im Saal, wie ich sie erwartet hatte: gereizt und aggressiv. Die Präsentation meines preisgekrönten Videoclips zum *Ring* endete dagegen im Tumult.

Zu meiner Verwunderung lud mich der Präsident der westdeutschen Richard-Wagner-Verbände, Josef Lienhart, ein, den *Ring*-Videoclip im Herbst vor seinem Freiburger Verband zu zeigen. Lienhart schien meine kritische Auseinandersetzung mit der NS-Vergangenheit zu schätzen. Besonders erfreulich fand er meine Absicht, einer sich anbahnenden Einladung nach Israel zu folgen. Er versprach mir, sich nach meiner Israelreise für Vorträge in den Wagner-Verbänden einzusetzen, denn auch er schien es für nötig zu halten, dass der Fall Wagner in Deutschland und Israel zur Diskussion gestellt würde. Aber bald hörte ich heraus, dass er meine Pläne so verstand, dass ich trotz all meiner Kritik an den Bayreuther Festspielen als Propagandist für Wagner nach Israel gehen würde. Dazu war ich natürlich überhaupt nicht bereit, und es kam zu keinerlei Veranstaltungen über meine Israel-Reise bei den Richard-Wagner-Verbänden.

Seit Ende Oktober begann ich nach gründlichen Vorbereitungen eine Vortragsreise, die mich zuerst nach Nordamerika und dann nach Japan führte.

1989: Hitler und Wagner und die Kontakte nach Israel

Im Frühjahr 1989 stand Hitlers 100. Geburtstag an. Leo Haffner, einer der verantwortlichen Kulturredakteure des ORF Vorarlberg, hatte bereits im Herbst 1988 ein Gespräch zwischen Karl Lubomirski und mir zum Thema deutsche Kultur, Tradition und Politik aufgezeichnet, das auch »Hitler und Bayreuth« nicht aussparen konnte. Da Haffner nicht zu den Österreichern gehört, die aus Hitler einen Deutschen machen, bot er mir an, Anfang April im ORF-Landesstudio einen Vortrag über Hitler und Wagner zu halten. Während der Vorbereitung auf den Vortrag wurde ich mir immer mehr bewusst, welche Konsequenzen dieses Thema auch für mich persönlich hatte. Ich wollte nicht wie Vater, Onkel und Großmutter in die Kunstwelt fliehen, indem man Wagner, das Theatergenie, von Wagner, dem Ideologen, trennt. Dies hatte bei den Wagner-Generationen vor mir zu einer verhängnisvollen Verdrängung und letztlich zur Leugnung der individuellen Verantwortung geführt.

Diese Verbindung von Wagner und Hitler verursachte bei mir eine starke Identitätskrise, die ich nur durch kontinuierliche Aufarbeitung überwinden konnte. Mit starken Zweifeln an meiner damaligen Identität wählte ich den Vortragstitel in Frageform: *Adolf Hitler und Richard Wagner?*

Der Vortrag wurde mein erster, missglückter Versuch einer Deutung, indem ich in typischer Neu-Bayreuther Verdrängungsmethode versuchte, das Werk Wagners, besonders den *Parsifal*, der verschiedene Deutungsmöglichkeiten zulasse, von den antisemitischen Schriften abzukoppeln. Ich wollte damals nicht Richard Wagner mitverantwortlich für das große »Und« mit Hitler sehen. In dieser Haltung sah ich mich ein Jahr später weitgehend widerlegt, als ich mich auf meine Vortragsreise nach Israel 1990 vorbereitete und mich dazu noch einmal mit diesem Thema auseinander setzte. Heute muss ich erkennen, dass ich den Schlusssatz meines Vortrags vom April 1989 im Studio Vorarlberg des ORF nicht mehr aufrechterhalten kann: »Wagner und Hitler? Ich hoffe, das UND befremdet Sie. [...] Wagner gehört der Kunst-, Hitler der Verbrecherkartei an!«

Im April 1989 machte ich meine erste Vortragsreise durch Norwegen, Island, Dänemark und Schweden. Die Animosität gegenüber dem Thema »Wagner und Nietzsche« sowie der *Ring*-Tetralogie, die ich mit dem Videoclip zur Diskussion stellte, war überall spürbar, denn immer noch verband sich mit Richard Wagner die Erinnerung an den Naziüberfall und die deutsche Besetzung in den vierziger Jahren. Als man aber verstanden hatte, dass ich weder ein Herrenmensch war noch das Lied der einzigartigen Größe Wagners sang, begann das Eis zu schmelzen. Langsam entwickelte sich ein vertrauensvolles Gespräch. Ich wurde nun meist mit großer Offenheit, Herzlichkeit und Interesse aufgenommen, weil ich klar gemacht hatte, dass ich nicht nur den Wagner-Kult in Bayreuth von 1872 bis 1945, sondern auch die Verdrängung der Nazizeit in der Neu-Bayreuth-Ära ablehnte. Je unkonventioneller das Publikum war, desto offener wurde die Diskussion über das kulturpolitische Phänomen Wagner und die Nazizeit geführt. Das Interesse der Medien war groß. Nur in Århus und Stockholm traf ich auf Wagnerianer, die in ihrer verschwommenen Weltanschauung und durch ihre Pilgerfahrten nach Bayreuth nicht kritisch über ihren »Meister« sprechen wollten. Auf meinem Rückflug von Stockholm nach Mailand wurde mir klar, wie sehr der Fall Wagner auch in Skandinavien überschattet ist von der nicht aufgearbeiteten NS-Vergangenheit.

Während ich mich auf meine Israelreise vorbereitete, fuhr ich mit Teresina im Juli 1989 zur Premiere der Neuinszenierung des *Parsifals* meines Vaters nach Bayreuth. Am

Festspielhügel hatte sich meine Einladung nach Israel für 1990 zu Vorträgen über Wagner wie ein Lauffeuer herumgesprochen, und die sonst unterkühlte Tolerierung unserer Gegenwart war nun eisig. Nach der Premiere wurde ich zu meiner Meinung über den *Parsifal* meines Vaters gefragt. Da ich mir der Nähe der Regenbogenpresse bewusst war, antwortete ich in vorsichtiger Sachlichkeit. Ich bezog mich auf den Schluss der Oper mit den Worten »Erlösung dem Erlöser«, in dem, nach Wagners Regieanweisungen, Parsifal als neuer, arischer Christus das Abendmahl als Heilsbotschaft für die Welt zelebriert. Vater hatte, gegen Wagners Anweisung, Kundry im männlich-christlichen Gralsrittertempel überleben lassen. Gegen alle Schriften und Regieanweisungen seines Großvaters verschwand Parsifal in der Menge der Gralsritter. Die manipulierte Demokratisierung hatte zur Folge, dass es im Gralsbereich keine individuelle, sondern nur noch eine kollektive Verantwortung der Ritter gab – ein Gedanke, der mich erschreckte. Man verstand mich, schwieg und wechselte das Thema. 1994 erfuhr ich, dass Vater den Schluss nochmals geändert hatte. Kundry biete nun als weiblicher Messias den Gralsrittern den Kelch zur Erlösung an. Neu-Bayreuths Verdrängungsmethode hatte damit ihren Höhepunkt erreicht.

Im Juli sahen Teresina und ich den *Ring* von Harry Kupfer und Daniel Barenboim. Als ich nach der *Götterdämmerung* zufällig Barenboim, Vaters damaligen Intimfreund und soldarischen Mitstreiter im Neu-Bayreuther Umgang mit Wagners Antisemitismus, im Restaurant »Bürgerreuth« traf und er auf ein Kompliment für sein geniales *Ring*-Dirigat wartete, sagte ich: »So viel szenischen Unsinn habe ich noch nie gesehen.« Er tat so, als ob er sich für meine Meinung interessiere, und versprach mir ein Treffen am nächsten Tag. Ich hatte vor, ihn mit seinen opportunistischen Aussagen über Wagners Antisemitismus zu konfrontieren. Er ahnte dies und kam nicht zu dem vereinbarten Treffen.

Welch ein Gegensatz zu meinem letzten Festspielhügelbesuch wurde das erste Treffen mit Professor Herzl Shmueli aus Tel Aviv am 3. August in Zürich! Ich führte seit Mai 1988 eine Korrespondenz mit dem bekannten Musikwissenschaftler. Herzl Shmueli hatte es bereits in den 1970er-Jahren gewagt, in Tel Aviv Seminare über Wagner zu halten, und damit großes öffentliches Interesse erregt. Da die Frühromantik einer seiner Forschungsschwerpunkte war, kam er am »Fall Wagner« nicht vorbei. Er war in Istanbul in einer traditionellen jüdischen Familie aufgewachsen, dort in der deutschen Schule erzogen worden und zu Beginn der 1930er-Jahre nach Israel ausgewandert. Er studierte Mathematik und danach Musikwissenschaft in Zürich. Warum Zürich? »Nach Hitler war es mir bei aller Liebe für die deutsche Kultur, von der ich in Istanbul geprägt worden war, nicht möglich, in Deutschland zu studieren«, erklärte Herzl.

Bei unserem ersten Treffen im August fragte er mich nach meinem Lebensweg: »Die Promotion über Kurt Weill in Wien, das scheint mir ja nicht gerade die typische Entwicklung eines Wagner nach Hitler?« Damit begann unser kritischer, vertrauensvoller Dialog, der meine Einladung zu vier Vorträgen in Israel im Januar 1990 zur Folge hatte.

Anfang September 1989 traf ich meine Cousine Winifred, die zweite Tochter meiner Tante Verena und von Bodo Lafferentz. Sie litt wie ich an der NS-Vergangenheit und ging als Malerin bewusst eigene berufliche Wege. Den kritischen Umgang mit der Familientradition und die Selbstfindung durch die eigene Arbeit sahen wir beide als konstruktive Alternative und auch als eine Chance zum Dialog zwischen uns in der Zukunft. Wie sensibel Winnie auf die Schatten der NS-Vergangenheit reagiert, wurde mir später, im Februar 1994, bei einer Veranstaltung in der Synagoge Tifereth Beth David Jerusalem in Montreal klar, wo ich über meine Arbeit in der »Post-Holocaust-Dialog-Gruppe« (seit 1991) gesprochen hatte. Winnie, die sich selbst mit jüdischer Geschichte beschäftigt hatte, war zum ersten Mal in eine Synagoge gegangen! Nach der Veröffentlichung meiner Autobiographie brach sie jeden Kontakt mit mir ab – das Zurückhalten wesentlicher Dokumente der Familie Wagner aus der Nazizeit durch ihre ältere Schwester Amelie war wohl einer der vielen Gründe.

Nach meiner Rückkehr aus Montreal arbeitete ich weiter an den Vorträgen über Wagner, die ich im Januar 1990 in Israel halten sollte. Ich hatte mich beim Auswärtigen Amt und dem Goethe-Institut um finanzielle Unterstützung für dieses Projekt bemüht, bekam aber keinerlei Hilfe.

Anfang Oktober schlug ich Herzl Shmueli für meine Auftritte an der Universität von Tel Aviv vor: den Videoclip *Der Ring des Nibelungen oder Die Folgen von Machtmißbrauch, Der Sturz der Götter oder Epatez le Bourgeois – das antiwagnerianische musikalische Zeittheater von Weill und Brecht, Die Fälle Nietzsche und Wagner* und schließlich *Der Wagner, den ich meine – eine Annäherung an Wagners Person und Werk*. Zur Begründung schrieb ich unter anderem:

»Meine Absicht bleibt, in Ruhe und mit Geduld meinen Beitrag zu einem kontinuierlichen Dialog in kleinen Schritten zum Thema ›Wagner und deutsche Kultur‹ zu leisten. Ich bin mir meiner Verantwortung voll bewußt und kann nicht begreifen, warum die westdeutschen Institutionen in Israel (Goethe-Institut und westdeutsche Botschaft) meine versöhnliche Arbeit, die ich immerhin schon seit zwei Jahrzehnten betreibe, nicht unterstützen.«

Mit großem Engagement half mir der Leiter der musikwissenschaftlichen Abteilung der Universität von Tel Aviv, Shai Burstyn. Ich informierte ihn über wesentliche inhaltliche Details, da ich mein Gastland nicht vor den Kopf stoßen wollte. In dieser Korrespondenz stellte ich Shai Burstyn die für mich entscheidende Frage: »Wäre es sehr taktlos, einige – kleine – musikalische Beispiele aus den Opern Wagners an der Universität zu präsentieren?« Er war damit einverstanden, und das trotz zu erwartender Proteste.

1990: Israel und Richard Wagner

Endlich war es soweit: Am 2. Januar 1990 flogen Teresina und ich nach Tel Aviv. Die Intensität der Gespräche des ersten Nachmittags und Abends steigerte sich in den folgenden Tagen; meine eigentliche Vortragsserie begann erst am 7. Januar. Selbst in den zwei Tagen, in denen wir mit unseren Gastgebern Herzl Shmueli und Shai Burstyn einen Kibbuz, Cesarea, Massada und arabische Orte besuchten, sprachen wir ständig über die Themen, die ich bald vorzutragen hatte. Richard Wagner sei in Israel – so überzeugte mich Herzl als Experte für dieses Thema – untrennbar mit Hitler und Nazideutschland verknüpft. Aber die Emotion durfte ihn nicht davon abhalten, an der Universität Tel Aviv Seminare und Vorlesungen über diesen »erratischen Block« in der Musikgeschichte durchzuführen. Ich wurde mir bei diesen Gesprächen meines eigenen Wandels bewusst. Um den Antisemiten Richard Wagner zu retten, hatte ich versucht, die Schuld einzig seinen Erben der ihm folgenden zwei Generationen zuzuschreiben. Nun begriff ich, dass diese Verdrängung der Wirklichkeit nicht standhielt. Inzwischen weiß ich, dass ich mich in einer ähnlich widersprüchlichen Situation befand wie meine jüdischen Freunde, die Wagnerianer sind. Heute weiß ich aber auch, dass es nicht möglich ist, Wagner in den genialen Komponisten einerseits und den Chefideologen andererseits aufzuspalten, denn seine Weltanschauung gehört untrennbar zu seinem Werk und seinem Leben. Mit dem Thema Richard Wagner entwickelte sich unversehens auch eine Diskussion über meine Lebenserfahrungen und Verantwortung: In Israel wurde mir klar, dass ich meine politische und moralische Position nicht mehr nur indirekt artikulieren durfte, indem ich mich mit der jüdisch-deutschen Kultur auseinander setzte. Die Zeit im Elfenbeinturm meines linksliberalen Denkens war zu Ende. Ich forderte von mir mehr Glaubwürdigkeit durch Taten.

In Israel waren die Möglichkeiten grenzenlos, damit Ernst zu machen. Denn immer wieder kamen wir auf einzelne Schicksale zu sprechen, auf Menschen, die Verfolgung und Leid aus Deutschland und anderswoher nach Israel getrieben hatten. Während meine Gastgeber, ihre Freunde und Zuhörer meiner Vorträge ihre Lebenswege schilderten, wurde ich immer offener. Aus dem dunklen, beängstigenden und doch vagen Riesenschatten von sechs Millionen Opfern zeichneten sich dank der Gespräche greifbare Einzelschicksale ab. In mir erwuchs der Wunsch, klarer Stellung zu nehmen zur gemeinsamen Vergangenheit und der damit verbundenen Verantwortung in Gegenwart und Zukunft. Ich begann, Israel als einen zentralen Stein in meinem Lebensmosaik zu sehen. Ich erinnerte mich wieder an meine New Yorker Zeit in der Kurt Weill Foundation for Music. Die Zusammenhänge zwischen deutscher Geschichte, der Chronik der Familie Wagner und meinem oppositionellen Lebensweg wurden für mich endlich klarer. Ich wollte das mir entgegengebrachte Vertrauen und Verständnis konstruktiv umsetzen, indem ich künftig auch in Deutschland für den deutsch-jüdischen Dialog werben würde. Meine Ängste, meine Unsicherheit und Beklommenheit wichen in dem Maß, wie meine Einsichten zunahmen.

Während unseres vierzehntätigen Aufenthaltes gab ich fast allen wesentlichen israelischen Medien Interviews, deren Wirkung in Israel direkt spürbar war. Am nächsten Tag sprachen mich wildfremde Leute in Tel Aviv an. Als ich in einem Brillenladen überrascht darauf reagierte, sagte der Optiker in akzentfreiem Deutsch: »Herr Wagner, wissen Sie denn nicht, wie klein unser Land ist? Am Vormittag zeigen wir unseren Gästen Israel und fragen uns am Nachmittag, was wir mit ihnen machen sollen. Wundern Sie sich also nicht, dass wir Sie in unserem Fernsehen gestern gesehen haben. Ihr Kommen ist nicht nur für die Jeckes, also die deutschen Juden, wichtig. Machen Sie so weiter!«

Ungewöhnlich verlief mein erster Vortrag. Meine Einführung zum Videoclip *Der Ring des Nibelungen oder Die Folgen von Machtmißbrauch* war für zwölf Uhr mittags in einem mittelgroßen Hörsaal der Universität vorgesehen. Eine Universitäts-Mitarbeiterin teilte mir diskret mit, dass es Protestanrufe von Fanatikern gegen meinen Besuch gegeben habe. Man hatte daher auch erwogen, mir eine kugelsichere Weste zu geben oder mich durch Sicherheitsglas zu schützen. Das aber lehnte ich ab, obwohl Teresina mich bat, etwas für meine Sicherheit zu tun. Meine Begründung: »Ich bin nicht Eichmann. Ich habe Vertrauen zu meinen Gastgebern.« Teresina wurde zwar nicht ruhiger, aber sie akzeptierte meine Entscheidung.

Statt 80 Zuhörern, wie geplant, erschienen 400. Wir mussten in einen größeren Hörsaal umziehen. Außerdem wurden die Sicherheitsmaßnahmen verstärkt. Die Zuhörer wurden durchsucht, und zwei junge israelische Soldaten postierten sich mit Gewehren im größeren, aber nichtsdestoweniger ebenfalls überfüllten Hörsaal. Trotzdem war die erste Reihe unbesetzt. Ich begriff die Berührungsangst gegenüber mir als einem Wagner-Nachkommen. Ich erinnerte mich an ein Buch mit dem Titel *Wer hat Angst vor Richard Wagner?*, das mir kurz vor Beginn des Vortrags geschenkt worden war. Ohne viel darüber nachzudenken, sagte ich: »Hier unten sind noch Plätze frei. Wer hat Angst vor Gottfried Wagner?« Ein befreiendes Lachen brach aus, ich lachte mit. Das Lachen setzte sich bei der Präsentation des Videos fort. Und dies an Stellen, über die ich mich vorher bei Vorstellungen auf vier Kontinenten als einziger amüsiert hatte! Dafür hatte Shais Einführung in Iwrith gesorgt, der meinen Text zur Geschichte von Wagners Tetralogie ganz in meinem Sinne vortrug: als eine Geschichte der Verbrecher Wotan und Alberich im Kampf um Macht.

Problemlos verlief auch meine Vorlesung über Weill und Brecht am folgenden Tag. Die Tatsache, dass ich mit meinem Familienhintergrund die Chuzpe hatte, an der größten Universität Israels über Weills musikalisches Zeittheater als Gegenmodell zu Wagners Gesamtkunstwerk zu sprechen, füllte den Saal. Eine ältere Berlinerin, die sich nur mit ihrem Vornamen Isolde vorstellte, fragte mich: »Herr Wagner, warum tragen Sie denn nicht Ihre Vorträge in unserer schönen deutschen Sprache vor?« Etwas verwirrt, antwortete ich: »Weil die Mehrheit hier in Israel Englisch versteht.«

Isolde kam bald wieder auf mich zu und sagte: »Sie können sich denken, warum ich Isolde heiße? Ja, meine Familie liebte Wagners Musik, und auch ich liebe Wagner. Ich denke immer noch an die herrlichen Vorstellungen in der Kroll-Oper unter Otto Klemperers Leitung. Und an Bruno Walters *Walküre.*« Isolde entpuppte sich als eine gebildete Wagnerianerin, wie ich sie nur selten getroffen hatte. Sie strahlte mich liebevoll großmütterlich an und sagte schließlich: »Sie können sich nicht vorstellen, was uns Berliner Juden Ihr Besuch bedeutet.« Wir umarmten uns schweigend und unterdrückten unsere Tränen vergeblich.

Eine Feuerprobe wurde für mich der letzte Vortrag mit dem subjektiven Titel *Der Wagner, den ich meine.* Er wurde wie die anderen Auftritte aufgezeichnet. Entsprechend dem Rat von Herzl versuchte ich, Wagners Bedeutung für das europäische Musiktheater und die Musikgeschichte zu verdeutlichen. Da der Vortrag nicht nur für ein Fachpublikum bestimmt war, entschied ich mich, auch Dias und Musikbeispiele durch Tonbandeinspielungen zu verwenden.

Den Ausführungen stellte ich den ersten Versuch einer Aufarbeitung der eigenen Vergangenheit in Bayreuth voran. Es spiegelt heute für mich meine damalige Unsicherheit wider, wenn ich mich bemühte, die Familiengeschichte und meinen untrennbar mit ihr verwobenen Werdegang aufzuarbeiten. Ich begann zwar, die eigene Biographie besser zu begreifen, trennte aber immer noch Wagners Ideologie und Leben von dessen Bühnenwerk. Was ich damals zu Wagner vortrug, hat nichts mehr mit meinem heutigen Erkenntnisstand und meiner Meinung zu tun.

Heute noch bin ich überrascht von der Großzügigkeit und dem Wohlwollen meiner Zuhörer, denn bei kritischem Blick auf das, was ich damals, von meinem Manuskript unsicher lesend, vortrug, hätte man mir mit Recht vorwerfen können, nicht genau genug über Wagners Antisemitismus nachgedacht zu haben.

Mit der Israelreise begann für mich noch einmal die Aufarbeitung von Wagners Antisemitismus. Ich musste seine Wirkung, auch auf die Bayreuther Festspiele, genauer ergründen.

Bei der schmerzlichen Erforschung des eigenen Wissens und Gewissens entfernte ich mich von wesentlichen Orientierungspunkten meiner Jugend- und Studienzeit. Ich geriet auch in Distanz zu den Interpretationen jüdischer Autoren wie Ernst Bloch, Hans Mayer und Claude Levi-Strauss, die man in Neu-Bayreuth missbraucht hatte, um Vergangenheit und Verantwortung zu verdrängen und zu verfälschen.

Trotz aller Hektik der Veranstaltungen, Interviews und langen Gespräche mit Zuhörern meiner Vorträge wollten wir uns einen Besuch im Diaspora-Museum in Tel Aviv nicht entgehen lassen. Die Klarheit der Vermittlung durch Texte, Fotos und Filme der jüdischen Kultur und Geschichte beeindruckten uns. Wie nah dort die jüdische mit der deutschen Geschichte und sogar der Chronik der Familie Wagner verbunden ist, wurde mir an einem Beispiel deutlich. Das Diaspora-Museum verfügt unter anderem über eine ungewöhnlich genaue und umfangreiche Datenbank, die jedem Besucher des Museums zugänglich ist. Ich rief das Stichwort »Wagner« ab. Auf vier ausgedruckten Bögen erhielt ich interessante Informationen. So lernte ich, dass es auch jüdische Familien mit dem Namen Wagner gab, die aber erst im 17. Jahrhundert unter anderem in Leipzig und Frankfurt am Main registriert wurden. In Bayreuth hatte es seit dem beginnenden 13. Jahrhundert eine jüdische Gemeinde gegeben. 1933 lebten dort 261 Juden, das waren 0,7 Prozent der Bayreuther Bevölkerung. Am 10. November 1938, also in der Pogromnacht, wurde der Innenraum der schönen Synagoge, die 1760 gebaut worden war, zerstört und die Häuser und Läden der jüdischen Bürger durch die SA geplündert und verwüstet. Die Bayreuther Bevölkerung fiel am folgenden Tag über ihre jüdischen Bürger her und entweihte und zerstörte den jüdischen Friedhof bis zur Unkenntlichkeit. Am 27. November 1941 wurden 50 Juden nach Riga und am 12. Januar 1942 die letzten elf jüdischen Bürger von Bayreuth nach Theresienstadt deportiert.

Fragwürdig war das Verhalten deutscher Medien während und nach meinem Aufenthalt in Israel. Die meisten wussten sehr wenig über Wagners Antisemitismus, und die Berichterstattung in Deutschland war auf einem entsprechend niedrigen Niveau. Es ging den westdeutschen Medien vor allem um reißerische Schlagzeilen. Sie stellten mich dar als Siegfried im Kampf gegen Fafner. Das half mir nicht bei meiner Arbeit für ein differenzierteres Wagner-Bild in Deutschland und Israel und genauso wenig bei der Aufarbeitung der Wagnerschen Familienchronik. Die Berichte aus Israel nach Deutschland verstärkten meine Isolation dort weiter. Die zahlreichen Berichte in den israelischen Medien bemühten sich viel stärker, mich mit meinem Anliegen zu verstehen.

Beim Rückflug von Tel Aviv nach Mailand schrieb ich in Stichpunkten die Fragen nieder, auf die man von mir in Israel immer wieder eine Antwort erwartete:

»Kann man Wagner den Künstler von Wagner dem Chefideologen trennen?« Meine Antwort: Nein.

»Ist Wagner Hitlers kulturpolitisches Modell gewesen?« Meine Antwort: Ja.

»Hat man in Neu-Bayreuth den Zusammenhang mit Wagner und Hitler aufgearbeitet?« Meine Antwort: Nein.

»Soll man Wagner in Israel aufführen?« Dazu wich ich aus, da ich es bei meinem ersten Besuch zu anmaßend fand, Empfehlungen zu geben.

Diese Antworten mussten in Deutschland provozieren. Ich wusste, dass nach der ersten Welle der Berichte in den deutschen und internationalen Gazetten eine Reaktion aus Bayreuth fällig war, vor allem die von Vater.

Ende Januar erfuhr ich durch ein Telefonat mit dem Präsidenten des Richard-Wagner-Verbands, Josef Lienhart aus Freiburg, indirekt von Vaters Reaktion: Aufgrund diverser kolportierter westdeutscher Zeitungsartikel über meine Israelreise und seiner Rechte als Festspielleiter forderte er gegenüber den Richard-Wagner-Verbänden, dass entweder sämtliche zugesagten oder bestehenden Einladungen von Richard-Wagner-Verbänden an mich rückgängig und in der Zukunft unmöglich gemacht würden oder er würde sich öffentlich von den Richard-Wagner-Verbänden, mit Begründungen gegen mich und die kolportierten Aussagen, distanzieren.

Ich schrieb Vater sofort und bat ihn um die Artikel mit seinen Kommentaren. Die offizielle Antwort kam zwei Tage später.[70] Vater schrieb sinngemäß, er habe dem Richard-Wagner-Verband und dessen Ortsverbänden mitgeteilt, er werde an keiner ihrer Veranstaltungen mehr teilnehmen, wenn ich im Rahmen des Verbands weiterhin die Möglichkeit zu Vorträgen erhielte, da seine Teilnahme als Billigung meiner für ihn inakzeptablen Ansichten zur Entwicklung und zum künstlerischen Niveau der Bayreuther Festspiele aufgefasst werden könnte. Er bezog sich dabei unter anderem auf einen Artikel vom 11. Januar 1990 in der *Welt*, worin ich erklärt hatte, seit dem Tod Wielands seien die Bayreuther Festspiele zu einem Mittelding zwischen Investitionsbörse und Alteisenmarkt geworden. Des weiteren hatte ich herausgestellt, das politische und kommerzielle Element dominiere zum Schaden von Musik, Drama und Poesie. Die Drohung, Veranstaltungen des Richard-Wagner-Verbands nicht mehr zu besuchen, wollte Vater natürlich nicht als »Weisung« verstanden wissen, wofür ja in der Tat auch die Rechtsgrundlage fehlte, sondern als Ausdruck einer Herrn Lienhart gegenüber deutlich formulierten, ihm zustehenden persönlichen »Haltung«. Dies alles, so Vater, stehe in keinem Zusammenhang mit meiner Vortragsreise nach Israel.

Was ich zu den möglichen Folgen der Stiftungsurkunde für die weitere Beteiligung der Familie Wagner an der Fortführung der Festspiele (in der *Süddeutschen Zeitung* vom 17. Januar 1990) geäußert hatte, tat Vater mit dem Hinweis ab, es fehle mir offenbar an der gründlichen Kenntnis von Sinn und Inhalt dieser Urkunde. Auch hätte ich 1981, wenn ich über meine Großmutter tatsächlich so kritisch dächte, wie ich es in verschiedenen Statements formuliert hätte, die materielle Erbschaft als »schmutziges Geld« ausschlagen müssen. Am Ende seines Briefes zog er unter Hinweis auf seine Gesamtverantwortung für die Bayreuther Festspiele einen harten und endgültigen Trennungsstrich zwischen ihm und mir.

Alle meine Versuche, meinem Vater nach Erhalt dieses Schreibens meine Haltung zu erläutern, scheiterten. Aus heutiger Sicht macht das Schreiben meines Vaters mir deutlich, dass es ihm nie um eine wirkliche Auseinandersetzung mit der eigenen Vergangenheit und Verantwortung als Vater und Festspielleiter ging. Die in seinem Brief genannten, keineswegs immer meinen Aussagen entsprechenden Zeitungszitate sind aus dem Zusammenhang gerissen, unvollständig und beruhen auf einer willkürlichen Zusammenstellung. Aber das will man weder am Festspielhügel, bei den »Freunden Bayreuths« noch beim Großteil der deutschen und österreichischen Medien zur Kenntnis nehmen.[71] Eine objektive Auswertung der internationalen Pressestimmen und der israelischen akademischen Fachwelt ergibt ein ganz anderes Bild.[72]

Nachdem ich die internationalen Reaktionen mit denen meines Vaters und seiner Vertrauten verglichen hatte, erkannte ich, dass es sinnlos gewesen war, ihn um ein sachliches Gespräch zu bitten. Ich musste meinen in Israel begonnenen Weg trotz aller Widerstände weitergehen.

Der Boykott meines Vaters gegen mich hatte negative und positive Folgen für meine Existenz. Positiv war, dass ich mich seitdem veranlasst sah, mich nicht mehr nur mit Wagner und dem Judentum, sondern auch mit der Geschichte des Christentums und des Judentums intensiv zu beschäftigen. Die dadurch erfahrene kulturelle und spirituelle Bereicherung zeitigte wichtige Folgen für meine persönliche und berufliche Entwicklung.

Negativ an dem Bruch mit Bayreuth war, dass sich meine Arbeitsmöglichkeiten in Deutschland stark verringerten. Der Bruch hatte sich schnell herumgesprochen, gerade auch dort, wo ich zuvor Chancen gesehen hatte. Jeder in der Musikwelt, der mir ein Angebot machen wollte, wusste nun, dass er damit meinen Vater gegen sich haben würde. Warum es sich mit dem Festspielhügel verderben? Allerdings empfanden manche Kreise das Verhalten meines Vaters mir gegenüber überzogen und unglaubwürdig, und die internationalen Reaktionen auf seine Autobiographie (1994) ermutigten mich.

Richard Wagner und die Deutschen

Kompliziert gestaltete sich meine Lage allerdings vor dem Hintergrund des seltsamen Verhältnisses der Deutschen zu Richard Wagner. Wagner ist für sie bedeutungsschwanger, sein Werk schwergewichtig und ernst. Ironie und Selbstironie waren noch nie die Stärke der Deutschen. Wagner ist ihnen nationales Heiligtum oder Nazimonster. Ernst genommen wird er immer, und er setzt mehr Emotionen frei als jeder andere Komponist. Die Gründe dafür liegen im zwiespältigen Werk, Leben und Weltanschauungsgebräu Wagners, der Musik als propagandistisches Vehikel missbrauchte. Wagner spielt mit der deutschen Seele, die immer wieder auf idealistische Weltverbesserungskonzepte hereinfällt. Solange man in Deutschland eine grundsätzliche Diskussion über Wagners Verhältnis zum Judentum vermeidet, wird man ihn in allen Strömungen des Zeitgeistes unterbringen können. Wem aber diese wilde Mischung aus Theater-Erlösungseffekten, Rassismus, Antifeminismus und Deutschtümelei in Deutschland als Deutscher nach dem Holocaust als kulturelles Modell nicht nur als überholt, sondern auch als gefährlich erscheint, der wird nicht allein bei der Bayreuther Wagner-Kultgemeinde auf heftigen Widerstand stoßen. Bei Auseinandersetzungen über Wagner erfriert den Deutschen das Lachen noch schneller. Durch Wagner fühlt sich die deutsche Seele erhoben. Wehe dem, der Wagner in Frage stellt, besonders wenn er aus dessen Familie kommt und so die verwerflichste Form der »Nestbeschmutzung« begeht.

Eugenio

In den ersten Januartagen 1990 hatten wir in Tel Aviv in der Tageszeitung *Jerusalem Post* gelesen, dass seit der Exekution des Tyrannenehepaars Ceausescu Adoptionen in Rumänien möglich seien. Ohne große Diskussion entschieden Teresina und ich noch in Israel, sofort nach der Rückkehr Mitte Januar, eine Adoption für ein Kind aus Rumänien zu beantragen. Nach monatelangen bürokratischen Verzögerungen flogen wir Anfang Juni 1990 mit den notwendigen Unterlagen nach Bukarest, nur einige Tage vor der Bergarbeiterrevolte.

Am 6. Juni fuhren wir mit dem listigen rumänischen Anwalt George Alexandru, den uns die italienische Botschaft vermittelt hatte, zum Waisenheim 4 im Arbeiterviertel von Bukarest. Das Ceausescu-Regime hatte auch dort vollendete Trostlosigkeit hinterlassen. Das Waisenhaus war ein Gefängnis, umgeben von hohen Zäunen und Absperrungen. Im verdreckten und dunklen Inneren des Betongebäudes stank es nach Urin und Ammoniak. Kein Bild hing an den Wänden. Kein Spielzeug war zu sehen. Keine Kinderstimme war zu hören. Freudlos war auch das Zimmer der Direktorin, die in ihrer Verachtung für »ihre« Waisenkinder eine typische Repräsentantin des immer noch allgegenwärtigen Geistes von Ceausescu war. Sie machte uns klar, dass wir ein Kind nur mit »kleinen Extras« reibungslos bekämen. Anwalt Alexandru schwieg.

Die Tür ging auf, und uns wurden nacheinander drei Kinder präsentiert. Elena, dann Christoph und schließlich Eugenio.

Eugenio war in einem erbärmlichen Zustand. Er war abgemagert und sein Bauch stark aufgetrieben. Seine Haut war blass, wund und unrein. Seine fahlblonden Haare waren stellenweise schütter, die Zähne mit einem schwarzen Belag bedeckt. Die Muskulatur war nicht entwickelt, was ihn zwang, sich immer wieder ermüdet hinzusetzen. Seine Kleidung bestand aus einer zu großen Unterhose, über die ein löchriges Plastikhemdchen hing. Seine Schuhe waren riesig, und dadurch ging er unsicher. Aber: Eugenio lächelte mich matt an und hellte so unsere ersten Momente als Vater und Sohn in spe auf.

Nach einer Odyssee durch ein Bukarester Gericht, wo wir weitere Adoptionsdokumente zu unterzeichnen hatten, besuchten wir zwei Tage später Eugenio als seine neuen Eltern. Er ahnte, dass irgend etwas passiert war. Er nannte Teresina und mich »Mamma«, da er nur von Frauen erzogen worden war. Was ein Vater war, wusste er nicht. Wir schenkten ihm einen kleinen Plastiklastwagen, den er strahlend an sich drückte. Zugleich hatte er Angst, jemand könnte ihm das Spielzeug wegnehmen. Dann unternahmen wir einen kleinen Ausflug aus dem Waisenhaus. Wir bemerkten, dass er offenbar nie aus seinem Gefängnis herausgekommen war. Alles war neu für ihn. Er reagierte mit einer Mischung aus Freude und Furcht auf die Begegnung mit einem Hahn, einem Bus, einem Kran und den vielen Leuten, die an uns wortlos mit stumpfen Blicken vorbeieilten.

Als ich Eugenio zum ersten Mal auf den Arm nehmen wollte, zitterte er vor Angst. Ich setzte ihn vorsichtig wieder auf den Boden. Erst später erzählte mir Eugenio, dass er von den Pflegerinnen nur dann auf den Arm genommen wurde, wenn er nach Prügeln in die Dunkelkammer eingesperrt worden war.

Als wir ihn im Juni im Waisenhaus zurücklassen mussten, weil die Dokumente noch nicht vollständig waren, hatten wir große Sorge, ihn nie wiederzusehen. Iliescus Bergarbeitermob begann die Straßen von Studenten zu »säubern«, auch Ausländer waren nicht gerne gesehen, trotz der begehrten Dollarscheine. Wir bekamen Angst, nicht mehr heil zum Flughafen zu kommen. Nur durch Schmiergeld war ein Taxifahrer davon zu überzeugen, uns dorthin zu bringen.

Erst am 30. August 1990 wurde Eugenio durch Beschluss eines Bukarester Gerichts unser Sohn. Dieser Tag hatte aber noch eine andere Bedeutung: Es ist der Geburtstag meines Vaters. Eugenio war also ausgerechnet am Geburtstag seines Großvaters ein Wagner geworden. Anlässlich seiner Taufe im Dezember 1990 schickte ich Vater ein Foto von Eugenio. Ich erhielt es kommentarlos zurück.

Bereits vor unserer zweiten Reise nach Rumänien im September 1990 interpretierte ich die merkwürdige Überschneidung der Lebensdaten von Großvater und Enkel als Ausgangspunkt eines neuen Lebensabschnitts. Aufgrund der eigenen Kindheit wusste ich, dass ich für Eugenio den Schatten Ceausescus niemals übermächtig werden lassen durfte, wie es der Schatten Hitlers für mich war.

Unvergesslich wird mir bleiben, wie wir Eugenio im Herbst 1990 aus dem Waisenhaus abholten. Er hielt uns fest an der Hand und schaute, niemanden grüßend, keinen Moment zurück.

1991: Der Beginn eines steinigen Weges: Shoa und kein Ende

Auch die Gründung der Post-Holocaust-Dialog-Gruppe (PHDG) ist eng mit meiner Israelreise verknüpft. Durch die Medien erfuhr Franklin Littell von meinen Vorträgen über Wagner in Tel Aviv. Im Sommer 1990 lud er mich zum 21. Jahrestreffen seiner Organisation »The Holocaust and the Churches« im Stockton College in New Jersey ein, das im März 1991 stattfinden sollte. Er bat mich, über meine Erfahrungen in Israel, die Chronik der Familie Wagner und deutsche Geschichte im Zusammenhang mit dem kulturpolitischen Phänomen Wagner zu berichten.

Ich war mir der Herausforderung, wie sie sich durch den Charakter der Organisation und der anderen Gastredner ergab, nur ungenau bewusst. Ich hatte zwar seit Ende der sechziger Jahre Wissen durch die Schilderungen von Freunden und Bekannten erworben und viel zum Thema Holocaust gelesen, aber bis zu meiner Israelreise hatte ich selten mit jüdischen Wissenschaftlern zu tun gehabt, die sich mit der Shoah beschäftigt hatten.

3. Hitler steht immer vor unserer Tür
Von Landsberg nach Bremerhaven

Abraham J. Peck

Nach ihrer Befreiung lebten meine Eltern fast fünf Jahre lang im Jüdischen Displaced-Persons-Lager in der malerischen bayerischen Stadt Landsberg am Lech.

Landsberg ist eine Kleinstadt mit einer erdrückenden Geschichte. Adolf Hitler saß hier 1924 neun Monate lang im festungsartigen Gefängnis ein, während dieser Zeit diktierte er seinem treuen Sekretär Rudolf Heß den Hauptteil seines »Opus magnum« »Mein Kampf«.

Landsberg war nach München und Nürnberg auch eines der wichtigsten Ziele der nationalsozialistischen Reiseroute. Landsberg war die »Stadt der Deutschen Jugend«. Neben Kaufering, das in unmittelbarer Nachbarschaft liegt, war es auch der Ort eines Komplexes von elf Nebenlagern des KZ Dachau, wo mindestens 15.000 Männer, Frauen und Kinder als Opfer des »Dritten Reiches« starben.

Während der beinahe fünf Jahre, die meine Eltern als Staatenlose von 1945 bis 1949 dort lebten, begann sich eine Ideologie und eine Bewegung unter den Überlebenden zu entwickeln, die als die »Stimme der She'erith Hapletah« (des überlebenden Rests) bekannt werden sollte. Diese Stimme wollte die jüdische Geschichte und die Weltgeschichte aufgrund der Erfahrung des Holocaust-Überlebens neu ausrichten.

Für meine Eltern, und vor allem für meine schwer kranke Mutter, stellte das Alltagsleben an einem Ort und in einem Land, das die »Endlösung« exekutiert hatte, aber den wichtigsten Kampf dar. In einem Land zu leben, das »mit jüdischem Blut getränkt« war, und keine Hoffnung auf eine Ausreise zu sehen, machte sie alles andere als optimistisch. Aber in meiner Geburt sahen sie die Vision einer »jüdischen Zukunft« und im November 1949 verließ unsere kleine Familie Landsberg am Lech und Deutschland auf der Suche nach einem neuen, anderen und sichereren Leben.

Die Stimme der *She'erith Hapletah (»des überlebenden Rests«)*

Meine Eltern kamen am 22. August 1945 am Bahnhof in Landsberg am Lech an. Sie wussten, dass es in der Stadt ein Lager für »Displaced Persons« (DPs) gab, aber über die Stadt selbst war ihnen sonst nichts bekannt.

Bei ihrer Ankunft in Landsberg wurden sie von amerikanischen Militärvertretern empfangen und in die Saarburgkaserne gebracht, in der während des Zweiten Weltkriegs 2.500 Wehrmachtssoldaten untergebracht gewesen waren. Sie hatten nur wenig Zeit, sich umzuschauen. Meine Mutter brauchte ärztliche Behandlung und mein Vater Arbeit.

Meine Eltern hatten auch keinerlei Bedürfnis, mit den mindestens 1.000 nichtjüdischen Insassen des insgesamt 6.000 Personen zählenden Lagers im Assembly Center Landsberg zusammenzutreffen.

Noch weniger war ihnen daran gelegen, mit der lokalen Bevölkerung von Landsberg in Kontakt zu kommen, die für sie die Mörder ihrer Familien und des polnischen Judentums repräsentierten.

Ein Besucher von Landsberg am Lech, der sich nur für die Geschichte interessiert, wie sie im Reiseführer steht, sieht einen malerischen Ort im so genannten Schwäbischen Oberbayern, am Ende der etwa 350 km langen »Romantischen Straße«. An dieser Romantischen Straße liegen zahlreiche wunderbare mittelalterliche Städte (zum Teil fast 2.000 Jahre alt), die sich noch heute weitgehend ihr damaliges Aussehen erhalten haben.

Das im 13. Jahrhundert gegründete Landsberg beherbergt zahlreiche Arbeiten der berühmten Rokoko-Architekten (18. Jahrhundert) und Brüder Johann Baptist und Dominikus Zimmermann. Zu den Schöpfungen der Zimmermanns zählen mehrere Kirchen und das Rathaus und ein Gymnasium der Stadt ist nach Dominikus benannt.

Aber angenommen, man ist ein jüdischer Besucher von Landsberg und würde gerne etwas über die Geschichte der dortigen jüdischen Gemeinde erfahren, stellte sich heraus, dass die Juden schon seit fast tausend Jahren kein sehr beliebtes Thema in Landsberg sind.

Von der Zeit, da um das Jahr 1000 erstmals jüdisches Leben im Rheinland auftauchte, bis in die Mitte des 14. Jahrhunderts gab es eine jüdische Gemeinde in Landsberg. Dann fiel das jüdische Leben in der Stadt den großen Ritualmord-Vorwürfen im deutschen Mittelalter zum Opfer. Bei Landsberg ging es um den Vorwurf, die Juden der Stadt hätten eine Hostie – die physische Inkarnation Christi – geschändet, was es einem bayerischen Edelmann namens Rindfleisch erlaubte, 1298 praktisch die gesamte jüdische Gemeinde auszurotten und sich deren Besitztümer selbst anzueignen. Der Rest der jüdischen Gemeinde von Landsberg wurde 1348 vernichtet, als ein weiteres Pogrom ihre Existenz beendete. Vom 14. Jahrhundert bis zum Aufstieg Hitlers gab es nur wenige Juden in Landsberg, die Gemeinde war aber nie groß genug, um eine eigene Synagoge zu unterhalten, und so fuhr man zu den Gottesdiensten nach Augsburg.

Landsberg am Lech war es indes beschieden, zu einem noch wichtigeren Ort der Niedertracht in der jüdischen Geschichte zu werden. Im April 1924 wurde ein neuer Häftling in das festungsähnliche Gefängnis gebracht. Nur neun Monate verbrachte er dort, nachdem er zuvor wegen seiner politischen Aktivitäten, darunter auch der versuchte Sturz der bayerischen Regierung im November 1923, zu fünf Jahren Haft verurteilt worden war.

Hier stellte der Häftling Adolf Hitler den größten Teil eines Manuskriptes fertig, das er seinem treuen Sekretär Rudolf Heß widmete. Das Manuskript war eine Abhandlung über seine vergangenen, gegenwärtigen und zukünftigen Pläne für Deutschland und dessen größten Feind, das Weltjudentum. Er gab seinem Werk den Titel *Mein Kampf*.

Mein Vater und meine Mutter vergaßen ihre Ankunft in Landsberg nie. Sie wurden in die Saarburgkaserne gebracht, wo man ihnen in Block Nummer 4 ein Zimmer zuteilte. Meist teilten sich mehrere Familien einen Raum, wobei ein hängendes Bettlaken die einzige Form der Privatsphäre darstellte. Aber da meine Mutter so krank war, hatten meine Eltern den Luxus eigener vier Wände.

Das Lager für die »Displaced Persons« wurde am 11. Mai 1945, knapp zwei Wochen nach dem Einmarsch der amerikanischen Truppen in die Stadt und deren Besetzung, eröffnet. Viele der ersten jüdischen Insassen des Lagers waren Überlebende der Kaufering-Lager. Zweifellos versuchten die Juden dort so gut sie konnten wieder ein Gefühl für ihr Jüdisch-Sein und ihre Menschlichkeit zurückzugewinnen, Aspekte ihrer Identität, welche die Nazis systematisch zerstören wollten. Verzweiflung war in den Monaten nach der Befreiung die größte Bedrohung für die Juden von Landsberg. Es war, als lebten sie auf einem riesigen jüdischen Friedhof, ohne die Hoffnung, diesen je verlassen zu können.

Das Lager in Landsberg spiegelte dieses Gefühl der Hoffnungslosigkeit wider. Die jüdischen Insassen waren hier nicht nur von hunderten nichtjüdischer Lagerbewohner umgeben, die früher als Lageraufseher ihre Peiniger gewesen waren, sondern auch wie in den Konzentrations- und Arbeitslagern der Nazis von Stacheldraht und bewaffneten Wachen.

Mit Irving Heymont, einem 27-jährigen amerikanischen Offizier aus New York, änderten sich diese Zustände. Er war nur von September bis Dezember 1945 in Landsberg und war ein Karriereoffizier, der die Dinge »nach Vorschrift« erledigte. Vor den DPs verheimlichte er, dass er Jude war; er wollte nicht, dass seine Religion ein Faktor in ihrer Beziehung wurde. Aber Heymont war ein mitfühlender und fürsorglicher Mann und er brachte Demokratie und Unabhängigkeit in einem Ausmaß nach Landsberg, das den Neid der übrigen DP-Lager in der amerikanischen Zone erweckte; Lagern wie Föhrenwald mit 5.000, Feldafing mit rund 3.700 Juden – das Lager wurde noch vor der Veröffentlichung des Harrison-Reports zu einem ausschließlich jüdischen Lager – oder Bergen-Belsen/Hohne in der britischen Zone mit rund 9.500 Juden. Mein Vater, der erst viele Jahre später erfuhr, dass Heymont Jude war, nannte ihn einen »Nichtjuden mit einem jüdischen Herz«. Mit Hilfe Heymonts wurde Landsberg zu einem Zentrum jüdischer Kultur: Ein Ausbildungssystem, Theater- und Musikgruppen, politische Parteien und eine organisierte Gemeindestruktur wurden aufgebaut.

Heymont versuchte sowohl die physischen als auch die emotionalen Zustände im Lager in einem Brief an seine Frau zu beschreiben:

»Das Lager ist unbeschreiblich schmutzig. Sanitäre Einrichtungen sind praktisch unbekannt. Mir fehlen die Worte, wenn ich versuche eine entsprechende Beschreibung zu finden [...] Mit wenigen Ausnahmen scheinen die Leute im Lager selbst entmutigt, ohne jede Hoffnung auf Rehabilitierung. Sie scheinen sowohl geistig als auch physisch geschlagen, ohne Hoffnung auf Aufschwung für die Zukunft.«[73]

In diesen ersten Wochen in Landsberg konnten meine Eltern nur an ihre Familien denken: Brüder, Schwestern, Nichten und Neffen, über deren Schicksal ihnen nichts bekannt war.

Mein Vater war mit Angehörigen der Familie meiner Mutter aus Zwolen in den HASAG-Lagern gewesen und hatte daher eine Ahnung von den Verlusten in der Familie Kolton. Außerdem waren, wie oben erwähnt, drei Brüder meiner Mutter in ihren Armen im Ghetto in Lodz an Hunger gestorben.

Über seine eigene Familie hatte mein Vater nur vereinzelte Informationen. Schließlich erfuhren meine Eltern, dass sie die einzigen Überlebenden unter ihren Geschwistern waren: sieben Brüdern und eine Schwester mütterlicherseits sowie drei Schwestern und zwei Brüdern väterlicherseits.

Dies machte die erste Feier, an der sie im Lager Landsberg teilnahmen, so emotional und schwierig für sie. Am 17. September 1945, drei Wochen nach ihrer Ankunft, leitete Dr. Samuel Gringauz, ein Überlebender des Ghettos in Kovno (Kaunas) und von Kaufering sowie Vorsitzender des Lager-Komitees, an Jom Kippur, dem heiligsten Tag des jüdischen Kalenders, das *Jiskor*-Gebet, den Gedächtnisgottesdienst für die Toten. In seinen einführenden Worten sagte Gringauz den versammelten Überlebenden: »Zum ersten Mal werde ich das *Jiskor* für unsere Familienmitglieder, unsere Kinder und Eltern, unsere Frauen und Schwestern in einem freien Haus beten. Und ich werde das *Jiskor* im Namen der 5.000 jüdischen Überlebenden, die hier in Landsberg durch diese blutige Tragödie zusammengeführt wurden, beten. Ich werde es für die Namenlosen und Anonymen beten, die uns verlassen haben [...] für die sechs Millionen, die in der blutigen Erde Europas ruhen: für sie alle werde ich das *Jiskor* beten.«[74]

Es ist nicht ganz sicher, wann der Begriff *She'erith Hapletah* (der überlebende Rest) für jene, die Hitlers Krieg gegen die Juden überlebt hatten, aufkam. Möglicherweise wurde er von Insassen der Konzentrationslager im Jahr vor der Befreiung verwendet. Jedenfalls taucht er in der Liste der Überlebenden, die im Juli 1945 veröffentlicht wurde, auf.[75] Wichtiger ist, dass er zur Quelle der Identität für die Überlebenden wurde, jener, die die Todeslager überlebt hatten, jener, die als Partisanen in den Wäldern lebten, und jener, die Zuflucht in den entlegensten Winkeln Sibiriens suchten.

Die Idee, eingefangen in dem Satz »*mir szeinen doh*« (wir sind da), symbolisierte eine neue jüdische Gemeinde, mit ihrer eigenen geistigen und gesellschaftlichen Dynamik, ihrem eigenen Gesicht, an das sich die Welt erst gewöhnen musste. In Einklang mit der eigenen Erfahrung versuchten sie die Grundlagen der nationalen und universellen jüdischen Werte zu erfassen. Sie lehnten stereotype Antworten und Lösungen ab. Sie ließen es nicht zu, dass ihre jüdischen und menschlichen Beziehungen gegen bloße »Programme« oder abgehobene Versprechen eingetauscht wurden. Sie stellten sich der Realität nicht durch die Verwendung künstlicher Theorien, sondern durch das Abwägen einer Tatsache gegen eine andere: *aliyah* (Einwanderung nach Palästina) gegen den vorherrschenden Ansatz der Rückführung; jüdische Heimatlosigkeit gegen die versperrten Tore des Landes Israel; die Berechtigung einer nationalen jüdischen Existenz gegen die Politik des britischen Mandats.

Vor allem aber forderten sie eine Antwort auf quälende Fragen, auch wenn sie darauf vielleicht nie ein umfassende Antwort bekommen würden: Wie war diese teuflische Lawine von Grausamkeit und Hass gegen das jüdische Volk möglich? Warum waren die Juden in den Tagen der Vernichtung so völlig hilflos und verlassen? Unter den Überlebenden war daher kein Platz für das Dogma der politischen Parteien, wenn die Sprache auf die Sicherheit und die Zukunft der Juden kam. Notwendig war die Einheit des jüdischen Volkes, und diese Erkenntnis wurde zum Charakteristikum für das Verständnis des Zionismus in den DP-Lagern. Ganz zu Beginn waren die Überlebenden nicht an den verschiedenen zionistischen Richtungen interessiert, die sich vor dem Holocaust entwickelt hatten.[76]

Trotz dieses neuen und besonderen Platzes in der jüdischen Welt, brachte es keine besonderen Privilegien mit sich, ein Jude des *She'erith Hapletah* zu sein; im Gegenteil, für jene, die deren ideologische Mission formten, bedeutete diese Position konkrete Verantwortung. Es war gerade diese Zusammenballung von Menschen in den DP-Lagern und das tragische persönliche Schicksal der Überlebenden, das in den meisten von ihnen die Kräfte wachrief und stärkte, die es ihnen ermöglichten, zu überleben und ihre Forderungen durchzusetzen.

Als die amerikanischen Militärbehörden erfuhren, dass mein Vater mit dem medizinischen Personal in Theresienstadt gearbeitet hatte und auch Sanitäter im Lagerspital gewesen war, wurde er sofort als Verwalter angeheuert.

Die medizinischen Zustände waren zwar alles andere als angemessen, aber es gelang meinem Vater, so viel Autorität zu gewinnen, dass er die bestmögliche verfügbare Ausrüstung und Medikamente erhielt.

Vieles von dem Material, das mein Vater für das Krankenhaus aufzutreiben vermochte, stammte aus der als Schwarzmarkt bekannten Schattenwirtschaft Deutschlands. Jeder beteiligte sich am Schwarzmarkt, Überlebende, einheimische Deutsche und sogar das amerikanische Militär. Wenn auch illegal, war dies der einzige Weg, an bessere Waren und Dienstleistungen zu kommen.

Die Erfahrungen meines Vaters mit diesem System bekamen eine neue Bedeutung, als er erfuhr, dass meine Mutter trotz ihrer physischen und psychischen Leiden schwanger war. Ich habe mir oft überlegt, wie meine Eltern Ja zu einer jüdischen Zukunft sagen konnten, einer Zukunft, zu der nun auch ich gehörte, nachdem sie gerade erst aus einer so düsteren jüdischen Vergangenheit aufgetaucht waren. Erst viel später erfuhr ich einige der möglichen Gründe für diesen mutigen Schritt.

Die Schwangerschaft meiner Mutter bedeutete, dass mein Vater seinen mageren Lohn, den er im Lagerkrankenhaus erhielt, würde aufbessern müssen. Aufgrund seines geschäftlichen Hintergrunds war er überzeugt, dass man als Hausierer Geld machen konnte. Und so verhandelte er über den Kauf von gebrauchten Kleidern, welche die DPs aus Amerika bekamen. Er kaufte Uhren von den einheimischen Sinti/Roma und verkaufte sie an die einheimische Bevölkerung.

Als Hausierer kam er in kleine Dörfer wie Scheffelding, Windach und Kaufbeuren, aber auch an weiter entfernt gelegene Orte wie Schweinfurt. Es fiel ihm nicht leicht, mit Deutschen zu handeln, denn immer wieder kam ihm die ewige Frage in den Sinn, was sie während der Vernichtung des europäischen Judentums getan hatten oder wo sie gewesen waren.

Unmittelbarere Sorge bereiteten ihm die deutschen Polizeibehörden. Sobald mein Vater das Areal des DP Assembly Center verließ, hatte er keinen gesetzlichen Status mehr. Er war ein Staatenloser, ohne Papiere, die seine Nationalität oder seinen Wohnort nachweisen hätten können.

Mein Vater begegnete einem Deutschen, der wie er Torten- und Zuckerbäcker war. Dieser Mann brauchte Schuhe für seine Kinder, die wiederum mein Vater hatte. Als Gegenleistung für die Schuhe regelte der Mann die Angelegenheiten mit den verschiedenen örtlichen Polizeistationen, sodass mein Vater nicht wegen seines Schwarzmarkthandels verhaftete wurde.

Eines Abends aber verließ meinen Vater das Glück. Er versäumte den letzten Bus von einem der nahe gelegenen Orte zurück nach Landsberg und wurde von einem Polizisten wegen Vagabundierens verhaftet. Mein Vater musste jemanden finden, der für ihn – »Herrn Steinberg«, wie die Einheimischen ihn nannten, obwohl sie seinen wirklichen Namen kannten – bürgte.

Es gelang ihm, einen Herrn Bauer zu finden, der nicht nur für ihn bürgte, sondern meinen Vater auch einlud, über Nacht bei ihm zu bleiben. Mein Vater ging früh zu Bett, um rechtzeitig aufzuwachen, damit er den ersten Bus zurück nach Landsberg nehmen konnte. Da hörte er einen lauten Streit zwischen den Kindern von Herrn Bauer, einem Sohn und einer Tochter.

Im Zuge dieses Streites, der immer lauter und hitziger wurde, hörte er, wie Bauers Tochter ihrem Bruder drohte, meinem Vater zu erzählen, dass er – ihr Bruder – bei der SS gewesen sei.

Das war nicht das einzige Mal, dass mein Vater auf die Widerwärtigkeit seiner jüngsten Vergangenheit stieß. In vielen Häusern, in die er bei seiner Hausiererei kam, standen für alle sichtbar gerahmte Fotos von Ehemännern und Söhnen in SS-Uniform und konnte man Ausgaben von *Mein Kampf* in den Bücherregalen sehen.

Im Februar 1946 erschienen nach und nach die ersten Geburtsanzeigen in der Lagerzeitung, der *Landsberg Lager-Cajtung*. Am 4. Mai 1946 wurde ich im Lagerkrankenhaus von Dr. Nabrinski ans Licht der Welt befördert. Als man meinen Vater von meiner Geburt benachrichtigte und ihm sagte, dass Mutter und Sohn wohlauf seien, wurde er ohnmächtig.

Als ich geboren wurde, hatte sich schon vieles am Aussehen und an der Art des DP-Lagers in Landsberg geändert. Es gab keine nichtjüdischen DPs mehr, diese waren in andere Lager verlegt worden. Das Assembly Center war in Landsberg Jewish Center umbenannt worden, die Straßen trugen nun die Namen zionistischer Helden und großer Persönlichkeiten der jüdischen Geschichte und in der Person des amerikanischen Militärverwalters Major Irving Heymont war das Lager um eine neue und wichtige Dimension bereichert worden.

Jetzt waren wir eine Familie, aber das bedeutete neue Sorgen für meine Eltern. Da war zum einen die Frage der Gesundheit meiner Mutter: Nach meiner Geburt sagte man ihr, dass sie keine Kinder mehr bekommen könne; ihr physischer und psychischer Zustand verschlechterte sich, ohne die Möglichkeit einer besseren Versorgung als der Pflege im DP-Lagerkrankenhaus. Mein Vater konnte unsere Verlegung ins Erholungsheim des Lagers erwirken, wo wir eine kleine Ein-Zimmer-Wohnung und unsere eigene Küche hatten.

Aber auch mein Vater hatte gesundheitliche Probleme. 1948, kurz bevor sich die Möglichkeit bot, von Landsberg nach Israel zu gehen (3.112 der 4.176 Insassen des DP-Lagers in Landsberg – darunter auch meine Eltern – hatten die Frage nach dem bevorzugten Land für eine Auswanderung in dem Fragebogen mit »Palästina« beantwortet), entdeckte man einen Fleck auf der Lunge meines Vaters und er musste sich mehrere Monate lang im Sanatorium in Gauting in der Nähe von Landsberg behandeln lassen. Als der Fleck endlich verschwunden war, herrschte bereits Krieg zwischen Israel und den arabischen Staaten und mein Vater wollte seine Familie nicht mehr nach Eretz Israel bringen.

Stattdessen kamen meine Eltern und ich auf eine Quotenliste für die Einwanderung in die Vereinigten Staaten, wo wir weder Verwandte noch Freunde hatten. Aber wir mussten lange warten. Mein Vater arbeitete weiterhin im Lagerkrankenhaus und ging in den Städten und Dörfern rund um Landsberg hausieren. Oft heuerte er einheimische Deutsche aus Landsberg zur Arbeit im Krankenhaus an. Viele waren ehemalige Wehrmachtssoldaten oder noch Schlimmeres.

Eines Tages – ich war etwas mehr als zwei Jahre alt – sah ich zwei deutsche Brüder, beides ehemalige Wehrmachtssoldaten, die mein Vater zum Holzhacken angeheuert hatte. Ich sprach Deutsch mit ihnen und sagte meinem Vater: »Daddy, gib mir ein Gewehr. Das sind Hitler-Typen. Ich will sie erschießen.«

Ein paar Tage zuvor hatte mich mein Vater in das Gefängnis nach Landsberg mitgenommen, wo wir dank eines amerikanischen Offiziers Hitlers ehemalige Gefängniszelle besichtigen konnten. Ich hatte mich wohl an den Namen Hitler erinnert und die deutschen Brüder mit ihm in Verbindung gebracht.

Die fünf Jahre, die meine Eltern und ich in Landsberg zubrachten, waren überwiegend Jahre der Isolation und der Einsamkeit. Nach meiner Geburt im Mai 1946 hatte mein Vater überlegt, nach Polen zu gehen und nach seiner und der Familie meiner Mutter zu suchen. Aber im Juli berichteten ihm Neuankömmlinge im DP-Lager – Juden aus Polen – von einem schrecklichen Pogrom, das in der polnische Stadt Kielce stattgefunden habe, wo mehr als 40 Juden kaltblütig ermordet worden seien. Sie erzählten ihm auch von anderen Übergriffen gegen die Juden im ganzen Land, bei denen hunderte getötet worden seien.[77] Er ging nicht nach Polen und hörte nie wieder etwas über das Schicksal seiner Brüder und Schwestern, außer aus zweiter Hand.

Ende November 1949 verließen wir schließlich Landsberg und fuhren in die norddeutsche Stadt Bremerhaven, von wo aus schon zahlreiche Auswanderer vor uns, Juden und Nichtjuden, per Schiff in das »Land der unbegrenzten Möglichkeiten«, die Vereinigten Staaten von Amerika, aufgebrochen waren. Die jüdische Hilfsorganisation HIAS (Hebrew Immigrant Aid Society) war unser offizieller Sponsor. Wir hatten keine Ahnung, in welche Stadt in Amerika wir fuhren oder wie Amerika überhaupt sein würde. Dieser kleine Kern, zwei Elternteile ohne weitere Familie und ihr dreieinhalbjähriger Sohn, ihr Wunderbaby, sagten dem Kontinent, der über Jahrhunderte ihr Heim gewesen war, und dem »von jüdischem Blut durchtränkten« Land, das die Zerstörung ihrer Welt betrieben hatte, Adieu.

Würde sich die »Stimme der *She'erith Hapletah*«, »des überlebenden Rests« auf dieser Reise ins Unbekannte zu ihnen gesellen oder hatte eine zynische und gleichgültige Welt sie zwischen den Ruinen eines zerbrochenen Kontinents und einer zerbrochenen Nation zurückgelassen?

4. Wir entdecken den Holocaust und leben mit seinen Konsequenzen

Abraham J. Peck

Bei unserer Ankunft in Amerika Ende 1949 kamen meine Familie und ich mitten in eine afro-amerikanische Umgebung. Die dort lebenden schwarzen Amerikaner nannten es ein Ghetto, für meine Eltern war es aber eine Schule, wie man ohne Englischkenntnisse und ohne Arbeit überlebt.

Mehr als alles andere markierte unsere Ankunft in Amerika den Beginn des Schweigens meines Vaters über die Ereignisse des Holocaust und den Beginn der ernsthaften Verschlechterung des physischen und geistigen Zustands meiner Mutter. Die vielleicht schwierigste Erkenntnis, die meine Eltern zu verkraften hatten, war das mangelnde Interesse an ihrer beider Tragödie. Niemand, außer wenigen schwarzen Amerikanern, die bei der Öffnung der Konzentrationslager dabei gewesen waren, schien sich für die Schrecken, die meine Eltern durchlebt hatten, zu interessieren, ja ihnen Glauben zu schenken. Der »Krieg« meiner Eltern mit einer lieblosen, unveränderlichen Welt sollte bis zu ihrer beider Lebensende fortdauern.

Das Ende einer Reise und der Beginn einer neuen

Vierzig Jahre nach ihrer Ankunft in den Vereinigten Staaten am 8. Mai 1945 beschrieb die Erzählerin Isabella Leitner ihre Seereise, die sie als eine der ersten Überlebenden von Auschwitz auf der Flucht von einem Universum in ein anderes machte.

»Dr. Mengele, wir sind auf dem Weg nach Amerika und wir werden jedes brutale deutsche Wort vergessen, das Sie uns zu lernen gezwungen haben. Wir werden eine neue Sprache lernen. Wir werden um Brot und Milch in Shakespeares Sprache bitten. Wir werden lernen englisch-sprachig zu leben und vergessen deutsch-sprachig zu sterben.«[78]

Meine Eltern und ich kamen in Boston, Massachusetts, am 2. Dezember 1949 an Bord der *SS General C.H. Muir* an, die nach Charles H. Muir benannt war, der 43 Jahre lang in der US-Armee diente – von den Amerikanisch-Indianischen Kriegen über den Spanisch-Amerikanischen Krieg, den Boxer Aufstand bis zum Ersten Weltkrieg. Aus den Passagierlisten geht hervor, dass sich vor allem Familien mit sehr kleinen Kindern jüdischer, deutscher, litauischer und ukrainischer Herkunft an Bord befanden.[79] Fast alle Passagiere waren DPs (Vertriebene), für die jüdischen muss es ungewöhnlich und vielleicht auch unangenehm gewesen sein, wieder mit Angehörigen jener Nationalitäten gemeinsam untergebracht zu sein, die während der Jahre des Holocaust ihre Verfolger gewesen waren.

Welche Erinnerungen hatten meine Eltern an die fast zweiwöchige Reise von Bremerhaven nach Boston über den kalten und unruhigen Nordatlantik? Meinem Vater ging es auf der Reise gut. Sobald die Mannschaft der *Muir* erfahren hatte, dass er feine Torten und Kuchen backen konnte, baten sie ihn um eine besondere Geburtstagstorte für den Kapitän und er wurde zum Fest an den Kapitänstisch geladen.

Die Einladung erging auch an meine Mutter und mich, wir nahmen jedoch nicht an der Feier teil. Stattdessen verbrachten wir beide den Großteil der Reise seekrank. Da die Schlafquartiere der Männer von denen der Frauen und Kindern getrennt waren, konnte mein Vater uns nur besuchen, wenn wir in unseren Kojen lagen oder den Kopf über die Kloschüssel hielten. Die Seekrankheit dauerte Tage; als sie dann schließlich vorüber war, bat ich meinen Vater um Mehlsuppe, die ich während der Zeit im Landsberger Auffanglager gegessen hatte, als Obst und Gemüse fast nicht zu bekommen waren.

Als wir in Boston landeten, wurden wir mit anderen jüdischen Passagieren von Vertretern der HIAS, der »Hebrew Immigrant Aid Society« (Hebräische Hilfsbehörde für Einwanderer), zu einem Hotel geführt. Meine Eltern mochten den Lärm und das geschäftige Treiben von Boston nicht und konnten es nicht erwarten, an ihren endgültigen Bestimmungsort geschickt zu werden, der, wie sie hofften, ein kleinerer Ort sein würde. Nach einigen Tagen, an denen wir mit den Regeln und Bestimmungen der amerikanisch-jüdischen Gemeindeorganisationen vertraut gemacht und von jiddisch sprechenden Vertretern unterrichtet wurden, bestiegen wir in Boston den Zug zu unserem endgültigen Bestimmungsort – Waterbury in Connecticut.

Meine Eltern sprachen kein Englisch und reisten mit ihrer gesamten weltlichen Habe, wobei das weltlichste eine mit Gänsefedern gefüllte Tagesdecke war. Dieses Stück schien, aus welchem Grund auch immer, besonders geschichtsträchtig zu sein. Eine Einwanderergruppe nach der anderen, Juden wie Nichtjuden, schien überzeugt, ohne diesen Besitz die Reise von der Alten in die Neue Welt nicht antreten zu können.

Bei unserer Ankunft in Waterbury, einer Stadt mit knapp über 100.000 Einwohnern, die für ihre Bronze- und Uhrenindustrie bekannt war, begann unsere ständige Suche nach einer geeigneten Bleibe. Im Gegensatz zu den komfortablen Unterkünften, die jüdischen Einwanderern aus der ehemaligen Sowjetunion ab den frühen 1980er-Jahren zur Verfügung gestellt wurden, waren die jüdischen Gemeindeorganisationen in den späten 1940er-Jahren nicht auf die 100.000 oder mehr jüdischen Vertriebenen vorbereitet, die aus Deutschland, Österreich und Italien nach Amerika kamen. Wir wurden durch eine Abfolge von billigen Substandard-Wohnungen durchgeschleust. Überlebenden aus den Auffanglagern schienen sie einige Stufen über dem Komfortniveau zu liegen, das wir in Landsberg kennengelernt hatten.

Nicht die Wohnungen beschäftigten meine Eltern, sondern jene, die sie uns vermieteten. Alle waren Juden, manche waren sogar zur Jahrhundertwende aus Osteuropa gekommen. Sie schienen aber eine gewisse Amnesie entwickelt zu haben, wenn es um drei arme Juden aus »dem alten Land« ging.

Der Ausdruck »greenhorn« – ein Neuankömmling, der sich in seiner Umgebung nicht auskennt – war nicht für die Generation der Holocaust-Überlebenden geprägt worden, die in den späten 1940er- und frühen 1950er-Jahren nach Amerika kamen. Diese Ehre gebührt einer früheren Gruppe von Juden, die zwischen 1881 und 1924 in die Vereinigten Staaten gekommen waren und deren Zahl schließlich mehr als drei Millionen erreichte. Sie kamen aus wirtschaftlichen Gründen und um der restriktiven, anti-jüdischen Gesetzgebung zu entkommen, die typisch für die zaristische Haltung gegenüber der jüdischen Bevölkerung war. Sie waren die ersten »greenhorns«, *die griene* auf Jiddisch. Sie kamen aus Dörfern, den *Schtetlach*, die sie in der Alten Welt zurückgelassen hatten, nach Amerika in die Neue Welt, eigentlich aber nach New York.

Die Gruppe von Überlebenden des Holocaust kam mit einem ganz anderen Problemkomplex nach Amerika, einem sozialen und psychologischen Gepäck, das nicht leicht zu verstehen war, selbst für die Söhne und Töchter ehemaliger *grienes*.

Elie Wiesel, der nach Buchenwald kam, als mein Vater es verließ, schrieb:

»Was die Überlebenden wollten, war der Welt eine Botschaft mitzuteilen, eine Botschaft, deren alleinige Träger sie waren. Nachdem sie das Innere des Menschen auf eine Weise kennen gelernt hatten, die unerreicht bleiben wird, versuchten sie, das Wissen mit dieser Welt zu teilen.«[80]

Es gab auch andere Überlebende, die ihre Geschichte bei ihrer Ankunft in Nordamerika erzählen wollten. Was sie vorfanden, was Elie Wiesel vorfand, war eine andere Art von Exil, eine andere Art von Gefängnis. Die Menschen hießen sie tränenreich willkommen und verschafften ihnen Arbeit, als sie von den Schiffen an Land gingen, und dann wandten sie sich ab. Warum auch nicht? In einer Zeitschrift kanadischer Überlebender wurde fast zwei Jahrzehnte nach Kriegsende geschrieben: »Es gibt jene Menschen, die sagen, vergiss, was war – vergiss, was sich in Europa abgespielt hat. Hier ist Nordamerika. Beginne hier ein neues Leben.«[81]

Eine Überlebende erzählte von ihren ersten Jahren in Amerika. »Meine Cousins waren in Amerika geborene Juden, die Erfahrung des Konzentrationslagers ist nichts, was dich bei anderen beliebt macht.«[82] Kurz nach der Ankunft in Amerika 1951 wurde einer Überlebenden von ihrer in Amerika geborenen jüdischen Nachbarin in Brooklyn geraten, doch Romane zu schreiben. »Du hast eine tolle Phantasie«, sagte sie, nachdem sie ihr über Selektionen und Gaskammern erzählt hatte.[83]

Auch in Israel, wo die Überlebenden doch auf den geringsten Widerstand gegen ihre Erfahrungen während der Holocaust-Jahre hätten stoßen sollen, gab es eine gewisse Ablehnung. Yitzhak (Antek) Zuckerman, einer der größten Helden des Warschauer Ghettoaufstands, schrieb: »In unserem [der Überlebenden] Verhältnis zu den *yishuw* [der palästinensisch-jüdischen Gemeinschaft vor der Gründung Israels] lag etwas Tragisches. Es war eine einseitige Liebesbeziehung unsererseits, die nie erwidert wurde.«[84]

Für meinen Vater war es einfach, jene Juden, mit denen er in Waterbury zusammentraf, zu fragen, ob sie verstanden, was er und meine Mutter durchlebt hatten, und wie sehr meine Eltern auf sie, die amerikanischen Juden gewartet hätten, um sie zu retten, wie sie polnische und andere Juden bei früheren Tragödien, die über diese im 20. Jahrhundert hereingebrochen waren, gerettet hatten.

Wollte darum niemand zuhören? Waren deshalb Vertreter der jüdischen Gemeinde nur daran interessiert, wie mein Vater das Geld verwendet hatte, das sie unserer Familie für Nahrung und Unterkunft gegeben hatten? Was auch immer der Grund war, ich erinnere mich an den Zorn meines Vaters, als einer unserer Vermieter ihm sagte, dass auch die amerikanischen Juden während der Kriegsjahre gelitten hätten, dass es zu wenig Butter, Milch und Fleisch gegeben hätte.

Damals, glaube ich, beschloss mein Vater, dass ihm nichts anderes übrig blieb als zu schweigen, dass sich niemand für sein Leiden oder das meiner Mutter oder von Millionen europäischer Juden interessierte. Keine Wahrheiten konnten mitgeteilt, keine Lektionen gelernt werden, um das Wesen unserer Welt zu verändern.

In diesen frühen Jahren verschlechterte sich der körperliche und psychische Zustand meiner Mutter. Immer wieder schrie und weinte sie zu Hause oder in der Öffentlichkeit beim geringsten Anlass. Vielleicht drückte sie auf diese Weise die Wut ihrer sieben ermordeten Brüder darüber aus, wie die Welt ihre geliebte kleine Schwester behandelte.

Und doch gab es auch jene, die zuhörten. Jede Wohnung, in der wir lebten, gehörte jüdischen Vermietern, die über oder unter uns wohnten, und lag in einer überwiegend afro-amerikanischen Gegend. Man könnte es als »Ghetto« bezeichnen, es unterschied sich aber sehr stark von dem, was meine Eltern unter einem Ghetto verstanden.

Mit einer Ausnahme: Jeder um uns herum war arm, wenn auch nicht so arm wie wir – in finanzieller, sprachlicher oder sozialer Hinsicht. Wir waren gewissermaßen eine weitere arme Familie in der Umgebung, auch wenn unsere Haut weiß war. Unsere schwarzen Nachbarn konnten es nicht glauben, dass Juden so arm sein konnten. Aber diese Afro-Amerikaner, die selbst Opfer von Gewalt, Diskriminierung und Hass waren, taten ihr Möglichstes uns zu helfen, das Überlebensnotwendige zu lernen.

Ganz besonders ausschlaggebend war, dass einige unserer schwarzen Nachbarn beim amerikanischen Militär gewesen waren und aus erster Hand gesehen hatten, was die Nationalsozialisten den Juden in Europa angetan hatten. Einige von ihnen waren Köche in amerikanischen Armee-Einheiten in der Nähe von Lagern wie Buchenwald gewesen und hatten dem Befehl General Eisenhowers gehorcht, dass amerikanische Soldaten die »wie Klafterholz« aufgestapelten Toten sehen sollten, um zu verstehen, warum dieser Krieg geführt worden war.

Mein Vater erzählte mir oft, dass er sich erst dann wohl fühlte, wenn er am Heimweg von seiner Arbeit bei einem Plastikhersteller, den Waterbury Companies, in unsere schwarze Nachbarschaft kam. Dies hieß, dass er keinen Polizisten mehr sehen musste, der noch immer für ihn ein Symbol für Terrorbedrohung war.

Und mein Vater hatte noch einen anderen Menschen, der ihm zuhörte. Mir blieb keine andere Wahl als zuzuhören – und was mein Vater mir beschrieb, als ich vielleicht sieben oder acht Jahre alt war, die Geschichten von den Arbeitslagern der HASAG oder von Buchenwald, brachte es mit sich, dass die Monster von seinen Peinigern für mich realer wurden als die Großeltern oder Onkeln und Tanten, die ich nie kennen lernen würde und über die kaum erzählt wurde. Indem mein Vater in mir einen »willigen«, wenn auch unfreiwilligen Zuhörer fand, hatte er das Gefühl, dass die Unschuldigen der Welt – die Kinder – die Lehren, die er ihnen erteilen wollte, besser verstehen würden. Oft, wenn er nach seiner Schicht von 7.30 bis 15.30 Uhr nach Hause kam, spielte ich mit Freunden in meinem Zimmer. Mein Vater kam dann herein und begann, vom Lodzer Ghetto und von Buchenwald und von dem, was er dort erlebt hatte, zu erzählen. Meine Freunde schauten mich dann mit fragenden Augen an: Warum erzählt er uns diese Sachen?, stand dann in ihren Augen geschrieben. Selten, wenn überhaupt, kamen sie wieder zum Spielen.

Die Welt, in der meine Eltern lebten, war jene, die der amerikanisch-jüdische Pädagoge Koppel S. Pinson vorfand, als er in den Jahren von 1946 bis 1947 jüdische DP-Lager besuchte. Er beschrieb die Lager als »in ständiger Bewegung. [...] Nicht jede Bewegung ist eine sinnvolle Bewegung. Vieles davon ist emotionale Ruhelosigkeit, die sich aus der Situation ergibt, in der sich diese Menschen befinden.«[85] Ein Teil des Problems liegt darin, dass eine weitere Beobachtung Pinsons über die Überlebenden zutraf: »Für die jüdischen Vertriebenen ist der Krieg nicht zu Ende und auch die Befreiung im wahren Sinn des Wortes hat noch nicht eingesetzt. Da ihre Probleme noch ungelöst sind, die Zukunft noch nicht in ihren eigenen Händen liegt, fühlen sie sich selbst noch im Kriegszustand mit der Welt und die Welt führt Krieg gegen sie [...]«.[86]

Ich bin sicher, dass der Krieg für meine Eltern bis zu ihren letzten Augenblicken auf Erden nicht geendet hat. So erfuhr ich als kleiner Junge von acht oder neun Jahren vom Leid meiner Familie, so wollten meine Eltern mich über eine Welt aufklären, die ihre Lieben und ihre Geschichte ermordet hatte. Die Deutschen waren die Architekten dieses Mordes und Polen, Ukrainer, Litauer, Esten und andere ihre Handlanger.

Wenn etwas meinen Eltern erlaubte, diesen Krieg, wenn auch nur für kurze Zeit, zu verlassen, dann war es ihre Liebe und Sorge für mich. Ich war »der Träger unseres Erbes«, wie Zalman Grinberg 1946 sagte, die Zweite Generation, die »Wunderbabys«, die heranwachsen sollten, um der Stimme der *She'erith Hapletah*, des überlebenden Rests immer Gehör zu verschaffen.

Zum Amerikaner werden

Es gab immer kleine Anzeichen dafür, dass meine Eltern von einem Ereignis und aus einer Welt kamen, die anders waren, auch wenn ich mir dessen als kleines Kind nur schemenhaft bewusst war.

Weil meine Eltern nicht Englisch sprachen und sich nur auf einfachste Weise verständigen konnten, wurde ich für meine Eltern verantwortlich. Grundlegende Dinge, wie das Schreiben und Lesen von englischen Briefen, fielen in meine Zuständigkeit, sobald ich die Sprache beherrschte.

Es gab einen ständigen Briefwechsel mit einem »Dr. Otto Schutz« von der »United Restitution Organization« (URO) in New York. Ich erinnere mich, Briefe geschrieben zu haben, in denen Namen und Orte vorkamen, die für mich nur eine sehr vage Bedeutung hatten, außer dass alles sehr fremd klang. Erst später sollte ich verstehen, dass es sich um die Einzelheiten des Leidens meiner Eltern handelte und dadurch Wiedergutmachungsforderungen an die deutschen Behörden gestellt wurden.

Im Rahmen des Antrags auf Wiedergutmachung mussten meine Eltern immer wieder nach Hartford, der Hauptstadt von Connecticut, reisen, wo deutschstämmige Ärzte – manche waren jüdischer Herkunft, manche nicht – meine Mutter und meinen Vater untersuchten. Ich wusste, wie schwer meinen Eltern diese Untersuchungen fielen. Dies bedeutete nicht nur, dass sie ihre Erlebnisse während der Kriegsjahre zumeist deutschen Ärzten, die kein Mitleid oder Mitgefühl hatten, nochmals schildern mussten, sondern auch, dass ihr Leiden beurteilt wurde: Waren ihr Schmerz und ihre Verluste groß genug für eine finanzielle Wiedergutmachung? Waren sie physisch und psychisch zerbrochen und zu welchem Prozentsatz – zu 50 Prozent, 60 Prozent oder sogar mehr? Waren meine Eltern geistig krank?[87]

In Waterbury gab es relativ wenige Überlebende des Holocaust. Meine Eltern kannten die meisten und der gemeinsame Hintergrund schweißte diese Familien natürlich zusammen. An den hohen jüdischen Feiertagen traf man sich. Die Familien gehörten einer kleinen Synagoge an, die gegenüber der orthodoxen Hauptsynagoge von Waterbury lag. Der Rabbi der größeren Synagoge feierte die Gottesdienste an Rosh ha-Schanah und Jom Kippur in beiden Gemeinden und hielt die Festtagspredigt zu unterschiedlichen Zeiten und mit unterschiedlichen Schwerpunkten. In der größeren Synagoge erörterte er Fragen der jüdischen Welt und legte die Notwendigkeit dar, dass Juden ihr Leben nach moralischen und ethischen Grundsätzen gestalteten, und was die hohen Feiertage für den Einzelnen und für die ganze jüdische Gemeinschaft bedeuteten.

In der *kleine schiel*, wie die Synagoge auf Jiddisch hieß, predigte er über den Holocaust und die Verluste, die seine Gemeinde erlitten hatte. War die Tragödie, die über das europäische Judentum hereingebrochen war, in gewisser Weise eine Strafe Gottes, weil das Judentum von der jüdischen Tradition abgewichen war, von der Mission, eine »heilige Gemeinde«, ein »Licht *für* die Nationen« zu sein?

Die Überlebenden waren über diese Auslegung immer aufgebracht. Welcher Gott wollte oder konnte so etwas tun, fragten sie dann den Rabbi, einen amerikanisch-stämmigen Juden. Welcher Gott erlaubt, dass Säuglinge gegen Häuserwände geschleudert oder auf deutsche Bajonette aufgespießt werden?

Im *Jiskor*-Gottesdienst an Jom Kippur, dem Versöhnungstag, flossen bei den Überlebenden nicht weniger Tränen als an dem schrecklichen 17. September 1945, als Samuel Gringauz den ersten Jom-Kippur-Gottesdienst in Landsberg hielt. Jahr um Jahr vergossen meine Eltern und die anderen Überlebenden während dieses Gottesdienstes ebenso viele Tränen. Nach Jom Kippur brachen sie dann gemeinsam das Fasten und sprachen über den »Krieg« und all die von ihnen erlittenen Verluste.

Die Tragödie der Verluste meiner Eltern wurde meine eigene Tragödie. Wie fühlte ich mich, wenn meine Lehrer Großeltern zum Schulbesuch einluden? Ich hatte keine Großeltern, ich kannte nicht einmal ihre Namen. Wie fühlte ich mich, wenn meine jüdischen Klassenkameraden über Geburtstagsfeiern sprachen, an denen sie von ihren Onkeln und Tanten Geschenke erhielten und ihre kleinen Cousins mit ihnen spielten? Ich hatte nichts von alledem.

Und dennoch versuchte ich mich in die Welt von Amerika der 1950er- und frühen 1960er-Jahre einzufügen und als junger amerikanischer Jude zu leben. Aber was bedeutete es, ein amerikanischer Jude zu sein? Für meine Eltern war das amerikanische Judentum eine Gemeinschaft von Juden, die ihre Augen und Herzen verschlossen, die ihre Wurzeln, die Alte Welt, die die Quelle ihrer religiösen und ethnischen Identität war, verleugnet hatten, die über zu wenig Butter und Fleisch geklagt hatten, während gleichzeitig ihre europäischen Cousins vergast und verbrannt wurden.

Meine Mutter kaufte meine Schulkleidung zumeist in Second-Hand-Läden. Wir konnten uns nur das leisten. Das aber war meinen Eltern nicht wichtig. Ich kann mich nicht erinnern, je mit meinen Eltern auswärts essen oder ins Kino gegangen zu sein. Sie blieben zu Hause, meine Mutter kochte immer das Abendessen und wir saßen gemeinsam vor dem kleinen Fernseher, der gebraucht gekauft worden war. Für sie war wichtig, dass ich die Welt verstand, die wegen des Krieges gegen die Juden geschaffen worden war. Es war eine Welt, in der wir niemandem außer uns selbst trauen konnten. Der Nationalsozialismus und Deutschland warteten nur auf die Gelegenheit wieder zu erstehen, und diesmal würden sie mich verfolgen.

Ein italienisches Brüderpaar, Vinny und Joe, wurden meine Version der *Endeks*, der antisemitischen Nationaldemokratischen Partei aus der Zeit meines Vaters in Polen. Nach der Schule versteckten sie sich immer und sprangen dann plötzlich auf mich zu, schlugen mich mit den Fäusten und nannten mich »Christusmörder«. Lange Zeit lebte ich in Angst, bis ein sehr großer und sehr starker afro-amerikanischer Klassenkamerad mit dem Spitznamen »Shoo Shoo« sich anbot, mich nach der Schule nach Hause zu begleiten, wenn ich seine Hausaufgaben machte.

Im Sommer 1958, wenige Monate vor meiner Bar Mizwa im Alter von 13 Jahren, zogen meine Eltern und ich von der schwarzen Gemeinde weg. Meine Eltern hatten so viel gespart, dass sie sich ein Dreifamilienhaus in einer netten Mittelklassegegend kaufen konnten. Wir lebten im ersten Stock und vermieteten das Erdgeschoss und den zweiten Stock. Wir hatten afro-amerikanische Nachbarn und Nachbarn aus Quebec, die nach Amerika gezogen waren. Auch Italiener, Iren und einige Juden lebten in der Nachbarschaft.

Meine Bar Mizwa wurde in einer konservativen Synagoge gefeiert. Meine Eltern hatten die orthodoxe Synagoge verlassen, als mein Vater die Predigten des Rabbi über die »Sünden« der Juden Europas, die den Zorn Gottes auf sich gezogen hatten, weil sie von der Thora und dem jüdischen Gesetz abgefallen waren, nicht mehr hören konnte.

Die Bar Mizwa war eine kleine Feier. Meine Mutter kochte selbst das ganze Essen für das Fest, das nach der feierlichen Einführung in meine Verantwortung als erwachsener Jude stattfand. Mein Vater war glücklich, als der Gemeindekantor ihnen scherzhaft sagte, dass ich meine Sache so gut gemacht hätte, dass er Angst um seinen Job hätte.

Was eigentlich ein fröhliches Familienfest hätte sein sollen, wurde von der Trauer und den Tränen meiner Mutter geprägt, die um ihre Brüder und Schwester weinte. Wie stolz sie und meine Großeltern gewesen wären, schluchzte sie, mich an diesem wichtigen Tag meiner jüdischen Identität zu erleben. Zum ersten Mal hörte ich da, wie sie sagte, sie wünschte, sie könnte bei ihren Brüdern sein. Das war kein gutes Zeichen. Ich aber war mehr daran interessiert, mit den Mädchen, meinen Klassenkameradinnen, zu tanzen, die ich zum Bar Mizwa Fest eingeladen hatte.

Mein Vater hatte verschiedene Jobs, bevor er eine Arbeitsstelle fand, wo er genug für die Versorgung seiner Familie verdiente. Eine der Arbeitsbedingungen bei der Timex Corporation war, dass er besser lesen und schreiben lernte. Er hatte die »Abendschule« besucht, ein erster Schritt, um Englisch lesen und schreiben zu lernen. Bei diesem Job, bei dem er leitende Verantwortung übernehmen sollte, wurde mehr verlangt. Daher schrieb er sich in einen »Abendkurs« für Fortgeschrittene ein und hatte dort eine Begegnung, die ihn lange erschüttern sollte.

In Waterbury gab es auch eine große litauische und eine kleinere ukrainische Gemeinde, viele von ihnen waren Vertriebene, die ebenfalls in den späten 1940er- und frühen 1950er-Jahren nach Amerika gekommen waren. Viele von ihnen waren in der Klasse meines Vaters. Er fühlte sich unter ihnen nicht wohl.

Mein Vater verstand sich mit einem Polen, Frantisek Perdol, und einem Litauer aus Polen, Pan Grabowski, gut, beide waren in den 1920er-Jahren nach Amerika gekommen. In der Klasse gab es einen Ukrainer, auf den mein Vater aufmerksam wurde. Als er sich einmal mit ihm vor Unterrichtsbeginn unterhielt, fragte er den Mann, was er während des Krieges gemacht hätte. Ich war Bauer und dann Zwangsarbeiter in Deutschland, antwortete dieser. Der Instinkt meines Vater ließ ihn daran zweifeln. Ich glaube, Sie haben jüdisches Blut an Ihren Händen, sagte mein Vater zu dem Mann. Das macht keinen Unterschied, antwortete der Ukrainer, wir sind hier in Amerika und alles, was in Europa geschehen ist, ist hier nicht wichtig.

Einige Jahre später wurde der gleiche Mann, Feodor Fedorenko, angeklagt, Aufseher im Todeslager von Treblinka in Polen gewesen zu sein. Seine amerikanische Staatsbürgerschaft wurde ihm aberkannt und er in die Sowjetunion deportiert, wo er wegen seiner Verbrechen hingerichtet wurde.

Diese widersprüchliche Haltung meiner Eltern hat mich immer verwundert – sie hatten polnische und litauische Freunde, verhielten sich aber gleichzeitig feindselig gegenüber der polnischen und litauischen Gemeinde, kritisierten das amerikanische Judentum und Amerika, weil zu wenig zur Rettung des osteuropäischen Judentums unternommen worden war, kamen aber gleichzeitig nach Amerika, um dort ihr neues Leben zu beginnen.

In einem Punkt aber gab es nie einen Widerspruch – dies war die Rolle der Deutschen und Deutschlands. Da konnte es keinen Kompromiss geben, keine Freundschaften und keine Kommunikation mit der Nation des Nationalsozialismus. Jede neue Generation von Deutschen war vom selben Bazillus des Antisemitismus befallen. Und wie der Name Adolf Hitler, so galt auch der Fluch *Jimah Sh'mo / Sein Name möge für immer ausgelöscht sein!* Deutschland und alle Deutschen.

Die Widersprüche setzten sich aber fort, trotz der Einstellung zu den Deutschen. Eines Tages, als ich von der Schule kam, bot sich mir ein äußerst erstaunlicher Anblick. Beim Küchentisch saß doch meine Mutter mit einem weißhaarigen, vornehm aussehenden Mann mit einem Priesterkragen. Sie tranken Kaffee und aßen Plätzchen, die meine Mutter gerade gebacken hatte, und sprachen über Gartenarbeit.

Ich kannte den Mann mehr aufgrund seines Rufes. Er war Monsignore Morrison und lebte neben uns. Neben uns befanden sich die Kirche St. Margret und die katholische St. Margret-Schule. Die Priester und Nonnen waren wie Monsignore Morrison meist irische Katholiken, viele von ihnen nach Amerika eingewandet. Am bekanntesten war Monsignore, man respektierte ihn, weil er Kirche und Schule leitete, von den Kindern in der Nachbarschaft, die es wagten, auf seinem Schulhof Baseball zu spielen, war er aber gefürchtet. Oft kam er aus dem Pfarrhaus, schnappte einen von uns beim Ohr und verbot uns, je wieder im Schulhof zu spielen, sonst würde er zu unseren Eltern kommen.

Viele meiner Freunde aus der Nachbarschaft waren Katholiken und besuchten den Gottesdienst in St. Margret. Der Monsignore schrie mich nie an, nie zog er mich am Ohr, obwohl ich oft zur Bande der Baseballspieler gehörte. Ich habe mich häufig gewundert, warum er mich anders behandelte. Weil er wusste, dass meine Mutter und mein Vater Juden waren und die Ereignisse miterlebt und durchlitten hatten, die so viele europäische Juden vernichtet hatten?

Dass wir neben einer katholischen Kirche wohnten und meine Mutter mit einem katholischen Priester Kaffee trank, wundert mich noch heute, wenn ich daran denke, was mir meine Eltern über ihre Begegnungen mit der Kirche während ihrer Zeit in Polen erzählt hatten. Für viele Juden in Polen, vor allem in den kleinen Dörfern, war die Kirche das Zentrum, von dem vor allem an wichtigen katholischen Feiertagen wie Weihnachten und Ostern eine körperliche Gefahr für Juden ausging. Die Juden vermieden es an solchen Tagen, ihre Häuser zu verlassen. Welche Botschaft auch immer polnische Christen von der Kirchenkanzel gehört hatten, was auch immer sie tranken, um die Geburt und Auferstehung Christi zu feiern, immer bedeutete dies eine Zeit physischer Gefahr für die jüdische Gemeinde. Mehrmals erzählte mir mein Vater, dass er den Blick auf das Kreuz auf der Kirche vermied, weil der Anblick ihn mit Angst erfüllte.

Meine Mutter, die ähnliche Erfahrungen wie mein Vater gemacht hatte, saß also in den frühen 1960er-Jahren, nicht einmal zwei Jahrzehnte nach der Tragödie des jüdischen Lebens in Europa, in unserer Küche mit einem wichtigen Vertreter eben dieser Kirche zusammen und trank mit ihm Kaffee. Könnten Monsignore Morrison und meine Mutter mehr als nur die Samen in einem Gemüsegarten gesät haben? Jahre später waren meine Bemühungen zur Förderung der christlich-jüdischen Beziehungen Teil dieser Saat.

5. Der Kapitalismus ist an allem schuld: Wir werden zur 68er-Generation

Abraham J. Peck

Gegen Ende meiner Sekundarschulzeit verließ ich die öffentliche High School und ging an eine private Vorbereitungsschule. Für meine Eltern war dies ein finanzielles Opfer, ich lernte dadurch aber eine neue Gruppe von Schülern aus dem Ausland kennen.

Aufgrund meines erfolgreichen Abschlusses der Cheshire Academy wurde ich an der School of International Service (SIS) der American University in Washington, DC, angenommen. Erstmals in meinem Leben war ich in der Lage, die Welt des Churbn, des Holocaust, hinter mir zu lassen.

Es war ein anerkanntes Institut, für viele andere Studenten an der American University waren die SIS-Studenten aber »Streber«, Intellektuelle ohne Persönlichkeit. Ich wurde indes von zwei Fraternity-Typen »adoptiert«, die meine Identität umkrempeln, mich »cool« machen wollten.

Das offensichtlichste Ergebnis dieser »Umerziehung« war mein Vertrauen, mich als Jahrgangsvertreter zu bewerben. Ich siegte über ein Verbindungsmitglied und verschaffte dadurch jenen Studenten, die keiner Verbindung angehörten, ein Gefühl von Selbstachtung und Stolz.

Ich fing auch an, mich aktiver für die Ursachen der Tragödie meiner Eltern und der Tragödie des europäischen Judentums zu interessieren. Ich gab mein Interesse am Dienst im amerikanischen Außenamt auf und wandte mich stattdessen dem Magisterstudium in deutscher und europäischer Geschichte zu.

Weglaufen vor *Churbn*

Als Heranwachsender war ich ein »vorbildlicher« Sohn. Ich konnte es nicht über mich bringen, meine Eltern mit schlechtem oder rebellischem Benehmen zu verletzen. Dafür gab es einen Grund, den ich schon in sehr jungen Jahren fühlte. Meine Eltern zu enttäuschen – ob in der Schule oder außerhalb –, hätte zusätzlichen Schmerz bedeutet, der bei beiden ein großes und sehr bestimmendes Element war.

Dieser Schmerz kam in Albträumen zum Ausdruck, die meine Eltern aufschreien ließen und mich oft aufweckten; dieser Schmerz wurde durch Zornanfälle ausgelöst, die meine Mutter beim geringsten Anlass immer wieder hatte; dieser Schmerz wurde immer wieder durch Schreie meiner Mutter ausgedrückt, wenn sie mit meinem Vater stritt, Schreie, mit denen sie ausdrückte, wie sehr sie sich wünschte, dass ihr Leben zu Ende ginge, damit sie wieder mit ihren toten Brüdern vereint sei; dieser Schmerz wurde durch die Weltsicht ausgelöst, mit der mir mein Vater die Welt erklären wollte – dass ich niemandem außer meinen Eltern vertrauen könnte, weil die Welt durch *Churbn* für immer verändert worden war.

Während meiner Jugendzeit gab es nur *Churbn*, das jiddische Wort mit hebräischer Wurzel für Katastrophe, das alles umschrieb, was meine Eltern und der Großteil des europäischen Judentums von 1939 bis 1945 erduldet hatten. Ich wusste, dass es etwas Schreckliches bedeutete, ein Ereignis, das für die Zerstörung der Welt meiner Eltern stand. Es bedeutete, dass ich nie an eine Welt des Guten – ob in der Realität oder im Ideal – glauben konnte.

Amerika war nicht anders, wie mein Vater mir immer wieder sagte, außer dass die Nazis, die aus Deutschland entkommen waren, und die Polen, Litauer und Ukrainer, die in Amerika eine Heimat gefunden hatten, nicht organisiert waren. Und dennoch gab es jede Menge von Antisemiten, die sie ersetzten.

Churbn begleitete mich immer im Alltag. Es zeigte sich auf diffuse und manchmal unerklärliche Weise, ich wusste aber, was es war, und dass ich niemals seinen Schatten vergrößern durfte, dass ich für meine Eltern nie etwas anderes als eine Quelle des Stolzes und der Freude, von *Naches*, sein durfte, dass ich die einzige Quelle für solche Gefühle war. *Churbn* war mein Konkurrent in Bezug auf den Gefühlszustand meiner Eltern, ein sehr mächtiger Konkurrent.

Während meiner ganzen Primar- und Sekundarschulzeit versuchte ich mit *Churbn* so gut es ging zu konkurrieren. Meine Schulnoten waren recht gut und die außerschulischen Aktivitäten, an denen ich teilnahm, hatten immer etwas mit jüdischem Leben zu tun, in sozialen Organisationen oder im organisierten Sport.

Meine Beziehungen zu den gleichaltrigen amerikanischen Juden war immer oberflächlich. Ich hatte keine wirklich engen jüdischen Freunde, ich hatte aber auch keine engen nichtjüdischen Freunde. Es wäre unmöglich, ja peinlich gewesen, sie nach Hause zu bringen. Ich wusste, was passieren würde, besonders wenn mein Vater da war.

Ich kam mit allen gut aus, bewegte mich aber immer am Rande aller Aktivitäten. Für mich gab es keine Partys oder Rendezvous. *Churbn* schien immer im Weg zu sein. Amerikanische jüdische Mädchen seien für mich nicht gut genug, sagten meine Eltern immer zu mir, und amerikanische jüdische Jungen waren keine verlässlichen Freunde. In Europa wäre das anders gewesen; da wäre es besser gewesen, wenn es noch ein Europa mit Juden gegeben hätte, wenn es nicht *Churbn* gegeben hätte.

Mit den zwei oder drei Söhnen und Töchtern von Familien Überlebender aus meiner High School war ich nicht besonders eng verbunden. Ich wusste zwar, dass sie mit ihren Eltern Probleme hatten, diese Gemeinsamkeit machte uns aber nicht zu guten Freunden.

Und doch schienen meine Eltern weniger kritisch gegenüber einem etwaigen nichtjüdischen Freund. Erklären lässt sich dies vielleicht dadurch, dass sich mein Vater in der Vorkriegszeit auch außerhalb der jüdischen Welt bewegt hatte, vielleicht hatte ihm Pan Solinski etwas Positives in der nichtjüdischen Welt gezeigt und er wünschte sich für mich meinen eigenen Pan Solinski.

Und doch gelang es mir, eine Welt für mich zu schaffen. In der High School waren europäische Geschichte und Deutsch meine Lieblingsfächer. Ich war in beiden sehr gut, einmal erhielt ich bei einer Deutschprüfung die viertbeste Note von ganz Connecticut. Meine Eltern waren jedoch besorgt, dass meine Noten in Mathematik und den Naturwissenschaften nicht so gut waren. Die Klassen in meiner öffentlichen Schule waren groß und außerhalb der Schulstunde konnte man keinen Förderunterricht erhalten. Sie entschlossen sich daher, mich für mein letztes Jahr in der Sekundarstufe in eine Privatschule zu schicken. Ich bin nicht sicher, dass ihnen klar war, was eine private Vorbereitungsschule war, aber jemand muss ihnen erzählt haben, dass sich dadurch meine Chancen, auf eine gute Universität zu kommen, stark verbessern würden. Ich weiß nicht, wie es sich meine Eltern leisten konnten, mich auf die Cheshire Academy zu schicken, diese in den 1790er-Jahren gegründete Vorbereitungsschule mit starker christlicher Tradition, wenige Meilen von Waterbury entfernt.

Ich war ein »day hop«, ein Tagesschüler, und wohnte nicht wie die Mehrheit im Internat. Ich betrat nun eine Welt, die völlig anders war, als jene, die ich gerade verlassen hatte. Statt einer großen Vielfalt an Schülern – Afroamerikanern und Puertoricanern, Immigranten aus griechischen, albanischen, ungarischen und vielen anderen ethnischen Gruppen – traf ich nun auf »blaublütige« Typen, sowohl mit jüdischen, als auch mit nichtjüdischen Hintergrund. Auch die jüdischen Schüler, viele kamen aus New York und aus Lateinamerika, waren weltgewandt und zeigten eine Kultiviertheit, die mir vollkommen fremd war.

Ich wurde nun ein »preppie«, musste an jedem Schultag eine blaue Sportjacke mit den Cheshire-Academy-Abzeichen und eine Krawatte tragen. Ich genoss die kleinen Schulklassen und hatte Erfolg, so großen Erfolg, dass ich an der School of International Service der American University in Washington, D.C., angenommen wurde. Mein Vater hatte sich die Universität mit mir angesehen. Wir nahmen den Bus – eine Fahrt dauerte neun Stunden, und da sich mein Vater für uns kein Hotelzimmer in Washington leisten konnte, nahmen wir den Nachtbus, besuchten tagsüber die American University und fuhren wieder zurück; weit nach Mitternacht kamen wir wieder in Waterbury an.

Gleich nach meiner Abschlussfeier erlaubten mir meine Eltern, sehr zu meinem Schock und meiner Überraschung, eine Reise bis Kalifornien zu machen, um Cousins meiner Mutter in Los Angeles zu besuchen. Von Connecticut fuhr ich mit den Eltern eines Freundes aus der Cheshire Adacemy, die zu dessen Schulabschluss gekommen waren, bis Illinois und nahm dann in Chicago den Bus für die lange Fahrt nach Westen. Als kleiner Junge hatte ich einen der Neffen meiner Mutter und dessen Familie getroffen. Wir waren damals zu ihnen nach New Jersey gefahren und mehrere Tage bei ihnen geblieben. Mein dreiwöchiger Aufenthalt in Los Angeles war schön. Ich lernte die beiden Söhne der entfernten Cousins meiner Mutter kennen, ging mit ihnen zum Strand und sah mir mit ihnen Filmstars an. Wir sprachen nie über *Churbn*, obwohl ich wusste, dass die Cousins meiner Mutter auch einige Zeit im DP-Lager von Landsberg und in einigen HASAG-Arbeitslagern gewesen waren. Wir waren einfach junge amerikanische Juden, die einen kalifornischen Sommer genossen.

Zurück flog ich zum ersten Mal mit dem Flugzeug, dann musste ich mich auf mein erstes Jahr an der American University vorbereiten. Meine Mutter war außer sich vor Sorge. Wie sollte sie ohne ihren »Abie« den Alltag überstehen? Was würde mir an einem so entfernten Ort passieren, ohne die Ratschläge meiner Eltern, ohne den Schatten von *Churbn*, der mich erinnerte, kein Risiko einzugehen, mich nicht den Gefahren dieser Welt auszusetzen?

Aber eines Tages Ende August 1964 stieg ich in Waterbury in den Bus für die neunstündige Fahrt nach Washington. Ich war traurig, dass meine Mutter in Tränen aufgelöst war und sich an mich klammerte, als der Bus näher kam. Ich hatte aber auch das Gefühl von Freiheit, dass sich eine Last löste, die so lange mein Leben bedrückt und meinen Wunsch verdrängt hatte, etwas mehr als nur eine *Naches*-Maschine zu werden.

Zum Amerikaner an der *American* werden

Wie waren meine ersten Tage an der American University (AU)? Ich war von Freiheitsgefühlen überwältigt. Nicht von der Freiheit, Alkohol zu trinken und bis frühmorgens aufzubleiben, »mir die Hörner abzustoßen«. Nein, ich war überwältigt, dass ich nicht bei allem und jedem die Auswirkung auf meine Eltern bedenken musste, ob ich genug zur Überwindung von *Churbn* getan hatte.

Ich war nun Student im ersten Jahr an einer Universität mit vielen jüdischen Studenten, die aus New York und New Jersey kamen, Juden, wie ich sie noch nie getroffen hatte. Sie waren Söhne und Töchter von amerikanischen Juden der dritten und vierten Generation, die die polnischen und litauischen Ghettos schon vor langer Zeit verlassen hatten, aber in Bezug auf ihre Identität ein neues betreten hatten. Für sie war New York der Mittelpunkt der Welt und alle anderen Orte waren ein unkultivierter, billiger Abklatsch.

Während der ersten Woche an der American bekam ich diese Haltung zu spüren. Viele der neuen Studenten kamen nicht nur aus den Bundesstaaten am mittleren Atlantik, sie schienen einander auch alle zu kennen. Am zweiten oder dritten Abend unseres Orientierungskurses fand eine riesige Tanzparty im Freien statt. Ich ging hin und freute mich auf einen Abend, fern aller häuslichen Verantwortung. Ich traf eine junge Frau aus New York, unterhielt mich mit ihr und forderte sie zum Tanz auf. Sie nahm an und wir unterhielten uns während des Tanzes. Ich hatte schon erzählt, dass ich aus Connecticut kam, der Staat lag nah genug an New York, um als fast »ok« durchzugehen. Sie war Jüdin, sprach mit einem starker New Yorker Akzent und erzählte mir, dass sie die Ausbildung zur Grundschullehrerin machen werde. »Und was wirst du studieren?«, fragte sie mich. Als sie hörte, dass ich an der School of International Service (SIS) war, konnte ich sehen, wie sie sich veränderte, jedes Interesse an mir verschwand. Sie könne nicht weiter tanzen, sie müsse gehen, sie müsse einen Freund treffen.

Erst eine Woche später fand ich heraus, dass SIS-Studenten an der American University bei der übrigen Studentenschaft als »Streber«, Bücherwürmer mit wenig oder keiner Persönlichkeit galten.

Ich traf diese »Streber« anlässlich eines Empfangs, den der Dekan und der Lehrkörper für die SIS-Studenten gaben. Ich traf eine warmherzige, freundliche Gruppe von jungen Männern und Frauen, die für die Notwendigkeit aufgeschlossen waren, dass die amerikanische Außenpolitik unser bestes nationales Image verkörperte, und die bereit waren, sich dafür im Rahmen einer Tätigkeit im Außenamt oder bei Berufsverbänden mit internationalen Beziehungen einzusetzen. Sie hatten sehr ähnliche akademische Interessen wie ich und ich war glücklich. Bald gehörte ich zu einer Gruppe von sechs oder sieben SIS-Studenten aus verschiedenen Teilen Amerikas, Juden und Nichtjuden, viele von ihnen waren Einzelkinder.

Sie waren aber nicht meine Zimmergenossen. Das waren Herbie und Howie, zwei Studenten aus dem zweiten Jahr, deren Zimmer mir zugewiesen worden war und die nicht unterschiedlicher hätten sein können als ich. Herbie und Howie waren jüdische New Yorker, typische Bewohner von Manhattan, echte Verbindungsknaben, deren Interessen sich letztlich darauf konzentrierten, vor dem dreißigsten Geburtstag die erste Million Dollar gemacht zu haben. Sie beschlossen – aus welchem Grund auch immer –, mich als hartnäckigen Fall eines Menschen zu adoptieren, der vollkommen »überholt« werden musste. Als Erstes gaben sie mir einen neuen Namen, »Benny«, und schleppten mich mit zu ihren vielen Abenteuern als Verbindungsbrüder und große romantische Liebhaber. Ich sollte alles und jedes beobachten, um zu verstehen, was es hieß, »cool« zu sein, was es hieß, all das zu sein, was ich offensichtlich nicht war.

Ich hätte keine besseren – und schlechteren – Lehrer finden können. Die Änderung meiner Identität war ein full-time Job. Da blieb nur wenig Zeit für so etwas wie akademische Studien und in den ersten Wochen des Semesters hatte ich kaum Zeit, ein Buch zu öffnen.

Bei den Telefonaten mit meinen Eltern versicherte ich ihnen, dass ich hart arbeitete, dass ich stundenlang lernte und mir hervorragende Noten sicherte und ihnen weitere *Naches* brachte. In meinem ersten Semester trat dies nicht ein. Ich hatte Durchschnittsnoten und fühlte mich schrecklich schuldig. Da war ich nun »Benny« der »coole« SIS-Student, den jeder Verbindungsmann am Campus kannte und dem die schönsten und unerreichbarsten New Yorker Mädchen zuwinkten.

Am Beginn des zweiten Semesters verließ ich Herbie und Howie und zog in ein Zimmer mit zwei SIS-Studenten, die zwar auch aus New York und New Jersey kamen, aber nicht unterschiedlicher sein konnten als meine beiden denkwürdigen »Mentoren« aus dem ersten Semester an der AU.

Als ich in den Semesterferien nach Hause fuhr, war meine neu gefundene Popularität wie weggeblasen. Ich betrat wieder eine Welt, die mir zwar sehr bekannt war, die ich aber fast vergessen hatte. Meine Welt in Waterbury sperrte »Bennys Welt« rasch aus. Ich wurde wieder Teil der Dunkelheit, die meine Eltern jede Stunde des Tages und auch viele Stunden der Nacht umgab.

In den folgenden vier Jahren an der American University versuchte ich in beiden Welten – der oberflächlichen und der ernsthaften – an der SIS zu leben. Das war nicht immer einfach: Die oberflächlichen Studenten verstanden nie mein Interesse und meinen Platz im SIS und die ernsthaften verstanden und mochten mich als Benny nicht.

Meine Jahre an der AU waren die Jahre des Vietnamkrieges und der großen Studentenproteste an vielen Universitäten auf der ganzen Welt. Ich hatte immer gemischte Gefühle in der Auseinandersetzung zwischen den Konservativen und den Liberalen, den Verteidigern und Kritikern des Konfliktes. Mein Vater war zum Beispiel ein großer Verteidiger von allem, was das Überleben des Staates Israel sicherte. Aus irgendeinem Grund war der Vietnamkonflikt für dieses Überleben wichtig. Mein Vater unterstützte nicht nur den Gedanken der »Dominotheorie«, wonach eine kommunistische Übernahme von Südvietnam den Abfall vieler Nationen in Südostasien an den Kommunismus bedeuten würde, er war auch überzeugt, dass damit der Staat Israel in Gefahr war. Vielleicht dachte er, dass die Palästinensische Befreiungsorganisation PLO mit der nordvietnamesischen Armee verbündet war, da war ich mir nie ganz sicher. In seinen Gedanken bestand auf jeden Fall eine enge Verbindung zwischen den beiden Kriegen.

Und doch fühlte ich mich bei den Sprüchen, die die radikalen Studenten skandierten – »Hey, hey, LBJ, how many kids did you kill today?« (Hey, hey, Präsident Johnson, wie viele Kinder hast du heute schon auf dem Gewissen?) – niemals wohl. Ich kannte viele von ihnen persönlich und wusste, dass sie – abgesehen von den Drogen, den langen Haaren und Bärten und ihren revolutionären Sprüchen – verzogene, egoistische »reiche Kerle« waren, die tagsüber ein akademisches Gebäude »stürmten« und dann in ihre Sportwagen kletterten und zu ihren Wohnungen fern des Campus zu einem Abend mit Sex und Drogen abzischten.

Ich hatte kein Auto und musste mir ein Zimmer im Studentenwohnheim mit zwei anderen teilen, fing aber an zu verstehen, dass der Zustand von Amerika im Inneren wie im Äußeren dringend öffentlich diskutiert werden musste.

Dies konnte ich auf eine sehr öffentliche Weise tun. Irgendwie hatten mich meine Freunde am SIS überzeugt, für die Vertretung des 3. Studienjahrgangs zu kandidieren. Mein Konkurrent war Mitglied in Howies und Herbies Studentenverbindung und deren Mitglieder wollten mir eine Kandidatur gegen ihn ausreden. »Erinnere dich daran, was Howie und Herbie für dich getan haben«, führten sie ins Feld.

Ich bin mir nicht sicher, wie ernst sie mich als Konkurrenten sahen. Die Studentenverbindungen organisierten das Leben an der American University und ein »Bücherwurm« von der SIS hatte kaum Chancen gegen einen von ihnen. Während meiner Wahlkampagne fiel mir jedoch auf, dass viele »ungebundene« Studenten, jene, die keine Verbindung zu einer Studentenverbindung hatten, die »Brüder« und »Schwestern« aus der Verbindungswelt verabscheuten. Gerade diese Aversion gegen die »coolen kids« führte zu meinem erstaunlichen Wahlsieg. Bei der Verkündigung des Wahlergebnisses verfielen meine Freunde und Unterstützer in einen Freudentaumel. Nicht nur ich hatte gewonnen, auch sie hatten ein Zeichen gesetzt, dass Leute ohne Studentenverbindung, »Streber« und andere, sich durchsetzen konnten. Durch meinen Sieg hatte ich einen Platz im Studentensenat und einen Platz, öffentlich die Themen zu diskutieren, die amerikanischen Studenten Mitte der 1960er-Jahre am stärksten unter den Nägeln brannten.

An der American University waren dies der Vietnamkrieg und die wachsende Black Power Bewegung. Der Grundstein für mein Interesse an der Identitätssuche junger schwarzer Männer und Frauen war schon während meiner Zeit in der afro-amerikanischen Nachbarschaft in Waterbury gelegt worden. Ich beteiligte mich nun an einer Finanzierungskampagne für den Studentenrat der Howard University in Washington, mit deren Hilfe diese Institution von einer »Neger«-Universität zu einer »schwarzen« Universität neu definiert werden sollte. Ich traf auch mit außerordentlichen Führungspersönlichkeiten in der Black Power Bewegung zusammen, wie Eldridge Cleaver, einem der Begründer der Black Panther Bewegung, einer militanten Organisation zum Schutze der schwarzen Bevölkerung vor Polizeibrutalität, und Muhammad Ali, dem berühmten

Schwergewichtschampion, der seinen Titel abgeben musste, weil er sich weigerte zum Militär zu gehen und in Vietnam zu kämpfen.

Ich verliebte mich wie viele während ihrer Studienzeit. Einmal führte eine dieser »Welpenlieben« zu einer Verlobung, die ganz brüsk gelöst wurde. Dies war für mich das schmerzhafteste Ereignis meines jungen Lebens. Als mein Vater am Telefon hörte, wie traurig ich war, welchen Liebeskummer ich hatte, fuhr er mit dem Bus von Waterbury nach Washington und brachte mir einen selbst gemachten Truthahn und viele andere Naschereien, mit denen meine Mutter mir über meine Trauer hinweghelfen wollte.

Dies hat anscheinend gewirkt, denn am Ende meines vierten Studienjahres verliebte ich mich wieder, diesmal für immer, in eine junge Frau aus Maine namens Jean Marcus. Sie war Jüdin der zweiten Generation, deren Großeltern von Litauen und Weißrussland Anfang des 20. Jahrhunderts nach Amerika gekommen waren. Sie trug aber einen jiddischen Namen, Genia, nach einer Verwandten, die von den Nazis ermordet worden war.

Und was dachten meine Eltern darüber? Ich glaube, sie freuten sich, dass ich mich für ein jüdisches Mädchen entschieden hatte. Aber konnte man ihr vertrauen? Immerhin war sie Amerikanerin, noch dazu eine waschechte. Dieses Problem sollte niemals gelöst werden. Es blieb immer ein Zweifel, der Wunsch, ich hätte ein Mädchen aus Europa gefunden, eine, die ihrer Meinung nach den idealen Typus einer jüdischen Frau für mich verkörperte.

Im Juni 1969 wurden Jean und ich im zarten Alter von 21 und 23 in Portland, Maine, verheiratet. Meine Eltern waren bei der Hochzeit, sie waren jedoch die Einzigen aus meiner Familie. Überraschenderweise war Kurt Messerschmidt der Kantor. Er war deutsch-jüdischer Überlebender von Auschwitz, der in den späten 1940er-Jahren in München Sakralmusik aufgenommen hatte, die in den jüdischen Auffanglagern der amerikanischen Besatzungszone ausgestrahlt worden war. Meine Eltern hatten sich auf diese Radioprogramme des American Armed Forces Radio gefreut, weil Kantor Messerschmidt eine herrliche Kantorenstimme hatte und ein wenig Jiddisches und Jüdisches in ihr schwieriges Leben brachte.

Marx, Mao und Marcuse

Nur sehr wenige Absolventen können sich an die Vorlesungen erinnern, die sie an der Universität belegt haben, und noch weniger an einen hervorragenden Professor, der sie zum Verständnis der sie umgebenden Welt anleitete oder sie in ihrer Berufskarriere beriet.

Ich hatte das Glück, einen solchen Mentor zu haben. Er hieß Professor Albert Mott und hielt an der SIS Vorlesungen über Westeuropa. Er war ein brillanter Vortragender, dem es gelang, die großen und oft vollkommen obskuren europäisch geprägten Denker lebendig werden zu lassen, sodass sie in der Welt eines jungen Undergraduate Bedeutung erlangten. Meine erste Vorlesung hatte ich bei Dr. Mott während meines ersten Studienjahres an der American University. Es sollten noch viele weitere folgen, sodass ich ein wenig die Ursprünge, den historischen Hintergrund meines großen Schattens und meiner Last, von *Churbn*, zu verstehen begann. Von Albert Mott lernte ich, auf welche Weise sich der Antisemitismus veränderte, als Westeuropa sich von einem christlichen Imperium in ein System von Nationalstaaten, in eine Gesellschaft des Genozids wandelte. Über die Welt von Philosophen und Denkern, Schriftstellern und Staatsmännern gelang es Professor Mott, die Stränge dieser Veränderungen freizulegen.

Ich lernte von ihm über die verschiedenen Stadien menschlicher Isolation, die dadurch entstand, dass das *Ancien Regime* einer verwirrenden Vielfalt von Ideologien Platz machte, von der Reformation zur Aufklärung, zur Romantik und Reaktion, zum Imperialismus und Faschismus. Er nahm mich auf eine außerordentliche Reise mit. Auch wenn sein Augenmerk nicht allein auf der Entstehung des Antisemitismus als Kristallisationspunkt all dieser Veränderung, dieser Unsicherheit, dieser Vergangenheitssehnsucht und letztlich dieser Planung einer neuen europäischen Zukunft ohne Juden und Judentum lag, suchte ich immer nach Antworten auf die eine Frage: Wie konnte das, was meinen Eltern und ihren Familien und schließlich mir zugestoßen war, überhaupt geschehen?

Mott war auch ein aufmerksamer Beobachter der Studentenbewegungen in der europäischen und amerikanischen Geschichte. Er wollte seinen Studenten die Geschichte dieser Bewegungen verständlich machen, die Revolten der Söhne gegen die Väter und wie diese mit den Ereignissen in Amerika und Europa Ende der 1960er-Jahre zusammenhingen.

Für mich und andere Studenten aus Professor Motts Vorlesungen waren die Parolen der französischen und anderen europäischen Studenten, die ihre gesellschaftlichen Vorbilder »Marx, Mao und Marcuse« skandierten, mehr als nur das Schwadronieren einer Gruppe unzufriedener Studenten. Die Ideologien und die Ideologen dieser Studenten traten klar zutage. Herbert Marcuse war nicht nur Professor in Kalifornien und hatte dort eine berühmte Studentin namens Angela Davis, eine Kämpferin für die Klassenrevolution und Black Power, er war auch ein Theoretiker von enormer Bedeutung, der die Grenzen menschlicher Freiheit innerhalb etablierter Formen demokratischer Systeme aufzeigen konnte. Die Kritische Theorie der Frankfurter Schule und deren Vertreter Adorno, Horkheimer und andere waren mehr als altmodische deutsche Wissenschaftler, sie waren vielmehr wache Kritiker der Gesellschaft, in der sie lehrten, einer Gesellschaft, die sie letztlich ins Exil gezwungen hatte, weil sie Juden waren und zum Prototyp ihrer Analyse einer autoritären Persönlichkeit wurden.

Nach meiner Undergraduate Graduation bewarb ich mich mit Hilfe von Dr. Mott für das Masterprogramm an der School of International Service. Wenn ich mich zuvor auch für eine Laufbahn im amerikanischen auswärtigen Dienst interessiert hatte, war mein Interesse an deutscher Geschichte und dem Aufkommen des Antisemitismus und Nationalsozialismus nun so groß, dass mich Professor Mott bestärkte, diesen Weg einzuschlagen. Er versorgte mich immer wieder mit neuer Lektüre, um mich mit dem nötigen Wissen für diese, wie er meinte, lange und sehr anstrengende intellektuelle Reise auszustatten.

Und wohin sollte dies führen? Wollte ich an der Universität lehren? Wollte ich mich für einen Aspekt der jüdischen Gemeindearbeit engagieren? Wollte ich Rabbiner werden? Als ich im Herbst 1968 mit meiner Masterausbildung begann, beschäftigte mich keine dieser Möglichkeiten. Ich wusste nur, dass ich vielleicht mit *Churbn* unfair umgegangen war. Ich konnte meinen Eltern nie so viel Freude, nie so viel *Naches* bereiten, wie *Churbn* ihnen Schmerz und Trauer verursachte.

Um meiner Last und meinem Schatten direkt zu begegnen, musste ich vielleicht wissen, was *Churbn* war, wie es geschehen war, wer die Menschen waren, die es geschehen ließen, und wie sie die Dinge tun konnten, die sie taten. Vielleicht musste ich *Churbn* verstehen, bevor ich mich selbst verstand.

6. In den Bauch des Untieres

Abraham J. Peck

Nachdem ich meinen Magistertitel erhalten hatte, wurde ich an der School of European Studies der Universität von East Anglia im englischen Norwich als Doktorand angenommen. Ich hatte vorgehabt, an eine Universität in Deutschland zu gehen, wollte aber meinen Eltern keinen Kummer bereiten.

Die Universität lag in einer Stadt, in der die erste europäische Blutverleumdung gegen Juden stattgefunden hatte, meine Frau und ich fanden jedoch eine wunderbare jüdische Gemeinde, die sich während unseres dreijährigen Aufenthalts in Norwich rührend um uns kümmerte.

In jenen Jahren forschte ich viele Wochen in Archiven in der Bundesrepublik Deutschland. Anlässlich einer dieser Forschungsreisen hielt ich mich in Marburg auf, als die israelischen Athleten bei den Olympischen Spielen in München durch die palästinensische Gruppe des »Schwarzen September« ermordet wurden.

1973 wurde mir endlich für mein Forschungsvorhaben die Einreiseerlaubnis in die DDR gewährt, gleichzeitig erhielt ich ein Fulbright Stipendium. Ich verbrachte drei Monate in der DDR und reiste unmittelbar nach Abschluss meines Forschungsaufenthalts im Deutschen Zentralarchiv in Potsdam und Merseburg nach Hamburg.

In Hamburg arbeitete ich mit zahlreichen Wissenschaftlern zusammen, die Schüler von Professor Fritz Fischer waren. Gleichzeitig staute sich in mir eine wachsende Wut über meine Umgebung auf, vor allem angesichts der Tatsachen, die ich über die Deportation und die Ermordung der Hamburger Juden während des »Dritten Reichs« erfuhr.

Schwierige Weichenstellungen

Mit meinem wieder entdeckten Interesse an deutscher und jüdischer Geschichte begann ich mich in die vorhandene Literatur einzulesen, die ich für die Vorbereitung der Abfassung einer Magisterarbeit brauchte.

Lesen war aber nicht genug. Ich wollte auch mit einem Deutschen über die Deutschen und deutsche Geschichte diskutieren. Obwohl ich Deutsch recht gut lesen und sprechen konnte, hatte ich mich in den Vorlesungen über deutsche Sprache und Literatur immer fehl am Platz gefühlt. Die Professoren waren Muttersprachler und der Schwerpunkt der Kurse lag immer auf der Beherrschung von Vokabular und Grammatik sowie auf der Lektüre der deutschen Klassik.

Keine dieser Schriften beschäftigte sich mit dem Thema Antisemitismus oder der Zeit des Nationalsozialismus. Meine Professoren vermittelten mir das Bild einer Nation von »Dichtern und Denkern«, die das Schicksal der europäischen Kultur geprägt hatte.

Ich wollte Fragen stellen über die Nazizeit und über die Ermordung von Millionen jüdischer Männer, Frauen und Kinder, wusste aber über jene Ereignisse nicht genug und scheute eine Diskussion über meine eigene Familiengeschichte mit jenen, deren Nation die Verantwortung für das trug, was aus dieser Familiengeschichte geworden war. Ich fühlte mich unter Deutschen nicht wohl, weil ich den Wunsch, Fragen zu stellen, unterdrücken musste, und dies war ausgesprochen frustrierend.

Und dann traf ich Petra Kelly. Sie war zwei Jahre unter mir an der School of International Service. Ich erinnere mich noch genau daran, als ich sie zum ersten Mal sah: eine blonde junge Frau, die zu irgendeinem Treffen oder einer Vorlesung lief. Sie hatte aus Schlafmangel dunkle Ringe unter den Augen, aber immer ein Lächeln. Petra freundete sich mit Dr. Mott an und wurde wie ich eine seiner Studenten. Eines Tages traf ich sie im Büro von Professor Mott. Sie sprach Englisch mit Akzent, es gab an der AU aber so viele ausländische Studenten, dass sie aus vielen Ländern Europas oder sogar aus Lateinamerika stammen konnte.

Sie kam aus Virginia, wie sie mir erzählte, hatte aber auch in Georgia gelebt. »Wo bist du denn geboren?« fragte ich. »In Deutschland«, antwortete sie. Daraufhin verkrampfte sich mein Magen, wie immer, wenn ich das Wort Deutschland hörte. Ich wollte sie über den Nationalsozialismus fragen, über die Juden, konnte es aber nicht.

Stattdessen diskutierten wir das Studentenleben und die Bürgerrechte. Ich erkannte, dass sie sehr gut informiert war und sich für die Rechte der Afro-Amerikaner und der Armen engagierte.

Ich konnte nicht anders, als diese begeisterungsfähige Idealistin zu mögen, die über das, woran sie glaubte, nicht nur mit großer Leidenschaft sprach, sondern auch nach ihren Grundsätzen handelte, indem sie sich aktiv politisch engagierte. Sie wurde eine enge Freundin von Senator Hubert Humphrey und arbeitete als Freiwillige in seinem Büro.

Nachdem ich fast zwei Jahre mit Petra befreundet war, fasste ich schließlich genug Mut, um sie nach ihrer deutschen Identität und dem Nationalsozialismus zu fragen. Petra war auf meine Fragen nicht vorbereitet. Sie wusste zwar, dass ich Jude war, hatte aber keine Ahnung über die Geschichte meiner Eltern. Als sie davon erfuhr, wurde sie schrecklich traurig. Es war eine individuelle Traurigkeit, eine Traurigkeit, die vom Herzen und von der Seele eines außergewöhnlich »menschlichen« Menschen kam, es war aber nicht die Traurigkeit als Deutsche.

Ich glaube nicht, dass Petra Kelly je einen Sohn von Überlebenden getroffen hatte. Es war das erste Mal in all den Jahren, die ich sie an der American University kannte, dass sie verwirrt schien und schwieg. Ich spürte in ihrem Schweigen Beschämung, aber auch das Bedürfnis, über meine Fragen nachzudenken.

Danach sprachen wir oft darüber und Petra gestand mir, dass sie nie mit ihrer Mutter oder Großmutter über die NS-Zeit oder über die Ermordung der Juden gesprochen hatte und dass beide ihr auch nie davon erzählt hatten.

»Jetzt werde ich aber mit ihnen darüber sprechen«, sagte sie mir. »Ich weiß«, fügte sie hinzu, »dass du und ich an eine Welt glauben, die sich verändern muss, eine Welt, die Ungerechtigkeit, Unterdrückung der Armen und Schwachen und die Kernwaffen abschaffen muss. Dazu gehört auch jede Form des Antisemitismus. Du und ich, wir können die Vergangenheit nicht ändern«, meinte sie, »aber wir können uns bemühen, eine andere Zukunft zu schaffen.« Meine Zuneigung zu Petra Kelly, meine Bewunderung für ihre Ansichten und ihre Tatkraft ließen ihren deutschen Hintergrund fast bedeutungslos werden, aber nicht ganz.

»Du solltest nach Deutschland gehen«, meinte sie zu mir, »und deine Fragen über die Deutschen und den Nationalsozialismus und die Juden dort stellen.« Sie verhalf mir dann auch zu einer Einladung, an einem von der Stadt Duisburg gesponserten Programm teilzunehmen, wo ich in der politischen Verwaltung von Duisburg ein Praktikum machen sollte. Als ich aber meinen Eltern von diesem Praktikum erzählte, ließen sie mich unter keinen Umständen gehen. »Dein Leben wäre in Gefahr«, sagten sie mir, »und du bist alles, was wir haben. Bitte tu uns diese Reise ins ›Nazi-Land‹ nicht an.«

Ich musste die Einladung daher ausschlagen. Nach ihrem Studienabschluss an der AU 1970 verfolgte ich aber Petras weitere Laufbahn. Ich sah sie zwar nie mehr wieder, freute mich aber, dass sie nach Deutschland zurückkehrte und Gründungsmitglied der Grünen Partei, Abgeordnete im deutschen Parlament und eine Persönlichkeit von internationaler Bedeutung wurde. Durch ihren Tod, aus der Hand ihres »Seelenverwandten«, des pensionierten Generalmajors Gert Bastian, im Jahre 1992 verlor die Welt eine wichtige Stimme für soziale *und* politische Veränderung.[88]

Nach meinen Zulassungsprüfungen zum Magisterstudium, die ich mit »ausgezeichnetem Erfolg« bestand, entschloss ich mich, eine Magisterarbeit über die Frage der deutsch-jüdischen Identität von der napoleonischen Zeit bis zur Weimarer Republik zu schreiben. Ich hatte das Glück, einen Schreibtisch in der Library of Congress zu bekommen und mich mit Dr. Arnold H. Price anzufreunden, dem Bibliothekar der Sammlung für deutsche Geschichte an der Library. Price war praktisch eine wandelnde Enzyklopädie über Bücher und Artikel zu meinem Thema und ich diskutierte stundenlang mit ihm über deutsche Geschichte und jüdische Identität.

Ich hatte auch das Glück, dass neben mir Dr. George W. F. Hallgarten seinen Schreibtisch an der Library of Congress hatte, ein Historiker des europäischen Imperialismus vor 1914, dessen Buch zu diesem Thema schon ein Klassiker war, bevor ich ihn kennen lernte.[89] Hallgarten, der einer bekannten deutsch-jüdischen Familie entstammte, von der ein Teil im 19. Jahrhundert nach Amerika ausgewandert war und eine erfolgreiche Investmentfirma gegründet hatte, hatte Deutschland 1936 verlassen. Als ich ihn 1970 traf, hatte er gerade seine Autobiographie *Als die Schatten fielen* publiziert.[90] Er schenkte mir ein Exemplar und gewährte mir Einblick in sein außergewöhnliches Leben, das er als Klassenkamerad von Heinrich Himmler begonnen hatte. Von Hallgarten erfuhr ich auch etwas über die Identität des deutschen Judentums zur Zeit der Machtübernahme der Nazis 1933 und wie ein assimilierter Jude wie Hallgarten den Platz des Judentums in dieser deutschen Umgebung sah.

Während ich an meiner Diplomarbeit schrieb, dachte ich auch an die Zukunft. Ich hatte im Juni 1969 geheiratet und mein akademisches Leben an der AU würde im Frühling 1970 zu Ende gehen. Was sollte ich danach tun?

Dr. Mott schlug vor, ich solle einen Aspekt meines Interesses an Deutschland und dem Aufkommen des Antisemitismus in einer Doktorarbeit weiterverfolgen. Konnte ich aber weitere zwei Jahre an der Universität und in Archiven verbringen? Was würde meine Frau Jean dazu sagen, wie stand es mit der Gründung einer Familie?

Jean war mehr als eine Ehefrau, sie war auch eine Partnerin und nahm bereitwillig an jedem Abenteuer teil, das sich uns bieten sollte. Sie redete mir zu, mich für ein Dissertationsprogramm zu bewerben, aber wo?

Ich wollte nach Deutschland gehen, die Menschen und die Gesellschaft dort selbst erleben und mit deutschen Wissenschaftlern an den Themen arbeiten, die ich erforschen musste.

Es war aber nicht möglich, weil dies meinen Eltern Schmerz und Angst zugefügt hätte. Schließlich entschied ich mich für eine Doktorarbeit an der University of East Anglia (UEA) im englischen Norwich. Die Universität hatte eine Fakultät für europäische Studien, ähnlich der SIS an der American University, und zwei Professoren, Michael Balfour und Volker Berghahn, die sich mit deutscher Geschichte befassten. England lag in der Nähe von Deutschland, war aber nicht Deutschland. Ich hoffte, dass meine Eltern die Möglichkeit akzeptieren würden, dass ich zum Studium nach England ginge. Sie waren weniger entsetzt als damals über Duisburg, aber dennoch schockiert, dass ich so weit fortziehen wollte.

Auch für Jean war es keine leichte Entscheidung. Sie stand ihren Eltern, ihren beiden Brüdern und ihrer Schwester sehr nahe. Aber ihre Eltern befürworteten unsere Pläne. Sie meinten, wir seien jung und es wäre für uns beide eine großartige Erfahrung, in einer neuen Umgebung auf uns selbst gestellt zu sein.

Im Frühjahr 1970 erhielt ich meinen Magistergrad und wurde in das Doktoratsprogramm der School of European Studies an der UEA aufgenommen.

Der Sommer vor unserer Abreise war schwierig. Meine Eltern, insbesondere meine Mutter, waren außer sich vor Sorge: Wie würden wir ohne Arbeit leben? Welche Art von Unterbringung würden wir finden? Womit würden wir uns ernähren?

Wir buchten eine Überfahrt auf einem alten Ozeandampfer, der *SS France*, damit wir die Reise nach England genießen konnten.

Norwich, eine Stadt im ländlichen East Anglia mit einer alten Kathedrale, war eine wunderbare Entdeckung. Es war klein genug, um fast alles zu Fuß erreichen zu können, aber groß genug, sodass alles Nötige vorhanden war. Die Preise waren viel niedriger als in den USA, vor allem auf dem herrlichen Markt im Zentrum von Norwich.

Nach unserer Ankunft kamen wir in einer kleinen Frühstückspension unter und an unserem ersten Tag als echte Bewohner von Norwich entdeckte ich, dass unser kleines Hotel fast gegenüber einer Synagoge lag. Wir gingen beide hinüber und wurden von einem ganz besonders netten Ehepaar, Hetty und Harry Levine, begrüßt, die unsere »Adoptiv«-Eltern wurden.

Auch sie waren neu in Norwich. Harry war bis zu seiner Pensionierung Lehrer und Journalist gewesen und dann von der kleinen jüdischen Gemeinde von Norwich eingeladen worden, als Laienrabbiner zu fungieren. Für Jean und mich, und für unsere Familien, war dies eine wunderbare Entdeckung. Die Levines und die Norwich Hebrew Congregation wurden unsere zweite Heimat in der Fremde. Als ich meinen Eltern beim ersten transatlantischen Telefonanruf von Hetty und Harry und der Synagoge erzählte, konnte ich hören, wie die Sorge in ihren Stimmen langsam schwand. Während der drei Jahre unseres Aufenthalts in Norwich und England trösteten sich meine Eltern über meine Abwesenheit hinweg, weil es diese wunderbaren Juden in Norwich gab.

Erst nachdem ich Norwich verlassen und in die Vereinigten Staaten zurückgekehrt war, erfuhr ich von der dunkelsten Zeit in der Geschichte Norwichs im Hinblick auf seine jüdische Gemeinde. Im März 1144 – kurz vor Ostern – war die jüdische Gemeinde von Norwich angeklagt worden, einen jungen Christen namens William ermordet und sein Blut für ein Pessachritual verwendet zu haben. Der Mob fiel über die Juden von Norwich her und die jüdische Gemeinde, die damals zu den größten Englands zählte, musste aus der Stadt fliehen.

Es war dies der erste so genannte Ritualmordvorwurf, ein antisemitischer Mythos, der sich in England und Europa verbreitete und zum Tod hunderter unschuldiger Juden führte.

1970 wussten Jean und ich lediglich, dass wir in einer Gemeinde waren, die sich um »unsere amerikanischen Juden« kümmerte, und dass meine Eltern nachts ruhig schlafen konnten.

Wenige Monate nach meiner Ankunft an der UEA wurde ich aufgefordert, ein Thema für meine Doktorarbeit auszuarbeiten und den restlichen Aufenthalt als Doktorand mit wissenschaftlicher Arbeit und der Abfassung eines publizierbaren Geschichtswerks zu verbringen.

Auch wenn Michael Balfour mein unmittelbarer Betreuer war, näherte er sich dem Ende seiner Lehrtätigkeit und der Pensionierung. Ich verbrachte daher die meiste Zeit mit Volker Berghahn, einem jungen deutschen Wissenschaftler, der seine Doktorarbeit in England geschrieben hatte.

Berghahn war bereits ein anerkannter Wissenschaftler auf dem Gebiet des wilhelminischen Deutschland,[91] ebenso wie Balfour, der ein wichtiges Buch über Kaiser Wilhelm II. und seine Zeit verfasste hatte[92] und mit allen Wissenschaftlern für deutsche Geschichte in England, Deutschland und den Vereinigten Staaten gut bekannt war.

Nach vielen Diskussionen entschied ich mich mit Berghahns Unterstützung dafür, den Einfluss der völkischen Bewegung auf die traditionelle deutsche konservative Politik zu untersuchen. Dieses Forschungsprojekt hatte für mich den Vorteil, dass es mich direkt zur Geschichte der Entwicklung des deutschen Antisemitismus als monströse Kraft führte, die der »Endlösung« und dem Plan der Vernichtung jüdischen Lebens in Europa zugrunde lag.

Einen Haken aber hatte die Sache. Ich musste viele Archive sowohl in der Bundesrepublik als auch in der Deutschen Demokratischen Republik besuchen, wo seit Beginn des Vietnamkrieges kein amerikanischer Wissenschaftler Forschungszugang erhalten hatte.

In den Bauch des Untieres

Noch vor der wissenschaftlichen Arbeit an Originalen in den Archiven musste ich jedoch ein weites Spektrum von Sekundärquellen studieren, um mich mit der modernen deutschen Geschichte intensiv auseinander zu setzen und die Entwicklung der politischen Gruppen, mit denen ich zu tun haben würde, zu verstehen. Bis zum Ende des ersten Semesters las ich ohne Unterbrechung. Im Dezember hatten wir beide das Gefühl, dass eine Reise auf den Kontinent eine gute Möglichkeit wäre, den Studien- und Arbeitsstress abzuschütteln. Außerdem hatte sich Jeans Bruder zu einem Besuch bei uns in seinen ersten Semesterferien entschlossen.

Wir wollten nach Paris, München und Zürich reisen. Anfang der 1970er-Jahre war Europa für Amerikaner billig und wir fingen Ende Dezember mit Paris bei Schneefall an. Das Wetter war zwar kalt, die Stadt jedoch der Traum jedes Touristen, sowohl in Bezug auf die Kultur als auch auf das Essen.

Nach Paris blickten wir nach Deutschland. Besonders nervös war ich bei dem Gedanken an die Fahrt im Nachtzug von Paris nach München. Meine Ängste steigerten sich, als wir die französisch-deutsche Grenze passierten. Plötzlich kamen uniformierte deutsche Zollbeamte zur Passkontrolle in den Zug. Ich glaube, dass jeder Jude, der von einem Deutschen in Uniform nach seinem »Pass« gefragt wird, nur Angst verspüren kann.

In diesem Augenblick empfanden wir alle gleich, aber nach der Kontrolle der Pässe verließ uns der Beamte mit einem höflichen »Danke«.

Ich war also jetzt in dem Land, wo ich geboren worden war und meine Eltern die schlimmsten Ängste ausgestanden hatten. Ich hatte ihnen von der Reise erzählt und sie machten sich große Sorgen. Dann erzählte ich, dass wir nach Landsberg, meiner Geburtsstadt, fahren würden. Mein Vater stimmte zu, dass ein Besuch von Landsberg eine gute Idee sei, ich dort aber wahrscheinlich nichts finden würde.

Die Fahrt verlief ereignislos. Als wir uns der Stadt näherten, sah ich bekannte Stadt- und Dorfnamen, die mein Vater in seinen Geschichten erwähnt hatte. Schließlich sah ich die Schwäne am Lech schwimmen, wie es mir mein Vater so oft beschrieben hatte.

Ich hatte nicht viel Zeit und steuerte daher direkt auf das Landsberger Rathaus zu. Ich erzählte einem Beamten, dass ich im DP-Lager der Stadt geboren worden sei und gerne das Lager und die Gebäude sehen wollte, in denen meine Eltern und ich gelebt hatten.

Nach einer schier endlosen Zeit des Wartens kam ein weiterer Beamter und beschied mir, dass der Zutritt in die Saarburgkaserne verboten sei, da dort eine deutsch-amerikanische Militäroperation im Gange sei. Erst später fand ich heraus, dass das Lager auch die Kommandozentrale für die Pershing-Raketen in Süddeutschland war und die Nuklearsprengköpfe einige Meilen von Landsberg lagerten.

Nun aber rückte ein längerer Forschungsaufenthalt in Deutschland ohne meine Frau in greifbare Nähe. Würde ich echte Nazis kennen lernen? Würden mich die Leute anstarren, als stünde das Wort »Jude« auf meiner Stirn? Konnte ich so tolerant sein nicht anzunehmen, dass jeder Mensch über 50, auf den ich treffen würde, an der »Endlösung« beteiligt gewesen war?

Meine erste lange Forschungsreise führte mich 1971 nach Koblenz, dem Sitz des deutschen Bundesarchivs. Ich verbrachte dort mehrere Wochen mit dem Sichten von einem Bestand nach dem anderen, von einem Nachlass nach dem anderen, die mit meinem Thema zusammenhingen.

In Koblenz fand ich eine kleine Pension unweit vom Bundesarchiv. Die Besitzerin der Pension schien eine sehr nette Frau zu sein, eine Witwe, der daran gelegen war, dass ich an einer britischen Universität studierte. Am ersten Wochenende fragte sie mich, ob ich so nett wäre, ihrer Tochter, die Gymnasiastin war, bei der Abfassung eines Briefes an ihre Brieffreundin zu helfen. Ich erklärte mich gerne bereit dazu. An diesem Sonntagnachmittag lud mich meine Wirtin zu Kaffee und Kuchen ein und wir machten höfliche Konversation. Sie fragte, welchen Eindruck ich von Deutschland hätte. Es sei hier am Rhein sehr schön, antwortete ich. »Ja«, sagte sie, »es gibt aber ein gefährliches Element, das unsere Nation bedroht.« »Was für eines?«, fragte ich. »Die Juden«, flüsterte sie.

Sie muss bemerkt haben, wie mein Gesicht mehrmals die Farbe wechselte, denn sie sagte im nächsten Atemzug, »aber ich habe nichts gegen sie«. Innerhalb weniger Tage hatte ich diese Pension verlassen, und was meine Eltern mir über das »Nazi-Land« erzählt hatten, schien weniger ihrer Hysterie zuzuschreiben zu sein.

Aber ich durfte nicht zulassen, dass dies meinen Forschungen im Wege stand. Jean war wieder nach Norwich zurückgekehrt. Mit ihrer Arbeit als Bibliotheksassistentin am Norwich City College bestritt sie den Großteil unserer Ausgaben und radelte täglich zwischen Arbeit und Wohnung hin- und her.

Im Laufe der nächsten zwei Jahre verbrachte ich immer wieder Wochen in deutschen Archiven in Hamburg, Dortmund, Marburg, Mönchengladbach, aber auch in London. Nur einmal hatte ich ein Erlebnis, das mich so aufwühlte, dass ich mich nicht auf meine Forschung konzentrieren konnte.

Im September 1972 arbeitete ich in Marburg an der Lahn in der Staatsbibliothek Preußischer Kulturbesitz. Zu dieser Zeit fanden die Olympischen Sommerspiele in München statt und ich freute mich darauf, jeden Abend nach getaner Forschungsarbeit in meiner Pension die olympischen Ereignisse im Fernsehen zu verfolgen. Eines Tages sah ich am Heimweg von der Staatsbibliothek eine Menschentraube vor einem Kaufhausfenster stehen. Ich ging darauf zu und sah, dass sie einen Bericht über einen Terroranschlag auf das Olympische Dorf sahen, bei dem mehrere israelische Athleten als Geisel genommen worden waren.

Ich rannte in meine Pension und traf dort die Vermieterin, eine Frau Mitte sechzig, die wusste, dass ich Jude war. »Oh, Herr Peck«, sagte sie. »Was für eine schreckliche Tragödie! Sie haben Athleten aus Ihrem Land als Geiseln genommen und drohen, sie zu töten!« »Ich bin kein Israeli«, antwortete ich, »aber es ist eine Tragödie.«

Ich harrte, so lange ich konnte, vor dem Fernseher aus. Schließlich musste ich in mein Zimmer gehen, am nächsten Morgen wartete wieder ein Forschungstag auf mich. Als ich am Morgen zum Frühstück herunterkam, lief die Vermieterin unruhig hin und her, rang die Hände und wiederholte immer wieder: »Sie sind alle tot, sie sind alle tot, die Juden sind alle tot.«

Ich konnte diese Nachricht nicht fassen, ganz besonders aus dem Mund dieser deutschen Frau, die mich zu einem Israeli gemacht hatte. An diesem Tag und auch am nächsten konnte ich nicht arbeiten. Ich wünschte, Jean wäre bei mir. Außer dieser Frau in der Pension hatte ich niemanden zum Reden. Dass diese Frau mir erzählte, dass »alle Juden tot sind«, schien mir ärger als der schlimmste Albtraum.

Von der DDR zu einem Fulbright Stipendium

Mehr als zwei Jahre lang suchte ich um Zulassung in die Archive der Deutschen Demokratischen Republik an. Jedes Ansuchen wurde mit dem gleichen Brief beantwortet, dass der DDR aufgrund der US-Intervention in Vietnam keine andere Wahl blieb, als meine Einreise abzulehnen.

Als sich der Vietnamkrieg dem Ende näherte, erhielt ich endlich Anfang 1973 den lang erhofften Brief, in dem mir angekündigt wurde, dass ich nun meine Forschungen in den wichtigsten Archiven der DDR, dem Zentralen Staatsarchiv an seinen beiden Standorten in Potsdam und Merseburg, in Angriff nehmen durfte. Gleichzeitig erhielt ich die schöne Nachricht, dass ich ein Fulbright Stipendium für einen einjährigen Forschungsaufenthalt in der Bundesrepublik Deutschland erhalten hatte.

Ich beschloss, von Juni bis Ende August in der DDR zu forschen. Jean würde in die Vereinigten Staaten zurückkehren und bei ihren Eltern leben, bis sie mich zu meinem Fulbright-Jahr begleitete. Der Gedanke an eine fast dreimonatige Trennung war für uns beide schwierig, wir wussten aber, dass uns keine andere Wahl blieb, da sich die wichtigsten Archivsammlungen für meine Dissertation in der DDR befanden.

Ich verließ London an einem regnerischen Junitag und flog nach Westberlin. Meine ganze Kleidung für die drei Monate hatte ich in einem Koffer und meine Forschungsnotizen in zwei weiteren Koffern und einer Aktentasche. Ich hatte sie Jean nicht in die USA mitgeben wollen, da ich Angst hatte, dass sie verloren gehen könnten.

Ich nahm ein Taxi vom Westberliner Flughafen bis zum berühmten Checkpoint Charlie, dem Grenzübergang zwischen West- und Ostberlin. Der Taxifahrer fragte mich, warum ich »rüber« wollte. Ich erzählte ihm von meiner wissenschaftlichen Arbeit und er wünschte mir viel Glück und ermahnte mich, vorsichtig zu sein. Ich nahm seinen Rat ernst. Die Vereinigten Staaten unterhielten keine diplomatischen Beziehungen zur DDR und wenn ich irgendwelche Schwierigkeiten hätte, könnte mir kein amerikanischer Diplomat helfen.

Ich kam ohne Schwierigkeiten über die Grenze. Meine Papiere waren in Ordnung. Als ich am DDR-Konsulat in London mein Visum abgeholt hatte, war ich betont freundlich gewesen. Während der Wartezeit hatte ich mich mit einer älteren Frau unterhalten, die ebenfalls auf ihre Eintrittspapiere wartete. Sie war ein Jüdin aus Berlin, die Deutschland nach dem Novemberpogrom 1938 mit ihren Eltern verlassen hatte und nach England gegangen war. In all den Jahren war sie nie wieder in Berlin gewesen und nun wollte sie die Gräber ihrer Großeltern am jüdischen Friedhof von Weißensee in Ostberlin besuchen.

Als sie aufgerufen wurde, hörte ich, wie sie dem DDR-Beamten sagte, sie wolle »Ostberlin« besuchen. Er korrigierte sie sofort etwas verärgert, dass die Stadt nicht »Ostberlin«, sondern »Hauptstadt der DDR« hieß.

Ich hatte genug erfahren, um nicht den gleichen Fehler zu machen, als ich an die Reihe kam. Ich erwähnte nicht nur die Hauptstadt der DDR, sondern erzählte dem Beamten auch, dass meine Eltern »Opfer des Faschismus« gewesen seien, denn ich wusste, dass dies im »einzigen deutschen Staat ohne eine Geschichte des Faschismus«, wie sich die DDR selbst porträtierte, Bedeutung haben würde.

Über die DDR-Reiseagentur hatte ich ein Hotel in Merseburg gebucht. Die Agentur hatte mich informiert, dass ich mit dem Chef des Zentralen Staatsarchivs in Merseburg Kontakt aufnehmen sollte, um zu erfahren, wie ich mich im Hotel anmelden konnte.

Da der Zug von Ostberlin nach Merseburg Verspätung hatte, kam ich erst nach Schließung des Archivs in der Stadt an. Ich bat daher den Taxifahrer, mich direkt ins Hotel zu bringen. »Ich glaube, dass dieses Hotel, das einzige in Merseburg, gerade wegen Sommerurlaubs geschlossen ist«, meinte der Fahrer. Als wir vor dem Hotel ankamen, stand tatsächlich an der Hoteltüre, dass das Hotel wegen Sommerurlaubs geschlossen sei und erst in der folgenden Woche wieder öffne. In der Agentur hatte man mir geflissentlich nichts davon gesagt.

Was sollte ich nun an diesem Ort mitten in der DDR tun – ohne eine Bleibe? Ich fragte den Taxifahrer um Rat und dieser meinte, er würde mich zur Zentrale der VOPO, der DDR Volkspolizei, bringen. Vielleicht könnten sie mir helfen.

Dieser Rat war für mich eher alarmierend als beruhigend. Die VOPO waren die Wächter der DDR-Sicherheit. Es war bekannt, dass sie DDR-Bürger, aber auch mögliche Flüchtlinge erschossen, wenn sie über die Mauer flüchten wollten, die seit den frühen 1960er-Jahren die DDR von der Bundesrepublik trennte.

Aber welche Alternative hatte ich? Ich ging also zur VOPO-Zentrale, klopfte an und stellte mich als Wissenschaftler mit Reiseerlaubnis in die DDR vor. Die VOPOs waren eigentlich sehr nett zu mir. Sie hörten sich meine Geschichte vom geschlossenen Hotel an, prüften alle meine Papiere und fragten mich, ob ich verrückt sei, all diese Koffer zu tragen. Sie boten mir eine scheußlich schmeckende, in Bulgarien hergestellte Flasche Cola an und sagten mir, ich solle im Amtszimmer warten, bis sie den Chef des Staatsarchivs angerufen hätten. Während ich wartete, beobachtete ich, wie eine Gruppe VOPO-Beamter zwei kleine Jungen in den Raum neben mir brachten. Einige Minuten später fing die Befragung der Jungen durch einen der VOPO-Beamten an. Sie waren anscheinend ohne Erlaubnis ihrer Eltern von Zuhause ausgerissen und als vermisst gemeldet worden.

Der VOPO-Beamte schrie sie an, dass sie eine Schande für die DDR seien. Ob sie wüssten, dass ein junger Mann aus dem Westen im Nebenraum saß? Was würde er über sie denken? »Ihr habt unserer Republik Schande gebracht«, brüllte der Polizist. »Eure Eltern werden euch abholen, aber eure Taten werden Folgen haben!«

Später am Abend kam einer der Polizisten herein und forderte mich auf, meine Koffer zu nehmen und ihm zu folgen. Er fuhr mich zu einer Handelsschule, die Schlafsäle hatte. Ich wurde in ein kleines Zimmer mit einem Bett geführt. Es war zwar nicht elegant, nach diesem anstrengenden Tag war ich aber dankbar, ausruhen zu können. »Wir holen Sie morgen früh ab und bringen Sie zum Staatsarchiv«, teilte mir der Polizist mit.

Am nächsten Morgen kam tatsächlich ein Mann im Anzug mit einem großen schwarzen Auto ohne Polizeikennzeichen. Er fuhr mich zum Zentralen Staatsarchiv, wo ich den Direktor des Archivs treffen sollte.

Ich ging mit all meinen Koffern direkt zum Büro des Direktors. Er begrüßte mich und meinte, dass ich erwartet worden sei, er aber die Sache mit dem Hotel regeln müsse. Ich solle doch schon einmal meinen wissenschaftlichen Betreuer kennen lernen. »Über Ihre Unterbringung gebe ich Ihnen später Bescheid«, meinte er. Es stellte sich heraus, dass mein Betreuer eine attraktive Frau Ende dreißig war. Ihr schien mein Forschungsthema zu gefallen und sie war erstaunt, dass ich mich mit Archivbeständen auskannte. »Ja«, sagte sie mir, »wir haben Findbücher, Sie werden sie aber nicht untersuchen können. Wir werden Ihnen das Material vorlegen, das für Ihre Arbeit von Belang ist.« Nach zwei Jahren intensiver Forschung in Archiven in der Bundesrepublik und in England, wo ich zu allen Findbüchern Zugang gehabt hatte, die ich wollte, war diese Mitteilung für mich erstaunlich und enttäuschend.

Nur war ich nicht in der Position, die Vorgehensweise des Staatsarchivs in Frage zu stellen. Ich stimmte also zu und sie fragte mich daraufhin, ob ich die Veröffentlichungen von DDR-Historikern kannte, die über die völkische Bewegung im 19. und frühen 20. Jahrhundert in Deutschland gearbeitet hätten. »Ja«, meinte ich, »ich habe einige gelesen.«

»Gut«, antwortete sie. »Ich weiß, dass Sie marxistische Interpretationen der herrschenden Klassen und deren Ausbeutung der Arbeiter- und Bauernverbände im deutschen Kaiserreich verwenden werden.« – »Ich habe großen Respekt vor diesen Verbänden und ihren politischen Aktivitäten«, antwortete ich ihr.

Sie schien mit meinen Antworten zufrieden und führte mich in den Lesesaal. Kurz bevor das Archiv schloss kam der Direktor mit einem Brief zu meinem Tisch, mit dem ich mich an der Hotelrezeption vorstellen sollte. »Aber«, so fragte ich ihn, »sollte das Hotel nicht bis nächste Woche geschlossen bleiben?« – »Keine Sorge«, antwortete er, »das ist alles schon geregelt.«

Ich kam mit einem Auto eines Archivangestellten zum Hotel. Das Hotel war geöffnet, Dutzende Angestellte und Gäste gingen geschäftig umher. Ich konnte meinen Augen nicht trauen. Noch am Vortag war das Hotel dunkel und völlig geschlossen gewesen. Weniger als vierundzwanzig Stunden später herrschte dort Leben mit Gästen und Musik. Ich habe nie erfahren, wie es zu diesem wunderlichen Wandel kam, und wollte auch gar nicht danach fragen. Ich wollte nur einen Ort zum Schlafen, um die für meine Dissertation notwendige wissenschaftliche Arbeit durchführen zu können.

Ich hatte jede Vorsichtsmaßnahme ergriffen, um sicher zu gehen, dass ich in keine Falle der DDR und ihres totalitären Regimes tappte. Ich hatte keinen Fotoapparat mitgenommen, keinen Kassettenrekorder oder Sonstiges, das mich in die Klemme bringen konnte, wie ich zumindest annahm. An meinem ersten Wochenende in Merseburg ging ich an einem sonnigen, warmen Sonntagnachmittag in einen nahe gelegenen Park. Ich setzte mich auf eine Parkbank neben einen älteren Herrn und grüßte ihn. Dann zog ich eine deutsche Ausgabe von Thomas Manns *Zauberberg* heraus und begann zu lesen. Der Mann neben mir schaute gelegentlich auf, um zu sehen, was ich las. Was er sah, muss ihm einen Schrecken eingejagt haben, denn er stand sofort auf und ging ohne sich zu verabschieden. Erst nachdem ich die DDR verlassen hatte, wurde mir klar, dass Thomas Manns Bücher in der DDR nicht erlaubt waren. Scheinbar wussten dies auch die Zollbeamten nicht, die mein Gepäck am Checkpoint Charlie untersucht hatten.

Ein, zwei Tage nachdem ich im Hotel eingecheckt hatte, fragte mich der Angestellte an der Hotelrezeption, wie lange ich noch vorhatte zu bleiben. Als ich ihm sagte, dass ich noch mindestens zwei Wochen bleiben wollte, meinte er, »Ich hoffe, Sie haben genug Geld. Ihr Zimmer ist teuer.« – »Teuer?«, fragte ich. »Ich weiß, wie viel DDR Mark das Zimmer kostet und habe den Betrag für meinen Aufenthalt durchgerechnet.« – »Sie wissen doch, dass Ihr Zimmer doppelt so viel kostet, wie der angegebene Betrag, da Sie aus dem Westen kommen?« Das hatte ich nicht gewusst und mir wurde sofort klar, dass mein Geld nur für die Hälfte der geplanten Zeit reichen würde.

Was sollte ich nun tun? Noch am gleichen Vormittag bat ich um ein Gespräch mit dem Direktor des Staatsarchivs. Ich erklärte ihm meine Situation und erzählte ihm, dass meine Eltern »Opfer des Faschismus« seien und ich hoffte, dass in meinem Fall bezüglich der Hotelkosten eine Ausnahme gemacht werden könnte.

»Dies ist höchst unüblich«, antwortete der Direktor, »aber ich werde sehen, was sich machen lässt.« Noch am selben Abend kam er zu meinem Schreibtisch und sagte mir, dass die Reiseagentur in Berlin meine Lage wohlwollend in Betracht gezogen habe. Ich sollte meine restliche Zeit in der DDR sowohl in Merseburg als auch in Potsdam in Privatquartieren unterkommen. Dies würde nicht nur weniger als ein Hotelzimmer für westliche Besucher kosten, sondern auch billiger sein als für Besucher aus einem sozialistischen Bruderstaat.

An diesem Abend nahm ich ein Taxi zur Wohnung einer Witwe mit einem Sohn. Während der letzten Wochen meines Merseburger Aufenthalts hatte ich ein bequemes Bett und jeden Morgen ein Frühstück, das mir diese nette Frau zubereitete, die mein Zimmer täglich putzte und mir keine Fragen stellte.

Merseburg war eine Stadt mit wenigen touristischen Attraktionen, die mich auch nicht interessierten. Ins Stadtzentrum ging ich aber doch, um zu erfahren, wie es sich im ersten »Arbeiterparadies« in der deutschen Geschichte lebte. Die Geschäfte von Merseburg boten zwar nicht eine Unmenge an Konsumgütern an, sie hatten aber billige, annehmbare Nahrungsmittel und Kleidung auf Lager. Sie waren schlechter als die Qualitätswaren in Westdeutschland, es gab aber auch keine Warteschlangen vor den Geschäften wie in anderen sozialistischen Ländern.

Ich wollte unbedingt das Konzentrationslager Buchenwald sehen, wo mein Vater von Anfang August 1944 Häftling war. Ich fuhr mit einem Bus von Merseburg nach Weimar, Wirkungsstätte von Goethe und Schiller und Geburtsort der Weimarer Republik, und mit einem anderen weiter zur KZ-Gedenkstätte. Dieser Besuch veränderte mich völlig. Ich konnte nicht fassen, dass ich auf dem selben Grund stand, wo mein Vater fast drei Jahrzehnte zuvor gewesen war, und sah auf die bizarren Worte am Eingangstor zum Lager: »Jedem das Seine«. Ich ging den Weg zu Fuß zum Steinbruch, wo mein Vater stundenlang geschuftet und versucht hatte, einen Tag nach dem anderen zu überleben. Am meisten erstaunte mich, dass in der Lagerausstellung fast nur die Erfahrungen kommunistischer Häftlinge, vor allem von Ernst Thälmann, wiedergegeben wurde, der als kommunistischer Funktionär im August 1944 ermordet worden war, als mein Vater ebenfalls im KZ war.

Nach dem dreiwöchigen Aufenthalt in Merseburg nahm ich den Zug nach Potsdam und begann den zweiten Teil meiner Reise. Die Potsdamer Abteilung des Zentralen Staatsarchivs war das Vorzeigearchiv. In Potsdam, der ehemaligen preußischen Garnisonsstadt, befindet sich auch Sanssouci, der Sommerpalast Friedrichs II. des Großen, mit seinem schönen Park.

In Potsdam fand ich eine Unterkunft bei einer Familie, deren Vorfahren als protestantische Hugenotten aus Frankreich vertrieben worden waren. Der Ehemann war Agronom, wie ein Ingenieur für Feldbau in der DDR hieß, dessen Hauptaufgabe die Umsetzung der marxistischen Agrartheorie in die Realität war. Seine Frau und die beiden Kinder waren sehr nett, ich hätte es nicht besser treffen können.

Im Potsdamer Archiv traf ich mehrere andere Doktoranden, die an ihren Dissertationen arbeiteten; unter anderen Geoff Eley,[93] einen britischen Doktoranden – heute an der University of Michigan –, der sich wie ich wissenschaftlich mit der deutschen politischen Rechten auseinander setzte, und Robert Gellately,[94] einen Kanadier, der heute an der Florida State University lehrt.

Ich hatte gehofft, mit Jean regelmäßig telefonieren und korrespondieren zu können, musste aber feststellen, dass ich von der DDR aus nicht in die Vereinigten Staaten telefonieren konnte und dass ich von ihr während meines DDR-Aufenthalts nur sehr wenige Briefe erhielt.

Glücklicherweise wurde ich sehr freundlich in meine Gastfamilie aufgenommen und vor allem am Wochenende nahm ich mir die Zeit für Besuche in Sanssouci und Spaziergänge in den vielen Parkanlagen von Potsdam. Am Wochenende hatte ich Gelegenheit, mit meinem Gastgeber über das Weltgeschehen zu diskutieren. Eines Abends lud er mich in sein Arbeitszimmer ein, um mir seine Büchersammlung zu zeigen. Er schenkte mir ein Glas Weinbrand ein und wir tranken auf den Weltfrieden. Er fragte mich, was ich über die Frauen in der DDR dachte, und ich antwortete, dass ich ein zu eingehendes Kennenlernen vermied, weil ich sicher sei, dass meine Frau mich durch Spione ständig überwachen ließ. »Ja, Herr Peck«, meinte er, »Sie sind in unserem Land nicht unbeobachtet.« Ich deutete dies als Hinweis, dass nicht fiktive, sondern echte Menschen meine Bewegungen beobachteten und diese nicht für meine Frau arbeiteten.

Er bot mir auch an, mir seinen wertvollsten Besitz zu zeigen. Als ich mich interessiert zeigte, ging er zu einem Bücherregal und öffnete eine kleine Vertiefung hinter einer Buchreihe. Er nahm ein Buch heraus und sagte mir, dass dies die DDR-Behörden zwar niemals sehen durften, das Buch aber seinen Eltern gehört hatte und nicht einmal der Staat ihn veranlassen könnte, es herzugeben. Er zeigte mir eine Erstausgabe von Adolf Hitlers *Mein Kampf*, ein Geschenk, das alle Paare vor der Hochzeit vom Führer erhalten hatten.

Mein Gastgeber entstammte einer bekannten preußischen Familie, die in deutscher Außen- und Militärpolitik herausragende Dienste geleistet hatte. Vielleicht durfte er deshalb zwei Privathäuser besitzen, eines für seinen eigenen Bedarf und ein zweites, das einem Verwandten gehört hatte, jetzt aber sehr reparaturbedürftig war.

Nach sechs Wochen intensiver wissenschaftlicher Arbeit hatte ich alle für meine Dissertation relevanten Archivsammlungen durchgelesen. Nun musste ich nach Hamburg aufbrechen, wo ich mein Jahr als Fulbright-Stipendiat verbringen, an meiner Dissertation schreiben und in wenigen Tagen Jean wieder sehen würde.

Einige Tage vor meiner Abreise lud mich mein Gastgeber wieder in sein Arbeitszimmer ein, um mit mir die Abrechnung zu besprechen. Er rechnete den Betrag in Ostmark aus. Die Währung in der DDR wurde 1:1 mit der westdeutschen Mark verrechnet, im Ausland waren sechs Ostmark kaum eine Westmark wert. »Sie kennen das Intershop«, sagte er zu mir, »und die Qualität der Produkte, die sie dort haben. Sie wissen auch, dass ein Bürger ›unserer Republik‹ nicht mit DDR-Währung in diesen Geschäften einkaufen kann. Nun gibt es dort eine wunderschöne Schreibmaschine, die meine Tochter so gern für ihre Schularbeiten hätte. Könnten Sie Ihre Unterkunft daher bitte in Westmark oder englischen Pfund bezahlen? Meine Tochter würde sich so freuen.«

Was sollte ich tun? Leute aus dem Westen durften Devisen in der DDR nur für den 1:1 Umtausch in DDR-Mark verwenden. Könnte mich mein so netter Gastgeber gerade in eine Falle locken, eine illegale Handlung zu begehen und im Kittchen zu landen?

»Ist das in der DDR nicht illegal?«, fragte ich ihn. »Schauen Sie, mein Freund«, antwortete er, »ich bin ein loyaler Bürger der DDR. Ich glaube, dass ›unsere Republik‹ das Wichtigste seit der Einigung Deutschlands ist. Aber kein Bürger der DDR befolgt alle Gesetze. Wäre es so schlimm, ein junges Mädchen glücklich zu machen?«

Ich dachte nicht lange darüber nach und sagte impulsiv: »Gut, ich mach's« und erwartete, dass jeden Moment die Stasi, die DDR-Staatsicherheitsbeamten, bei der Tür hereinstürmen würden. Aber nichts geschah. Ich bezahlte in englischen Pfund Sterling und er gab mir eine mehrbändige Ausgabe der Schriften von Karl Marx. Ich hatte die gleiche Ausgabe und viele andere Bücher schon zuvor gekauft, da sie dort billig hergestellt wurden und noch billiger gekauft werden konnten. Ich nahm die Ausgabe und gab sie einem englischen Doktoranden, der einige Tage zuvor ins Archiv gekommen war.

Am letzten Tag vor meiner Abreise aus Potsdam kam der Direktor des Archivs zu den Wissenschaftlern und sagte, dass der Lesesaal zu Mittag schließen werde. Warum, wunderten wir uns alle, hatten aber zu viel Angst, um zu fragen. Er spürte unsere Neugier und sagte, dass die Belegschaft im nahe gelegenen Park gegen einen Putsch in Chile demonstrieren würde, mit dem Präsident Allende, ein Freund der DDR, gestürzt worden sei.

Als wir das Gebäude verließen, sahen wir Dutzende Plakate und Poster in der Halle. Ein englischer Kollege und Wissenschaftler schlug vor, der Archivbelegschaft zur Demonstration zu folgen.

Das taten wir und ich stand mitten unter tausenden Demonstranten, als General Heinz Hoffmann, der Verteidigungsminister der DDR, den amerikanischen Imperialismus und die CIA für ihre Komplizenschaft beim Umsturz und der Ermordung von Salvador Allende verurteilte. Ich bin sicher, dass ich der einzige Amerikaner in der Menge war, und versuchte, mich so unauffällig wie möglich zu verhalten, als ein Sprecher nach dem anderen ähnliche Vorwürfe wie Hoffmann vorbrachte.

An einem sonnigen Septembermorgen stieg ich dann gemeinsam mit Dutzenden von DDR-Rentnern, die entweder in den Westen umzogen oder Verwandte dort besuchten, in Potsdam in den Zug. Sie waren die einzigen DDR-Bürger, denen es erlaubt war, das sozialistische »Arbeiterparadies« zu verlassen, abgesehen von denjenigen mit Regierungsgenehmigung. Rentner waren für die DDR nutzlos. Sie trugen nichts zum Wachstum von Deutschlands erstem sozialistischen Staat bei. Ich fühlte eine gewisse Traurigkeit darüber, dass die Menschen, die ich in der DDR kennen gelernt hatte, nicht so einfach in den Zug steigen konnten wie ich. Und dennoch fühlte ich mich zum Land hingezogen. Vielleicht wegen des Anspruchs, alles zu sein, was die Bundesrepublik nicht war, alle Spuren des Faschismus und des Antisemitismus in ihrer Mitte beseitigt zu haben, dachte ich über die DDR anders. Ich hatte kostenlos Museen und Ausstellungen besuchen können, wenn ich meine Erklärung über die »Opfer des Faschismus« vorbrachte. Die Menschen respektierten den Status meiner Eltern und *per definitionem* meinen Status als Sohn der »Opfer des Faschismus«. Erst später sollte ich herausfinden, dass Juden als Opfer zweiter Klasse gesehen wurden und nur Kommunisten, die von den Nazis verfolgt worden waren, als die wahren Opfer galten. Sie erhielten höhere Renten als die kleine Gemeinde von DDR-Juden, die ebenfalls unter dem Nationalsozialismus gelitten hatten. Der Geschichte des jüdischen Leids wurde offiziell wenig oder keine Aufmerksamkeit geschenkt.

Ich verließ die DDR mit noch mehr Koffern, als ich bei der Einreise mitgehabt hatte. Aber es hatte sich gelohnt. Ich hatte umfangreiche wissenschaftliche Notizen gemacht und mehrere Rollen Mikrofilm von jenen Materialien bestellt, die ich nicht handschriftlich kopieren konnte. Die Beamten des Zentralen Staatsarchivs hatten mir eine Übertragung dieser Mikrofilme auf Dias zugesagt, wenn ich ihnen als Gegenleistung die gleiche Menge an Dias aus den National Archives in Washington von einer Liste schickte, die mir die Archivbeamten mitgaben.

Innerhalb weniger Monate waren meine Dias aus Potsdam angekommen. Ich war nach Hamburg gefahren und hatte tatsächlich die Absicht, die Mikrofilme bzw. Dias von den National Archives zu bestellen. Aber die National Archives hatten die Kosten für Kopiermaterial verdoppelt, was man in der DDR nicht gewusst hatte. Mich hätte die Bestellung ein kleines Vermögen gekostet und dafür hatte ich nicht das Geld. Daher habe ich die Mikrofilme nie bestellt und deshalb noch immer ein schlechtes Gewissen.

Ein gefährliches Jahr in Hamburg

Hamburg, eine schöne norddeutsche Stadt, erschien mir im Vergleich zur DDR wie eine andere Welt. Sogar die Landstreicher und Obdachlosen waren in Hamburg vergleichsweise eleganter gekleidet.

Jean und ich zogen in eine kleine Ein-Zimmer-Wohnung in einem Gebäude, das der Universität Hamburg gehörte und wo viele ausländische Wissenschaftler und Studenten lebten, die an der Universität arbeiteten. Es befand sich in der Rothenbaumchaussee unweit der Universität. Gegenüber war die Universitätsmensa, wo Jean und ich oft aßen. In der Nähe befanden sich zwei Forschungseinrichtungen, die ich benützen würde: die Hamburger Forschungsstelle für Geschichte des Nationalsozialismus, deren Direktor Professor Werner Jochmann ein anerkannter Experte für das Anwachsen des rassischen Antisemitismus in Deutschland während des Ersten Weltkriegs war,[95] und das Institut für die Geschichte der deutschen Juden, dessen Direktor Dr. Peter Freimark sich wissenschaftlich mit dem jüdischen Leben in Hamburg auseinander setzte.[96]

Wir genossen Hamburg: die Spaziergänge an der schönen Alster, die herrlichen Geschäfte und die Lebensqualität der Stadt. Jean arbeitete als Englischlehrerin an einer Fremdsprachenschule und wir freundeten uns mit vielen ihrer Schüler an. Ich hatte das Glück, zufällig eine kleine Statistenrolle in einem Film unter der Regie von Otto Preminger mit Peter O'Toole zu ergattern. Und Jean wurde mit unserem ersten Kind schwanger.

Ich hatte die Universität Hamburg aus einem sehr guten Grund ausgewählt. Deren Historischer Fakultät gehörten einige der wichtigsten Historiker auf dem Gebiet der deutschen konservativen Politik an, wie Dirk Stegmann,[97] Peter-Christian Witt[98] und Jens Flemming.[99]

Sie alle studierten bei Professor Fritz Fischer, der in seinem Buch aus dem Jahr 1961 *Griff nach der Weltmacht*[100] und dem Folgeband von 1969 *Krieg der Illusionen*[101] überzeugend darlegte, dass Deutschlands Streben nach europäischer Vorherrschaft mitverantwortlich, wenn nicht der mitverursachende Faktor für den Ausbruch des Ersten Weltkriegs war.

Wegen dieser Thesen griffen konservative Politiker Fischer persönlich an, sie diffamierten ihn und bezeichneten ihn als Nestbeschmutzer. Abgesehen von der »Fischer-Kontroverse« entwickelte sich im darauf folgenden Jahrzehnt die so genannte »Kehrschen Schule«[102] der deutschen Sozialgeschichte mit Schwerpunkt auf dem manipulativen Sozialimperialismus der präindustriellen herrschenden Eliten Deutschlands unter Führung der ostelbischen Junker sowie der wachsenden antisemitischen und »präfaschistischen« rassistischen Tendenzen politischer Gruppen wie dem Alldeutschen Verband[103] und der Deutschen Vaterlandspartei.[104]

Viele Studenten von Fischer vertraten die Meinung, dass während des Kaiserreiches ein »Primat der Innenpolitik« geherrscht und Deutschland in dieser Zeit einen Sonderweg unter den europäischen Mächten beschritten hatte.

Volker Berghahn war ein gemäßigter Anhänger der Kehrschen Schule, seine Schriften und unsere Diskussionen beeinflussten die wissenschaftliche Ausrichtung meiner Dissertation, mit einer Ausnahme: Diese Historiker richteten ihr Augenmerk zumeist nicht auf die Entwicklung des deutschen Antisemitismus und dessen Bedeutung während des Kaiserreichs bis zur Weimarer Republik. Ich wollte eine andere Richtung einschlagen und verstehen, wie der Antisemitismus zu den »präfaschistischen« sozialen und politischen Bewegungen im Deutschen Kaiserreich beigetragen hatte.[105]

Das Fulbright-Jahr in Hamburg war für mich spannend, meine wissenschaftliche Arbeit, das Quellenstudium und die Diskussionen mit Fischers Studenten gewährten mir einen Einblick in die deutsche Geschichte und in die Dynamik der deutschen Sozial- und Politikgeschichte. Die Richtung Deutschlands in der Zeit nach der Einigung von 1871 und sein Verhältnis zu den Juden und zum Judentum wurden zu ebenso wichtigen Fragestellungen wie mein beginnendes Verständnis, was dies alles für mich und die Geschichte meiner Familie bedeutete.

Vielleicht löste dies sogar eine Wut aus, die ich während der fast vierjährigen Reisetätigkeit in West- und Ostdeutschland nicht gespürt hatte. Diese Wut wurde nun in Hamburg greifbar. Sie kam zum Vorschein, als ich erfuhr, dass sich das ehemalige jüdische Gemeindezentrum an der Rothenbaumchaussee nur wenige Minuten von unserer Wohnung entfernt befunden hatte, dass aber keine Plakette oder irgendein Hinweis auf dessen Existenz zu sehen war. Meine Wut steigerte sich, als ich erfuhr, dass eine Grünfläche gegenüber der S-Bahn-Haltestelle Dammtor in der Nähe unseres Wohnhauses jener Umschlagplatz gewesen war, wo die Juden aus Hamburg nach 1939 zusammengetrieben und nach Osten in den Tod geschickt worden waren.

Und schließlich erreichte meine Wut den Höhepunkt, als ich erfuhr, dass ein Hamburger Verlag eine neue Zeitschrift herausbrachte, die sich dem Leben im »Dritten Reich« widmete, mit der Betonung auf dem »normalen« Leben und auf den »guten« Seiten der Nazi-Kultur und deren führender Persönlichkeiten.

Warum sich diese Wut gerade kurz vor Ende unseres Hamburger Aufenthaltes entlud, ist mir ein Rätsel. Aber es war eine echte Entladung, als wir einige Freunde in einem anderen Stadtteil von Hamburg besuchen wollten und ich zu einem Angestellten an der Dammtorstation ging, um die Fahrkarten für die S-Bahn zu kaufen.

Ich hatte nur Kleingeld, das aber für die Fahrkarten ausreichte. Der Fahrscheinverkäufer weigerte sich jedoch, die Münzen anzunehmen, und bestand auf Papiergeld. Ich explodierte in einem Wutanfall, wie ich ihn nie mehr danach gehabt habe. Ich beschimpfte ihn und schimpfte über die Kleinlichkeit in Deutschland und über die hartherzige Behandlung von Ausländern. Ich sagte ihm, dass das, was die Deutschen meiner Familie und sechs Millionen Juden angetan hatten, das Ergebnis bürokratischer Dickschädel von kleinen Führern wie ihm war. Zwei ältere Frauen, die hinter mir anstanden, baten mich, ihr Papiergeld für die Fahrkarten anzunehmen. Ich stürmte aus der Station, Jean hinter mir.

Da erkannte ich, dass es nun wirklich an der Zeit war, Hamburg zu verlassen und Deutschland hinter mir zu lassen. Ich musste Europa ein zweites Mal Adieu sagen und darüber nachdenken, was ich über die Dunkelheit erfahren hatte, die meine Eltern erlebt hatten, als sie und andere Überlebende über den Abgrund ins Angesicht des absolut Bösen gesehen hatten. Ich musste dieses Böse und jene, die es ausgeführt hatten, besser verstehen, allerdings nicht dadurch, indem ich Fahrkartenverkäufer und kleine alte deutsche Damen anbrüllte.

7. Öffnen der »eisernen Kiste«: Der Holocaust als Last und Hoffnung

Abraham J. Peck

Nach meiner Rückkehr in die Vereinigten Staaten war ich entschlossen, meine Dissertation fertig zu schreiben und einen Posten an einer Universität zu finden. Aber es gab nicht viele Jobs und neue Stellen im Bereich der Geschichte waren selten.

Während ich ein Treffen der American Historical Association besuchte, las meine Frau die Ausschreibung für eine Stelle, die sie für auf mich zugeschnitten hielt, und schickte eine Bewerbung und meinen Lebenslauf. Einige Monate später bekam ich einen Anruf von den American Jewish Archives am Hebrew Union College – Jewish Institute of Religion in Cincinnati, Ohio. Ich wurde zu einem Gespräch mit einem Professor am Hebrew Union College eingeladen. Das Gespräch hatte zur Folge, dass mir eine Stelle angeboten wurde und so wurde ich stellvertretender Direktor der American Jewish Archives, der führenden Institution im Bereich der amerikanisch-jüdischen Erfahrungen.

In Cincinnati schloss ich mich dann auch einer der ersten Dialoggruppen von Kindern von Holocaust-Überlebenden an.

Ich wurde auch Berater von Elie Wiesel, dem Vorsitzenden des United States Holocaust Memorial Museum und einer der Vizepräsidenten der internationalen Association of Holocaust Organizations. Ich hatte die Gelegenheit zu einer dreiwöchigen Studienreise nach Deutschland, um mich dort mit dem jüdischen Leben zu beschäftigen; dabei traf ich sowohl mit deutschen als auch mit jüdischen politischen Führungspersönlichkeiten zusammen.

Der Tod meiner Mutter, seligen Andenkens, am 7. März 1988 erschütterte die Sicherheit jener Welt, die meine Eltern um mich aufgebaut hatten. Es sollte Monate dauern, bis ich wieder einigermaßen ins »normale« Leben zurückfand.

Aber die Vergangenheit rief wieder. Ich fuhr zurück nach Landsberg, diesmal als Hauptredner bei einer Feier zu Ehren jener Überlebenden – zu denen auch meine Eltern zählten –, die in den Tagen und Monaten nach ihrer Befreiung ein neues Leben begonnen hatten. Ich forderte die dort Versammelten auf, mir dabei zu helfen sicherzustellen, dass die »Stimme der She'erith Hapleta«, die in diesem Lager für Displaced Persons geboren worden war, nie zum Schweigen gebracht würde.

Neue Identitäten: Ein »Kind« von Überlebenden des Holocaust in der Queen City des Westens

Im September 1974 kehrten Jean und ich nach Amerika und nach Maine zurück. Da das Baby in wenigen Monaten zur Welt kommen und ich meine Dissertation fertig stellen sollte, nahm ich die freundliche Einladung meiner Schwiegereltern an, bei ihnen zu wohnen, bis ich eine Anstellung gefunden hatte.

Unsere Tochter Abby wurde am 24. Januar 1975 geboren. Ich erinnere mich noch, wie ich mein Gesicht an das Fenster des Neugeborenenzimmers drückte. Ich konnte den Blick nicht von meiner Tochter lösen, ich konnte nicht fassen, dass ich ein Kind hatte.

Meine Eltern waren begeistert und wollten kommen, um ihre Enkelin zu sehen, die nach meinem Onkel, ihrem Großonkel Asher Selig, dem Bruder meiner Mutter, genannt wurde und die – wie ich – eine Erweiterung unseres zerstörten Familienlebens war. Meine Mutter fühlte sich damals jedoch nicht wohl und es sollte noch einige Monate dauern, bis sie nach Ende des schneereichen Winters nach Maine endlich kommen konnten.

Ich arbeitete an meiner Dissertation, gleichzeitig war es mir gelungen, eine Vertretungsstelle als Geschichtslehrer an einer Highschool zu finden. Außerdem arbeitete ich, wie Jean, im Abendprogramm eines College vor Ort.

Die Abfassung der Dissertation ging voran, aber nur langsam, weil ich so viele wissenschaftliche Notizen gesammelt hatte, dass es schon allein lange dauerte, alles sinnvoll zu ordnen.

Ich verschickte Zusammenfassungen wie viele Doktoranden, die ihre erste Stelle an einer Universität suchten. Mir war klar geworden, dass der von mir eingeschlagene Weg kaum Alternativen zu einer Universitätslaufbahn bot. Es war jedoch schwierig, eine Stelle an einem amerikanischen College oder an einer Universität zu finden. Der Beruf des Historikers war schon jahrelang in der Krise, weil viel mehr Studenten ihren Doktor machten, als Stellen vorhanden waren.

Ende 1975 nahm ich an der Jahresversammlung der »American Historical Association« teil. Dort trugen die Wissenschaftler nicht nur ihre jüngsten Forschungsergebnisse vor, sondern es fand gleichzeitig auch der so genannte »Rindermarkt« statt, wo Vorstellungsgespräche über mögliche Anstellungen an historischen Fakultäten geführt wurden.

Ich führte Gespräche wie hunderte andere Anwärter auch, die schon ihre Dissertation abgeschlossen hatten, und weitere hunderte, die noch mitten in der Arbeit waren. Ich gehörte zur zweiten Kategorie und war daher in klarem Nachteil, obwohl meine wissenschaftliche Arbeit viel tiefer gehend war als die der meisten Doktoranden an amerikanischen Universitäten.

Während ich in Chicago war, las Jean eine Ausschreibung für die Stelle eines stellvertretenden Direktors der »American Jewish Archives« (AJA) am »Hebrew Union College« in Cincinnati, Ohio. Sie wusste zwar nicht genau, wo dieses Cincinnati lag, außer dass dort die Cincinnati Reds, ein Baseballteam der Oberliga, spielten.

Jean beschloss, dass ich die in der Ausschreibung geforderten Kriterien erfüllte, und schickte die Bewerbung mit meinem Lebenslauf ab. Erst als ich nach Portland zurückkam, erzählte sie mir davon, bis zum späten Frühling hörte ich aber nichts.

Dann erhielt ich einen Anruf von den »American Jewish Archives«. Ich wurde aufgefordert nach Belgrade Lakes zu fahren, einem herrlichen Teil von Maine, etwa 120 km von Portland entfernt. Dort sollte ich mit einem Professor Samuel Sandmel über die Stelle sprechen.

Ich wusste nicht, dass Samuel Sandmel (1911–1979) einer der bekanntesten jüdischen Wissenschaftler war, der auf dem Gebiet jüdisch-christlicher Beziehungen sowie der Ursprünge des christlichen Anti-Judaismus arbeitete.[106] Er war auch ein ordinierter liberaler Rabbiner und Leiter des Graduiertenstudiums am »Jewish Institute of Religion« des »Hebrew Union College« in Cincinnati. Jeden Sommer reisten er und seine Familie nach Maine in ihr Feriendomizil an den Belgrade Lakes. Ich fuhr also zum Haus der Sandmels und hatte ein langes und angenehmes Gespräch bzw. Vorstellungsgespräch mit Professor Sandmel. Wir sprachen über meine wissenschaftliche Arbeit und meine Erfahrung. Am Ende sagte er mir, dass er meinen Hintergrund schätze und mir empfehle, nach Cincinnati zu fahren, um ein Anstellungsgespräch mit dem Leiter der »American Jewish Archives«, Dr. Jacob Rader Marcus (1896–1995) zu führen.

Dieses Gespräch mit Professor Marcus im darauf folgenden Monat war außergewöhnlich. Er, ein hoch gewachsener, würdevoller älterer Herr in einem schwarzen Dreiteiler, kam für das Vorstellungsgespräch von zu Hause. Er bot mir in seinem Büro einen Stuhl an und zog drei Bücher – ein deutsches, ein hebräisches und ein jiddisches – aus dem Regal. Er bat mich, aus jedem Buch jeweils einen Absatz zu übersetzen, und fragte dann: »Sind Sie ein guter Jude?« Das war das ganze Vorstellungsgespräch.

Ich verließ Cincinnati, ohne zu wissen, ob das Gespräch gut oder schlecht verlaufen war. In der folgenden Woche erhielt ich aber einen Anruf von Dr. Marcus' Assistenten, der mir den Posten eines stellvertretenden Direktors anbot.

Ich nahm sofort an und Jean und ich bereiteten unsere Abreise aus Portland und Maine vor, um gemeinsam mit unserer 18 Monate alten Tochter ein neues Leben in Cincinnati, Ohio, zu beginnen, der Stadt, die den Beinamen »Queen City of the West« hatte. Gleichzeitig arbeitete ich fieberhaft an meiner Dissertation, deren Fertigstellung mir auch einige Tage vor unserer Abreise gelang.

Das »Hebrew Union College« (HUC, das 1949 mit einem anderen liberalen Rabbinerseminar in New York, dem »Jewish Institute of Religion«, JIR, zusammengelegt worden war) entwickelte sich zu einer Studieneinrichtung mit vier Standorten, deren Schwerpunkt auf der Ausbildung von Reformrabbinern und auf Graduiertenstudien in verschiedenen jüdischen Wissenschaftsgebieten lag. Während New York, Los Angeles und Jerusalem bedeutende Lehrstandorte waren, beherbergte Cincinnati die wichtigsten Bestände der Klau-Bibliothek, einer der herausragendsten jüdischen Bibliotheken der Welt, und die »American Jewish Archives«, die weltweit größte Einrichtung dieser Art, die sich mit der jüdischen Erfahrung in Nordamerika befasste.

1947 hatte Dr. Jacob Rader Marcus diese Einrichtung gegründet. Als ich ihn kennen lernte, war Marcus schon achtzig Jahre alt und hatte das Leben am »Hebrew Union College« zunächst als Student, dann als Professor für rabbinische Studien mehr als sechzig Jahre lang geteilt.

Nach seiner Ordinierung zum Rabbiner im Jahr 1920 verbrachte Dr. Marcus zwei Jahre als Juniorprofessor am HUC und reiste dann nach Berlin, um dort an seiner Dissertation zu arbeiten. Er studierte an der Humboldt Universität u. a. bei Friedrich Meinecke sowie bei Rabbi Leo Baeck und Professor Ismar Elborgen an der Hochschule für die Wissenschaft des Judentums, dem liberalen Rabbinerseminar Deutschlands. Nach Fertigstellung seiner Dissertation an der Humboldt Universität verbrachte Marcus ein Jahr in Palästina, bevor er nach Cincinnati zurückkehrte, um seine Lehrverpflichtungen aufzunehmen.

Er begann als Historiker des deutschen Judentums, konnte aber die Zeichen der Zeit bezüglich des künftigen deutsch-jüdischen Lebens deuten und wandte sich einem wenig bekannten Studiengebiet zu, der Geschichte des amerikanischen Judentums. Marcus hielt die erste Vorlesung über die amerikanisch-jüdische Erfahrung in den frühen 1940er-Jahren und gründete 1947 die »American Jewish Archives«, deren erste Archivarin Selma Stern-Täubler war, eine anerkannte Historikerin des deutschen Judentums.

Nachdem ich mehr über die Vorgeschichte erfahren hatte, begann ich zu verstehen, warum mir der Posten angeboten worden war. Ich hatte lange Jahre in deutschen Archiven gearbeitet, konnte drei stark in den Archivbeständen vertretende Sprachen lesen und war jung und formbar.

An meinem ersten Arbeitstag kam Dr. Marcus, um mich zu begrüßen, und sagte zu mir: »Junge, ich muss noch viele Bücher schreiben. Kümmere du dich um das Archiv, ich gehe nach Hause zum Arbeiten. Wir hören voneinander.«

Dies war der Anfang einer zwanzig Jahre währenden Beziehung mit dem »Doyen der amerikanisch-jüdischen Historiker«, einem wahrhaft großen Wissenschaftler und Menschen, die erst beendet wurde, als Jacob Rader Marcus sechs Monate vor seinem 100. Geburtstag im November 1995 starb. Zu diesem Zeitpunkt standen noch zwei Bücher kurz vor der Publikation.[107]

Die Verantwortung für eine international bekannte Forschungseinrichtung im zarten Alter von dreißig Jahren zu übernehmen, war für mich eine große Herausforderung, die mir Schrecken einjagte. Ich erkannte jedoch, dass ich dieser Aufgabe gewachsen war, weil ich eine angeborene Liebe für archivarische Institutionen und deren wissenschaftliche Forschungsmöglichkeiten hatte. Nach zwei Jahrzehnten an der Spitze der »American Jewish Archives« war ich besonders stolz, wenn andere schrieben, dass kein Buch über einen Aspekt des amerikanisch-jüdischen Lebens gut geschrieben werden konnte, ohne eine Forschungsreise zu den »American Jewish Archives« zu unternehmen.

Ich übernahm auch die Aufgabe als leitender Herausgeber der *American Jewish Archives*, des Wissenschaftsjournals, das zweimal jährlich von der AJA publiziert wurde; zugleich leitete ich auch ein ehrgeiziges Programm für wissenschaftliche Veröffentlichungen und Ausstellungen über viele Aspekte der amerikanisch-jüdischen Erfahrung.

Cincinnati war nicht nur die Heimat einer großen und anerkannten Gruppe von Juden, deren Vorfahren aus verschiedenen Teilen Deutschlands, insbesondere aus Bayern und Baden-Württemberg, in die »Queen City of the West« eingewandert waren, sondern auch einer großen Gemeinde von Überlebenden des Holocaust.

Ich war erstaunt über die große Zahl an Wissenschaftlern und führenden Vertretern, die eine direkte Beziehung zum deutsch-jüdischen Leben hatten. Dazu gehörten Alfred Gottschalk, der Präsident des HUC-JIR, der 1939 aus Nazi-Deutschland nach Amerika kam; der deutsch-stämmige Jacob Petuchowski, ein anerkannter Wissenschaftler des Judentums und aktiver Teilnehmer am christlich-jüdischen Dialog, dessen Großvater, ein orthodoxer Rabbiner in Berlin, einer der Lieblingsprediger von Professor Marcus gewesen war; Michael A. Meyer, ebenfalls gebürtiger Deutscher, der ein bedeutender Wissenschaftler für die Geschichte des liberalen Judentums in Deutschland und Amerika sowie Herausgeber einer überaus wichtigen Reihe über deutsch-jüdische Geschichte war; Julius Guttmann, der Professor an der Hochschule für die Wissenschaft des Judentums in Berlin gewesen war, Werner Weinberg, ebenfalls ein Überlebender, Mattityahu Tsevat, Israel O. Lehman, der seine Ordinierung zum Rabbiner von der Hochschule für die Wissenschaft des Judentums in Berlin erhalten hatte, und Uri Herscher.

Ebenso wichtig war, dass ich einige Söhne und Töchter von Holocaust Überlebenden kennen lernte und innerhalb von wenigen Monaten in eine »Therapie«-Gruppe für »Kinder von Überlebenden« eingebunden war. Mir, der ich relativ wenig Kontakt zu Nachkommen von Überlebenden gehabt hatte, öffnete dieses Erlebnis die Augen; viele Kinder von Überlebenden hatten dies folgendermaßen kommentiert: Es ist die Erkenntnis, dass du nicht allein bist, dass es andere gibt, die Ähnliches durchgemacht haben und sofort das nachempfinden können, wovon du zuvor glaubtest, es allein zu verstehen.

Zu dieser Gruppe gehörten zwei junge Männer aus Montreal. Benny Kraut war Professor an der Universität von Cincinnati und moderner orthodoxer Jude. Abie Ingber war der Direktor der jüdischen Studentenverbindung Hillel an der Universität von Cincinnati. Er war ebenfalls ein ordinierter Rabbi des HUC-JIR. Wir trafen uns mehrere Monate hindurch wöchentlich und diskutierten eine ganze Reihe von Themen, die mit der Beziehung zu unseren Eltern und deren Erfahrungen im Zweiten Weltkrieg, unseren Geschwistern, Ehepartnern und der jüdischen und nichtjüdischen Welt zusammenhingen. Wir wollten ein Gefühl dafür schaffen, was dies alles für uns bedeutete und wie wir gemeinsam eine Identität erarbeiten könnten, um gemeinsam zu erfahren, wer wir sind.

Im Frühling 1977 hatte die jüdische Gemeinde von unserer Gruppe Kenntnis erhalten und auch ein Reporter der *Cincinnati Post* hatte davon erfahren und fragte an, ob er einem unserer Treffen beiwohnen könne. Es war uns nicht recht, dass jemand, der unseren Hintergrund nicht teilte, an einer unserer Sitzungen teilnahm. »Wären Sie dann bereit«, fragte der Reporter, »für die *Post* einen Bericht zu schreiben?«

Die Wahl, den Artikel zu verfassen, der die Außenwelt über unsere Gruppe informieren sollte, fiel auf mich. Ich wollte uns nicht zu seltsamen Käuzen, zu schlecht angepassten Mitgliedern der Gesellschaft abstempeln, musste aber gleichzeitig beschreiben, was ich über die Themen erfahren hatte, die zum Leben jedes Einzelnen von uns gehörten.

Und wir hatten im Laufe der wenigen Monate, in denen wir uns getroffen hatten, eine gemeinsame Identität gefunden. Würde es mir gelingen, dies in Worte zu fassen? Dem Ergebnis meiner Bemühungen gab die *Post* die Überschrift *A Jew Whose Ancient Roots were Cut, Shares his Holocaust* (Ein Jude, dessen alte Wurzeln gekappt wurden, teilt seinen Holocaust mit anderen).[108] Ich hätte diesen Titel nicht gewählt, sah ihn aber erst in der Zeitung.

Ich verwendete damals zum ersten Mal das Wort Holocaust. Mir war bekannt, dass diese Bezeichnung immer häufiger für die Vernichtung des europäischen Judentums und die Ermordung von sechs Millionen jüdischer Männer, Frauen und Kinder verwendet wurde. Der Ausdruck kommt aus dem Lateinischen, Griechischen und Französischen und bedeutet, dass etwas vollkommen verbrannt wurde. Weder meine Eltern noch ich hatten dieses Wort dafür verwendet, was ihnen, ihren Familien und dem polnischen Judentum zugestoßen war, es schien aber auf viel größere Resonanz bei den Nicht-Überlebenden und nicht jiddisch Sprechenden zu stoßen als das jiddische Wort *Churbn*.

In dem Artikel versuchte ich die Welten zu beschreiben, in denen die Überlebenden und ihre Kinder lebten. »Für die Überlebenden«, schrieb ich, »war die Befreiung 1945 lediglich eine körperliche. Aus der peinigenden Erfahrung, ›ein Einzelner im Konzentrationslager‹ zu sein, empfand sich der Überlebende als Opfer des ›Konzentrationslagers im Einzelnen‹, wo Stress und Leiden, die längere Zeit andauerten, aus ihm einen emotionalen Krüppel machten. Die Isolation der Gefangenschaft in den Lagern manifestierte sich bei manchen Überlebenden auch als innere Isolation, sodass sie unfähig waren, nach dem KZ auf eine ›normale‹ Erfahrung ›normal‹ zu reagieren. Was geschieht« so fragte ich, »wenn dieser Überlebende des Konzentrationslagers das ›Tor ohne Wiederkehr‹ verlässt? Wie viel von dieser Erfahrung wurde internalisiert und in welchem Maße kann man sich in das ›normale Leben‹ einfügen?« Ich schloss, dass das Leben der meisten Überlebenden in Amerika nach dem Krieg »eine Geschichte des Triumphs und des Leidens ist, immer davon geprägt, dass die Überlebenden die Tragödie, welche die ihnen verbleibenden Jahre bestimmen sollte, weder vergessen noch verstehen können.«

Um zu beschreiben, was ich von den Söhnen und Töchtern von Überlebenden in unseren Sitzungen während der vergangenen Monate erfahren hatte, schrieb ich weiter:

»Die Kinder von Überlebenden teilen diese oft unnatürliche Welt. Ihr Zustand ist weniger bekannt als jener der Überlebenden. Erst in den vergangenen zwei oder drei Jahren haben manche dieser Kinder begonnen, die Realität ihrer Situation zu erfassen. Viele, die auf die dreißig zugehen, stellen sich zum ersten Mal die Frage nach ihrer eigenen Lebensauffassung und danach, wie sich der Holocaust auf ihre Existenz ausgewirkt hat.

Sicherlich haben keine zwei Überlebenden den Holocaust gleich erfahren. Noch hat jedes Kind von Überlebenden ihre oder seine Sicht der Erfahrungen während der Adoleszenz in gleicher Weise zum Ausdruck gebracht.

Viele von uns leben mit einer großen und schrecklichen Last, die nur Kinder von Überlebenden empfinden. Man bezeichnet uns als ›eigenständige jüdische Untergruppe‹. Nach außen hin sind wir so erfolgreich wie viele unserer Eltern, wir sind karriereorientiert und gehören der Mittelklasse an, aber wir tragen gemeinsam mit den Überlebenden die Traumata von einem Leben mit dem ›Konzentrationslager im Einzelnen‹.

Ich fürchte oft, dass ein Teil des Syndroms, unter dem wir leiden, die Unfähigkeit ist zu erkennen, dass der Holocaust nicht für unrichtige oder unangemessene Taten verantwortlich gemacht werden kann. Wir dürfen nicht zulassen, dass der Holocaust ein bequemer Sündenbock für unser Tun wird.

Trotz dieser Ängste suchen wir einander dennoch, freuen uns an einer Spontaneität, die wir sonst bei niemandem finden können. Die meisten von uns, glaube ich, suchen eine echte Befreiung von unserem eigenen, persönlichen Holocaust. Wir wollen die Mythen aufklären, die das Leben unserer Eltern umgeben haben, und uns dem stellen, was zuvor als nicht konfrontierbar galt.«

Was ich damals nicht wusste, war, dass mein Artikel einem wachsenden Identitätsgefühl unter Söhnen und Töchtern von Holocaust-Überlebenden in ganz Amerika und darüber hinaus entsprach. Unsere Gruppe in Cincinnati war eine der ersten – heute werden sie Gesprächsforen der Zweiten Generation genannt –, mit deren Hilfe wir unsere Identität bilden und aktiv ausloten wollten.

Zwei Jahre später veröffentlichte Helen Epstein, ebenfalls ein Kind von Überlebenden, ein Buch mit dem Titel *Kinder des Holocaust: Gespräche mit Söhnen und Töchtern von Überlebenden.*[109] Dieses Buch sollte zur Bibel der Zweiten Generation der Söhne und Töchter des Holocaust werden. Epstein schreibt über ihre Eltern, die den Holocaust überlebt hatten, die gegen die Welt wüteten, ohne ihr den Grund dafür verständlich zu machen. »Lange Jahre«, schrieb sie über das Bedürfnis, diese Wut und deren Auswirkungen auf sie zu verstehen, war es in einer Art Kasten tief in mir vergraben. Ich wusste, dass ich – verborgen in diesem Kasten – schwer zu erfassende Dinge mit mir herumtrug. Sie waren feuergefährlich, sie waren intimer als die Liebe, bedrohlicher als jede Chimäre, jedes Gespenst.«

Epstein reiste durch ganz Amerika und interviewte ein breites Spektrum von Kindern der Überlebenden. Viele standen wie ich gerade am Anfang ihres persönlichen Reflexionsprozesses, wollten verstehen, was wir mit unseren Eltern und mit der Geschichte erlebt hatten, und waren bereit, »sich zu outen« und über ihre ererbten Traumata zu berichten, ihre eigene Identität zu untersuchen und die »eiserne Kiste« ihrer Familiengeschichte zu öffnen. Epstein stieß aber auch auf viele Nachkommen, die nicht daran interessiert waren, über ihr Leben und das ihrer Eltern zu reflektieren, weil sie entweder zu viel Angst hatten, sich auf eine so bedrohliche und womöglich gefährlich Aufgabe einzulassen, oder einfach ihr Leben leben wollten wie jeder andere junge amerikanische Jude mit Familie und beruflicher Verantwortung.

Dieser Gruppe konnte ich ihre Sicht nicht vorwerfen. Auch ich hatte eine Familie und berufliche Verantwortung. Mich bestimmte aber nicht nur der Gedanke, wer ich aufgrund des Holocausts geworden bin, sondern auch warum der Holocaust überhaupt geschehen war, geplant und ausgeführt wurde von Deutschland und den Deutschen mit Hilfe vieler anderer, und wie diese das, was sie getan hatten, hatten tun können. Es war mir noch nicht bewusst geworden, dass diejenigen, die die Verbrechen begangen hatten, ebenfalls Einzelpersonen mit Familien und beruflicher Verantwortung gewesen waren. Wie hatten sich deren Taten auf deren Söhne und Töchter ausgewirkt?

1978 wurde der Traum jedes Doktoranden für mich war. Meine überarbeitete Dissertation wurde zur Veröffentlichung durch die University Press of America in Washington, D. C., angenommen.

Unter dem Titel *Radicals and Reactionaries: The Crisis of Conservatism in Wilhelmine Germany*[110] verfolgt das Buch das Wachstum des deutschen radikalen und rassischen Antisemitismus, insbesondere in den Jahren zwischen 1914 und 1918; die Rolle, die außerparlamentarische Organisationen wie der Alldeutsche Verband und der Bund Deutscher Landwirte spielten, erschienen den Rezensenten weniger wichtig als Fragen regionaler politischer Kräfte, konservative gegen bürgerliche Politik und andere Themen, die eindeutig zu eigenen Themenkomplexen gehörten.

Ich war dankbar und begeistert, dass ich mich dieser Forschung hatte widmen dürfen. Durch diese wissenschaftliche Arbeit hatte ich die Möglichkeit gehabt, das Aufkommen des rassischen Antisemitismus innerhalb des Kontexts des deutschen politischen und sozialen Wandels zu untersuchen, angefangen beim Rückzug Otto von Bismarcks aus der Politik im Jahr 1890 bis zur Gründung der »präfaschistischen« Deutschen Vaterländischen Partei 1917. Und schlussendlich wurden einige Fragen beantwortet: Wie konnte Deutschland die Ermordung von sechs Millionen Juden durchführen und welche Ursachen hatten diese Taten? Die Gründe dafür begannen nicht erst 1933 mit der Machtergreifung der Nazis in Deutschland, sondern hatten ihre Wurzeln in dem Jahrhundert deutscher Geschichte ab der Restauration nach Napoleon.

War dieses Jahrhundert ein deutscher Sonderweg zum »Dritten Reich« und zum Holocaust? Ein in Deutschland ausgebildeter Historiker würde wahrscheinlich eine derartige Fragestellung ablehnen und stattdessen fordern, dass diese Geschichte innerhalb des europäischen Kontexts untersucht werden müsse.

In Cincinnati konnte ich einen weiteren Interessenschwerpunkt entwickeln. Ich hatte mich mit einigen christlichen Klerikern angefreundet, die an der Fakultät für Jüdische Studien am HUC-JIR an ihrer Dissertation arbeiteten. Das College-Institute hatte Ende der 1940er-Jahre ein Programm für christliche Stipendiaten eingerichtet, sodass katholische Priester und protestantische Pastoren aller Denominationen, von der liberalsten bis zu den theologisch stark konservativen Ausrichtung, an den Campus von Cincinnati kamen.

Ich habe immer gern christliche Studenten kennen gelernt und mich mit ihnen unterhalten. Mir fiel auf, dass sie beim gemeinsamen Mittagessen zumeist unter sich an eigenen Tischen saßen. Mir war es immer ein Anliegen, anzufragen, ob ich mit ihnen essen könne. Dafür waren sie mir immer dankbar.

Ich war oft erstaunt zu erfahren, dass sie außerhalb der Lehrveranstaltungen nur selten, wenn überhaupt mit rabbinischen Studenten und Fakultätsmitgliedern Kontakt hatten. Mir war zudem bewusst, dass die katholische Kirche schon seit mehr als zwölf Jahren, seit 1965, bestrebt war, alle Spuren antijüdischer Schriften aus ihrer Liturgie und aus ihren Lehrwerken zu entfernen. Ich wusste auch, dass der Anstoß dafür in einem direkten Zusammenhang mit einem Treffen zwischen Papst Johannes XXIII. und Jules Isaac, einem französisch-jüdischen Überlebenden des Holocaust, stand, der dem Papst ein Buch mit dem Titel *The Teaching of Contempt* geschenkt hatte.[111] Bei diesem Treffen hatte Isaac den Papst gedrängt, sich bewusst zu werden, dass das, was das europäische Judentum während der Jahre des Holocaust erleben musste, nicht einfach das Ergebnis der Ideen des Nationalsozialismus und des rassischen Antisemitismus war, sondern tief verwurzelt war und bis zu den ersten antijüdischen Lehren der frühen Kirchenväter zurückreichte. Aufgrund dieses Gesprächs hatte Papst Johannes XXIII. eine Erklärung verfasst, in der jede jüdische Komplizenschaft an der Kreuzigung und am Tod Jesu Christi geleugnet und der Judaismus als legitimer »brüderlicher« Glaube des römischen Katholizismus bekräftigt wurde.

Die während des Zweiten Vatikanischen Konzils entstandene und 1965 von der Kirche ratifizierte Erklärung *Nostra Aetate* (In unserer Zeit) ist eine historische und weit reichende Bemühung, eine neue Ära im interreligiösen Dialog und in der Zusammenarbeit einzuläuten. Mehr als ein Dutzend Jahre nach *Nostra Aetate* gab es zwischen den christlichen Wissenschaftlern und den rabbinischen Studenten und Fakultätsangehörigen in der Mensa des HUC-JIR dennoch keinerlei Diskussion darüber. Ich entschloss mich, diese Situation zu ändern. Mit der begeisterten Unterstützung von Dr. Alfred Gottschalk, dem Präsidenten des HUC-JIR, begann ich Pläne für eine dreitägige Konferenz unter dem Titel *Religion in a Post-Holocaust World* zu entwickeln. Der Schwerpunkt sollte auf den Bemühungen von Juden und Christen liegen, ihre religiösen Werte in der Welt nach dem Holocaust neu zu überdenken.

Die Konferenz wurde zu einem historischen Meilenstein, denn es versammelten sich nicht nur international anerkannte Wissenschaftler und führende Persönlichkeiten beider Religionen, sie diente auch als Treffpunkt für jüdische, protestantische und katholische Seminaristen, der künftigen Elite, und den Repräsentanten des amerikanischen Judentums und Christentums, um zum ersten Mal darüber zu diskutieren, welche Bedeutung der Holocaust für eine neue Ausrichtung der jüdischen und christlichen Beziehungen haben könnte.

Die dreitägige Konferenz, die vom 19. bis 21. November 1980 am HUC-JIR stattfand, führte einige der wichtigsten jüdischen und christlichen Wissenschaftler auf dem Gebiet der christlich-jüdischen Beziehungen und des Holocaust zusammen. Unter den jüdischen Teilnehmern waren Rabbi Irving Greenberg,[112] eine hoch angesehene Persönlichkeit im jüdischen Denken nach dem Holocaust, und Professor Yaffa Eliach,[113] eine Überlebende des Holocaust und Gründerin eines der ersten Holocaust-Zentren in den Vereinigten Staaten. Von christlicher Seite nahmen Professor Rosemary Radford Ruether,[114] die Autorin einer scharfen Anklage der christlichen Theologie als Grundlage des historischen Antisemitismus, und Professor David Tracy, vielleicht der wichtigste amerikanisch-katholische Vertreter des vergangenen halben Jahrhunderts, an der Konferenz teil. Ebenso wichtig wie die Anwesenheit dieser Wissenschaftler war die Teilnahme von Vertretern aus elf christlichen Seminaren, katholischen wie protestantischen, die stundenlang mit den rabbinischen Studenten des HUC-JIR zusammensaßen und mit ihnen nach jeder Konferenzsitzung über die Vorträge diskutierten.

Die Konferenz wurde von CBS, einer der großen amerikanischen TV-Anstalten, aufgenommen und als halbstündiger Dokumentarfilm für die Sendung *For Our Times* mit dem bekannten Nachrichtensprecher Douglas Edwards produziert und im ganzen Land ausgestrahlt.

Fortress Press von Philadelphia kam ebenfalls auf mich zu und bekundete ihr Interesse an der Publikation der Konferenzbeiträge. Sie baten mich, eine anerkannte Persönlichkeit auf dem Gebiet der Holocaust-Forschung für das Vorwort zu finden.

Ich dachte sofort an Elie Wiesel, der Ende der 1970er-Jahre schon eine wichtige Stimme für die Holocaust-Überlebenden in Amerika und ein anerkannter Romanschriftsteller und Essayist war. Ich schrieb an Wiesel, erzählte über mich und die Tatsache, dass mein Vater in Buchenwald Häftling gewesen war, kurz bevor er selbst dorthin kam, und bat ihn, die Einleitung zu schreiben.

Wiesel erklärte sich dazu bereit und das Buch *Jews and Christians after the Holocaust* erschien 1982.[115] Mehr als zwanzig Jahre nach seinem Erscheinen wird das Buch und werden viele der Beiträge noch immer in anderen Publikationen zitiert und es ist in vielen Vorlesungen zum Holocaust und zu religiösen Themen Pflichtlektüre.

Mit der Geburt von Joel David Peck am 15. Februar 1979 wuchs unsere Familie um ein weiteres Mitglied. Er wurde nach Jankel, einem anderen Bruder meiner Mutter, benannt. Und wieder waren meine Eltern aus dem Häuschen, vor allem weil der Familienzuwachs ein Junge war; sie konnten ihn allerdings leider erst einige Monate nach seiner Geburt sehen.

Nach fast dreißig Jahren in Waterbury, Connecticut, verkauften meine Eltern ihr Haus und zogen nach Florida. Der Gesundheitszustand meiner Mutter, der nie gut gewesen war, hatte sich zusehends verschlechtert und ihre Ärzte rieten meinem Vater, das harte Winterklima von Neuengland zu verlassen.

Je mehr ich mit meinem Vater über seine Erlebnisse sprach, desto mehr erkannte ich, wie wenig über die Zeit der jüdischen Displaced Persons (DP) geschrieben worden war. Ich begann daher mit der Lektüre der Ausgaben der *Landsberger Lager-Cajtung*. Diese sehr gute Zeitung des Landsberger DP-Lagers war ab Oktober 1945 erschienen. Den Anstoß für diese Lektüre gab ehrlicherweise meine Suche nach meiner Geburtsanzeige oder der Erwähnung meiner Eltern. Ich fand keines von beiden, stattdessen fiel mir aber etwas Wichtiges auf: die Entwicklung eines Überlebensgedankens, mehr zu sein als »lebendige Leichname«, die einer lieblosen Welt ausgeliefert sind.

Hat es diesen Gedanken über das Leben nach dem Holocaust nur in Landsberg gegeben? Ich musste mehr darüber lesen. Ich las *Unzer Weg*, der in München vom Zentralkomitee der Befreiten Juden in der amerikanischen Zone von Deutschland herausgegeben wurde; den *D.P. Express*, ebenfalls aus München; *A Heim* aus Leipheim; *Bamidbar* aus Förenwald; *Dos Freie Wort* aus Feldafing; *Unzer Wort* aus Bamberg; *Unzer Leben* aus Berlin; *Unzer Mut* aus Zeilsheim; *Der Neuer Moment* aus Regensburg; *Unzer Hoffenung* aus Eschwege; *Auf der Frei* aus Stuttgart; *Der Morgn* aus Bad Reichenhall und *Unzer Sztyme* aus dem DP-Lager in Bergen Belsen/Hohne in der britischen Besatzungszone.

Ich las und las, bis ich beschloss, dass es wirklich ein gemeinsames Verständnis dessen gab, was es hieß, ein *She'rith Hapletah Mensch* zu sein, einer vom »überlebenden Rest«, der in den Abgrund des Holocaust geblickt hatte, aber nicht von ihm verschlungen worden war.

Ich arbeitete lang und konzentriert an einem Artikel, in dem ich versuchte, dieser Stimme der *She'erith Hapletah* Leben zu geben, von der ich den Eindruck hatte, das sie sonst verloren ginge. Ich reichte ihn als Beitrag zum Achten Weltkongress für Jüdische Studien ein, der im August 1981 in Jerusalem stattfinden sollte. Der Vortrag, den ich anbot, hatte den Titel *An Introduction to the Social History of the Jewish Displaced Persons' Camps: The Lost Legacy of the She'erith Hapletah* (Eine Einführung in die Sozialgeschichte der jüdischen DP-Lager: Das verlorene Erbe des *She'erith Hapletah*)[116].

Was war die Essenz meines Beitrags? Ich argumentierte, dass der hebräische Ausdruck *She'erith Hapletah* von den Überlebenden des Holocaust als Bezeichnung für ihre Identität in den Jahren nach 1945 verwendet worden war. Es war, wie ich weiter ausführte, »eine Identität, die letztlich zu einer revolutionären Ideologie führen sollte, die aus dem inneren Wesen und der Erfahrung der *She'erith Hapletah* entstand«.

Die Ideologie forderte die Schaffung eines neuen Humanismus, dessen Ziel die soziale und moralische Vervollkommnung der Menschheit sein sollten. Die Überlebenden, argumentierte ich, fühlten sich aufgerufen, den Wandel zu diesem Ideal innerhalb der jüdischen wie auch der nichtjüdischen Welt herbeizuführen. Ihre Tragödie, die Vernichtung von sechs Millionen jüdischer Leben, gab ihnen das Recht und die Stärke, den Glauben, dieses Ziel zu erreichen.

»Die Stimme der She'erith Hapletah«, schrieb ich in dem Beitrag, »war eine Stimme, die die Richtung des jüdischen Schicksals und des menschlichen Schicksals verändern wollte. Es war eine prophetische Stimme, im Einklang mit den biblischen Stimmen der Propheten auf ihrer Suche nach sozialer Gerechtigkeit. Schließlich war es die Stimme des fortdauernden Erbes, gegründet für die Kinder der She'erith Hapletah.« Und ich war eines jener Kinder.

Der Tag, an dem ich meinen Vortrag halten sollte, war einer der angespanntesten, die ich je erlebt habe. In dem Raum, in dem unsere Sitzung stattfinden sollte, drängten sich viele Zuhörer, von denen, wie ich sehen konnte, viele Holocaust-Überlebende aus Israel waren.

Nach meinem Vortrag gab es Applaus, ich war mir aber nicht sicher, ob er echt oder bloß höflich war. Der Moderator erkundigte sich, ob es Fragen gäbe, und lediglich ein Mann hob seine Hand und sagte: »Ich erinnere mich sehr gut an diese Zeit. Ich bin so froh, dass Sie sie für sich entdeckt haben. Es ist Ihr Erbe.«

Nach dem Ende der Sitzung kam ein groß gewachsener Herr mit schütterem Haar zum Tisch der Vortragenden, um mit mir zu sprechen. »Ich bin Gideon Hausner«, sagte er und streckte mir seine Hand entgegen. Ich wusste sofort, wer er war. Gideon Hausner (1915–1990) war der Rechtsbeistand der Israelischen Regierung und Hauptankläger im Kriegsverbrecherprozess gegen Adolf Eichmann im Jahr 1961 gewesen.

»Ich danke Ihnen für Ihren Vortrag«, sagte er zu mir. »Es ist wichtig, dass unseren Holocaust-Überlebenden ein Selbstwertgefühl vermittelt wird. Allzu lange hat Israel ihnen nicht genügend für jene Ideen gedankt, von denen Sie heute gesprochen haben.«

Ich weiß nicht, ob es an diesem Vortrag in Israel lag, aber ich bekam plötzlich aus verschiedenen Orten in Amerika und aus Deutschland Einladungen, über die DP-Lagererfahrung zu sprechen.

Im Oktober 1981 erhielt ich eine Einladung zu einer zweitägigen Internationalen Konferenz der Befreier, die im amerikanischen Außenministerium in Washington stattfand. Dort lernte ich endlich Elie Wiesel persönlich kennen, der den Vorsitz der Konferenz innehatte und mich wie einen alten Freund begrüßte.

Ich traf auch Generalmajor Aleksei K. Gorlinsky, einen pensionierten Offizier der Sowjetarmee, der an der Befreiung meines Vaters in Theresienstadt beteiligt gewesen war. Als ich meinem Vater von meiner Teilnahme an der Konferenz erzählte, trug er mir auf, jenen, die ihn befreit hatten, für ihren Mut zu danken. Als ich Generalmajor Gorlinsky vorgestellt wurde, wiederholte ich den Dank meines Vaters für seinen Mut. »Nicht ich war tapfer«, antwortete er mir durch einen Übersetzer, »sondern Ihr Vater war der Mutige.«[117]

Das Zusammentreffen mit Elie Wiesel war sehr wichtig für mich. 1982 veröffentlichte ich eine revidierte Version meines Jerusalemer Vortrags in der Zeitschrift *Shoah*.[118] In dem Beitrag wies ich auf Elie Wiesel als die letzte verbliebene Stimme der *She'erith Hapletah* hin. Einige Monate später erhielt ich einen Telefonanruf von Wiesels Büro im »United States Holocaust Memorial Council«, bei dem ich gefragt wurde, ob ich daran interessiert sei, zum Mitglied des Beratungsgremiums ernannt zu werden. Elie Wiesel, der an der Errichtung eines Holocaust Museums in Washington arbeitete, war zum Vorsitzenden des Councils nominiert worden.

Bereitwilligst nahm ich dieses Angebot an und wurde 1984 in das Gremium berufen und zwei Jahre später zum Vizevorsitzenden des Archiv- und Bibliotheksausschusses ernannt. Mit dieser Ernennung begann eine jahrzehntelange Verbindung zum Council und zum »United States Holocaust Memorial Museum«, das im Frühling 1993 seine Pforten für das Publikum öffnete.

Zudem wurde ich Anfang der 1990er-Jahre zum Vizepräsidenten der »Association of Holocaust Organizations« ernannt, einem Zusammenschluss von mehr als einhundert Holocaust-Museen und -Zentren auf der ganzen Welt. Ich war das einzige Gremiumsmitglied, das in keiner direkten Verbindung zu einem Holocaust-Museum stand.

Im Brennpunkt: Deutsches Judentum und jüdisches Leben in Deutschland

Mein Interesse am deutschen Judentum war fast ebenso stark wie mein Wunsch zu verstehen, warum diese Gemeinschaft von Juden während der Nazi-Zeit eine Schicksalsgemeinschaft wurde. Im Jahr 1983 erhielt ich eine hervorragende Gelegenheit, dieser Frage an Hand einer Ausstellung anlässlich des 50. Jahrestages der Machtergreifung durch die Nazis im Jahr 1933 nachzugehen. Ich konzipierte die Ausstellung so, dass auch die Erinnerungen und Beobachtungen jener deutschen Juden, die vor Hitler geflohen waren und nun in Cincinnati lebten, eingebunden wurden. Die Gemeinschaft jener deutschen Juden war so groß, dass sie ihre eigene Synagoge hatten, die »New Hope Congregation«.[119] Ich plante diese Ausstellung auch, um dem Mut dieser deutschen Juden und dem neuen Leben, das sie sich im Land ihrer Einwanderung geschaffen hatten, Tribut zu zollen.

Ich wollte aber auch, dass diese Ausstellung die nationale Erfahrung jener deutschen Juden, die als Flüchtlinge nach Amerika kamen, wiedergab. Ich wandte mich an das Leo

Baeck Institut, die wichtigste Einrichtung, die sich mit der Geschichte der deutsch-sprachigen Judenschaft beschäftigt, sowie an den *Aufbau*, die von deutsch-jüdischen Flüchtlingen aus Nazi-Deutschland in den 1930er-Jahren gegründete Zeitung. Weiter lud ich Dr. Kurt Silbermann, den Präsidenten der »Federation of Jews from Central Europe«, ein, den Hauptvortrag bei der Ausstellungseröffnung zu halten.

Am Abend des 9. November 1983, dem 45. Jahrestag des berüchtigten Novemberpogroms von 1938, welches das Ende des deutsch-jüdischen Lebens besiegelte, wurde die Ausstellung vor einem großen Publikum eröffnet; viele von ihnen waren deutsche Juden, die mit ihren Familien nach Amerika geflüchtet waren.

Ein Überraschungsgast an diesem Abend war Hans Steinitz, der bekannte Herausgeber des *Aufbau*. Zwei Wochen später berichtete Steinitz über die Ausstellung in seiner Zeitung:

»Die Anregung zu dieser Ausstellung ging auf eine Idee von Professor Abraham J. Peck zurück, dem noch jungen Associate Direktor der American Jewish Archives. Dieser, ein Historiker von Qualität, polnischer Herkunft, aber in Deutschland geboren und aufgewachsen, hat sich intensiv mit der deutschen und jüdischen Geschichte in unserer Zeit beschäftigt.

Wir deutschen Juden können durchaus mit dem, was wir geleistet und erkämpft haben, zufrieden sein. Hier im Land wie auch in Israel und, in bescheidenerem Umfang, ebenso in anderen Ländern, haben wir die Fackel, die von einer Generation zur nächsten gereicht werden muss, am Flackern gehalten.«[120]

Sechs Monate später wurde ich von dem in Cincinnati ansässigen Zweig des »American Jewish Committee« (AJC), einer Anfang des 20. Jahrhunderts gegründeten Menschenrechtsorganisation, aufgefordert, vor einer Gruppe junger deutscher Fachleute zu sprechen, die verschiedene amerikanische Städte besuchten, um ein »lebendiges amerikanisches Judentum« zu sehen. Das Programm war Teil des zwischen dem AJC und der Konrad-Adenauer-Stiftung entwickelten Austauschs. Alle deutschen Besucher waren Stipendiaten der Adenauer-Stiftung und alle – bis auf einen – waren Christen.

Und dieser eine Mann interessierte mich. Er hieß Leibel Rosenberg und arbeitete als Zeitungsherausgeber und Publizist in München. Er war wie ich Sohn von Holocaust-Überlebenden und ebenfalls in einem deutschen DP-Lager geboren worden. Aber im Gegensatz zu meiner Familie hatten seine Eltern, in Polen geborene Juden, Deutschland nie verlassen. Zwischen uns entwickelte sich sofort eine Freundschaft. Ich fragte Leibel, welche Gefühle er während dieser Reise hatte. »Meine Mutter würde mich umbringen, wenn sie wüsste, dass ich hier mit all diesen konservativen Deutschen zusammen bin«, vertraute er mir an.

»Gibt es Gruppen von Söhnen und Töchtern von Überlebenden, die sich treffen, um über ihre Identität in Deutschland zu diskutieren, wie dies in den Vereinigten Staaten geschieht?«, fragte ich ihn. »Ihr Amerikaner habt Glück«, meinte Leibel. »Ihr lebt weit entfernt von den Orten der Verbrechen an uns. Wir Juden in Deutschland leben mit der Realität, dass es nur einen Ausweg aus der Vergangenheit gibt, und der heißt, Deutschland zu verlassen. Ich würde gern wegziehen, aber meine Mutter ist betagt und kränklich. Ich bin ihr einziges Kind.«

»Wie haltet ihr es dann aus?«, fragte ich ihn. – »Wir flüchten nach innen, manchmal verlieben wir uns in deutsche Christen, die uns faszinierend finden und dies vielleicht als Möglichkeit sehen, damit ihr eigenes Schuldgefühl über die Taten ihrer Eltern oder Großeltern während des Holocaust zu verringern. Wir müssen unsere Identität nicht diskutieren. Wir wissen genau, wer wir sind: eine Generation von jüdischen Männern und Frauen, die ihren Eltern vorwerfen, in Deutschland geblieben zu sein; die sich selbst vorwerfen, Deutschland nicht zu verlassen. Was müssen wir sonst noch wissen?«

Ich war, ehrlich gesagt, völlig verblüfft. Meine Annahme, dass die »Revolution«, die die Kinder von Holocaust-Überlebenden in Amerika erfasst hatte, auch in anderen Ländern stattfand, war sichtlich falsch.

»Warum kommst du nicht nach Deutschland und siehst selbst, was wir erdulden müssen«, meinte Leibel zu mir. »Schau dir an, was es mit dem ›jüdischen Leben in Deutschland‹ auf sich hat und wie Deutschland weiterhin mit seinem ›jüdischen Problem‹ umgeht.«

Zwei Jahre später erhielt ich die Möglichkeit, genau das zu tun. Ich wurde vom deutschen Außenministerium eingeladen, mit einer Gruppe von amerikanischen »Experten« Deutschland zu besuchen, um das »jüdische Leben im heutigen Deutschland« zu sehen. Die Reise war für drei Wochen im November und Dezember 1986 geplant.

Bei meiner Ankunft in Deutschland wurde ich von einem Vertreter des deutschen Außenministeriums abgeholt und erfuhr, wer die mitreisenden »Experten« waren: Rabbi Malcolm Sparer aus San Francisco war der Vorsitzende des nordkalifornischen Rabbinerrates; Dr. Michael Nutkiewicz, Sohn eines Holocaust-Überlebenden, war geschäftsführender Direktor des Holocaust Museums der Los Angeles Jewish Federation; Dr. Mary Felstiner war Geschichtsprofessorin an der San Francisco State University und schrieb an einer Biographie über die deutsch-jüdische Künstlerin Charlotte Salomon;[121] und Charles Barrack, ein Germanist von der University of Washington in Seattle, ein arabischstämmiger Amerikaner und der einzige Nichtjude in der Gruppe.

Es war eine außergewöhnliche Reise: Wir hatten unseren eigenen kleinen Bus mit Chauffeur auf unserer Reise in die zahlreichen Städte – Frankfurt, Köln, Bonn, Worms, Heidenheim, Hamburg und Berlin, wo wir die jüdischen Gemeinden im Ost- wie im Westteil der Stadt besuchten.

Es gab viele denkwürdige Augenblicke: das Treffen und die Diskussion über die Haltung Deutschlands gegenüber seinen jüdischen Bürgern mit Mitgliedern des Deutschen Bundestags, eine abendliche Zusammenkunft mit einem Mitglied von Helmut Kohls CDU, der zu uns ins Hotel kam, um uns im Detail über die Pläne des in Planung befindlichen Holocaust Museums in Washington befragte. Er wusste, dass ich ein Mitglied in Elie Wiesels beratendem Gremium war. Er bat mich, den Vorsitzenden Wiesel zu fragen, ob in dem Museum nicht eine Abteilung über das »neue Deutschland« eingeplant werden könne?

Ich erinnere mich, wie ich am Friedhof der jüdischen Gemeinde von Worms – einer Stadt, in welcher der berühmte jüdische Philosoph Rashi (Reb Shlomo Yitzchak, 1040–1105) gelebt und gelehrt hatte – vor dem Grab des Maharam (Meir von Rothenburg, um 1215 – 2. Mai 1293) stand, einem der berühmtesten jüdischen Gesetzeslehrer, der 1307 auf diesem Friedhof begraben worden war. Neben diesem Grab, dem ältesten jüdischen Grab in Europa, in der Spätnachmittagssonne zu stehen, war einer der außergewöhnlichsten Momente in meinem ganzen Leben. Es schien, als ob sich die gesamte europäisch-jüdische Geschichte in den Strahlen der untergehenden Novembersonne widerspiegelte.

Ich erinnere mich, wie ich mit Rabbi Sparer durch die berühmt-berüchtigte Hamburger Reeperbahn ging, um in dem Viertel mit Freudenhäusern und Sexshows nach jüdischen Frauen zu suchen, die vielleicht in das »älteste Gewerbe« der Welt gelockt worden waren und die wir von der Sünde befreien wollten. Wir fanden keine, aber Rabbi Sparer nahm mich zu Plätzen mit, die kein jüdischer Gelehrter je freiwillig besuchen würde.

Ich erinnere mich daran, wie ich im eleganten Hamburger Büro der Wochenzeitung *Die Zeit* saß und mit dem ehemaligen deutschen Bundeskanzler Helmut Schmidt sprach, dem Mitherausgeber der Zeitung. Rabbi Sparer war der aggressivste in unserer Gruppe und sprach Schmidt immer wieder auf das Thema des fortlebenden Antisemitismus in Deutschland und auf die Rolle, die die Erinnerung an den Holocaust in dem Land spielte, an. Schmidt leugnete jeglichen – offiziellen oder anderen – Antisemitismus in Deutschland und rief einen seiner engen Freunde, Eric Warburg, an, den letzten noch in Deutschland lebenden Angehörigen der berühmten jüdischen Bankiersfamilie, er solle so freundlich sein, uns zu sagen, dass Antisemitismus im deutschen Leben im Jahre 1986 keinerlei Rolle spiele. Irgendwie schienen uns Warburgs Bemerkungen nicht zu genügen – vor allem Rabbi Sparer, der Schmidt weiter bedrängte, welche Schritte Deutschland zu unternehmen gedenke, um die Beziehungen zu seiner jüdischen Gemeinde zu normalisieren. »Das liegt nicht an uns«, antwortete Schmidt, »das hängt von den Juden ab.«

Wir flogen nach Berlin, wo wir von Mitgliedern des Berliner Senats empfangen und mit mehreren schwarzen Mercedes in unsere Hotels gefahren wurden, die uns während unseres gesamten Berlin-Aufenthalts zur Verfügung standen.

Wir sollten Heinz Galinski treffen, den vielleicht mächtigsten Vertreter einer jüdischen Gemeinde in ganz Westeuropa. Sein Büro teilte uns mit, dass er während der gesamten Dauer unseres Berlin-Aufenthalts auswärts sei, zufällig trafen wir ihn jedoch in den Büroräumen des Jüdischen Gemeindezentrums. Er sprach mit uns fünf Minuten und ging dann fort.

Ich war etwas nervös, als wir die Grenze von West- nach Ostberlin passierten. Ich hatte die DDR vor dreizehn Jahren verlassen und nie die Mikrofilme für das Deutsche Zentralarchiv bestellt. Könnte nun mein Name auf der Liste der meistgesuchten Personen stehen, weil ich einen Mikrofilm nicht bezahlt hatte?

Die DDR-Grenzsoldaten kontrollierten meinen Pass und winkten uns alle durch. Wir trafen Peter Kirchner, den Vorsitzenden der Ostberliner Jüdischen Gemeinde, und seinen Sohn Gernot, einen Medizinstudenten, in einem Hotel in Ostberlin zu Kaffee und Diskussion. In Begleitung der Kirchners war eine Frau, die sich selbst als Mitglied der Ostberliner Stadtverwaltung vorstellte. Wir alle wussten es besser. Unsere »Diskussion« konzentrierte sich daher auf das religiöse und kulturelle Leben der Juden in der DDR, auf die Beziehungen zu den jüdischen Gemeinden im Westen und auf das Wetter.

Kirchner zeigte uns aber auch den Berliner Friedhof Weißensee, den größten Friedhof Europas. Man hatte den Eindruck, die Seiten der deutsch-jüdischen Geschichte zu durchlaufen, ein Grabstein nach dem anderen nannte einen Namen, der für die deutsch-jüdische Erfahrung von Bedeutung war.

Und was hatte ich während dieser drei Wochen letztlich wirklich über das »jüdische Leben in Deutschland« erfahren? Wie bei allen von der Regierung bezahlten Reisen sahen wir nur jene Orte und Menschen, die die Regierung uns sehen lassen wollte. Die einzige echte Abweichung waren vielleicht die verruchten Häuser auf der Reeperbahn.

Wir kratzten daher nur an der Oberfläche die Themen, die ich und die übrigen Teilnehmer der Gruppe für unseren Besuch als wesentlich erachteten. Einige Wochen nach meiner Rückkehr in die Vereinigten Staaten bat mich die Zeitung *American Israelite* aus Cincinnati, die 1854 von Isaac Mayer Wise gegründet worden war, um Eindrücke von meiner Reise nach Deutschland:

»Peck ist in die Vereinigten Staaten mit zahlreichen beunruhigenden Eindrücken über den Charakter der jüdischen Gemeinde in Deutschland und die Art und Weise, wie die jetzige Regierung mit dem Holocaust umgeht, zurückgekehrt. ›Ich fühlte eine große Verwandtschaft zu den jüdischen Menschen, die wir besuchten. Mich interessierte, was geschehen wäre, wenn meine Eltern Deutschland nicht hätten verlassen können. Die Juden identifizieren sich zweifelsohne durch den Holocaust‹, meint Peck, ›aber sie leben im Land der Mörder und der Ermordeten. Der Holocaust ist um sie herum. Denkmäler und Feiern gewinnen eine andere Bedeutung.‹ Und eine Identität als deutscher Jude? ›Die ist zerstört, es gibt keine Tradition mehr‹, resümiert Peck.«[122]

Als Wissenschaftler war ich tatsächlich beunruhigt über den Zustand der jüdischen Studien in Deutschland. Wir besuchten eine Reihe von Fakultäten für Judaistik an verschiedenen Universitäten und trafen dort zumeist auf nichtjüdische Wissenschaftler, die nichtjüdische Studenten unterrichteten. Man konnte fast spüren, dass über Juden und Judaismus in einer museumsartigen Atmosphäre gesprochen wurde, als ob es keine lebendige jüdische Kultur gäbe. Ich fühlte mich an den Plan der Nazis erinnert, ein Museum für die »verschwundene jüdische Rasse« zu errichten.

Im November 1987 wurde ich eingeladen, einen Festvortrag bei einem »Kristallnacht«-Programm zu halten, das vom nordkalifornischen Rabbinerrat und dem San Francisco Jewish Community Relations Council in Zusammenarbeit mit dem Goethe Institut und dem deutschen Konsulat in San Francisco gesponsert wurde.

Dort traf ich wieder mit Rabbi Malcolm Sparer und den Professoren Mary Felstiner und Charles Barrack zusammen und lernte zwei jüdische Wissenschaftler kennen, die in Deutschland lehrten, Professor Julius Schoeps, Sohn von Hans-Joachim Schoeps, eines Pioniers der deutschen christlich-jüdischen Beziehungen, der an der Universität Duisburg lehrte und den ich auf meiner Deutschlandreise 1986 besucht hatte, und Professor Karlheinz Schneider, der an der Hochschule für Jüdische Studien in Heidelberg lehrte, das offizielle Ausbildungsinstitut für die Ordinierung von Rabbinern und Kantoren in Deutschland, wo seit der Gründung noch nie jemand ordiniert worden war.

Als Vortragsthema wählte ich *Das Jahr Null und die Entwicklung Jüdischen Lebens in Deutschland nach 1945*. Zum Teil, erklärte ich, gehe die jetzige jüdische Gemeinde in Deutschland auf den »überlebenden Rest« von Juden zurück, die aus vielerlei Gründen geblieben waren: Flüchtlinge aus Ost- und Westeuropa, Überlebende von Konzentrationslagern, Juden, die sich während der Kriegsjahre versteckt hatten, und jene, die Deutsche geheiratet hatten oder es leid waren, auf ihre Auswanderungspapiere zu warten.

1955, so informierte ich die Zuhörer, waren etwa 17.000 Juden in Deutschland geblieben, »einem Land, das getränkt war von jüdischem Blut«, wo sie wie Parias lebten, gemieden wurden und nicht bereit waren, die versöhnende Hand einer deutschen Regierung anzunehmen, der sie immer stärker misstrauten.

Die Juden in Deutschland konnten die Frage nicht ertragen, die ihnen immer wieder von Juden auf der ganzen Welt, insbesondere von den amerikanischen Juden, gestellt wurde: »Wie könnt ihr hier leben?« Ihre einzige Antwort darauf war, dass sie ihr Recht auf Existenz bekräftigten, während die *Judenfrage* gleichzeitig sowohl den Unterdrücker als auch das Opfer weiter quälte.

Jene unter uns, die an der Reise nach Deutschland teilgenommen hatten, legten der Zuhörerschaft nahe, dass es an der Zeit wäre, die Tore der Verständigung zwischen den jüdischen Gemeinden in Deutschland und in den Vereinigten Staaten zu öffnen. »Allzu lange«, fügte Rabbi Sparer hinzu, »haben amerikanische Juden diese Juden missachtet und stigmatisiert, die sich aus dem einen oder anderen Grund entschlossen hatten, in Westdeutschland zu leben.«[123]

Die Reaktion vieler Zuhörer überraschte, zumindest bezüglich ihrer Intensität. Viele beklagten die intellektuelle und spirituelle Armut der jüdischen Gemeinde in Deutschland, ihre mangelnde Bereitschaft, eine gemeinsame ideologische Basis mit anderen weltjüdischen Gemeinden zu finden, und negierten ihre künftige Lebensfähigkeit.

Andere pochen darauf, dass es den Juden in Deutschland besser ginge, würden sie nicht in dem Land leben, und jemand machte den Vorschlag, dass den Juden in Deutschland die Gemeindefonds entzogen werden sollten.

Der Abend war schwierig für jene unter uns, die nach Deutschland gereist waren und dort Juden kennen gelernt hatten, die wunderbare Menschen waren und das Recht hatten, dort als Juden zu leben, wo sie wollten, auch wenn sie oder ihre Kinder sich letztlich entscheiden sollten, als Deutsche zu leben.

Die Vertreter des Goethe Instituts waren über die Reaktionen aus dem Auditorium überrascht. Sie wussten nicht, ob sie zuerst jene Juden verteidigen sollten, die in Deutschland lebten, oder die deutsche Regierung, die ihrer Meinung nach wichtige Schritte zur »Normalisierung« der Beziehungen mit den Juden in ihrer Nation, mit Israel und mit dem Judentum auf der ganzen Welt setzte.

Ein Todesfall in der Familie und die Rückkehr zu den Wurzeln

Am 7. März 1988 klingelte bei uns um 7 Uhr früh das Telefon. Das war ungewöhnlich früh und ich dachte, ein Freund meines Sohnes oder meiner Tochter rief wegen der Schule an.

Ich ging ans Telefon und hörte die traurigen, langsamen Worte meines Vaters: »Oh Abe, deine Mutter lebt nicht mehr. Sie hatte heute früh im Schlaf einen Herzanfall und ich konnte nichts für ihre Rettung tun.«

Ich erinnere mich »Nein!« geschrien zu haben, als mein Kopf nicht akzeptieren wollte, was ich vom anderen Ende des Telefons gehört hatte. Ich hatte nie zuvor einen Todesfall in meiner Familie erlebt, außer in den Geschichten meines Vaters.

Ich war am Boden zerstört, als meine Frau und die Kinder mich trösten kamen.

Diese sichere, oft turbulente Wärme, die die Welt war, in der wir drei – Vater, Mutter und Sohn – gelebt hatten, war für immer vorbei. Wir drei, die wir gegen eine Welt gekämpft hatten, die so viel getan hatte, um uns die Normalität zu nehmen, die von anderen als selbstverständlich hingenommen wird, bestand jetzt nur mehr aus zweien.

Ich weiß nicht mehr, wie ich nach Florida geflogen bin, um meinem Vater bei den Begräbnisformalitäten beizustehen. Mein Vater, normalerweise ein stoischer und ruhiger Mensch, der Friedensstifter in unserer Familie, konnte nicht mehr funktionieren. Er wurde wieder zu dem Kind, für das ich sorgte, wie früher, in den ersten Jahren unseres Lebens in Amerika, als ein Brief zu schreiben oder eine Rechnung erklärt werden musste.

Als wir zum Bestattungsunternehmen gingen, wohin der Leichnam meiner Mutter gebracht worden war, bat ich den Bestatter, sie mich nur für einen Augenblick sehen zu lassen. Nach jüdischem Bestattungsbrauch kann einer derartigen Bitte nicht stattgegeben werden, als er aber die Umstände des Todes meiner Mutter hörte, willigte er widerstrebend ein.

Ich sah meine Mutter zum letzten Mal. In ein zeremonielles weißes Gewand gehüllt sah sie ruhig, fast schlafend aus. Ich sah, dass auf ihrem Gesicht ein Lächeln lag, Glück und eine Ruhe, die ich nie zuvor an ihr gesehen hatte. Vielleicht, dachte ich, ist sie nun endlich mit ihren sieben Brüdern vereint, wie sie es immer gesagt und es sich, solange ich denken kann, gewünscht hat.

Das Begräbnis selbst war klein, nur wenige Menschen aus dem Wohnhaus meiner Eltern, sowie meine Frau und die Kinder waren dabei. Der Rabbi, der das Begräbnis leitete, war ein ehemaliger Rabbinerstudent des HUC-JIR und ich kannte ihn gut. Er fragte mich, ob ich einige Worte sprechen wollte, ich konnte aber nicht.

Mein Vater und ich saßen Schiwa, die siebentätige Trauerzeit, für meine Mutter. Ich erinnere mich, dass ich mit meinem Vater auf dem kalten Boden schlief, weil er es nicht ertrug, in dem Bett zu schlafen, in dem meine Mutter gestorben war, und ich ertrug es nicht, ihn dort allein schlafen zu lassen. Zum ersten Mal seit vielen Jahren wachte mein Vater in der Nacht schreiend auf oder schwor, dass er die Erscheinung meiner Mutter beim ersten Tageslicht durch den Raum schweben gesehen hätte.

Als ich nach Cincinnati zurückkehrte, voll Angst um meinen Vater, der gerade 75 geworden war, und um sein Wohlergehen, kamen unsere vielen Freunde, um mich zu trösten. Alle meinten, wie traurig ich aussehe, viel trauriger, als sie je einen Sohn in Trauer um einen Elternteil gesehen hätten.

Abraham J. Peck

Abbildungen

1 Synagoge in Zwolen, Polen.

2 Die von den Nazis zerstörte Synagoge in Linshits/Leczyca (Polen) (© Jewish Gen).

3 Drei Brüder meiner Mutter vor dem Zweiten Weltkrieg (links Zelig Kolton, geb. 1903, umgekommen im Konzentrationslager Ebensee 1944).

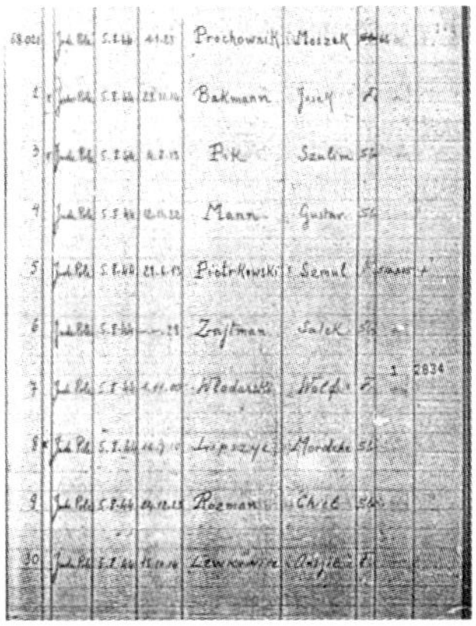

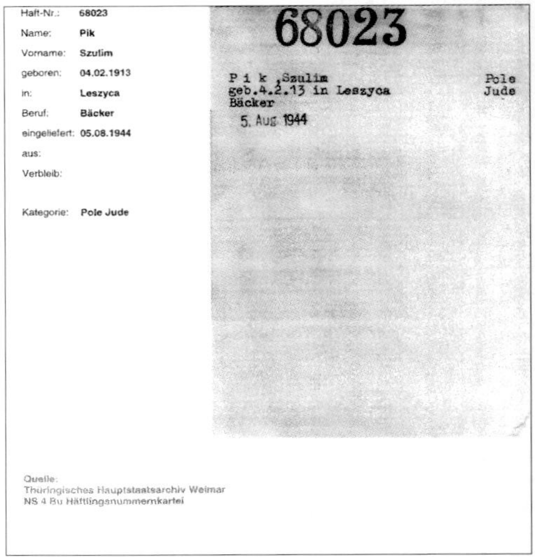

Haft-Nr.: 68023
Name: Pik
Vorname: Szulim
geboren: 04.02.1913
in: Leszyca
Beruf: Bäcker
eingeliefert: 05.08.1944
aus:
Verbleib:
Kategorie: Pole Jude

68023
P i k ,Szulim Pole
geb.4.2.13 in Leszyca Jude
Bäcker
5. Aug 1944

Quelle:
Thüringisches Hauptstaatsarchiv Weimar
NS 4 Bu Häftlingsnummernkartei

4 a – e: Dokumente aus dem KZ Buchenwald, die den Aufenthalt meines Vaters dort bestätigen. Er wird unter dem Namen Szulim Pik geführt (1944) (© Thüringisches Hauptstaatsarchiv Weimar, Archiv Buchenwald).

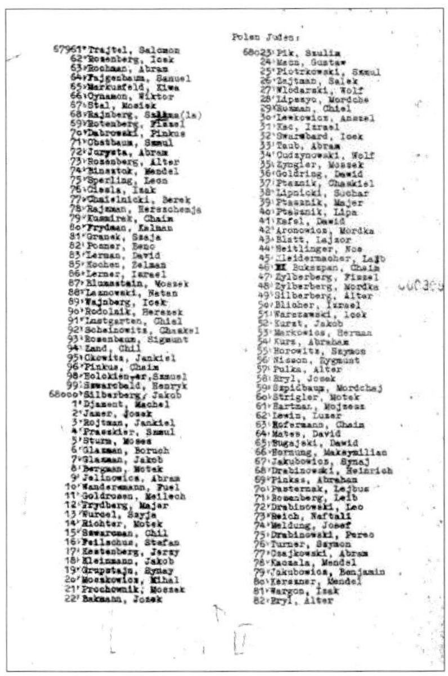

5 Befehl zur Häftlingsüberstellung vom KZ Stutthof nach Dresden (© Eva Unterman, Tulsa, Oklahoma).

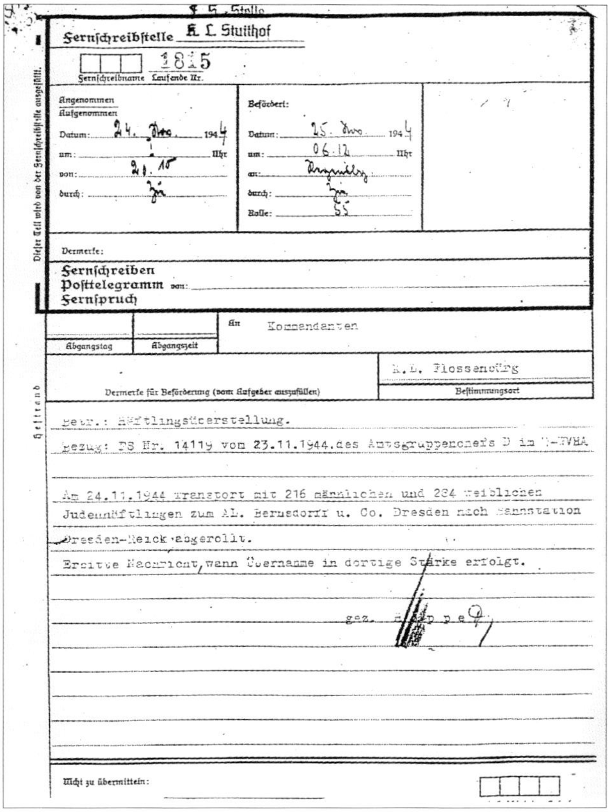

Fernschreibstelle K. L. Stutthof

1815

Fernschreibname Laufende Nr.

Angenommen / Aufgenommen
Datum: 24. Nov. 1944
um: Uhr
von: 21.10
durch:

Befördert:
Datum: 25. Nov. 1944
um: 06.12 Uhr
an:
durch:
Rolle: 55

Dieser Teil wird von der Fernschreibstelle ausgefüllt.

Vermerke:

Fernschreiben
Posttelegramm von:
Fernspruch

Abgangstag | Abgangszeit

An Kommandanten

K.L. Flossenbürg

Vermerke für Beförderung (vom Aufgeber auszufüllen) | Bestimmungsort

Heftrand

Betr.: Häftlingsüberstellung.

Bezug: FS Nr. 14119 vom 23.11.1944.des Amtsgruppenchefs D im SS-WVHA

Am 24.11.1944 Transport mit 216 männlichen und 284 weiblichen Judenhäftlingen zum AL. Bernsdorff u. Co. Dresden nach Bahnstation Dresden-Reick abgerollt.

Erbitte Nachricht, wann Übernahme in dortige Stärke erfolgt.

gez. Hoppe

Nicht zu übermitteln:

6 Liste der Häftlinge, die von Stutthof nach Dresden abtransportiert wurden (die Nr. 266 ist meine Mutter) (© Eva Unterman, Tulsa, Oklahoma).

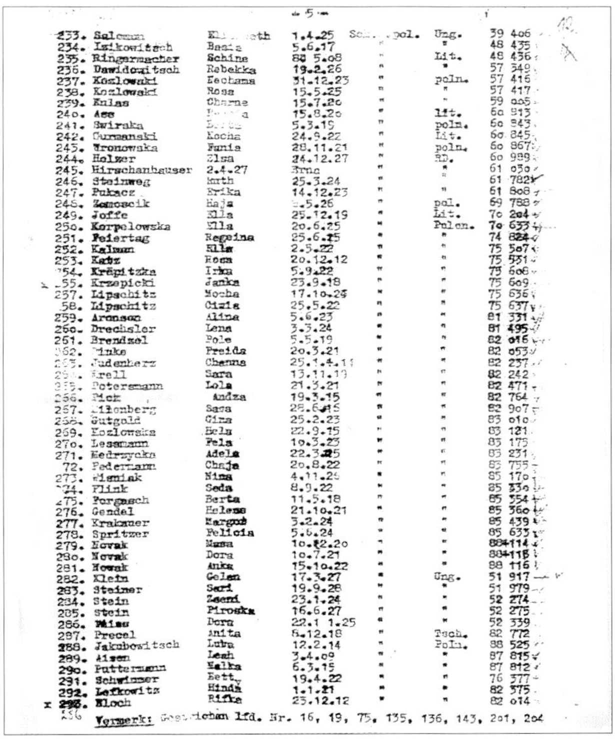

- 5 -

233.	Salomon	Elisabeth	1.4.25	Sch. pol.	Ung.	39 406
234.	Izikowitsch	Basia	5.6.17	"	"	48 435
235.	Ringermacher	Schine	80 5.08	"	Lit.	48 436
236.	Dawidowitsch	Rebekka	19.2.26	"	"	57 349
237.	Koslowski	Eechama	31.12.23	"	poln.	57 416
238.	Koslowski	Rosa	15.5.25	"	"	57 417
239.	Kulas	Charne	15.7.20	"	"	59 005
240.	Ass	[illegible]	15.8.20	"	Lit.	60 813
241.	Swirska	[illegible]	5.3.19	"	poln.	60 843
242.	Gurmanski	Kocha	24.9.22	"	Lit.	60 845
243.	Wronowska	Fania	28.11.21	"	poln.	60 867
244.	Holzer	Elsa	24.12.27	"	RD.	60 989
245.	Hirschanhauser	2.4.27	Brno	"	"	61 030
246.	Steinweg	Ruth	25.3.24	"	"	61 782
247.	Pukacz	Erika	14.12.23	"	"	61 808
248.	Zamoscik	Haja	[illegible].5.26	"	pol.	69 788
249.	Joffe	Ella	25.12.19	"	Lit.	70 204
250.	Korpelowska	Ella	20.6.25	"	Polen.	70 633
251.	Feiertag	Regeina	25.6.25	"	"	74 824
252.	Kalman	Ella	2.5.22	"	"	75 507
253.	Katz	Rosa	20.12.12	"	"	75 551
254.	Kräpitzka	Irka	5.9.22	"	"	75 608
255.	Krzepicki	Janka	23.9.18	"	"	75 609
257.	Lipschitz	Mocha	17.10.25	"	"	75 636
58.	Lipschitz	Cizia	25.5.22	"	"	75 637
259.	Aronson	Alina	5.6.23	"	"	81 331
260.	Drechsler	Lena	3.3.24	"	"	81 495
261.	Brendzel	Pole	5.5.19	"	"	82 016
262.	Finke	Freida	20.3.21	"	"	82 053
263.	Judenherz	Channa	25.1.4.11	"	"	82 237
264.	Krell	Sara	13.11.19	"	"	82 242
265.	Petersmann	Lola	21.3.21	"	"	82 471
266.	Pick	Andza	19.3.15	"	"	82 764
267.	Eikenberg	Saca	28.6.15	"	"	82 907
268.	Gutgold	Gina	25.2.23	"	"	83 010
269.	Kozlowska	Bela	22.9.15	"	"	83 121
270.	Lessmann	Fela	10.3.23	"	"	83 175
271.	Kedrzycka	Adela	22.3.25	"	"	83 231
72.	Federmann	Chaja	20.8.22	"	"	83 755
273.	Wisniak	Nina	4.11.26	"	"	85 170
274.	Flink	Seda	8.9.22	"	"	85 330
275.	Forgasch	Berta	11.5.18	"	"	85 354
276.	Gendel	Helene	21.10.21	"	"	85 360
277.	Krakauer	Margot	3.2.24	"	"	85 439
278.	Spritzer	Felicia	5.6.24	"	"	85 633
279.	Novak	Masa	10.12.20	"	"	88 114
280.	Novak	Dora	10.7.21	"	"	88 115
281.	Nowak	Anka	15.10.22	"	"	88 116
282.	Klein	Gelen	17.3.27	"	Ung.	51 917
283.	Steiner	Sari	19.9.28	"	"	51 979
284.	Stein	Zseni	23.1.24	"	"	52 274
285.	Stein	Piroska	16.6.27	"	"	52 275
286.	Weiss	Dora	22.1 1.25	"	"	52 339
287.	Precel	Anita	8.12.18	"	Tsch.	82 772
288.	Jakubowitsch	Luba	12.2.14	"	Poln.	88 525
289.	Aisen	Leah	3.4.09	"	"	87 815
290.	Puttermann	Malka	6.3.15	"	"	87 812
291.	Schwimmer	Betty	19.4.22	"	"	76 377
292.	Lefkowitz	Hinda	1.1.21	"	"	82 375
x 293.	Bloch	Rifka	23.12.12	"	"	82 014

Vermerk: Gestrichen lfd. Nr. 16, 19, 75, 135, 136, 143, 201, 204

7 Strohschuh-Abteilung, in der meine Mutter arbeitete (Ghetto Litzmannstadt).

8 Am Arm meines Vaters im DP-Lager Landsberg (1947).

9 Mit einem Hund in DP-Lager Landsberg (1948).

10 Major Irving Heymont (links) hält eine Ansprache vor den Lagerinsassen, Rabbi Rosenberg fungiert als Übersetzer (Landsberg, 1945) (© American Jewish Archives, Cincinnati, Ohio).

11 Dr. Samuel Gringauz (mit Mütze) im Gespräch mit dem amerikanischen General Onslow Rolfe während dessen Besuch in Landsberg (1945) (© American Jewish Archives, Cincinnati, Ohio).

12 U.S.S. General C. H. Muir, das Schiff, mit dem meine Eltern und ich aus Bremerhaven nach Boston kamen (November/Dezember 1949).

13 Eine jüdische Neujahrskarte: Meine Mutter, mein Vater und ich (1949).

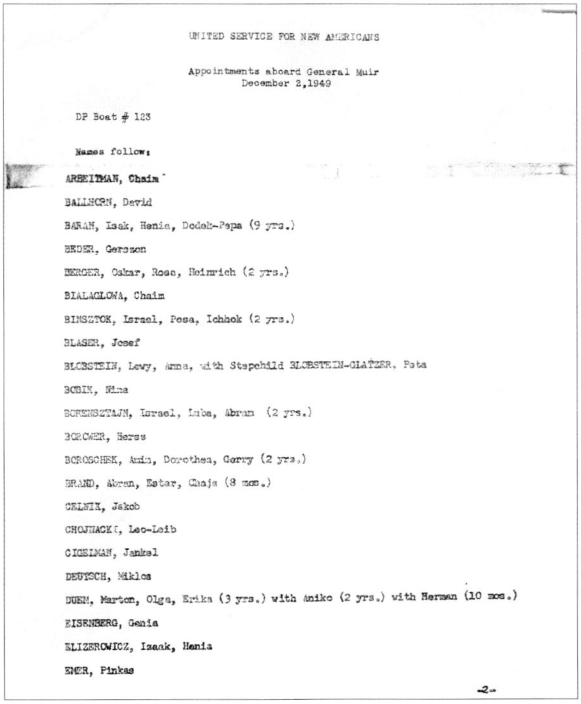

UNITED SERVICE FOR NEW AMERICANS

Appointments aboard General Muir
December 2,1949

DP Boat # 123

Names follow:

ARBEITMAN, Chaim
BALLHORN, David
BARAN, Isak, Henia, Dodek-Pepa (9 yrs.)
BEDER, Gerszon
BERGER, Oskar, Rosa, Heinrich (2 yrs.)
BIALAGLOWA, Chaim
BINSZTOK, Israel, Pesa, Ichhok (2 yrs.)
BLASER, Josef
BLOBSTEIN, Lewy, Anna, with Stepchild BLOBSTEIN-GLATZER, Peta
BOBIK, Nina
BORENSZTAJN, Israel, Luba, Abram (2 yrs.)
BORCWER, Herss
BOROSCHEK, Amin, Dorothea, Gerry (2 yrs.)
BRAND, Abram, Estar, Chaja (8 mos.)
CELNIK, Jakob
CHOJNACKI, Leo-Leib
CIGELMAN, Jankel
DEUTSCH, Miklos
DUEM, Marton, Olga, Erika (3 yrs.) with Aniko (2 yrs.) with Herman (10 mos.)
EISENBERG, Genia
ELIZEROWICZ, Isaak, Henia
EMER, Pinkas

-2-

14 Namensliste mit Emigranten auf der U.S.S. General C. H. Muir.

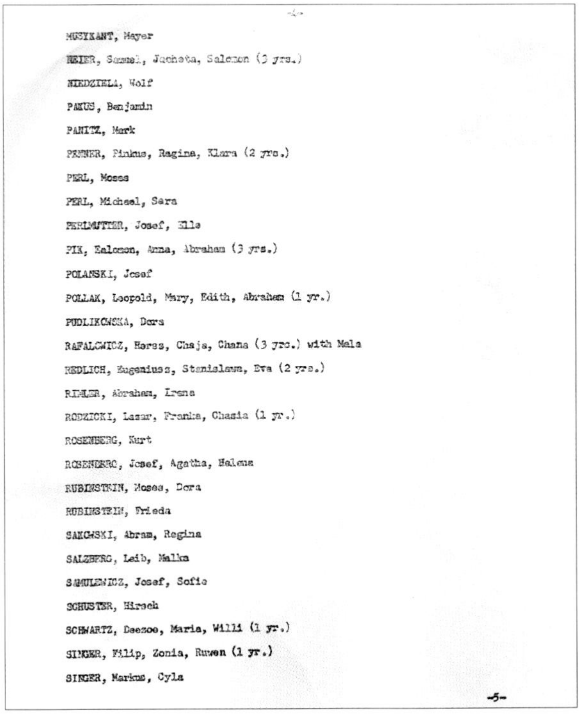

-4-

MUSYKANT, Mayer
NEIER, Samuel, Jacheta, Salomon (3 yrs.)
NIEDZIELA, Wolf
PAKUS, Benjamin
PANITZ, Mark
PENNER, Pinkus, Regina, Klara (2 yrs.)
PERL, Moses
PERL, Michael, Sara
PERLMUTTER, Josef, Ella
PIK, Salomon, Anna, Abraham (3 yrs.)
POLANSKI, Josef
POLLAK, Leopold, Mary, Edith, Abraham (1 yr.)
PUDLIKOWSKA, Dora
RAFALOWICZ, Hersz, Chaja, Chana (3 yrs.) with Mela
REDLICH, Eugeniusz, Stanislawa, Eva (2 yrs.)
RIMLER, Abraham, Irena
RODZICKI, Lasar, Franka, Chasia (1 yr.)
ROSENBERG, Kurt
ROSENBERG, Josef, Agatha, Helena
RUBINSTEIN, Moses, Dora
RUBINSTEIN, Frieda
SAKOWSKI, Abram, Regina
SALZBERG, Leib, Malka
SAMULEWICZ, Josef, Sofie
SCHUSTER, Hirsch
SCHWARTZ, Deszoe, Maria, Willi (1 yr.)
SINGER, Filip, Zonia, Ruwen (1 yr.)
SINGER, Markus, Cyla

-5-

15 Seite der Namensliste der Displaced Persons auf der U.S.S. General C. H. Muir mit dem Familiennamen Pik (Dezember 1949).

16 Abraham Peck im Gespräch mit einem Bewohner von Leczyca (Polen), der sich an die Familie seines Vaters erinnert; daneben Eugenio und Alberto (August 2005).

17 Franziskanska 56, von den Deutschen in Franzstraße umbenannt, die erste Wohnung meines Vaters im Ghetto Lodz (Aufnahme 2005).

18 Abraham Peck mit Stephan Kwapisiencz, der sich an die Familie seiner Mutter in Zwolen erinnert (August 2005).

19 Gedenkplakette an das DP-Lager Landsberg (Aufnahme August 2005).

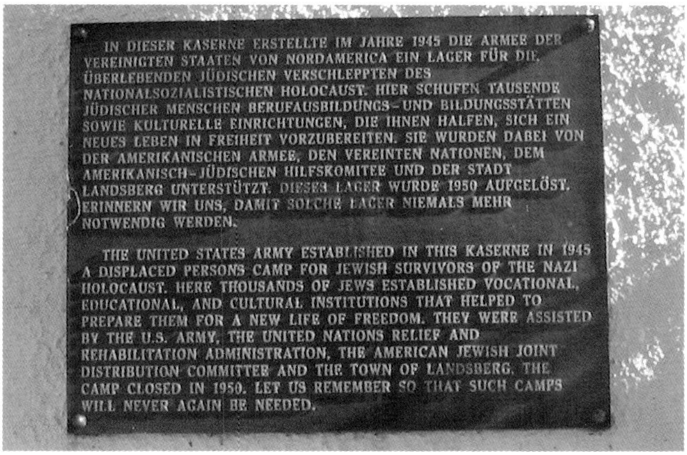

20 Erinnerungstafel an den Todesmarsch jüdischer Gefangener von Landsberg/Kaufering nach Dachau (Landsberg, 2005).

21 Franz Xaver Rößle mit Abraham Peck, Eugenio und Alberto in Landsberg (August 2005).

22 Ulica Zydowksa (Judengasse): 1939 begann hier das Ghetto Linshits/Leczyca (Aufnahme 2005).

23 Pfarrer Zbigniew Luczak, ein Priester aus Linshits/Leczyca, der mir bei meiner Spurensuche half (August 2005).

24 Stelle des ehemaligen jüdischen Friedhofs in Zwolen, der von den Nazis zerstört wurde. Heute ist nichts mehr davon übrig. (Aufnahme August 2005).

25 Schandauer Straße 68, die Zigarettenfabrik, in der meine Mutter von November 1944 bis Februar 1945 arbeitete (Aufnahme Dresden 2005).

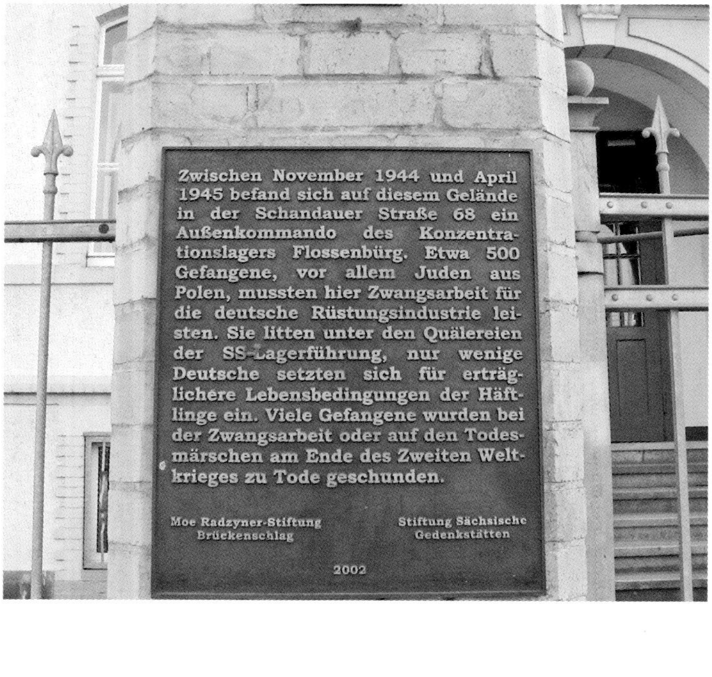

26 Mahnmal für jüdische Zwangsarbeiter, die in der Fabrik in der Schandauerstraße litten und starben (Dresden 2005).

27 Der Steinbruch, in dem mein Vater im KZ Buchenwald gearbeitet hat (Aufnahme August 2005).

28 Gottfried Wagner und Abraham J. Peck im Gespräch über ihr Buch mit Schülerinnen der Hockaday School of Texas.

Wie konnte ich ihnen erzählen, was ich fühlte? Eine Welt, die meine Eltern und ich geschaffen hatten, eine Welt, durch deren dicke Mauer fast niemand eindringen konnte, war in den Grundfesten erschüttert. Auch wenn wir mehrere tausend Meilen voneinander entfernt gelebt hatten, waren meine Eltern und ich immer durch eine Vergangenheit verbunden geblieben, die immer Teil von uns war. Vielleicht hatte die »schwarze eiserne Kiste«, die Helen Epstein beschrieb, einen anderen Inhalt als ihre, und vielleicht wurde dieser Inhalt durch den Tod meiner Mutter zum ersten Mal frei gesetzt. Würde ich aber wissen, was ich mit dem Inhalt anfangen sollte?

1988 sollte sich mein Leben durch den Tod meiner Mutter für immer verändern. Es gab nicht nur ein Loch in meinem Wesen, wie dies für fast jeden Sohn oder jede Tochter gilt, die einen geliebten Elternteil verliert, sondern ein Loch wurde in meine Welt gesetzt und weder die Liebe einer Ehefrau noch der Kinder konnte es füllen.

Im Judentum muss das Leben jedoch nach einem Jahr weitergehen. Ich versuchte danach zu leben und beschäftigte mich mit mehreren Publikationsvorhaben. Die Früchte schlugen sich in zwei Büchern nieder, die ich 1989 veröffentlichte, in beiden Fällen als Herausgeber.[124]

Ich erhielt auch einen Telefonanruf von Oberst Irving Heymont, dem amerikanischen Militärkommandanten des DP-Lagers Landsberg, der nur zwei Wochen nach der Ankunft meiner Eltern im August 1945 dort eingetroffen war.

Einige Jahre zuvor hatte ich ganz zufällig, ohne vorige Kenntnis ein Paket mit Briefen von Irving Heymont an seine Frau erhalten, die er in den vier Monaten seines Dienstes im DP-Lager an sie geschrieben hatte. Ich war über die Geschichte erstaunt, die sich mit jener meiner Eltern deckte.

Rasch hatte ich Kontakt zu Heymont aufgenommen und ihm erzählt, wer ich war, und angeboten, seine Briefe unter dem Impressum der American Jewish Archives zu publizieren. Das Buch kam 1982 heraus und wurde bald zu einer der wichtigsten Primärquellen über die Geschichte der jüdischen DP-Lager.[125]

Ich war mit Heymont und seiner Frau Joan in Kontakt geblieben und hatte sie in Washington besucht, wenn ich dort wegen des Holocaust Museums zu tun hatte. Heymont hielt auch weiter Kontakt zu Mitgliedern der Landsberger Gemeinde, auch zum Bürgermeister Franz Xaver Rößle.

1989 arbeitete Irving Heymont daran, dass die Ereignisse im DP-Lager Landsberg nicht in Vergessenheit gerieten. Er finanzierte eine Gedenktafel, die am Eingang des ehemaligen DP-Lagers angebracht werden sollte, dessen Nutzung als gemeinschaftliche amerikanisch-deutsche Militäreinrichtung sich dem Ende zuneigte.

Die Feier sollte am 10. September 1989 stattfinden. Er fragte mich, ob ich bereit wäre, den Hauptvortrag zu halten. Seit jenem kalten Wintertag im Jahr 1971, als es mir nicht gelungen war, in die Saarburgkaserne hineinzukommen und meinen Geburtsort zu besuchen, war ich nicht mehr nach Landsberg zurückgekehrt. Ich sagte Heymont meine Teilnahme zu.

Ich kam zwei Tage vor der Einweihung der Plakette in Landsberg an. Nach diesen zwei Tagen waren weder Heymont noch ich sicher, ob Landsberg bereit war, ein Kapitel seiner Geschichte nach 1945 wieder zu entdecken. Jedes Mal, wenn wir in eine der reizenden alten Gastwirtschaften im Zentrum der Stadt essen gingen, mussten wir wütende Blicke der anderen Gäste ertragen. Heymont erhielt einen Brief von einer Landsberger Bürgerin, die damit drohte, die Feier zu stören. Warum? Sie wollte, dass sich Heymont dafür entschuldigte, weil er angeblich den Überlebenden einen »Tag der Wut« gestattet hatte, an dem, wie sie behauptete, die Juden aus dem DP-Lager einige Bewohner Landsbergs, darunter eine Gruppe kleiner Kinder auf ihrem Weg zur Erstkommunion, geschlagen hätten. Noch viel bedrohlicher war die Ankündigung eines rechten Revisionisten aus einer Nachbargemeinde, vor der Saarburgkaserne anti-israelische Flugzettel zu verteilen. Die größte Enttäuschung für Irving Heymont war vielleicht, dass gleichzeitig mit unserer Feier ein Kinderfest im Landsberger Zentrum angekündigt war.

Vor der Feier traf ich mich mit drei jungen Deutschen, die sicher waren zu wissen, warum die Reaktion von Landsberg auf unser Vorhaben alles andere als begeistert ausgefallen war.

Edith Raim war damals eine 24-jährige Studentin der Geschichte. 1983 hatte sie zu einer Gruppe von Landsberger Gymnasiasten gehört, die den ersten Preis bei einem Geschichtswettbewerb unter der Schirmherrschaft des Bundespräsidenten gewonnen hatte. Thema des Wettbewerbs war das Alltagsleben im »Dritten Reich« gewesen. Raim und ihre Mitstreiter hatten sich entschlossen, die Geschichte des Projektes Ringeltaube und der elf Nebenlager von Dachau zu untersuchen.

Außerdem traf ich mich mit Martin Paulus, einem Künstler, und Thomas Riemerschmid, einem Architekten. Beide waren Ende zwanzig und hatten das gleiche Gymnasium wie Edith Raim besucht. Sie hatten ein Denkmal geschaffen, das vor einer der verbleibenden Baracken des Lagers Kaufering VII stand. Das Denkmal war aus Holz und hatte zwei Löcher an jeder Seite. Es sollte das Gesicht eines gequälten, schmerzverzerrten Kauferinger Häftlings darstellen. Die Eisenbahnschienen stellten auch eine Beziehung zur Deportation der Kauferinger Häftlinge her.

Paulus erklärte mir, dass die Geschichte von Landsberg von Hitlers Gefängnisaufenthalt bis zur Exekution der Kriegsverbrecher einem Theaterstück gleichkam, dass nur ein verrückter Dramatiker hätte schreiben können: »Diese Geschichte ist für Landsberg zu viel«, sagte er mir. »Die Stadt schafft es nicht, sich damit auseinander zu setzen. Nur ein Beispiel: In dem Hotel, wo Sie wohnen, haben auch die Familien der Kriegsverbrecher auf die Hinrichtung oder Freilassung ihrer Angehörigen gewartet. Und gegenüber dem Hotel gab es ein Gasthaus, in das Hitler ging, wenn er am Wochenende vom Gefängnis Ausgang hatte. Das ist einfach zu viel für so eine kleine Stadt.«

Anton Posset, der alle drei Schüler am Dominikus-Zimmermann-Gymnasium unterrichtet hatte und die treibende Kraft hinter einer Landsberger Bürgerinitiative war, die die Stadt entschlossen mit ihrer eigenen Vergangenheit konfrontieren wollte, gab Paulus Recht. »Es gibt wahrscheinlich keine andere Stadt in ganz Deutschland, die eine so große Last aus der Nazi-Vergangenheit tragen muss«, meinte er mir gegenüber, als ich ihn traf. Posset war 1975 als Gymnasiallehrer für Geschichte und Französisch nach Landsberg gekommen. Anlässlich eines ersten Klassenprojekts hatte er erfahren, dass es das jüdische DP-Lager gegeben hatte.

Laut Edith Raim gab es im Stadtarchiv nur sehr wenig Information über die Kauferinger-Lager. Das meiste lagert im Institut für Zeitgeschichte in München oder in anderen deutschen und amerikanischen Archiven.

Bei *Oral-History*-Interviews hatten Edith Raim und ihre Mitforscher es besonders schwer. »Entweder sprachen die Leute gar nicht über die Zeit«, sagte sie mir, »oder sie erzählten, wie sie den Gefangenen Essen zugesteckt hätten.«

Obwohl ihr Projekt den ersten Preis im nationalen Geschichtswettbewerb gewonnen hatte, hielt sich die Freude in Landsberg in Grenzen. Edith Raim und die anderen Schüler erhielten telefonische Drohungen, sie sollten aufhören, nach Dingen zu suchen, die sie nichts angingen.

An der Schule bekam Anton Posset Schwierigkeiten mit seinen Kollegen. Ihm wurde vorgeworfen, das Schulklima zu zerrütten und andere Lehrer verbal anzugreifen. Und schließlich fand Posset zu seinem großen Entsetzen heraus, dass sein eigener Schulrektor eine Wache an einem der Orte des Projektes *Ringeltaube* gewesen war. Ihm und seinen Schülern sagte dieser Rektor, dass er nur »wohl genährte und gut angezogene Häftlinge« gesehen hätte.

Als ich Anton Posset einen Tag vor der Einweihung der Plakette für das DP-Lager traf, war er nervös, ja aufgeregt. Er zeigte mir die Kauferinger-Lager und zeigte mit seinem Arm immer wieder über den Teil des Lagers, wo wir uns befanden, und schrie fast: »Das wollen sie alle leugnen, dass dies hier je geschehen ist!« Mit »sie« umfasste er alle, von den einfachen Bürgern bis zu seinen Kollegen am Gymnasium und den lokalen und regionalen Politikern.

Und dann kam schließlich die Einweihung. In meiner Rede versuchte ich das Leben der jüdischen DP-Lager-Bewohner zu rekonstruieren. Ich stützte mich dabei auf die

Briefe, die Irving Heymont seiner Frau geschrieben hatte, als er im Lager war, auf die jiddische Zeitung, die *Landsberger Lager-Cajtung*, und auf die Gespräche mit meinen Eltern. Ich erzählte den Zuhörern von der Idee der Überlebenden, die Dr. Samuel Gringauz, vielleicht der eigenständigste Denker unter den jüdischen DPs, entwickelt hatte. »Hier in Landsberg«, sagte ich ihnen, »wurde die Stimme der Überlebenden, die das menschliche und das jüdische Schicksal verändern wollte, geboren. Ich will nicht zulassen, dass sie hier stirbt.«

Nach der Feier dachte ich an all das, was ich in den vergangenen Tagen erlebt hatte. Ich war an meinen Geburtsort zurückgekehrt. Dieser Teil meiner Neugierde war befriedigt worden. Aber ich war noch immer neugierig. Würde es den mutigen jungen Leuten, die ich getroffen hatte, und dem sehr dezidierten und energischen Anton Posset gelingen, würden sie es wirklich schaffen, aus Landsberg einen Ort für einen Neubeginn für jene Juden und Deutsche zu machen, die das Erbe und die Last seiner jüngsten, schrecklichen Geschichte teilten? Welchen besseren Ort gäbe es, das Schweigen einer Generation dort zu begraben, wo der Holocaust geboren worden war?

III.

1. Der steinige Weg zum Dialog mit Abraham Peck 1991–2006

Gottfried Wagner

Der Autor berichtet über sein erstes Treffen mit Abraham Peck, die Gründung der Post-Shoah/Holocaust-Dialog-Gruppe, die Entwicklung von Monologen zu einem Dialog, aber auch über die Schwierigkeiten, als ein Deutscher mit engen Kontakten seiner deutschen Familie zu Hitler Zukunftsperspektiven für den Dialog zwischen Post-Shoah-Deutschen und Juden zu entwickeln.

Im Sommer 1990 wurde ich zum 21. wissenschaftlichen Kongress der jährlichen Konferenz »Der Holocaust und die Kirchen« für März 1991 eingeladen. Ich sagte zu, da ich mich besonders ein Gespräch mit Juden meiner Generation interessierte. Ich ahnte, dass meine Präsenz mit dem erbetenen Thema *Wagner wie ich ihn sehe* auf Widerstand bei der Mehrheit der Konferenzteilnehmer stoßen würde. Dr. Jan Coljin, Dekan der allgemeinen Studien am Stockton College in New Jersey, setzte meine Einladung gegen den Widerstand verschiedener Gruppierungen im Komitee der Konferenz und Teilnehmer durch. Er wurde einer meiner wichtigsten Freunde und Berater nicht nur bei der Beantwortung schwieriger Fragen der Auswirkungen der Shoah auf die Generationen, die kurz vor und nach der Shoah geboren wurden.[1]

Der Widerstand bezog sich nicht nur auf Richard Wagners militanten Antisemitismus und dessen Wirkung auf Hitler, sondern auch auf mich als Nachkomme von prominenten Nazis, der ein Gespräch über deutsche Geschichte und Familiengeschichte mit Nachkommen von Überlebenden der Shoah suchte.

Die Vorbereitung wurde ein Wiederbeginn für eine langjährige und schwierige Auseinandersetzung mit eigenen ethischen Positionen, die erneut um Themen wie Schuld, Scham und Trauer kreiste.

Da ich mir bewusst wurde, in Stockton zum ersten Mal auch vor jüdischen Akademikern meiner Generation zu sprechen, las ich während meiner Vorbereitungen das viel diskutierte Buch *Die Kinder des Holocaust, Gespräche mit Söhnen und Töchtern von Überlebenden* der amerikanischen Publizistin und Musikwissenschaftlerin Helen Epstein, wie ich Jahrgang 1947. Schon der Anfang ihres Buches erweckte bei mir großes Interesse:

»Lange Jahre war es in einer Art Kasten tief in mir vergraben. Ich wusste, dass ich – verborgen in diesem Kasten – schwer zu erfassende Dinge mit mir herumtrug. Sie waren feuergefährlich, sie waren intimer als die Liebe, bedrohlicher als jede Chimäre, jedes Gespenst. Gespenster aber hatten immerhin eine Gestalt, einen Namen. Was aber dieser Kasten in mir barg, hatte weder Gestalt noch ließ es sich benennen. Im Gegenteil. Es besaß eine Macht von so düsterer, furchtbarer Gewalt, dass die Worte, die sie hätten benennen können, vor ihr zergingen. Oft war mir, als trüge ich eine entsetzliche Sprengladung mit mir herum. Flüchtige Bilder von Tod und Vernichtung hatte ich gesehen [...] Manchmal kam es mir so vor, als enthielte der eiserne Kasten in mir ein Grabmal.«[2]

Beunruhigt suchte ich nach weiterer Literatur zum Thema der zweiten jüdischen Generation nach 1945 und stieß so auf zwei Bücher von Peter Sichrovsky, *Wir wissen nicht, was morgen wird, wir wissen wohl was gestern war* (1985) und *Schuldig geboren – Kinder aus Nazifamilien* (1987).

Im ersten Buch berichtete Sichrovsky – wie Epstein und ich Jahrgang 1947 – über 13 Gespräche, die er mit Jüdinnen und Juden geführt hatte, die in Westdeutschland und Österreich lebten. Seine Protokolle offenbaren die Zerrissenheit, Sehnsüchte, Heimatlosigkeit und Ängste der Kinder von Überlebenden. Besonders die folgende Passage aus dem Selbstportrait Sichrovskys spiegelt das wieder: »Meine Zukunft ist die Vergangenheit, und deshalb existiert sie nicht. Denn in einem Punkt haben Hitler und sein Volk gesiegt. Die Endlösung hat stattgefunden. Die Judenfrage kann in Österreich als gelöst betrachtet werden. Wir sind kein Rest einer ›Versunkenen Welt‹ wie eine Ausstellung über Juden in Wien hieß, wir sind der kümmerliche Rest einer *versenkten* Welt.«[3]

Danach las ich das zweite Buch Sichrovskys, das mich wegen der Titels *Schuldig geboren – Kinder aus Nazifamilien* besonders interessierte. Er schreibt: »Die vielleicht wichtigste Erkenntnis für mich war die Tatsache, daß die Nachkriegsgeneration ihre Eltern nie in der Rolle der Nazihelden erlebt hat. Der strahlende jugendliche Held in SS-Uniform, an Hitler und Endsieg glaubend, war auch für sie nur Geschichte. Sie kannten ihn von Bildern und aus Büchern. Kurz vor oder nach Kriegsende geboren, hatten sie ihre Eltern anders in Erinnerung [...] Als jedoch die Kinder der Nazis ein Alter erreichten, in dem sie die wahre Rolle ihrer Eltern während des Krieges erfuhren, wurden sie oft selbst zu Opfern – zu Opfern ihrer Eltern. Viele der Interviewpartner präsentierten sich in dieser Rolle. Als Opfer einer Mentalität, die, wenn auch der Krieg verloren war, doch wenigstens im eigenen Heim eine faschistoide Denkweise fortsetzte. Der äußere Rahmen hatte sich geändert, Deutschland und Österreich waren längst demokratische Staaten, doch das nationalsozialistische Gedankengut saß tief verwurzelt in den Köpfen der Täter und Mittäter, so daß die Generation nach dem Krieg mit einer demokratischen Umgebung einerseits und mit einer faschistoiden Familienstruktur andererseits konfrontiert wurde.«[4]

Sichrovsky ließ bei mir viele Fragen offen, etwa die Stigmatisierung als »Opfer der Eltern« für die Nachkommen von Nazis. An solchen Verallgemeinerungen hatte ich Zweifel. Dennoch beeinflusste die Lektüre der Bücher von Epstein und Sichrovsky den Inhalt meines Vortrags in Stockton im März 1991.

Meine Voraussetzungen vor dem ersten Treffen mit Abraham

Die Annahme dieser Einladung kam einem Wagnis gleich. Meine Eintrittskarte war wissenschaftlich gesehen nur meine Doktorarbeit über Weill und Brecht und eine Reihe von Vorträgen, die sich mit Themen wie Deutschen, Juden und Kultur befassten. Ich war außerdem als ein Direktor bei der »Kurt Weill Foundation for Music« in New York Ende der 1970-Jahre ebenso unerwünscht gewesen wie als Gastredner mit einiger Chuzpe an der Universität in Tel Aviv mit Vorträgen über Wagner und Weill im Januar 1991, was letztlich das Ende meines beruflichen und privaten Lebens in Deutschland zur Folge gehabt hatte.

Wichtiger aber als die theoretische und langwierige Suche nach eigenen ethischen Positionen wurden die meist »unbequemen Freundschaften« mit Menschen jüdischen Schicksals, deren warmherzige Gastfreundschaft und Hilfe mich in entscheidenden Momenten meines Lebens beeinflussten und prägten: Charles und Germaine Spencer in London, Bettina Fehr und Johannes Meier-Linderberg in Bonn, Hannah Busoni in New York und vor allem Ralph Giordano. Später, nach dem ersten Treffen mit Abraham, kamen dann noch dazu Michael Wieck aus Stuttgart, Michael Shapiro aus New York, Janice Hamer in Philadelphia mit dem gemeinsamen Opernprojekt *Lost Childhood* und Yehuda Nir in New York, David Faiman und seine Frau Ofra in Sde Boqer/Israel – in Italien die Familie Bruno Finzi aus Mailand, Anna Flachova aus Brünn und Helga Kinski aus Wien. Ihre Lebenserfahrungen, Familiengeschichten und Weltsicht halfen mir wesentlich, mein Schicksal nicht nur anzunehmen, sondern mich immer wieder auf neue, unbeschrittene Wege, Grenzüberschreitungen wegen offener existentieller Fragen zu wagen. Und immer wieder: wie konnte es zur Shoah kommen und warum wurde sie Teil deutscher und familiärer Geschichte?

Doch zurück zum ersten Treffen mit Abraham am 3. März 1991 in Stockton.

Im Stocktoner Gerichtssaal am 3. März 1991

Um jede Form von allgemeinem, abstraktem Pathos des »guten Deutschen« zu vermeiden, versuchte ich einerseits, die eigene Lebenserfahrung mit der Familiengeschichte und anderseits den Antisemitismus und die Verstrickungen der Familie Wagner im »Dritten Reich« auf der Grundlage von Recherchen miteinander zu verbinden. Bei der Niederschrift meines Vortrages in den ersten Wochen des Jahres 1991 machte mir der Begriff der *Versöhnung* besonders zu schaffen, da ich seine Komplexität für Christen und Juden nach der Shoah noch unzureichend geklärt hatte. Weil ich mit einer ähnlichen Methodik und Zusammenstellung autobiographischer Erfahrungen und wissenschaftlicher Ergebnisse bereits in Israel vor einem vor allem jüdischen Publikum auf Diskussionsbereitschaft gestoßen war, verband ich nun wieder eigene Kindheits- und Jugenderfahrungen sowie die Erlebnisse meiner ersten Vortragsreise nach Israel mit dem aktuellen historischen Wissen um Wagner und Hitler und mit einer vorsichtigen Verwendung des Begriffes *Aussöhnung*.

Als ich in den überfüllten Saal trat, spürte ich, dass ich bei der Mehrzahl der vor allem jüdischen Anwesenden verschiedener Generationen keineswegs willkommen war. Wie in Israel herrschte wieder eine sehr angespannte Prüfungsatmosphäre, die verbunden mit der strengen Reglementierung des Ablaufes der Veranstaltung meine Unsicherheit noch steigerte.

Ich begann den Vortrag mit meinen ersten Eindrücken als vierjähriges Kind vom *Parsifal* und den *Meistersingern* im Bayreuther Festspielhaus 1951, mit der kinderfeindlichen Gralswelt im Wagner-Theater, dem Wahnfried-Garten und dem Siegfried-Haus, in dem auch Hitler in den 1930er-Jahren gewohnt und wo sich bis Mitte der 1950er-Jahre das amerikanische Offizierskasino befunden hatte. Nach kurzen Erklärungen zu Wagners historischer Bedeutung in der Musik- und Kulturgeschichte kam ich zum wesentlichen Anliegen: dem historischen Zusammenhang von Wagner und Hitler sowie eigener Familiengeschichte als Teil persönlicher Erfahrung nach 1945. Besonders mein Versuch, meinen Beitrag im Zusammenhang mit der Aussöhnung von Christen und Juden zu sehen, provozierte offenen Widerspruch. Jede Frage nach dem Vortrag wurde erst schriftlich an den Shoah-Forscher Hubert Locke, Mitgründer der jährlichen Treffen von Christen und Juden, zur Weitergabe an mich vorgelegt.

So lehnte der Shoah-Forscher und Historiker Dr. Abraham Peck, Jahrgang 1946, meine These von der Aussöhnung zwischen Juden und Deutschen nach der Shoah aus jüdischer Sicht seiner Generation ab und plädierte stattdessen für einen kritischen Dialog von Deutschen und Juden, die nach der Shoah geboren wurden. Für ihn war Aussöhnung nur direkt zwischen Täter und Opfer, also innerhalb der ersten Generation möglich. Da mir bewusst wurde, dass meine Kenntnisse zum Thema *Versöhnung* noch lückenhaft waren, suchte ich nach dem Vortrag das Gespräch mit Abraham Peck, um mit ihm über seine Kritik zu reden. Wir verabredeten uns für den Abend. Unserem ersten, sehr offenen und persönlichen Gesprächsaustausch schloss sich der Reformrabbiner Steven L. Jacobs an.

Nach kurzen Hinweisen auf seine damalige berufliche Tätigkeit als Direktor der American Jewish Archives in Cincinnati, erzählte mir Abraham, dass sein Vater Shalom Peck seine Mutter Anna Kolton im September 1943 im Ghetto Lodz geheiratet hatte. Danach waren sie getrennt worden und fanden sich im Mai 1945 im KZ Theresienstadt wieder. Sein Vater war besessen von dem, was er in den Jahren der Shoah, von 1940 bis 1944 im Ghetto Lodz, bei seiner Gefangenschaft in Lagern wie Skarzysko-Kamienna, Buchenwald und bei seiner Befreiung aus Theresienstadt erlebt hatte. Seine Mutter hatte Auschwitz, Stutthof, die Bombenangriffe auf Dresden überlebt und berichtete nie über ihre Zeit dort. Nur seine Eltern überlebten die Shoah, alle anderen Familienmitglieder wurden ermordet. Am 4. Mai 1946 wurde Abraham als eines der ersten Kinder in Landsberg am Lech in Bayern im Camp geboren. In diesem DP-Camp fand er Ersatz für seine jüdische Familie. Seine Eltern und er wohnten dort, bis sie im Dezember 1949 in die Vereinigten Staaten auswanderten. Ich fühlte Scham, was Abraham nicht entging. Er half mir aus dieser schwierigen Situation dadurch, dass er einen Scherz über uns »wenig typische Bayern« machte. Ausgerechnet in Landsberg wurde er geboren, wohin meine Großmutter Hitler das Papier zu *Mein Kampf* geliefert hatte!

Ebenso stark wirkte auf mich die Familiengeschichte von Rabbi Steven L. Jacobs, der nur drei Monate vor mir, also am 15. Januar 1947, in Baltimore geboren wurde. Sein Vater Ralph (ursprünglich Rolf) Albert Jacobs wurde in Rogowo/Polen am 1. Mai 1921 geboren, wuchs in Zerbst, Sachsen-Anhalt auf, und verstarb am 27. September 1981 in Gaitherburg, Maryland. Seine Mutter Ruth Buchler Fyman wurde am 1. April 1927 in New York geboren. Sein Vater floh aus Nazi-Deutschland und dem Nazi-besetzten Europa und kam 1939 in die USA als einziges Mitglied seiner Familie. Mehr als 150 Mitglieder der gesamten Familie wurden von Deutschen ermordet. Nur sieben Familienmitglieder entkamen, fünf nach Baltimore/Maryland im Jahr 1933, ein Mitglied nach Palästina 1934 und ein weiteres nach Montevideo in Uruguay zu Beginn der 1930-Jahre. Abrahams und Steves Familiengeschichten wiesen also nach Deutschland und damit auch auf meine familiäre Vergangenheit. Noch in derselben Nacht waren wir entschlossen, eine Post-Holocaust/Shoah-Dialog-Gruppe zu gründen.

Diese Märztage 1991 wurden der Beginn besonderer Freundschaften: Jan G. Coljin, Henry Knight, Religionsprofessor an der Tulsa University[5], und Lenard Grob hatten neben Abraham Peck und Steve Jacobs stets persönliches Interesse, ethische Probleme in Verbindung mit der Shoah zu diskutieren. Neben den intensiven Gesprächen über die Schatten der Vergangenheit zeichnete diese Freundschaften aber auch der Wille aus, nach den Veranstaltungen miteinander – trotz und wegen der gemeinsamen Last – mit ähnlicher Intensität fröhlich zu sein. Besonders beliebt waren jüdische Witze und unser lautes Lachen erweckte bei anderen Konferenzteilnehmern eher Verwunderung, wenn nicht Ablehnung – worüber wir uns hinwegsetzten.

Nach unserem ersten Treffen im März 1991 im Stockton tat Abraham den ersten, entscheidenden Schritt zum Beginn unserer Gespräche, den ich wegen der Nazi-Vergangenheit der Familie Wagner nicht wagte. Er schrieb mir am 8. März 1991: »Es war ein Vergnügen und eine Freude, mit Dir bei der [...] Konferenz gewesen zu sein. Deine Aufrichtigkeit, Dein Sinn für Menschlichkeit und Dein allgemeiner Wunsch in einen ernsthaften Dialog einzutreten, überzeugten mich, dass wir unsere Diskussion und unseren Briefwechsel fortsetzen müssen.«[6] Dem Schreiben legte er seinen Vortrag mit dem Titel *Trauerarbeit und die Legende der She'Erith Hapletah* bei, der entscheidend für mich wurde, mit Abraham den gemeinsamen Weg zu gehen. Damit führte er mich in seine ethische und familiäre Welt ein. So wies er auf Elie Wiesel, den bekanntesten Sprecher der Shoah-Überlebenden in den USA, hin und zitierte ihn wie folgt: »Was die Überlebenden wollten, war eine Botschaft der Welt zu vermitteln, eine Botschaft, die nur sie weitergeben konnten. Da sie eine Menschenkenntnis erworben hatten, die für immer unterschiedlich bleiben wird, versuchten sie [seit den 1980er-Jahren] ihr Wissen mit der Welt zu teilen.«[7] Konkret auf die zweite Generation bezogen wurden Abrahams Überlegungen, als er von den Folgen der Shoah für die Überlebenden und deren Kinder schrieb und dabei den Psychotherapeuten Yael Danieli anführte: »Die Last der nun alternden Überlebenden ist nicht weniger leicht für die Kinder der Überlebenden, also die zweite Generation, zu ertragen. Sie befinden sich nicht nur im schrecklichen Dilemma, sich um ihre Eltern kümmern zu müssen – schon unter normalen Bedingungen eine Last mit enormen Konsequenzen auch für Menschen ohne Holocaust-Schicksal –, sondern sie müssen sich auch mit den Bemühungen der Überlebenden, ihr Leben zu meistern, auseinander setzen, und damit mit deren Holocaust-Erfahrungen in dem Umfeld der Erinnerung an jene, die den Holocaust nicht überlebten, und versuchen, damit fertig zu werden, dass sie nicht nur geliebte Menschen, sondern auch eine vollständige Zivilisation und Lebensart verloren hatten.«[8] Die Kinder von Überlebenden und deren Eltern, so die Erkenntnis von Psychotherapeuten, hatten es schwer, die »ursprüngliche Unfähigkeit, um jene verlorenen Zweige des Familienbaumes zu trauern, und diese Unfähigkeit zu trauern hat ihre Fähigkeit verhindert, mit dem Holocaust umzugehen und ihn in ihr Leben zu integrieren.«[9]

Von weitgehender Wirkung auf mich wurden dann Abrahams Auseinandersetzungen mit vier deutsche Autoren: Sabine Reichel – wie Abraham Jahrgang 1946 – und die deutschen Psychoanalytiker Alexander und Margarete Mitscherlich sowie Ralph Giordano. Reichel: »Deutsche und Juden teilen ein Erbe, das wie eine historische Nabelschnur ist, die man nicht abschneiden kann und die sich in allen denkbaren Momenten bemerkbar macht.«[10]

»Der Gedanke«, so Abraham, »dass die Überlebenden und ihre Kinder irgendetwas gemein haben mit Deutschen, ist auf den ersten Blick irritierend.«[11] Aber er fährt mit Reichel fort, stets den Holocaust mit dem Verlust von sechs Millionen Juden im Auge: »Es kann nicht verwundern, dass Deutsche zur Trauer unfähig waren, denn das setzt den Willen zur Trauer und einen Sinn für Verlust voraus [...] Aber jenseits der Millionen von Menschen, die getötet wurden, finden es die Deutschen unmöglich zu trauen.«[12] Damit beschrieb Abraham Verhaltensweisen seiner Generation und verwies auf Helen Epsteins *Kinder des Holocaust*. Mit ihren Worten bekannte er:

»Ich lernte, dass viele Kinder von Holocaust-Überlebenden mit einem erstickenden Schweigen und unerklärbarer Angst vor einer geheimen Schachtel aufwuchsen, die explosive Materialien enthielt und mit der man besser nicht herumhantieren sollte. Diese Eindrücke erinnerten mich [...] an meine Kindheit. Die Unfähigkeit der beiden Gruppen von Eltern, in meinem Fall einer ganzen Nation, über die Vergangenheit zu sprechen – einmal wegen des Schmerzes und anderseits wegen der Schuld – verursachten ähnliche Symptome für ihren Nachwuchs.«[13] Damit schlug Abraham die Brücke zu Alexander und Margarete Mitscherlich und deren Klassiker *Die Unfähigkeit zu trauern*, den ich nun nach Jahren aus Interesse an Abrahams Sicht wieder las. Seine Deutung wurde für mich aufschlussreich, um meine eigene, frühere Position selbstkritisch zu überdenken. Entscheidend war für Abraham die Forderung der Mitscherlichs an die Mehrheit der Deutschen, die eigenen unverarbeiteten Nazi-Vergangenheit aufzuarbeiten. »Es hatte keine Zeit der Trauer gegeben, weder wegen Verbrechen durch das Hitler-Regime, noch wegen der Millionen, die während des Zweiten Weltkrieges getötet worden waren, auch nicht wegen der völligen Zerstörung deutscher Städte. Und weil ihre Eltern nicht trauerten, nicht lernten, den Verlust ihrer nächsten Angehörigen zu überwinden, nicht lernten die Verantwortung für die Verbrechen des Nazi-Staates zu akzeptieren, gaben sie ihren Kindern als Erbe die Verdrängung, Verleugnung, Vermeidung über diese Themen zu sprechen weiter – was ein Gefühl, nicht schuldig zu sein, einschloss. So akzeptierten die Kinder erst dieses Erbe ihrer Eltern, rebellierten aber als 68er gegen die Welt ihrer Väter und Mütter«.[14]

»Die Kinder waren«, so Abraham, »Teil dessen, was Ralph Giordano als *Die zweite Schuld* bezeichnete, nämlich der ersten Schuld aus dem Weg zu gehen und sie zu verleugnen: die Vernichtung von sechs Millionen Juden«.[15] Wieder auf die Mitscherlichs

Bezug nehmend: »Viele der jungen Deutschen von heute sind ›Waisenkinder mit Eltern‹, obwohl die Eltern zu Hause sind, und ein spirituelles Vakuum trennt Väter und Mütter von ihren Kindern.«[16] Die Notwendigkeit der Trauerarbeit für Deutsche schließt »unseren Teil, Juden zu entmenschlichen und die massive Korruption [durch den Nazi-Staat und die Nachkriegsgeneration] unseres Gewissens mit ein.«[17]

Was mich bei Abrahams Beitrag am meisten bewegte, war seine Schlussfolgerung: »Sowohl Überlebende, ihre Kinder – und die Kinder der Täter brauchen Trauer. Zusammen?

Für die alternden Überlebenden sollte diese Frage nicht gestellt werden – eine Unmöglichkeit, die nicht einmal vorgeschlagen werden sollte. Aber für die Kinder der Täter und der Unterdrückten ist dieser Vorschlag keine undenkbare Möglichkeit.«[18]

Abraham nahm dann Bezug auf Reichels menschenrechtliche Forderung, nach der Shoah »die Last des deutschen Erbes in einen Segen verwandeln zu können.«[19]

Er stellte Reichels Forderung seine Vision und stille Hoffnung auf einen Dialog entgegen: »Vielleicht können die Kinder von Überlebenden und ihre deutschen Gegenseite dazu veranlasst werden, die Last und das Erbe des Holocaust zu teilen, dem *She-ertith Hapletah*[20] und seiner prophetischen Botschaft der moralischen und sozialen Vollendung der Menschheit noch einmal zuzuhören. Solch ein verlorenes Erbe aus der Asche der Verschwörung des Schweigens wieder zu entdecken, könnte für Juden und Deutsche wert sein, als Erbe gefunden zu werden.«[21] Genau diese letzten Sätze nahmen mich für Abraham ein! Es ging ihm und mir auf unserem langen und schmerzlichen Weg von Monologen zu einem Dialog mit Krisen von Anfang an nicht nur um eine komplexe, interdisziplinäre Auseinandersetzung mit den Folgen der Shoah für die Generationen nach 1945, sondern auch darum, neue, unbeschrittene Wege zu wagen. Dabei spielte bei uns das Wissen um eine allgemeine historische Sicht jüdischer und deutscher Geschichte in Verbindung mit den eigenen Familiengeschichten von Anfang an eine ganz besondere Rolle. Abraham forderte stets mit Leidenschaft, die, wie er selbst offen sagte, bis zur Besessenheit ging, die Erinnerung der deutschen Verbrechen an den Juden in der Shoah wach zu halten, ein Anliegen, bei dem ich ihn stets aus Überzeugung auch öffentlich unterstützte. Womit ich oft Schwierigkeiten hatte, war seine verallgemeinernde Verwendung der Worte »die Deutschen«, da mir jede Form der Verallgemeinerung im Zusammenhang mit der Shoah fremd war und bleibt. Ich bestand immer wieder auf der genauen Unterscheidung von Deutschen als Tätern und Mitläufern, aber auch auf einer deutlichen Benennung jener wenigen, die Widerstand geleistet hatten und damit Opfer geworden waren: als Beispiel für Deutsche mit Zivilcourage in der Nazizeit und damit auch für den Umgang künftiger Generationen mit deutscher Geschichte.

1992 riefen wir in Seattle unsere Post-Holocaust/Shoah-Dialog-Gruppe ins Leben, die im allgemeinen auf Misstrauen stieß: wir wurden von den Gruppen, aus denen wir stammten, als schwarze Schafe angesehen, und der Inhalt der Statuten, die Steve Jacobs mitformulierte, wurde wenig diskutiert:

Die Statuten der Post-Shoah/Holocaust-Dialog-Gruppe

Gegründet von Abraham Peck und Gottfried Wagner 1992

1. Wir, die Kinder von Opfern und Kinder von Tätern, sehen Shoah/Holocaust als einen beispiellosen Bruch in der westlichen und globalen Zivilisation und als Ausgangspunkt einer neuen ethischen Einstellung, die sich in Gedanken, im Fühlen und Taten niederschlägt.
2. Wir verwahren uns gegen das Verdrängen und Unterdrücken von Diskussionen jeglicher Art über Shoah/Holocaust sowie auch für immer gegen die Fortführung von Vorurteilen und Hassgefühlen, wie sie aus der Aktivität unserer Eltern und Großeltern erwuchsen und der Traumatisierung durch Shoah/Holocaust zuzuschreiben sind.
3. Wir glauben fest daran, dass das Teilen der ganz persönlichen Bürde aus tragischer Vergangenheit mittels fortgesetzten Dialogs heute und in der Zukunft von lebenswichtiger Bedeutung ist, unabhängig von religiöser, ideologischer und/oder politischer Zugehörigkeit. Unser Dialog ist die konkrete Aussage darüber, wie wir und kommende Generationen den Herausforderungen von Shoah/Holocaust mit ihren bleibenden Einflüssen entgegentreten.
4. Wir beginnen unseren Dialog mit Toleranz, Achtung vor dem anderen und in selbstkritischer Wachsamkeit als Kinder von Opfern und Kinder von Tätern. Unsere gegenseitige Bereitschaft, die Bürde zu teilen, ist vorbehaltslos mit der Verpflichtung verbunden, vorhandene Unwissenheit, Vorurteile und Missverständnisse zu überwinden und den dafür offenen und empfänglichen Mitmenschen ein Modell für gegenseitiges Vertrauen und Verstehen jetzt und in der Zukunft vorzulegen.
5. Wir sehen uns als eine internationale aktivistische Organisation, deren anerkanntes Ziel es ist, nicht nur andere über Shoah/Holocaust mittels wissenschaftlicher Konferenzen und Publikationen aufzuklären, sondern auch in Theorie und Praxis jede religiöse, politische oder ideologische Art von totalitärem Dogmatismus zu bekämpfen. Wir treten für die Verwirklichung der Menschenrechte für alle ein, im vollen Glauben daran, dass wir für unser eigenes Handeln verantwortlich sind, und es in der Achtung des von uns ›Verschiedenen‹ zu erfolgen hat.
6. Wir hoffen, durch unsere humanitären Aktionen und unsere wissenschaftlichen Bestrebungen auf Regierungen und Staaten einzuwirken und auf diese Weise Befürchtungen davor zu verkleinern, dass sich Shoah/Holocaust jemals wiederholt. Dies alles im Ringen und um das eine Ziel: eine Welt in friedlichem Zusammenleben, bereit zu Toleranz, zur Anerkennung und Würdigung verschiedenen Menschseins.

Diese Statuten sind als Konsequenz unserer linksliberalen Vergangenheit und politischen Hoffnungen zu verstehen. Abraham und ich waren geprägt von der liberalen politischen Entwicklung Ende der 1960er-Jahre. Als ehemalige 68er hatten wir daher gemeinsame geistige Orientierungen wie etwa die jüdischen Intellektuellen der Frankfurter Schule von Max Horkheimer, Theodor W. Adorno oder Hannah Arendt. Diese Aufarbeitung bedeutete aber keinesfalls, die eigenen Studentenjahre nostalgisch zu verklären, sondern Selbstkritik und neue Zielsetzungen für verantwortliche Aktionen als Kinder von NS-Opfern bzw. NS-Tätern. Mir wurde im Laufe der Zusammenarbeit klar, dass meine Idee einer Aussöhnung zwischen Post-Shoah-Deutschen und Juden der Wirklichkeit nicht standhält, weil eine Versöhnung nur direkt zwischen Tätern und Opfern möglich ist. Uns Kindern der Täter kann keine Schuld vererbt werden, genauso wenig, wie wir Bedingungen für eine Versöhnung für die Nachkommen von Überlebenden der Shoah vorgeben können.

Dan Bar-On

Unter den gemeinsamen internationalen Veranstaltungen der letzten 15 Jahre wurde das Treffen in Tulsa 1993 mit dem israelischen Psychologen und Psychotherapeuten Dan Bar-On besonders wichtig.

Bar-On hatte 1989 das Buch *The Legacy of Silence. Encounters with Children of the Third Reich* veröffentlicht.[22] Er legte uns sechs Fragenblöcke vor, die die Wirkungen der Shoah auf unser Leben betrafen:

Wann und wie wurden wir mit dem Holocaust konfrontiert? Wie wurden wir mit unserer Wurzellosigkeit fertig? Wie bekämpfen wir soziale Entfremdung und unser Anderssein?

Können wir die Rolle von Opfern und Tätern nachempfinden? Leben wir das eigene Leben ohne den Schatten des Holocaust? Haben wir durch das Wissen um den Holocaust einen Mittelweg gefunden zwischen dem Wunsch zu sterben und dem zu leben?

Da diese Fragen zu komplex waren, um sie in Tulsa unmittelbar zu beantworten, schrieben wir unsere Gedanken erst einige Monate später nieder. Abraham antwortete auf Dan Bar-Ons Fragen in Form eines allgemein gehaltenen Beitrags, ich nahm zu den einzelnen Fragen Stellung. Aufschlussreich ist, wie Dan Bar-On den Gedankenaustausch zwischen Abraham und mir beurteilt. Er bezeichnet ihn als »Mikrokosmos des deutsch-jüdischen Dialogs« und schreibt: »Gottfried Wagner und Abraham Peck sind mutige Leute. Ihre Eltern wären nie fähig gewesen, miteinander zu reden. Vor nur fünfzig Jahren waren die

Vorfahren des einen in den äußerst grausamen Versuch mitverwickelt, die Vorfahren des anderen zu vernichten. Die Überlebenden gaben den heiligen Schwur an die Nachkommen weiter, niemals zu vergessen und zu vergeben. Warum versucht Abraham dieses Gebot zu brechen? Warum versucht Gottfried das Schweigen zu durchbrechen, das über die Deutschen kam, als die Verbrechen bekannt wurden: ein Schweigen als eine Mischung aus Scham und dem Wunsch, die Verantwortung an den Morden der Vergangenheit zu verkleinern, um zu vergessen und um Vergebung zu erhalten? […] Zu ihrem eigenen Segen suchen sie einen Dialog, mit dem sie die Gebote der Väter durchbrechen und der ihnen helfen wird, ihre innere Suche hoffnungsvoll zu artikulieren.« Er analysiert dann, was der Holocaust in unserem Leben bewirkt hat: in unserer Kindheit Entwurzelung aus unserer Umgebung, Vereinsamung und Misstrauen. Dann schreibt Dan Bar-On: »Gottfried fand seinen intellektuellen Zufluchtsort bei jüdischen und nicht-jüdischen Autoren der Nachkriegszeit, die versuchten, sich mit ähnlichen Fragen wie ›Wer ist [Richard] Wagner?‹ herumzuschlagen. Doch er hatte einen hohen Preis für seinen Mut zu zahlen und wurde von seiner Familie und seinem Vaterland verstoßen. Er hat einen neuen persönlichen Zufluchtsort [in Italien], der ihn vor Fallen und Hindernissen schützt. […] Nach der Beschreibung der schmerzlichen Kindheitserfahrungen, die das Leben [Abrahams und Gottfrieds] geformt haben, distanzieren sie sich zu schnell von diesen [Erinnerungen]. […] Abraham glaubt, daß die Zukunft für die nächste Generation gut sein wird […]. Aber seine letzten Sätze enthüllten, daß er nicht voll überzeugt glauben kann […]: Können wir uns je von der Notwendigkeit befreien, wachsam zu bleiben? […] Wir müssen wachsam bleiben und nicht einfach nur an ein ›Ja‹ oder ›Nein‹ glauben, und wenn wir das nicht schaffen, was wird dann aus unseren Kindern?« Dan Bar-On resümiert: »Schrecklich, es gibt immer noch keinen Zufluchtsort in der Welt nach Auschwitz«, und er vergleicht unseren Dialog mit der Errichtung eines Hauses. Mit Recht sagt er am Ende seines Beitrags: »Im Gegensatz zur Errichtung eines Hauses sind bei diesem Prozess so viele Teilnehmer eingeschlossen. All diese aufmerksamen Augen und Ohren der Lebenden und Toten, alle mit solch extremen und konfliktreichen Sensibilitäten, dass die Möglichkeit zu scheitern endlos ist. Die ursprüngliche Diskussion von gestern kann vielleicht leicht zu einem Schein-, zu einem ›So-tun-als-ob-Dialog‹ von morgen führen. Wie können wir das wissen? Wie können wir darin unsere Wege finden?«[23]

Die Warnung Dan Bar-Ons war im Rückblick gesehen durchaus berechtigt, vor allem dann, wenn wir unsere theoretischen Erkenntnisse mit unseren persönlichen Erfahrungen kritisch gemeinsam überdenken und andere Wege gehen wollten, die man von uns als »guten Juden« und »guten Deutschen« nach der Shoah erwarten. Statt: der Sohn von Shoah-Überlebenden und der Nachkomme von Richard Wagner und Top-Nazis – endlich Abraham und Gottfried mit ihren eigenen Identitäten und das auf Grund der Shoah als individuellem Lernprozess.

An solch einer Zielsetzung waren wenige interessiert, schon gar nicht die internationalen Medien, die mehr geile Details über intime Stunden von Winnie und Wolf und über Nachfolgekriege um den Bayreuther Festspielleitersessel hören wollten, wie man der Flut von Reaktionen auf meine Autobiographie entnehmen kann. Für mich wurde das Thema Wagner, Hitler und die Familie Wagner mit allen Folgen bis heute nach und nach immer unerträglicher, aber dies war der Preis, den ich zahlen musste, um weltweit mit oder ohne Abraham eine Plattform für unsere Post-Shoah-Diskussionen zu haben. Mit der Zeit nahmen wir uns aber auch immer mehr Freiheiten, unsere Post-Shoah-Erfahrung deutlicher in vergleichenden Zusammenhang zu anderen Völkermorden in der Vergangenheit und Gegenwart zu stellen. Mit anderen Worten, es ging uns immer mehr darum, aus unserem Wissen und unseren Erfahrungen Vorschläge im Sinne unserer Statuten zu machen, und dies als konkrete gemeinsame Aktionen mit der Forderung an uns, dies auch im alltäglichen Umgang mit Menschen unter Beweis zu stellen. Selbstkritisch müssen wir nach 15 Jahren bekennen: wir sind davon immer noch weit entfernt! Unsere Außenseiterarbeit entsprach nur sehr begrenzt der deutschen, europäischen und globalen Wirklichkeit nach 1945. Daher verwundert es nicht, dass unsere Post-Shoah-Dialog-Gruppe in Deutschland, Österreich, der Schweiz sowie im Rest von Europa bis heute wenig Resonanz oder Unterstützung fand. Ich musste bei meinen verschiedenen Veranstaltungen zum Thema der Post-Shoah-Auswirkungen immer wieder feststellen, dass man nicht bereit war, sich mit der Problematik der Generationen, die als Deutsche oder Juden inner- oder außerhalb Deutschlands nach 1945 geboren wurden, ausreichend auseinander zu setzen. Und dies jenseits der notwendigen, aber oft allzu ritualisierten Veranstaltungen zum 9. November oder 27. Januar bei obligatorischem Medieneinsatz zur demokratischen Imagepflege nach Hitler. Man gab den Post-Shoah-Generationen bis heute noch immer keine wirkliche Chance, Themen wie Identität ohne Vorgaben der Großeltern- und Elterngenerationen zu artikulieren.

Deutsche Identitäten nach der Shoah

Nach der Shoah wird der Versuch, deutsche Identität zu definieren, ein existentielles Problem, denn bereits das Wort *Identität* weist auf die Schatten der Vergangenheit hin. Nach der Shoah sind Zweifel an konventionellen Definitionen des Wortes Identität wie »vollkommene Gleichheit bzw. Übereinstimmung zweier Dinge oder zweier Personen«, so der deutsche Duden,[24] oder im psychologischen Sinne als »selbsterlebte innere Einheit der Person, als Ich-Identität«,[25] angebracht. Ich halte den Begriff *Identität* letztlich für den Ausgangspunkt individueller Freiheit, für offen, sehr komplex und im steten Wandel begriffen. Für ein Individuum mit deutscher Vergangenheit, Gegenwart und deutschem Pass, das eigene Identität neu definieren will, ergeben sich folgende Fragen:

Welche Identität finde ich in meiner beruflichen oder privaten oder in einer Sphäre, in der Beruf und Privatleben eine Einheit bilden? Im nationalen Deutsch-Sein? Im deutschen Europäer-Sein?

Im Weltbürgertum? Im Christentum? In welcher Religion oder Ethik? Oder kann man nach der Shoah nur noch humanistischer Atheist sein? In welcher Kultur finde ich einen Teil meiner Identität – in einer mono- oder multikulturellen Gesellschaft?

Nach Hitler verweigere ich die Antwort auf die Frage, in welcher Rasse ich meine Identität finden könnte, denn sie führte in der deutschen Geschichte zur Shoah, ist aber noch Teil anachronistischen Denkens darüber, ob eine künftige Gesellschaft mono- oder multikulturell sein sollte. Die Fragstellung lautet jedoch: Wie ist die multikulturelle Gesellschaft zu verbessern?

Da die Vielfalt der Schichten eigener Identität von der Großeltern- und Eltern-Generation beeinflusst und mitgeprägt ist, halte ich erst einmal eine historisch-psychologische Annäherung an die deutschen Generationen für sinnvoll, die im »Dritten Reich« als Erwachsene mitverantwortlich für die politischen Entscheidungen waren.

Allgemeine Identifikation der Deutschen vor und nach 1945

In diesem Zusammenhang ist der Psychoanalytiker Bruno Bettelheim und sein Buch *Aufstand gegen die Masse* von 1960 zu zitieren. Im Kapitel *Menschen sind keine Ameisen* beschrieb er die psychologische Situation der Deutschen in der Nazizeit: »[...] die meisten Deutschen sanken, wenn nicht überhaupt alle, die keine überzeugten Nazis waren, in ihrer eigenen Achtung, und dies aus folgenden Gründen: weil sie leugneten, was sie als wahr erkannten, weil sie in ständiger Furcht lebten und weil sie in Fällen, in denen sie es als ihre Pflicht ansahen, nicht Widerstand leisteten. Diese Schläge konnten nur auf zwei Arten wettgemacht werden: durch eine größere Befriedigung im Familienleben oder durch eine Belohnung ihrer Leistung und ihre Anerkennung [und Integration in der NS-Tyrannei.] [...] Doch die meisten entschieden sich, wenn sie die Wahl zwischen einer Integration auf einer niedrigen Ebene oder einer unerträglichen inneren Belastung hatten, für die erste Möglichkeit und für die zweite, um ihren Frieden wiederzugewinnen.

Doch es ist viel Wahres an dem Spruch, daß Frieden unter einer Tyrannei kein Frieden einer menschlichen Existenz ist, sondern der Friede des Todes ist.«[26]

Wie eine Fortsetzung der Erkenntnis von Bettelheim liest sich das Buch *Erinnerungsarbeit*, das die Psychoanalytikerin Margarete Mitscherlich 1987 schrieb.[27] Im Kapitel *Im Schatten der Verdrängung* kam sie über die westdeutsche Gesellschaft zu folgendem Urteil: »Statt einer politischen und geistigen Durcharbeitung der Vergangenheit und der Suche nach neuen Ideen, Idealen, Konzepten vollzog sich bekanntlich eine explosive Entwicklung der bundesrepublikanischen Wirtschaft. [...] Der psychische Immobilismus als Folge der Unfähigkeit zu trauern, offenbart sich heute vor allem darin, daß die meisten Deutschen nicht gewillt sind, das Auseinanderfallen von Ideal und Wirklichkeit im eigenen Land auch nur wahrzunehmen. Entsprechend sehen manche denjenigen, der sie darauf aufmerksam macht, als einen Feind an, den es von der Gesellschaft auszuschließen gilt. Diese Unfähigkeit, Kritik zu ertragen, hängt natürlich mit der Labilität des Selbstwertgefühles der Deutschen eng zusammen. Die Möglichkeit eines kreativen, geistigen Neubeginns, der an geschichtliche und kulturelle Erfahrungen und Traditionen sowohl anzuknüpfen als auch kritisch damit umzugehen vermag, wird davon abhängig sein, ob eine gefühlsmäßige Auseinandersetzung mit der Vergangenheit zustandekommen kann. Die Abwehr dagegen schließt die heutige Generation ein, auch wenn sie direkt an den Ereignissen des ›Dritten Reichs‹ nicht beteiligt war.«[28]

Doch der Mut zum Neubeginn setzt die Auseinandersetzung mit den Verlusten der Großeltern- und Elterngeneration voraus. Bei meiner Suche nach allgemein gültigen Problemen der Post-Shoah-Generationen – im Sinne eines selbstkritischen work in progress – stieß ich im Laufe der Zusammenarbeit mit Abraham immer wieder auf den Begriff des Verlustes.

Die verschiedenen Verluste

Ich assoziiere damit einerseits den *Verlust des Weltvertrauens* auf Seiten der NS-Opfer,[29] denke aber auch andererseits an den *Verlust der humanen Orientierung* der NS-Täter.[30]

Die Folgen, die sich aus diesen beiden Formen von Verlust ergaben, äußerten sich für die Kinder der NS-Verfolgten entweder als schützendes Schweigen *oder* als ständiges Weitervermitteln leidvoller Erfahrungen durch die Großeltern und Eltern, die die Shoah überlebten. Dies war auch bei Abraham der Fall. Vater Shalom verdunkelte Abrahams Kind- und Jugendzeit durch die ständige Wiederholung leidvoller Erfahrungen. Mutter Annas schützendes Schweigen verminderte nicht die Wucht der väterlichen Schilderungen. Zwar wollte Abraham mehr von der Mutter wissen, sie litt aber zu sehr unter ihren Erfahrungen, um sie ihm zu vermitteln.

Die Kinder von Großeltern bzw. Eltern, denen die humane Orientierung verloren gegangen war, wuchsen unter dem Vorzeichen des Verschweigen, ja Verleugnens von deren Rolle als Täter oder Mittäter auf. Dies war *mein* Fall.

Gemeinsam war uns: Diese zweifache Verlustperspektive verengt und erschwert uns als Nachkommen von Tätern und Verfolgten den Blick auf unsere geschichtliche Herkunft und behindert uns im Umgang mit der geschichtlichen Wirklichkeit. Denn wollen wir nicht selbst die Familiengeschichte als Konsequenz der historischen Fakten aus der NS-Zeit verdrängen – wie unsere Vorfahren –, gerät unsere Gegenwart immer wieder in den übermächtigen, tief verdunkelnden Schatten der Vergangenheit unserer Eltern und Großeltern. Daher müssen wir immer wieder um eigene Zukunftsvisionen ringen, die nicht mehr durch die Katastrophen der historisch-politischen und der familiären Verhaltensweisen und Ereignisse belastet sind. Vor dem Hintergrund einer durch diese Verlusterscheinungen tief gestörten Einstellung zu Vergangenheit, Gegenwart und Zukunft möchte ich einige Probleme skizzieren, die mir für die Post-Shoah-Generationen wesentlich erscheinen.

Allgemeine Probleme der Post-Shoah-Generationen

Ich bin mir stets bewusst, wo der Ausgangspunkt eines Dialoges für Post-Shoah-Generationen ist: in Auschwitz. Yaacov Naor, Leiter des Psychodramazentrums in Tel Aviv, beschreibt die Schattenseite unserer Vergangenheit und Gegenwart so: »Die Juden sind das schlechte Gewissen der Deutschen. Die Deutschen wiederum erinnern die Juden an das Gefühl von Angst, Hilflosigkeit und Erniedrigung […]«.[31]

Wie sollen beide unter solch fragilen Voraussetzungen ein Fundament legen, auf dem sie eines Tages gemeinsame Zukunftsperspektiven entwickeln können? Am Anfang müssen sie erst einmal lernen, die wesentlichen Fragen und Probleme der jeweils anderen Seite zu verstehen. Bei der Suche nach Antworten darf man jedoch nicht die wechselseitige Verknüpfung und Bedingtheit dieser Fragen und Probleme außer Acht lassen, sonst bleibt man weiter im Monologisieren stecken.

Yaacov Naor beschreibt das gemeinsame Erbe der Verluste der Vorfahren wie folgt: »Beide Gruppen – jüdische und nichtjüdische Nachkommen – wurden in eine Welt hineingeboren, in der seit frühester Kindheit die an der Menschheit verübten Untaten und Sünden auf ihnen lasteten. Beide sind Nachkriegsgenerationen und daher als *Opfer des*

Zweiten Weltkriegs zu betrachten. Beide Gruppen leiden an Schuldgefühlen und Zorn, und beide unterdrücken diese Gefühle, weil sie fürchten, die Selbstbeherrschung zu verlieren […] Beide Gruppen neigen dazu, sich zu verschließen, sowohl wegen der schwer auf ihnen lastenden Gefühle als auch wegen ihrer Anstrengungen, diese Gefühle zu überwinden.«[32]

Wege jenseits der Verluste der Vorfahren

Opfer des Zweiten Weltkrieges? Und damit ohne Chance, das eigene Leben zu gestalten?

Auf der Suche nach Wegen aus der oft scheinbar hoffnungslosen Zukunft als »Opfer des Zweiten Weltkrieges« las ich das Buch *Der Verlust des Mitgefühls* des Psychologen und Psychoanalytikers Arno Gruen. Gruen fand hilfreiche Worte zur Entwicklung eigener Autonomie. Er schreibt im Schlusskapitel *Was ist Geschichte? Was tun*? seines Buches: »Wenn wir die zentrale Rolle des Mitgefühles in unserem Leben erkennen, können wir die Geschichte unserer Zivilisation als Geschichte des Ringens um Empathie bezeichnen. Die Pervertierung der Empathie in Selbstmitleid aber dient nur dem Hass auf das Leben. […] Unsere Aufgabe muss es sein, die Erinnerung an das Kind in uns zurückzuholen und uns unseren Kindern zu widmen, indem wir auf der Legitimität unseres Mitgefühls bestehen.«[33] Ich bin mir der Unvollständigkeit meiner Bestandsaufnahme bewusst, denn jedes Individuum, das sich als Teil der Post-Shoah-Generationen sieht, hat sich mit dem individuellen Schicksal zu konfrontieren und zu versuchen, diesem Sinn zu geben. Ich sehe den Austausch eigener Erfahrungen für die Angehörigen der Post-Shoah-Generationen als eine Quelle der Hoffnung. Die gemeinsame Arbeit an der Zukunft zielt nach einer Phase des eigenen, einsamen Weges – ohne zu wissen, wohin der Weg führen wird –, auf die Erkenntnis hin, sich als Teil der vergangenen, heutigen und künftigen Menschheitskette zu begreifen: alle sind füreinander verantwortlich. Ich schließe damit auch ein, dass die Post-Shoah-Generationen nach einer Phase des Protests *die Rolle der Opfer* hinter sich lassen müssen, um sich kommenden Aufgaben im Sinne von Arno Gruen zuzuwenden: »indem wir die Erinnerung an das Kind in uns zurückzuholen und uns unseren Kindern widmen und damit auf der Legitimität unseres Mitgefühles bestehen.«[34]

Diese Haltung, mit Nachdruck von kommenden Post-Shoah-Generationen vertreten, wird auch Folgen in einer größeren Öffentlichkeit haben. Die Frage, ob man aus dem Zusammenhang von Familiengeschichte und Geschichte der Shoah nach 1945, nach den Kriegen im Kosovo, in Afghanistan und aus den Folgen des 11. September 2001, einschließlich des Irak-Krieges, etwas gelernt hat, fordert von den Post-Shoah-Generationen einen ehrlichen Umgang mit Menschenrechtsproblemen. Voraussetzung für eine öffentliche Stellungnahme ist es, von der Idealisierung von Menschen, Ideologien, Völkern und Ethnien, aber auch der eigenen Person und Gruppe Abschied zu nehmen. Die schrecklichste Erkenntnis für alle Post-Shoah-Generationen bleibt: Nach Auschwitz ist alles möglich geworden. Dies zwingt uns, äußerst kritisch und skeptisch mit den Medieninformationen umzugehen und selbstkritisch deren Einfluss auf die eigene Meinungsbildung abzuwägen, bevor man glaubt, sich selbst in der Öffentlichkeit über internationale politische Ereignisse oder Menschenrechtsverletzungen äußern zu können. Ich denke da unter anderem an den gefährlichen Missbrauch von öffentlichen Diskussionen über Themen wie »Juden als Unterdrücker von Palästinensern«, die Hamas in ihrem Kampf gegen Israel, die Entwicklungen in Teheran etc.

Gerade bei derart schwer belasteten Themen wird der Post-Shoah-Dialog auf die Probe gestellt: Was bringen wir aus der deutschen, jüdischen und familiären Geschichte ein, wenn wir uns zu solch explosiven aktuellen Themen in der Öffentlichkeit äußern?

Wie weit entsprachen aber nun allgemeine theoretische Erkenntnisse den persönlichen Erfahrungen von Abraham und mir? Und das unter Berücksichtigung der Tatsache, dass wir seit nun 15 Jahren kaum staatliche Unterstützungen hatten und nur auf persönliche Initiative hin aktiv sein konnten?

Der Dialog mit Abraham Peck

Es bedurfte mehr als zehn Jahre, um zwischen Abraham und mir – und das trotz aller von Anfang an bestehenden Sympathie – Vertrauen reifen zu lassen, zu lernen, sich gegenseitig zu zuhören, aber dies geschah stets vor dem Hintergrund des möglichen Scheiterns, wie es Dan Bar-On uns vermittelt hatte. Die gemeinsame Befragung eigener Familiengeschichte, die Bereitschaft, sich in die Situation des anderen zu versetzen, führte dazu, zuerst das eigene Schicksal, dann aber auch das des anderen besser zu begreifen und dementsprechendes Mitgefühl zu entwickeln. Wegen der Verschiedenartigkeit unserer Verlusterfahrungen und unserer individuellen Entwicklung ist die Kenntnis autobiographischer Details für einen sinnvollen Dialog unerlässlich.

Ohne hier solche Details unserer Lebenswege wiederholen zu wollen, halte ich Abrahams Beitrag »Deutsche und Juden im Dialog – Gibt es etwas zu diskutieren?« aus dem Jahr 1996 für ausschlussreich:

»Inmitten von Schweigen und Misstrauen zwischen Juden und Deutschen [nach der Shoah] haben einzelne auf beiden Seiten einander ausfindig gemacht und versucht, sich auf einen Dialog einzulassen. Dr. Gottfried Wagner und ich zum Beispiel sind seit 1991 in einem deutsch-jüdischen Dialog begriffen. [...] Und im fünften Jahr unserer Begegnung ist uns beiden schmerzhaft bewusst geworden, daß wir nicht so weit gekommen sind, wie es unsere ursprüngliche Vision war. Wie Gottfried feststellte, müssen wir noch die Art von ›Objektivität‹ finden, die nötig ist, uns von den Schatten der Vergangenheit zu befreien. Er empfindet immer noch Schuld und Scham bei dem Gedanken an das, was meiner Familie während des Holocaust angetan wurde, und über den Anteil seiner Familie an ihrem Leiden. Er empfindet Wut und Ohnmacht angesichts seiner Unfähigkeit, seiner eigenen Familie die Art von Trauer entgegenzubringen, die notwendig wäre, um Schritte in Richtung Verständnis tun zu können. Andere, nach 1945 geborene Deutsche, entwickeln ähnliche Gefühle: auch sie beklagen, wie schwer es ihnen fällt, Deutsche zu sein, unter der Bürde der Geschichte zu leiden, mit dem dazugehörigen Gefühl der Heimatlosigkeit und Entwurzelung.

Da auch ich in diesen Dialog mit Wut und einem Gefühl der Ohnmacht eintrete, was vielleicht die vielschichtige jüdische Geschichte vor dem Holocaust metaphorisch widerspiegelt, erkennen wir beide, daß unser Dialog *den Hafen der Neurose noch nicht verlassen hat*, wodurch er nahe bei unseren tiefsten Zweifeln und unseren Dämonen gehalten wird. Haben wir das Recht, andere zum Mitwirken an unserem Dialog einzuladen, obwohl sie sicher nicht ermessen können, was sie erwartet? Sind wir mit einem illusorischen Dialog beschäftigt? Sehen und hören die Augen und Ohren der Toten und Lebenden zwei Don Quijotes Windmühlen bekämpfen, die in das Blut von Millionen getaucht sind? Und sind sie überschattet von Verdrängung, das heißt der Unterdrückung von Konfrontation mit den Verbrechen ihres Landes von Seiten derer, die sich zu schuldig fühlen, um zu reden, oder derer, die einfach nichts mehr vom Thema Auschwitz hören wollen? Vielleicht. Aber dies habe ich gelernt: Während die Deutschen dabei sind, vor ihrer Identität als Deutsche davonzulaufen, und die Juden dabei sind, sich eine jüdische Identität zu verschaffen, müssen sich die nach dem Holocaust geborenen Deutschen und Juden irgendwo in der Mitte treffen. Zur Zeit ist es weniger wichtig, was wir einander zu sagen haben, sondern daß *wir an die Möglichkeit des Dialoges glauben.* Aber ist solch eine Begegnung einen Versuch wert, besonders wenn mir so viele jüdische Freunde sagen, daß es mit den Deutschen absolut nichts zu besprechen gäbe? Ich war mir dessen selbst nie ganz sicher, bis ich Gottfried Wagner traf. Gottfried und ich fühlten uns voneinander angezogen, weil wir den gemeinsamen Wunsch haben, die Bürde des andern als ein Ergebnis dessen zu verstehen, was und wer wir sind aufgrund unserer Familiengeschichte. Wir sind noch immer unsicher, welche Ergebnisse wir als *Individuen, bzw. als Deutsche und Juden* erzielen wollen. Suche ich nach einer neuen Art von Wiedergutmachung? Ist Gottfrieds

Generation überhaupt noch verantwortlich zu machen für Schuld, die Vergangenheit betreffend, nützen ihre Bekenntnisse überhaupt etwas? Sehnt sich Gottfried heimlich nach einer tränenreichen Umarmung der Versöhnung, selbst wenn ich ihm bereits vermittelt habe, daß er das von mir nicht bekommen wird? Wir zittern bei dem Gedanken an die Schatten, die uns umlauern. Wir wissen aber auch, dass unsere Welt nach dem Holocaust sich noch nicht genug gewandelt hat, um sich der Herausforderung zu entziehen. Wir sehen den ›Holocaust‹ überall um uns herum, in den Brutalitäten, die in nationalen und internationalen Konflikten auftauchen, in der Apathie, mit der wir Kriegsopfer betrachten können, und in unserem Mangel an Vertrauen in Gesetzgebung, Religion, Medizin und Technologie als die wichtigsten und unveränderlichen Fundamente unserer Welt. Der Holocaust hat uns beide geformt. Wir aber sind verantwortlich dafür mitzugestalten, auf welche Art und Weise zukünftige Generationen sich an ihn erinnern werden, angefangen bei unseren Kindern. Können wir den Hass, die Schuld und Scham unserer Generation überschreiten, um ihnen eine andere, bessere Welt zu hinterlassen?«[35]

Den Weg der Verantwortung füreinander schilderte ich in meiner Autobiographie *Wer nicht mit dem Wolf heult*, die in Deutschland zum ersten Mal 1997 erschien. Sie schildert mein Aufwachsen in Bayreuth ab 1947 und endet in der deutschsprachigen Fassung mit meinem ersten Aufenthalt bei Seminaren in Auschwitz 1995.

Konfrontation mit eigenen Erfahrungen: autobiographische Aufzeichnungen von 1997

Ein kurzer Hinweis auf meine Autobiographie. Als Motto wählte ich folgende Passage nach Sanhedrin, 27b: »Sind die Kinder für die Untaten ihrer Väter verantwortlich? Ja, wenn sie am verhängnisvollen Weg der Väter festhalten. Aber leiden nicht alle unter den Untaten der anderen? Man stolpert zufällig über die Untaten der anderen. Bedeutet das, dass alle füreinander verantwortlich gemacht werden? Ja, da, wo ein Mensch die Macht in seinen Händen hatte, um zu protestieren, und es unterließ.«[36]

Schwerpunkte meines Interesses bildeten meine persönlichen Erfahrungen als Nachkomme einer aktiven Nazi-Elite von 1923 bis 1945; sie waren auch für den Post-Shoah-Dialog von Bedeutung. Ich musste mich nicht nur mit unverarbeiteter familiärer Nazi-Vergangenheit, sondern auch mit der Rolle der Familie Wagner im 19. Jahrhundert und damit mit Themen wie Nationalismus und Antisemitismus auseinander setzen. Ich hatte mich also der familiären Vorgeschichte zu stellen, die zu Hitler führte. Es ergab sich für mich nicht nur eine direkte Linie von meinem Urgroßvater Richard Wagner über Cosima

Wagner, Houston Stewart Chamberlain und meiner Großmutter Winifred zu Hitler, sondern auch, dass das Wagnersche Gedankengut in Bayreuth – und viele Historiker unterstützen diese Ansicht – *mit* zu Hitlers Rassenwahn und allen Folgen bis hin nach Auschwitz beitrug. Meine Auseinandersetzung mit dem Wagner-Kult nach der Shoah in Bayreuth galt daher einem Phänomen, das ich als Neu-Bayreuther philosemitische Pose bezeichne, also die sublime Form eines bewussten Revisionismus und Antisemitismus, die trotz aller anders lautenden Beschwörungen des Großunternehmens Bayreuther Festspiele nach der Shoah immer mehr zum Vorschein kam. Ich erinnere u. a. an die über 50 Jahre verschwiegene Tätigkeit des Mitbegründers von Neu-Bayreuth, Wieland Wagner, der als Aufseher im Außenlager Bayreuth des KZ Flossenbürg von 1944 bis zum Ende des Zweiten Weltkrieges tätig war. Noch problematischer ist daher der Versuch mancher jüdischer Künstler und Intellektueller, den Künstler vom Ideologen Richard Wagner zu trennen und seinen Antisemitismus in einer Weise zu verharmlosen, die – wie auf nicht-jüdischer Seite – auf eine Verleugnung von Wagners tatsächlichem Einfluss auf Hitlers Antisemitismus hinausläuft.

Von besonderer Bedeutung für das Verständnis der Verschiedenartigkeit unserer beider Familiengeschichten ist Abrahams Vorwort zur amerikanischen Ausgabe meiner Autobiographie (1999), da es den Entwicklungsprozess unserer Gespräche zum Thema deutsche, jüdische und familiäre Geschichte in den vergangenen Jahren aufzeigt. Er schrieb: »Ich lernte als Bub, dass es einen Grund für das Fehlen meiner Onkel, Tanten und Kusinen gab. Ich hatte einen Vater, den die eigenen Erfahrungen während der Jahre des Holocaust verfolgten, besonders seine Zeit im Ghetto von Lodz, seine Inhaftierung von 1940 bis 1944 in Buchenwald und Theresienstadt. Irgendwie wurde dieses makabre Umfeld von Nazi-Bewachern, Befehlshabern und Ärzten mehr Teil meiner Wirklichkeit als die Schattenfiguren der ermordeten Mitglieder meiner Familie. Alle zusammen ergaben 14 Onkel und Tanten, sechs auf der Seite meines Vaters und acht auf der Seite meiner Mutter. Ich kann sie nicht mit ihren Gesichtszügen, Besonderheiten oder irgendwelchen anderen Merkmalen identifizieren, die normalerweise die Freuden einer weit verzweigten Familie ausmachen.«[37]

Liest man diese Zeilen über das Schicksal der Peck-Familie und die Folgen für Abrahams Leben im Vergleich mit der Geschichte der Familie Wagner im welthistorischen Kontext, wird man sich bewusst, welche Widersprüche Abraham und ich zu überwinden hatten, um gegenseitiges Vertrauen zu schaffen. Die Familientragödie der Pecks aus der Sicht Abrahams im Vorwort meiner Autobiographie zeigt mir aber auch, dass er nicht nur für sich den schmerzlichen Umgang mit der eigenen Familiengeschichte immer deutlicher artikulierte, sondern auch in einem Vertrauensprozess mich als Teil seiner Auseinandersetzung mit meinem Schicksal sah. Unsere Gespräche entwickelten sich nicht zu einem Scheindialog, vor dem uns Dan Bar-On 1993 aus Sorge wegen anderer, fragwürdiger Post-Shoah-Dialog-Treffen gewarnt hatte. Wir machten es uns nicht leicht mit der Wahl von Themen wie: »In welcher Weise beeinflusste die Shoah unsere Identitätssuche?«

Gerade durch das kontinuierliche Engagement für unseren Dialog als öffentliche Debatte gelang es mir immer mehr, mein eigenes Leben als Erwachsener und Vater zu führen. Ich begriff, unsere Veranstaltungen immer mehr als *Mikrokosmos des deutsch-jüdischen Dialogs und als Makrokosmos überpersönlicher Geschichte* zu sehen. Dadurch entstand das vorliegende Buch, das unsere Freundschaft auf eine harte Probe stellte. Im Sinne dieses sehr langwierigen Prozesses, der von eigenen individuellen Erfahrungen zu allgemeinem Vertrauen zwischen Deutschen und Juden in einer weiten Zukunft führen kann, versuchten Abraham und ich – unabhängig von der durch die Medien vermittelten jeweiligen Tagespolitik – unseren gemeinsamen Weg als kleinen Beitrag zur Verständigung zwischen den Post-Shoah-Generationen fortzusetzen. Dazu gehörte auch die schmerzliche Reise nach Deutschland und Polen im August 2005.

2. Ein (falscher) Schritt in Richtung Versöhnung?

Abraham J. Peck

Im Frühling 1991 wurde ich eingeladen, auf der jährlichen Konferenz über den Holocaust und den deutschen Kirchenkampf einen Vortrag zu halten. Das Treffen fand an einer auf dem Land gelegenen Universität in der Nähe von Atlantic City, New Jersey, statt. Als ich bei der Konferenz ankam, herrschte stürmische Unruhe über den geplanten Auftritt von Gottfried Wagner, dem Urenkel des antisemitischen Komponisten Richard Wagner.

Die Holocaust-Überlebenden im Publikum waren empört darüber, dass ein Mitglied der Familie Wagner zu einem Vortrag eingeladen worden war, brachten sie doch diese mit der Musik von Richard Wagner in Verbindung, die in den Konzentrationslagern gespielt wurde.

Als Gottfried Wagner seinen Vortrag hielt, in dem er seinen Bruch mit der Bayreuther Tradition des Antisemitismus und Pro-Nationalsozialismus schilderte, applaudierten die Überlebenden jedem einzelnen Satz.

In der anschließenden Diskussionsrunde fragte ich Gottfried Wagner, ob er wirklich glaube, dass er und ich uns versöhnen müssten, was ja, wie uns die jüdische Tradition lehrt, nur zwischen den tatsächlichen Opfern und Tätern möglich sei.

Diese Frage hatte zur Folge, dass Gottfried und ich uns noch am späten Abend zusammensetzten, womit die seit 15 Jahren andauernden Bemühungen zur Überwindung der Last, Deutsche und Juden der Nach-Holocaustzeit zu sein, ihren Anfang nahmen.

Aufgrund meiner Forschungsarbeiten über jüdische Displaced-Persons(DP)-Lager und meiner Tätigkeit als Berater des »United States Holocaust Memorial Museum« lernte ich einige der anerkanntesten Wissenschaftler auf dem Gebiet der Holocaust-Forschung kennen. Nach einem dieser Treffen wurde ich eingeladen, 1991 für die Konferenz *The Holocaust and the German Church Struggle* (Der Holocaust und der deutsche Kirchenkampf) einen Beitrag über die Ideologie von *She'erith Hapletah* vorzubereiten. Diese Konferenz ist das älteste existierende Forum über den Holocaust in den Vereinigten Staaten und wurde 1970 von den beiden bekannten Wissenschaftlern Franklin Littell, damals an der Temple University, und Hubert Locke, damals an der Wayne State University in Detroit, ins Leben gerufen.

Die Konferenz fand im März am Richard Stockton College in New Jersey, nicht weit von Atlantic City statt. Ich war bis dahin noch nie in jenem Teil von New Jersey gewesen und freute mich, Littell und Locke zu treffen.

Das Programm der Konferenz wies zahlreiche bekannte Namen auf, ein Teilnehmer und sein Thema aber erweckten sofort meine Aufmerksamkeit. Gottfried H. Wagner sollte einen Vortrag mit dem Titel *Legacy of Richard Wagner and his Music* (*Das Erbe Richard Wagners und seiner Musik*) halten. Gottfried Wagner ist der Urenkel des deutschen Komponisten Richard Wagner, einem der ganz großen Kulturtragenden der deutschen Geschichte, der bekanntermaßen die Entwicklung des deutschen Antisemitismus beeinflusste.

Den Holocaust zu leugnen, war 1991 ein großes Thema. Würde dieser Wagner mit dieser Bewegung in Verbindung stehen? Ich konnte nicht glauben, dass eine so bekannte Konferenz wie *The Holocaust and the German Church Struggle* jemanden zu einem Vortrag einlud, der diese Überzeugung vertrat.

Als ich in Stockton, einem mittelgroßen College in ländlicher Umgebung, ankam, diskutierte die gesamte Konferenz die Teilnahme Gottfried Wagners. Zahlreiche Konferenzteilnehmer sowie viele Holocaust-Überlebende, die zu dem Vortrag kamen, waren skeptisch, was Wagner wohl sagen würde. Man sprach von einer Demonstration und von verbalen Angriffen während Wagners Vortrag.

Ich hatte noch nie von Gottfried Wagner gehört, war mir aber sehr wohl des Erbes der Familie Wagner in der deutschen Geschichte bewusst. Ich wusste, dass Richard Wagners berühmter Essay *Das Judentum in der Musik*, veröffentlicht 1850, einer der frühesten Angriffe auf den »zersetzenden« Einfluss des deutschen Judentums auf die deutsche Kultur war; ebenso wusste ich, dass zur Familie Wagner auch der berüchtigte rassische Antisemit des späten 19. Jahrhunderts Houston Stewart Chamberlain (1855–1927) gehörte, der in England geboren und dann in Deutschland eingebürgert worden war und Richard und Cosima Wagners Tochter Eva geheiratet hatte. Chamberlains 1899 erschienenes zweibändiges Werk *Die Grundlagen des 19. Jahrhunderts*[38] war ein sehr einflussreiches kulturhistorisches Werk, in weiten Teilen stark beeinflusst von den Rassenlehren des französischen Autors Joseph Arthur Comte de Gobineau (1816–1882) und den Schriften von Chamberlains Schwiegervater Richard Wagner.

Chamberlain bezeichnet die Zivilisation in seinem Buch als einen Rassenkampf. Er beschreibt die teutonischen Völker als eine kulturell schöpferische Rasse, ganz im Unterschied zur Kultur des Judentums, das Deutschland und das Christentum unterwandert habe. *Die Grundlagen des 19. Jahrhunderts* wurde von den nationalistischen Kräften in Deutschland und von Kaiser Wilhelm II., der zu einem Anhänger Chamberlains wurde, begeistert aufgenommen.

Chamberlain traf Adolf Hitler zweimal, beide Male in Bayreuth, wo Richard Wagner wohnte. Über Hitlers Einstellung gegenüber dem Antisemitismus schrieb er:

»Es ist ihm z. B. unmöglich, unser aller Überzeugung über den verderblichen, ja, über den todbringenden Einfluß des Judentums auf das Leben des deutschen Volkes zu teilen und nicht danach zu handeln; erkennt man die Gefahr, so müssen schleunigst Maßregeln gegen sie ergriffen werden; das sieht wohl jeder ein, aber keiner wagt's auszusprechen, keiner wagt die Konsequenz von seinem Denken auf sein Handeln zu ziehen; keiner außer Adolf Hitler.«[39]

Nun, ich konnte nicht glauben, dass die Organisatoren der Konferenz jemanden einladen würden, der dieses Gedankengut vertrat. Aber das änderte nichts daran, dass unter den Konferenzteilnehmern und den Holocaust-Überlebenden, die zu diesem Abend-Vortrag kamen, helle Aufregung herrschte.

Der Vortrag war für 19.30 Uhr angesetzt. Als ich gegen 19.15 Uhr in den großen Saal kam, waren nur mehr wenige Plätze frei. Schließlich mussten viele Leute stehen, um dem Vortrag des Urenkels von Richard Wagner zu lauschen.

Ich hörte, wie Überlebende rund um mich darüber sprachen, dass im Konzentrationslager Richard Wagners Musik gespielt worden war, wenn sie allmorgendlich zu ihren Arbeitseinsätzen aufbrachen und auch wenn sie abends, manchmal 14 Stunden später, in ihre Baracken zurückkehrten. Wie konnten die Organisatoren der Konferenz uns das antun, fragten sie einander.

Professor Hubert Locke war der Moderator des Programms. Locke war einer der wenigen Afro-Amerikaner, die auf dem Gebiet der Holocaust-Forschung arbeiteten. Er war ein freundlicher, intellektueller Mann und wir sollten in den nächsten Jahren ausgezeichnete Beziehungen unterhalten.

An diesem Abend aber setzte Professor Locke sehr strenge Regeln. Nach dem Vortrag von Gottfried Wagner waren keine Fragen aus dem Publikum gestattet. Es würden allerdings schriftliche Fragen von den Teilnehmern gesammelt werden und Professor Locke würde jene Fragen auswählen, die er für angemessen hielt.

Gottfried Wagner wurde dem Publikum als Sohn von Wolfgang Wagner, Direktor der Bayreuther Festspiele, vorgestellt. Gottfried ist Musikwissenschaftler mit einem Doktor der Wiener Universität, wo er seine Dissertation über den Komponisten Kurt Weill und Bertold Brecht geschrieben hatte. Einige Monate zuvor war er in Israel gewesen und hatte dort einen Vortrag über die Kontroverse rund um das Verbot der Aufführung von Wagners Musik gehalten, ein Verbot, das jahrzehntelang in Kraft gewesen war.

Ich bemerkte, wie die Überlebenden miteinander flüsterten, als sie hörten, dass Gottfried Wagner einen Vortrag in Israel gehalten hatte. Die Spannung im Raum schien etwas nachzulassen.

Gottfried Wagner war eine beeindruckende Gestalt. Er war groß, gut angezogen und hatte eine sehr starke Ähnlichkeit mit seinem Urgroßvater, vor allem was die typische »Wagner-Nase« betraf.

Als er zu sprechen begann, war er offensichtlich sehr nervös, was seinen deutschen Akzent und seine Probleme bei der Aussprache mancher Worte verstärkte, so dass einige Zuhörer Schwierigkeiten hatten, ihn zu verstehen.

Aber er sprach gut genug, um deutlich zu machen, dass er, was die Musik und das Erbe Richard Wagners betraf, nicht der Sohn seines Vaters war. Ja, er verurteilte seinen Urgroßvater wegen seines offen einbekannten Antisemitismus und auch seine »antisemitische« Familie, zu der sein Großonkel Houston Stewart Chamberlain und seine Großmutter Winifred Wagner gehörten, der er vorwarf, eine treue Anhängerin Adolf Hitlers gewesen zu sein und den Holocaust geleugnet zu haben.

Er appellierte an die Zuhörer, zu begreifen, dass er mit seiner Familie, mit Deutschland und der Politik der Verdrängung der Nazi-Vergangenheit gebrochen habe. Er lebe in Italien, sei mit einer Italienerin verheiratet und sehe ihre Familie als die seine an. Sein Vater hätte ihm erst kürzlich verboten, den Boden der Bayreuther Festspiele zu betreten.

Schließlich rief er zur Versöhnung zwischen Deutschen und Juden und zum Eintritt in einen Dialog auf, der zu eben dieser Versöhnung führen solle.

Das Publikum war in Aufruhr, aber nicht gegen, sondern für Gottfried Wagner. Die Überlebenden standen auf und applaudierten diesem Mann, der seinen beruflichen und finanziellen Erfolg als Erbe seines Vaters und des finanziellen Imperiums, welches die Bayreuther Festspiele darstellen, geopfert hatte.

Aber dennoch sollten aus dem Publikum keine mündlichen Fragen, sondern nur schriftliche angenommen werden. Ich beschloss, eine Frage aufzuschreiben und sie dem Saaldiener auszuhändigen.

Hubert Locke brauchte einige Minuten, um die Fragen zu sortieren und dann stellte er als erstes meine Frage.

»Dr. Wagner«, sagte er, »ich habe eine Frage von Abraham Peck. Er würde gerne wissen, ob Ihnen bewusst ist, dass es im Judentum keine Versöhnung ohne Vergebung geben kann und dass Vergebung nur zwischen Opfer und Täter möglich ist? Er weist darauf hin, dass Sie und er weder Opfer noch Täter sind und die Opfer – in diesem Fall die Millionen jüdischer Männer, Frauen und Kinder, die im Holocaust ermordet wurden – nur schwer Vergebung anbieten können.«

Gottfried Wagner wusste nicht so recht, wie er darauf antworten sollte, außer festzustellen, dass er als Katholik diese Position hinsichtlich der Versöhnung im Judentum nicht kannte. Er wisse nur, dass es für die Juden und Deutschen seiner Generation wichtig sei, zu beginnen, aufrichtig miteinander zu sprechen, damit etwas von der Scham und der Schuld gemildert werde, die er als Sohn von »Tätern«, wie er sich selbst nannte, empfinde.

Dieser Abend dauerte noch sehr lange. Das Publikum, vor allem die Überlebenden, stürmten die Bühne, um mit Gottfried Wagner zu sprechen, ihm Beifall für seine Position zu zollen und ihm zu versichern, wie sehr sie bewunderten, was er mit seinem Leben getan und was er über die Musik und die Politik von Richard Wagner gesagt habe.

Auch ich war überrascht darüber, was Gottfried Wagner gesagt hatte. In all den Jahren, die ich in Deutschland gelebt und geforscht hatte, war er für mich der erste Deutsche, der mit einer derartigen Aufrichtigkeit sprach. Ich war jedoch über seinen Aufruf zur Versöhnung beunruhigt, weil dies das Schlagwort zu sein scheint, wie die Deutschen ihre Beziehung zu den Juden verstanden.

Jedes Mal, wenn Deutsche und Juden bei einer formellen oder sonstigen Gelegenheit zusammenkamen, wurde dies meiner Erfahrung nach von den Deutschen als Schritt in Richtung Versöhnung gesehen. Es war ein Wort, das mich jedes Mal störte, wenn ich darauf stieß. Es zeugte von einer geringen Sensibilität für die Gefühle der Juden, an die es gerichtet war, denn die Deutschen machten sich nie die Mühe zu hinterfragen, ob die jüdische Seite ihr Treffen ebenfalls als einen *Schritt zur Versöhnung* sah, was diese – natürlich – nicht tat.

Viel später an diesem Abend kam Gottfried Wagner bei einem Empfang in dem Hotel, in dem wir wohnten, auf mich zu. Er fragte, ob wir miteinander sprechen könnten, er wolle mehr über das jüdische Verständnis von Versöhnung wissen.

Wir fanden einen Tisch und begannen zu reden. Wir sprachen bis in die frühen Morgenstunden. Ich war fasziniert von Gottfrieds Geschichte und er lauschte meiner. Er war bei meinem Vortrag gewesen und wusste daher, dass ich in Landsberg geboren worden war.

Er erzählte mir, dass seine Großmutter Winifred Adolf Hitler, den sie enorm bewunderte, 1924 ein Päckchen mit einigen Dingen an das Gefängnis von Landsberg geschickt hätte, wo Adolf Hitler als Häftling einsaß, weil er gemeinsam mit Erich Ludendorff, einem General des Ersten Weltkriegs, im November 1923 versucht hatte, die bayerische Regierung zu stürzen. Hitler hatte Gottfrieds Großmutter um Papier gebeten und sie hatte es ihm geschickt. Hitler sollte dieses Papier benutzen, um seinem treuen Sekretär Rudolf Heß seine Sicht der Vergangenheit, Gegenwart und Zukunft Deutschlands zu diktieren. Das vollendete Werk sollte er *Mein Kampf* nennen.

Es war schon sehr spät und wir konnten unser Gespräch nicht mehr länger fortführen, wir waren erschöpft. Beide würden wir die Konferenz am nächsten Tag verlassen. Gottfried fragte, ob wir unser Gespräch brieflich fortführen könnten. Es gäbe vieles, was er gerne über mein Leben und das Leid meiner Familie erfahren würde. Es sei ihm sehr wichtig, einen Dialog zu beginnen, ohne über Versöhnung sprechen zu müssen.

Ich erzählte Gottfried von meinem Besuch in Landsberg im Jahre 1989 und meinem Gefühl, dass in dieser Stadt, wo sich seine und meine Geschichte auf so ironische Weise kreuzten, vielleicht ein echter Dialog zwischen den Post-Holocaust-Deutschen und den Juden beginnen könnte.

Landsberg könnte doch vielleicht immer noch der Mittelpunkt unseres Dialogs sein, meinte Gottfried. Es bedeute für uns beide, unsere Leben und unsere Identitäten als Deutscher bzw. Jude sehr viel.

Ich willigte ein, unsere Diskussion fortzuführen. Aber ich musste wissen, was ein solcher Dialog bewirken sollte. Wenn wir nicht Versöhnung zum Ziel hatten, was bezweckten wir dann?

Gottfried sagte, ich hätte in meinem Vortrag von einer Ideologie der Überlebenden gesprochen, welche die Welt zu verändern und ihr wieder ein Gespür für Menschlichkeit zurückzubringen versucht, das während des Holocaust verloren gegangen ist. Könnten wir nicht darüber diskutieren?

Ich stimmte zu. Der Geist der *She'erith Hapletah* hätte dies gewollt.

3. Was haben sie einander zu sagen: Österreicher, Deutsche und Juden der Post-Holocaust-Zeit im Dialog

Abraham J. Peck

Was haben Gottfried und ich einander zu sagen? Viele Angehörige der Zweiten Generation werden sagen, dass Deutsche und Juden einander nach dem Holocaust nichts zu sagen haben.

In den letzten beiden Jahrzehnten aber haben mehrere unterschiedliche Dialoggruppen begonnen, darunter auch deutsch-jüdische und österreichisch-jüdische. Bei vielen ging es um langsame und schmerzliche Bemühungen, wenn die Söhne und Töchter der Zweiten Generation ihren Gefühlen von Hass und Schmerz freien Lauf ließen, während aus den Deutschen und Österreichern Schuldgefühle und Frustration über das Schweigen ihrer Eltern hervorbrachen. Oft endeten die Dialoge mit gegenseitigen Umarmungen und Tränen.

Aber Gottfried und ich begannen unseren Dialog aus dem Blickwinkel der Geschichte, Soziologie und Literatur. Oft wollte ich Gottfried fragen, ja, ihn anbrüllen: »Weißt du eigentlich, was deine Familie und ihre Generationen der meinigen und dem jüdischen Volk angetan haben?«

Es ist mir jedoch vollkommen bewusst, dass Gottfried die Antworten auf diese Fragen kennt. Stattdessen haben wir versucht, einen Dialog zwischen Deutschen und Juden in Gang zu setzen, der wirklich aus gegenseitigem Geben und Nehmen besteht und mehr ist als der historische Monolog, bei dem jeder über den anderen hinwegredet oder überhaupt nicht zuhört.

Wir haben die Küsten unserer Ängste, unserer Schuldgefühle und unseres Hasses verlassen. Aber unsere Reise ist lang und wir sind nicht sicher, ob wir alles, was uns hindert, hinter uns gelassen haben.

Was wir jedoch wissen, ist, dass wir es uns nicht leisten können, stehen zu bleiben. Wir leben in einer Welt, die verzweifelt einer Reparatur bedarf. Wenn wir diese Reparatur als Söhne und Töchter von Opfern und Tätern beginnen können, so werden unsere Kinder sie vielleicht weiterführen. Wir wissen um die Weisheit des rabbinischen Sprichworts, dass »es nicht an dir liegt, die Aufgabe zu vollenden. Noch hast du die Freiheit, davon abzulassen.«

»Gedenkkerzen« und die Sinnsuche

Bei ihrer Sinnsuche sind viele Kinder von Überlebenden des Holocaust, die so genannte Zweite Generation, an einen toten Punkt gelangt. Vorüber sind die glücklichen Zeiten der 1970er- und 1980er-Jahre, als die Söhne und Töchter von Überlebenden 1981 im Schatten der Klagemauer einen Eid ablegten und in einer Wiederholung der Bejahung des Lebens durch ihre Eltern in den Wochen und Monaten nach der Befreiung erklärten: »*Mir szeinen doh*« – »*Wir sind hier*«.[40]

Es war ein überstürztes Abgleiten in den Abgrund der Tatenlosigkeit oder schlimmer noch, in die jahrzehntelange Konzentration auf die Identität durch eine zusammengewürfelte Gruppe von Erwachsenen, die schon lange ihrer Kindheit entwachsen waren und nun dankbar wieder zu »Kindern« wurden.

Als sie mit ihren Treffen begannen, wurde den Kindern von Überlebenden deutlich, dass es bei aller Unterschiedlichkeit zur übrigen Bevölkerung eine Ähnlichkeit unter ihnen gab, die ihnen eine Wärme und ein Verständnis vermittelte, die sie bislang nicht gekannt hatten.

Und es war wichtig, ihre Identitäten neu zu formulieren, denn dasselbe passierte auch ihren Eltern.

Anfang der 1980er-Jahre übernahmen die Überlebenden und deren Kinder in der Entwicklung der jüdischen Präsenz in der Geschichte allmählich eine einzigartige Rolle. Der Holocaust und die Beschäftigung damit wurden in den Riten und Ritualen zu einem amerikanischen Anliegen. Die 1980er-Jahre wurden zum »Jahrzehnt der Überlebenden«; sie wurden aufgefordert, in Klassenzimmern und vor der Videokamera ihre Geschichte zu erzählen.[41]

Die 1980er-Jahre waren auch das Jahrzehnt der Zweiten Generation. Den überwiegenden Teil dieses Jahrzehnt bemühten sich die amerikanischen Kinder von Überlebenden, mehrere Ziele und Ideen umzusetzen, die sie – vielleicht unbewusst – mit dem Idealismus der Holocaust-Überlebenden verbanden, die unmittelbar nach ihrer Befreiung eine Art neohumanistischer Antwort auf die Tragödie, die in den 1930er- und 1940er-Jahren über das europäische Judentum hereingebrochen war, formuliert hatten.[42] Sie taten dies auf individueller Ebene durch die Wahl sozialer Berufe; sie taten dies auf kollektiver Ebene durch ein politisches Engagement, bei dem sie gegen ungerechte Regierungen demonstrierten und schließlich einen »Sprung im Glauben« wagten, der zum Dialog mit Jassir Arafat und der PLO auf der Suche nach Frieden im Nahen Osten führte.[43] Die Zweite Generation unterstützte auch aktiv die Gründung von Holocaust-Zentren und -Museen in ganz Amerika.

Eva Hoffman hat in gewisser Weise Recht: Die Zweite Generation ist die »Bindeglied-Generation«, durch welche »die Bedeutung schrecklicher Ereignisse entweder eingekapselt und an einem bestimmten Punkt des Traumas festgemacht werden kann; oder in der diese in ein neues Geflecht von Beziehungen und ein neues Verständnis umgewandelt werden kann«.[44] Gerade daran dachte ich, als ich meinen Dialog mit Gottfried begann. Ich ging davon aus, dass jede/r zweite Angehörige der Zweiten Generation, mit dem/r ich sprach, erkennen würde, dass wir vor eben dieser Wahl standen, und sich uns in dem sich immer weiter ausbreitenden Dialog zwischen Angehörigen der Zweiten Generation von Deutschen und Juden der Nach-Holocaustzeit anschließen würde.

Das war ein Irrtum. Auf einer Konferenz nach der anderen, bei einem Treffen nach dem anderen stieß ich stets auf mehr Widerstand als Zustimmung. Und wenn doch eine gewisse Zustimmung vorhanden war, gab es immer den Hintergrund überlebender Eltern, die noch am Leben waren und »einen Herzinfarkt bekämen, würden sie auch nur daran denken, das ich dasitze und mit einem Deutschen einen Dialog führe«.

Dieses Gefühl ist verständlich. Der Hass und die unversöhnliche Haltung vieler überlebender Eltern – auch meiner eigenen – gegenüber Deutschland und den Deutschen war eine der simplen, nicht reflektierten Überzeugungen, die sie ihren Kindern weitergaben.

1991 zählten die Treffen zwischen Gottfried und mir zu den ganz wenigen organisierten oder gelegentlichen Begegnungen zwischen Angehörigen der Zweiten Generation von Juden und Deutschen. Diese Begegnungen waren, gelinde gesagt, schwierig. Oft begannen sie mit schweren Anschuldigungen von jüdischer Seite gegen die Deutschen, wobei lang unterdrückte Gefühle endlich an eine Adresse geäußert werden konnten, wo sie immer eine unmittelbare Wirkung zeigten.

Aber war dies der richtige Ort? Bei meinen Begegnungen mit Gottfried wollte ich ihm oft sagen, nein, ihn anbrüllen: »Weißt du eigentlich, was die Generation deiner Eltern und Großeltern der meinigen angetan hat? Ist dir klar, dass ich eine Familie verloren habe, eine Zivilisation, eine Kultur und eine Sprache, und dass Deutsche und Deutschland die Ursache für diese Verluste waren?«

Ich musste ihm diese Worte nicht entgegenschleudern. Gottfried verstand sie vielleicht besser als ich selbst. Er verstand sie vor dem Hintergrund seiner eigenen Familiengeschichte und der »Verschwörung des Schweigens« der deutschen Welt, in die er 1947 hineingeboren wurde.

Es war schwierig und mühsam, mit einem Sohn in Dialog zu treten, der seine Familie und sein Land so ablehnte und hasste. Während der Zeiten, die wir – sowohl formell als auch informell – miteinander verbrachten, war ich schockiert und erschüttert zu erkennen, wie tief Gottfrieds Feindseligkeit gegenüber seiner Familie, v. a. gegenüber seinem Vater, ging. Ich konnte mich in eine solche familiäre Beziehung nicht hineinversetzen und hatte Angst, Gottfrieds verzehrender Hass könnte den Weg zu einem sinnvollen Dialog blockieren.

Nun, Gottfried war nicht allein in seinem Hass. In immer mehr Dialoggruppen von Angehörigen der Zweiten Generation in Deutschland wurde die Feindseligkeit gegenüber der Ersten Generation deutlich und überstieg oft das Verständnis der Söhne und Töchter von Holocaust-Überlebenden.[45]

Trotz dieser tiefen Kluft zwischen den Dialoggruppen unternahm man große Anstrengungen, sinnvolle Begegnungen zwischen den Post-Holocaust-Generationen zu entwickeln.[46] Es gibt ein Gefühl der »empfindsam-mitfühlenden« Kameradschaft unter vielen Gruppen, ein Dialog, der in Tränen und Umarmungen der Vergebung endete.[47] Aber wir brauchen mehr.

Deutsche und Juden der Nach-Holocaustzeit treten allmählich aus den Schatten heraus, die das Leben beider Gruppen verdunkelt haben. Bei Begegnungen überall in Amerika, in Israel und Europa setzen sich immer mehr von uns zusammen und stellen sich die Frage: Was ist es, das uns so lange getrennt hat, und was könnte uns letztlich zusammenbringen?

Allerdings war keine Begegnung wie die unsere. Niemand sonst unter den Deutschen und Juden des Post-Holocaust hat sich selbst und den anderen so viel im Hinblick auf die Familie und die nationale Geschichte gefragt.

Wir sind vom Gesichtspunkt der Geschichte, der Familiengeschichte, der Philosophie und der Religion an die Beziehung zwischen Deutschen, Österreichern und Juden herangegangen. Wir haben diese Begegnung von der Zeit der jüdischen Emanzipation in Deutschland bis zur Gegenwart untersucht und sind zu dem Schluss gekommen, dass die Deutschen der Ersten Generation tatsächlich für eine erste und eine zweite Schuld verantwortlich sind.[48] Deutsche und Juden könnten, wenn sie nicht zu einer echten Begegnung finden, für eine dritte Schuld verantwortlich werden, nämlich die Unfähigkeit, aus den bequemen Ghettos von Furcht, Misstrauen, Hass und Feindseligkeit, die wir seit 1945 errichtet haben, herauszutreten.

Aber dieses Ziel liegt noch in ferner Zukunft. In der Zwischenzeit müssen die Deutschen noch sich selbst und ihrer jeweiligen Familiengeschichte ins Auge sehen, bevor sie den Söhnen und Töchtern von Überlebenden ins Auge sehen können. Gottfried hat dies bereits getan und ein Buch über diese Begegnung geschrieben.[49] Ihm fiel es auch leichter, seine Generation der Deutschen aus Entfernung anzuschauen, glücklich in seiner gar nicht mehr so neuen italienischen Umgebung, sich aber auch bewusst, dass er nicht mehr nach Hause gehen kann – dass Deutschland für ihn nie mehr Heimat sein kann.

Meine eigene Zweite Generation der Söhne und Töchter von Überlebenden hat seit unseren ersten vagen Ahnungen, wer wir sind, einen weiten Weg zurückgelegt. Wir sind von der Couch des Therapeuten aufgestanden, haben uns lange umgesehen und uns bemüht, für uns in unserer Lebensmitte einen Platz zu definieren, der nicht mehr länger jener der »Kinder von Überlebenden« ist.

Wir unterhalten uns miteinander über Internet, entdecken erneut unsere Anfänge in den DP-Lagern Deutschlands, Österreichs und Italiens sowie in den Arbeitslagern Sibiriens und Zentralasiens[50] und sorgen uns um eine Welt ohne die moralische Autorität unserer Eltern.

Die amerikanischen Juden der Zweiten Generation nehmen eine Vorreiterrolle ein. Die Zweite Generation in Israel, einst skeptisch gegenüber unseren Zielen und Vorstellungen, steht jetzt voll auf unserer Seite. Sie haben erkannt, wie ähnlich in der Haltung, wenn nicht im Verhalten die destruktive Reaktion der einheimischen Israelis gegenüber den Überlebenden war, die 1948 ins Land kamen, um einen jüdischen Staat zu errichten.[51]

Allmählich tritt auch die Zweite Generation in Europa in Erscheinung und stellt interessante Fragen, wie kürzlich auf einer Konferenz über die Zweite Generation in Holland deutlich wurde: »Sind wir die zweite Generation von ›Kriegsopfern‹?« »Ist es ein Segen oder ein Fluch, als Jude nach dem Zweiten Weltkrieg geboren worden zu sein?« »Wie gehen wir mit der Tatsache um, dass wir beides sind, sowohl Zweite Generation als auch Juden?« und schließlich: »Unterscheiden sich die Niederländer in dieser Hinsicht von den Israelis, von den übrigen Europäern und den Amerikanern?«

Wir werden also, wie unsere deutschen Freunde in der gleichen Situation, weiter nach Selbstdefinitionen suchen; wie dies auch Gottfried und ich tun.

Die Last der »anderen«

Als Sohn von Holocaust-Überlebenden, der nicht so richtig in das amerikanisch-jüdische Leben und die Gesellschaft passte, und als »schwarzes Schaf« einer Familie, die der deutschen gesellschaftlichen und kulturellen Elite angehörte, haben wir mit Begeisterung die Rolle erkannt und übernommen, in unseren jeweiligen Gesellschaften »anders« zu sein. Wir haben die Last unseres Erbes akzeptiert und sie hat uns andere Wege gehen lassen als viele unserer Zeitgenossen. Vielleicht sehen wir die hässlichere Seite des Mensch-Seins etwas bereitwilliger, verstehen die Zerbrechlichkeit heiliger Ikonen der Gesellschaft, die angesichts eines überwältigenden Bösen zerbrechen können, um sich selbst zu retten oder um von der Situation zu profitieren.

Teil dieser Minderheit zu sein, lässt uns die Not anderer Minderheiten verstehen, ihre Schreie nach Mitleid und Gerechtigkeit zu hören. Und so halten wir beide es für notwendig, zu verstehen, was der Holocaust uns Angehörigen der Zweiten Generation sowohl der Deutschen als auch der Juden angetan hat und welche Auswirkungen dies auf die dritte und nachfolgende Generationen haben wird; eine Frage, mit der wir uns im nächsten Kapitel beschäftigen wollen. Unser beider Anliegen ist es, das Schweigen zu brechen, das über fünf Jahrzehnte Teil der Begegnung Deutschlands mit sich selbst war.

Und wir müssen erreichen, dass jede/r in diesem deutsch/österreichisch-jüdischen Dialog sich der Frage stellt: Verstehen die heutigen Deutschen oder Österreicher, was sie getan haben? Es wurde nicht von einer kleinen Gruppe von Fanatikern »im Namen des [groß]deutschen Volkes« begangen, ein Satz, der das Gewissen von Millionen von Mitläufern erleichtert hat, sondern von gewöhnlichen Männern und Frauen an der Front und in den Ghettos und Lagern, die sich aus Freude oder Überzeugung der Ermordung von Millionen anschlossen.

Was Gottfried und ich darunter verstehen, einer Minderheit anzugehören, ist die Tatsache, dass die meisten Deutschen und Juden eine gewisse Ebene in der Konfrontation, im Dialog zwischen Deutschen, Österreichern und Juden nicht überschreiten wollen. Über den Holocaust in Deutschland, Österreich und Amerika aufzuklären, Museen zu errichten, in denen dieser beschrieben wird – aber niemals sich als Deutscher und Jude hinzusetzen und zu sagen, was wir wirklich fühlen: den Schmerz, die Schuld, die Scham, den Zorn, die Verwirrung. Und wir beide wollen wissen: Warum?

Was die erste Generation von Juden und Deutschen – abgesehen davon, dass sie nur allzu gut um die Richtigkeit von Paul Celans unvergessenem Satz »Der Tod ist ein Meister aus Deutschland« wussten – verband, war Schweigen. Für viele deutsche Eltern der ersten Generation war es das Schweigen des Selbstschutzes vor der Anklage der Verbrechen gegen die Menschlichkeit – als Täter oder als Zuschauer.

Diese Last des Schweigens ist es, die viele von uns als Angehörige der Zweiten Generation von Deutschen und Juden teilen. Aus dem Bedürfnis, unsere Eltern, die den Holocaust überlebt haben, zu schützen, haben wir dieses Schweigen bis lang in unser Erwachsenenleben hinein bewahrt – bis unsere Eltern das Bedürfnis empfanden, Zeugnis abzulegen, bevor ihre Stimmen für immer verstummen würden.

Aber viele Deutsche der zweiten Generation haben nie verstanden, was das Schweigen ihrer Eltern bedeutet hat. Ihre Politiker, ihre Lehrer, selbst ihre Studentenhelden vom linken Flügel erwähnten das Unnennbare nicht, diskutierten nicht die Schwere der Verbrechen Deutschlands gegen die Menschlichkeit.

Dieses Schweigen trieb uns sozusagen einander in die Arme. Und vielleicht war dieser Dialog mit denen, die es wagten, sich mit ihnen als Juden und Söhne und Töchter von Holocaust-Überlebenden zusammenzusetzen, wie ein läuterndes Bad für viele junge Deutsche und Österreicher. Die Ergebnisse dieser frühen Dialoge waren Misstrauen, dann Erkennen, dann die emotionale Katharsis und eine gewisse intensive Vereinigung der Seelen. Und die meisten dieser Dialoge erfolgten nicht auf österreichischem oder deutschem Boden, sondern vor allem in den Vereinigten Staaten.

In den 15 Jahren, in denen Gottfried und ich nun unsere Dialoggruppe führen, haben wir zu hunderten und aberhunderten von Menschen gesprochen. Viele waren Deutsche, Österreicher und Juden, einige Angehörige der Zweiten Generation. Aber nicht alle. Und von diesen Nicht-Deutschen und Juden kam eine Welle der Unterstützung für das, was wir tun.

Nicht-Deutsche, Österreicher und Juden haben uns ihrer begeisterten Zustimmung zu unseren Ziele versichert, wollten an unserer umfassenderen Vision Anteil nehmen, obwohl wir uns vorwiegend auf die Beziehung zwischen Deutschen und Juden und in etwas geringerem Maße zwischen Österreichern und Juden der Nach-Holocaustzeit konzentriert haben.

Dieses Bedürfnis der Amerikaner, sich an unseren Bemühungen zu beteiligen, die Mauer des Hasses, der Scham, der Schuld und der Furcht niederzureißen, die die meisten Deutschen und Juden voneinander trennte, resultiert aus ihrem Bedürfnis, einen Weg zu finden, das Gedächtnis an den Holocaust als Teil ihrer amerikanischen Zukunft zu sehen.

Warum scheint dieses Bedürfnis nach »Erinnerung« im politischen und zivilen Leben nicht nur in Amerika, sondern in vielen Teilen der Welt nun eine größere Rolle zu spielen? Vielleicht hat uns die negative Seite der westlichen Kultur mit ihrer keineswegs positiven Geschichte im Hinblick auf andere Kulturen in unserer postmodernen, posthistorischen Welt in düstere Stimmung und Erschöpfung versetzt. In dieser Erschöpfung müssen wir etwas in unserer Geschichte finden, das sich zu retten lohnt.

Einige sehen im Holocaust ein Instrument zur Vermittlung der anerkannten Werte der amerikanischen Gesellschaft. Diese »Amerikanisierung des Holocaust« stieß auf die Kritik europäischer Beobachter, die das Phänomen im besten Fall als eine »amerikanische Disneyland-Version« eines nicht-amerikanischen Ereignisses und im schlimmsten Fall als neues Instrument der amerikanischen Außenpolitik sehen, mit dem Amerika eine neue Ebene der Moral erreicht, und jedes Volk, das sich nicht um eine Erziehung aus dem Holocaust heraus bemüht, verliert seinen Status als »*most favored nation*« und gilt als antidemokratisch und unamerikanisch.

Ein solcher Zynismus überrascht mich nicht, wenn er von jenem Kontinent kommt, der zwei Weltkriege vom Zaun gebrochen und den Holocaust hervorgebracht hat. Vielleicht sprechen Deutsche, Österreicher und Juden deshalb im Schatten des so genannten amerikanischen Jahrhunderts, das für viele die Richtung des vergangenen 20. Jahrhunderts bestimmt hat, am besten miteinander. Nun, ich bin nicht sicher, dass viele den Zusammenhang zwischen den Folgen des Holocaust auf europäischem Boden und dem Verlust des Glaubens in die Zukunft sehen. Aber diesen Zusammenhang gibt es, denn einige verstehen, wie sehr die Ereignisse zwischen 1933 und 1945 unseren Glauben an den Fortschritt der Menschheit erschüttert haben.

Wenn Gottfried und ich versuchen, die Mauern unseres trennenden, aber auch verbindenden Erbes niederzureißen, die uns hindern, die Fragen von Stammesgefühl, Intoleranz, Ungerechtigkeit und Leid anzusprechen, so ist das eine Zukunftsvision, die ehemalige Opfer und Täter teilen. Da die Zahl jener, die sich als Opfer sehen, in unserer Welt steigt – Opfer der Tyrannei »toter, weißer europäischer Männer«, Opfer anhaltender ethnischer Unterdrückung, Opfer sexueller und geschlechtsbedingter Gewalt oder Opfer religiöser Gewalt –, muss die Ansicht, das Opfer und Täter alles durchbrechen können, was sie trennt, für alle, die leiden, und für alle, die für dieses Leid verantwortlich sind, Sinn und Bedeutung haben.

Aus unseren Begegnungen in Europa haben Gottfried und ich gelernt, dass man sich immer noch nur sehr zögerlich auf diesen Dialog einlässt und diesem die Kraft und der Erfolg wie im nordamerikanischen Umfeld fehlen. Vielleicht gilt für zu viele Juden in Deutschland und Österreich weiterhin die Maxime, dass man »im Haus des Henkers nicht von der Schlinge spricht«. Die Schatten dieser Schlinge liegen mit all ihrer Dunkelheit und Last noch immer über weiten Teilen des europäischen Kontinents.

Wir haben aber noch etwas gelernt. Es gibt jene wertvollen Menschen unter anderem etwa in London und Berlin, für welche die Entwicklung des »Neuen Europa« nicht eine Auflösung jener Fragen im Herzen des »Alten Europa« bedeutet, einschließlich der Last des Holocaust.

Was wir aus den Begegnungen mit Angehörigen der Sinti und Roma, die die Welt abfällig Zigeuner nennt, deren Eltern ebenfalls Gefangene in Auschwitz waren und die mit ihren Kindern nicht über ihr Leid gesprochen haben, und mit den Nachkommen holländischer Kollaborateure oder den Söhnen und Töchtern von deutschen Militärangehörigen, die holländische Frauen geschwängert und oft verlassen haben, noch bevor die Kinder überhaupt geboren waren, auch gelernt haben, ist, wie viel Leid im Dialog noch hochkommen und wie viele Tränen noch vergossen werden müssen.

Unser Dialog der Zweiten Generation ist ein sehr weites Feld, der mit Gruppen, von denen wir uns das vor zehn Jahren nicht einmal vorzustellen gewagt hätten, noch nicht aufgenommen wurde.

In all den Wochen, Tagen und Stunden unseres Dialogs habe ich mir immer überlegt, was Deutsche, Österreicher und Juden in den mehr als sechs Jahrzehnten seit Ende des Holocaust voneinander wollten. Wollen die Juden, dass die Deutschen und Österreicher auf die Knie sinken und sie um Verzeihung bitten? Wollen die Deutschen und Österreicher, dass die Juden ihnen endlich vergeben und so etwas wie Versöhnung verkünden? Was haben wir Deutschen, Österreicher und Juden der Nach-Holocaustzeit einander angetan, dass wir um Vergebung und Versöhnung bitten müssen? Warum treffen wir uns dann und sprechen miteinander?

Um der Wahrheit die Ehre zugeben, wird man als Mitglied einer deutsch-jüdischen oder österreichisch-jüdischen Dialoggruppe nicht gleich zu einem deutschen, österreichischen oder jüdischen Star.

Ich gehörte einige Jahre lang einer Internet-Diskussionsgruppe von Söhnen und Töchtern, Enkeln und Enkelinnen von Holocaust-Überlebenden an. Wir suchten nach einem Zweck für unsere Gruppe. Aber der Dialog zwischen Deutschen, Österreichern und Juden der Nach-Holocaustzeit, ein Thema, das ich immer wieder vorschlug, stieß weder auf überwältigende Zustimmung noch Begeisterung.

Wir Kinder von Überlebenden wissen nur allzu gut, dass die Last des Holocaust und sein Erbe bald – in meinem Fall schon jetzt – auf unseren Schultern liegen werden. Verstehen wir dieses Erbe und wissen wir damit umzugehen? Wer von uns, die wir uns den 60 nähern, vermag die Aufgabe fortzuführen, Zeugnis abzulegen, wenn auch nur aus zweiter Hand?

Was bringt eine solche Begegnung für Söhne und Töchter deutscher und österreichischer Täter oder Zuschauer? Schlafen sie besser? Verleiht es dem Einzelnen einen gewissen Opfer-Status, wenn man weiß, dass er oder sie Opfer einer nationalen Unterdrückung durch den Holocaust und die Haltung »gewöhnlicher Deutscher« war?

Wir haben eines der mörderischsten Jahrhunderte seit der Aufzeichnung der Geschichte hinter uns. Trotz aller Dialoge, Enthüllungen, Umarmungen und Tränen lässt sich die Frage nach der Zukunft der deutsch/österreichisch-jüdischen Begegnungen und des Dialogs der Nach-Holocaust-Generationen im 21. Jahrhundert nicht leicht beantworten.

Aber eines wissen wir mit Sicherheit, da Gottfried und ich in die Generation vorrücken, die nun die Verantwortung für die Erinnerung an den Holocaust und die Zeit danach trägt: Bis Deutsche, Österreicher und Juden nicht das volle Ausmaß ihrer menschlichen und moralischen Verluste erkannt haben, bis wir nicht alle in der Lage sind, uns mit den noch lebenden Eltern und Großeltern zusammenzusetzen und das Risiko einzugehen, das Schweigen der Ersten Generation von Deutschen, Österreichern und Juden zu brechen, und bis wir uns nicht überlegt haben, was mit den Ergebnissen unserer vielen Dialoge geschehen soll, so lange können und dürfen wir keine bessere Welt oder kein weniger mörderisches Jahrhundert erhoffen.

4. Holocaust, Völkermord und der Kampf der Kulturen (1992–2005)

Abraham J. Peck

Die Jahre 1992–2005 brachten viele Veränderungen in mein Leben und in das meiner Familie. 1993 wurde ich aufgefordert, anlässlich der Eröffnung des United States Holocaust Memorial Research Institute eine internationale Konferenz über die Holocaust-Forschung zu planen und zu veranstalten. Anlässlich des 50. Jahrestages des Endes des Zweiten Weltkrieges im Jahr 1995 reiste ich wieder nach Landsberg, um mit den Überlebenden der Lager in Kaufering/Landsberg zusammen zu sein. 1997 wurde ich zum Direktor des Holocaust-Museums in Houston ernannt, damals dem drittgrößten Holocaust-Museum in Amerika.

1999 wechselte ich zur American Jewish Historical Society in New York, die zu einer Reihe von Einrichtungen über jüdische Geschichte zählt und am Center for Jewish History angesiedelt ist. 2001 ging ich an die University of Southern Maine nach Portland, wo ich den Academic Council for Post-Holocaust Christian, Jewish and Islamic Studies leitete. Dies gab mir die Möglichkeit, mit Gottfried an der Umsetzung unserer Vision zu arbeiten, die Welt zu »reparieren«, nicht nur durch den deutsch/österreichisch-jüdischen Dialog, sondern auch durch den Dialog zwischen Juden, Christen und Moslems, den Kindern Abrahams, die sich in einem interreligiösen Konflikt befanden und befinden, welcher der Welt noch größeren Schaden zuzufügen droht, als ihr bereits angetan wurde.

Anfang der 1990er-Jahre hatten sich meine wissenschaftlichen und beruflichen Interessen mehr und mehr auf den Holocaust konzentriert. Knapp sieben Jahre, von 1987 bis 1993, war ich als Berater mehrerer Direktoren des »United States Holocaust Memorial Council, Museum and Research Institute« tätig. Ich wurde auch zum Stellvertretenden Vorsitzenden des »Committee on Archives and Library« des Museums bestellt und hatte als solcher die fast entmutigende Aufgabe, den Aufbau eines Archivs und einer Bibliothek von Weltrang über den Holocaust zu planen und dann in die Tat umzusetzen. Schließlich wurde ich zum Vizepräsidenten der »Association of Holocaust Organizations« (Verband der Holocaust-Organisationen) ernannt, einer Organisation, die Dutzende von Holocaust-Museen und -Zentren in der ganzen Welt vertritt.

Das »United States Holocaust Memorial Museum« trat an mich heran, eine internationale Konferenz über den Stand der Holocaust-Forschung seit 1945 zu organisieren. Fast zwei Jahre lang arbeitete ich mit dem Museum an der Vorbereitung dieser Konferenz, mit der gleichzeitig auch das Holocaust Forschungsinstitut des Museums eröffnet werden sollte.

Mehr als hundert Wissenschaftler aus fünf Kontinenten nahmen schließlich an der Konferenz teil, die im Dezember 1993 stattfand. Auf ihr wurden viele Themen behandelt; man beschäftigte sich mit den Tätern, Opfern und Mitläufern des Holocaust, aber auch mit Fragen wie der Rettung oder des Widerstands. Man befasste sich mit allen Phasen des Holocaust, von der Definition bis zur Enteignung, der Ghettoisierung, der Deportation und den Todeslagern. Weitere Themen waren die Befreiung und die DP-Lager, die Bemühungen der Überlebenden, sich nach dem Krieg wieder ein neues Leben aufzubauen, und auch die Rolle des Holocaust in der zeitgenössischen Kultur in Israel, Deutschland und den Vereinigten Staaten.

Der Band mit den Beiträgen, den ich gemeinsam mit meinem Freund und Kollegen Michael Berenbaum herausbrachte – ein Werk mit über 800 Seiten –, gilt als eine der wichtigsten seit 1945 veröffentlichten Sammlungen über den Holocaust.[52]

1995 beging die Welt den 50. Jahrestag des Endes des Zweiten Weltkriegs und des Holocaust. Das Jahr war spannend und arbeitsreich für mich.

Auf Einladung von Bürgermeister Franz Xaver Rößle fuhr ich wieder einmal nach Landsberg, um an den Gedenkfeierlichkeiten anlässlich des 50. Jahrestages der Befreiung der Konzentrationslager von Kaufering/Landsberg teilzunehmen. Ich kam wieder mit Oberst Irving Heymont und Anton Posset zusammen und traf auch eine Gruppe von Überlebenden dieser Lager, die aus den USA, Israel und mehreren europäischen Ländern angereist waren, um an einer Reihe von Veranstaltungen teilzunehmen, die von Kaufering und Landsberg geplant worden waren.

Zu den beeindruckendsten Überlebenden zählten Uri Chanoch, Vorsitzender der israelischen Gruppe der Überlebenden von Kaufering/Landsberg; Solly Ganor, ein weiterer Überlebender aus Israel und bekannter Schriftsteller; Mark Weinberg aus Chicago, Betreuer der Boxer-Mannschaft des DP-Lagers Landsberg; Bernard Marks, einer der jüngsten Überlebenden; und Harry Guterman, den ich nur wenige Monate zuvor in seiner Wahlheimatstadt Tulsa, Oklahoma, kennen gelernt hatte, als Gottfried und ich dort einen Vortrag auf einer Konferenz hielten. Harry und seine verstorbene Frau Ursula waren großzügige, wunderbare Gastgeber. Sowohl Gottfried als auch ich sollten eine herzliche Freundschaft mit Harry unterhalten. Harry stammte aus der polnischen Stadt Konstantynów in der Nähe von Lodz und war zur gleichen Zeit wie meine Eltern im Ghetto von Lodz. Einige Jahre nach Ursulas Tod heiratete Harry ein zweites Mal. Seine zweite Gattin – aus Israel – ist eine bemerkenswerte Frau, die er bereits im Ghetto von Lodz kennen gelernt hatte. Sie heißt Frania und war zur selben Zeit wie meine Mutter seligen Andenkens in Stutthof und Dresden.

Der unvergesslichste unter den Überlebenden aber war Pfarrer Fritz Schaffranek, der nach seiner Befreiung aus Kaufering zum Christentum übergetreten und evangelischer Pastor geworden war. Als wir in Erinnerungen schwelgten, gestand er mir, dass er noch heute gern »ein gutes Stück Kugel« aß, eine osteuropäische jüdische Spezialität. Pastor Schaffranek befand sich in der unangenehmen Lage, sich die antijüdischen Bemerkungen seiner Glaubensbrüder anhören zu müssen, die nichts von seinem jüdischen Erbe wussten.

Anfang 1995 erhielt ich eine Einladung von einem Kollegen und ehemaligen wissenschaftlichen Mitarbeiter des »American Jewish Archives«, dem österreichischen Historiker Thomas Albrich, die mich sehr freute. Thomas zählte zu den ersten Wissenschaftlern, der sich in Österreich mit der Geschichte der Holocaust-Überlebenden beschäftigten.[53] Als Professor am Institut für Zeitgeschichte der Universität Innsbruck wollte er seinen Studenten die Möglichkeit bieten, Einblick in die amerikanisch-jüdischen Erfahrungen zu gewinnen und mit einem Angehörigen der zweiten Generation in Amerika sprechen zu können. Die Einladung fiel zeitlich mit dem 50. Jahrestag des Endes des Zweiten Weltkriegs zusammen.

Albrich hatte die Unterstützung des langjährigen Institutsdirektors Professor Rolf Steininger. Ich wurde als Gastprofessor für eine Blockvorlesung über die amerikanisch-jüdische Geschichte und den Holocaust eingeladen.

Auch wenn Innsbruck, vor allem seine Altstadt, wunderschön war und die österreichischen Alpen rund um die Stadt mit ihren schneebedeckten Gipfeln mir fast den Atem raubten, wenn ich aus meinem Bürofenster hinaussah, hatte Österreich damals weder bei den Juden noch international ein besonders gutes Image. Im Unterschied zu Deutschland hatte Österreich nicht einmal öffentliche Bemühungen unternommen, sich dem Holocaust zu stellen. Es hielt sich an den von den Alliierten schon 1943 in der so genannten Moskauer Deklaration begründeten Mythos – der den Österreichern sehr gelegen kam –, demzufolge das Land das »erste Opfer« Nazi-Deutschlands gewesen sei. Knapp zehn Jahre zuvor war der ehemalige Generalsekretär der Vereinten Nationen Kurt Waldheim zum österreichischen Präsidenten gewählt worden, obwohl es Enthüllungen gab, dass in seine Dienstzeit bei der Wehrmacht in Jugoslawien im Zweiten Weltkriegs auch Massaker an der Zivilbevölkerung und Deportationen von Juden in Todeslager in Polen gefallen sein könnten. Seine Wahl hatte einen internationalen Aufschrei, die Ächtung und ein Wortgefecht zwischen Österreich und dem Jüdischen Weltkongress, der von vielen Österreichern als Zentrum einer internationalen »jüdischen Verschwörung« gesehen wurde, ausgelöst.

1995 war auch das Jahr, in dem Jörg Haider, Vorsitzender der Freiheitlichen Partei Österreichs – einer Partei, die für die »Freiheit« des Landes von Juden, Sintis und Roma und allen ausländischen Einwanderern und Balkan-Flüchtlingen eintritt –, ehemalige SS-Offiziere als »anständige Männer mit Charakter« bezeichnete, die Kriminelle in »Straflager« schickten.

Die Studenten jedoch hielt ich für eine Elitegruppe, die an einem Institut studierten, das für seine Forschungsarbeiten über die Not der Juden in Tirol und den Antisemitismus in der Nazizeit bekannt war und an dem fortschrittliche Wissenschaftler wie Thomas Albrich und Rolf Steininger arbeiteten.

Gründlicher hätte ich mich nicht irren können. Die etwa 20 Studenten meines Kurses, die meisten zwischen 20 und 24 Jahren, interessierten sich für meine Vorlesung über die unterschiedlichen Gruppen europäischer Juden, die ihrerseits die größte Gruppe jüdischer Einwanderer in Amerika darstellten. Sie schienen stolz darauf, dass August Bondi, ein österreichischer jüdischer Immigrant, sich dem berühmten John Brown in dessen Kampf gegen die Sklaverei angeschlossen hatte. Weniger beeindruckt waren sie von meiner Vorlesung über die jüdische Einwanderung aus Osteuropa zwischen den 1880er- und frühen 1920er-Jahren. »Wir wissen alles über die galizischen Juden mit ihrem *Zöpferl* und ihrem *Käppi*«, sagte mir eine Studentin. »Sind Sie je einem begegnet?«, fragte ich sie. Sie verneinte, sagte aber: »Vor dem Krieg gab es viele in Österreich.«

Meine Vorlesung über Amerika und den Holocaust wurde nun ergänzt durch einen entsprechenden Exkurs über die Einstellung sowohl der Deutschen als auch der Österreicher zu ihren kleinen jüdischen Gemeinden nach 1945, die vorwiegend aus osteuropäischen jüdischen Überlebenden bestanden. Meinungsumfragen in beiden Ländern zeigten, dass die Einstellung diesen Juden gegenüber von offener Feindseligkeit (sie hätten Privilegien, die den nicht-jüdischen Deutschen und Österreichern versagt seien) bis zu der Ansicht reichte, Juden seien »Schwarzmarkthändler« und würden Geschlechtskrankheiten verbreiten.

Dank des Mythos vom »ersten Opfer« musste Österreich anders als Deutschland seine Haltung gegenüber seiner jüdischen Gemeinde nicht ändern, um wieder unter die »zivilisierten« Nationen aufgenommen zu werden.

Ich sprach in aller Deutlichkeit davon, dass die Fakten diese Ansicht vom »ersten Opfer« Lügen straften. »Was wissen Sie von Karl Lueger (1844–1910), dem – wenn auch gemäßigten – antisemitischen Bürgermeister von Wien Ende des 19. Jahrhunderts?«, fragte ich sie. »Was wissen Sie von Georg von Schoenerer (1842–1921), dem österreichischen Politiker des 19. Jahrhunderts, der ein früher Vertreter des rassischen Antisemitismus und Pangermanismus war? Haben Sie je Hugo Bettauers futuristischen satirischen Roman *Die Stadt ohne Juden. Ein Roman von Übermorgen*, geschrieben 1922, gelesen, in dem er den Holocaust mit seiner Schilderung andeutete, dass in Wien ein Gesetz verabschiedet wurde, demzufolge es jedem Juden verboten war, in der Stadt zu wohnen?« Bettauer, ein protestantischer Christ, schrieb das Buch als eine Art Science-Fiction-Geschichte und machte sich über den Antisemitismus lustig. Drei Jahre später, 1925, wurde

Bettauer erschossen, ermordet von einem selbst ernannten »Arier«, der in Bettauer und seinem Werk eine Bedrohung für die deutsche Kultur sah.

»Ist Bettauers Fantasie nicht beinahe Realität geworden?«, fragte ich sie. Vor dem Krieg gab es zu den besten Zeiten mehr als 200.000 jüdische Bewohner in Wien, heute sind es weniger als 10.000.

Schließlich sprach ich von der langen Liste »illustrer« Österreicher, die einen hohen Prozentsatz der abscheulichsten Nazi-Verbrecher stellten: Neben Adolf Hitler waren das Adolf Eichmann, verantwortlich für die Deportationen von Juden aus dem Deutschen Reich und dem überwiegenden Teil des besetzten Europa; Odilo Globocnik, Gauleiter von Wien, der die Todeslager in Polen beaufsichtigte; Ernst Kaltenbrunner, der dem ermordeten Reinhard Heydrich als Leiter des RSHA (Reichssicherheitshauptamt) folgte, das für den bürokratischen Teil der »Endlösung« zuständig war; und Arthur Seyß-Inquart, Reichskommissar für die besetzten Niederlande, der für die Deportation holländischer Juden verantwortlich war. Darüber hinaus, so fuhr ich fort, waren mindestens 40 Prozent des Personals und die meisten Kommandanten der Todeslager in Belzec, Sobibor und Treblinka sowie 80 Prozent des Stabes von Adolf Eichmann Österreicher.

Liest sich so die Geschichte des »ersten Opfers« des Nationalsozialismus? Einige Studenten waren meiner Ansicht, viele andere aber blieben bei ihrer Meinung, dass selbst wenn die Statistiken stimmten (einige seien jedoch, wie sie behaupteten, von Simon Wiesenthal, dem in Wien ansässigen Nazijäger, »gefälscht«), würde allein die Tatsache, dass ein Jude – Bruno Kreisky – 1970 zum Bundeskanzler gewählt worden sei, zeigen, dass der Antisemitismus im heutigen Österreich keine Rolle spielte. Was man, so meinten sie, von den *Piefkes*, wie sie die Deutschen abfällig nannten, nicht sagen könne.

Ich war so verärgert, dass ich nicht erwähnte, dass Bruno Kreisky seinen jüdischen Hintergrund immer abgeschwächt und den österreichischen Antisemitismus heruntergespielt hatte. Er war ein fanatischer Antizionist und hatte mehrere ehemalige Nationalsozialisten in sein Regierungskabinett berufen.

Die Studenten entgegneten mir, dass Amerika nach 1945 viel mehr Nazis ins Land gelassen, als Kreisky in sein Kabinett berufen habe.

Ich versuchte das Interesse der Studenten dann auf die Frage der Familiengeschichte zu lenken, indem ich ihnen deutlich zu machen versuchte, wie wichtig es für ihre Generation sei, ihre Eltern und Großeltern über die Nazizeit zu befragen, und von meinem Dialog mit Gottfried erzählte.

»Viele von uns haben zumindest ihre Eltern danach gefragt«, sagten sie. »Unsere Großeltern sind zu alt, die können wir mit solchen Fragen nicht verletzen.«

Was bedeutete dies für den Dialog zwischen den Juden und Österreichern der Zweiten Generation?

Im Unterschied zur Zweiten und Dritten Generation in Deutschland, die für sich eine neue Richtung als »Gesellschaft von Opfern« geschaffen zu haben schienen, indem sie ihr Selbstverständnis als Täter-Gesellschaft entweder ablegten oder ins rechte Lot zu rücken suchten, nahm ich an, dass sich die Österreicher zumindest in den späten 1980er-Jahren vom Mythos abwandten, das »erste Opfer« gewesen zu sein, und begannen, ihre Rolle als eine Gesellschaft zu akzeptieren, die an den ungeheuren Ausschreitungen des Antisemitismus während des Reichspogroms am 9. und 10. November und der nahezu gänzlichen Zerstörung jüdischen Lebens in Europa mitgewirkt hatte.

Aber hatten die Österreicher nach mehr als vier Jahrzehnten wirklich aufgehört, eine Lüge zu leben, die Wahrheit zu verdrängen, zu unterdrücken? Würden sie dazu fähig sein, die Generationen von Österreichern und deren Regierungen zu »betrauern«, die unter dieser Lüge zu Ansehen gekommen waren und dabei die legitimen Forderungen ihrer Opfer – ob Juden, Sinti oder Roma – leugneten, während sie gleichzeitig tausenden »kleinen« und »großen« Nazis nach 1945 das Recht der Rückkehr zu einem produktiven und friedvollen Leben einräumten?

Wie könnten unsere beiden Zweiten Generationen zu einem gemeinsamen Verständnis gelangen, was von Österreichern und Juden verstanden werden musste?

Meine Zeit in Innsbruck war sehr aufschlussreich. Mir wurde klar, dass Gottfried und ich mit der Post-Holocaust-Dialog-Gruppe etwas Besonders geschaffen hatten, das eindeutig eine Minderheit unter Minderheiten war. Die Erinnerung an den Holocaust war immer noch ein Schlachtfeld, auf dem noch viele unentschlossen waren, wie sie reagieren sollten: War es sinnvoll, dass Deutsche und Österreicher Diskussionen fortsetzten – die eigentlich schon am Tag nach dem Ende des Zweiten Weltkriegs hätten beginnen sollen – über die Rolle der Nazi-Täter und der Millionen von Mitläufern, die insofern zur »Endlösung« beitrugen, als sie nichts unternahmen, um so von der Ermordung von Millionen zu profitieren? Welche der Generationen nach 1945 war am besten geeignet, einen echten Dialog zwischen Deutschen, Österreichern und Juden in Gang zu setzen? Wie gedachte man auf individueller und kollektiver Ebene des Holocaust und was wurde damit bezweckt?

Holocaust und Völkermord

Ende 1996 erhielt ich einen Anruf von einem internationalen Headhunter-Unternehmen, man fragte an, ob ich Interesse daran hätte, Direktor eines neuen Holocaust-Museums in Houston, Texas, zu werden. Das neu errichtete Museum, damals das drittgrößte Holocaust-Museum in den Vereinigten Staaten nach Washington, DC, und Los

Angeles, befand sich in einer Viermillionenstadt, die eine jüdische Bevölkerung von über 50.000 Einwohnern aufwies; darunter etwa 400 Holocaust-Überlebende.

Damit begann eine Reihe von Besuchen in Houston, um die Örtlichkeiten anzusehen und mit dem großen Vorstand von mehr als 60 Direktoren zusammenzutreffen. Anfang 1997 entschloss ich mich, den Posten des geschäftsführenden Direktors des Holocaust-Museums Houston anzunehmen.

In einem Brief an die Holocaust-Überlebenden in Houston schrieb ich: »Als Ihre Väter und Mütter, Brüder und Schwestern, Ihre Söhne und Töchter Sie in den letzten Augenblicken ihres Lebens beschworen haben zu überleben, um der Welt zu erzählen, was ihnen angetan wurde, haben Sie einen Eid abgelegt. Nun haben Sie die Zweite Generation gebeten, diesen Eid zu wiederholen, es nie müde zu werden, der Welt zu erzählen, was Sie erlitten haben, wovon Sie Zeuge wurden – den Zusammenbruch unserer Zivilisation. In meiner Eigenschaft als geschäftsführender Direktor [...], in meiner Eigenschaft als Sohn Überlebender, lassen Sie mich sagen: Ich übernehme diese überaus große Verantwortung. Dieses Museum wird die Geschichte der wenigen bezeugen, die Sie gerettet haben, und es wird die Geschichte jener erzählen, die versucht haben Sie zu vernichten, bzw. jener, die daneben standen und nichts taten.«[54]

Ich war 1997 und 1998 geschäftsführender Direktor des Holocaust-Museums in Houston. In dieser Zeit ist mir immer mehr bewusst geworden, dass wir, wenn der Holocaust über die jüdische Gemeinde hinaus Bedeutung haben und der Welt seine Lehren vermitteln soll, unsere Erkenntnisse über die Genozid-Gesellschaft, das Opfer, den Mitläufer und den Täter auf andere Ereignisse im 20. Jahrhundert mit Wendepunkt-Charakter übertragen müssen.

Ich war zunehmend überzeugt, dass es die jüdische Opferrolle war, die das Judentum dazu veranlasst hat, an der Vorstellung festzuhalten, die Welt würde durch unsere Tragödien etwas über die *condition humaine* lernen. Vielleicht war das die Rolle, die uns in einem großen, kosmischen Zusammenhang zugedacht war.

Vier Ereignisse aus diesen Jahren kommen mir in den Sinn, die meine diesbezüglichen Überlegungen vertieft haben.

Das erste war meine Begegnung mit Peter Balakian, einem Englisch-Professor an der Colgate University in New York, dessen Erinnerungen *Black Dog of Fate: An American Son Uncovers His Armenian Past*[55] mir zeigten, dass auch die Söhne und Töchter anderer Genozide durch die Kenntnis ihrer Familiengeschichte einen Identitätswandel erfahren können.

Ich lud Professor Balakian zu einem Vortrag ins Holocaust-Museum in Houston ein. Er hielt ihn in einem überfüllten Saal vor einem Publikum, das ausschließlich aus Holocaust-Überlebenden sowie Kindern und Enkeln von Überlebenden des armenischen Völkermords bestand; es war dies das erste Mal, dass diese Gemeinde mit der jüdischen Gemeinde in Houston für eine öffentliche Veranstaltung zusammenkam.

Das zweite Ereignis war der Besuch eines irakischen Kurden, eines Moslems, in meinem Büro, der mir Fotos von einem schrecklichen Ereignis zeigte, das in dem irakischen Ort Halabja stattgefunden hatte, wo durch einen von Saddam Hussein genehmigten Giftgaseinsatz im März 1988 am Ende des bitteren iranisch-irakischen Krieges ca. 5.000 irakisch-kurdische Dorfbewohner getötet wurden.

»Bitte, helfen Sie uns mit Ihrem Museum«, bat mich der kurdische Herr, »um allen in Houston und in der Welt von dem Völkermord-Krieg zu erzählen, den Saddam Hussein gegen die irakischen Kurden führt.«

Ich war schockiert über die Fotos ermordeter Männer, Frauen und Kinder, die mich so sehr an die während des Holocaust aufgenommenen Bilder erinnerten.

An einem wunderschönen Herbsttag pflanzten Mitglieder des Holocaust-Museums in Houston und der kurdischen Gemeinde in Houston auf dem Grundstück des Museums einen Baum mit einer Tafel, die der Opfer von Halabja gedachte.

Ein drittes Ereignis waren meine Bemühungen, einen polnisch-jüdischen Dialog zwischen Mitgliedern der polnischen katholischen Gemeinde und Holocaust-Überlebenden aus Polen in Gang zu setzen. Dieser Dialog war ein bitteres, schwieriges Unterfangen, wobei die völlig unterschiedlichen Ansichten der polnischen Christen und Juden über ihr Leid und ihre Erfahrungen im Holocaust zum Ausdruck kamen.

Geleitet wurde der Dialog vom katholischen Bischof von Houston-Galveston und zukünftigen Präsidenten der katholischen Bischofskonferenz der USA Joseph Fiorenza. In einer besonders schwierigen Phase des Dialogs, als beide Seiten sich gegenseitige Anschuldigungen entgegenschleuderten, ersuchte Bischof Fiorenza die Teilnehmer, sich zu beruhigen und ihm einen Augenblick zuzuhören. »Denken Sie daran, dass Katholiken und Juden fast 20 Jahrhunderte gebraucht haben, bis sie mit der Verkündigung der Erklärung *Nostra Aetate* während des Zweiten Vatikanischen Konzils unter Papst Johannes XXIII. zu einer neuen Beziehung kamen; Ihr Weg, da bin ich ganz sicher, wird viel kürzer sein.«

Und schließlich traten Vertreter der Zeugen Jehovas an mich heran und luden mich zu einer Konferenz in Brasilien über Juden und die Zeugen Jehovas während des Holocaust ein.

Mein Vater, seligen Gedenkens, hat mir erzählt, dass er in Buchenwald Leute mit einem violetten Dreieck gesehen hätte, aber nicht wusste, wer sie waren oder was das violette Dreieck bedeutete. Bei meinen Vorbereitungen für Vorträge in Rio de Janeiro und Sao Paulo, kam ich zu dem Schluss, dass Juden während des Holocaust keine Wahl hatten, sie waren unter allen Umständen zum Tod verurteilt. Die Zeugen Jehovas hingegen hatten eine Wahl. Sie konnten ein Formular unterzeichnen und sich von ihrem Glauben als Bibelforscher, dem deutschen Namen der Zeugen Jehovas, lossagen und konnten auf diese Weise dem Konzentrationslager entkommen. Kaum jemand tat dies und viele wurden durch Folter oder Enthauptung ermordet. Sie starben wirklich *al Kiddush haShem* (zur Heiligung des Namens Gottes), was bei den Juden nicht der Fall war, denn diese hatten keine Wahl.

Nachdem ich das Holocaust-Museum verlassen hatte, um Management- und Forschungsdirektor für die »American Jewish Historical Society« in New York zu werden, hatte ich im Jahr 2000 die Ehre, am 27. Januar, ein Datum, dass von vielen europäischen Nationen als Holocaust-Gedenktag begangen wird, an einer historischen Veranstaltung der Ludwig-Maximilians-Universität in München teilzunehmen.

Bei dieser Veranstaltung (»Begegnen, Gedenken, Nachdenken«), bei der ich einen Vortrag mit dem Titel »Eine echte Stunde Null? Deutsche und Juden auf der Suche nach neuen Anfängen« hielt, teilte ich das Podium mit Überlebenden der Sinti- und Roma, der Zeugen Jehovas und Zeitzeugen der Aktivitäten der Weißen Rose, einer Widerstandsbewegung an der Universität München.

Unser Gefühl, eine Schicksalsgemeinschaft zu sein, auch wenn wir unterschiedlichen Religionen angehörten und aus einem unterschiedlichen nationalen Hintergrund kamen, ließ mich die von den Nationalsozialisten geführten Kriege in einem neuen Licht sehen. Da gab es einen Krieg gegen die Juden, den die Nazis gewannen, wenn auch nicht tatsächlich, so doch was das Trauma und die Verluste betraf, die sie dem jüdischen Volk, den Überlebenden und den nachfolgenden Generationen zufügten. Aber die Nazis führten auch einen Krieg gegen menschliche Werte, und hier waren Homosexuelle, Zeugen Jehovas, Sinti und Roma, die Behinderten und die westliche Kultur als solche die Opfer.

Holocaust und der Kampf der Kulturen

1999 begann die Mutter meiner Frau an mehreren Krankheiten zu leiden, darunter an zunehmender Demenz. Wir fuhren fast jedes Wochenende von Westchester County, New York, wo wir wohnten, nach Portland, Maine, damit meine Frau bei ihrer Mutter sein konnte.

Gleichzeitig begann mich das tägliche Pendeln von zu Hause nach New York City, eine Fahrt von jeweils mehr als 90 Minuten, zu ermüden. Leute unter 50 nehmen dieses Pendeln einfach in Kauf, aber mit 53 wurde es mir allmählich zu mühsam.

Mehr als ein Jahr lang machten wir jedes Wochenende die 800-Kilometer-Rundreise, um meine Schwiegermutter zu besuchen, da sie immer gebrechlicher wurde.

Eines Tages sagte meine Frau zu mir: »30 Jahre lang wollte ich wieder nach Portland, Maine, zurückziehen. Für mich ist das der angenehmste Ort der Welt. Dort habe ich meine Mutter sowie meinen Bruder, meine Tante, meinen Onkel, meine Cousins. Mein anderer Bruder und meine Schwester leben nur zwei Fahrstunden entfernt. Das könnte unsere letzte Chance sein, nach Portland zu übersiedeln und eine neue Karriere anzufangen.« Sie hatte sicher ihren Preis gezahlt, als wir in den Städten lebten, wohin mein Berufsleben mich führte. Aber sie war keineswegs nur ein bloßes Anhängsel. Als sehr erfolgreiche Redakteurin, Lehrerin und Fernsehproduzentin hatte sie ein viel beachtetes Buch über die Geschichte von vier Holocaust-Überlebenden, von ihrer frühen Familiengeschichte bis zu ihrem Leid im Holocaust und schließlich ihrem Erfolg in Amerika als geachtete Ärzte, veröffentlicht.[56]

Ich mochte die Schönheit der Landschaft und das ruhige Leben in Maine. Aber würde ich mich, der ich an die besten Forschungseinrichtungen, internationale Reisen und die Annehmlichkeiten einer Großstadt gewöhnt war, in einem 65.000-Seelen-Ort einleben können?

Zögernd, aber in dem Wissen, wie sehr meine Frau Portland und Maine liebte, sagte ich, ich würde ihr bei der Umstellung auf ein neues Leben folgen. Ein Wechsel, so dachte ich, ist gut – zumeist.

Glücklicherweise waren wir im Sommer und zu Familienfesten über 30 Jahre immer wieder nach Portland gekommen. Wir hatten also ein Netzwerk von Familie und Freunden, und als sie hörten, dass wir beschlossen hatten, nach Portland zu ziehen, wurden sie aktiv.

Innerhalb weniger Wochen hatte ich ein Gespräch mit dem Präsidenten und dem Rektor der University of Southern Maine über die Möglichkeit, in irgendeiner Funktion an der Universität zu arbeiten.

Aber wo lagen meine Stärken, die es mir erlauben würden, mich einer akademischen Einrichtung mit mehr als 10.000 Studenten und drei Studienorten zu verkaufen?

Nach langwierigen Verhandlungen und dank der Vision und der Begeisterung von Richard Pattenaude, dem Präsidenten der Universität, und Joseph Wood, dem Rektor, unterbreitete man mir ein Angebot, das ich sofort annahm.

Ich sollte drei Funktionen an der University of Southern Maine übernehmen: als Leiter eines Instituts für, wie wir es nannten, »Post-Holocaust christliche, jüdische und islamische Studien«; ich sollte assoziierter Professor in der Fakultät für Geschichte werden; und ich sollte als Wissenschaftler vor Ort für die Judaica-Sammlung am Sampson Center for Diversity zuständig sein, ein Archiv und eine Forschungseinrichtung, die in der Glickman Bibliothek der Universität untergebracht waren.

Das war in vieler Hinsicht eine außerordentliche Gelegenheit. Ich würde mein Interesse am interreligiösen Dialog und Studium, mein wachsendes Interesse an dem umfassenderen Fragenkomplex des Völkermords und des Holocaust und meine 25-jährige Erfahrung in der Leitung großer Archive und Forschungseinrichtungen mit Schwerpunkt der amerikanisch-jüdischen Erfahrung einbringen können.

Ich kam im Januar 2001 an die University of Southern Maine. Auch meine Frau fand einen Posten an der Universität, wo sie Medienwissenschaft lehrte und die Praktika für Medienstudenten organisierte.

Umgehend bemühte ich mich, Kontakt mit den großen religiösen Organisationen in Portland aufzunehmen. Ich traf Tom Ewell, den langjährigen Leiter des Kirchenrates von Maine, einer Organisation, die sowohl die großen protestantischen Denominationen als auch die römisch-katholische Diözese von Portland vertrat.

Als ich Ewell meine Vorstellungen zu erläutern begann, sagte er mir: »15 Jahre lang habe ich auf jemanden mit Ihrer Erfahrung und Ihrer Vision gewartet. Nun sind Sie endlich hier!«

Auch die Jewish Community Alliance of Southern Maine, die Vertretung der jüdischen Gemeinden in diesem Gebiet, und das Holocaust and Human Rights Center of Maine, dessen geschäftsführender Direktor Sharon Nichols gemeinsam mit mir im Vorstand der Association of Holocaust Organizations gewesen war, traten an mich heran.

Beide Vereinigungen baten mich, dem jeweiligen Vorstand beizutreten, und ich nahm ihre Einladungen dankend an. Damit hatte ich eine gewaltige Verantwortung sowohl an der Universität als auch in weiteren Bereichen.

Aber ich konnte nicht ablehnen. Bei einer derartig eingeschränkten Zahl von Leuten (der ganze Staat hat kaum mehr als eine Million Einwohner) war jedes Talent gefragt und zu meinem Glück verfügten nur wenige andere in Portland über meine Erfahrung auf dem Gebiet des interreligiösen Dialogs, des Holocaust und Völkermords sowie bei der Leitung von Archiven.

Ich erhielt auch einen Anruf vom Leiter des Bangor Theological Seminary, einer Einrichtung, die mit der United Church of Christ in Verbindung steht, und eines der ältesten religiösen Seminare in Amerika ist, das bis auf das frühe 19. Jahrhundert zurückgeht: Ob ich Interesse hätte, an einer Diskussionsgruppe über die Stellung Jesu Christi in den christlich-jüdischen Beziehungen teilzunehmen.

Ich zögerte etwas. Der Platz Jesu im jüdischen Denken war immer ein schwieriger. Jesus ist der große Stolperstein in der Beziehung zwischen Judentum und Christentum. Juden waren die großen »Nein-Sager« zur Wahrheit Jesu als Messias, und das ist das jüdische Volk seit fast zweitausend Jahren teuer zu stehen gekommen.

Aber ich musste eine Arbeitsbeziehung zur christlichen Gemeinde in Portland aufbauen. Also sagte ich Dr. Andrew Grannell, dem Leiter der Niederlassung des Seminars in Portland, zu. Wir sollten noch an vielen Projekten gemeinsam arbeiten und seine Freundschaft und sein Rat wurden unschätzbar für mich.

Etwa zur selben Zeit lernte ich einen nigerianischen Moslem kennen. Er war Anwalt und studierte für seinen Master-Abschluss an der Muskie School of Public Service, einer der renommiertesten Einrichtungen der Universität.

Najim Animashaun war ein hervorragender Anwalt. Er hatte seine Ausbildung in England absolviert und war als Anwalt in Nigeria, England und den Vereinigten Staaten zugelassen; darüber hinaus war er überaus versiert in Geschichte und Praxis des Islam. Ich hielt ihn immer für einen *alim,* jemanden, der das Wissen und die Kompetenz hat, den Islam als Religion und Kultur zu vertreten.

Ich schlug Dr. Grannell vor, einen Moslem in unsere Gruppe aufzunehmen. Wie ich wollte sich auch Najim nicht auf die heikle Frage einer Jesus-Diskussion einlassen, obwohl Jesus im Islam als Prophet gilt und der heilige Koran seiner Mutter Maria ein ganzes Kapitel widmet. Wir sollten uns, so meinte er, darauf konzentrieren, was uns, die drei großen monotheistischen Religionen, als Kinder Abrahams verbindet.

Wir begannen mit unseren Treffen im März 2001. Am 11. September 2001 wurde die ganze Welt Zeuge der zerstörerischen Leidenschaften, die zur Tragödie der »Zwillingstürme« in New York, des Pentagon in Washington, DC, und auf einem Feld in Pennsylvania und dem Verlust von 3.000 unschuldigen Leben führte.

Obwohl die ganze Nation traumatisiert war, arbeitete Tom Ewell vom Kirchenrat Maine in seinem Büro. Er erhielt einen Anruf vom Büro des Gouverneurs von Maine, Angus King: Ob Tom, so fragte ein Mitarbeiter, eine Gruppe von Juden, Christen und Moslems zusammenbringen könnte, um in zwei Tagen im Blaine House, der offiziellen Residenz des Gouverneurs, an einer besonderen Feier teilzunehmen, um in diesen Tagen erhöhter religiöser Spannung das interreligiöse Verständnis zu fördern.

Als Tom mich anrief, sagte ich ihm zu, dass er mit dieser interreligiösen Gruppe rechnen könne. Ich rief die christlichen, jüdischen und moslemischen Mitglieder unserer Diskussionsgruppe an und wir einigten uns darauf, uns in Augusta, der Hauptstadt des Staates Maine, zu treffen.

Ich bot Najim an, ihn im Auto zu der Veranstaltung nach Augusta mitzunehmen. Als ich ihn am Morgen des Tages unserer Reise traf – er trug ein Rugby Shirt und eine Freizeithose –, vereinbarten wir, uns vor einem der Universitätsgebäude zu treffen.

Als ich ihn später abholte, trug er moslemische Gebetskleidung. Damals, zwei Tage nach den Flugzeugattentaten vom 11. September, war die nationale Feindseligkeit gegenüber der amerikanisch-moslemischen Gemeinde auf ein gefährliches Maß angewachsen. Es hatte bereits mehrere Zwischenfälle mit Bedrohungen, ja sogar physischer Gewalt gegen Moslems gegeben. Die Stadt Portland war schockiert, als man hörte, dass zwei der moslemischen Flugzeugentführer, darunter auch jener, der das erste Flugzeug in die Twin Towers gelenkt hatte, am Abend vor dem Attentat in einem Motel in Portland übernachtet hatte und vom Flughafen Portland am nächsten Morgen nach Boston Logan Airport geflogen war, wo die Flugzeuge entführt worden waren.

Die Fahrt nach Augusta dauerte etwa eine Stunde. Ich hatte die ganze Zeit über Angst, denn ich sah die feindseligen Blicke der anderen Autofahrer, wenn sie Najim in seiner moslemischen Gebetskleidung sahen.

Zum Glück verlief die Fahrt ereignislos. Als wir im Blaine House ankamen, wurden wir sofort zum Gouverneur gebracht, der uns begrüßte und uns dankte, dass wir als Gruppe zu dieser Veranstaltung gekommen waren.

Die Mitglieder unserer Gruppe baten mich, in ihrem Namen zu sprechen. Ich sprach nur wenige Minuten, aber in dieser Zeit sagte ich dem auf dem Rasen vor dem Blaine House versammelten Auditorium, dass die Ereignisse des 11. September uns nicht von unserem interreligiösen Dialog und der Suche nach Frieden abhalten würden. Ich sagte auch, dass ich als Sohn von Holocaust-Überlebenden schockiert sei, in den Gesichtern unserer moslemischen Teilnehmer Angst und Unsicherheit zu sehen. »Ich hätte nie gedacht«, sagte ich, »dass ich es erleben würde, dass eine andere Gruppe von Menschen jenen Terror erfahren würde, den meine Eltern und andere Juden während des Holocaust erlebt hatten. Die Angriffe auf unsere moslemischen Nachbarn waren ein Angriff auf uns alle, die wir der Überzeugung sind, dass es falsch ist, alle Moslems für die Taten einiger weniger verantwortlich zu machen.«

Zum ersten Jahrestag der Ereignisse vom 11. September 2001 wurde unsere Gruppe im nächsten Jahr wieder ins Blaine House eingeladen. Diesmal kamen wir wohl vorbereitet mit einer Proklamation unter dem Titel »Blaine-House-Erklärung über interreligiösen Frieden und Zusammenarbeit«:

»Im Namen Gottes, der allmächtig, barmherzig und mitfühlend ist, erklären wir, die wir als religiöse Vertreter der moslemischen, christlichen und jüdischen Gemeinde an diesem außerordentlichen Tag der Erinnerung zusammengekommen sind, erklären wir unseren Einsatz für die Beendigung von Gewalt und Blutvergießen, die das Recht auf Leben und Würde verleugnen und den Namen des Schöpfers entehren.

Den Traditionen unserer religiösen Überzeugungen zufolge ist das Töten Unschuldiger im Namen Gottes eine Entweihung von Gottes heiligem Namen und eine Verleumdung der Religion in der Welt.

Wir sind Menschen, die Gott anbeten, wobei wir unsere Unterschiede anerkennen und respektieren; das jüdische Volk betet Gott an und wartet auf das Kommen des Messianischen Zeitalters; die Christen beten Gott an, der sich in ihrem Erlöser Jesus Christus geoffenbart hat; die Moslems beten Gott an und sehen in Mohammed seinen letzten Propheten.

Wir wollen den Menschen in Maine und der ganzen Welt eine Botschaft der Versöhnung schicken.

Am ersten Jahrestag der Tragödie vom 11. September kommen wir zusammen und folgen dem Licht des Friedens. Wir laden die Angehörigen aller Religionsgemeinschaften in Maine, die Politiker, die für die Erziehung Verantwortlichen und alle Bewohner ein, sich uns anzuschließen, indem sie ihren Namen unter diese Erklärung setzen.

Wir fordern die Menschen von Maine, dem Staat des Friedens, auf, ihr gemeinsames Mensch-Sein zu entdecken, zu schätzen und zu lernen, friedlich und konstruktiv mit den tief greifenden Unterschieden zu leben, die der religiöse Pluralismus in unserem Volk und in unserer Welt definiert.

Das ist das Geringste, das wir zu Ehren der Tausenden tun können, die heute vor einem Jahr in dieser Stunde ihr Leben durch Terror und Unmenschlichkeit, die wir verurteilen, verloren haben.

Augusta, Maine
11. September 2002«

Viele Bürger von Maine unterzeichneten die Blaine-House-Erklärung, was wir als Zeichen dafür nahmen, unsere Organisation, die sich nun Interfaith Maine nannte, mit dem Academic Council for Post-Holocaust Jewish, Christian and Islamic Studies zusammenzuschließen, um sowohl eine interreligiöse Dialog-Gemeinschaft zu bilden, als auch um uns auf wissenschaftlicher Ebene um ein Verständnis der Religionsgemeinschaften in den Jahrzehnten seit dem Holocaust zu bemühen. Wir hielten den Holocaust für eine Zäsur, die das Ende einer alten und den Beginn einer neuen Ära in der Beziehung zwischen Judentum, Christentum und Islam markierte.

Wir mussten anders und aus einer neuen Sichtweise der Beziehungen zwischen Juden, Christen und Moslems miteinander sprechen. Wenn das Ende des Kalten Krieges, wie Harvard-Professor Samuel Huntington[57] behauptete, den Beginn eines neuen internationalen Konfliktes, nämlich zwischen den Kulturen, vor allem zwischen dem Westen und dem Islam, bedeutete, dann mussten wir als Mitglieder von Interfaith Maine alles in unserer Macht Stehende tun, um dies in unserem kleinen Winkel Amerikas und der Welt zu verhindern.

Zwei Ereignisse des Jahres 2005 brachten uns einen großen Schritt vorwärts. Das erste war eine Veranstaltung mit dem Titel »Leben in einem Zeitalter des Völkermords« im April 2005. Die Veranstaltung gedachte 2005 des 100. bzw. 90. bzw. 60. Jahrestages des Herero-Genozids (in Deutsch-Südwestafrika), des Völkermords an den Armeniern und des Holocaust. In einer Podiumsrunde mit Vertretern von Volksgruppen, die einen kulturellen oder physischen Genozid erlitten hatten, berichteten diese von den Auswirkungen dieser Völkermorde auf die nachfolgenden Generationen. Zu dieser Podiumsrunde zählten indigene Amerikaner, Afro-Amerikaner, Armenier, Angehörige der Zweiten Generation des Holocaust, Kambodschaner, Ruandesen, Kurden und Menschen aus Darfur.

Diese Gruppe veröffentlichte eine Proklamation mit dem Titel »Erklärung der Genozid-Generationen zur Beendigung des Niedermetzelns von Unschuldigen«. In Auszügen hieß es in dieser Erklärung:

> »Wir, die Überlebenden, Familien von Opfern und Zeugen
> schwerwiegender Verletzungen der Menschenrechte haben gelitten und
> das Niedermetzeln und die Agonie von Einzelnen, Familienangehörigen,
> Gemeinden, vor allem der Schwächsten
> wie Kindern, Frauen und älteren Menschen durch
> unmenschliche und barbarische Handlungen, die aus
> Entscheidungen und der Politik staatlicher Regierungen resultierten, gesehen.
>
> Dass staatliche Regierungen Diktatoren und
> jene nicht zu verfolgen vermögen, welche die abscheulichen Verbrechen des
> Völkermords, der Aggression, Verbrechen gegen die Menschlichkeit,
> Kriegsverbrechen, begehen,
> macht unsere bereits verarmten Körper und Seelen in
> doppelter Weise zu Opfern und beschämt das Andenken
> an die Märtyrer, die den Tod gefunden haben.
>
> Einer der innigsten Wünsche der Genozid-Überlebenden ist es,
> nie mehr erleben zu müssen, dass sich dies wiederholt.
> Die Überlebenden und ihre Nachkommen wissen besser
> als alle anderen, welche Gräueltaten die Menschen
> erleiden können; wie das Mensch-Sein verweigert werden kann,
> unterworfen einem unsäglichen Leid, meist verursacht durch jene,
> deren Verantwortung es wäre, die Menschen zu schützen.
> Die Agonie und die schrecklichen Folgen des Völkermords

> enden nicht, wenn der eigentliche Genozid zu Ende ist.
> Seine zerstörerische Wirkung auf den Einzelnen, Familien und
> die Gesellschaft lebt für Generationen weiter und lastet
> auf den Generationen von heute.
>
> Anlässlich des 100. Jahrestages des Herero-Genozids und
> des 90. Jahrestages des Völkermords an den Armeniern,
> dem ersten groß angelegten Völkermord des letzten Jahrhunderts,
> der nicht geahndet wurde und den Weg für den Holocaust
> bereitet hat, dessen 60. Jahrestag wir in diesem Jahr begehen –
> müssen wir als Weltbürger schwören, für Gerechtigkeit und
> gerechte Behandlung aller Völker aufzustehen.
> Als Nachkommen schrecklicher Verbrechen der Geschichte
> haben wir als Familien von Überlebenden die klare Rolle,
> die Welt an die Folgen von ethnischer Säuberung an einem Volk,
> einer Nation, Rasse oder Religion zu erinnern.«

Die Veranstaltung endete mit dem *El Mole Rachamim,* dem jüdischen Gebet für die Verstorbenen, das von Kurt Messerschmidt, einem neunzigjährigen Überlebenden von Auschwitz, für alle Opfer des Völkermords gesungen wurde. Es war ein Abend der Tränen und der Verständigung.

Im Juni 2005 schließlich veranstaltete der Academic Council for Post-Holocaust Christian, Jewish and Islamic Studies, der nun als übergeordnete Einrichtung von der University of Southern Maine, dem Bangor Theological Seminary und dem St. Joseph's College of Maine, einem römisch-katholischen College, getragen wurde, ein einwöchiges Symposium mit dem Titel »Religion und die Herausforderung für Amerika: Judentum, Christentum und Islam«. An der Veranstaltung nahmen einige der bedeutendsten internationalen Wissenschaftler und Religionsführer teil, die sich aktiv am interreligiösen Dialog beteiligen. Mitfinanziert wurde die Veranstaltung von dem in New York ansässigen Cordoba Institute, einer islamischen Einrichtung unter der Leitung von Imam Feisal Abdul Rauf,[58] die sich um eine Intensivierung der interkulturellen Verständigung sowie eine Verbesserung der Beziehungen zwischen dem Islam und Amerika bemüht, und dem ebenfalls in New York ansässigen Religions for Peace-USA, einer Vereinigung von Religionsgemeinschaften, die sich für eine multireligiöse Zusammenarbeit und ein gemeinsames Vorgehen im Hinblick auf Gerechtigkeit, Versöhnung und Frieden einsetzt.

Ich leitete den Eröffnungsabend mit folgenden Worten ein:

»1938 schrieb der große jiddische Dichter und Komponist Mordechai Gebirtig nach einem verheerenden Pogrom, das die jüdische Gemeinde in einer polnischen Kleinstadt vernichtete, ein Gedicht, das sowohl Warnung als auch Aufruf zur Tat sein wollte:

Feuer!
Feuer, Brüder, Feuer!
Unsre arme Stadt brennt!
Winde toben voll Wut,
zertrümmern, zerschlagen, reißen entzwei,
fachen die Flammen noch wilder an.
Alles brennt!

Während du dastehst und zusiehst,
mit gefalteten Händen.
Während du dastehst und zusiehst
dem Feuerbrand.

Feuer, Brüder, Feuer!
Der gefürchtete Augenblick
könnte bald kommen,
da die Stadt mit uns
zu Flammen und Asche wird,
wie eine Stadt, die nach der Schlacht fällt
mit leeren, geschwärzten Mauern.

Feuer, Brüder, Feuer!
Alles liegt an euch.
Wenn ihr eure Stadt liebt,
dann nehmt Eimer, löscht das Feuer,
löscht es auch mit eurem eigenen Blut.
Zeigt, was ihr zu tun vermögt!

Steht nicht nur da und schaut
mit gefalteten Händen,
Brüder, steht nicht herum!
Löscht das Feuer!
Unser Schtetl brennt!«

Dann fuhr ich fort: »›Religion und die Herausforderung für Amerika‹ findet vor dem Hintergrund einer Welt statt, die brennt. Nicht nur die schrecklichen Feuer der Twin Towers des World Trade Center, sondern Feuer, die in mehr als 18 Nationen lodern, wo Religionskonflikte zwischen Christen, Juden, Moslems, Hindus und Animisten immer noch Leben und Hoffnungen zerstören.

In diesen sechs Tagen werden wir versuchen ein Klima des interreligiösen Verständnisses inmitten dieser Atmosphäre der Furcht und des gegenseitigen Misstrauens zwischen den Söhnen und Töchtern Abrahams aufzubauen.

Allen grundlegenden Unterschieden zum Trotz, die es zwischen Juden, Christen und Moslems gibt, bringen wir alle Visionen von Frieden voran. Bei unseren Sitzungen werden wir uns damit beschäftigen, wie die bleibenden Werte dieser drei großen Religionen genützt werden können, um eine Gemeinschaft aufzubauen, wo gegenseitige Achtung, Offenheit, Vertrauen, Würde und Verantwortung herrschen. Wir müssen uns nicht als Konkurrenten treffen. Wir können uns als Partner auf der gleichen moralischen Ebene treffen, um eine gemeinsame Zukunft aufzubauen und einen Weg zum *tikkun olam* zu finden, zu einer Reparatur der Welt, die so viele Reparaturen nötig hat. Wir können jetzt beginnen, einander kennen zu lernen, wir können das Beste unsere Traditionen und Werte einbringen und so eine dauerhafte und wichtige Partnerschaft aufbauen, um dem Feuer Einhalt zu gebieten, das unserer Kontrolle zu entgleiten droht.«

Es dauerte 15 Jahre, aber diese Worte führten zu der Vision, die Gottfried und ich für uns selbst und für unsere Generationen der Deutschen und Juden der Post-Holocaust-Zeit geschaffen haben.

5. Holocaust-Gedenken: Im Schatten und im Licht der Familiengeschichte

Abraham J. Peck

Sechs Jahrzehnte nach dem Ende des Holocaust: Wie erinnern sich Deutsche und Juden – Israelis wie amerikanische Juden – an die Vergangenheit?

Einer Gesellschaft zu helfen, sich an ein Ereignis zu erinnern, »wie es war«, das Handwerk, dem Historiker nachgehen und das sie als ihre akademische und soziale Aufgabe ansehen, ist, wie es scheint, nicht mehr so wichtig wie die moralischen Folgen dieser Erinnerung.

»Kollektive Erinnerung«, wie eine Nation oder eine ethnische Gruppe sich an ihre Vergangenheit erinnert, hat eine intensive Rivalität zwischen der historischen Erzählung und dem Gedenken, wie es an Gedenkstätten, insbesondere in Museen, die dem Leiden eines Volkes gewidmet sind, gepflogen wird, ausgelöst. Dies trifft auf die Art und Weise zu, wie sich Israelis und amerikanische Juden, vor allem die Söhne und Töchter von Holocaust-Überlebenden, und die Zweite Generation von Deutschen und Österreichern an ihren Status als Erben des Nachlasses des Zweiten Weltkriegs erinnern. Wer beschließt, sich als Teil einer Gruppe von Opfern zu empfinden, und wer tut es nicht? Und wie werden jene Entscheidungen die Zukunft des Dialogs zwischen Deutschen/Österreichern und Juden beeinflussen?

Über die kollektive Erinnerung

Sechzig Jahre nach der Ermordung des letzten Juden und nachdem der letzte KZ-Häftling seine Freiheit erlangt hatte, war er aber dadurch noch nicht frei; das Holocaust-Gedenken hat den Überlebenden und deren Nachkommen ein Gefühl vermittelt, dass ihr Leiden nicht umsonst war.

Die Überlebenden fühlen sich entlastet. Ihre Kinder empfinden ein Gefühl der Erleichterung, dass sie zu einer anderen Zeit als ihre Eltern leben. Zu jener Zeit kümmerte sich niemand darum, keiner verurteilte, dass es aktive Bestrebungen gab, die jüdische Welt zu zerstören.

Für das jüdische Volk wie auch für das Judentum war das 20. Jahrhundert eine Zeit des Todes, aber auch eine Zeit des Versprechens, des Versprechens und Erblühens einer 2.000 Jahre alten Hoffnung auf eine Rückkehr ins Gelobte Land.

Den Juden ist aber auch bewusst, dass der Holocaust ein Ereignis war, in dem sich äußerste menschliche Grausamkeit und das teuflische Potenzial des Menschen zeigten.

Deutschland war der Vollstrecker, aber das Verbrechen wurde im Allgemeinen vom übrigen Europa hingenommen. Die Jagd nach dem Holocaust-Verbrecher hat sich vom Einzelnen zur Gesamtheit, zum Staat verlagert. Den Juden, und hier insbesondere den Überlebenden, wird nun klar, dass ihre jüdischen Brüder in den Jahren des Holocaust völlig allein und verlassen gewesen waren. Sowohl die Nationen der Alliierten als auch jene der Achsenmächte hatten von ihrer Vernichtung profitiert

Wir Kinder der Überlebenden staunen noch immer über die Fähigkeit unserer Eltern, eine jüdische Zukunft bejaht zu haben, zu unserer Zukunft ja gesagt zu haben, trotz der ihnen vor Augen liegenden Resultate von Dunkelheit und Verzweiflung, von der so viele von ihnen so viele Jahre lang vor der Befreiung umgeben gewesen waren.

Aber wir müssen uns fragen: Hätten unsere Eltern damals, zum Zeitpunkt ihrer Befreiung, das Ausmaß der Verschwörung zu ihrer Ermordung und die Gier gekannt, die sowohl angebliche Freunde wie ausgemachte Feinde in den Jahren des Feuers und der Flammen erfasst hatte, hätten sie dann auch so bereitwillig ja gesagt?

Aber unsere Eltern haben ja gesagt. Nach fast drei Jahrzehnten, in denen die Überlebenden und deren Kinder für das Wachstum amerikanisch-jüdischen Lebens nur von peripherer Bedeutung waren, betraten sie dieses Leben auf dramatische Weise. Sie wurden Teil einer Bereitschaft, sich an den Holocaust und seine »Lektionen« zu erinnern, die eine Art kollektive Erinnerung widerspiegelte, die nationale Grenzen und die Schuld oder Unschuld jener, die aktive Teilnehmer an der Abschlachtung von Millionen waren, überschritt. Überlebenden und deren Familien wird nicht mehr gesagt, sie sollen die Vergangenheit vergessen.

Nicht nur, dass der Holocaust-Gedenkentag *Yom Hashoah* von allen amerikanischen Bundesstaaten begangen wurde; nicht nur, dass fast jeder US-Staat mindestens ein Holocaust-Museum oder -Zentrum besitzt; nicht nur, dass ein Museum über die Geschichte des Holocaust nahe dem Capitol im Zentrum der symbolträchtigsten Stätte der Vereinigten Staaten steht; nicht nur, dass die Vereinten Nationen den 27. Januar, den Tag der Befreiung von Auschwitz, zum Internationalen Holocaust-Gedenktag ausriefen.

Es war mehr. Die traditionelle Debatte über den Holocaust ist heute Teil einer internationalen kollektiven Erinnerung. Staaten, deren Hände und Geschichte in den Jahren von 1933 bis 1945 mit Blut besudelt wurden, beteiligen sich heute aktiv an der Forderung nach einer kollektiven Politisierung und Mobilisierung.

Im Januar 2000 nahmen Dutzende nationaler Delegationen an einem noch nie da gewesenen Treffen in Stockholm teil, wo eine beispiellose Erklärung abgegeben wurde:[59]

Erklärung des Stockholmer Internationalen Forums über den Holocaust

Wir, die Hohen Vertreter der Regierungen auf dem Stockholmer Internationalen Forum über den Holocaust, erklären Folgendes:

1. Der Holocaust (die Schoah) hat die Zivilisation in ihren Grundfesten erschüttert. In seiner Beispiellosigkeit wird der Holocaust für alle Zeit von universeller Bedeutung sein. Nach einem halben Jahrhundert ist er zeitlich noch hinreichend nah, dass Überlebende Zeugnis ablegen können über die Schrecken, die die jüdischen Mitmenschen durchleiden mussten. Das schreckliche Leid der Millionen weiterer Opfer der Nationalsozialisten hat auch das gesamte Europa mit einer unauslöschlichen Narbe gezeichnet.
2. Das Ausmaß des von den Nationalsozialisten geplanten und ausgeführten Holocaust muss für immer in unserem kollektiven Gedächtnis verankert bleiben. Die selbstlosen Opfer derjenigen, die sich den Nationalsozialisten widersetzten und manchmal gar ihr Leben ließen, um Opfer des Holocaust zu schützen oder zu retten, müssen ebenfalls einen festen Platz in unseren Herzen erhalten. Dieses ungeheure Grauen ebenso wie die Größe der Heldentaten können Eckpfeiler für uns sein, die menschliche Fähigkeit zum Guten wie zum Bösen zu verstehen.
3. Da die Menschheit noch immer von Völkermord, ethnischer Säuberung, Rassismus, Antisemitismus und Ausländerfeindlichkeit gezeichnet ist, trägt die Völkergemeinschaft eine hehre Verantwortung für die Bekämpfung dieser Übel. Gemeinsam müssen wir die schreckliche Wahrheit des Holocaust all jenen gegenüber vertreten, die sie bestreiten. Wir müssen die moralische Verpflichtung unserer Völker wie die politische Verpflichtung unserer Regierungen stärken, um sicherzustellen, dass künftige Generationen die Ursachen des Holocaust begreifen können und über seine Folgen nachdenken.
4. Wir verpflichten uns, unsere Anstrengungen zur Förderung der Aufklärung, des Erinnerns und der Forschung im Bereich des Holocaust zu verstärken, und zwar sowohl in den Ländern, die bereits viel in dieser Hinsicht geleistet haben, als auch in denjenigen, die sich unseren Bemühungen anschließen möchten.
5. Wir haben die gemeinsame Verpflichtung, das Studium des Holocaust in allen seinen Dimensionen anzuregen. Wir werden die Aufklärung über den Holocaust an unseren Schulen und Universitäten sowie in unseren Gemeinden fördern und sie in anderen Einrichtungen unterstützen.
6. Wir haben die gemeinsame Verpflichtung, der Opfer des Holocaust zu gedenken und diejenigen zu ehren, die Widerstand gegen ihn geleistet haben. Wir werden geeignete Formen des Erinnerns an den Holocaust in unseren Ländern anregen, darunter einen jährlichen Holocaust-Gedenktag.
7. Wir haben die gemeinsame Verpflichtung, Licht in das noch immer herrschende Dunkel des Holocaust zu bringen. Wir werden alle erforderlichen Schritte unternehmen, um die Öffnung von Archiven zu erleichtern und somit Forschern den Zugang zu allen Dokumenten mit Bezug zum Holocaust zu gewährleisten.

8. Es ist durchaus angemessen, dass diese erste große internationale Konferenz des neuen Jahrtausends sich dazu bekennt, die Saat einer besseren Zukunft in den Boden einer bitteren Vergangenheit zu streuen. Wir fühlen mit den Opfern, und ihr Kampf ist uns Ansporn. Wir wollen uns verpflichten, der Opfer zu gedenken, die ihr Leben gelassen haben, die noch unter uns weilenden Überlebenden zu achten und das gemeinsame menschliche Streben nach gegenseitigem Verstehen und nach Gerechtigkeit zu bekräftigen.

Professor Tony Judt hatte sicherlich Recht, wenn er schrieb, dass »die zentrale Bedeutung des Holocaust in der westeuropäischen Identität und Erinnerung [im ausgehenden 20. Jahrhundert] sicher schien«.[60] Aber in dem gleichen beunruhigenden Artikel, in dem er anführt, dass nur die Geschichte und die Historiker unsere Erinnerung an die »Wahrheit« des Bösen im Nationalsozialismus schützen können, meint er auch, dass ein gewisses »Maß an Vernachlässigung, ja sogar Vergessen« Teil der Notwendigkeit von Europas ziviler Gesundheit sind. Judt räumt gleichzeitig ein, dass »eine Nation sich zuerst an etwas erinnern muss, bevor sie beginnen kann zu vergessen«.[61] Können wir wirklich beides haben?

Woran haben sich Europas wichtigste Akteure im Holocaust, und hierzu muss man in erster Linie Deutschland und Österreich zählen, erinnert und was und wie wollen sie versuchen zu vergessen?

Als der französische Katholik und Soziologe Maurice Halbwachs im März 1945 im KZ Buchenwald vor dem SS-Erschießungskommando stand, hätte er sich nie vorstellen können, dass er eines Tages auf die gleiche ehrerbietige Weise Erwähnung finden würde wie seine Lehrer Emil Durkheim und Henri Bergson. Er hätte sich nie vorstellen können, dass seine Theorie der kollektiven Erinnerung es einer Gesellschaft erlauben würde, sich an die Vergangenheit zu erinnern, sie zu verstehen, ja sogar zu verändern.

Seit Halbwachs' Hinrichtung im Jahre 1945 haben wir gelernt, dass es verschiedene Möglichkeiten gibt, wie unser Gedächtnis und unser Verständnis der Vergangenheit widergespiegelt wird. Wir verstehen, dass die menschliche Erinnerung nicht wie eine Computerfestplatte funktioniert, aus der gespeicherte Erinnerung fast perfekt abgerufen werden kann.

Pierre Nora meint, dass an die Stelle von »echter«, lebendiger Erinnerung, die uns Jahrtausende begleitet und die nun zu existieren aufgehört hat, heute Erinnerungsorte treten. Nach Nora hat die konstruierte Geschichte die echte Erinnerung ersetzt.[62]

Erinnerungsorte können unterschiedliche Formen haben. Es können Orte wie Archive, Museen, Kathedralen, Friedhöfe und Denkmäler sein; es können Konzepte und Praktiken sein wie Mottos von Generationen, Rituale und Gedenkfeiern; und es können Objekte sein wie Monumente, Handbücher, Texte und Symbole mit Gedenkcharakter.

Wichtig ist, dass wir uns vor Augen halten, dass derartige Erinnerungsorte künstlich sind und bewusst geschaffen wurden. Sie sind uns bei der Erinnerung an die Vergangenheit behilflich und verleihen dieser Vergangenheit eine kollektive Bedeutung. Sie dienen als Identitätsmarkierung für Nationen, Regionen und soziale Gruppen und helfen diesen Institutionen dadurch, bestimmte Ziele wie Nationen- und Identitätsbildung zu erreichen.

In gewissem Sinne sind die beiden wichtigsten Ausdrucksmittel der kollektiven Erinnerung, die Geschichte und das Gedenken, zu starken Konkurrenten geworden. Es ist nicht mehr notwendig oder wichtig, Geschichte so zu schreiben, »wie es war«. In einer Welt, die sich mit übermächtigen Themenkomplexen wie Unschuld und Schuld schwer tut, ist die moralische Bedeutung eines historischen Ereignisses weitaus wichtiger als die aufeinander folgenden Ursachen und Konsequenzen von Ereignissen. Wie schon Halbwachs schrieb: »Es gibt keine Erinnerungen, von denen behauptet werden kann, dass sie sich nur im Inneren abspielen, d. h. die nur innerhalb der individuellen Erinnerung erhalten werden können. Von dem Augenblick an, in dem eine Erinnerung eine kollektive Wahrnehmung hervorruft, kann sie in der Tat nur kollektiv sein.«[63]

Kein Bereich der Erinnerung wurde vom kollektiven Gedächtnis stärker beeinflusst als der Holocaust. Der französische Politologe Pierre Nora drückt dies so aus: »Wer Erinnerung sagt, sagt auch Schoah.«[64] Dagmar Barnouw nennt es »ein gigantisches Konstrukt von Erinnerungsgeschichten über singuläres jüdisches Leid«[65] und zeigt eine wachsende Verärgerung über den »halb-relfgiösen« Status des Holocaust im amerikanischen und amerikanisch-jüdischen Gedenken und über die Politisierung der Erinnerung an den Zweiten Weltkrieg.[66]

Könnte der Artikel von Barnouw – sie ist eine bekannte Germanistin – der Auftakt zu einem Angriff von außen auf die »Gebräuche und Missbräuche« der Holocaust-Erinnerung in den USA sein? Vielleicht ist Professor Barnouw nicht glücklich darüber, dass der Holocaust-Themenkomplex in den vergangenen Jahren bei den zahlreichen Sitzungen der GSA (German Studies Association) im Vordergrund stand. Heute, bei der Jahrestagung 2005, sind neben Themen, die sich mit Juden und dem Holocaust beschäftigen, auch neue Fragestellungen zu finden, wie »Deutschland und der Transnationalismus« oder die »Luftkriegsdebatte«, »Die Besatzungspolitik der Siegermächte« und »Die Mentale Umkehr der Deutschen nach Krieg und Zivilisationsbruch«, »Diplomatie und Erinnerung in Nachkriegsdeutschland«, »Darstellungen der RAF«, »Günther Grass: Fragen von Zeit und Erinnerung«, »Opfer und Täter: Darstellung der Vergangenheit in der Kultur nach der Vereinigung« und »Die Macht der Schuld und die Schwierigkeit des Vergebens: Antworten auf eine Tradition«.[67]

Schon Ende der 1990er-Jahre und Anfang 2000 war der interne Angriff auf die »Holocaust-Erinnerung« und deren »Instrumentalisierung« schon offensichtlich, als Peter Novick[68] auf wissenschaftliche Weise und Norman Finkelstein[69] bei einem polemischen, traurigen und gleichzeitig pathetischen Vortrag das wachsende Bewusstsein des Holocaust im amerikanischen Leben und in der amerikanischen Erinnerung als eine »Industrie« und ein »Geschäft« darzustellen versuchten. Diese würde von amerikanisch-jüdischen Organisationen benutzt, um gewisse Ziele wie Fund-Raising oder eine Identitätspolitik des »Super-Opfers« in der amerikanischen Gesellschaft zu erreichen, wobei es, wie Finkelstein und Barnouw meinten, »führenden jüdischen Persönlichkeiten mit der zunehmenden internationalen Kritik an der Besetzungspolitik Israels immer nützlicher war, sich auf die Autorität ›des Holocaust‹ zu stützen, um den Glauben an die einzigartigen Forderungen zu untermauern, das ›auserwählte‹ Volk hätte den Status des alleinigen Opfers, wie dies in der vorrangigen Beschäftigung der Deutschen mit ihrer singulären Kollektivschuld und der ›Unfähigkeit, um ihre Opfer zu trauern‹, zum Ausdruck kommt«.

Vielleicht hat der jüdische Journalist und Autor Henryk Broder Recht, wenn er meint, dass die Deutschen den Juden Auschwitz nie vergeben werden.

In einer amerikanischen Ära, die nach Charles Maier »von einem Übermaß an Erinnerung« geplagt wird, lohnt es sich, an das Leid zu erinnern.[70] Die Bedeutung des Holocaust stieß nie auf einen Konsens. Handelte es sich um eine Politik, die auf die Vernichtung des gesamten jüdischen Lebens ausgerichtet war, oder war es ein Angriff gegen die Roma und Sinti, gegen sowjetische Kriegsgefangene, Zeugen Jehovas usw.? Wer hat das Recht, ein Überlebender des Holocaust genannt zu werden, und müssen wir die Worte »der jüdische« hinzufügen, wenn wir ihn als solchen Überlebenden identifizieren, als ob es andere Holocausts gegen andere Völker gegeben hätte? In dem Bemühen innerhalb der Vielfalt des amerikanischen Multikulturalismus gemeinsame Werte zu sichern, ja diese zu finden und »die verlorenen Freiheits- und Menschenrechtsideale der Gründungsväter« wieder in den Mittelpunkt zu rücken, ist es der amerikanischen Volkskultur recht leicht gefallen, den Holocaust als Teil einer amerikanischen Identität zu benutzen. Heute kann sich jeder als Überlebender »eines Holocaust« fühlen und kann die Vergangenheit verändern, dass »nicht mehr an eine Zeit erinnert wird«, sondern vielmehr »an Gedenkstätten Gedenkfeiern abgehalten werden«.[71] Und wem steht es an, zu behaupten, dass für Afro-Amerikaner ein Besuch von Stätten, von denen in Afrika die Sklavendeportationen ausgegangen waren, oder für indigene Amerikaner ein Besuch am Ort des Massakers von Little Big Horn eine weniger positive Rolle für die Erinnerung an die Vergangenheit und das Leid spielen als ein Besuch von Auschwitz?

Da die Generation der Überlebenden stirbt, stützen sich deren Kinder mehr und mehr auf das »Postmemory«, auf die überkommene Erinnerung, das Phänomen, das

Marianne Hirsch folgendermaßen beschreibt: »Die Erfahrung jener, deren Heranwachsen von Erzählungen dominiert wird, die vor ihrer Geburt geschahen, deren eigene, spätere Geschichten angesichts der Geschichten der vorangegangenen Generation nichtig werden, einer Generation, die von traumatischen Ereignissen geprägt wurde, die weder verstanden noch wieder hergestellt werden können.«[72] Oder, wie James Young dies deutet, »eine Vergangenheit aus zweiter Hand«, zu der die Post-Holocaust-Generation nur durch die Erinnerung Zugang hat.[73] Es geht also um »Postmemory«, eine Art sekundärer Zeugenschaft, die richtungsweisend für die Kinder von Überlebenden sein wird, wenn sie der »Stimme der *She'erith Hapletah*« Glaubwürdigkeit verschaffen wollen. Aber nur, wenn sie sich dazu entschließen.

Soll die Zweite Generation sich auf diese Weise einer Zukunft stellen, ohne die moralische Autorität unserer Eltern? Und ist dies der Anfang dessen, was jene erwartet, die sich verpflichtet haben, der Erinnerung an den Holocaust sowie der Erinnerung jener Nationen, die weiterhin die Last einer individuellen und nationalen »Unfähigkeit zu trauern« tragen, neue Form zu verleihen, wenn der letzte Überlebende stirbt?

Efraim Sicher hat die Zweite Generation, die »Bindeglied-Generation«, aufgefordert darüber nachzudenken, was passieren wird, wenn »es bald nur mehr wenige mit persönlicher Erfahrung des Holocaust gibt [...] welche Art der Erinnerung wird dann weitergegeben und welche Art der jüdischen Identität nach dem Holocaust wird dadurch geschaffen?«[74]

Der polnische Soziologe und führende Vertreter der Postmoderne Zygmunt Bauman hat sogar das Recht der Zweiten Generation in Frage gestellt, in der Form, wie diese sich erinnert und die Erinnerung an den Holocaust weiterzugeben versucht. Bauman erinnert uns daran, dass die sechs Millionen toter Juden und die Generation der Überlebenden die wahren Opfer sind, nicht jene, die ihre Kinder wurden und die nun einen Korpus der Selbstbezeugung über ihr eigenes Leid entwickeln.[75] Man muss sich wie Efraim Sicher fragen, wie die Zukunft des Holocaust-Gedankens und der Holocaust-Darstellung in den Händen der Zweiten Generation, ihrer Schriftsteller und Künstler aussehen wird: »In der Vorstellung der Vergangenheit zur Erinnerung an die Zukunft liegt sowohl erdrückende Verantwortung als auch ironische Ambivalenz. Es kann keine Zukunft ohne Vergangenheit geben, aber wenn das Gedenken sich auf die Vorstellungskraft stützt, um ihm dadurch Bedeutung zu verleihen, dann muss man sich der damit einhergehenden Gefahren bewusst sein.«[76]

Erinnern und Vergessen: Israel

An Israels Holocaust-Gedenktag *Yom Ha'Shoah* bringt eine heulende Sirene die ganze Nation zum Stillstand. In diesen wenigen Minuten der vollkommenen nationalen Stille und des Gedenkens sind alle Israelis Holocaust-Überlebende.

Aber nicht nur in diesen stillen Augenblicken. Laut Meinungsumfragen sehen sich die »meisten Israelis als Überlebende des Holocaust, auch wenn sie jung sind und Familien angehören, die ursprünglich aus moslemischen Ländern kamen«.[77] Diese Haltung war nicht immer üblich in Israel. Man kann den Prozess gegen Adolf Eichmann, eine Hauptfigur bei der Organisation der »Endlösung«, im Jahr 1961 als klare Scheidelinie in der israelischen Holocaust-Erinnerung erkennen.

Auch wenn der Holocaust in den ersten Jahren des Staates wirklich als Mittel instrumentalisiert wurde, um internationale Hilfe für den jüdischen Staat zu bekommen und aufrechtzuerhalten, waren die israelischen Überlebenden wie die Überlebenden in Amerika und Kanada eine unsichtbare Gemeinschaft, deren Erlebnisse und Erinnerungen unwillkommene Mahnungen waren, dass sie aus einer Welt kamen, die von den »neuen« zionistischen Männern und Frauen verabscheut wurde. Europa war die Spielwiese des Antisemitismus und jene Juden, die bewusst dort geblieben waren, hatten nach Meinung vieler ihr Schicksal während der Holocaust-Jahre verdient.

Und wie die amerikanischen Überlebenden weigerten sich auch die israelischen Überlebenden, mit ihren Kindern über den Holocaust zu sprechen, und wenige Kinder wollten Fragen stellen. Der Holocaust war fast ein »völliges Tabu«.[78]

Und es gab noch ein zweites Schweigen. Die zionistische »Negation« des jüdischen Exils und seiner Diasporageschichte hieß, dass fast 2.000 Jahre jüdischer Geschichte ignoriert oder vergessen wurden. Nur die biblischen Helden, die zionistischen Prototypen, galten etwas in der Chronologie der jüdischen Erfahrung.

Aber irgend etwas geschah mit der israelischen Gesellschaft während des Eichmann-Prozesses. Die Zeugenaussagen der Überlebenden wurden ein wichtiger Teil der Beweisaufnahme, Worte, die ihr persönliches Erleben widerspiegelten. Wie Hannah Yablonka schrieb: »Während der Prozesse in Israel wurde eine neue rechtliche Kategorie geschaffen – ›Verbrechen gegen Juden‹ – und der rechtliche Diskurs verlagerte sich von der ›Opferschuld‹ in den 1950er-Jahren zur ›Schuld der Mörder‹ im Eichmann-Prozess.«[79]

Überlebende waren nun allmählich weniger eine Zielscheibe des Spotts, der Holocaust rückte nun mehr und mehr in den Mittelpunkt der Debatte und der Identität Israels. Diese Verlagerung wirkte sich auch auf deren Kinder, die Zweite Generation und sogar die Dritte Generation von Israelis aus, »die Erinnerung ihrer Eltern und Großeltern zu verinnerlichen und ihre eigene Bedeutung des Holocaust zu formulieren. Abgesehen von der Verinnerlichung der Erinnerungen der vorhergehenden Generation wollten die neuen Generationen der Kinder und Enkel ihre Individualität nun durch eigene Diskurse und Erzählungen ausdrücken«, wie dies auch in den Vereinigten Staaten der Fall war.[80]

Wenn 2.000 Jahre jüdischer Geschichte in ihrer zionistischen Dimension vergessen wurden, so hat die Tatsache, dass die Überlebenden und der Holocaust nun zentrale Bestandteile der kollektiven Identität und Erinnerung Israels wurden, dazu geführt, dass viele Israelis diese Geschichte wieder entdeckten. »Die Erinnerung«, schreibt Tom Segev, »hat sie zum Judentum zurückgeführt.«[81]

Wie in der israelischen Gesellschaft ist das Gedenken ein religiöses Gebot für religiöse Juden und ein »kultureller Kodex« für die säkularen Juden. Die Erinnerung, auf Hebräisch »*zachor*«, hat in den Ritualen des amerikanischen jüdischen Lebens ihren Platz. Aber woran genau erinnern sich die amerikanischen Juden? An den Auszug aus Ägypten an Pessach, gewiss; an den Bösewicht »Haman« an Purim, vielleicht; an Chanukka, weil es oft mit Weihnachten konkurriert und eine Teillösung für das »Dezemberdilemma« der amerikanischen Juden darstellt, ganz bestimmt.

Aber an den Gedenktagen für den Holocaust, der als nationaler amerikanischer Feiertag begangen wird, konzentrieren sich die amerikanischen Juden auf die Überlebenden des Holocaust und die Welt, die in Osteuropa verloren ging, um so eine jüdische Identität zu retten, die von vielen Seiten ins Wanken gebracht wird.

Wenn dies zutrifft, ist dann diese »moralische Identifikation mit dem Opfer und dem Erbe des Leids«[82] die Basis für die amerikanisch-jüdische Identität und ein wichtiger Teil der amerikanischen Identität, zumindest einmal im Jahr? Wenn dies wirklich der Fall ist, und dies bedeutet, dass eine ganze Nation sich mit den Opfern des Genozids und deren Leid identifiziert, dann hat die Zweite Generation von unseren Eltern mehr als lediglich einen Fall »sekundärer Zeugenschaft« geerbt. Dies müssen wir verstehen und eine Strategie finden, um der ganzen Welt eine derartige Identifikation zu vermitteln.

Erinnern und Vergessen: Deutschland

Gottfried und ich hielten unseren ersten gemeinsamen Vortrag am 3. März 1992 bei der 22. Jahreskonferenz über den Holocaust und die Kirchen an der Universität von Washington in Seattle. Unser Vortrag hatte den Titel »Die Last teilen: Post-Holocaust Deutsche und Juden und die Suche nach einem Neubeginn«.

Nach dem Vortrag meldete sich eine junge, offensichtlich deutsche Frau zu Wort und bedankte sich zunächst für unseren Vortrag. Er hätte ihr den Mut verliehen, wie sie mit Tränen in den Augen gestand, ein Familiengeheimnis preiszugeben, über das sie noch nie zuvor in der Öffentlichkeit gesprochen habe. Während eines Familienfestes hatte Katharina von Kellenbach im Alter von dreizehn Jahren erfahren, dass einer ihrer Großonkel, Alfred Ebner, nicht nur SS-Offizier gewesen war, sondern auch der stellvertretende Kommissar der weißrussischen Stadt Pinsk, die eine große jüdische Gemeinde hatte. Ebner wurde angeklagt, die Ermordung von mindestens 30.000 Juden überwacht und daran teilgenommen zu haben. Sein Prozess wurde aufgrund seiner Gesundheitsprobleme vertagt und er wurde nie für seine Verbrechen verurteilt.[83]

Familiengespräche über die Nazivergangenheit waren in der Zeit nach dem Holocaust selten. Sogar Katharina von Kellenbachs Vater reagierte auf die Fragen zu ihrem Großonkel nur mit Schweigen.[84]

Das deutsche Schweigen über den Holocaust und die Verbrechen Deutschlands ist in den vergangenen sechs Jahrzehnten seit 1945 der große Vorwurf gewesen. Es ist ein Schweigen, das sehr stark mit der Komponente der kollektiven Erinnerung zusammenhängt, die von der Familiengeschichte handelt. Diese Komponente, die eng an den Begriff affektiver familiärer Bande gebunden ist, kann als Kompromiss oder als versöhnender Zustand bezeichnet werden, in dem unterschiedliche Gewissenszustände zwischen den Generationen koexistieren. Die ältere Generation ist der Vergangenheit verhaftet, die im Berufsleben stehenden Erwachsenen sind in der Gegenwart verwurzelt und die jüngste Gruppe blickt in die Zukunft.

Aus den Untersuchungen von Wissenschaftlern wie Dan Bar-On geht klar hervor, dass zum Schutz der Einheit der deutschen Familie in der unmittelbaren Nachkriegszeit bei vielen familiären Situationen eine Art »versöhnende Zuneigung« (d. h. Schweigen) geherrscht und zur Konfliktvermeidung innerhalb der Familie gedient hat. Als Bar-On mit der Befragung der Kinder von Nazi-Tätern begann, entdeckte er, dass trotz der Teilnahme tausender Deutscher am Genozid kaum ein Deutscher, mit dem er ein Interview führte, sich an jemanden erinnern konnte, dessen Eltern tatsächlich an Verbrechen gegen die Menschlichkeit mitgewirkt hatten – obwohl sie sich bewusst waren, dass ihre eigenen Eltern als Täter bezeichnet wurden.

Schweigen innerhalb der Familie und die versöhnende Zuneigung waren untergeordnete Haltungen dessen, was Harold Marcuse als die drei Grundmythen der Erinnerung in Nachkriegsdeutschland identifizierte.[85] Gerade dieser »Mythos des Opfertums« hielt sich lange. Gerade er wurde um den Familientisch in den ersten Jahrzehnten nach 1945 diskutiert. Nach diesem Mythos sah sich das deutsche Volk als Opfer von NS-Verbrechen,

Verbrechen, die »im Namen des deutschen Volkes« begangen worden waren. Daher war die große Mehrheit der Deutschen Opfer des Totalitarismus, auf einer Ebene mit den Juden, den Sinti und Roma und den Slawen. Und dies trotz der Tatsache, dass unter anderem jüdische Opfer des Nationalsozialismus bei öffentlichen Gedenkfeiern der Bundesrepublik Deutschland bis zum Ende des 20. Jahrhunderts nicht als solche anerkannt wurden. Der zweite Mythos war der »Mythos der Unwissenheit«, wonach die meisten Deutschen keinerlei Kenntnis über die von Freunden, Nachbarn oder Verwandten verübten Verbrechen hatten. Der dritte Mythos schließlich war der »Mythos des Widerstands«, der die meisten Deutschen als aktive Widerstandskämpfer des Nazi-Regimes sah.

In den ersten Jahren nach der deutschen Kapitulation wurden am Familientisch und »am Stammtisch Erinnerungen an Bombardierungen während des Krieges, an Horrorgeschichten von Vergewaltigungen und an Heldengeschichten über das Leben in den Trümmern ausgetauscht, ausgeschmückt und an Kinder und Enkel weitergegeben. Die Erfahrungen der aus dem Osten vertriebenen Deutschen wurden nicht unter einen Mantel des Schweigen gekehrt, sie wurden vielmehr von Politikern diskutiert, von Soziologen und Historikern im Detail untersucht, durch sichtbare und lautstarke Vertriebenenorganisationen mobilisiert und bei Gelegenheiten wie dem Volkstrauertag, der 1952 wieder eingeführt wurde und der Vertriebenen sowie der zivilen und militärischen Kriegstoten gedachte, öffentlich anerkannt.«[86]

Mangelnde Vergangenheitsbewältigung sei eindeutig nicht das Problem, wie viele Kritiker der deutschen Gesellschaft behaupteten. Die deutsche Vergangenheit als Opfer war ein sehr lebendiges Thema.

Die deutsche Vergangenheit als Täter war viel problematischer. Andere Sozialkritiker wie Theodor Adorno[87] oder Margarete und Alexander Mitscherlich[88] sahen dieses Versäumnis als ernst zu nehmende Unfähigkeit, sich mit einer Vergangenheit auseinander zu setzen, die den Völkermord einschloss.

Adorno warf den meisten Deutschen nach 1945 ihre Unfähigkeit vor, »eine ernsthafte Bearbeitung der Vergangenheit [zu beginnen], ihren Bann durch einen bewussten Akt zu brechen«. Stattdessen versuchten die meisten Deutschen »eine neue Seite aufzuschlagen« und sie aus ihrem Gedächtnis zu bannen.[89]

Die Mitscherlichs waren breiter in ihrer Analyse. Sie begannen ihre Analyse von Deutschlands Unfähigkeit zu trauern mit Sigmund Freuds berühmtem Aufsatz *Trauer und Melancholie* (1917). Melancholie ist ein gefangener Prozess, der das depressive und traumatisierte Ich dazu zwingt, narzistisch mit einem verlorenen Objekt großer Zuneigung identifiziert zu bleiben. Die Trauer jedoch, die einen Schritt über die Melancholie hinausgeht, erlaubt eine Beschäftigung mit dem Trauma und der Depression und die

Überwindung des vorhergegangen Stadiums, indem dass das Vergangene als Vergangenheit akzeptiert und diese hinter sich gelassen werden kann.[90]

Nach Meinung der Mitscherlichs könnte Deutschlands Identifikation mit Adolf Hitler als Vaterfigur und nationalem Retter und sein späterer Selbstmord nur dadurch verarbeitet werden, dass dieser Verlust akzeptiert wird, eine Auseinandersetzung darüber stattfindet und man der Tatsache ins Auge sieht, dass jenes Vertrauen auf Hitler und dessen Politik die Nation dazu verführt hatte, in Mord, Raub und Gewalt die Verwirklichung von »nationalen Idealen« zu sehen, Idealen, die im Völkermord an den Juden endeten.

Die Mitscherlichs argumentierten, dass Deutschland nach 1945 aufgrund der fehlenden Anerkennung dieser Tatsachen und der fehlenden Trauer um die verlorene Vaterfigur Adolf Hitler eigentlich in einen Zustand der Melancholie hätte verfallen müssen. Dass dies nicht geschah, sei auf die intensive Konzentration auf die wirtschaftliche Wiedergeburt des Landes zurückzuführen; dadurch hätten die Deutschen ein »glückliches Leben« ohne melancholisches Elend und ein »amoralisches Leben« ohne Trauer leben können.

In der Tat muss man sich fragen, um wen die Deutschen nach 1945 hätten trauern sollen, außer den Verlust von Hitler. Um die ermordeten Juden Europas, jene Gruppe, die wie Anthony Kauders hingewiesen hat, als Parasiten in ihrem eigenen Land beschimpft und als der große Feind des deutschen Volks abgestempelt worden waren?[91]

Vielleicht war Melancholie für die deutsche Gesellschaft nach 1945 nicht unbedingt notwendig. Kauders führt an, dass Melancholie nie ein wesentlicher Bestandteil des deutschen Geisteszustands war: »Entweder hatten die Deutschen Hitler während der Jahre des Niedergangs des Regimes verlassen oder sie hatten sich, zu einem etwas späteren Zeitpunkt, auf den Weg der wirtschaftlichen Erholung gemacht, der eine melancholische Niedergeschlagenheit verhinderte.«[92]

Oder vielleicht wurde ja getrauert: nicht um »Abstraktionen wie Hitler als Übervater oder den Massenmord an den Juden, Sinti und Roma sowie an geistig kranken Menschen«, sondern um verschollene Verwandte, gefallene Soldaten und zerstörte Städte.[93] Dies hatte auch zur Folge, »dass so viele Deutsche in der Nachkriegszeit dazu neigten, sich als die ersten Opfer des Krieges zu sehen [...].«[94]

Sie waren nicht nur die ersten Kriegsopfer, sie hatten auch keinerlei Rolle bei den schrecklichen Verbrechen gespielt, die gegen die Juden und andere Völker begangen worden waren. Der amerikanisch-jüdische Militärermittler Saul Padover, 1905 in Wien geboren, führte eine Untersuchung über den »deutschen Charakter und die deutsche Mentalität« durch. Noch mehr als drei Jahrzehnte nach dem Zweiten Weltkrieg sollte das Verhalten der Deutschen durch die von ihm entdeckte Haltung geprägt werden:

»Seit zwei Monaten sind wir hier zugange, wir haben mit vielen Menschen gesprochen, wir haben jede Menge Fragen gestellt, und wir haben keinen einzigen Nazi gefunden. Jeder ist ein Nazigegner. Alle Leute sind gegen Hitler. Sie sind schon immer gegen Hitler gewesen. Was heißt das? Es heißt, dass Hitler die Sache ganz allein, ohne Hilfe und Unterstützung irgendeines Deutschen durchgezogen hat.«[95]

Auch wenn Bundeskanzler Konrad Adenauer 1951 zugab, dass »unaussprechliche Verbrechen im Namen des deutschen Volkes begangen worden sind, die moralischen und materiellen Schadenersatz erfordern« und er der Meinung war, dass eine derartige Tat das Tor für Deutschlands Wiederzulassung in die westliche Zivilisation öffnete, waren der Bombenkrieg gegen hunderte deutsche Städte, die Vertreibung deutscher Volksgruppen aus Osteuropa und der Tschechoslowakei, Massenvergewaltigungen, Tod, Verlust und Leid »etwas, das von Menschen – vor allem Frauen – immer wieder Besitz ergriff«.[96]

Was bedeutete die Zahl von fast sechs Millionen ermordeter Juden, wenn die eigenen Zahlen lauteten: 14 Millionen deutsche Vertriebene, von denen zwei Millionen während der Vertreibung und auf der Flucht starben, oder die 500.000 oder 600.000 – mehrheitlich Frauen und ein Fünftel davon Kinder –, die aufgrund des alliierten Luftkriegs starben. Dies waren Zahlen, die nur als Opferzahlen angesehen werden konnten, und sie betrafen Deutschland.[97]

Aber nicht alle Deutsche fühlten sich genötigt, einen Opferstatus anzunehmen. Der Philosoph Karl Jaspers gab 1946 zu, dass »fast jeder enge Verwandte und Freunde verloren hat; wie er sie jedoch verloren hat – an der Front kämpfend, bei Bombenangriffen, in Konzentrationslagern oder bei Massenermordungen des Regimes – führt zu höchst unterschiedlichen inneren Haltungen«, und dass »Leid sich in der Art unterscheidet. Die meisten Menschen haben nur für die eigenen Leute ein Gefühl.«

Japsers lehnte den Gedanken ab, dass man »alle als unschuldig [bezeichnen könnte]. Insgesamt bleibt die Tatsache, dass wir Deutschen – wenn wir auch nun ins größte Leid unter den Nationen geraten sind – auch die größte Verantwortung für den Lauf der Ereignisse bis 1945 tragen. Daher sollten wir als Einzelne uns nicht so rasch unschuldig fühlen, sollten uns nicht als Opfer eines bösen Schicksals bemitleiden, sollten nicht erwarten, für das Leid gelobt zu werden.«[98]

Schon im April 1942 sprach Thomas Mann in Reaktion auf einen britischen Bombenangriff auf seine Vaterstadt Lübeck einen Monat zuvor aus dem Exil in einer Rundfunkansprache für die BBC zu seinen »deutschen Hörern«:

»Die Zeit kommt und ist schon da, wo Deutschland zu schluchzen hat über das, was es erleidet, und dieses Rührungsmoment wird überhandnehmen. Beim jüngsten britischen Raid über Hitlerland hat das alte Lübeck zu leiden gehabt. Das geht mich an, es ist meine Vaterstadt. Die Angriffe galten dem Hafen, den kriegsindustriellen Anlagen, aber es hat Brände gegeben in [der] Stadt und lieb ist es mir nicht zu denken, dass die Marienkirche, das herrliche Renaissance-Rathaus oder das Haus der Schiffer Gesellschaft sollten Schaden gelitten haben. Aber ich denke an Coventry – und habe nichts einzuwenden gegen die Lehre, dass alles bezahlt werden muss […]. Möge aus seinem Fall ein Deutschland erstehen, [wo] es statt tödlichen Hasses, die Liebe der Völker gewinnt.«[99]

Es schien jedoch, dass nichts Deutschland aus seinem Gründungsmythos von Opfertum, Ignoranz und Widerstand herausreißen konnte. Sicherlich, der Kalte Krieg brachte eine gewisse Erleichterung, die Alliierten fokussierten das Mikroskop der Überwachung nicht mehr so nah wie in den Tagen und Monaten unmittelbar nach der Kapitulation Deutschlands. Und sicherlich begann die 68er-Generation ihren Eltern unangenehme Fragen zu stellen, sie lehnten es ab, »die Erzählungen ihrer Eltern über Flucht, Vergewaltigung und Bombentrauma hervorzuheben«, stattdessen fragten sie, welchen Beitrag ihre Eltern zum nationalsozialistischen Staat und zur Ermordung des europäischen Judentums geleistet hatten.[100] Und schließlich wurde eine Art »Revolution von oben« im deutschen öffentlichen Diskurs und der Erinnerungsarbeit erzwungen, als Intellektuelle, Wissenschaftler und Ausstellungsveranstalter in den 1980er-Jahren in der Öffentlichkeit einhellig darauf beharrten, dass Deutschland das Primat von Auschwitz, deutscher Schuld und Verantwortung und dem Leid von Juden und anderen akzeptierte.[101]

In den 1990er-Jahren ging es um die Frage: Wie viel können die Deutschen noch ertragen? In früheren Jahrzehnten wurden Forderungen nach einer »Überwindung der Vergangenheit« und der Hinwendung zu einem normalisierenden Diskurs, mit dem ein Schlussstrich unter das Kapitel Schuld in der deutschen Nachkriegsgeschichte gezogen werden konnte, bestenfalls als nationalistisches Gerede von alten Nazis oder Neonazis angesehen.

Aber Daniel Goldhagens Bestseller, der einer ganzen Nation die Schuld an einem »eliminatorischen Antisemitismus« gab,[102] eine Ausstellung über die Kriegsverbrechen der Deutschen Wehrmacht, Deutschlands »letzter« Zuflucht nationaler Ehre,[103] und die Eröffnung zahlreicher Holocaust-Museen und -Gedenkstätten auf der ganzen Welt, Anfang des 21. Jahrhunderts auch in Berlin, wo die demokratische Nachkriegsgesellschaft Deutschlands kaum oder gar nicht betont und allein die Verbrechen des NS-Staates in den Mittelpunkt gerückt wurden, waren vielleicht genug. Offensichtlich war die moralische Keule von Auschwitz, von der Martin Walser in seiner Rede anlässlich der Verleihung des Friedenspreises des Deutschen Buchhandels 1998 in Frankfurt sprach, der Auslöser für eine Reaktion auf das immer größere Wissen um die deutschen Verbrechen, das viele Deutsche immer stärker beschäftigte. »Dem deutschen Leiden wurde in der öffentlichen Debatte und in der persönlichen Erinnerung immer mehr Raum gegeben.«[104]

Drei wichtige deutsche Autoren traten bei der neuen Betonung der deutschen Opferrolle stark hervor. W. S. Sebald (1944–2001) schrieb in mehreren Aufsätzen und in seinem Buch *Luftkrieg und Literatur* (1999) über die alliierte Bombardierung deutscher Städte: »Die in der Geschichte bis dahin einzigartige Vernichtungsaktion ist in die Annalen der neu sich konstituierenden Nation nur in Form vager Verallgemeinerungen eingegangen, scheint kaum eine Schmerzspur hinterlassen zu haben im kollektiven Bewusstsein [...]«.[105]

Das Werk von Günter Grass (Jahrgang 1927) *Im Krebsgang* (2002)[106] handelt vom Untergang der *Wilhelm Gustloff*, einem Schiff, das nach dem ermordeten NSDAP-Landesgruppenleiter in der Schweiz (der von dem deutschen Juden David Frankfurter erschossen worden war) benannt und im Januar 1945 in der Ostsee von einem sowjetischen U-Boot torpediert worden war. Bei diesem Unglück, dem größten, das es auf See je gegeben hat, kamen an die 9.000 Menschen um, die Mehrheit Flüchtlinge aus Ostpreußen, die von den Sowjets vertrieben worden waren oder vor deren Vormarsch flüchteten.

Bei einer Konferenz im Jahr 2000 in Vilnius kommentierte Grass in einem Vorgriff auf sein Buch, wie »seltsam beunruhigend« es sei, dass »wir uns nur spät und zögerlich an das Leid erinnern, dass die Deutschen während des Krieges erlitten haben«. Lediglich am Rande könne man über den »Tod hunderttausender Zivilisten lesen, die bei Flächenbombardierungen getötet wurden, und über die Vertreibung und das Leid von etwa 12 Millionen ostdeutschen Flüchtlingen«, die eine Stimme brauchten, um für das »Schweigen der Opfer« das Wort zu ergreifen.[107]

Schließlich forderte der Historiker Jörg Friedrich (Jahrgang 1944) 2002 ein neues Verständnis für das deutsche Elend bei Kriegsende. In einem umfangreichen, fast 600 Seiten starken Werk mit dem Titel *Der Brand: Deutschland im Bombenkrieg*[108] wollte er die Folgen der alliierten Bombenangriffe gegen Deutschland aufzeigen, Fotografien sollten das Leid der deutschen Bevölkerung spürbar machen.

Alle drei Autoren sind Männer vom linken politischen Spektrum, die ein Gedenken des Holocaust und eine Konfrontation mit der deutschen Vergangenheit eingefordert hatten. Dass sie sich nun mit Themen beschäftigen, die Jahrzehnte lang von der politischen Rechten okkupiert waren, ist Teil des Phänomens der Opferrolle, die in das Bewusstsein der deutschen Öffentlichkeit »explodiert« ist. Warum?

Was könnte Friedrich veranlasst haben, Holocaust-Terminologie zu verwenden, wenn er den Luftkrieg gegen Deutschland als »Massaker«, die Absichten der Alliierten als »Auslöschung« und die Verbrennung von Gebäuden als »Krematorium« bezeichnet, eine Wortwahl, die die Historikerin Mary Nolan von der New York University als »besonders unangemessen und aufhetzend« bezeichnete.[109]

Stehen wir in Deutschland vor einem »großem Wandel in Hinblick auf die Erinnerungspolitik«, wie der Historiker Norbert Frei die neue Betonung der Deutschen als Opfer des Zweiten Weltkrieges sieht?[110] Ist diese Frage teilweise dadurch zu beantworten, dass, wie im Falle der Generation der Holocaust-Überlebenden auch die Generation der Deutschen, die den alliierten Luftkrieg und die Vertreibung der Volksdeutschen aus dem Osten erlebt hat, rasch verschwindet? Wie die Zweite Generation der Kinder von Überlebenden müssen auch sie die Entscheidung treffen, wie sie den deutschen Diskurs über die Vergangenheit prägen wollen. Werden sie sich dafür entscheiden, die Deutschen als Opfer in den Mittelpunkt zu stellen?

Wir erleben schon jetzt ein interessantes Gespräch zwischen den Generationen, die weiter um den deutschen Familientisch sitzen. Der Soziologe Harald Welzer hat die Bildung einer deutschen »Opferkultur« beschrieben, die die Frage nach der historischen und persönlichen Verantwortung in den Hintergrund zu drängen droht.[111]

Es kann sein, so Welzer und andere, dass eine Versöhnung zwischen der 68er-Generation und deren alternden Eltern sowie Deutschlands Eintritt in die »Ära der Konkurrenz über den Opferstatus« in einem neuen deutschen Selbstverständnis eine Rolle spielen wird. In der Tat hat schon die dritte und vierte Generation nach dem Zweiten Weltkrieg begonnen, die Rollen ihrer Großeltern während des »Dritten Reichs« neu zu interpretieren. Eine von Welzer erarbeitete Untersuchung von vierzig Familien aus West- und Ostdeutschland zeigt auf, dass keine oder nur eine geringe Hilfestellung für Juden während des »Dritten Reichs« durch die Großeltern von den Enkeln und Urenkeln als Heldentat uminterpretiert wird. Tatsächlich wurden zwei Drittel aller von den Großeltern und Urgroßeltern weitergegebenen Geschichten von den jüngeren Generationen als Geschichten über die Opferrolle während der Nazi-Vergangenheit und/oder als Heldengeschichten des Widerstands im Alltag gedeutet.[112] Die Enkel und Urenkel, die diese Aussagen machten, wussten über die Geschichte des Holocaust gut Bescheid. Doch ihre Kenntnisse und ihre persönlichen Familiengeschichten waren zwei völlig unterschiedliche Phänomene.[113]

Meines Erachtens ist ein Zitat aus Welzers Schlussfolgerungen über die möglichen Konşequenzen seiner Studie sehr aufschlussreich:

»Die Erkenntnisse unserer Studie, wie die Popularität von Büchern über das deutsche Leid, zeigen, dass diese Kultur [die Gedenkkultur der deutschen Nachkriegszeit mit dem Schwerpunkt, dass Auschwitz nie mehr geschehen darf] eine Umstrukturierung erleben könnte. Diese bedenkliche Entwicklung zeigt, dass die echte Auswirkung – in Bezug auf gelebte Geschichte – von der zwölf Jahre währenden Zeit zwischen 1933 und 1945 mit zunehmender zeitlicher Distanz besser sichtbar wird [...] Es wird deutlich, dass die anhaltende Verzerrung von Familien- und Einzelbiographien durch die zwölf Jahre Nazi-Herrschaft viel stärkere Spuren hinterlassen hat, als keiner, der sich mit der Vergangenheit beschäftigt, je zu glauben gewagt hatte.«[114]

Was bedeutet die Entstehung einer deutschen Kultur der Opferrolle für den deutsch-jüdischen Dialog? Und wie steht es mit der Bedeutung von Familiengeschichte, die ganz eindeutig nach dem neuen deutschen Selbstverständnis als Gesellschaft von Opfern umgeschrieben wird?

Erstaunlicherweise sind viele Juden der Zweiten Generation der Überzeugung, dass wir uns nicht als Opfer sehen können – dieser Status ist unseren Eltern vorbehalten. Und dennoch sind viele Deutsche der Zweiten Generation sichtlich der Meinung, dass diese deutsche Opferrolle der Weg in die Zukunft ist.

Wie sollen wir Aussprüche verstehen wie die »Unfähigkeit zu trauern«, »Überwindung der Vergangenheit« usw. Welche Bedeutung haben sie nun für den Dialog zwischen der Zweiten Generation von Deutschen und Juden?

Ist es für Deutsche wichtig, sich selbst als Opfer zu verstehen? Ist es für Juden wichtig, die Deutschen als Opfer zu verstehen?[115]

Aber nicht alle Deutschen befürworten die Notwendigkeit einer Opferrolle. Joschka Fischer, der frühere deutsche Außenminister, dessen Familie 1945 aus Ungarn vertrieben worden war, erklärte, dass man verstehen müsse, was vor 1945 geschehen war, die Tatsache, dass deutsche Aggression und Verbrechen gegen die Menschlichkeit zum Tod von Millionen und Abermillionen von Deutschen bei Kriegsende geführt haben, von denen nicht alle unschuldige Opfer alliierter Vergeltung waren. »Es geht um die Frage«, so meinte Fischer, »was wir uns selbst angetan haben, nicht was andere uns angetan haben. Die Ursache unseres Leids ist das, was wir uns selbst angetan haben, nicht was andere uns angetan haben.«[116]

Für eine Generation von Söhnen und Töchtern von Holocaust-Überlebenden, die den Schmerz kennt, der unseren Eltern und unserem eigenen Leben zugefügt wurde, aber dessen Gründe nicht gänzlich versteht, ist es notwendig, ja sogar entscheidend, dass die Deutschen Fischers Worte verstehen – nicht nur für sie, sondern auch für die Zukunft unseres gemeinsamen Dialogs.

IV.

1. Schatten der Vergangenheit: Die Reise nach Deutschland und Polen im August 2005

Gottfried Wagner

Gottfried Wagner berichtet über die gemeinsame, traumatische Reise nach Deutschland und Polen zu den Stätten familiärer und deutscher Vergangenheit mit Abraham Peck, seinem Sohn Eugenio und seinem Neffen Alberto im August 2005.

Bertrand Russel: »*Ich sage nicht, dass verstehen vergeben bedeutet; es gibt Dinge, die ich nicht vergeben kann. Aber ich sage, dass absolut verstehen muss, wer der Ausbreitung eines solchen Übels über die ganze Welt vorbeugen will.*«[1]

Vorgeschichte

Seit 1992 sprachen Abraham und ich darüber, eine gemeinsame Reise nach Auschwitz zu machen. Nach meiner Rückkehr aus Dallas, wo wir im März 2005 gemeinsame Veranstaltungen absolviert hatten, schrieb Eugenio im März dieses Jahres einen Brief an Abraham, der Folgen hatte:

»Lieber Abraham, ich möchte Dir gerne meinen spontanen Wunsch mitteilen, zusammen mit dir das Vernichtungslager Auschwitz zu besichtigen, um des Glaubens und des Leidens willen, das du wegen des erfahrenen Unrechts tief in Deinem Herzen trägst. Ich kenne das Unrecht, das dir widerfuhr. Mein Herz ist nahe bei denen, die gelitten haben. Meine Augen haben im Fernsehen das Leiden gesehen, aber das ist nicht genug. Ich will es selbst sehen, um tiefer über das nachzudenken, was geschehen ist. Für mich wäre es eine große Ehre, dich frei von belastenden moralischen Wertungen kennen zu lernen. Meine herzlichen Grüße – Eugenio«.[2]

Abraham antwortete: »Lieber Eugenio, ich war sehr bewegt von Deinem schönen Brief. Ich kenne von deinem Vater die Geschichte deiner Kindheit und natürlich auch die in Cerro Maggiore und das wunderbare Leben, was du jetzt führst. Ich hoffe sehr, dass wir es schaffen, uns zu treffen und jene Plätze der Dunkelheit zu besuchen, die sich auf unser Leben auswirkten. In der Zwischenzeit wünsche ich dir viel Erfolg bei deinen Studien und dem Nachdenken über das Leben, was du dir gerade aufbaust. Mit besten Wünschen Abraham«.[3]

Eugenio sowie meine Nichte Silvia und mein Neffe Alberto hatten sich in den letzten Jahren nicht nur in der Schule mit der Shoah an Hand von Klassikern wie Primo Levi's *Ist das ein Mensch* beschäftigt, sondern wir hatten auch regelmäßig intensive Gespräche in der Familie zum Thema Zweiter Weltkrieg und Shoah geführt, die sich im Anschluss an oberflächliche Fernsehsendungen ergaben. Durch die oft absurde ideologische Polarisierung von rechts und links wurden in Italien verzerrte Geschichtsbilder kolportiert, die ich mit Nachdruck zu korrigieren versuchte, zum Beispiel in Cerro Maggiore am 27. Januar 2005 im Zusammenhang mit dem Gedenktag der Befreiung von Auschwitz und am 25. April 2005 mit einer Veranstaltung zum Tag der Befreiung von Faschismus und Nationalsozialismus. Dazu hatte ich Dokumentarfilme erstellt, die ich auch in der Familie ausdiskutierte. Eugenio und Alberto hatten also durchaus eine Ahnung, worum es sich bei der Fahrt mit Abraham handeln würde. Allein die Tatsache, dass sie dazu von sich aus bereit waren, verband mich mit ihnen noch mehr.

Am 5. Juli 2005 verstarb Abrahams Vater im Alter von 92 Jahren, was die Anspannung und Erwartung an die gemeinsame Reise erhöhte. Der Tod des Vaters löste bei Abraham eine tiefe Identitätskrise aus, die er an die Programmleiterin des Böhlau Verlags in Wien in folgende Worte fasste: »Die Krankheit meines Vaters und sein Tod beraubten mich nicht nur des letzten unmittelbaren Mitglieds meiner Familie, sie nahmen mir auch das Herz des Holocaust-Gedächtnisses weg, das mir einen außergewöhnlichen Zugang zu den Ereignissen erlaubte, die definieren, wer und was ich bin.«[4]

Ursprünglich sollte die Fahrt nach Deutschland und Polen mit unseren Söhnen auch dazu beitragen, die Erfahrungen der gemeinsamen Reise als Schlusskapitel einzubringen. Doch Abrahams Sohn kam leider nicht.

Nach intensiven Reisevorbereitungen, die meinerseits das umfangreiche Angebot des deutschen Google-Stichworts »*Schtetl*« mit umfangreicher Literatur, aber auch den Atlas des Holocaust von Martin Gilbert einschloss,[5] legten wir die Reiseroute ab dem 12. August fest: Landsberg, Nürnberg, Bayreuth, Wroclaw (das ehemalige Breslau), Leczyca, Lodz, Zwolén bei Radom, Krakau, Oswieciem (Auschwitz), Dresden und München. Die Wahl dieser Städte ergab sich aus der Geschichte unserer Familien.

Am 9. August landete Abraham in Mailand/l Malpensa, und meine italienische Familie war sehr gespannt darauf, ihn persönlich kennen zu lernen, zumal alle von mir über unsere Zusammenarbeit seit 1991 stets informiert worden waren. Da Abraham nie in Italien gewesen war, nutzten wir die Zeit vor unserer Abfahrt nach Deutschland und Polen, um ihm die Schönheiten des Comer Sees und des Lago Maggiore zu zeigen. Dabei sprachen wir auch immer wieder über die kommenden Reiseetappen. Abraham war sichtlich bewegt, zum ersten Mal nach Polen zu reisen, zumal ihm sein Vater auf Grund seiner schrecklichen Erfahrungen stets davon abgeraten hatte. Bei den gemeinsamen Stunden mit meiner Familie antwortete er auf komplexe theologische Fragen und Probleme wie den Gottesglauben bei Juden und Christen. Es ging ihm dabei immer um die Betonung der gemeinsamen Wurzeln und das gegenseitige Anerkennen der verschiedenen Gottesbilder. Er schloss auch die moslemische Welt mit ein und sprach über seine Erfahrungen, die er beim Zusammentreffen von Christen, Juden und Moslems in Portland/Maine gemacht hatte. In der offenen Diskussion zum Thema »charity« kam er zum Ergebnis, dass es zwischen den drei monotheistischen Weltreligionen keine wesentlichen Unterschiede gibt.

Erster Reisetag – 12. August 2005: Landsberg

Am 12. August fuhren wir vier bei herrlichem Wetter über den San Bernhard-Pass und Chur nach Lindau am Bodensee. Auch die Schweiz kannte Abraham noch nicht und war sichtlich beeindruckt. Unser erstes gemeinsames Mittagessen nahmen wir in der urbayerischen Lindauer Wirtschaft *Alte Post* ein. Eugenio, Alberto und ich bestellten Leberkäse und Bier, Abraham Salat und Mineralwasser, koscheres Essen achtend.

Auf der Fahrt nach Landsberg gab Abraham Alberto und Eugenio seinen Aufsatz über Landsberg *Die Stadt, wo der Holocaust geboren wurde* zu lesen.[6] Darin geht er auf den Judenhass der Landsberger im Mittelalter,[7] mehr aber noch auf Hitler und seine Zeit im Frühling 1924 ein. Die neun Monate der Edelhaft in der Feste Landsberg hatte Hitler genutzt, um Rudolf Heß den Hauptteil von *Mein Kampf* zu diktieren und mehr als 500 Besucher zu empfangen. 1934 machte er das Gefängnis zu einem nationalen Schrein, und 1937 wurde Landsberg »Stadt der deutschen Jugend«. Mit der Reichspogromnacht 1938 wurde Landsberg »judenfrei.« Dunkel war auch die Geschichte der Stadt während des Zweiten Weltkrieges, als Hermann Göring Landsberg 1944 als Standort für ein massives Kampfflugzeug-Projekt – bereits mit Düsenantrieb – unter dem Decknamen *Ringeltaube* und der Bezeichnung Me 262 wählte. Da Mussolini keine Zwangsarbeiter für dieses Projekt stellte, wurden 30.000 Zwangsarbeiter, vor allem Juden aus den KZs in Polen, deportiert. In der zweiten Hälfte des Jahres 1944 wurden diese Zwangsarbeiter – darunter rund 5.000 Frauen und Kinder – in elf neu errichteten Konzentrationslagern in und um Landsberg untergebracht. Diese Lager waren Nebenlager des KZ Dachau, und da sie sich in der Nähe von Kaufering befanden, wurden sie nach dieser Ortschaft benannt.

Erschütternd ist der Bericht des Luxemburger katholischen Priesters Jules Jost, der Gefangener in Dachau war, dem aber gestattet wurde, elf Reisen in die Unterlager Kaufering zu machen. Er beschrieb das Elend, das er dort vorfand und wo zwischen dem 8. Juni 1944 und Ende April 1945 etwa 12.000 bis 14.000 Menschen bitter hungerten oder im Sinn der »Endlösung« zu Tode geprügelt wurden. Der perverse Arzt Dr. Josef Mengele, berüchtigt auf Grund seiner medizinischen Experimente in Auschwitz, besuchte am 1. November 1944 Kaufering und schlug Pater Jost vor, die schriftliche Registrierung einzustellen und durch die schmerzhafte Nadeltätowierung zu ersetzen, wie sie in Auschwitz und anderen NS-Vernichtungslagern in Polen vollzogen wurde. Da Jost sich weigerte, verprügelte Mengele ihn in Gegenwart des ehemaligen Auschwitz-Aufsehers Aumeir. Beide fanden das sehr ergötzlich.

Weniger bekannt ist, dass zwischen 1945 und 1956/57 mehr als 1.000 überzeugte Nazi-Kriegsverbrecher für ein paar Jahre oder lebenslänglich in der Landsberger Feste untergebracht waren. Viele von ihnen sind auf dem Friedhof mit dem Beinamen »Friedhof der Namenlosen« bestattet. Diejenigen, die zum Tode verurteilt wurden, nannte man »Rotjacken«, weil sie von den anderen Gefangenen durch ihre roten Jacken unterschieden wurden. Unter ihnen war Oswald Pohl, verantwortlich für die systematische Ausplünderung der Juden in den Konzentrationslagern in Polen, eingeschlossen den Raub des Zahngoldes der Toten.

Außerdem waren dort Otto Ohlendorf, Leiter des Spezial-Tötungskommandos, Einsatzgruppe D, der mehr als 90.000 Juden, Roma und Sinti ermorden ließ, und Paul Blobel inhaftiert. Letzterer war Mitglied der Einsatzgruppe C gewesen und hatte das Massaker an den Juden von Babi Yar veranlasst.[8] Pohl, Ohlendorf und Blobel wurden am 7. Juni 1951 nach einem Gerichtsurteil der Alliierten aufgehängt.

Abraham erzählte uns auch vom Aufenthalt seiner Eltern im jüdischen DP-Camp von Landsberg, das am 11. Mai 1945 gegründet und am 15. Oktober 1950 geschlossen wurde.

Kurz bevor wir nach Landsberg hineinfuhren, berichtete er davon, dass seine Eltern im August 1945 nach Landsberg gekommen waren, wo sie zunächst in der Saarburgkaserne untergebracht wurden. Im jüdischen DP-Lager Landsberg wurde Abraham am 4. Mai 1946 geboren und lebte dort mit seinen Eltern bis zum November 1949, bis zur Emigration in die USA, die sich verzögert hatte, weil der Vater zuerst seine Erkrankung an Flecktyphus auskurieren musste.

Mit diesen Vorkenntnissen kamen wir im Hotel Goggl an, wo Hitler und seine »Getreuen der ersten Stunde« seinerzeit eingekehrt waren. Kurz nach unserer Ankunft trafen wir Franz Xaver Rößle, der mutig als parteiloser Oberbürgermeister von 1988 bis 2000 die Geschichte der Stadt Landsberg vor, während und nach dem Nationalsozialismus unter anderem in dem Buch *Zwischen Rathaus und Schmalzturm – Zeitgeschichtliche Souvenirs aus Landsberg 1986–2000*[9] thematisiert hatte. Spontan war er dazu bereit, uns die Plätze der jüdischen Geschichte der Stadt – und damit auch Orte aus Abrahams Kindheit – zu zeigen.

Der erste Weg führte uns zur Saarburgkaserne, die auch eng mit dem Namen des amerikanischen Colonel Irving Heymont, dem ehemaligen amerikanischen Militärbefehlshaber in Landsberg, verbunden ist. Heymont war wie Abraham an der Aufarbeitung der Geschichte der Stadt Landsberg im »Dritten Reich« sehr interessiert. Wir erforschten das Umfeld der ehemaligen Saarburgkaserne, deren Gelände heute mit Wohnblöcken neu bebaut ist. Nur bei genauem Hinsehen entdeckt man eine Gedenktafel und einige Straßenschilder, die an Heymont, Israel Beker, Viktor Frankl und Anne Frank erinnern und die dramatische Geschichte der ehemaligen Kaserne deutlich machen. Die schöne Villa, in der Heymont nach 1945 residierte, ist heute Privatbesitz. Dort gibt es keinen Hinweis auf ihre historische Bedeutung.

Wir fuhren dann zur ehemaligen Kiesgrube in der Nähe von Landsberg, wo die NS-Rüstungsindustrie in einer gigantischen unterirdischen Bunkeranlage Strahlkampfflugzeuge als »Endsieggeheimwaffe« unter dem Decknamen *Ringeltaube* entwickelt hatte. Heute befindet sich dort eine militärische Anlage der Bundeswehr, die man ohne Sondererlaubnis nicht betreten kann. Hinweise auf die NS-Vergangenheit sucht man vergebens. Schließlich besuchten wir die Landsberger Feste – immer noch Gefängnis – und fanden auch hier keine Hinweise auf Hitlers Haftzeit 1923/24. Ärgerlich, besonders deswegen, weil meine Großmutter Winifred wie bereits erwähnt 1923 das Papier für Hitlers *Mein Kampf* hierher geliefert hatte. Bis zu ihrem Lebensende war sie eine militante Anhängerin Hitlers (= »Onkel Wolf«) geblieben. Skurril, dass Abrahams Vater mit zweitem Vornamen *Wolf* hieß, wie er mir jetzt in Landsberg erzählte.

Es folgte der Besuch des jüdischen Friedhofs, wo ein Teil der NS-Opfer beerdigt ist. Zwei Meter daneben donnert der Autobahn-Verkehr – wenig Ruhe für trauernde Besucher.

Besonders unangenehm empfand ich den Besuch des »Friedhofs der Namenlosen«. Dort sind alle Namen, also auch die der NS-Verbrecher Pohl, Ohlendorf und Blobel und anderer Nazis, aber eben auch die Namen jüdischer Zwangsarbeiter, von den Kreuzen abmontiert worden. Man glaubt, durch diese Form der Namenlosigkeit die eigene NS-Geschichte »richtig« aufgearbeitet zu haben.

Ganz andere Eindrücke hatten wir beim Besuch des Mahnmals für die Opfer des Nationalsozialismus in Begleitung von Herrn Rößle, der unser Unbehagen bemerkte. Die Informationstafel am Mahnmal von 1994 gibt Zeugnis.

Nach dieser oft schmerzlichen Auseinandersetzung mit der Vergangenheit der Stadt Landsberg im »Dritten Reich« – und damit auch mit der Geschichte von Abraham und seinen Eltern – wurden wir von Franz Rößle und seiner Frau Evi in ihr Haus eingeladen. Dort beantwortete er uns noch offene Fragen und gab wichtige Literaturhinweise, so etwa auf das genannte Bändchen *Zwischen Rathaus und Schmalzturm*, das verdeutlich, wie sehr es ihm auch noch heute, nach seiner Zeit als Bürgermeister der Stadt Landsberg, um eine ehrliche Aufarbeitung der NS-Vergangenheit geht.[10] Hier fand ich im lesenswerten Nachwort Rößles ethische Positionen, die ich bei anderen deutschen Oberbürgermeistern in dieser Klarheit selten angetroffen hatte.

Während der Stunden im Hause Rößle wurde auch Alberto und Eugenio klar, wie eng allgemeine Geschichte und Familiengeschichte verknüpft sind. Der Nachfolger Rößles setzte die begonnene Arbeit nicht in gleicher Intensität fort. So bleibt in Landsberg noch viel zu tun, was nicht nur an medienträchtigen Gedenktagen wie im Jahre 2005 zu diskutieren ist.[11]

Zweiter Reisetag – 13. August 2005: Nürnberg – Bayreuth

Bei starkem Verkehr fuhren wir auf der Autobahn von Landsberg über München nach Nürnberg. An der wieder vollständig hergestellten mittelalterlichen Stadtmauer vorbei gelangten wir zu Alfred und Heide Grossmann. Alfred, Freund seit meiner Kindheit und sublimer Kenner deutscher und lokaler Geschichte, brachte uns mit dem Auto – am Hotel »Deutscher Hof« am Frauentorgraben vorbei, wo meine Familie Gast Hitlers gewesen war – ins Innere der gigantischen Ruine des unvollendeten Nazi-Kongresspalastes, der sich in seiner menschenfeindlichen Architektur am Kolosseum in Rom orientiert. Dann fuhren wir zum anderen Teil des Parteitagsgeländes in der Nähe des Dutzendteiches. Beim Parken auf der 60 Meter breiten und zwei Kilometer langen »Großen Straße« vor dem »Zeppelinfeld« stellte sich ein Parkwächter bei Abraham stolz als »Neffe Hitlers« vor. Abraham nahm es als skurrile Episode hin, mir fehlte in diesem Moment der nötige schwarze Humor. Wir liefen zum »Zeppelinfeld« (1935–1937), auf der Gegenseite des Dutzendteichs, wo Hitler auf seiner Ehrentribüne zur aufgepeitschten Volksmasse – 1938 waren es 1.600.000 Menschen – gesprochen hatte. Ich dachte an Hitlers und Großmutters Freundin Leni Riefenstahl und ihren Propagandafilm *Triumph des Willens*, der mit dem Vorspiel zum 3. Akt der *Meistersinger von Nürnberg* untermalt ist. Wir gingen zur Ehrentribüne Hitlers. Ich zeigte Abraham, Alberto und Eugenio, wo die Familie Wagner hautnahe bei »Onkel Wolf« als Ehrengäste der Nürnberger Parteitage gesessen hatte, und informiere meine ragazzi in Italienisch über die Nürnberger Rassengesetze von 1935, Julius Streichers *Der Stürmer* und die Nürnberger Prozesse der Alliierten von 1946–1949.

Dann fuhren wir zum Justizpalast im Westen, wo Herrmann Göring Selbstmord begangen hatte, um der Vollsteckung der Todesstrafe im Rahmen der Nürnberger Prozesse zu entgehen. Am 13. Oktober 1946 wurden Streicher und andere NS-Verbrecher hier im Innenhof hingerichtet.

Alfred, der unsere bedrückte Stimmung spürte, wies auf die großen Bemühungen der Stadt Nürnberg bei der Aufarbeitung der Nazivergangenheit seit 1945 hin. Nach Blicken auf die Lorenz- und Sankt Sebalduskirche, den Marktplatz und den »Schönen Brunnen« in der Nähe der Frauenkirche wich unsere Beklommenheit allmählich. Wir dachten auch daran, dass Nürnbergs Altstadt zu 90 Prozent von alliierten Bomben zerstört gewesen war. Nach Stunden intensivster Auseinandersetzung mit Nürnbergs Nazi-Zeit entspannte uns ein fränkisches Mittagessen in der Kaiserburg am Platz des Tiergärtnertors, in der Nähe des Dürerhaus. Die Diskussion drehte sich um Größe und Schrecken deutscher Geschichte, Politik und Kultur, die auch Wagner und Hitler einschließt. Nach dem herzlichen Abschied von Alfred und Heide, die großes Interesse an der bevorstehenden Reise nach Polen hatten, ging es auf der Autobahn in Eile und schweigsam nach Bayreuth.

Bayreuth

Bei mir stellte sich wie immer der Widerwillen ein, in meine Geburtsstadt zurückzukehren, was durch die Gegenwart von Abraham, Eugenio und Alberto gemindert wurde. Im Transmar-Hotel im Bayreuther Vorort Bindlach rauschten aufgeputzte Festspielgäste an uns vorbei, die in Hochstimmung zu einer *Lohengrin*-Vorstellung auf den Festspielhügel pilgerten. Sie wirkten auf mich wie Protagonisten einer Provinzoperettenveranstaltung. Mein Freund Eberhard Wagner machte mit uns eine Stadtrundfahrt. Erst ging es zum Villa-Wahnfried-Park. Ich gab kurze Hinweise zum so genannten Gärtnerhaus auf der linken Seite des einstigen Familienanwesens, wo ich im ersten Stock meine ersten sechs Lebensjahre verbracht hatte. Doch Schwerpunkt meiner Erklärungen war das Verhältnis von Hitler und den Wagners (1923 bis 1945) am Beispiel des Führeranbaus am Siegfried-Wagner-Haus aus verschiedenen Perspektiven: erst von der Stadtseite der Richard-Wagner-Straße und vom eigentlichen Wahnfried-Garten mit dem Springbrunnen, dann von der Liszt-Straße mit dem Liszt-Museum aus. Hitler und meine Großmutter waren wieder einmal allgegenwärtig.

Bei diesen historischen Spaziergängen stieg mein Unbehagen, und ich dachte über die »zweite Schuld« (Giordano) der eigenen Familie und der Mehrheit der Bayreuther Bürger und Politiker nach. Statt ehrlicher Aufarbeitung wird es weiter um lukrative Geschäfte des Wagner-Tourismus gehen. Daran wird auch der Wechsel auf dem Stuhl des Oberbürgermeisters von Bayreuth (2006) nichts ändern.

Dann fuhren wir zum Festspielhügel und gingen zur völkischen Wagner-Büste von Hitlers Lieblingsbildhauer Arno Breker (1957) im Park des Festspielhügels – seither beliebter Fotohintergrund für unwissende Touristen. Ich erzählte Abraham, Eugenio und Alberto die Episode, wie ich als Teenager die Büste rot angestrichen hatte. Wir lachten, und Abraham machte das obligatorische Profilfoto der »Nasenbären« Richard Wagner und des nestbeschmutzenden Urenkels Gottfried, was ich nur bei ihm akzeptieren konnte.

Über die Siegfried-Wagner-Allee ging es zur anderen Seite des Festspielparks, vorbei an der wuchtigen Cosima-Wagner-Büste von Breker; hinter ihr liegt der festungsartige Garten und die Villa meines Vaters und seiner zweiten Familie. Mein Kommentar: »Hier wohnte ich von 1956 bis 1975, aber« – zu Eugenio blickend – »unser Zuhause ist Cerro Maggiore«.

Ein Rundgang führte um das Festspielhaus mit meinen historischen Erklärungen – vor allem zur Familienloge im Königsbau. Hier thronten Hitler und die Familie Wagner. Eine mir unbekannte Dame in Festspielverkleidung grüßte mich plump mit Vornamen – es wurde Zeit für mich, die Tatorte der Wagners zu verlassen. An den Alibi-Plaketten für die im »Dritten Reich« ermordeten Wagner-Sängerinnen vorbei gingen wir zum Auto und fuhren zurück in die Bayreuther Innenstadt. Da Abraham nicht Shabbes begehen konnte, machten wir kurz Halt vor der Bayreuther Synagoge, die nur wegen der Nähe zum wunderschönen Markgräflichen Opernhaus in der Pogramnacht von 9. zum 10. November 1938 nicht niedergebrannt worden war. Nach Bayreuther Klößen waren wir wieder etwas entspannter. Herzlich verabschiedeten wir uns vom krisenfesten und einfühlsamen Freund Eberhard, der meinen Wunsch, Bayreuth immer so schnell wie möglich wieder zu verlassen, seit Jahrzehnten versteht.

Dritter Reisetag – 14. August: Wroclaw

Früh fuhren wir bei Nieselregen über Hof, Dresden und Bautzen zum deutsch-polnischen Grenzübergang in der Nähe von Gierloz, dem ehemaligen Görlitz.

Während der Fahrt führte Abraham Eugenio und Alberto in die jüdisch-polnische Geschichte des 20. Jahrhunderts ein – mit der Gründung der Republik Polen unter der autoritären Führung des Marschalls Pilsudski mit all den wirtschaftlichen, sozialen und ethnischen Problemen. Ein Drittel der Staatsbürger bestand aus Nicht-Polen (Deutschen, Ukrainern, Weißrussen, Juden und Litauern). Diese Minderheiten forderten die gleichen

Rechte, die die Polen 140 Jahre lang zu erreichen gesucht hatten. Im 1939 von den Deutschen besetzten Polen waren von 10,6 Millionen Einwohnern 87 Prozent Polen, 6,6 Prozent Deutsche und 6,4 Prozent Juden. Die Ereignisse des deutschen Eroberungskrieges warfen gewaltige Schatten: Ein Fünftel der Bevölkerung Polens wurde von Deutschen und ausländischen Helfern ermordet.[12] Polen hatte 1939 mit 3.460.000 Juden die größte jüdische Bevölkerung Europas gehabt, wovon nur 250.000 überlebten. Abraham wies auch auf den polnischen Antisemitismus und Nationalismus – »Polen den Polen« – Ende der 1930-Jahre und auf die Nationalen Demokraten (Endeks), aber auch auf die stockkonservative katholische Kirche mit Kardinal Hlond hin, der 1936 öffentlich erklärte hatte: »Die Juden sind Betrüger und Sklavenhändler«.[13]

Schwer verdaubare Details für die jungen Katholiken Eugenio und Alberto, aber auch für mich. In einer Art von Schutzreaktion wiesen wir auf Papst Johannes Paul II. hin, den einstigen Erzbischof von Krakau. Abraham würdigte ihn als den großen Revolutionär gegen den polnischen, deutschen und internationalen Antisemitismus. Sein Weg des christlich-jüdischen Dialogs ist für uns vier unbestritten, verpflichtend und zukunftsweisend.

Kurz vor unserer Einfahrt nach Wroclaw stellte Abraham Fragen nach der individuellen Verantwortung in Zeiten des Nazi-Terrors. Wie hätte man sich verhalten, wenn man damals gelebt hätte? Können wir aus der Geschichte lernen? Ich konnte das Schweigen von Eugenio und Alberto verstehen, da ich es zu schwer für die beiden Zwanzigjährigen fand, darauf zu antworten.

Dank Abrahams Polnisch fanden wir in der Nähe des Hauptbahnhofs von Wroclaw das Hotel Polonia in der Pilsudskiego-Straße. Mit Erleichterung bezogen wir freundliche Zimmer in einem Umfeld, das noch immer Spuren kommunistischer Diktatur aufweist. Wir sprachen selbstkritisch über unsere Vorurteile gegenüber Osteuropäern, auch über die Notwendigkeit, unsere Balance zwischen dunkler Vergangenheit und polnischer Gegenwart zu finden, um fair mit den Menschen umzugehen, denen wir begegnen würden. Bei unserem Spaziergang vom Hotel in die Altstadt und zur Odra/Oder sahen wir Reste zerstörter Ruinen und heruntergekommene Häuser aus deutscher (70 Prozent der Stadt als Nazi-Feste wurden 1945 zerstört) und kommunistischer Vergangenheit. Der Kontrast zwischen heruntergekommenen Außenfassaden in leeren Straßen und dem Inneren des völlig überfüllten westlichen Glamour-Einkaufszentrums war überwältigend. Es gabt nichts, was es nicht gab, und auch die Preise waren dort wie in Westeuropa. Beim Cappuccino trafen wir auf viele freundliche junge Polen, die gerne ihre Englischkenntnisse erprobten. Dem negativen Eindruck, den die Baurelikte aus dunklen Zeiten deutsch-polnischer Geschichte machten, stand der Glanz der liebevoll renovierten Innenstadt gegenüber. Besonders auffällig waren die prächtigen Fassaden am Rynek mit dem bunten Naschmarkt. Ein ukrainisches Ziehharmonika-Trio spielte Vivaldi, Bach und Beethoven wie ein volles Orchester so ergreifend, dass wir ganz vergaßen, wo wir waren.

Im Straßenteil des Restaurent »Karczma Lwowska« genossen wir unsere ersten Pierogi, die köstlichen Teigtäschchen, mit einem Bier. Todmüde fielen wir ins Bett.

Vierter Reisetag – 15. August 2005: Leczyca – Lodz

Vor dem Frühstück gab ich Eugenio Hinweise zur Geschichte der Juden Polens und erwähnte die Teilungen Polens 1772, 1793 und 1795 und durch den Wiener Kongress 1815 mit der Folge, dass ein großer Teil Polens und Litauens an Russland fiel, ein Land, das seit dem Mittelalter den Juden die Ansiedlung verweigert hatte. Ich übersetzte aus Monika Grübels kleinem Band *Judentum*:

»So kam es zur Errichtung des Ansiedlungsrayons von Katherina II., um eine Ausbreitung der Juden über ganz Russland zu vermeiden. Damit wurde das Wohnrecht der Juden auf das Gebiet von der Ostsee im Norden bis zum Schwarzen Meer im Süden, von Kalisch im Westen und Minsk und Kiew im Osten eingeschränkt. Diese Ausgrenzung galt bis zum Ersten Weltkrieg.« Und weiter: »Nach dieser Zeit wurden die meist auf dem Land lebenden Juden zwangsweise in die Städte umgesiedelt und so um ihre bis dahin möglichen Berufausübungen und Einnahmequellen gebracht. Gewerbe und Handel durften sie von nun an nur noch untereinander und füreinander treiben. Diese Bestimmungen förderten die Herausbildung des osteuropäischen Schtetls: eines Ortes der Armut, in dem sich eine spezifische jüdische Kultur und Religiosität entwickelte.«[14]

Weitere Erklärungen wollte ich Abraham als dem Experten für jüdische Geschichte überlassen, zumal wir uns bewusst waren, dass mit diesem Tag ein anderer, wesentlicher und viel schmerzlicherer Teil der Familiegeschichte Abrahams in den Vordergrund treten würde.

Bei morgendlichem Nieselregen ging es über leere, holprige Straßen mit Umleitungen wegen ständiger Baustellen in Wroclaw auf intakten Landstraßen durch eine ganz von Agrarwirtschaft geprägte Landschaft über Olesinca, Syncow, Kepno, Sokoliniki, Zapole, Sieradz in Richtung Lodz, aber erst nach Leczyca, wo Abrahams Vater Shalom Peck geboren wurde und gelebt hatte. Abraham informierte Eugenio und Alberto während der Fahrt über das polnischen Schtetl, die Schule, den Chedder, die Bildung und Thora-Gelehrsamkeit, den osteuropäischen Chassidismus, der das Gebet betonte und damit das Talmud-Studium nicht mehr als ausschließlich jüdisch-religiöses Ideal ansah.[15] Er nannte einige der Schtetl wie Brozozow, Lesko, Bircza, Sanok, Dynow und viele andere.[16] Aber er gab auch immer wieder wichtige Hinweise zur polnischen Geschichte, so zum 28. September 1939, also der Aufteilung Polens durch Hitler und Stalin sowie Litauens Einverleibung der Region von Wilna. Die Folge war, dass mehr als eine Viertelmillionen Juden auf der Großdeutschen Seite mit dem General Gouvernement für zwei Monate auf die Sowjetische Seite flohen, bis diese geschlossen wurde. Damit begann der erste groß angelegte deutsche Terror gegen Juden in Polen, eine Vorstufe der späteren »Endlösung«.

Wir waren in der polnischen Tiefebene und tasteten uns langsam zum Stadtringverteiler von Lodz Richtung Zgierz vor. Endlich kamen wir in Leczyca an, der ersten entscheidenden Etappe für Abraham auf der Suche nach der eigenen Familiengeschichte. Eugenio, Alberto und ich wurden immer schweigsamer, denn wir wussten, von nun ab würde Abrahams erste Reise nach Polen zu den Städten seiner Familien immer schmerzlicher werden. Wir trafen nach langer, mühsamer Fahrt in Leczyca am Fluß Bzura ein. Heute leben dort, in der einstmals mächtigen Hauptstadt eines unabhängigen Fürstentums, lediglich rund 16.000 Einwohner. Wenig ist übrig geblieben. Wir hielten in einer der Straßen, und Abraham sprach auf Polnisch einen älteren Herrn auf dem Fahrrad an, der uns ins Stadtinnere lotste.

Im Zentrum des Hauptplatzes steht das alte Rathaus. Die kleinen einstöckigen Häuser erinnerten mich an die ehemalige K.u.K.-Architektur. Abraham entdeckte die Judengasse und damit die Straßen, in denen die Familie seines Vaters einst gelebt hatte. An den Wänden – obwohl es dort keine Juden mehr gibt – antisemitische Schmierereien. Uns war nicht wohl, wir schwiegen.

Wir überquerten den Rathausplatz und wollten in das neue Rathausverwaltungsgebäude, das geschlossen war. Erst später begriffen wir, warum: am 15. August wurde im katholischen Polen wie in Italien der wichtige Feiertag Mariä Himmelfahrt begangen. Enttäuscht darüber, dass wir keine weiteren Familienrecherchen machen konnten, ging ich in ein Seitengebäude der großen Hauptkirche von Leczyca und traf auf freundliche junge polnische Katholiken, denen ich mich, mit Händen und Füßen sprechend, als catolico italiano vorstellte. Das zeigte Wirkung. Sie wiesen auf das Pfarrhaus auf der anderen Seite des großen Kirchgartens hin. Wir klingelten und wurden vom Priester und Prälaten Luczak Zbigniew herzlich in seine Amtstube zu Tee und Keksen gebeten. Stichworte wie Johannes Paul II. und Italien halfen zwar, einen Kontakt herzustellen, doch verstand er nur ganz wenig Englisch. Das Empfehlungsschreiben des polnischen Generalkonsulats in Boston für Abraham, in dem der Grund unserer Reise genau umrissen wurde, tat ein weiteres. Luczak verstand unsere Anliegen und schenkte Abraham einen großen Band zur Geschichte der Stadt, in dem jedoch die Geschichte der Juden von Leczyca nicht erwähnt ist. Polen, Deutsche und Juden – wie viel ist noch zu tun!

Von Leczyca fuhren wir weiter nach Lodz. Mit viel Glück fanden wir das Hotel Savoy in der Traugutta 6, einer direkten Querstraße zur einstmals eleganten Piotorkowska-Straße in der Fußgängerzone, die im Norden auf den Plac Wolnosci, den Freiheitsplatz, führt. Wir wurden freundlich empfangen, vor allem durch Mazgorzata Chrzanowska, eine gebildete Polin, etwas jünger als wir, mit der wir offen über den Grund unserer Reise sprachen. Sie war ganz offensichtlich an unserer Thematik interessiert und gab uns zu verstehen, dass sie regelmäßig jüdische Gäste aus aller Welt betreut hatte, die wie Abraham auf den Spuren der eigenen Familiengeschichte nach Lodz kamen. Ein Glücksfall für uns. Abraham fragte sie sofort, ob sie uns wesentliche Örtlichkeiten der jüdischen Geschichte von Lodz zeigen wolle, womit sie einverstanden war. Wir verabredeten uns für den nächsten Morgen an der Rezeption.

Bei der Rückkehr vom bewachten Parkplatz traf ich auf einen Laden, der Bücher und CDs verkaufte, schräg gegenüber dem Hotel Savoy. Ich trat ein und suchte nach Büchern zur polnisch-jüdischen Geschichte, fand aber viel mehr über die deutsche Besetzung Polens während des Zweiten Weltkrieges. Ich sprach mit einer jungen Frau, die dort bediente. Sie sprach etwas Englisch und bemerkte mein besonderes Interesse am Zweiten Weltkrieg. Ich wollte von ihr wissen, wie viel ihre Generation von jüdisch-polnischer Geschichte und über Juden in Lodz wusste. Sie wurde etwas unsicher und sagte, dass immer mehr Interesse bestünde. Dabei gab sie mir die CD der *Cracow Klezmer Band* mit dem Titel *De Profundis.* Auf der Plattenhülle wirbt man mit »Radical Jewish Culture«. Ich kannte diese Band von einem Konzert in Straßburg, ließ mir die CD zurücklegen und ging ins Hotel, um Abraham, Eugenio und Alberto den Laden zu zeigen, wo sie sich nun intensiv umsahen. Auch Abraham unterhielt sich mit der jungen Frau, nachdem wir zwei CDs gekauft hatten. Jüdische und jiddische Kultur als Touristenattraktion also auch in Lodz nach alldem, was hier passierte? Wir spazierten auf der Piotrkowska-Straße in der Fußgängerzone, und Abraham vermittelte unseren ragazzi erst einmal die allgemeine Geschichte von Lodz – vor allem die des 19. Jahrhunderts, die besonders ab 1825 für unsere Reise wichtig war, genauer: die Niederlassung von Leinenwebern und jüdischen Kaufleuten. Bis 1914, also bis zum Beginn des Ersten Weltkriegs, wuchs die Bevölkerung von 20.000 im Jahre 1845 bis zu 500.000 an, und davon war ein Drittel jüdischen Glaubens, etwa 50.000 waren Deutsche. Das polnische Manchester also mit bedeutenden Fabrikanten und Bankiers wie Poznanski, Rosenblatt, Stiller oder Barcinski prägten das dynamische Wirtschaftsleben von Lodz. Im Eroberungskrieg der Deutschen 1939 wurde Lodz in Litzmannstadt umbenannt, und rund 200.000 Lodzer Juden wurden im Lodzer Ghetto oder in den Vernichtungslagern der Deutschen ermordet.

Bei unserer Standrundgang kamen wir am Grand Hotel vorbei, wo Joseph Roth 1924 zu seinem weltberühmten Roman *Hotel Savoy* inspiriert wurde. Aber ich dachte auch an seinen Essay *Juden auf der Wanderschaft* (1927), in dem er das Leben in den Schtetl liebevoll beschreibt, gar nicht zu reden von dem Roman *Hiob und Tarabas* – sie vermitteln höchst eindrucksvoll ostjüdische Kultur.

Abraham wies auf den jüdischen Schriftsteller und Lyriker Julian Tuwim hin, als wir auf die Juliana Tuwimma Straße stießen. Eine kleine Gedenktafel für ihn verschwindet fast ganz neben der Werbung für Hotdogs und Hamburger.

Wir fanden auch eine Bronzestatue von Artur Rubinstein mit Klavier und Stuhl, wo man gegen zwei Sloti Chopin in der Interpretation des weltberühmten Pianisten hören kann – falls der Spielautomat funktioniert.

Ich wies auf das bunte Gemisch von Jugendstil- und Neobarock-Häusern hin, die mich beeindruckten, auch wenn noch viel an ihnen instand zu setzen ist. Pulsierendes kulturelles Leben mit Theater, Galerien, Ausstellungen und Veranstaltungen. Wir hatten viel zu wenig Zeit, um das alles zu sehen. An der Wand eines Hauses, in einem kleinen Seitenpark waren Gemälde zeitgenössischer Maler zur Geschichte zu sehen, Rubinstein am Klavier, darunter aber auch eine Darstellung – rechts ein Jude im Kaftan, links ein Roma und in der Mitte hinten ein Fiddler – vor einem Innenhofeingang, der aber auch beunruhigende Assoziationen zur Shoah hervorruft. Unzumutbar war antisemitisches Geschmiere neben dem Juden in Kaftan, das aber offensichtlich niemanden störte. Hatte ich ein Recht, mich darüber zu beschweren? Wieder zurück auf der nun fast leeren Piotorkowska-Straße suchten wir nach einer Kneipe, denn Eugenio und Alberto waren sichtlich bewegt, aber auch hungrig nach so vielen oft beängstigenden Informationen und Eindrücken. Nach einer Pizza fielen wir todmüde ins Bett.

Fünfter Reisetag – 16. August: Lodz – Radom

Ein verregneter Morgen. Ich bereitete meine ragazzi in ihrem Zimmer auf den bevorstehenden Tag vor, und wir lasen zusammen aus dem italienischen Reiseführer des Touring Clubs Italiano, der wesentlich genauer ist als der deutsche, oft oberflächliche ADAC-Reiseführer über Polen. Was dort fehlt, ergänzte ich durch die Vermittlung von Fachliteratur in Form von Büchern und Websites, darunter auch die folgende Passage aus dem Taschenbuch *Lodzer Judaica*:

»Mitte 1941 entschied die nationalsozialistische Führung, die jüdische Bevölkerung im Warthegau vollständig und unmittelbar zu ermorden. Alle vorausgehenden Aktionen hatten den Charakter von Vorbereitungshandlungen. Die mittelbare Vernichtung der in den Ghettos zusammengepferchten Juden (darunter auch der Juden im Ghetto Litzmannstadt) nahm unterschiedliche Formen an und hatte einen bestimmten Charakter. Erreicht wurde dieses Ziel vor allem durch die Sklavenarbeit, durch den allgegenwärtigen Hunger, durch die entsetzlichen hygienischen Verhältnisse und durch die unvorstellbare Zusammendrängung einer großen Menschengruppe auf einer kleinen Fläche. Die Formen der mittelbaren Vernichtung führten zum Zusammenbruch der Lebenskraft – und zwar sowohl der körperlichen wie der seelischen Kraft – von mehr als 43.000 Bewohnern des Ghettos.

Und doch löst die geplante und skrupellos durchgeführte unmittelbare Vernichtung bis zum heutigen Tag Entsetzen aus. Der Massenmord begann zur Jahreswende 1941/1942, und zu seinem Schauplatz wurde die kleine Ortschaft Chelmno am Ner bei Koto. An diesem Ort wurden von Dezember 1941 bis Herbst 1942 mehr als 200.000 Menschen, darunter ungefähr 85.000 Bewohner des Ghettos Litzmannstadt, in Gaswagen ermordet. Als die ›Kapazität‹ dieses Vernichtungslagers im Sommer 1944 nicht mehr ausreichte und die Ostfront und die Rote Armee sich bereits der Weichsellinie näherten, begannen die nationalsozialistischen Besatzungsbehörden, für Auschwitz bestimmte Transporte zu organisieren. Im Verlauf dieser im Zeitraum von Juni bis August 1944 durchgeführten Aktion gelangten aus dem Ghetto Litzmannstadt ungefähr 70.000 Juden in das Konzentrationslager Auschwitz-Birkenau. Der größte Teil von ihnen wurde dort in den Gaskammern ermordet, und eine Teilgruppe wurde später in die Konzentrationslager Gross-Rosen, Stutthof und Ravensbrück verlegt. Einer der letzten Transporte (mit ungefähr 600 Personen) wurde direkt aus Lodz in das Reichsinnere gebracht. Nach den neuesten Forschungen haben die Juden dieses Transports wie auch fast 12.000 Menschen aus dem Ghetto Litzmannstadt, die seit dem Sommer 1944 in einer Reihe von Konzentrationslagern inhaftiert waren, den Holocaust überlebt und sind befreit worden. Die Liquidierung des Ghettos Litzmannstadt wurde am 30. August 1944 abgeschlossen. Trotzdem haben sich bis Januar 1945 (also bis zum Einrücken der Roten Armee in Lodz) ungefähr 30 Personen auf dem Gelände des früheren ›Wohngebiets der Juden‹ verborgen, und das aus fast 830 Juden bestehende und von den Deutschen bei der umfassenden Aneignung des früheren Besitzes der Juden verwendete sogen. ›Aufräumungskommando‹ war dort offiziell verblieben. Auch sie sollten alle liquidiert werden, dieses Vorhaben wurden jedoch durch den schnellen Verlauf der sowjetischen Januar-Offensive vereitelt. Auch sie sind also glücklicherweise bis zur Befreiung am Leben geblieben. Verantwortlich für den Holocaust in Lodz sind der Gauleiter des Warthelandes Arthur Greiser und der Chef der Gestapo und Oberbürgermeister von Litzmannstadt Otto Bradfisch, der unmittelbare Exekutor seiner Befehle, der Leiter des Judenreferats der Gestapo Günter Fuchs und vor allem Hans Biebow, der Leiter der Ghettoverwaltung in Litzmannstadt. Sie haben die ›Endlösung der Judenfrage‹ vorbereitet und skrupellos durchgeführt. Die vollständige Vernichtung der

Juden im okkupierten Westen Polens war eindeutig die Folge ihrer verbrecherischen Tätigkeit. Auch aus der Stadt Lodz sind die Juden für immer verschwunden.«[17]

Wir wussten, heute stand ein schwerer Tag für Abraham bevor. Mit Mazgorzata gingen wir in Lodz auf die Suche nach Spuren jüdischer und familiärer Geschichte der Vorfahren Abrahams und kamen am neobarocken Israel Poznanski-Palais vorbei, einem der ehemals größten Textilzentren Polens, wo sich heute das stadtgeschichtliche Museum *Historii Miasta* befindet. Dann kamen wir zum Distrikt des Ghettos Lodz mit all seinen erschreckenden Erinnerungen an den Terror der deutschen Besatzungsmacht in KZ Litzmannstadt von 1940 bis 1944. Schweigsam fuhren wir zum Fischmarkt im Stadtteil Baluty im Stadtpark und dem Moses-Denkmal. Die Spuren des ehemaligen Ghettos sind fast verschwunden und nur durch viel Vorwissen zu finden, was uns Abraham und Magorzata, die sich gut ergänzten, vermittelten.

Wir kamen zur Franciszkanska-Straße 56 und standen schweigend vor dem Haus, in dem Abrahams Vater gelebt hatte. Abraham zog sich immer mehr in sich zurück, fotografierte und konnte kaum mehr Hinweise geben, zu groß war der Schmerz für ihn bei der ersten Begegnung mit jüdischer und eigener Familienvergangenheit. Ich ging in den Hinterhof des heruntergekommenen, trostlosen Mietshauses, fand ein einstöckiges Gebäude und dachte an die Menschen, die dort von 1940 bis 1944 lebten, und wurde traurig. Dann gingen wir zur jüdischen Gemeinde in der Pomorska-Straße 18. Wir trafen den dortigen orthodoxen jungen Rabbi Simcha Keller, der von seiner Arbeit in der nur 400 Mitglieder umfassenden Gemeinde berichtete. Mit 35 Prozent der gesamten Bevölkerung war Lodz einmal die zweitgrößte jüdische Stadt Europas gewesen! Der Rabbi berichtete vom Gemeinderecht der Juden, das ihnen erst seit dem 20. Februar 1997 gesetzliche Autonomie und Unabhängigkeit garantiert. Seine Arbeit ist uferlos, denn es geht dabei nicht nur um die Wiedererrichtung des zerstörten jüdischen Lebens in Lodz, sondern auch um endlose rechtliche Probleme z. B. bei Besitzfragen, die in erster Linie mit dem »Dritten Reich«, aber auch mit der kommunistischen Zeit zu tun haben. Wir trafen auf Dorota Laskoska, Mitarbeiterin der Jüdischen Gemeinde, Board und Monumentum Iudicaum Lodzenze Foundation, die uns in ihr Büro führte, freundlich Auskünfte erteilte und reich mit Büchern beschenkte.

Wir besuchten die kleine, sehr schöne, schwer zu findende und einzig übergebliebene Reicher Synagoge in einem Hinterhof! Die Erinnerung an die vier großen Synagogen: Alte Szil, Dojcze Szil, Wolyner Szil und Wilke Szil, die es nicht mehr gibt. Ich schämte mich für deren Zerstörung.

Mazgorzata erinnerte uns an den nächsten Besuchsort: das Stadtarchiv im neoklassizistischen ehemaligen Rathaus am großzügig angelegten achteckigen Freiheitsplatz, dem

Plac Wolnosci, wo sich wichtige gerettete Materialien zur jüdisch-polnischen Geschichte befinden. Wir ließen Abraham für Recherchen über die Shoah und seine Familiengeschichte dort und halfen der liebenswerten Mazgorzata, ihren Tag so zu organisieren, dass sie mit uns zum großen jüdischen Friedhof fahren konnte. Ohne sie hätten wir das oft zu intensive Programm in so kurzer Zeit nie geschafft. Dann ging es zum Polizeigebäude in Richtung des ehemaligen Bahnhofs Radegast, wo Abrahams Vater von polnischer Polizei und deutschen SS-Männern gequält worden war.

Geschockt besichtigten wir den Deportationsbahnhof in die Höllen von Auschwitz-Birkenau, Groß-Rosen, Sachsenhausen, Ravensbrück, Kulmhof am Ner und Stutthof: wieder ein besonders schmerzlicher Teil der Geschichte der Familie Peck. Eugenio, Alberto und ich standen vor einer Lokomotive und Waggons der Deutschen Reichsbahn und begaben uns ins Innere eines Waggons – Entsetzen!

Wir besichtigten auch den Cmentarz Zydowski, den riesigen jüdischen Friedhof (41 ha), vier Kilometer vom Zentrum an der Bracka-Straße 40. Hier reihen sich 160.000 Grabsteine aus der Zeit von 1893 bis 1939 aneinander – viele sind von großem kunsthistorischem Wert, vor allem die im Jugendstil. Beeindruckend ist das Mausoleum Poznanskis, das gerade wieder hergerichtet wurde. Aber auch dieser Besuch war schmerzlich, denn Abrahams Vater war hier gezwungen worden, als jüdischer Zwangsarbeiter die Leichen ermordeter Juden zu bestatten. Schweigsam traten wir den Rückweg an, am Grab der Eltern von Arthur Rubinstein vorbei. Abraham litt sichtlich.

Still gingen wir nach der Besichtigung dieser Plätze ins Restaurant Anatevka, in einer Querstraße der Ul. Piotorkowska. Das gute Essen und etwas musikalische Nostalgie mit Klezmermusik, von einer jungen Geigerin vorgetragen, entspannten uns ein wenig. Wir verabschiedeten uns herzlich von Mazgorzata. Langsam und müde fuhren wir zurück in die Peripherie von Radom ins Hotel Gromada. Nach dem schnellen Abendessen gingen wir sofort auf die Zimmer, ich machte ein paar Notizen, dann folgte der ersehnte Schlaf.

Sechster Reisetag – 17. August: Zwolen und Krakau

Wie immer waren wir früh unterwegs – von der Nordperipherie Radoms aus Richtung Lublin nach Zwolen, dem Ort der Familie von Abrahams Mutter. Wir gingen ins Rathaus des kleinen, regsamen Ortes, der gerade selbstbewusst verschiedene Jahrestage seiner Geschichte feierte, wie man einem Faltblatt und Stadtplan entnehmen konnte. Wir trafen auf einen freundlichen Empfang und die Bereitschaft, trotz Sprachproblemen zu helfen.

In einem Faltblatt weist der Ort stolz auf seine Website,[18] seine öffentliche Bibliothek und zwei Museen hin, nützliche Hinweise für Abrahams Suche nach Informationen über die in der Shoah ermordeten Verwandten und die Generationen, die vor dem Einfall der Deutschen dort gelebt hatten. Abraham legte wieder das Empfehlungsschreiben des polnischen Generalkonsulats vor. Ein liebenswerter Herr der Verwaltung konnte keine konkreteren Details im Einwohnerregister zur Familie der Mutter, der Koltons, finden, versuchte es aber nun anders, gab uns einen Stadtplan mit und brachte uns zu Stephan Kwapisiencz in der Swa-Jana-Straße.

Stephan Kwapisiencz ist Anfang achtzig, offen und sprach ein wenig Deutsch. Er berichtete aber dann in Polnisch sehr bewegt vom September 1939 und der schrecklichen deutschen Besetzung Zwolens. Abraham versuchte, genauere Informationen über die Lage der Wohnung von Mutter Anna und ihrer Familie in Zwolen herauszufinden. Stephan wies auf das Eckgrundstück zwischen der Sw. Jana und Krakowska-Straße hin. Er erinnerte sich an Anna und ihre Verwandten. Ich blieb noch einen Moment bei ihm. Er versuchte, mit Tränen in den Augen und mit ein paar Worten in Deutsch von der Deportation der Familie der Mutter zu berichten. Bewegt verließ ich das Haus und eilte Abraham nach, der bereits das Grundstück seiner Familie gefunden hatte und fotografierte.

Heute steht darauf ein modernes Familienhaus. Abraham klingelte nicht. Wir gingen dann ins regionale Museum von Zwolen und wurden sehr offen von der Direktorin Elszbieta Nowakowska und ihren Mitarbeitern begrüßt, die uns stolz in ihrer Website surfen ließ.[19] Man war gut informiert und kannte alle nur denkbaren Internet-Verbindungen zum Thema der Vernichtungslager.[20]

In der Tat schien hier eine andere Zeit angebrochen, geprägt vom starken Willen, die eigene, polnische, deutsche und jüdische Geschichte aufarbeiten zu wollen. Nichts wurde hier verschwiegen: man fand nicht nur wesentliche Informationen zu allen Vernichtungs- und Konzentrationslagern im »Dritten Reich« in Deutschland, Europa und Polen, sondern man stellte dort auch Fotos der Deportationen der Zwolener Juden am 17. September 1939 aus. Man beschwor gemeinsame Solidarität, um endlich aus der leidvollen Geschichte zu lernen. Sehr versöhnlich fuhr man zum Ort des ehemaligen Friedhofs in der Chopina-Straße. Vom Waldfriedhof war nichts mehr zu sehen. Man berichtete, dass die deutschen Besatzer die Grabsteine einfach zum Straßenbau verwendetet hatten, und versprach, einen Gedenkplatz mit den drei noch verbliebenen Grabsteinen zu machen. Wir stellten in Aussicht, zur Einweihung zu kommen, und tauschten beim herzlichen Abschied Adressen aus.

Es ging zurück nach Radom, wo wir leider wegen des längeren Aufenthalts in Zwolen nicht mehr halten konnten. Ich erzählte Abraham kurz vom heroischen Bericht meines Vaters Wolfgang in seiner Autobiographie, wie er als privilegierter NS-Soldat und Liebling des Führers in Radom gewesen war, und verglich damit Abrahams Beschreibung der Todesangst seines Vaters vor dem deutschen Besatzungsterror. Auf unserem Weg nach Krakau machten wir Halt im polnischen Widerstands- und Militärmuseum in der Nähe des bekannt brutalen Arbeitskonzentrationslagers Skarzysko-Kamienna, in dem Vater Shalom besonders gelitten hatte. In einer kleinen Ecke des Museums gibt es wenige Hinweise zur Judendeportation, aber keinerlei Hinweise auf das KZ.

Auf der Reise nach Krakau erzählte uns Abraham von der Flucht seines Vaters aus diesem Arbeitslager nach Czetochowa/Tschenstochau, wo er sich mit Unterstützung von Priestern bis zu seiner weiteren Deportation verstecken konnte. Müde kamen wir am späten Nachmittag in der Malapolska [Kleinpolen], der fruchtbaren Region im Südosten Polens und dann in Krakow/Krakau an. Dass diese Stadt im Jahre 2000 den Titel einer europäischen Kulturhauptstadt verliehen bekam, ist leicht verständlich. Die Schönheit der Altstadt und des historischen Zentrums am Nordufer der Weichsel mit dem Planty (Park) begeisterten uns.

Wir waren in einem malerischen Gästeappartement direkt neben der Rynek Glowny, dem großen Rathausplatz, untergebracht, der überbevölkert von Touristen aus aller Welt war. Bevor wir uns die Stadt genauer ansahen, bereitete ich die ragazzi auf den Rundgang vor, vor allem, was die jüdische Geschichte betraf, da Abraham nach Zwolen eine Pause brauchte. Der Stadtteil Kazimierz, der 1335 zunächst als eigene Stadt gegründet wurde, war ein typisch osteuropäisches Stetl mit überwiegend jüdischer Bevölkerung. Erst 1791 wurde es nach Krakau eingemeindet. Auch hier ist die Geschichte der Juden die einer endlosen Verfolgung bis zur Vernichtung mit dem Ausbruch des Zweiten Weltkrieges und der Besetzung Polens. 1494 mussten alle Juden Krakaus nach Kazimierz umziehen und konnten erst 1815, also zur Zeit der Krakauer Republik, ihren Wohnsitz wieder frei wählen.[21] 1939 lebten dort 70.000 Juden, doch nur rund 12.000 überlebten das »Dritte Reich«. Die deutschen Besatzer wollten – ähnlich wie in Prag – Kazimierz in ein Museum verwandeln, um den Untergang einer Rasse zu dokumentieren. Daher gibt es dort noch vergleichsweise viel jüdische Architektur wie die berühmten sieben Synagogen. Erschütternd ist auch die Geschichte des Krakauer Ghettos.[22]

Wir gingen an der Sukiennice, dem Mittelpunkt des Rynek und Shopping Centers, der Ksciaol Mariacki vorbei, an der Marienkirche mit ihren ungleichen Türmen und dem berühmten Veit-Stoß-Altar, also der Kirche des Erzbischofs von Krakau – und damit auch von Karol Wojtyla, dem späteren Papst.

Unser Weg führte in Richtung des jüdischen Viertels Kazimierz. Da der Abend schon anbrach, konnten wir leider die Alte Synagoge in der Szeroka, die Hohe Synagoge in der Jozefa-Straße, die neue Remu Synagoge und den alten Friedhof, die Jakubowicz-Synagoge und die Kupa Synagoge nur von außen bei wenig Licht sehen, was die melancholische Atmosphäre sehr intensivierte.

Im Garten eines der Straßencafés an der Ul. Szeroka ließen wir uns nieder und hörten aus dem daneben liegenden Restaurant Klezmer – zu viel internationaler Touristenrummel, der uns nach diesem sehr intensiven Tag eher nervte. Heißhungrig verschlangen die ragazzi ihre Spaghettiberge und brachten so in unsere oft düstere Reise auch ein wenig Heiterkeit, zumal ich als Vater- und Onkeltier auf regelmäßigeren Essenszeiten bestand, denn die Anspannung der letzten Tage schlug unseren jungen, sensiblen Begleitern doch etwas auf den Magen.

Schließlich gingen wir zum Krakauer Schlossberg auf dem Wawel. Von hier aus betrieb der berüchtigte NS-Stadthalter Hans Frank mit deutscher Gründlichkeit seine systematische Ausrottung der jüdischen Bevölkerung. Er war ein Hausfreund der Familie Wagner, meiner Großmutter, meines Vaters und meines Onkels Wieland, berichtete ich den Begleitern. Auch hier gab es für mich keine Möglichkeit, deutscher, jüdischer und polnischer, aber eben auch familiärer Geschichte zu entkommen. Schweigend kamen wir an der romanischen Andreaskirche vorbei und gingen wieder über den Rynek Glowny. Wir redeten kaum über den kommenden Tag, die Fahrt nach Auschwitz. Was uns dort erwartete, dessen waren sich auch Eugenio und Alberto bewusst, die immer unruhiger wurden. Ich ließ sie daher ein wenig junge katholische Touristen sein, denn die Reise sollte ja nicht nur eine traumatische Erfahrung werden. Die beiden kauften Ansichtskarten und eine Profildarstellung von Papst Johannes Paul II. Auf dem Rundgang um die Koscial Mariacki ergab sich der Brückenschlag zur Gegenwart, ein Treffen mit anderen jungen Katholiken, die Richtung Köln zum internationalen katholischen Weltjugendtreffen unterwegs waren, darunter auch einige gleichaltrige Italiener. Erschöpft erreichten wir unsere Mansardenwohnung. Abraham zog sich sofort zurück, was wir gut verstanden. Eugenio und Alberto berieten mit mir noch kurz, wie wir ihm am nächsten Tag beistehen könnten.

Siebter Reisetag – 18. August: von Krakau nach Auschwitz

Wir standen unruhig auf, denn wir waren uns bewusst, was der Tag bringen würde. Nach dem Frühstück in einem Café auf dem Rynek gingen wir in die Marienkirche. Eugenio suchte dort das Gebet als Ruhepol. Alberto fragte mich vor der Reise nach Oswiecim – Auschwitz, wie wir Abraham helfen könnten. »Mach Dir keine Sorgen – lass ihn auf Dich zukommen«, war meine Antwort.

Vor genau zehn Jahren war ich mit einer Gruppe um Claire und Lara Nuer aus Paris vom Krakauer Flughafen aus mit dem Taxi nach Oswiecim gefahren. Wie anders war diesmal die Anfahrt, obwohl auch sie an einem 18. August, einem schönen, sonnigen Tag, stattfand. Damals war Auschwitz als Kultort weltweiter Veränderung Tag und Nacht mit abstrakter und vager Versöhnungsideologie propagiert worden, was mich bei aller persönlichen Sympathie für Lara wenig überzeugt hatte. Diese Reise hingegen wurde durch Abraham und das Schicksal seiner Familie greifbar, hautnah und unentrinnbar. Wir vier im bequemen Audi waren noch angespannter als während der Fahrt durch Lodz. Ich dachte an die Lokomotive mit den Viehwaggons der Deutschen Reichsbahn, die wir auf dem Weg vom Bahnhof Radegast in Lodz gesehen hatten. Abraham half mir – diesmal viel intensiver – die Straße 44, die nach Auschwitz führt, auf der Landkarte zu finden. Wir sprachen sonst kaum, versuchten durch den Anblick der Hügellandschaft auf der endlos erscheinenden Fahrt durch die Dörfer nach Zator an etwas anderes zu denken als an das, was uns nun erwartete. Doch das Verdrängen halft nichts: die Wirklichkeit Auschwitz holte uns ein. Der riesige Parkplatz in Auschwitz I war völlig überfüllt. Das irritierte mich für Momente, weil damit Hektik und Lärm des Massentourismus verbunden waren. Ich bemerkte die große Anspannung von Abraham, als wir immer deutlicher die Umrisse des Haupttores, der 28 Häuserblöcke hinter Stacheldraht und Mauern sahen und relativierte schnell mein Unwohlsein, das ganz andere Gründe hatte und mit Fragen von Schuld, Scham und Trauer zu tun hatte. Wir gingen in das Kino und sahen einen kurzen, aber sehr genauen Einführungsfilm auf Italienisch, der uns zu schaffen machte. Als er zu Ende war, öffneten sich die Türen und wir standen vor dem Haupttor des Stammlagers Auschwitz I mit der zynischen großen Inschrift: »*Arbeit macht frei*«. Mit einem Englisch sprechenden polnischen Führer begaben wir uns auf den Rundgang. Er sprach sehr schnell über die entsetzliche Geschichte der Gesamtanlage – Auschwitz I, Auschwitz II-Birkenau und Auschwitz III, das Arbeitslager Monowitz, diese größte und härteste nationalsozialistische Konzentrations- und Vernichtungsanlage unter den etwa 2.000 Konzentrations- und Arbeitslagern, in der Juden mit Gas ermordet worden waren.

Wir gingen zum Block 4 in den Saal 1 im Erdgeschoss, in dem die Geschichte polnischer und Gefangener aus anderen Nationen, aber vor allem die der europäischen Juden dokumentiert ist. Der internationale Streit über die genauen Todesziffern führte zu ersten Spannungen zwischen Abraham und unserem polnischen Begleiter, doch beim Anblick der Urne mit der Asche von Ermordeten verfielen wir in Schweigen. Der Gang durch den Saal 2 des Erdgeschosses: Himmler und Rudolf Heß und deren Verwirklichung der Endlösung werden hier thematisiert. Wir sahen Dokumente über den Beginn der Massenvernichtung der Juden in den ersten Monaten 1942, die aus Oberschlesien, dem besetzten Polen, der Slowakei, Frankreich, Belgien, Holland und im Herbst 1942 aus Deutschland, Norwegen, Litauen und anderen Ländern Osteuropas gekommen waren. Erschütternd war auch der Nachweis der Ermordung russischer Kriegsgefangener, Roma und Sinti. Der Terror wird im Saal 3 des Erdgeschosses weiter dokumentiert: wir sahen Fotos von Juden aus Griechenland und Ungarn, die in Auschwitz-Birkenau mit dem Zug angekommen waren, dort wie Ware von Offizieren und Ärzten in die aufgeteilt wurden, die zur Zwangsarbeit im KZ taugten, oder die, die sofort in den Gaskammern ermordet wurden. Dieser Teil dokumentiert die verschiedenen Ermordungsvarianten in dieser Hölle, also Erschießungsort, Gaskammer, Krematorium. Die Gräben und Scheiterhaufen verschlugen uns den Atem.

Damit aber nicht genug: Saal 4, erster Stock, eines der schlimmsten Exponate ist hier zu sehen, das Modell der Gaskammer und des Krematoriums II, wo die Ermordung von Menschen rekonstruiert ist. An der Decke die »Duschen«, aus denen statt Wasser Gas gekommen war. In diesen Raum von 210 Quadratmetern waren bis zu 2.000 Opfer gepresst worden, die nach Verschließen der Türen mit Zyklon B vergast worden waren. Auf Tafeln und in einem Schaukasten werden die Dosen des Mordgiftes erläutert. Wir waren alle überfordert und nicht mehr fähig, miteinander zu reden.

Unser Begleiter setzte den Rundgang fort und wir folgten ihm zum Saal 5 im ersten Stock: ein weiterer Schock, hier sind rund 7.000 kg Haare der Ermordeten hinter Glas ausgestellt. Saal 6 im ersten Stock dokumentiert, wie die Verfolgten durch die Verfolger ausgeraubt wurden. Wir gingen zum Block 5, wo hinter einer riesigen Glasscheibe Kofferberge, Schuhe, Prothesen und andere Dinge der Opfer aufgehäuft sind. Kaum mehr aufnahmefähig, waren wir im Block 6, Saal 1 angelangt, die Fotos der Verfolgten und Opfer, wie Verbrecher in Strafkleidung mit allen degradierenden Einteilungen in Rasse, Politik etc. oder nackt, sahen uns aus der Perspektive deutscher Peiniger von 1942 bis 1945 an. Ich schämte mich zutiefst, Eugenio und Alberto waren verstört. Abraham stand unter Schock.

Block 6, Saal 2 zeigt Auszüge aus den Registrierungen und gibt Hinweise auf die qualvollen Kontrollappelle. Saal 3, erster Stock in Block 6, verdeutlicht die Zwangsarbeit als Mittel der Ermordung und Saal 4 im Erdgeschoss die sadistische Unterernährung, Saal 5 bietet Zeichnungen von Verfolgten dar. Saal 6 im Erdgeschoss ist den deportierten, vor allem jüdischen Kindern gewidmet, ganz besonders denen, die für medizinische Experimente des perversen Auschwitz-Arztes Josef Mengele missbraucht worden waren, die Exponate empörten uns. Hier wird auch über die jungen griechischen Jüdinnen und Juden und Himmlers Vorschlag vom Juli 1942, Jüdinnen zu sterilisieren, informiert, was dann von SS-Brigadeführer Carl Clauberg in Block 10 ausgeführt worden war. Das Böse, mit dem wir hier konfrontiert waren, machte uns sprachlos.

Wir gingen zum Block 7, Saal 6 im Erdgeschoss, der die Lebensbedingungen dokumentiert, vor allem die Schlafplätze, wo Menschen aufeinander gehäuft, ohne jegliche Hygiene oder Privatsphäre, dahinvegetiert hatten, unwürdigste Vorsterbeplätze vor der eigentlichen Ermordung. Ich blickte zu Eugenio und Alberto, die unter Schock standen. Wir drei sahen besorgt zu Abraham, der sich ganz verschlossen hatte und nicht mehr kommunizieren konnte.

Block 11. Wir gingen durch den Hof zwischen Block 10 und 11, der besonders eng von Stacheldraht und einer hohen Mauer eingegrenzt ist. Die Fenster von Block 10 sind mit Holz verkleidet – die SS-Ärzte hatten ungestört ihre Opfer zu Tode experimentieren wollen. In der Mitte die Todesmauer, wo vor allem polnische christliche Gefangene erschossen wurden. Wir verstanden, warum dieser Block 11 Todesblock genannt wurde: Im ersten Zimmer die SS, in den anderen Sälen zur rechten und linken Seite die Gefangenen, die auf das Urteil des »Sondergerichts« gewartet hatten, danach die Erschießung an der Todesmauer. In den Untergeschossen wurde ab September 1941 die Wirkung von Zyklon B an 600 sowjetischen Kriegsgefangenen erprobt.

In einem abgedunkelten Raum von Block 11 wird mit Hinweisen an alle NS-Vernichtungslager erinnert. Wir setzten uns auf eine Bank und hörten den Kaddisch *El Moleh Rachamim*, der aller jüdischen Opfer des Nationalsozialismus gedenkt.[23] Die Musik verband uns mit Abraham und gab uns allen ein wenig Trost.

Erst nachdem wir den Block 11 verlassen hatten, nahmen wir intensiver andere Gruppen wahr – vor allem die jungen Menschen aus Israel und Italien. Eugenio plauderte in seiner offen, kommunikativen Art mit einem ragazzo di Milano, der auf dem Weg zum Weltjugendtag nach Köln war. Danach gingen wir zu weiteren Plätzen außerhalb der Blockbauten: zum Appellplatz, zum Krematorium und der Gaskammer 1 in Auschwitz I, die sich außerhalb des Stacheldrahts des KZ befinden. Davor ist der Exekutionsplatz, wo der Auschwitz-Kommandant Rudolf Höß am 16. April 1947 gehängt wurde. Ich dachte: Warum nicht auch Auschwitz-Chefarzt Mengele, der nach 1945 über Rom nach Brasilien und dann Paraguay entkommen konnte?

Wir traten in das Krematorium Nr. 1 mit der Gaskammer ein, das, so die Sprache der Mörder, wegen Unterkapazität »nur 350 Tote im Laufe von 24 Stunden« in den Öfen der Erfurter Firma Topf und Söhne verbrennen konnte und daher durch die Errichtung weiterer drei Leichenverbrennungsöfen derselben Firma in Auschwitz II-Birkenau 1942 bis 1943 erweitert worden war. Wortlos verließen wir Auschwitz I und fuhren mit unserem polnischen Begleiter nach Auschwitz-Birkenau.

Auschwitz-Birkenau

Wie vor zehn Jahren verstörte mich das gigantische Ausmaß der Fläche von 175 Hektar mit dem Platz für 300 Baracken, von denen heute noch 45 einigermaßen erhalten sind. Um die Verbrechen vor der Welt zu vertuschen, war eine Fläche von 40 Quadratkilometern zum Sperrgebiet erklärt worden.

Wir folgten dem Begleiter durch das Haupttor ins Innere des Vernichtungslagers und stiegen mit ihm auf den Wachturm. Er erklärte uns die neun Untereinheiten der Lager B, BIa, BIb, BIIa, BIIc, BIId, BIIe, BIIf und BIII, die wie in Auschwitz I mit elektrisch geladenen Stacheldrahtzäunen von vier Meter Höhe getrennt sind. Er wies auf die vielen Wachtürme für schwer bewaffnete SS Leute mit einer todbringenden Kampfhundestaffel hin, auf das Kanalsystem von 13 Kilometern Länge und die zwölf Wachkompanien der Totenkopfverbände der SS für die drei Auschwitz-Konzentrationslager – bis zu 6.000 Mann. Jeder Widerstand war zum Scheitern verurteilt gewesen, so der Fluchtversuch von 667 gefangenen Polen, Russen und Juden am 23. Oktober 1943, wobei 270 Menschen erschossen wurden.[24] Hinter den Buchstaben und Zahlen verbirgt sich die ganze Vernichtungsmaschinerie: die Gleise unter uns führten direkt zur Selektionsrampe, d. h. von dort aus war in der Regel die sofortige Ermordung in den Gaskammern oder die Verurteilung zur Zwangsarbeit erfolgt.

Wir sahen BIa und BIb, die Kleiderkammern, die »Sauna«, die Dusch- und Desinfektionsräume für angekommene Häftlinge. Direkt neben der »Sauna« befindet sich das Krematorium 1 mit unterirdischer Gaskammer und rechts das Krematorium 2 mit unterirdischer Gaskammer und die Kläranlage. In diesem Teil liegen die BI, die so genannte erste Abteilung, d.h. die Frauenlager BIa und BIb und das Männerlager, ab 1943 Frauenlager. Dahinter schließt sich rechts das riesige Magazin für das Eigentum der Gefangenen an, dann die zerstörten Krematorien 3 und 4 mit den Gaskammern. Rechts von der Selektionsrampe BII war die zweite Abteilung, unterteilt in die Quarantäne-Abteilung für Männer (BIIa), die Familien aus Theresienstadt (BIIb), das Lager der Ungarinnen (BIIc) und das Männerhaupt- (BIId) und Zigeuner-Lager (BIIe) und das »Revier = Krankenhaus« (BIIf).

Der Blick vom Wachturm über dem Haupteingang nach rechts zeigt das außerhalb des Vernichtungslagers gelegene Gebäude des Lagerkommandanten, die SS-Baracken, das Lazarett und den Wasserturm. Auf der rechten Seite, hinter den BII-Abteilungen, sollte die geplante, nicht beendete, dritte Abteilung »Mexiko« entstehen.

Durch die Lektüre vieler Berichte in diversen Erinnerungen waren wir darüber informiert, was ein Tag im Leben der überlebenden Zwangsarbeiter bedeutet hatte: bei all den individuellen qualvollen Erfahrungen unter ständiger Todesangst die totale und ununterbrochene Überforderung der physischen und geistigen Fähigkeiten, um die verschiedenen Phasen des Alltags zu überstehen, das Aufwachen, das Bettenmachen, den Morgenappell, den Weg zur Arbeit, die Stunden harter Zwangsarbeit, das Anstehen für das Essen, die Rückkehr zum Lager, die Blockinspektion und den Abendappell. Jede Übertretung, jeder Fehler konnte den Tod bedeuten. Die anderen Gruppen von Überlebenden, vor allem die griechischen Jüdinnen und Juden, wurden zu Objekten für die medizinischen Experimente der Mörderärzte Clausberg und Mengele gemacht, wie wir gerade in Auschwitz I erfahren hatten. Das Wissen um all diesen Terror wirkte lähmend auf uns. Wir verließen den Wachturm über dem Haupteingang und gingen an der Selektionsrampe entlang, erst zu einer der übrig gebliebenen Holzbaracken im Hauptmännerlager BIId, einst Stall für 52 Pferde und später Überlebensbehausung von bis zu 1.000 Gefangenen.

Danach führte unser Weg an den Resten der Krematorien 2 und 3 vorbei zum internationalen Denkmal der Erinnerung an die Opfer des Nationalsozialismus vom April 1967. Abraham und ich fotografierten, waren unfähig, unsere Gedanken auszutauschen, Eugenio und Alberto waren geschockt. Wir gingen langsam und schweigsam an den Frauenlagern BIa mit Gedanken an Abrahams Mutter Anna vorbei. Eugenio fotografierte uns.

Wir wollten diese schweren Stunden dokumentieren, denn wie oft hatten wir seit 1991 darüber geredet, gemeinsam mit unseren Kindern Auschwitz zu besuchen. Wir verabschiedeten uns schnell von unserem distanzierten polnischen Begleiter, dem wir es mit unseren vielen Zwischenfragen – Abraham als Jude und ich als Deutscher – nicht leicht gemacht hatten. Gott sei Dank waren die ragazzi dabei, die mit großer Sensibilität bis an den Rand der Erschöpfung die Stunden in Auschwitz I und II miterlebten.

Zurück ins Leben – selbst das Tanken und die Hotelsuche wurden nun zum willkommenen Wiedereintritt in die »Normalität«. Wir kamen im bescheidenen Sporthotel Olimp in Oswiecim unter, und der Lärm kleiner Kinder im wilden Spiel wirkte entspannend. Dennoch blieb bei mir die Frage: wie kann man hier ein Alltagsleben führen oder normale Ferien machen? Für Alberto, Eugenio und mich wäre das unmöglich. Diese Frage erübrigte sich bei Abraham von vornherein. Wir gingen mit etwas schlechtem Gewissen zu einem eleganten und guten Abendessen ins Nobelhotel Galica und diskutierten, ob es angebracht sei, es sich nach den dunklen Stunden gut gehen zu lassen. Abraham: »Wir haben der Ermordeten und Überlebenden gedacht und sie wollen, dass wir ein ›normales‹ Leben führen« – wir lächelten uns an und genossen die köstlichen polnischen Spezialitäten. Zurück im Hotel gingen wir sofort todmüde in die Zimmer, diesmal schaffte ich nur wenige Stichworte, die ich dann erst später weiter ausführte, wie diese gesamten Aufzeichnungen.

Achter Reisetag – 19. August: von Auschwitz nach Dresden

Sehr müde, aber auch froh, nach all den problematischen Erlebnissen wieder Richtung nach Hause zu fahren, begannen wir unsere Reise nach Dresden bei sonnigem Wetter. Über Katovice und Gliwice auf der mit europäischen Geldern geförderten, neu gebauten Autobahn 4 zügig an Wroclaw vorbei – und das ist zu betonen, denn bis dahin war das Reisen auf meist nur zweispurigen, oft durch Baustellen unterbrochenen Landstraßen beschwerlich – an die deutsche Grenze. Wir verfuhren uns, da die Beschilderung auf den Landstraßen nach Wroclaw und Richtung Deutschland unzureichend war, und kamen statt in Gierloz (Görlitz) bei Zittau heraus. An der dortigen deutsch-polnischen Grenze fragte ich höflich einen jungen ostdeutschen Grenzbeamten nach der kürzesten Strecke zur Autobahn nach Dresden. Im post-totalitären Vopo-Stil fertigt er mich ab: »Sind Sie nicht fähig zu lesen?« Schöne Begrüßung und gute Werbung für das vereinte Deutschland!

Mit vereinten Kräften fanden wir auf den Autobahnverteiler zurück und kamen nach sechs Stunden endlich in der Pension Kaden in Dresden an. Matthias Bräutigam, Cellist der Dresdner Philharmonie, fuhr uns zur Rüstungsfabrik in der Schandauer Straße 68, wo die Mutter Abrahams in den letzten Monaten des Zweiten Weltkriegs Zwangsarbeit hatte verrichten müssen. Eine Gedenktafel aus dem Jahr 2002 deutet an, was dort passierte.

Abraham schilderte uns sehr bewegt die lebensgefährliche Flucht seiner Mutter aus der Fabrik durch die Elbe in der Nacht des Bombardements durch die Royal Air Force am 13. Februar 1945. Herr Bräutigam brachte uns ins wunderschöne Elbetal, das sich 18 Kilometer um die Stadt windet, um ein wenig innere Ruhe zu finden. Auf in die historische Innenstadt! Es war der Tag des Stadtfestes, und daher zeigte sich Dresden von seiner sonnigsten Seite, obwohl wir weit davon entfernt waren, uns nur einen Tag nach Auschwitz als Touristen zu fühlen. Es tönte aus allen Ecken – von Barock- bis zur Popmusik, als wir durch den berühmten Zwingerinnenhof, an der Schinkelwache vorbei, den großen Theaterplatz vor der Oper betraten, die nach ihrem Architekten Gottfried Semper benannt worden ist. Ich klärte Eugenio und Alberto über den berühmten Architekten Gottfried Semper auf, einen 1848er Revoluzzer wie Richard Wagner. Wegen seiner wirren Revolutionsideen hatte Wagner am 16. Mai 1849 vor der sächsischen Polizei aus Dresden fliehen müssen.

Zahllose Gruppen Einheimischer, aber auch von Ausländern, verbreiteten laute Fröhlichkeit. Uns war noch nicht danach zumute, uns mit ihnen zu freuen. An der katholischen Hofkirche ging es vorbei, über die Brühler Terrasse zwischen lebhaften Gruppen an Buden mit kulinarischen Leckerbissen. Der Blick über das Elbterrassenufer zeigte einen historischen Dampfer aus dem 19. Jahrhundert, die Augustusbrücke, auf der anderen Uferseite den strahlenden Goldenen Reiter, August der Starke, und rechts hinter der Carolabrücke die Staatskanzlei. Ich dachte an den 27. Januar 2005, als der NPD-Pöbel im sächsischen Parlament die Teilnahme an der Auschwitz-Gedenkfeier verweigert hatte. Für mich bleibt diese Art der Holocaust-Verleugnung auch nach deutschen Gesetzen eigentlich strafbar. Durch den Brühlschen Garten kamen wir schließlich zur erst 2004 wieder errichteten äußeren Fassade der Frauenkirche und zurück zur Wirklichkeit der deutschen Geschichte. Herr Bräutigam berichtete von seiner Schwiegermutter Gertrud Schlörb-Wenzel, die als Flüchtling aus Zsagan/Sagan am Vorabend des 13. Februar 1945 ins Erzgebirge evakuiert worden war und so überlebt hatte. Ich dachte wieder an Abrahams Mutter in dieser Schreckensnacht. Da Shabbat war, boten wir Abraham an, in die neue Dresdner Synagoge am Rathaus zu gehen. Er bevorzugte ein Gebet allein. Wir gingen zurück in Richtung Hotel und kehrten in eines der Restaurants ein, wo wir Herrn Bräutigam nach seinen Erfahrungen in der DDR-Zeit, speziell dem Umgang mit dem Nationalsozialismus und der Judenvernichtung fragten. Als Enkel eines protestantischen Pfarrers und Sohn eines protestantischen Kantors aus Gotha kam er nicht aus einer Mitläuferfamilie. Er hatte seine Jugend im deutschen »Paradies« der Arbeiter und Bauern erlebt. Seine Bestandsaufnahme war ehrlich, auch gegenüber der DDR und deren verlogenem Umgang mit der Shoah. Als Musiker kam er auf sein Interesse an den Theresienstädter Komponisten zu sprechen. Wir verabschiedeten uns mit großer Sympathie.

Neunter Reisetag – 19. August: von Dresden über Buchenwald nach München

Wieder hatten wir eine Tour de Force vor uns. Diesmal fuhren wir im Nieselregen und bei starken Nebel früh von Dresden nach Buchenwald und Weimar – eine der neurotischsten Städte deutscher Politik und Kultur, diesmal aber Gott sei Dank nicht wieder als Kultstätte akademischer Ästhetisierung, geschmackloser Profilierungen und allgemein bekannter Verallgemeinerung nach dem Motto: »Die Deutschen sind zum Herrlichsten – Goethe und Schiller – aber auch zu Buchenwald fähig.«

Auf den Spuren von Shalom Peck fuhren wird nach Buchenwald, dachten dabei auch an die Leiden und das Sterben aller anderen Unschuldigen. Unser erster Halt war in der Nähe des National-Denkmals der DDR am Ausstellungspavillon »Zur Geschichte der Gedenkstätte Buchenwald von 1945 bis zur Neukonzeption 1999«. Wir lasen erst das offizielle Faltblatt. Schon Stichworte wie »Leitmotive der Buchenwald-Erinnerungen«, »Denkmal für die unbekannten Opfer des Faschismus«, »SED-Untersuchungen gegen rote Kapos – Anschuldigungen aus dem Westen« machten mich stutzig – immerhin waren wir 15 Jahre nach der Wiedervereinigung in Buchenwald!

Was hier in keiner Weise wirklich aufgearbeitet ist, dies ist die deutsche ideologische Unmenschlichkeit und Verbohrtheit, die schamlose Verlogenheit beim Thema »Judenverfolgung« auf ost-und westdeutscher Seite.

Meine Vorahnung trog mich nicht. Bei genauerer Betrachtung der Schauräume und der Exponate sah man statt ehrlicher, kritischer und detaillierter Aufarbeitung der Shoah durch die SED vielmehr die ideologische Konfrontation aus der Zeit des Kalten Krieges. Auch nach der Wiedervereinigung hat sich daran nichts Grundsätzliches geändert, und so lässt man die Besucher mit den heroischen Taten des Arbeiter- und Bauernstaates allein. Sogar die kleine Buchenwald-Broschüre aus DDR-Zeiten wurde immer noch verteilt. Das machte mich bei meinen verschiedenen Besuchen von Buchenwald wütend, denn darin fand man nur die für die DDR übliche Schwarzweißmalerei vom braven Kommunisten, den die bösen Nazis, Imperialisten und Kapitalisten … – obwohl schon 1997 Angelika Timm mit ihrem Buch *Hammer, Zirkel, Davidstern: das gestörte Verhältnis der DDR zu Zionismus und Staat Israel*[25] und zwei Jahre später Joachim Käppner mit seinem Beitrag *Erstarrte Geschichte – Faschismus und Holocaust im Spiegel der Geschichtspropaganda der DDR*[26] den Buchenwald-Sumpf der SED freigelegt hatten.

Ich wies Eugenio und Alberto, die in der Ausstellung herumirrten und kaum etwas verstanden, auf diese Missstände hin. Auch Abraham distanzierte sich von Inhalt und Form der Ausstellung. Mit großem Unbehagen fuhren wir zur eigentlichen Gedenkstätte Buchenwald – inzwischen ein riesiger Touristenmagnet – und deckten uns in der Buchhandlung im Besucherinformationszentrum reichlich mit aktueller Fachliteratur ein. Ausgestattet mit dem kleinen deutschen, englischen und italienischen Depliant der Gedenkstätte Buchenwald gingen wir auf Vater Shaloms Spuren erst durch das große Tor mit der perfiden Aufschrift: »*Jedem das Seine*« in das Häftlingslager, nun ein großer leerer Platz, wo 1951 die Baracken des KZ von der SED aus propagandistischen Gründen abgerissen worden waren, um so die Legende vom antifaschistischen Widerstand ab 1958 mit der Errichtung des Mahnmals zu erfinden. Wir besuchten die sehr beindruckende und umfangreiche Ausstellung zur Geschichte der Gedenkstätte Buchenwald seit 1945 mit unendlich vielen schockierenden Details.

Abraham war beim Rundgang in Buchenwald kommunikativer als in Auschwitz, doch Eugenio war bereits nach der Besichtigung der vielen Exponate im Erdgeschoss dermaßen erschöpft, dass er Hilfe suchend und ehrlich sagte: Genug! Er konnte einfach nach Lodz und Auschwitz keine weiteren deutschen Grausamkeiten der Vergangenheit mehr ertragen, zumal er die Bilder von Opfern mit seiner eigenen frühen Kindheit in Rumänien in

Verbindung brachte. Uneins mit Abraham, der meinte, was wir heute hier schon ausgehalten hätten, sei doch wenig im Vergleich zu den NS-Verfolgten. Ich erklärte Eugenios Situation, fand aber, dass es nun auch für Alberto genug sei, und bat darum, nur noch den Steinbruch anzuschauen, wo Abrahams Vater qualvolle Zwangsarbeit hatte verrichten müssen. Gemeinsam standen wir in schweigendem Gedenken im Steinbruch.

Zurück in Weimar passierten wir bei Regen das Liszt-Haus und gingen dann zu Fuß vom Goethe-Platz aus am Bauhaus-Museum vorbei zum Theaterplatz und zum idealisierenden Goethe-Schiller Denkmal vor dem Deutschen Nationaltheater, dann zum Schiller- und Goethe-Haus und zum Rathausplatz mit dem Hotel »Elefant« – ich dachte an das »Hotel Goldener Anker« in Bayreuth und wies Eugenio und Alberto darauf hin, dass Hitlers Aufstieg in den Provinzkulturstädten Bayreuth und Weimar begonnen hatte. Es kamen keine verklärte Stimmung und Sehnsucht nach deutscher Kunst auf. Statt dessen verschlangen die ragazzi und ich Thüringer Bratwürste – und eilten erleichtert mit Abraham zum Auto.

Auf ging es nach München, vorbei an Bayreuth mit Gedanken an Freund Eberhard und Gunda, die liebevolle Bayreuther Wahltante meiner Kindheit, und ihre Familie. Sie bleiben die Lichtblicke meiner Erinnerung an Bayreuth. Kein Wort mehr zur Familie Wagner und zum Festspielhügel. Vielmehr bin ich dankbar, seit fast 25 Jahren Cerrese, d.h. Bürger von Cerro Maggiore/Milano zu sein!

Wir kamen in der multiethnischen, erfrischend vulgären Gegend um den Münchner Hauptbahnhof an. Im Hotel am Stachus trafen wir uns mit David Cline, dem langjährigen Freund aus Minneapolis und gingen über die Kauferingerstraße, Neuhauserstraße zum Rathaus und ins völlig überfüllte Hofbräuhaus, aber nicht, um mit den angetrunkenen Massen mitzujohlen, sondern um den Saal zu durchqueren, in dem Hitler am 9. November 1923 den Putsch ausgerufen hatte. Der Ring unserer Reise schloss sich wieder zu Landsberg – doch das schien Lichtjahre vorher gewesen zu sein, da wir zu viel erlebt hatten. Abraham und ich machten uns in einem ruhigen bayerischen Edelrestaurant bei Pfifferlingen und Semmelknödeln gequält lustig über unser Geburtsland. Dabei dachten wir aber an Karl Valentin und nicht an Hitler, der in Bayern seine verhängnisvolle »Karriere« begonnen hatte. David berichteten wir als erstem von unseren Reiseetappen, besonders von Lodz und Auschwitz – das hielt ihn Gott sei Dank davon ab, von seiner bevorstehenden ersten Wagner-Pilgerfahrt nach Bayreuth zu schwärmen. Er wurde nachdenklicher, als ich noch einmal kurz sein Gedächtnis in Sachen Wagner und Hitler auffrischte. Wieder einmal gingen wir todmüde ins Bett.

Zehnter Reisetag – 21. August: von München über den Brenner nach Cerro Maggiore

Wir freuten uns alle auf die Heimfahrt. Nach dem herzlichen Abschied von David Cline schlichen wir bei Platzregen und Nebel über Garmisch-Partenkirchen nach Innsbruck und hielten für Abraham an einer Pizzabude in Bozen an. Endlich, nach acht Stunden, erreichten wir Cerro Maggiore, dankbar dafür, heil und ohne große Pannen oder Verluste angekommen zu sein. Wir vier waren noch nicht fähig, den anderen Familienmitgliedern beim Abendessen viel von unserer Reise *zu den Orten der Großen Angst* (Giordano) zu berichten.

Der nächste Tag war gleichsam eine Nachgeschichte unserer Reise, in Mailand erlebten wir »normalen Alltag« mit ein wenig Tourismus für Abraham, der zum ersten Mal den *Duomo, la Galleria Re Vittorio Emanuele II* und *la Scala* sah. Am 23. August brachten Eugenio, Alberto und ich Abraham zum Flughafen Malpensa. Es war ein herzlicher, aber auch erschöpfter Abschied – zu viel war passiert. Wir vier wussten, dass wir noch lange Zeit brauchen würden, um das Erlebte zu verarbeiten – jeder auf seine Weise. Viele Fragen blieben offen.

2. Eine Reise durch Zeit und Trauma

Abraham J. Peck

Mein Vater seligen Gedenkens starb am Morgen des 5. Juli 2005. All die Aufregung, die ich vor meiner gemeinsam mit Gottfried geplanten Reise nach Deutschland und Polen empfunden hatte, schien zunichte. Ich hätte meinem Vater so gerne von den Orten erzählt, die ich auf dieser Reise besuchen würde: Seinen Geburtsort und den Geburtsort meiner Mutter; die Stadt Lodz, wo sie einander 1938 kennen gelernt hatten und die Gegend des Ghettos, wo sie sich nach fünf Jahren wieder gesehen und geheiratet hatten; die Orte, wo meine Mutter und mein Vater im Holocaust-Kosmos gelitten hatten.

Aber ich musste fahren. Es würde für mich vielleicht die einzige Gelegenheit sein, auf der Erde jener Orte zu stehen, die mich in der Vergangenheit verankerten und mein Gedächtnis und meine Erinnerung und Identität geformt hatten.

Die Reise enttäuschte mich nicht. Ich fühlte eine Verbindung mit meiner Vergangenheit, die ich nie zuvor empfunden hatte. Ich konnte meiner Familie nicht im Tod körperlich nahe kommen, weil es keine Friedhöfe oder sichtbaren Symbole mehr gab. Aber ich konnte auf dem Boden gehen, auf dem auch sie gegangen waren: Für mich war es geheiligter Boden.

Nach zwei Wochen ständigen Unterwegsseins, fast jeden Tag in einer anderen Stadt und in einem anderen Hotelzimmer, wurde mir klar, dass, so sehr mich diese Reise mit einer gewissen Genugtuung erfüllt hatte, sie auch ein Loch in meinem Wesen hinterlassen hatte, von dem ich wusste, dass es nie gefüllt werden konnte.

Eine schmerzvolle Entscheidung

Als der August 2005 näher rückte, war ich erschöpft und ausgelaugt. Ich hatte zwei große wissenschaftliche Konferenzen organisiert, mich während der letzten Wochen seiner Krankheit um meinen Vater gekümmert, miterlebt, wie er gestorben war, sein Begräbnis ausgerichtet und für ihn *Schiwa* gesessen – all das in einer Zeitspanne von vier Monaten.

Thomas Wolfe war es gewesen, der uns gesagt hatte: »Ihr könnt nicht wieder nach Hause gehen.« Aber ich wusste, dass ich am 8. August vom Bostoner Logan Airport zu einer Reise dorthin aufbrechen würde, wo meine historische Heimat am ehesten lag: zu Orten, wo die Wurzeln meiner Vorfahren lagen und wo ich geboren worden war.

Gottfried und ich hatten diese Reise seit Monaten geplant, die Finanzierung für die Ausgaben gefunden und uns darauf vorbereitet, was das letzte Kapitel unseres Buches werden sollte, eine endgültige, freimütige Konfrontation mit unserer Familiengeschichte.

Worauf sich keiner von uns beiden vorbereitet hatte, waren die Krankheit und der Tod meines Vaters. Dieser Schock war verheerend. Die Grundfesten meiner Identität waren erschüttert. Ich war nicht mehr der Sohn von Überlebenden, sondern ein verwaister Erwachsener. Ich hatte die Erinnerungen meines Vaters und meine eigenen nicht mehr in der ersten Person. Ich war nun das Leitflugzeug, das sich auf den Abflug zum *olam haba* vorbereitete – den Flug in die künftige Welt.

Als ich meinem Vater erstmals davon erzählte, dass ich nach Polen fahren würde, um jene Orte zu besuchen, wo er und meine Mutter gelebt hatten, schien er daran interessiert. Ein solches Gespräch hatte es nie zuvor zwischen uns gegeben. Wir gingen davon aus, dass in Polen »Zutritt verboten« war, ein Land, das meine beiden Eltern mit *herem* belegt hatten, ein Land, aus dem ich verbannt war, anders als Deutschland, für das meine Eltern *herem* aufgehoben hatten.

Vielleicht war es seine Krankheit und die Demenz, die viele seiner letzten Tage geprägt hatten, vielleicht war es auch eine Sinnesänderung, aber mein Vater schien sich zu freuen, dass ich eine Reise nach Leczyca, Zwolen und Lodz plante. Und ich konnte es nicht erwarten, ihm von den Orten zu erzählen, die ich gesehen hätte und die für mich nur Namen ohne jede Gestalt waren, ähnlich wie Landsberg es für viele von uns war, die wir dort geboren, aber nie mehr zurückgekehrt waren: ein Ort, den es gab und auch wieder nicht gab.

Aber in den letzten Tagen seines Lebens änderte mein Vater seine Ansicht über meine Reise nach Polen. Eines der letzten Dinge, die er mir sagte, als ich ihm wieder einmal erzählte, dass ich nach Polen fahren würde, waren die Worte: »Geh nicht.«

Mein Vater hatte auf all meine Vorhaben, die mich in Gefahr bringen könnten, immer so reagiert. Aber er und meine Mutter hatten akzeptiert und damit zu leben gelernt, dass ich eine Universität hunderte Kilometer von zu Hause entfernt besuchte, hatten akzeptiert und damit zu leben gelernt, dass ich von Amerika nach England und dann nach Deutschland ging.

In den Wochen von *shloshim*, der dreißigtägigen intensiven Trauer, die bis wenige Tage vor meine Abreise dauern sollte, dachte ich lange und intensiv über meine Entscheidung bezüglich der Reise nach. Ich beschloss, dass ich fahren musste, und wenn auch nur, weil dies möglicherweise die einzige Gelegenheit für mich sein könnte, jene Orte zu besuchen, wo die Wurzeln meiner Identität lagen, und das Buch, das Gottfried und ich gerade verfassten, mir eine Rechtfertigung für diese Reise bot.

Ausgestattet mit einem Empfehlungsschreiben von Marek Lesniewski-Laas, dem Honorarkonsul der Republik Polen in New England, ging ich an Bord eines Flugzeuges der Swiss International Airlines Richtung Mailand.

Von Landsberg nach Bayreuth

Gottfried holte mich am Morgen des 9. August am Mailänder Flughafen Malpensa ab. Ich war das erste Mal in Italien und hatte erstmals Gelegenheit, Gottfrieds Familie kennen zu lernen. Die kurze Fahrt nach Cerro Maggiore, der kleinen Stadt, wo Gottfried lebte, war schön. Gottfried brachte mich in ein kleines Hotel, wo ich die zwei Nächte vor unserer Abreise verbringen sollte. Ich konnte duschen und mich rasieren, bevor er mich zum Mittagessen abholte.

Ein Mittagessen in einer italienischen Familie hat nichts mit den typischen amerikanischen »Sandwiches« zu tun. Es ist eine Prozedur, die so lange wie möglich ausgedehnt wird, mit reichlich Pasta und Wein.

Das Mittagessen mit Gottfried war keine Ausnahme. Beim Mittagessen lernte ich endlich Mama Antonietta, Gottfrieds legendäre Schwiegermutter, kennen, deren Glaube an Gottfrieds Arbeit und deren tiefe Menschlichkeit sie veranlasst hatte, mit über 70 Jahren Auschwitz und Israel zu besuchen. Cerro Maggiore war ein lokales Gestapo-Zentrum gewesen und Mama Antonietta hatte gesehen, wie ein Freund von ihr verhaftet und in ein Konzentrationslager gebracht worden war, weil man ihn verdächtigte, im Widerstand engagiert zu sein.

Ich lernte auch Eugenio, Gottfrieds 20-jährigen Sohn, einen Überlebenden aus einem Waisenhaus der Ceaucescu-Ära in Rumänien kennen, den Gottfried und Teresina mit fünf Jahren adoptiert hatten.

Eugenio war ein sensibler junger Mann, der sich sehr wohl bewusst war, was er in den Jahren vor seiner Adoption gelitten hatte. Seine ruhige, selbstsichere Art straften seine Jugend Lügen. Ich sah in ihm eine Weisheit und ein Verständnis, die außerordentlich waren.

Ich lernte auch Alberto, »Albi«, kennen, einen 20-jährigen Universitätsstudenten, Eugenios besten Freund. Sie waren zusammen aufgewachsen und auch wenn sie ein unterschiedliches Temperament und andere berufliche Interessen hatten, waren sie so eng miteinander verbunden, wie dies Cousins ersten Grades nur sein können. Tatsächlich war es Cousin Alberto gewesen, der Eugenio, als dieser nach Cerro Maggiore kam und in die Schule zu gehen anfing, gegen die Neckereien und den Spott seiner Mitschüler verteidigte.

Albi sollte uns auf unserer Reise begleiten. Er sprang für meinen Sohn Joel ein, der in letzter Minute nicht mitkommen konnte. Joel hatte einen Posten bei einer Einrichtung angenommen, die sich mit dem jüdischen Leben im Süden der USA befasste, eine Gelegenheit, die er nicht auslassen konnte.

Nach zwei Tagen mit herrlichen Badeausflügen zum Lago Maggiore und zum Comer See war am 12. August der Zeitpunkt für den Aufbruch zu unserer Reise gekommen.

Nach einer achtstündigen Fahrt in Gottfrieds zwölf Jahre altem Audi 4 kamen wir in Landsberg im Hotel Goggl an. In gewisser Weise war diese Rückkehr nach Landsberg wie der Besuch bei einem alten Freund, mit dem man sich verstand, auch wenn man nicht ganz entspannt war. Als ich an der Rezeption des Hotel Goggl eincheckte, bemerkte der Rezeptionist hinter der Theke, dass ich schon einmal als Gast in dem Hotel gewesen war und zeigte sich erfreut, mich wieder begrüßen zu dürfen.

Unser Freund, der ehemalige Bürgermeister Franz Xaver Rößle, kam ins Hotel, um uns zu einer Fahrt durch die Holocaust-Geschichte von Landsberg abzuholen. Unsere erste Station war das ehemalige jüdische DP-Lager, jener Ort, wo ich zur Welt gekommen war.

Ich hatte Landsberg im Winter 2000 zum letzten Mal besucht. Schon damals hatte sich das ehemalige DP-Lager sehr verändert. Die 1989 von Irving Heymont gewidmete Gedenkplakette war an einer neuen Stelle angebracht worden. Sie hing nun an der Mauer einer öffentlichen Schule, die auf dem Grund der ehemaligen Kaserne stand. Es gab eine Baustelle, man plante, die alte Kaserne, einschließlich von Block 4, wo meine Eltern und ich mehrere Monate lang gelebt hatten, zu einer Eigentumswohnanlage umzubauen.

Jetzt, im August 2005, waren die Bauten abgeschlossen. Alle Gebäude des ehemaligen DP-Lagers waren nun Eigentumswohnungen mit Terrassen. Kinder spielten vor den Häusern und auf den nahe gelegenen Spielplätzen. Einige Gebäude, der ehemalige gemeinsame Speisesaal, das Kino und der Sitz des gemeinsamen amerikanisch-jüdischen Verteilungs-Komitees, waren noch zu erkennen, aber sonst erinnerte mich kaum etwas an »zu Hause«.

Als wir uns die Gebäude ansahen, kam eine Frau, die Rößle kannte, auf uns zu, um zu grüßen. Rößle stellte uns – insbesondere mich – vor, wobei er mich einen gebürtigen Landsberger nannte. Die Frau erzählte uns auch gleich, dass ihre Großmutter dabei geholfen hatte, die wenigen jüdischen Eltern und ihre Kinder nach 1938 aus Landsberg hinauszubringen. Rößle erzählte uns im Anschluss daran, dass er in einigen Wochen eine dieser ehemaligen Landsberger jüdischen Familien, die Willstädters, die jetzt in Oregon lebten, besuchen würde.

Was sollte ich glauben? Ich hatte lange genug in Deutschland gelebt und genug Studien[27] gelesen, um zu wissen, dass, wenn ein Eltern- oder Großelternteil während der Nazizeit je Mitleid mit einem Juden hatte, dies den Kindern oder Enkeln gegenüber oft als Akt der Rettung dargestellt oder von diesen als solcher gesehen wurde.

Was ich wusste war, dass Rößles Mutter unseren Freund Harry Guterman nach dessen Befreiung aus den Kaufering-Lagern aufgenommen und sich mit ihm angefreundet hatte, bis Harry nach Bremen in Norddeutschland zog. Franz Rößle, seine Frau und seine

Kinder waren 1980 gute Freunde der Gutermans geworden und hatten Harry bei zahlreichen Anlässen in Amerika besucht, wo dieser jetzt lebte.

Wir besuchten auch die vielen Stätten des Leids im Zusammenhang mit dem Konzentrationslager in Kaufering/Landsberg. Es war uns zwar nicht möglich, den großen unterirdischen Bunker zu besuchen, in dem 1944 und 1945 tausende ihr Leben verloren hatten, aber wir standen auf einem der vielen jüdischen Friedhöfe, welche die Überreste der in diesen Lagern Verstorbenen bargen. Ich sprach *Kaddisch* für sie sowie auch für meine Mutter, meinen Vater und deren Familien.

Wir führten Eugenio und Albi zum festungsähnlichen Gefängnis, wo Adolf Hitler 1924 große Teile seines Buches *Mein Kampf* geschrieben hatte. Der Eintritt in das Gefängnis selbst, wo heute noch Häftlinge einsitzen, ist üblicherweise nicht gestattet, aber Franz Rößle, ehemaliger Bürgermeister, Richter und Anwalt in einer Person, brachte uns nicht nur ins Gefängnis, sondern bis zu dem Gitter, das die Wachen von den Zellen trennte. Von hier aus konnten wir genau das Fenster der Zelle sehen, in der Adolf Hitler gelebt hatte.

Noch zwei Orte standen auf unserem Programm. Einer war die 1995 gewidmete Erinnerungstafel an jenem Ort, wo Ende April 1945 ein »Todesmarsch« jüdischer Gefangener nach Dachau vorbeigeführt hatte. Man hatte diese Stelle auf Empfehlung eines Landsberger Bürgers gewählt, der vorgetreten war und bezeugt hatte, dass er im April 1945 als kleiner Junge die lange Reihe von ausgezehrten Männern gesehen hatte, die in Reih' und Glied unter der Bewachung von SS-Leuten marschiert waren.

Nun fehlte uns nur mehr ein Ort: der »Spöttinger Friedhof«, wo einige der bekanntesten Kriegsverbrecher der NS-Zeit begraben waren. Es hatte immer Kontroversen um diesen Friedhof gegeben, weil an diesem unheiligen Ort neben den Befehlshabern von zumindest zwei Einsatzgruppen – eine von ihnen verantwortlich für das Massaker in Babi Yar – und Leitern von Konzentrationslagern auch zwei »unbekannte Juden« bestattet waren.

Über Jahre hinweg hatten Irving Heymont und ich durchzusetzen versucht, dass die Leichname dieser beiden Juden an einen anderen Ort gebracht wurden – allerdings vergeblich.

Nun, 2005, hatte der Landsberger Stadtrat beschlossen, diese Kontroverse ein für alle Mal zu beenden, indem man alle einer Identifikation dienenden Schilder von den Gräbern abmontieren ließ. Alle Toten, ob Kriegsverbrecher oder unbekannter Jude, würden nun in alle Ewigkeit in gleicher Anonymität hier ruhen.

Die beiden jungen Cousins Eugenio und Albi waren fasziniert von Landsberg und meinem Teil seiner Geschichte. Albi, der sehr sprachbegabt war, sprach ausgezeichnet

Englisch und lernte Deutsch. Eugenio sprach keine der beiden Sprachen gut. Unser Essen mit den Rößles an diesem Abend spielte sich daher in einer Mischung aus Deutsch, Englisch und Italienisch ab, war aber ein sehr herzlicher Abschluss für einen Tag schrecklicher Geschichte.

Von Landsberg fuhren wir nach Nürnberg, der Stadt der Reichsparteitage. In dieser mittelalterlichen Stadt hatte sich der Nationalsozialismus durch die Linse der deutschen Filmemacherin Leni Riefenstahl in all seinem »Glanz« zur Schau gestellt. Ihr Film *Triumph des Willens* aus dem Jahr 1935 gilt als einer der bedeutendsten Dokumentarfilme aller Zeiten, stellte Riefenstahl aber als NS-Sympathisantin und ehrgeizigen und unmoralischen Menschen bloß.

Mit Gottfrieds Freunden Heide und Albert Grossman – er pensionierter Zahnarzt, sie Englischlehrerin –, die in Nürnberg leben, fuhren wir an jenen Ort, wo sich die Nazis 1935 zur Schau gestellt hatten, und wechselten uns an der Stelle ab, von wo aus Adolf Hitler sich an die tausenden begeisterten Deutschen gewandt hatte, die gekommen waren, um den Führer und das »neue« Deutschland zu sehen. Albert erzählte uns, dass Nürnberg versuchte, sein Image als Reichsparteitagsort der Nazis loszuwerden und zu einer Stadt zu werden, die sich auf die Menschenrechte konzentrierte, mit der Veranstaltung von Konferenzen und Verleihungen internationaler Preise und auch anderen Aktionen, um die Vergangenheit hinter sich zu lassen und eine neue Zukunft zu schaffen.

Wir verabschiedeten uns von Nürnberg und fuhren die recht kurze Strecke nach Bayreuth, Gottfrieds Geburtsort. Bis dahin war unsere Reise interessant gewesen und wir genossen jeder die Gesellschaft der anderen auf der langen Fahrt von Mailand. Aber nun fuhren wir schweigend. Wir näherten uns der Stadt, die für Gottfried Quelle von so viel Bitterkeit und Hass war. Gottfried hatte für uns ein Hotel am Rand von Bayreuth gebucht, damit wir die Scharen von Wagner-Fans nicht ertragen müssten, die zu den Sommer-Opernfestspielen gekommen waren. Aber es nützte nichts, dass wir am Rand von Bayreuth wohnten. Als wir das Hotel betraten, um einzuchecken, gingen zahlreiche Herren in eleganten Smokings in Begleitung glamouröser Damen in Designerkleidern auf dem Weg zu einem der vielen Empfänge vor der Aufführung an uns vorüber.

Ich konnte Gottfrieds Spannung und die Hilflosigkeit seines Sohnes und seines Neffen spüren, als diese den Wandel ihres herzlichen und lustigen Vaters und Onkels zu einem kalten, abwehrenden »Sohn« von Bayreuth spürten.

Wir fuhren zum Familienhaus der Wagners, der Villa Wahnfried, wo Richard Wagner und seine Frau Cosima begraben sind. Ich war überrascht, wie klein das Haus schien, obwohl ich bemerkte, dass es eigentlich drei Häuser waren, die durch eine Mauer miteinander verbunden waren. Gottfried und seine Familie hatten in einem der Häuser gelebt und seinen Onkel Wieland mit Familie in einem anderen, genannt das Siegfried-Wagner-Haus. Gottfrieds Großmutter Winifred hatte im Anschluss an das Siegfried-Wagner-Haus eine kleine Wohnung für Adolf Hitler errichten lassen. Nur wenige Schritte entfernt von der Villa Wahnfried stand das Haus, wo Gottfrieds anderer Urgroßvater, der Komponist Franz Liszt, gelebt hatte und gestorben war.

Wir fuhren anschließend den kurzen Weg von einigen Minuten zum Festspielhaus. Dieses »Festspielhaus auf dem Grünen Hügel«, wie es genannt wird, ist ein beeindruckender Bau, inmitten von herrlichen Blumen. Gottfried war es nach einer Auseinandersetzung mit seinem Vater nicht erlaubt, das Gebäude zu betreten, aber nichts hinderte ihn oder uns daran, auf dem herrlich gepflegten Grundstück spazieren zu gehen, während die Aufführung einer Wagner-Oper stattfand.

Gottfried zeigte uns die Büste von Richard Wagner, ausgeführt von Hitlers Lieblingsbildhauer Arno Breker. Gottfried hatte diese Büste von Kind an gehasst und erzählte uns, dass er sie einmal als kleiner Junge verunstaltet hätte.

Während wir auf dem Grundstück spazieren gingen, unterhielt uns Gottfried mit zahlreichen Lausbubengeschichten, die er im Opernhaus angestellt hatte.

Als wir so herumschlenderten, schienen zahlreiche Leute Gottfried zu erkennen und starrten ihn und uns an. Eine ältere Dame ging an Gottfried vorbei und sagte auf Deutsch: »Guten Abend, Gottfried.« Er sagte uns nie, wer sie war. Als wir das Grundstück schließlich verließen, wies Gottfried auf ein Fenster im zweiten Stock des Opernhauses. »Von dort«, sagte er, »winkte Hitler den begeisterten Massen zu, wenn er eine Wagner-Oper besuchte.«

Gottfried zeigte uns auch die herrliche Villa, die seinem Vater und dessen zweiter Frau sowie deren Tochter gehörte. Das Haus stand in einer Entfernung von einigen hundert Metern vom Festspielhaus und war von diesem durch einen langen Kettenzaun getrennt.

Mir – und auch Gottfried – war klar, dass, wäre sein Leben anders verlaufen, er jetzt die Direktion der Bayreuther Festspiele innehätte und ihm sehr wahrscheinlich auch das Haus, neben dem wir gerade standen, gehören würde.

Stattdessen mussten Gottfried und sein Sohn anonym bleiben und betraten das »Familiengeschäft« praktisch als völlige Fremde. Eugenio ging hinüber zu einem Souvenirstand, um einige Ansichtskarten für seine Mutter und seine Großmutter zu kaufen. Ich eilte ihm nach, um sie zu bezahlen. So konnte ich ihm wenigstens die Peinlichkeit ersparen, sich im Heim seines Großvaters wie ein typischer Tourist zu benehmen.

Als wir das Grundstück des Festspielhauses verließen, sahen wir eine Tafel zum Gedenken an Ottilie Metzger und Henriette Gottlieb, zwei jüdischen Sängerinnen der Bayreuther Festspiele, die von den Nationalsozialisten ermordet worden waren. Gottfried tat diese Geste nur als eine weitere Bemühung ab, die antisemitische und pro-nationalsozialistische Wagner-Geschichte »koscher« zu machen.

Als wir Bayreuth verließen, bemerkte ich, dass Gottfried wieder fröhlich und deutlich weniger angespannt war. Wir fuhren Richtung Polen und nun war die Reihe an mir, Nervosität und Angst vor dem Unbekannten zu empfinden, ein Gefühl, das so ganz anders war, als alles, was ich bisher gekannt hatte.

Geister – aber es sind meine Geister! – Wroclaw/Breslau

Wir waren nahe der polnischen Grenze. Ich hatte diesen Augenblick gleichzeitig gefürchtet und herbeigesehnt. Am Grenzübergang bei der ehemaligen deutschen Stadt Görlitz, hatten Gottfried und die beiden Jungen, die ja Pässe aus EU-Mitgliedsstaaten besaßen, keinerlei Schwierigkeiten. Mir wurde gesagt, ich solle warten, und die deutsche Grenzpolizei nahm mir den Pass ab und verschwand damit. Einige Minuten später bekam ich ihn zurück und wir wurden nach Polen durchgewinkt. Es war der 14. August, auf Hebräisch Tish b'Av, der 14. Tag des Monats Av, ein Fasttag und ein Trauertag in Gedenken an die Zerstörung des ersten und des zweiten Tempels sowie an all die großen Tragödien, die über das jüdische Volk hereingebrochen waren. Es war passend, dachte ich, dass ich gerade an diesem Tag in Polen war. Polen war jener Ort, an dem sich die größte Tragödie ereignet hatte gemessen an den jüdischen Ermordeten.

Ich empfand ein Gefühl der Aufregung und Sorge, das mich während unserer gesamten sechsstündigen Fahrt nach Wroclaw, unserem ersten Halt in Polen, nicht mehr verlassen sollte. Die Landschaft Schlesiens, durch die wir fuhren, erinnerte an Deutschland, von der Bauweise und den Farben der Bauernhäuser her, die eindeutig noch aus der Zeit stammten, als dieser Teil Schlesiens deutsch war. Aber alles war viel ärmer, sogar als in den ostdeutschen Gebieten, die wir auf der Fahrt nach Polen durchquert hatten.

Die gesamte Gegend, die wir auf dem Weg nach Wroclaw durchquerten, war bis 1945 deutsch gewesen. Dann hatte, nach der Niederlage NS-Deutschlands, eine Massenvertreibung von Deutschen aus den Dörfern und Städten dieser Gegend stattgefunden. Tausende Menschen, Familien und Einzelpersonen, wurden aus anderen Teilen Polens hierher gebracht, um die verlassenen Bauernhäuser, Orte und Städte des ehemaligen Ostschlesiens in Besitz zu nehmen.

Wroclaw hieß bis 1945 Breslau und war die Hauptstadt Schlesiens. Es war seit Jahrhunderten eine multikulturelle Stadt, seit dem Mittelalter überwiegend deutsch, aber mit beträchtlichen polnischen, tschechischen, ukrainischen und jüdischen Minderheiten.

Mit der Errichtung eines unabhängigen Polen nach Ende des Zweiten Weltkriegs war die jüdische Gemeinde von Breslau der einzige Überrest aus dieser mulikulturellen Zeit der Stadt.

Das Breslauer Judentum war bedeutend. Nobelpreisträger (Fritz Haber und Max Born) und wichtige politische Führungspersönlichkeiten (Ferdinand Lasalle) gingen daraus hervor und es gab ein rabbinisches Seminar, das Jüdisch-Theologische Seminar, das 1854 gegründet und 1939 von den Nazis geschlossen worden war. Zu den Lehrern und Studenten an der Fakultät zählten so berühmte jüdische Denker wie Zacharias Frankel (1801–1875), Heinrich Graetz (1817–1891) und Hermann Cohen (1842–1918). Man könnte sagen, dass die Wissenschaft des Judentums eher in Breslau als in Berlin ihren Ursprung genommen hat. An diesem rabbinischen Seminar, das sich selbst als »positiven und historischen« Zweig des Judentums verstand, orientierte sich auch die konservative amerikanische jüdische Bewegung bezüglich des Rituals und der Glaubensausrichtung. Von dieser großen Institution, die einst in der Wallstraße 1B beheimatet gewesen war, ist allerdings nichts mehr erhalten.[28]

Und hier stand ich nun an einem Ort namens Wroclaw mit der zweitgrößten jüdischen Gemeinde ganz Polens, einer Gemeinde, die knapp 300 Mitglieder zählte gegenüber einst 30.000 in der Zeit vor 1933. Sie gehörten nicht zu den Deutschen, die 1945 vertrieben wurden. Das letzte jüdische Begräbnis in Breslau hatte im August 1942 stattgefunden. Ein Jahr später erklärten die Nazis Schlesien als »judenrein«. Die jüdische Gemeinde in Breslau hatte aufgehört zu existieren.

Ich brachte es nicht über mich, die einzige Synagoge der Stadt, *Zum weißen Storch*, benannt nach dem Gasthaus, das einst an der Stelle gestanden war, wo danach das jüdische Gotteshaus errichtet wurde, zu besuchen.[29] Wir blieben nur zwölf Stunden in Breslau. In meinem Hotelzimmer sprach ich *Kaddisch* für meinen Vater.

Wir vier spazierten durch die Straßen und in den ersten zehn, fünfzehn Minuten sahen wir den hässlichen sozialistischen Realismus, der die kommunistische Architektur gekennzeichnet hatte. Wir sahen auch ein Graffito nach dem anderen, einige davon antisemitisch.

Erst als wir in die Altstadt von Breslau kamen, erlebten wir eine große Überraschung. Der Hauptplatz war wunderschön. So hatte das deutsche Breslau vor 1939 ausgesehen. Lebhaft bunte Häuserfassaden umgaben einen riesigen, autofreien Platz, der voller Musik und Leben war.

Wir beschlossen in einem Restaurant zu essen, das von sich behauptete, eine »echt deutsche« Küche zu haben. Das Essen war reichlich und sehr gut. Ich konnte nicht umhin zu bemerken, dass die Leute am Nebentisch mit einem sehr starken Akzent Deutsch sprachen. Wir begannen ein Gespräch und es stellte sich heraus, dass sie Vertriebene waren;

geboren in Opeln, als dieses noch zu Deutsch-Schlesien gehörte, waren sie 1945 von der neuen polnischen Regierung vertrieben worden.

Nun waren sie auf Besuch zu ihren Wurzeln zurückgekehrt. Wie fühlten sie sich, nun da sie zurückgekehrt waren, fragte ich? »Wunderbar«, sagten sie, »schließlich sind wir ja jetzt alle Europäer.«

Das mag in psychologischem Sinne zutreffen, galt aber nicht für die polnischen Straßen. Am nächsten Morgen fuhren wir im Schneckentempo aus Breslau hinaus, aufgehalten von Pferdewagen, Traktoren aus den 1950er-Jahren und Baustellen, die sowohl das neue als auch das alte Polen symbolisierten.

Leczyca/Linshits

Wir fuhren Richtung Leczyca, dem Geburtsort meines Vaters. Wir hatten gute Straßenkarten, aber die helfen in Polen nicht immer. Drei wichtige polnische Worte wird sicher niemand von uns je vergessen: *prosto* – geradeaus, *lewo* – links und *prawo* – rechts. Mein spärliches Polnisch brachte uns meist zu dem gewünschten Ort, aber diese drei Worte zu hören, war immer eine Freude.

Als wir in die Nähe von Leczyca kamen, wurde mir schwindlig. Ich konnte es nicht fassen, dass ich wirklich zu jenem Ort unterwegs war, der die Hälfte meiner Familiengeschichte ausmachte. Ich war aufgeregt, ja hatte Angst.

Selbst nach Ende des Holocaust, zu einer Zeit, als der kleine Rest des polnischen Judentums sich nur zwei Monate nach einem schrecklichen Pogrom in der Stadt Kielce, bei dem 40 Juden getötet und hunderte verwundet worden waren, der Feindseligkeit seiner Umgebung gegenübersah, zirkulierte eine Blutverleumdung in Leczyca und wurde den polnischen Regierungsbeamten angezeigt.[30]

Das *yizkor*-(Erinnerungs-)Buch der Gemeinde wurde 1953 in Israel von Rabbi J. Frenkel veröffentlicht. Unter dem Titel *Sefer Linshits* (Das Buch von Linshits) wurde es zur Gänze auf Hebräisch abgedruckt, ohne jiddische Einträge. Für *yizkor*-Bücher ist das recht unüblich.

Entweder war Linshits eine der strenggläubigsten Städte ganz Osteuropas oder Rabbi Frenkel hatte eine entschiedene Voreingenommenheit gegenüber der Welt des rabbinischen Lebens und der dazugehörenden Praxis. Nahezu alle Fotografien im Hauptteil des Buches zeigen ehrwürdige Rabbiner oder deren Synagogen.

Aber nicht alle. Es gibt auch Fotos von verschiedenen Schulklassen und fast 60 Jahre, nachdem er von Linshits in die Großstadt Lodz gezogen war, erkannte mein Vater immer noch die Fotos verschiedener Buben und wusste ihre Nachnamen und ob er mit ihnen zur Schule gegangen war; mit einem war er sogar gemeinsam beim polnischen Militär gewesen.

Bis 2005 war ich nie in Linshits gewesen. Das erste Mal aber sah ich es durch die Augen des polnisch-jüdischen Filmemachers Marian Marzynski, der in Linshits geboren worden war und die Jahre des Holocaust in Polen von Nonnen versteckt überlebt hatte. Ich lernte Marzynski in den frühen 1980er-Jahren bei der Vorführung seines Films *Schtetl* kennen. Zufällig war auch seine Mutter dort. Sie stammte aus Linshits und war der einzige Mensch außer meinem Vater, den ich aus dieser Stadt kannte.

Sie erinnerte sich an die Familie meines Vaters und das Unternehmen der Familie (sie besaßen mehrere Pferdegespanne, die für den Transport von Waren und Menschen eingesetzt wurden).

Marzynkskis Film zeigte, wie er durch die Straßen von Linshits ging. Es sah aus wie jede andere Kleinstadt in Osteuropa zur Zeit des Eisernen Vorhangs: Gruppen schmuddeliger Männer in unterschiedlichem Zustand der Trunkenheit. Aber Marzynski machte deutlich, wie sehr Linshits die Betriebsamkeit fehlte, die das jüdische Leben in der Zeit vor dem Holocaust nicht nur in Linshits, sondern in ganz Polen gekennzeichnet hatte, das »Loch im Herzen« einer Nation, der ein großer Teil seiner Geschichte abhanden gekommen ist.

Oh ja, die polnischen Christen, die er auf der Straße interviewte, erinnerten sich an die Juden. Wie schrecklich war es doch, sagten sie, was die Deutschen ihnen angetan haben.

Die Polen in Linshits schienen aber gar nicht so traurig. Vielleicht war es der *liquor*, den sie getrunken hatten und immer noch trinken. Es war schrecklich, sagten sie wieder, was die Deutschen den Juden angetan haben. Aber was hatten die Polen getan?

Oft, wenn ich mit meinem Vater über seine Identität als Pole und Jude sprach, bekam ich widersprüchliche Botschaften. Wie viele in Polen geborene Holocaust-Überlebende, die nach 1945 nie mehr zurückgekehrt waren, litt er an einem tief empfundenen Gefühl des Unrechts, das den Juden in den Jahren vor dem Krieg, während der NS-Besatzung und in der Nachkriegszeit angetan worden war.

Aber er litt auch an dem Trauma einer unerwiderten Liebe. Viele Juden aus der Generation meines Vaters, die sich ihrem Lebensende nähern, konnten dieses Land nicht aus ihrem Herzen reißen, wo sie geboren wurden und aufgewachsen waren und über das der große, in Lodz geborene jüdische Dichter Julian Tuwim geschrieben hat: »Auf polnisch gestanden sie die Unruhe ihrer ersten Liebe und auf polnisch stammelten sie von deren Verzückung und Stürmen, wo sie die Landschaft, die Sprache, die Dichtung geliebt hatten, wo sie bereit gewesen waren, ihr Blut für Polen hinzugeben und dessen wahre Söhne zu sein.«

Ich dachte immer noch an Marzynskis Worte: »Ich kehrte nur einmal, 1969, nach Leczyca zurück. Aber als ich Fragen zu stellen begann über jene aus meiner Familie, die ermordet worden waren, und jene, die sie verraten hatten, konnte ich es nicht ertragen. Ich beschloss, nie mehr wieder in mein Schtetl zurückzukehren.«[31]

Was konnte Marzynski nicht ertragen? Waren es die betrunkenen Leute am Hauptplatz, die in seinem Film *Schtetl* zu sehen waren? War es die Beschreibung der Erhängung von zehn jüdischen Männern am 17. März 1942 am umbenannten Adolf-Hitler-Platz, an einem Tag, als die »christlichen Lehrer ihre polnischen Schüler dorthin führten, damit sie die Galgen sahen, und den Kindern Moralpredigten hielten«?[32]

Das Linshits meines Vaters war zwar mehr als das kleine Dorf meiner Vorstellung, wo die Straßen verdreckt waren, wirkte aber wie eine Gespensterstadt. Nur wenige Leute waren an diesem späten Vormittag auf der Straße und kein Geschäft schien geöffnet zu sein. Der Hauptplatz war verlassen. Keine Betrunkenen torkelten herum.

Aber ich war aufgeregt, als ich das Straßenschild der Ulica Ozorkowska sah, die, wie ich aus den Geschichten meines Vaters wusste, eine der Haupteinfallsstraßen in die Stadt war.

Wir parkten und gingen zu Fuß weiter. Als wir an einem Haus vorüber kamen, trat ein alter Mann mit einem Fahrrad aus dem Tor. Ich fragte ihn, ob er wüsste, wo der jüdische Friedhof sei. »Hier gibt es keinen jüdischen Friedhof«, antwortete er. »Die Deutschen haben alle Grabsteine genommen und sie zum Pflastern der Straße verwendet.«

Ich erklärte ihm, wer ich war, und fragte ihn, ob er sich an meine Familie, die Piks, erinnerte. Er bejahte. »Was können Sie mir über sie erzählen?«, fragte ich. »Nun, sie waren Juden, Gottes Volk.«

Und er begann einen langen theologischen Diskurs über den Gott Jehova und die Strafen. Ich wusste sofort, dass er ein Zeuge Jehovas war und dass er, wenn wir nicht irgendeine Ausflucht fanden, noch lange Zeugnis ablegen würde. Ich sagte ihm, dass ich viel über das Leid und den Mut der Zeugen Jehovas während des Holocaust wüsste. Wir trennten uns mit einem Handschlag. Aber erinnerte er sich wirklich an meine Familie?

Wir gingen weiter, bis wir zu einem anderen vertrauten Schild kamen: Ulica Zydowska, Judenstraße. Auch diesen Namen kannte ich von meinem Vater. Die Familie Pik hatte um die Ecke in der Wiezienna Nr. 19 gewohnt, die heute Grodzkiej-Straße heißt. In der Ulica Zydowska hatten sich viele der jüdischen Geschäfte von Linshits befunden.

Aber ich wollte mehr wissen. Ich konnte nicht verstehen, warum es so wenige Menschen auf den Straßen gab. Wir kamen zum Rathaus und fanden es geschlossen, so wie auch die anderen Geschäfte rund um den Hauptplatz. Erst später erfuhren wir, dass dieser Tag ein nationaler Feiertag der Polen war.

Wir beschlossen eine Kirche zu suchen, um von einem Priester mehr Auskünfte zu bekommen. Nicht weit vom Hauptplatz fanden wir eine Kirche, deren Errichtung 1916 abgeschlossen worden war, als mein Vater gerade drei Jahre alt war.

Wir klopften an die Pfarrhaustür und ein groß gewachsener, junger Priester öffnete uns. Als ich ihm sagte, wer ich war und welche Verbindung ich zu Linshits hatte, lud er uns zu Kaffee und Keksen ein. Albi und Eugenio freuten sich. Beide Jungen waren praktizierende Katholiken wie auch Gottfried seit seiner Heirat mit Teresina. Sie fühlten sich zu Hause.

Aber Pater Zbigniew Luczak konnte uns nicht wirklich helfen. Er wusste nichts über die Existenz von Juden in Linshits. Er bot uns an, im Pfarrarchiv im Keller nachzuschauen, ob es irgendwelche Informationen über die Familie Pik gab.

Was er uns heraufbrachte, war viel versprechend. Es war ein dicker, alter Band. Aber es stellte sich heraus, dass es die Heiratsmatrikeln aller katholischen Hochzeiten im späten 19. Jahrhundert in Linshits waren. So viel ich wusste, gab es keine Katholiken in meiner unmittelbaren Familie.

Wir sprachen noch etwas länger über die katholisch-jüdischen Beziehungen und das Werk von Johannes Paul II. Schließlich nahm Pater Luczak ein Buch aus dem Regal und überreichte es mir als Geschenk. Es war eine Geschichte von Leczyca bis zum Jahr 1990, ein Jahr nach dem Fall des Kommunismus in Osteuropa. Wir suchten im Register nach dem Namen Pik, fanden ihn aber nicht.

Als ich die historischen Fotos im Buch durchblätterte, fand ich nur ein einziges, das einen Bezug zum jüdischen Leben in Linshits hatte. Es war eine Aufnahme der Judenstraße mit Stacheldraht aus dem Jahr 1940. Das war der Beginn des Linshitser Ghettos.

Aber ich erfuhr auch etwas anderes aus dem Buch, das mich enorm bewegte: Wie Recht hatte mein Vater im Hinblick auf Ignacy Solinski, seinen Lehrherrn in der Bäckerei, gehabt. Im Mai 1940 zählte Solinski zu jenen Nichtjuden in Linshits, die von den Nazis wegen Widerstands verhaftet und in ein Konzentrationslager, vermutlich Auschwitz, deportiert wurden.[33]

Ich verließ Linshits, ohne viel Neues in Bezug auf meine Familiengeschichte erfahren zu haben. Aber ich war in jenem Ort spazieren gegangen, den mein Vater und meine unbekannten Onkeln, Tanten und Cousins Heimat genannt hatten. Es war ein heiliger Boden, denn er hatte geholfen, mich in Zeit und Geschichte zu verankern.

Lodz

Lodz war die Stadt, wo meine Eltern ihre glücklichste Zeit, aber auch die längste Zeit ihres Leidens verbracht hatten.

Sie waren beide als junge Leute in ihren Zwanzigern nach Lodz gekommen. Sie hatten der Welt des *Schtetls* den Rücken gekehrt, um das Leben in Polens zweitgrößter Stadt und der zweitgrößten jüdischen Gemeinde kennen zu lernen, nur um dort die Not und die Vernichtung dieser Gemeinde während der fünfjährigen Zeit des Ghettos zu erleben. Mein Großvater mütterlicherseits war in diesem Ghetto erschossen worden und drei meiner Onkel mütterlicherseits waren hier verhungert, während meine Mutter ihre Köpfe in ihrem Schoß hielt.

Meine Eltern hatten aber dennoch in Lodz geheiratet und gegen alle Hoffnung gehofft, irgendwann in einer unbekannten Zukunft die Chance auf eine normale Existenz zu haben.

Vielleicht war es Schicksal, dass wir unsere Hotelzimmer gerade um die Ecke jener Konditorei gebucht hatten, an der mein Vater beteiligt gewesen war. Vielleicht war es Schicksal, dass die Frau an der Rezeption des Hotels, eine reizende polnische Katholikin namens Mazgorzata Chrzanowska, die wir Margaret nannten, auch Fremdenführerin für das jüdische Lodz war und mir Gelegenheit gab, meinen Blickwinkel des Lebens meiner Eltern in Lodz zu sehen, was ich sonst vielleicht versäumt hätte. Margaret unternahm mit uns eine Reise in die jüdische Vergangenheit und Gegenwart. Gegenwart waren die Büroräume der jüdischen Gemeinde, wo wir den Vorsitzenden der *Gmina Wyznaniowa Zydowska W Lodzi* (der jüdischen Gemeinde in Lodz) kennen lernten.

Simcha Keller war ein energischer Mann, in Polen geboren, aber mit einem fundierten jüdischen Hintergrund, der auch Hebräisch sprach. Er war optimistisch hinsichtlich der Zukunft der jüdischen Gemeinde in Lodz, obwohl diese weniger als 400 Mitglieder zählte. Die Gemeinde beschäftigte sich aktiv mit der Erforschung der Geschichte der Juden in Lodz, auch während der Nazizeit. Aber als ich Keller fragte, ob es irgendwelche Überlebenden des Ghettos von Lodz in der Gemeinde gäbe, verneinte er dies. Alle Bewohner des jüdischen Altenheims von Lodz stammten aus anderen Teilen Polens.

Ich freute mich trotzdem darüber, einige Hinweise auf jüdisches Leben zu sehen. Kellers Telefon klingelte unausgesetzt. Sein Büro war voller Dokumente über die Geschichte des jüdischen Lebens in Lodz und er verwahrte die Schlüssel zur einzigen Synagoge der Gemeinde, die in Betrieb war.

Als wir die Synagoge betraten, fühlte ich mich vermutlich so wie Gottfried, Eugenio und Albi in Pater Luczaks Pfarrhaus. Ich fühlte mich wohl in dieser Umgebung, die –

wenn auch nur zaghaft – von jüdischem Leben sprach. Es war auch interessant, mit dem Mann zu sprechen, der für die Pflege der Synagoge verantwortlich war. Er war ein zum Judentum konvertierender Katholik und ich erinnerte ihn daran, dass ein *ger*, ein Konvertit, eine besondere Bedeutung im jüdischen Leben hatte.

Vom jüdischen Leben gingen wir zu den Orten jüdischen Todes. Unsere erste Station war der Ort, wo mein Vater zuerst im Ghetto gelebt hatte. Ich stand auf der anderen Straßenseite und versuchte mir vorzustellen, wie er jeden Abend, nachdem er den ganzen Tag die toten Juden aus Lodz begraben hatte, nach Hause kam. Schließlich gehörte er zu einer Gruppe, die mehr als 43.000 Männer, Frauen und Kinder, Juden, Sinti und Roma begruben.

Dann fuhren wir zum Stadtarchiv von Lodz. Ich hoffte Informationen über meine Eltern und Verwandten zu finden, denn zu den Millionen von Dokumenten, die dieses große, beeindruckende Gebäude beherbergte, gehörten auch die Originalaufzeichnungen aus dem Ghetto von Lodz.

Wenn ich mit irgendetwas vertraut bin, so mit Archiven. Während Gottfried mit Margaret einige Besorgungen machte, hatte ich innerhalb von wenigen Minuten mehrere Mikrofilmrollen zum Durchsehen vor mir.

Ich verbrachte fast eine Stunde damit, diese Filmrollen zu sichten, fand aber nichts über meine Eltern. Ich fand einen auf Golda Guterman, Alter 66, aus Konstantynow, ausgestellten Totenschein. Sie war Harry Gutermans Großmutter.

Dann fuhren wir zum Bahnhof Radegast. Von dort waren meine Eltern im März und August 1944 deportiert worden. Es war so ein kleiner Bahnhof, wenn man bedenkt, dass von dort tausende von Juden ins Lager Chelmno in den Tod geschickt wurden. Die Jungen bemerkten Waggons auf den Schienen. Dort standen zwei Originalwaggons, mit denen die Juden aus diesem Bahnhof abtransportiert worden waren. Eugenio und Albi kletterten hinein. Ich vermochte es nicht, so wie ich auch nie den Originalwaggon der Deutschen Reichsbahn im »United States Holocaust Memorial Museum« betreten konnte. Ich fürchtete mich davor, was ich fühlen und hören würde – die Stimmen der Toten.

Unsere letzte Station war der Eingang zum neuen jüdischen Friedhof, dem vielleicht größten in Europa. In einer Abteilung dieses Friedhofs, genannt Ghettofeld, hatte mein Vater mit dem Totengräbertrupp gearbeitet. Es gibt dort keine Grabsteine, außer jenen, die von den Familien lang nach Ende des Holocaust errichtet wurden. Es ist einfach ein leeres Feld von nicht gekennzeichneten Toten. Ich stand dort und sprach *Kaddisch* für sie, wie dies vor sechzig Jahren mein Vater getan hatte.

Bevor wir Lodz verließen, machten wir etwas Sightseeing und Shopping auf der »Fifth Avenue« von Lodz, der Ulica Piotorkowska. Wir fanden sogar eine Buchhandlung, die von zwei jungen polnischen Katholiken geführt wurde, die über ein beeindruckendes Angebot von Büchern über das polnische Judentum und über Judaistik verfügten. Ich fragte sie, ob es so viele Kunden für diese Bücher gäbe, und sie antworteten, dass es tatsächlich großes Interesse dafür gebe. »Kennen Sie irgendwelche Juden?«, fragte ich. »Ja, einige wenige«, antworteten sie. »Es gibt nicht viele Juden in Lodz oder überhaupt in Polen.«

Auf dem Weg zurück ins Hotel fiel mir ein Restaurant mit einem Zeichen auf, das einen »Fiedler auf dem Dach« zeigte. Natürlich hieß das Restaurant »Anatevka« und versprach echt jüdische Küche. Ich war skeptisch. Ich wusste, was echt jüdische Küche war und bezweifelte, dass man in dieser alles andere als echt jüdischen Umgebung eine solche Küche finden würde.

Ich hätte mich nicht mehr irren können. Das Essen war wie die Küche meiner Mutter und ich wollte gar nicht, dass es vorüber war. Gottfried und die Jungen hatten nie eine derartige Speisekarte gesehen und es machte mir Spaß, sie in die kulinarischen Genüsse der polnisch-jüdischen Küche einzuführen. Während des Essens spielte eine junge Frau – keine Jüdin – herrliche Klezmer-Lieder wunderschön auf der Geige.

Hier erlebte ich zum ersten Mal ein Phänomen, über das ich gelesen hatte. Das polnische Judentum hatte durch Bücher, Musik und Küche einen fast unnatürlichen Einfluss auf das moderne Polen und würden diese auch nicht aufgeben. Die Geister waren überall – und es waren meine Geister.

Zwolen und Skarzysko-Kamienna

Wir fuhren nach Radom, der größten Stadt nahe von Zwolen, dem Geburtsort meiner Mutter. Nachdem wir im Hotel eingecheckt und dort zu Abend gegessen hatten, gingen wir zu einer vernünftigen Zeit schlafen; zumindest Gottfried und ich. Die Jungen waren 20 Jahre alt und obwohl sie während der gesamten Reise sehr aufmerksam gewesen waren – sie hatten alles beobachtet, Fragen gestellt, meine Koffer getragen –, waren sie eben doch junge Männer.

Sich um ihre nächtlichen Unternehmungen zu kümmern und dafür zu sorgen, dass sie in der Früh wieder rechtzeitig zur Abfahrt bereit waren, fiel in Gottfrieds Kompetenz – wenn auch nicht immer mit Erfolg.

Aber wir schafften es, früh Richtung Zwolen aufzubrechen. Als wir dort ankamen – es war ein herrlicher Sommertag –, war ich überrascht, wie hübsch der Ort war. Er war ganz anders als Linshits, wo verfallene Häuser um einen desolaten Hauptplatz standen, es war vielmehr ein moderner, westeuropäisch aussehender Ort, der durchaus eine englische Kleinstadt hätte sein können.

Wir gingen direkt zum Rathaus, das zu unserer Freude nicht nur offen war, sondern wo wir auch als Ehrengäste behandelt wurden.

In der Gemeindeverwaltung von Zwolen war man bemüht mir behilflich zu sein, obwohl sie nicht sicher waren, dass sie jemanden finden könnten, der sich an die Familie meiner Mutter erinnerte.

Ein Gemeindebediensteter ging mit uns die kurze Strecke bis zu einer Reihe älterer Häuser. Vor einem blieb er stehen – es war ein eher trostloses Haus – und sagte: »Wenn irgend jemand sich an die Familie Ihrer Mutter erinnern kann, dann ist es der Herr, der hier lebt.«

Ein bellender Hund begrüßte uns, als wir zur Rückseite des Hauses gingen. Ein älterer Mann öffnete die Tür und blickte uns an. »Kommen Sie herein«, sagte er, »was kann ich für Sie tun?«

Wir saßen um einen einfachen Tisch, während unser Begleiter erklärte, was ich wissen wollte. Erinnerte er sich an eine jüdische Familie namens Kolton? Zunächst nicht, aber nach einigen Minuten änderte Stephan Kwapisiencz seine Meinung: »Ja, ich erinnere mich an die Familie. Einige von ihnen haben hier in der Nähe gewohnt.«

Ich kann nicht beschreiben, wie dankbar ich ihm für diese Auskunft war. Ich ging mit unserem Begleiter aus dem Rathaus zur angegebenen Adresse, um einige Fotos zu machen, während Gottfried und die Jungen im Haus blieben und weiter mit dem älteren Herrn plauderten.

Als Gottfried zu uns stieß, erzählte er mir, das Kwapisiencz zu weinen begonnen hatte, als er beschrieb, wie die Juden aus Zwolen zusammengetrieben und deportiert worden waren.

Aber wir waren noch nicht fertig in Zwolen. Unser Gastgeber fragte, ob wir Interesse hätten, das Stadtarchiv und das Museum zu besuchen. Vielleicht gab es dort Informationen für mich.

Das Museum/Archiv war ein belebter Ort. Computer-Plätze, Faxapparate und Dokumente waren in so großer Zahl in das Büro gestopft, das kaum mehr Platz für anderes blieb. Die Wand war voll gepflastert mit Postern.

Die Angestellten unter der Leitung von Direktorin Elszbieta Nowakowska waren freundlich. Sie machten auf einem kleinen Konferenztisch Platz für uns und wir begannen ihnen den Grund für meinen Besuch auseinander zu setzen. Mein Polnisch war nicht gut genug, um alle Einzelheiten zu erklären. Wir versuchten es mit etwas Italienisch und Englisch, aber Deutsch schien die beste Verständigungssprache.

Es gab einen guten Grund für das rege Treiben. 2006 sollte der 600. Jahrestag der Gründung von Zwolen begangen werden und zu den geplanten Veranstaltungen zählte eine Ausstellung über die Geschichte der Juden in Zwolen.

Man suchte intensiv nach Informationen über die Juden von Zwolen. »Wussten Sie«, fragte ich, »dass es eine Geschichte der Gemeinde in Form eines *yiskor*-Buches gibt?« Sie hatten von einem derartigen Buch gehört, besaßen aber kein Exemplar.

Wir begannen dann über eine Zusammenarbeit zwischen den Archiven zu sprechen. Ich würde ihnen das *yiskor*-Buch verschaffen und sie würden mir dafür Material der Ausstellung, vor allem alles, was in Zusammenhang mit der Familie meiner Mutter stand, zur Verfügung stellen.

Am begeistertsten von allen Mitarbeitern war Piotr Wajs. Er sprach recht gut Deutsch und bot mir an, mit mir zum jüdischen Friedhof zu gehen. Aber er warnte mich: »Ich muss Ihnen sagen, nichts weist mehr dort darauf hin, dass dies einmal ein Friedhof war. Die Nazis haben alle *mazteivas,* Grabsteine, zerstört, mit Ausnahme von dreien, die im Keller des Museums stehen.« Ich war überrascht, dass er das jiddische Wort für Grabstein kannte. Kaum ein Nicht-Jude in Amerika kennt es, aber vielleicht war das ein Hinweis darauf, wie eng in einer Kleinstadt wie dieser alles beisammen lag; das ist ein Aspekt in den polnisch-jüdischen Beziehungen, der oft übersehen wird.

Wir fuhren an die Stelle des ehemaligen Friedhofs. Es war einfach ein Feld mit üppiger Vegetation, aber es fehlte tatsächlich jeder Hinweis, dass dies einmal geheiligter jüdischer Boden gewesen war. Ich sprach *Kaddisch* für all jene, die hier begraben waren, darunter auch die Mitglieder meiner Familie.

»Wir wollen den Friedhof restaurieren«, erzählte mir Piotr Wajs. »Einige kleinere Orte haben das mit der Hilfe ehemaliger jüdischer Bewohner schon getan. Wir sind eine arme Stadt. Wir brauchen die Hilfe unsrer ehemaligen Zwolener Juden.«

Monate später erhielt ich ein E-Mail von Piotr Wajs. Er schrieb mir auf Deutsch, dass er ein Exemplar einer polnischen Geschichte des jüdischen Lebens in Zwolen und Umgebung gefunden hätte. »Ich habe das Buch in einer Nacht gelesen«, schrieb er, »und ich war zu Tränen gerührt über das schreckliche Schicksal der Juden dieser Stadt.«

Von Zwolen fuhren wir in die Stadt Skarzysko-Kamienna. Hier, im Konzentrationslager und in den Arbeitslagern, hatte mein Vater am meisten gelitten.

Wir sahen auf der Autobahn Richtung Skarzysko-Kamienna ein Hinweisschild auf ein KZ-Museum. Als wir zu dem Museum kamen, sahen wir, dass dessen Schwerpunkt auf der Geschichte der Militärwaffen in Polen lag. In einigen Ausstellungskästen wurde die Geschichte des Konzentrationslagers beschrieben, in dem tausende gestorben waren.

Ich fragte eine der Aufseherinnen, wo sich das ehemalige KZ befinde. »Nein«, sagte sie, »da gibt es kein Lager. Es gibt nichts mehr aus dieser Zeit.«

Krakau

Wir hätten mehr Zeit für Krakau einplanen sollen. Hier stehen die polnisch-jüdische Phantasie und Realität an einem Kreuzungspunkt.

Aus vielen Gründen wurde Krakau zum jüdischen kulturellen Zentrum in Polen. Nirgendwo sonst haben so viele Synagogen die Brände und Bombardierungen überstanden, nirgendwo sonst beherrscht die jüdische Klezmer-Musik einen ganzen Stadtteil und nirgendwo sonst hat das ernsthafte Studium des polnischen Judentums und des Holocaust einen so festen Platz in den Wissenschaften.

Die Stadt selbst ist wunderbar. Wir spazierten entlang der alten Stadtmauern, wo es überall Schlösser und herrliche alte Bauten gab. Die Wohnung, die wir gemietet hatten, schloss an den Hauptplatz von Krakau an, einen Platz, auf dem man als Tourist Geschäfte, Restaurants und Kirchen genießen konnte.

Kirchen waren ebenso wie Synagogen ein wichtiger Teil der Geschichte Krakaus. Viele dieser Synagogen lagen im Bezirk Kazimierz. Aber anders als in Lodz, wo ein Großteil der jüdischen Gemeinde der Stadt im Stadtteil Baluty gewohnt hatte – die meisten von ihnen arm –, lebten in Kazimierz nur etwa zehn Prozent der Krakauer Juden, die ärmsten und religiösesten. Wenn man bedenkt, dass vor 1939 mindestens 25 Prozent oder etwa 65.000 Einwohner Krakaus Juden waren, so erzählt ein Besuch Kazimierz nicht die ganze jüdische Geschichte der Stadt.

Aber Kazimierz war alles, was wir sahen, und wir hatten nur einige Stunden und noch weniger Tageslicht, um Polens wichtigstes jüdisches Schauspiel zu sehen.

Wir hatten gerade genug Zeit, mehrere Synagogen, die den Zweiten Weltkrieg aus unterschiedlichen Gründen überstanden hatten, von außen zu sehen. Der Spaziergang führte uns an der so genannten Hohen Synagoge, der Alten Synagoge, der Wolf Popper Synagoge, der Isak Synagoge und der Neuen oder Remu Synagoge vorbei, die nach dem berühmten Rabbi Moses Isserles benannt ist und hinter der sich ein jüdischer Friedhof erstreckt. Jetzt gibt es nur mehr ca. 200 Juden in Krakau, kaum genug, um eine oder zwei Kongregationen zu unterstützen, geschweige denn fünf oder sechs. Die Remu Synagoge war als einzige in Betrieb.

Aber wenn wir »Leben« suchten, so mussten wir nicht weit gehen. Gegenüber der Remu Synagoge gab es zwei berühmte »jüdische« Restaurants, das »Café Ariel« und das »Klezmer Hois«, eine umgewandelte *mikwe* (rituelles Badehaus). Der Lärm in beiden Lokalen war ohrenbetäubend, Stimmen und Klezmer-Musik, die Luft voll Zigarettenrauch zum Schneiden.

Wir beschlossen, in keinem der beiden Lokale zu Abend zu essen, gingen aber in beide Restaurants hinein und lauschten einige Minuten lang der Musik. Es war wunderbar und doch nur ein kleiner Ausschnitt der jährlichen Sommer-Klezmer-Festspiele, zu denen Musikgruppen aus der ganzen Welt nach Krakau kommen.

Ich ging von Restaurant zu Restaurant und fragte die Gäste und die Bedienung, ob sie jüdisch seien und jiddisch sprachen. Niemand war jüdisch und keiner konnte jiddisch.

Ich fand ein Prospekt, in dem für ein Restaurant namens »Es war einmal in Kazimierz« geworben wurde. In der ul. Szeroka 1 könnte man die Erinnerungen an eine Zeit wiederfinden, als »die beiden Gemeinden, die jüdische und die polnische, noch Seite an Seite lebten. Sie waren in nahezu allem unterschiedlich: Sprache, Gebräuche, Glaube und Kultur [...] Sie waren Kunden in den gleichen Werkstätten und kauften ihre Lebensmittel beim gleichen kleinen Lebensmittelhändler. Und dadurch blieben sie so eng miteinander verbunden. Alle Grenzen zwischen ihnen schienen einfach zu verschwinden und wegzuschmelzen [...].«

Man konnte, wenn man wollte, den Gemischtwarenladen von Chajim Kohan besuchen, die Schneiderei von Szymon Kac, die Tischlerei von Benjamin Holcer und das Lebensmittelgeschäft von Stansilaw Nowak. Und in diesem Restaurant sind all diese Geschäfte »nur durch imaginäre Wände voneinander getrennt, durch welche die anschließenden Räumlichkeiten zu einem gemütlichen, einladenden Raum wurden, ein Symbol für die Integration von zwei Völkern, ihrer Religionen und Kulturen.« Welche Geschichte der polnisch-jüdischen Beziehungen des 20. Jahrhunderts hatte der Verfasser dieser Zeilen gelesen? Hatte irgend jemand die zweihundert Juden in Krakau gefragt, ob sie und ihre polnisch-katholischen Nachbarn religiös und kulturell integriert waren? Würden die tausenden Krakauer Juden, die während des Holocaust ermordet worden waren, zustimmen, dass es vor ihrem brutalen Tod eine »Integration zwischen zwei Völkern, ihren Religionen und Kulturen« gegeben hatte?

Krakau war auch die Stadt von Oskar Schindler und Amon Göth, dem bekannten österreichischen Leiter des Arbeitslagers Plaszow. Die Stadt ist ein Symbol des wenigen Guten und des vielen Bösen, das den Holocaust kennzeichnete.

Es war daher durchaus angebracht, aber auch wagemutig, dass die 600 Jahre alte Jagellonen-Universität, eine der berühmtesten Europas, 1986, als Polen noch unter kommunistischer Herrschaft stand, ein Forschungszentrum über Geschichte und Kultur der Juden in Polen unter der Leitung von Professor Jozef Gierowski eröffnete. Es war dies die erste derartige Einrichtung in Polen. 1998 folgte die Errichtung des Zentrums für Holocaust-Studien und zwei Jahre später die Einführung des »Holocaust-Studienlehrgangs für Postgraduierte«, womit polnische Studenten an der Universität erstmals etwas über den Holocaust hörten.

Bevor wir Krakau verließen, mussten wir noch etwas erledigen – den Besuch einer Kirche am Hauptplatz, wo einst der Krakauer Erzbischof Karol Josef Wojtyla gewirkt hatte, der zu Papst Johannes Paul II. werden sollte.

Die Jungen wollten beten und etwas Zeit haben, um über das nachzudenken, was sie auf unserer Reise gesehen hatten. Ich konnte mir keinen besseren Ort vorstellen als die Kirche jenes Mannes, der so viel für eine Änderung in den katholisch-jüdischen Beziehungen getan hatte.

Auschwitz/Oswiecim

Ich habe die Worte des deutsch-jüdischen Soziologen und Philosophen Theodor Adorno nie ernst genommen. Adorno meinte: »Nach Auschwitz Gedichte zu schreiben ist barbarisch.« Vor allem nachdem ich die »Stimme der *She'erith Hapletah*«, des verbleibenden Rests der Überlebenden jüdischer DP-Lager, in Mitteleuropa entdeckt hatte, war ich zu der Überzeugung gelangt, dass man das Leben selbst im Schatten des Holocaust und des größten Übels in Auschwitz optimistisch sehen kann.

Aber ich hatte Angst vor Auschwitz, und zwar auf eine Art und Weise, die sich nicht mit der Angst vor dem Unbekannten vergleichen ließ, das mich in Linshits, Skarzysko-Kamienna, Lodz oder Zwolen erwartet hatte. Ich hatte Angst, ich würde es nicht ertragen, dem Bösen in Reinkultur ins Auge zu sehen, ich würde zusammenbrechen angesichts all dessen, was dies symbolisierte.

Wir kamen am Morgen des 18. August in Auschwitz an. Selbst zu dieser frühen Stunde war die Gedenkstätte voller Leute aus der ganzen Welt – Japaner, Israelis, Italiener, Spanier, Engländer, Kanadier. Was fühlten diese Leute, wenn sie durch das Tor schritten, das ihnen verkündete: »*Arbeit macht frei*«?

Ich war in Dachau, Buchenwald und Neuengamme am Rand von Hamburg gewesen. Diese Lager hatten mich traurig gemacht und mir die Realität des Holocaust als Tötungsmaschinerie vor Augen geführt.

Aber Auschwitz war anders. Es machte mich mehr als traurig und ich realisierte, was meine Mutter hier erlitten hatte und welchem Schicksal sie entgangen war, selbst in der kurzen Zeit, in der sie als Gefangene hier gewesen war. Es erschreckte und verwirrte mich. Ich konnte das Böse um mich herum förmlich spüren.

Wir alle wollten einen Führer durch die Gedenkstätte. Wir brauchten jemanden, der uns die Geschichte jedes einzelnen Gebäudes und jeder Ausstellung erklärte. Aber Führer für Gruppen von vier Leuten waren an diesem Tag nicht verfügbar bzw. sagte uns das ein Angestellter, als wir danach fragten. Ich wollte Nein nicht gelten lassen und beschloss zu sehen, ob nicht mein Kollege Dr. Franciszek Pieper, der in der Abteilung für Historische Forschungen am staatlichen Museum Auschwitz-Birkenau arbeitete, helfen konnte.

Pieper war die weltweite Autorität im Hinblick auf die Zahl der in Auschwitz getöteten Häftlinge. Seine Schätzung von etwas über einer Million Opfer, mehr als 90 Prozent von ihnen Juden, war der allgemein anerkannte Standard. Ich hatte auf der 1993 vom »United States Holocaust Memorial Museum« veranstalteten internationalen Konferenz mit ihm zusammengearbeitet und seinen Aufsatz in *The Holocaust and History* veröffentlicht.[34]

Es stellte sich heraus, dass Dr. Pieper in Urlaub war. Aber die Tatsache, dass mein Name den Mitarbeitern in der Abteilung für Historische Forschung bekannt war, verschaffte uns einen Führer.

Es war dies ein junger, gut ausgebildeter Historiker mit einem enzyklopädischen Wissen über Auschwitz-Birkenau, die Lager I und II an diesem Ort der Niedertracht.

Nachdem ich ihm von meinem Hintergrund und der Tatsache erzählt hatte, dass meine Mutter Gefangene in Auschwitz-Birkenau gewesen war, begann er den Rundgang, indem er mir erzählte, dass den meisten Juden nicht bewusst sei, dass die ersten Gefangenen in Auschwitz polnische Katholiken gewesen waren. Das wunderte mich nicht. Als Direktor des Holocaust-Museums in Houston hatte ich sogar eine Ausstellung der Bilder von Jan Komski (1915–2000) organisiert, dem Auschwitz-Häftling Nr. 564, der am 14. Juni 1940 mit dem ersten Transport von 727 Gefangenen nach Auschwitz gekommen war. In dieser Gruppe befanden sich auch einige polnische Juden, aber sie kamen als politische und nicht als rassische Häftlinge nach Auschwitz.

Die Tatsache, dass ich Komski kannte, der zur Eröffnung seiner Ausstellung nach Houston gekommen war, und die Tatsache, dass ich von den polnisch-katholischen Gefangenen in Auschwitz wusste, schuf einen gegenseitigen Respekt, der etwa zehn Minuten lang anhielt. Danach waren wir über praktisch alles unterschiedlicher Meinung, nicht über Auschwitz und seine Geschichte, aber über die tausendjährige Beziehung zwischen den polnischen Juden und Nicht-Juden.

Auschwitz sei nie eine deutsche Stadt gewesen, versicherte er mir und zog die Erkenntnisse von Deborah Dwork und Robert Jan Van Pelt in ihrem viel gelobten Buch über die Geschichte der Stadt in Zweifel.[35]

Er machte auch Anspielungen auf die »Andersartigkeit« der polnischen Juden, ihre Unfähigkeit oder mangelnde Bereitschaft, ein Teil Polens zu werden, statt nur einfach in diesem Land zu leben. Schließlich war er überzeugt, dass die polnischen Juden nach dem Zweiten Weltkrieg die treibende Kraft hinter der jüdisch-kommunistischen Machtübernahme in Polen gewesen waren.

Ich versuchte ihm meinen Standpunkt dazu auseinander zu setzen, aber die Ungeheuerlichkeit von Auschwitz schien unsere unterschiedlichen Auffassungen unwichtig werden zu lassen.

Als wir eines der Gebäude von Auschwitz I betraten, dem Originalteil des Lagers, das so genannte *Stammlager*, kamen wir in einen Raum, der mit Ausnahme eines Kreises mit brennenden Kerzen völlig dunkel war. Rund um die brennenden Kerzen standen Bänke und wir setzten uns nieder. Plötzlich stimmte eine tiefe, melodische Stimme das *El Moleh Rachamim* (O Gott, voll Mitleid) an.

Alle Emotionen, die sich in mir nach dem Besuch der Geburtsorte meiner Eltern und der Orte ihres Leidens aufgestaut hatten, brachen nun aus mir heraus. Ich brach in Tränen aus und konnte nicht aufhören. Ich weinte um meine Eltern und die Familienangehörigen, die weder ich noch meine Frau noch meine Kinder je kennen lernen würden.

Ab einem bestimmten Zeitpunkt unseres Rundgangs durch Auschwitz I wurde Eugenio offener mir gegenüber. Er und ich begannen schließlich über seine Erinnerungen an Rumänien und über die Hölle zu sprechen, in der er mehrere Jahre lang im Waisenhaus gelebt hatte.

Albis Sensibilität zeigte sich auf andere Weise. Er litt seit Beginn unserer Reise nach Polen und Deutschland an einem nervösen Magen und dessen Konsequenzen, was noch stärker wurde, als wir den polnischen Teil der Reise begannen.

Als wir das kurze Stück nach Birkenau fuhren, zu den wirklichen Todesorten der Gaskammern und Krematorien, war ich fassungslos über die Ausmaße des Lagers. Es erstreckte sich so weit das Auge reichte und was ich sah, überstieg fast die menschliche Vorstellung: die Plattform, von der aus die neu angekommenen Gefangenen entweder ins Leben oder in den Tod geschickt wurden; die Gaskammern; den Boden und den Teich, die mit menschlicher Asche und Knochen gefüllt waren.

Unser Führer meinte, dass meine Mutter, da ihr Transport vom Bahnhof Radegast in Lodz nach Auschwitz gekommen war, vermutlich in Baracke 2BII oder 2CII des Frauenlagers in Birkenau untergebracht gewesen war. Obwohl die Baracken nicht mehr standen, versuchte ich mir vorzustellen, wie sie ausgesehen hatten und wie Birkenau für meine Mutter wohl gewesen war.

Wir hatten Zimmer in einem Hotel in der Stadt Oswiecim gebucht gehabt, aber als wir dort ankamen, nachdem wir Auschwitz-Birkenau verlassen hatten, sahen wir, dass es gegenüber von Bahngleisen lag. Gottfried, der schon mehrmals in Auschwitz gewesen war, erinnerte sich, dass er eines dieser Male in demselben Hotel gewohnt und die ganze Nacht über den Lärm der unter seinem Fenster vorüberfahrenden Züge gehört hatte. Wir fuhren also zu einem anderen Hotel fern ab von den Gleisen und haben unsere erste Reservierung nie storniert.

Vielleicht hatte Adorno nicht ganz Unrecht mit dem, was er über Auschwitz geschrieben hatte. An diesem Abend empfand ich ein Gefühl der Verzweiflung und Schwermut, sodass ich außer Stande war, über die Erlebnisse des Tages zu schreiben. Andererseits schrieb ich Folgendes: »Ich kann nicht fassen, wie verankert ich mich in meiner Familienidentität fühle. Das hat mir in meinem Leben immer gefehlt. Linshits, Zwolen, Lodz, Skarzysko-Kamienna und nun Auschwitz. Ich war jetzt dort und die Schatten sind Wirklichkeit geworden. Aber es ist zu spät mit meinen geliebten Eltern über all das, was sie mir erzählt und was ich nun selbst erlebt habe, zu sprechen.«

Dresden

Unsere nächste Station war die ehemalige ostdeutsche Stadt Dresden. Vor dem Zweiten Weltkrieg als »Elbflorenz« bekannt, war Dresden eine der schönsten Städte Europas.

All das änderte sich mit der Nacht des 13. Februar 1945. Zwei Tage lang zerstörten amerikanische und britische Bomber die Stadt in einem gewaltigen Feuersturm. Die verlässlichsten Schätzungen gehen davon aus, dass mindestens 30.000 Menschen während der Bombardierungen den Tod fanden.

Aber meine Mutter überlebte und ich hatte eine Adresse, die sie nie vergessen hat: Schandauerstraße 68. Dort hatte sie als Zwangsarbeiterin von November 1944 bis zum 13. Februar 1945 gearbeitet. Ich wollte diesen Ort unbedingt sehen. Aber gab es die Schandauerstraße überhaupt noch? Was stand heute wohl am Platz dieses Gefängnisses meiner Mutter?

Ein Freund von Gottfried hatte eine Führung für uns organisiert. Matthias Bräutigam war Cellist bei den Dresden Philharmonikern und bereit, uns auf einem ausführlichen Rundgang zu begleiten.

Als er kam, wollte ich nur die Schandauerstraße 68 sehen. Gab es diese Straße noch? Er bejahte. Das war es, was ich hören wollte.

Als wir in Richtung Schandauerstraße fuhren, kamen wir an einem hässlichen Gebäude ohne jegliche Fenster vorbei. Das ist unsere neue Synagoge, sagte der Cellist. Ich erinnerte mich, das Henry Meyer, ein in Dresden geborener Freund von Gottfried und mir und Überlebender des Männerorchesters in Auschwitz in einem Gespräch erwähnt hatte, dass die Dresdner Juden sich finanziell am Neubau eines der schönsten jüdischen Gotteshäuser der Stadt beteiligen wollten. Aber wenn dies das Ergebnis ihrer Bemühungen war, so war ich bitter enttäuscht. Die Tatsache, dass niemand hinein- oder heraussehen konnte, sprach Bände, wie sicher sich die jüdische Gemeinde von Dresden 2005 fühlte.

Wir kamen zu einer Straße, deren Schild die Schandauerstraße ankündigte. Da wir langsam fuhren, zählte ich die einzelnen Gebäude und Nummern. Dann sah ich es. Ein großes Gebäude, das heute wieder eine Zigarettenfabrik war, wie vor dem Zweiten Weltkrieg. Auf einer großen Tafel auf einer Ziegelsäule neben dem Tor des Gebäudes stand zu lesen:

»Zwischen November 1944 und April 1945 befand sich an dieser Stelle, Schandauerstraße 68, ein Außenlager des Konzentrationslagers Flossenbürg. Rund 500 Häftlinge, vor allem Juden aus Polen, mussten hier Zwangsarbeit für die deutsche Waffenindustrie leisten. Sie hatten unter der Brutalität der SS-Lagerführung zu leiden und nur wenige Deutsche kamen, um die Häftinge mit etwas Ähnlichem wie dem Lebensnotwendigsten zu versorgen. Viele der Insassen kamen durch Zwangsarbeit oder die Todesmärsche Ende des Zweiten Weltkriegs zu Tode.«

Die Gedenktafel wurde 2002 gewidmet. Es hatte fast 50 Jahre gebraucht, bis die Stadt Dresden realisiert hatte, dass es neben jenen, die im Feuersturm vom 13. bis 15. Februar 1945 umgekommen waren, auch noch andere Opfer gab.

Buchenwald

Obwohl ich Buchenwald schon zweimal besucht hatte – einmal, als es noch zur DDR gehörte, und ein zweites Mal, als es schon Teil des wiedervereinigten Deutschland war –, war der Besuch von Buchenwald für Gottfried, mich und die Jungen wichtig.

Buchenwald war ein Symbol für die beiden Kriege, welche die Nationalsozialisten führten: einen gegen die Juden und einen zweiten gegen die menschlichen Werte. Mein Vater war in Buchenwald gemeinsam mit sowjetischen Soldaten, Homosexuellen, Kommunisten und Zeugen Jehovas inhaftiert gewesen. Es gab kein besseres Beispiel für den zweiten dieser Kriege und für die Gruppen, gegen welche die Nationalsozialisten unter anderem diesen Krieg führten.

Als wir zwischen den Gebäuden von Buchenwald gingen und die hervorragende Ausstellung sahen, welche die post-kommunistische Verwaltung des ehemaligen Konzentrationslagers hier zusammengestellt hatte, war ich dankbar, dass es mir möglich war, diese zweiwöchige Reise in die Vergangenheit meiner Eltern zu unternehmen.

Ich stand gemeinsam mit Gottfried, Eugenio und Alberto und blickte hinunter auf den Granitsteinbruch, der die grausamste Erfahrung meines Vaters in Buchenwald gewesen war. In diesem Augenblick wurde mir klar, dass die Häftlinge in diesem Steinbruch ähnlich wie in der mythologischen Geschichte des Sisyphus schwere Steine in winzigen Schubkarren den Hügel hinauf und hinunter führen mussten, um zu der Stelle zu gelangen, wo der Granit abgeladen wurde, nur um dann wieder in den Steinbruch hinunter zu gehen, Tag für Tag, als würden die Steine wieder dorthin zurückfallen, von wo sie sie geholt hatten.

Mit all meinem Wissen über eine Welt, die nach dem Holocaust laut schrie »nie wieder«, aber einem Genozid nach dem anderen zusah, wurde mir bewusst, dass unsere Zivilisation wie Sisyphus war. Wir konnten den Gipfel nie erreichen, ohne dass die Steine nicht wieder zurückrollten.

Die Götter hatten Sisyphus zu einem Schicksal verdammt, das ihn zwang, einen Felsbrocken auf den Gipfel eines Berges zu rollen, der aufgrund seines Gewichtes wieder zurückfallen musste. Aber wer hatte die Menschheit dazu verdammt, immer wieder einen Völkermord zu begehen?

Der Journalist Jonathan Kaufman schrieb ein Buch über seine Reisen, in dem er die Bemühungen der Juden in Ost- und Mitteleuropa dokumentierte, sich nach dem Holocaust wieder aus der Asche der Vernichtung zu erheben. Was diese Vernichtung für Europa nach 1945 bedeutete, geht klar aus dem Titel von Kaufmans Buch hervor: *A Hole in the Heart of the World.*[36] Auf der langen Fahrt zurück nach Italien, wurde mir etwas klar: Die Reise durch Zeit und Trauma der Welt meiner Eltern vor 1945 hatte auch ein Loch gerissen – ein Loch in meinem Herzen und in meiner Welt, das nie mehr gefüllt würde.

V.

Rückblick und Ausblick

Gottfried Wagner

Unsere gemeinsame Fahrt im August 2005 durch Deutschland und Polen mit dem Ziel Auschwitz zeigte die Fragilität unseres Dialogs. Sie wurde durch den Tod von Vater Shalom nur einige Wochen vor der Abreise sichtbar.[1] In den Jahren zuvor hatten wir gemeinsam versucht, im Schatten von Auschwitz Antworten auf komplexe Fragen unserer Generation zu finden. Wir taten dies aus »sicherer Entfernung«. Die Frage, ob nach Auschwitz überhaupt das Wort Versöhnung von nicht-jüdischen Post-Shoah-Deutschen in den Mund genommen werden kann, stellte sich durch die individuellen Erfahrungen nach dieser gemeinsamen Reise nach Auschwitz radikaler. Bei mir war damit wieder die Frage nach meinen christlichen Wurzeln und Werten verbunden, die letztlich in meinem Leben immer Vorrang vor anderen Aspekten eigener Identität hatte. Mich beschäftigten Begriffe wie Schuld, Scham, Trauer und Aussöhnung.

Als Christ fand ich dazu bei dem katholischen Theologen Jürgen Manemann hilfreiche Anregungen. Manemann leitet seine Gedanken zum Thema »Anerkennungskämpfe im Zeitalter der Globalisierung«, mit dem Untertitel »Die Notwendigkeit einer Theologie der Versöhnung aus politisch-theologischer Perspektive nach Auschwitz« wie folgt ein: »Jede Theologie ist eine politische Theologie, weil Theologie politische Relevanz besitzt und somit jeder politische Gedanke und jedes religiöse Verhalten Gegenstand einer politischen Analyse ist. Man kann sagen, dass Theologie ›transzendente Politik‹ ist. Eine christliche Theologie nach Auschwitz muss sich der Gefahr und der Gewalt bewusst sein, die Theologie in der Geschichte verursachte. Weil christliche Theologie ernsthaft durch Geschichte und Gesellschaft herausgefordert ist, ist sie nicht eine Art von Metaphysik. Für christliche Theologie gibt es keine Heilsgeschichte über oder nach der Weltgeschichte. Christlich betrachtet ist die Heilsgeschichte die Weltgeschichte. Jeder Versuch, sich von dieser Geschichte und von dem Leiden der Anderen zu distanzieren, fördert die Gefahr, Götzen zu schaffen, anstatt von Gott zu sprechen.«[2]

Ganz in diesem Zusammenhang ist der amerikanische Theologe John K. Roth mit seinem Beitrag *Ethik nach Auschwitz* zu zitieren: »Ethik nach Auschwitz muss durch Offenheit dem anderen gegenüber charakterisiert sein. Jegliches ethische System, das denkt, die Lösung zu jedem Problem gefunden zu haben, trägt völkermörderisches Potential in sich. Ethik darf nicht länger ein geschlossenes System sein, sondern eine Lebensweise (Fühlen, Denken, Handeln), die sich der Verletzbarkeit anderer, ganz besonders von Wehrlosen, bewusst bleibt.«[3]

Wichtig sind auf der Suche nach einer Post-Shoah-Ethik Manemanns Aussagen über Versöhnung und Vergebung: »Eine Theologie der Versöhnung und des Vergebens muss als eine Theologie ausgearbeitet werden, die unfähig ist, sich von den Leiden der Anderen zu distanzieren. Diese Forderung muss berücksichtigt werden, wenn man die Frage stellt, wie man über Versöhnung, Vergebung und Gerechtigkeit nach Auschwitz spricht. Erst einmal ist es notwendig, die gegenwärtige Situation zu diagnostizieren. Wenn man heute von Versöhnung und Vergebung spricht, sind wir nicht nur mit der ersten Schuld, den Taten der Täter, sondern auch mit der »zweiten Schuld« wie sie Ralph Giordano beschreibt, konfrontiert: nämlich mit der Unfähigkeit, Verantwortung für das zu übernehmen, was geschah.«[4] Vergebung ist Gnade, und Gnade ist etwas, was wir erhalten ohne Rechtfertigung. »Christen«, so Eugene Fisher,[5] »können durch veränderte Lehrinhalte und Verhalten beweisen, Reue zu empfinden und an einer wechselseitigen Aussöhnung mit Juden zu arbeiten.« »Aber sie haben kein Recht, jüdische Überlebende in die unmögliche moralische Situation zu bringen, ihnen Vergebung anzubieten, und das stellvertretend für sechs Millionen […] Einen Juden oder eine Jüdin in diese unerträgliche Lage zu bringen, bedeutet, ihn/sie wieder zum Opfer zu machen […] Nur eine Theologie, die darauf verzichtet, das Unverzeihbare zu vergeben, kann eine Theologie der Versöhnung in der Zukunft werden.«[6]

Besonders überzeugend ist Manemanns Verbindung von Aussöhnung und Solidarität: »wir sehen die Bedeutung von Versöhnung – nämlich nicht die Hoffnung auf Versöhnung aufzugeben, sondern am Widerstand gegen die Narben der Zeit und als Hoffnung zum Segen für die Hoffnungslosen zu arbeiten […] Versöhnung schließt Hoffnung mit ein, aber zu hoffen bedeutet, gegen Mächte aufzustehen, die Geschichte rechtfertigen […] Diese Hoffnung ist ein Ausdruck der Liebe zum Leben – und das Leben zu lieben, bedeutet, Gott zu lieben.«[7]

Mit dem Hinweis auf Albert Camus Erklärung: »Ich werde wütend, deswegen leben wir« erklärt Manemann dieses Prinzip (der Solidarität) als Beweis, »[dass] der Mensch nicht wie ein unbelasteter Grundbesitz, sondern emotional mit anderen verbunden ist, und das macht ihn zum zoon politikon. Wenn Aussöhnung tief mit dieser Solidarität verbunden ist, dann ist es offensichtlich, dass eine Theologie der Versöhnung reine Heuchelei ist, wenn sie nicht zur Befreiung führt und Unterdrückung bekämpft. Aus dieser Sicht ist der Kampf gegen Unterdrückung immer ein Kampf für die Unterdrückten, da er für die Unterdrücker die Hoffnung mit einschließt, dass solch eine Befreiung die Möglichkeit bietet, sie von ihrem Götzendienst zu befreien und ihnen zu helfen, wieder Menschen zu werden.«[8]

Eine Frage, die mich immer wieder beschäftigte, war: wie können Christen und Juden die tatsächlich bestehenden Verschiedenheiten im Glauben an Gott als Söhne des biblischen Abraham überwinden? Diese Frage spielte auch bei meinem Austausch mit Abraham Peck eine Rolle.

Ganz im Gegensatz zu mir und meinem Verhältnis zum katholischen Glauben als Teil meiner Post-Shoah-Existenz hatte Abraham gerade wegen seiner Familiengeschichte keine Zweifel an seinen jüdischen Wurzeln. Theologische Fragen diskutierte ich mit ihm besonders vorsichtig, um ihn nicht zu brüskieren, zumal wir uns immer der geschichtlichen Schuld der christlichen Kirchen an der Shoah bewusst waren. Hilfreich fand ich bei meinem Studium der jüdischen Geschichte und Kultur die Bemühungen der Theologen J. J. Petuchowski und C. Thoma um einen jüdisch-christlichen Dialog. Sie schlagen u. a. vor:

»Christen müssen begreifen lernen und es in Kauf nehmen, dass Juden die Einbeziehung Christi in die Göttlichkeit hinein nicht akzeptieren können. Theologische Geschwätzigkeit, um Juden zur Zustimmung zu bewegen, ist schädlich, und sie kann auch zu nichts führen.

[...] Die vielen Gemeinsamkeiten in der Gottesfrage sind jüdisch-christlich aufzuarbeiten. Eine Fixierung allein auf die Unterschiede ist einseitig und fördert die theologische Feindschaft. Bei ihren ökumenischen Bemühungen um wahres Gottesverständnis und wahre Anbetung müssen Juden und Christen sich eingestehen, dass sie notwendigerweise in den Anfängen stecken bleiben.

[...] Die größte Gemeinsamkeit bei aller Differenz in der Gottesfrage leuchtet dann auf, wenn Juden ohne Christusbekenntnis und Christen in der Christengemeinschaft jenem Tage entgegenbeten und entgegenarbeiten, da ›Gott einer sein wird und dann auch sein Name einer sein wird (Sach 14,9)‹«.[9]

Auf meiner Suche nach Möglichkeiten, überzogene theologische Konflikte anders zu sehen, fand ich den kleinen Aufsatz *Wie man Fanatiker kuriert* des angesehenen jüdisch-israelischen Romancier und Essayisten Amos Oz. Er erzählt eine Geschichte von seiner Großmutter: »Vor vielen Jahren, als ich noch ein Kind war, erklärte mir meine sehr weise Großmutter in einfachen Worten den Unterschied zwischen Jude und Christ [...]: ›Siehst Du‹, sagte sie, ›die Christen glauben, dass der Messias einst hier war und sicher eines Tages zurückkehren wird. Die Juden meinen hingegen, dass der Messias noch kommen wird.‹ ›Darüber‹, sagte meine Großmutter, ›entstanden soviel Ärger, Verfolgung, Blutvergießen, Hass [...]‹ ›Warum?‹ Sie sagte dann: ›Warum kann nicht jeder einfach warten und sehen, was passiert? Falls der Messias kommt und sagt, ›Hallo, es ist schön, dich wiederzusehen‹, dann müssen die Juden nachgeben. Falls aber die Messias kommt und sagt, ›Guten Tag, freut mich, dich zu treffen‹, wird sich die gesamte christliche Welt bei den Juden zu entschuldigen haben.‹ ›Zwischen heute und dann‹, sagte meine weise Großmutter, ›lebe erst einmal und lasse leben.‹ Sie war sicher gegen Fanatismus immun und verstand das Geheimnis, mit offenen Situationen, ungelösten Konflikten, mit dem Andersein von anderen Leuten zu leben.«[10]

Eine der Qualitäten der Freundschaft mit Abraham war in der Tat unser Bedürfnis, auch gerne einmal über überzogene theologische Konflikte zu scherzen, denn sonst wären wir in Anbetracht des »Himalajas« (Giordano) der Post-Shoah-Probleme implodiert. Das Fazit von Oz: »Lebe erst einmal und lasse leben« gilt sicher auch für uns, was das Bewusstsein mit einschließt, dass unser Leben begrenzt ist. Darüber nachzudenken, ist auch mit dem Verlust geliebter Menschen verbunden. Ich meine damit den Tod von Abrahams Vater am 5. Juli 2005.

Die einzigartige Vater-Sohn Beziehung wurde mir ganz besonders durch seine sehr lebendigen Berichte über das Leben seines Vaters klar: der Vater, der Überlebende der Shoah, Geschichtsvermittler und Zeitzeuge! Dass der Tod des Vaters und die Reise in unsere Vergangenheit im August 2005 fast zusammenfielen, intensivierte bei Abraham das Verlustgefühl bis zur Lebenskrise. So fühlte er sich zeitweise nicht in der Lage, seinen Anteils am vorliegenden Buch zu beenden.

Aber auch bei mir sollte sich die Frage nach der Begrenztheit des Lebens in der abschließenden Phase des gemeinsamen Buches intensiver stellen. Ich spreche vom Verlust eines zentralen Menschen in meinem Leben am 20. März 2006: Mamma Antonietta, meine vitale, weise und vor allem mitfühlende Schwiegermutter, mit der ich fast 25 Jahre zusammengelebt hatte. Sie war immer für mich da gewesen, und das nicht nur als Stützpfeiler der eigenen Familie im oft mühsamen Alltag. Was mich bei ihr besonders faszinierte, war ihr Mut, Probleme offen zu diskutieren, bis man zu einem Kompromiss oder einer Lösung kam. Sicher und ausgewogen war auf Grund ihrer sehr schweren Kindheit und Jugend im Faschismus, den sie als gläubige, undogmatische Katholikin ablehnte, ihr Urteil über Menschen. Mit meiner und der uns folgenden Generation hielt sie so lange mit, wie sie konnte. In unseren meist sehr intensiven Gesprächen nahm sie lebhaft an meiner Auseinandersetzung mit den Folgen des Zweiten Weltkrieges und der Shoah Anteil, was uns besonders verband. Ihre schonungslosen Beschreibungen des Nazi- und Faschistenterrors in der Lombardei beeinflussten mein Denken. Eine ihrer zahlreichen Geschichten beeindruckte mich besonders, nämlich das Schicksal ihrer engen Freundin Ernestina, die als sozialistische junge Arbeiterin und Katholikin wegen angeblich »subversiven Verhaltens« gegen die deutschen Besatzer in der Lombardei über Bergamo und Mauthausen nach Auschwitz deportiert worden war.[11] Im Gegensatz zu anderen, glaubte sie Ernestinas Leidensbericht aus Mauthausen und Auschwitz und hatte tiefes Mitgefühl für sie. Die Shoah empfand sie als eines der schrecklichsten Verbrechen der Menschheitsgeschichte und verstand daher auch meinen

Bruch mit der Nazi-Täter Familie Wagner. Papst Johannes Paul II. war für sie der große, glaubwürdige Erneuerer der katholischen Kirche, der durch sein Leben ein Christentum verwirklichte, das für sie, besonders im Verhältnis zu den Juden, einzigartigen Modellcharakter hatte. Es war daher eine logische Konsequenz ihres Lebens, dass sie nach einem leidensvollen Besuch von Auschwitz auch nach Israel ins Heilige Land flog. Wann immer ich zu Hause meine Arbeit unterbrach, tauschte ich mich mit ihr über das aus, was mir gerade zu schaffen machte. Ihre hellblauen, sehr ausdrucksvollen Augen waren wie ein offenes Buch – wir wussten, was wir dachten und fühlten. Ich, selbst mit hellblauen Augen, war stets geschmeichelt, wenn andere, die uns zum ersten Mal zusammen erlebten, glaubten, ich sei ihr Sohn, während Teresina ganz dem verstorbenen Vater ähnlich sieht. Der Verlust nach 25 Jahren intensiven Zusammenlebens war daher sehr schmerzlich. Der langsame Abschied seit Dezember 2005 von Mamma Antonietta war meine erste, sehr intensiv erlebte Todeserfahrung. Ihr Sterben nahm antizipatorisch mein eigenes Sterben vor: ich fühlte mich in gewisser Weise mit ihr sterben. Es wurde mir nie so radikal bewusst, in welchem Maß ihr Tod mein Inneres aufbrach und eine Neuorientierung forderte. Es wurde mir klar, dass unsere Beziehung eine gemeinsame Welt geschaffen hatte, die nun nicht mehr vorhanden ist. In dieser Phase großer Unsicherheit las ich den kleinen Band von Verena Kast mit dem Titel *Zeit der Trauer*.[12] Kast rät, sich nach dem Verlust eines geliebten Menschen als Aspekt der Trauerarbeit ein neues Verhältnis zur Welt zu schaffen. Ich wurde mir beim Lesen bewusst, in meiner Trauer die Welt anders zu erleben und merkte, wie schwer es mir fiel, in dieser Zeit auf andere Menschen einzugehen und Mamma Antoniettas Abwesenheit auszuhalten. Da sie uns mit einem sanften Lächeln verließ, gebe ich die Hoffnung nicht auf, dass sich der Sinn ihres Scheidens eines Tages zeigen wird. Doch die Trauerzeit schließt bei mir auch Zweifel am Sinn der eigenen Existenz, an Gott, an den Menschen sowie tiefe Verunsicherungen mit ein, die bis zur Erschütterung des Selbstwertgefühles gehen. Es bleibt schwer für mich, trauern als etwas Wesentliches zu lernen, da es mit Angst und Unsicherheit verbunden ist. Ich bin immer noch weit davon entfernt, den Verlust Mamma Antoniettas ohne Depression oder Auflehnung gegen den Verlust zu sehen. Rilkes Gedicht *Schlußstück* gibt etwas von meinem Lebensgefühl nach dem 20. März 2006 wieder:[13]

> »Der Tod ist groß.
> Wir sind die Seinen
> lachenden Mundes.
> Wenn wir uns mitten im Leben meinen,
> wagt er zu weinen,
> mitten in uns.«[14]

Nach einem Monat Trauer sehe ich den Tod immer noch als jene Macht, die uns ständig antreibt, uns zu wandeln. Doch der Gedanke der Verwandlung durch den Tod des geliebten Menschen setzt den sehr hohen Preis der Trennung und des Verlustes voraus.

Doch ich weiß, dass ich in meiner Trauer nicht allein bin und teile sie mit meiner Frau Teresina, die das mütterliche Erbe weiterentwickeln wird, meinem Sohn und den anderen italienischen Verwandten.

Warum schließe ich in meine Schlussgedanken über die Dialogarbeit mit Abraham meine noch lange nicht abgeschlossene, vielleicht nicht endende Trauer über den Verlust von Mamma Antonietta mit ein?

Ich kann durch die eigene Trauer Abrahams Verlust des Vaters im letzten Jahr mit allen Folgen ganz anders nachempfinden. Shalom Peck und Mamma Antonietta konnten sich leider nie treffen, aber ich bin sicher, sie hätten viele gemeinsame menschliche Erfahrungen austauschen können, die die Zeit des Zweiten Weltkrieges und der Shoah betreffen. Sie war eine redliche Zeugin für dunklen Zeiten, ähnlich wie Shalom für Abraham. Trotzdem besteht zwischen den beiden Schicksalen ein entscheidender Unterschied: im Gegensatz zu Mamma Antonietta hatte Vater Shalom den größten Teil der Familie durch die Shoah verloren. Das gleiche Schicksal hatte auch die mütterliche Familienlinie Abrahams erlitten.

Wenn ich dagegen die Konstellation eines fiktiven Treffens meines Vaters und Shalom Pecks in der Begleitung von Abraham und mir durchspiele, bleibt das Ergebnis immer das gleiche: die offensichtlichen Lebenslügen meines Vaters hätten ein Gespräch mit Shalom Peck unmöglich gemacht. Doch für mich bestand eine Verbindung zu Shalom, da Abraham mir vom Wohlwollen seines Vaters unserem Dialog gegenüber berichtet hatte. Das freute mich.

Rückblick: Gedanken zur Zusammenarbeit mit Abraham Peck

Die Vermittlung der Themen, die mit den Problemen der Post-Shoah-Generationen – und damit mit Abraham und mir – zu tun hatten, war vor allem in den europäischen Ländern schwierig, die zum einstigen kommunistischen Machtbereich gehört hatten wie Rumänien, Polen und die Tschechische Republik. Auch in Ostdeutschland traf ich auf viel Unwissenheit, Verdrängung und Abneigung, sich Themen wie Antisemitismus, Shoah, allgemeine und familiäre Geschichte zu stellen, da sie nicht nur psychologische, sondern auch ethische und menschenrechtliche Probleme betreffen.

Ich stellte individuelle Verantwortung und persönliche Bereitschaft zur Selbstkritik bei der Diskussion dieser Themen in den Vordergrund und reagierte damit auf die massenpsychologischen Manipulationen und die Entrechtung des Individuums durch die totalitären Systeme des 20. Jahrhunderts, die sich in diesem Jahrhundert im Sinne von M. Muggeridge durch die Medien noch verschlimmern werden: »Das Opium für die Masse – das sind heute die Massenmedien.«[15]

Im Zusammenhang mit meinen ethischen Positionen, wie sie sich auch in den genannten Post-Shoah/Holocaust Dialog-Statuten von Abraham und mir manifestieren, dachte ich immer wieder über einen Satz des italienisch-jüdischen Schriftstellers und Chemikers Primo Levi nach. Er schrieb 1961 an Heinz Riedts, den Übersetzer der deutschen Ausgabe seines autobiographischen Berichts *Ist das ein Mensch?*: »Ich begreife nicht, ertrage nicht, dass man einen Menschen nicht nach dem beurteilt, was er ist, sondern nach der Gruppe, der er zufällig angehört.«[16] Dieser Satz Levis ist die Kernaussage seines Berichts über das Jahr, das er in Auschwitz überlebt hatte. Er ist zeitlos, eine Absage an zwanghaft nationale, religiöse und familiäre Zuordnungen des Individuums, und wurde für die Entwicklung meiner eigenen ethischen Positionen von Bedeutung. Diese Aussage gilt auch für die Zeit von der Shoah bis zum 11. September 2001 und bis zur mörderischen Hetze durch den »Gottesstaat« Iran gegen Israel im Sinne einer zweiten Shoah 2006. Ich sehe grundsätzlich kollektive Heilsversprechungen für eine »künftige bessere Welt« mit großer Skepsis. Dahinter verbergen sich meist nur neue Formen totalitären globalen Machtanspruchs und die Bedrohungen des Weltfriedens. Ich meine damit vor allem die tödliche Koalition von »Religion und Terror.«[17]

Ein weiteres Zitat aus dem Kapitel *Geschichte von zehn Tagen* aus Levis Autobiographie verdeutlicht die ständige Bedrohung des Individuums, das an die Shoah erinnert, aber zeitlos bleibt: »Über uns Nackten, Ohnmächtigen, Wehrlosen suchten Menschen unserer Zeit sich mit den raffiniertesten Instrumenten gegenseitig umzubringen. Eine Fingerbewegung von ihnen konnte [...] Tausende von Menschen vernichten; all unser Wollen hätte nicht ausgereicht, das Leben auch nur eines einzigen von uns um eine Minute zu verlängern.«[18] Levi warnt also vor den dunklen Seiten des Menschen schlechthin, wenn er urteilt: »Mensch ist, wer tötet, Mensch ist, wer Unrecht tut oder leidet; kein Mensch ist, wer jede Zurückhaltung verloren hat und sein Bett mit einem Leichnam teilt.«[19]

Diese radikale Erkenntnis hatte bei mir eine selbstkritische Überprüfung eigener ethischer Positionen und deren Umsetzung in meiner publizistischen Tätigkeit und im Verhalten im Alltag anderen Menschen gegenüber zur Folge. Auch als Regisseur wollte ich mich nicht mehr in modischer Anbiederung an den jeweiligen Zeitgeist anpassen und arbeitete an Projekten, die mit dem zu tun hatten, was ich dachte, sagte und fühlte. Daher engagierte ich mich besonders für das Entstehen der Oper *Lost Childhood* der Komponistin Janice Hamer, die Post-Shoah-Probleme zweier Generationen zum Inhalt hat.[20]

Aufschlussreich für meine Diskussion mit Abraham bleibt die Aussage des Historikers Dan Diner über das Verhältnis von Deutschen und Juden nach der Shoah: »Seit Auschwitz kann [...] von einer negativen deutsch-jüdischen Symbiose gesprochen werden. Für beide, für Deutsche wie für Juden, ist das Ergebnis der Massenvernichtung zum Ausgangspunkt ihres Selbstverständnisses geworden, eine Art von gegensätzlicher Gemeinsamkeit – ob sie es wollen oder nicht. Deutsche wie Juden sind durch dieses Ereignis neu aufeinander bezogen worden. Solch negative Symbiose, von den Nazis konstituiert, wird auf Generationen hinaus das Verhältnis beider zu sich selbst, vor allem aber zueinander prägen.«[21]

Kann man aber Deutsche und Juden aus dem historischen Kontext während der Zeit der Shoah und anderer Völkermorde im 20. Jahrhunderts lösen? Was ist mit den anderen Gruppen, die sich jetzt und hier in Konflikt befinden? Und deren gibt es unendlich viele.

Was kann also der Einzelne gegen Vorurteile und Hass tun, die als dunkle Schatten einer eigentlich nicht verarbeitbaren Vergangenheit allgegenwärtig bleiben? Ist *gemeinsame* Trauerarbeit in der Zukunft überhaupt denkbar oder möglich?

Ich glaube ohne Illusionen an eine solche Möglichkeit als notwendige Folge autobiographischer Erfahrungen. Heute weiß ich, dass ich mit Abraham auf Pfaden ging und gehe, von denen wir zu Beginn des Dialogs 1991 nicht wussten, wohin sie uns führen würden. Und dennoch glaubte ich auch in den schwierigsten Momenten stets an den Sinn eines deutsch-jüdischen Dialogs, der sich aber nun zu einem Trialog mit moderaten Moslems und zur Kommunikation mit anderen Gruppen im Konflikt erweitern muss – und das im dem Bewusstsein der Situation der Post-Shoah, des 11. Septembers und der heutigen Bedrohung Israels durch die iranische Regierung!

Bleibt die Frage: wie wirken sich derartige Überzeugungen auf mein Verhältnis zu Deutschland aus? Reisen dorthin bleiben angesichts meiner Wahl unpopulärer Vortragsthemen gegen jede Form von Geschichtsklitterung auch in der Zukunft für mich schwierig, aber notwendig. Ich komme auch wieder nach Deutschland, um deutsche Freunde und Verwandte mütterlicherseits in Wiesbaden und Berlin zu sehen, die meine Arbeit respektieren. Für mich gilt grundsätzlich: Verallgemeinerungen sind eines der mächtigsten Übel in der Geschichte der Menschheit. Das Bedürfnis, nach Deutschland zurückzukehren, wurde durch das traurige Ende meiner Mutter im April 2002 verstärkt. Sie starb an den Folgen von Hirnschlägen und Krebs und ist auf dem Friedhof in Cerro Maggiore beerdigt. In der Erinnerung an Momente des schmerzlichen Abschiedes bleibt das Gefühl der Trauer darüber, als Sohn auf viele Fragen ihres Lebens im Schatten deutscher

Geschichte und der Familie Wagner nicht die Antworten bekommen zu haben, die eine individuelle Reflexion über Schuld, Scham und Trauer beinhalten. Mein Vater bleibt wegen seiner Nähe zu Onkel Wolf – also Hitler – und der unkontrollierbaren Macht seit 1951 jede ehrliche Antwort schuldig,[22] was mich meinerseits als Vater veranlasst, meinen Sohn Eugenio nicht mit den Lebenslügen der Wagners in Bayreuth abzuspeisen und mit ihm in unserer Vater-Sohn Beziehung ganz andere Wege zu gehen.

Ganz anders ist die Entwicklung der nächsten Wagner-Generationen, die sich weigern, sich selbstkritisch mit Familiengeschichte und deutscher Geschichte auseinander zu setzen. Ich beziehe mich dabei vor allem auf die, die nur im Interesse des eigenen Machtanspruchs auf das Bayreuther Erbe Familiengeschichte und deutsche Geschichte hinter einer idealisierenden Gesamtkunstwerkfassade verbergen – und das mit voller Unterstützung der Mächtigen und ihrer Medien, die vor den Bayreuther Festspielen, einer Kultstätte deutscher Identität, Selbsterhöhung und Religionsersatzes, zu Kreuze kriechen. Und dies trotz Wagner, Hitler und den Folgen bis heute!

Damit wollte ich nie etwas zu tun haben. Daher lasse ich mich von niemandem und nirgends auf die Schnelle als »typisch-deutsch«, – oder noch schlimmer als »typischer Wagner« – einordnen. Meinen deutschen Pass behalte ich, weil ich keine Spurenverwischung betreibe.

Manchmal denke ich während meiner Reisen durch deutsche Ossi- und Wessi-Länder an die Passage aus dem Buch *Dies ist nicht mein Land. Eine Jüdin verlässt die Bundesrepublik* von Lea Fleischmann: »Die Deutschen benehmen sich zueinander noch schlechter, noch unnachgiebiger, noch uneinsichtiger [...] Und noch umbarmherziger. Mir fällt immer wieder auf, mit welcher Bedenkenlosigkeit und Leichtigkeit in diesem Land Menschen weggestoßen, ausgeklammert, sich selbst überlassen werden.«[23] Ich teile solche Verallgemeinerungen nicht, denn Fleischmann spricht nicht von der Minderheit der Deutschen, die sich verantwortungsvoll und aktiv für ein anderes Deutschland nach Hitler einsetzten.

Trotz meines kosmopolitischen Lebens gibt es für mich seit 25 Jahren ein Zuhause mit meiner italienischen Familie in Cerro Maggiore bei Mailand. Nur die viel zu hohen italienischen Steuern zu zahlen, ist mir für mein Leben in Italien zu wenig. Da ich mich immer mehr zur italienischen Geschichte mit Themen wie die Auswirkungen der Shoah, des Nationalsozialismus und italienischen Faschismus äußere, beantragte ich Ende August 2005 den italienischen Pass, werde also neben meinen deutschen auch einen italienischen Pass haben. Das heißt aber nicht, dass ich mich deswegen als italienischer Patriot benehmen werde. Ich weiß genau, wie verlogen die italienische Rechte und Linke mit dem eigenen »Fascismo« bis heute umgehen. Daher: niente »*patria mia*« – weder dort, noch in Israel, den USA oder anderswo heule ich mit den Wölfen.

Daher gilt für mich überall und uneingeschränkt Primo Levis Forderung: Alle Menschen sind nach dem zu beurteilen, was sie als Individuen sind.

Mit dieser inneren Freiheit finde ich in meiner italienischen Familie die notwendige Ruhe und Lebensfreude. Zwischen Flug- und Internetreisen entwickle ich Gedanken zu neuen Buch- und Regieprojekten – und glaube auf Grund des Zusammenlebens mit Eugenio an die Zukunft kommender Generationen. Daher schließe ich meinen Ausblick mit Reflexionen von zwei Vertretern dieser Generation, meines Neffen Alberto und meines Sohnes Eugenio.

Ausblick: Auschwitz als Beginn, Verschiedenheit zu akzeptieren

Alberto Galli

Auf der Grundlage persönlicher Erfahrung während unserer Reise nach Deutschland und Polen im August 2005 und des Buches Die Nacht von Elie Wiesel, das ich kürzlich las, versuche ich mir das Gefühl vorzustellen, das die Menschen empfanden, die die Deportation in die Konzentrations- oder Vernichtungslager erlitten. In solch einer Situation wird das Überleben der letzte Zweck der Existenz. Ich hätte mir nie vorgestellt, dass das Leiden, wenn es auf die Spitze getrieben wird, jegliches Gefühl des Mitleids und jegliche Ethik auslöschen könnte.

Menschen werden gezwungen, sich tierisch zu verhalten. Sie werden auf Viehwaggons geladen und raufen sich um ein Stück Brot; sie gehen sogar soweit, sich gegenseitig umzubringen!

In diesem Kampf gegen den Tod wird sogar der geliebteste Verwandte eine »tödliche Belastung«: wer versucht, den Schwächeren zu helfen, erleidet am Ende dasselbe dramatische Schicksal.

Das bezeugt selbst Elie Wiesel, der sich bewusst wird, dass es unnütz ist, seinem Vater helfen zu wollen, indem er ihm die eigene Ration Brot anbietet: »So bringst du dich nur selbst um. Du solltest im Gegenteil seine Ration erhalten«, rät ihm der Blockwart.

Wenn ich darüber nachdenke, was in der Vergangenheit geschehen ist, empfinde ich ein tiefes Unwohlsein, da ich mir bewusst werde, dass »wir nicht außer Gefahr sind, dass sich diese Ereignisse wiederholen.« Heutzutage besteht nach wie vor das Kernproblem, das die Ursache all dieser Ereignisse ist: die Unfähigkeit, die Verschiedenheit anderer zu akzeptieren und zu tolerieren – sowohl in ihren positiven als auch in negativen Formen. Das beweisen nicht nur die aktuellen Ereignisse von Intoleranz gegen Israel seitens der Länder im Nahen Osten wie Palästina und Iran, sondern auch die Auseinandersetzungen, die sich im Sudan zwischen Christen und Moslems abspielen, und der schreckliche Konflikt zwischen den rivalisierenden Stämmen der Tuzi und Utu in Rwanda.

Nur wenn die Mehrheiten lernen, Seite an Seite mit den Minderheiten zu leben und deren Verschiedenheit zu akzeptieren, werden wir sicher sicher sein können, dass sich solche Grausamkeiten nicht wiederholen.

Persönlich habe ich nie verstanden, warum die Verschiedenheit unbedingt als etwas Feindliches anzusehen ist, das man bekämpfen muss. Darin wurde ich auf meiner Reise mit Abraham, Onkel Gottfried und Eugenio wieder einmal bestärkt.[24]

Gedanken über die Reise nach Auschwitz im August 2005

Eugenio Wagner

Obwohl mich mein Vater, wenn ich ihn fragte, ausführlich über die Shoah informierte und wir darüber intensiv in unserer Familie diskutierten, blieb sie ein Thema, das ich zu bedrohlich empfand, um es in Worte zu fassen. Das Bedrohliche bestand für mich im unfassbaren Übermaß von Zerstörung, Gewalttätigkeit und Tod. Die Massenmedien, die am offiziellen Gedenktag für Auschwitz am 27. Januar, dem Tag der Befreiung von Faschismus und Nationalsozialismus am 25. April in Italien oder am 9. November von der Reichskristallnacht (1938) in Deutschland berichteten, erhöhten meine Angst und halfen mir nicht, mit der Bilderflut von Vernichtungslagern und anderen schrecklichen Ereignissen aus dem Zweiten Weltkrieg umzugehen.

Ich suchte daher das persönliche Gespräch mit meinem Vater, der mir am Ende meiner Mittelschulzeit behutsam vermittelte, dass Geschichte keineswegs nur aus abstrakten Zahlen und Begriffen besteht, sondern immer mit den Schicksalen von Menschen und deren Leiden zu tun hat. Da ich mich damals in der Schule zum ersten Mal mit dem Bericht aus Auschwitz Ist das ein Mensch? von Primo Levi auseinander setzte, sprach ich mit meinem Vater und meiner Mutter über das persönliche Schicksal des Autors. Dabei berichtete mein Vater mir offen von den engen Kontakten der Familie Wagner zu Hitler und sagte: »Leider hat der deutsche Teil unserer Familie durch die enge Freundschaft mit Hitler Schuld auf sich geladen und wir haben daher eine große Verantwortung, aus der Familiengeschichte und der europäischen Geschichte zu lernen. Schweige nicht, wenn Du Unrecht verhindern kannst.« Dann berichtete er mir von seiner Arbeit in der Post-Holocaust-Dialog-Gruppe mit Abraham und von dessen leidvoller Familiengeschichte. Ich begann langsam, den Zusammenhang von Familiengeschichte und Weltgeschichte als etwas zu begreifen, was auch mich betraf.

Durch die gemeinsame Reise mit Abraham, meinem Vater und Alberto im August 2005 nach Landsberg, Nürnberg, Bayreuth, Wroclaw, Leczyca, Lodz, Krakau, Auschwitz, Dresden und Buchenwald wurde ich – vor allem in Auschwitz – mit den Ideen meines Vaters von der Notwendigkeit eines Dialogs zwischen ihm und Abraham derart hautnah konfrontiert, dass ich im vollen Ausmaße verstand und mitfühlte, was er mir all die Jahre vermittelt hatte. Ebenso unvergesslich werden mir die Momente in Erinnerungen bleiben, in denen uns Abraham und mein Vater sehr intensiv jeweils über die deutschen und polnischen Städte und deren jüdische Geschichte berichtete, in denen wir gerade waren. Er wie mein Vater verbanden aber ihre geschichtlichen Berichte stets mit Familiengeschichte: die Pecks, die Wagners, aber auch unsere italienischen Familien, von denen mir Nonna Antonietta immer berichtetet hatte. So kann ich eigentlich erst heute im Schutz familiärer Solidarität mit meiner früheren Angst vor Auschwitz ein wenig besser umgehen und auch die Freude zu leben noch intensiver erfahren.[25]

Schlusskapitel

Abraham J. Peck

Gottfried Wagner und ich haben es uns nicht ausgesucht, in die Welt nach dem Holocaust hineingeboren zu werden, die uns als Söhne von Tätern und Opfern bezeichnen würde. Auch meine Kinder haben nicht darum gebeten, in eine Dritte Generation, wie dies heute genannt wird, geboren zu werden. Das Leben hätte für mich ganz anders ausgesehen, hätte ich zu einer anderen Generation gehört, der so genannten »Baby-Boom«-Generation, jenen Kindern der Nachkriegsgeneration, die zwischen 1946 und 1964 geboren wurden und deren älteste Vertreter nun das Renten- und Freizeitalter erreichen. Und es wäre für meine Kinder leichter gewesen.

Aber meine Tochter Abby Suzanne erinnert mich daran, dass »dies mein Erbe ist und ich es nicht ändern kann«. Das ist wahr.

Meine beiden Kinder sind in Amerika geborene Juden. Sie sind beide Absolventen von sehr guten amerikanischen Ausbildungsstätten für höhere Bildung, meine Tochter hat auch einen Magister an der Universität von London gemacht. Im Alter von 31 und 27 haben meine Tochter und mein Sohn Joel David das sprichwörtliche häusliche Nest verlassen und sich auf den Weg gemacht, um ihr eigenes Leben und ihre eigene Identität zu finden.

Vor mehr als zwanzig Jahren las ich einen Aufsatz des Psychologen Steven Luel, der Sohn von Holocaust-Überlebenden ist. Aufgrund dieses Essays habe ich mir selbst Gedanken darüber gemacht, wie ich versuchen würde, meinen Kindern den Holocaust nahe zu bringen, und was dies für sie bedeuten würde:

»Wir von der zweiten Generation ziehen gerade die dritte Post-Holocaust-Generation groß oder werden dies bald tun. Wie wollen wir ihnen den Holocaust darstellen? In welchem Ausmaß möchten wir mit ihnen unsere Ängste, unsere Wut und unsere Verletzungen teilen? Einerseits wollen wir sie durch das Gedenken und die Weitergabe an die schreckliche Wahrheit erinnern. Andererseits ist die zweite Generation am besten in der Lage, die dritte großzuziehen, wenn sie sich in Vorbereitung darauf von einer selbst-verletzenden Bindung an den Holocaust löst [...]«.[26]

Ich dachte eine Zeit lang über Luels Worte nach und machte sogar einen Zeitplan, wie ich meine Kinder allmählich darüber aufklären würde, wie ihre Großeltern während der Jahre des Holocaust gelebt hatten, warum sie keine unmittelbaren Verwandten hatten und warum sich ihr Vater wissenschaftlich und öffentlich so sehr mit der Tragödie des jüdischen Lebens in Europa beschäftigte.

Aber wie so oft kommt es anders und die besten Vorsätze kommen nicht zum Tragen. Ich hielt mich weder an den Zeitplan noch an die Vorgangsweise. Indessen versuchte ich meine Kindern vor den bildlichen Schrecken der »Endlösung« zu schützen und ihnen gleichzeitig darzulegen, welche Folgen dies für sie als junge Juden und als junge Amerikaner hatte.

Als ich meinen Teil des Manuskripts für dieses Buch fast fertig gestellt hatte, bat ich Abby und Joel darüber nachzudenken, was es bedeutete, der Dritten Generation und einer Familie anzugehören, die direkt vom Holocaust betroffen ist. Hier einige Auszüge ihrer Gedanken dazu:

Abby Suzanne Peck

Einerseits bin ich stolz darauf, die Enkelin von Überlebenden zu sein. Andererseits war es manchmal eine schreckliche Last. In meiner Kindheit und Jugend schien eine Geisterreihe nach der anderen durch unser Leben zu ziehen.

Ich habe den Eindruck, dass ich so jung zu viel über den Holocaust wusste. Die Bilder, die ich von den Menschen in den Lagern sah, verfolgten mich. Als kleines Mädchen lag ich nachts oft wach und hörte, wie Insekten draußen Lärm machten, und dachte, dass dies die Nazis seien, die gerade auf unseren Häuserblock zusteuerten, um mich zu holen.

Ich konnte nicht verstehen, warum meine amerikanischen Großeltern so entspannt und nicht übervorsichtig waren, während meine europäischen Großeltern mir nicht erlaubten, mit dem Kopf unter Wasser zu schwimmen oder allein irgendwohin zu gehen, und sie konnten nicht richtig Englisch sprechen.

Die Wohnung von Grandma und Grandpa Peck machte immer einen so verschlossenen, finsteren und traurigen Eindruck. Nie kamen Verwandte zu Besuch. Und immer schienen dort Geister zu spuken.

Ich habe deine Wut geerbt und diese Wut macht mir manchmal Angst. Als Kind und Jugendliche hatte ich oft den Eindruck, dass du, Dad, wegen deiner Kindheit auf vielerlei Weise emotional verschlossen warst; aber du hättest nicht anders aufwachsen können.

Wie ich schon sagte, ist die Geschichte von Grandma und Grandpa furchtbar und die Leute sind immer so überwältigt, wenn ich ihnen erzähle, dass meine Großeltern Holocaust-Überlebende waren. Aber dadurch fühle ich mich auch schuldig – schuldig, dass ich dir nicht nachfolge und mich nicht mein Leben lang beruflich mit dem Holocaust beschäftige, schuldig, weil ich nie nach Deutschland oder Polen reise, und schuldig, dass ich zu sehr Amerikanerin bin.

Ich bin aber auch wütend, dass ich keine »normalen« Großeltern hatte, dass es keine Familie gab, die dir über den Tod deiner Eltern hinweg half, und dass du in mancher Hinsicht so ungesund aufwuchst und einiges davon vielleicht an Joel und mich weitergegeben hast. Und wieder fühle ich mich schuldig, dass ich meinen Großeltern und dir vorwerfe, dass ihr eine so schreckliche Tragödie ertragen musstet.

Dies ist mein Erbe und das kann ich nicht ändern. Meine Kinder und Joels Kinder werden wissen, wer sie sind und was ihre Urgroßeltern erlebt haben und wie ihr Großvater in einem DP-Lager geboren wurde. Aber ich glaube, für sie wird das nur etwas sein, das sie in den Geschichtsbüchern lesen. – Ich glaube, dass sie aktuelle Tragödien mehr verfolgen werden (wie z. B., dass ich vom Zimmer meiner Wohnung aus gesehen habe, wie eines der Flugzeuge am 11. September in einen Turm des World Trade Center flog). Ich glaube, der Gedanke an die Nazis und Juden, die zusammengetrieben wurden und in Todeslager kamen, wird eines Tages so weit entfernt erscheinen wie die Sklaverei in Amerika – etwas Schreckliches, das in der Vergangenheit passierte, aber nicht etwas, über das sie sich je Sorgen machen müssten. Nur ein Relikt aus einer vergessenen Zeit.

Joel David Peck

Ich weiß, dass ein großer Teil meiner Identität durch die Tragödie geprägt wurde. Soweit ich mich zurückerinnern kann, war mir immer bewusst, dass es etwas Böses in der Welt gab, das vielen Menschen so viel Schmerz verursachte. Meine Großeltern fühlten einen unaussprechlichen Schmerz, der in meiner Kindheit bei jedem meiner Besuche durchkam. Dieser Schmerz war anders als die üblichen Assoziationen, die Kinder mit ihrer Grandma, ihrem Grandpa und sogar mit ihrem Vater verbinden.

So sehr ich auch ihre Liebe spürte, so sehr spürte ich auch ihren Verlust. Ich wusste nicht, was diesen Schmerz in meinem Inneren auslöste, und hoffte, dass ich es verstehen würde, sobald ich dessen Ursprung kannte. Aber niemand wollte mir die Fragen beantworten, von denen ich den Eindruck hatte, dass sie beantwortet werden mussten. Für meine Großeltern war es zu schmerzhaft, Namen und Gesichter zu nennen und über die Ereignisse zu sprechen. Sie wollten mir so verzweifelt ihre Liebe zeigen und doch konnten sie nicht verhindern, dass sie mir gleichzeitig ihr Elend vermittelten. Warum übertrugen sie mir dieses Elend und erklärten es nicht? Dies war eine Bürde, die ich während meiner ganzen Kindheit trug – nicht zu wissen, warum ich so fühlte, und keinen Ausgangspunkt oder Hinweis zu haben, wie damit umzugehen sei. Wie ich erst später verstand, waren die Fragen meiner Großeltern auch unbeantwortet geblieben. Sie wussten, was geschehen war – dies war für immer in ihre Erinnerung eingebrannt. Ihre Tragödie war, dass sie nicht wussten, warum dies geschehen war.

In der öffentlichen und in der hebräischen Schule hatten wir über den Holocaust gelernt.

Uns wurden jedes Jahr grauenhafte Bilder und Tatsachen der Schoah gezeigt. Ich sah, mit welcher Traurigkeit und Emotion meine christlichen Freunde und Klassenkameraden auf das reagierten, was sie über das Schicksal des jüdischen Volkes lernten. Ich sah, wie meine jüdischen Altersgenossen und Lehrer ihr Judentum über die Ereignisse definierten, die geschehen waren – obwohl niemand denselben direkten Zugang hatte wie ich. Ich war in beiden Kreisen allein und ich wusste nicht genug, um einen Zugang dazu zu bekommen. Warum schafften es aber die anderen?

Als ich 18 war, fuhr ich mit einer nationalen jüdischen Jugendgruppe nach Israel. Davor verbrachten wir noch drei Tage in der Tschechischen Republik. An einem Tag fuhren alle vierhundert Mitreisenden, auch ich, zum KZ Theresienstadt. Es war das gleiche Lager, von dem mir mein Großvater erzählt hatte – wo er schreckliche Dinge erlebt hatte, die er nicht beschreiben konnte. Was in Theresienstadt und den anderen Konzentrationslagern geschehen war, erfuhr ich nur aus Büchern, die ich in der Schule las. Und das waren nur Worte auf einer Seite und Seiten in einem Buch. Als ich daher selbst im KZ umherging, fühlte ich keinen Schmerz oder Traurigkeit. Es war wie ein Museumsbesuch. Wir wurden zu den Krematorien geführt, die Lichter wurden gelöscht und Kerzen angezündet. Wir sangen Gebete und jeder (!) um mich herum schluchzte hemmungslos. Ich wunderte mich, warum ich nicht weinte. Hier war es, von hier waren die wirklichen Einzelheiten und greifbaren Bilder ausgegangen, die der Grund für den Schmerz meiner Großeltern, meines Vaters und von mir selbst waren! Niemand, der um mich Stehenden, hatte eine solche Verbindung, aber sie schienen alle zu wissen, wie man reagierte. Für mich war es nur ein Gebäude. Ich konnte keinen inneren Schmerz an diesem schrecklichen Ort empfinden, wo meine Familie hätte umkommen können. Hier gab es einfach nicht die alles durchdringende Traurigkeit wie in der Wohnung meiner Großeltern in Florida. Dort spürte ich es. Es war nicht in diesen Wänden und Bunkern und auf diesen Wegen. Es war in den Augen meiner Großeltern, wenn sie mich ansahen. Es war in ihren Armen, wenn sie mich umarmten. Es war in ihrer Stimme, wenn sie mir sagten, wie sehr sie mich liebten. Sie übertrugen Liebe mit gleicher Intensität und ich habe dies niemals in Frage gestellt. Ich glaube, dieser Schmerz hat auch die Liebe geprägt, die so sehr Teil meiner Identität ist.

Dieser schlecht definierte Schmerz und dieser innere Verlust haben mich in die Lage versetzt, sie in verschiedenen Formen zu erkennen, die sich nicht auf mein eigenes Erleben beschränken. Es war immer so gewesen, dass ich die Verletzung bei Menschen – aller Rassen, aller Völker – spüren und mich ihnen verbunden fühlen kann. Ich scheine mich mit Menschen verbunden zu fühlen, die, wie ich es nenne, »Seelenwunden« haben. Deshalb fühle ich mich zumeist mit Menschen verbunden, vor allem im intimen Rahmen. Deshalb fühle ich mich manchmal auch so allein, vor allem in einem überfüllten Raum.

Ich war noch nie so stolz auf meine Kinder und noch nie so traurig, dass es mir nicht gelungen war, zu verhindern, dass *Churbn* Teil ihres Seins wird, als zu dem Zeitpunkt, als ich las, was sie aus ihren Herzen geschrieben hatten. Ihre Worte haben mich aber gelehrt, dass es möglich ist, über den Holocaust hinauszugehen und dessen Bedeutung für das jüdische Volk und für die ganze Welt dennoch nicht aus den Augen zu verlieren.

Bei den Worten von Paul Rusesabagina, dem wahren Helden des Films *Hotel Ruanda*, der 1994 während des Schreckens der Genozids in Ruanda über 1.200 Menschleben rettete, wurde mir dies klar:

»›Nie wieder.‹ Wir alle kennen diese Worte. Aber wir scheinen sie nicht zu hören [...] Hitlers Endlösung hätte der letzte Ausdruck dieses monströsen Gedankens sein sollen – zum letzten Mal sollte die Welt einen bewussten Versuch ertragen, eine ganze Rasse zu vernichten. Aber der Genozid bleibt die dringendste Menschenrechtsfrage im 21. Jahrhundert.«[27]

»Nie wieder.« Wie oft habe ich zugehört und zugesehen, wie diese Worte gerufen und auf Tafeln geschrieben durch die Städte und die Länder getragen wurden. Wie können wir diese Worte nicht hören? Sie wurden mit solcher Sicherheit, solcher Endgültigkeit gerufen.

Ich erkenne aber auch, dass »nie wieder« schon gerufen wurde, lange bevor es für die jüdische Gemeinschaft modern war, der Welt zu sagen, dass sie nie wieder zulassen würden, einen anderen Holocaust zu erleiden.

»Nie wieder« wurde aus dem Elend der jüdischen DP-Lager in Europa nach dem Krieg in Deutschland, Österreich und Italien gerufen. Es wurde von jenem Dr. Samuel Gringauz gerufen, der beim ersten *Yom Kippur* nach der Befreiung *Yizkor* mit meinen Eltern für die 6.000.000 Ermordeten rezitiert hat. 1946 schrieb Gringauz, »unsere Tragödie muss der Ausgangspunkt für einen neuen Humanismus werden«, einen Humanismus, der danach streben würde, die Kluft zwischen dem technischen Fortschritt des 20. Jahrhunderts, der die Öfen in Auschwitz ermöglicht hat, und dessen moralischer Entwicklung, die in der NS-Zeit so schrecklich gelitten hat, zu schließen.[28]

Paul Rusesabagina hat Recht. Niemand scheint Samuel Gringauz oder die Stimme der *She'erith Hapletah* gehört zu haben.

Fast fünf Jahrzehnte, nachdem Gringauz diese Wort geschrieben hat, haben Gottfried und ich sie gehört. Wir haben sie gehört, weil wir das Ergebnis der Öfen von Auschwitz und des Scheiterns der westlichen Zivilisation und dessen, was als ihre Unmenschlichkeit gilt, sind.

Daher wurden die Worte zum Ausgangspunkt unseres »Nie Wieder«. Wir riefen sie in dem Sechs-Punkte-Programm von 1993, das dann Teil der offiziellen Urkunde über die Ziele unserer Dialog-Gruppe wurde:

1. Wir, die Kinder von Opfern und Kinder von Tätern, sehen Shoah/Holocaust als einen beispiellosen Bruch in der westlichen und globalen Zivilisation und als Ausgangspunkt einer neuen ethischen Einstellung, die sich in Gedanken, im Fühlen und Taten niederschlägt.
2. Wir verwahren uns gegen das Verdrängen und Unterdrücken von Diskussionen jeglicher Art über Shoah/Holocaust sowie auch für immer gegen die Fortführung von Vorurteilen und Hassgefühlen, wie sie aus der Aktivität unserer Eltern und Großeltern erwuchsen und der Traumatisierung durch Shoah/Holocaust zuzuschreiben sind.
3. Wir glauben fest daran, dass das Teilen der ganz persönlichen Bürde aus tragischer Vergangenheit mittels fortgesetzten Dialogs heute und in der Zukunft von lebenswichtiger Bedeutung ist, unabhängig von religiöser, ideologischer und/oder politischer Zugehörigkeit. Unser Dialog ist die konkrete Aussage darüber, wie wir und kommende Generationen den Herausforderungen von Shoah/Holocaust mit ihren bleibenden Einflüsse entgegentreten.
4. Wir beginnen unseren Dialog mit Toleranz, Achtung vor dem anderen und in selbstkritischer Wachsamkeit als Kinder von Opfern und Kinder von Tätern. Unsere gegenseitige Bereitschaft, die Bürde zu teilen, ist vorbehaltslos mit der Verpflichtung verbunden, vorhandene Unwissenheit, Vorurteile und Missverständnisse zu überwinden und den dafür offenen und empfänglichen Mitmenschen ein Modell für gegenseitiges Vertrauen und Verstehen jetzt und in der Zukunft vorzulegen.
5. Wir sehen uns als eine internationale aktivistische Organisation, deren anerkanntes Ziel es ist, nicht nur andere über Shoah/Holocaust mittels wissenschaftlicher Konferenzen und Publikationen aufzuklären, sondern auch in Theorie und Praxis jede religiöse, politische oder ideologische Art von totalitärem Dogmatismus zu bekämpfen. Wir treten für die Verwirklichung der Menschenrechte für alle ein, im vollen Glauben daran, dass wir für unser eigenes Handeln verantwortlich sind, und es in der Achtung des von uns ›Verschiedenen‹ zu erfolgen hat.
6. Wir hoffen, durch unsere humanitären Aktionen und unsere wissenschaftlichen Bestrebungen auf Regierungen und Staaten einzuwirken und auf diese Weise Befürchtungen davor zu verkleinern, dass sich Shoah/Holocaust jemals wiederholt. Dies alles im Ringen und um das eine Ziel: eine Welt in friedlichem Zusammenleben, bereit zu Toleranz, zur Anerkennung und Würdigung verschiedenen Menschseins.[29]

Fünfzehn Jahre lang haben Gottfried und ich versucht, diese Aussagen in unserem Leben und in unserer Arbeit umzusetzen.

Es war nicht immer einfach. Als Freischaffender war Gottfried von den Launen von

Vortragseinladungen und gelegentlichen Regieaufträgen abhängig. Er musste die Beleidigungen bei Demonstrationen ertragen, die von der Wagner-Gesellschaft gegen seine Auftritte bei verschiedenen Gruppierungen in Europa und Nordamerika angezettelt wurden.

Aber er hat durchgehalten, weil er die Worte »nie wieder« so viel deutlicher hört als seine deutschen und österreichischen Zeitgenossen. Er weiß, wie sie entstanden sind und wie direkt sie seine Familie und sein Leben betreffen.

Daher spricht er vor dem Europäischen Parlament, vor Organisationen deutscher Industrieller und vor jeder Gruppierung, die die Macht hat, sozialen Wandel in einem Europa zu bewirken, das tagtäglich vor neuen Herausforderungen steht – wie der andauernden Not der Sinti und Roma oder dem wachsende Konflikt zwischen dem Islam und dem Westen.

Ich beobachte seine Arbeit von jenseits des Ozeans und wundere mich, dass Gegnerschaft ihn nicht besiegen kann. Dies gibt mir die Stärke, das hektische Leben zu führen, wie ich es tue. Auch ich höre die Worte »nie wieder« und weiß, dass dies einen Dialog zwischen den monotheistischen Religionen bedeutet, der zu einem neuen Verständnis der »Kinder Abrahams« führen wird. Ich weiß, dass dies eine schöpferische Einheit zwischen den Generationen des Genozids bedeutet, wo auch immer dieses Übel zu Massenmord geführt und kulturelle und sprachliche Vernichtung zu Völkern auf vielen Kontinenten gebracht hat.

Gottfried und ich weigern uns fortzusetzen, was Deutsche/Österreicher und Juden in den vergangenen sechs Jahrzehnten traumatisiert und verletzt hat. Wir weigern uns, die Feuer des Hasses zuzulassen, die heute eine Konfrontation zwischen Kulturen anzufachen drohen. Wir können das aber nicht allein tun. Wir brauchen, dass unsere Generation – Juden, Deutsche und Österreicher – sich uns anschließt. Wir brauchen die nächste Generation, dass sie das gleiche macht. Sie müssen sich verpflichten, dort weiterzumachen, wo wir begonnen haben, aber mit einem neuen Verständnis, dass es nicht mehr einfach darum geht, anzuerkennen, wer sie und wir, ihre Eltern, geworden sind wegen dieser schrecklichen Zeit, die wir Holocaust nennen. Die Aufgabe ist viel größer. Es geht um nichts weniger als um eine Reparatur der Welt, ein *Tikkun Olam*, wie es im jüdischen Gebet und im Kommentar geschrieben steht.

Wir wissen nicht, was die Zukunft bringen wird, wir wissen aber beide, dass wir ein Wiedererstehen der Vergangenheit nicht zulassen können. Wir sind unserer Stunde Null verpflichtet. Aber wir können das nicht allein tun. Die Uhr des Konflikts geht auf Mitternacht zu, die Zeit des Armageddon, der Katastrophe. Auch die Welt braucht eine Stunde Null.

Gottfried Wagner – Abraham J. Peck

Gemeinsame Veranstaltungen, Projekte und Veröffentlichungen 1991–2006

1991

First meeting and discussion of Gottfried Wagner and Abraham J. Peck at the 21st Annual conference on the Holocaust and the Churches: »The Netherlands and The Nazi Genocide«, Stockton State College, Pomona, New Jersey, USA, March 3–5, 1991; published 1991.

1992

First Post-Holocaust Dialogue Group (PHDG) presentation at the 22nd Annual Conference on the Holocaust and the Churches: »Holocaust and the German Church Struggle: Religion, Power and the Politics of Resistance (1933–45)« at The University of Washington, Seattle, Washington, February 29–March 4, 1992: »Sharing the Burden: Post Holocaust Germans and Jews and the Search for a New Beginning«, March 3, 1992;

The Post-Holocaust Dialogue Group founded on March 4, 1992 in Seattle by Abraham Peck and Gottfried Wagner;

Second PHDG presentation: »*Towards a German-Jewish Dialogue: A New Zero Hour?*«, Conference in: The American Jewish Archives in cooperation with the Goethe Institute Cincinnati, November 12–13, 1992; Abraham J. Peck/Gottfried Wagner (see papers Seattle; March 1992).

1993

Third PHDG presentation: »23rd Annual Scholar's Conference on the Holocaust and the German Church Struggle: The Uses and Abuses of Knowledge«, University of Tulsa, March 7–9, 1993; Problems of Rapprochement after the Shoah, March 8: »Germans and Jews a Generation After« with Dan Bar-On, Israel, worked out later as a paper, written in August 1993 with the preface of and based on six questions of Dan Bar-On. – Gottfried Wagner: »*6 Answers to 6 Questions of Dan Bar-On*« – Abraham J. Peck: »*The Child Within*«.

1994

Fourth PHDG presentation: The Third Biennial Conference on Christianity and the Holocaust and 24th Annual Scholar's Conference on the Holocaust and German Church Struggle, Rider University, Lawrenceville, New Jersey, March 6–8, 1994; – Abraham J. Peck: »*From Monologues to Dialogues: Over-*

coming a history that will not go away« – Gottfried Wagner: »*From Monologues to Dialogues*« – *Overcoming problems of communications within the PH-Generations and hoping for future common missions*«, March 6, 1994; published under Rider University Volume III 1994, pp. 1–24.
Fifth PHDG presentation: Remembering for the Future II at the Humboldt-University, Berlin, March 13–17, 1994; see the papers at the 4th PHDG at Rider University Gottfried H. Wagner in German, Abraham J. Peck in English.
Sixth PHDG presentation: Chamber Music in Memory of Victor Ullmann, Auditorium Maximum, 8. p.m. Miltred Tyree (sopran), Jerome Rose and Michael Shaprio (piano), Ithay Khen (Cello) with works from Ullmann, Weill and Shapiro, March 16.
Seventh PHDG presentation: 14. National Workshop on Christian Jewish relations, Tulsa, Oklahoma, USA, November 6–9, 1994: An Experiment in dialogue: The search for second generation healing, November 8: Abraham J. Peck: »*Chasing Windmills? Illusion and Reality in the German-Jewish Dialogue*« – Gottfried H. Wagner: »*How do we confront our identity as post-war Germans and Jews?*«.
Eighth PHDG presentation: Remembering Kristallnacht: Sharp Chapel, The University of Tulsa, November 9; – Abraham J. Peck: »*A Fall back into Barbarism? The November Pogrom and the Final Solution*« – Gottfried H. Wagner: »*The Sin of Silence: What does November 9, 1938 say to us today?*«.

1995
Ninth PHDG presentation: In which direction does a nation turn? 1945–1995: half a century of the end of the World War II, Evangelische Akademie, Arnoldsheim, April 28–30; – »Traces of the time: the children of victimizers and victims«: April 29; Abraham J. Peck: »*Germans and Jews: ›Post-Holocaust Confrontations*‹« – Gottfried H. Wagner: »Abschied von falschen Identitäten«.

1996
Tenth PHDG presentation: 26. Annual scholar's conference on the Holocaust and the Churches: »Confronting the Holocaust – a mandate for the 21st Century« at University of St. Thomas, St. Paul, MN, March 3–5; Post-Holocaust Dialogue: Abraham Peck/Gottfried H. Wagner/Hubert Locke (March 5): »*Post Holocaust Jewish German Dialogue: Face to Face*« with questions by Hubert Locke (chair of the panel) under the title:
The Minneapolis Dialogue – 5 years after the foundation of the PHDG: 1. how much do you move beyond your starting point – 2. what does it mean to be a minority in society 3. Can our dialogue help to understand the need to have a victim-victimizer dialogue and to what end? 4. What are the stories of your fathers you will pass to your sons?
Eleventh PHDG presentation: *Holocaust Memorial Concert* presented by Gottfried Wagner and Michael Shapiro, March 4, 1996.

1998

Twelfth PHDG presentation: Encounters and Discussions of Second Generation Groups in Berlin, May 8–11, as participants Abraham J. Peck and Gottfried Wagner.

1999

Thirteenth PHDG presentation: Autobiography of Gottfried Wagner »*Twilight of the Wagners – The Unveiling of a family's legacy*« in New York at the South Central Park Synagogue in cooperation with the Leo Baeck Institute – introduction by Abraham J. Peck, May 17, 1999;

Fourteenth PHDG presentation: Opening program: Gottfried Wagner: »*Beyond Richard Wagner and Hitler: confrontations with the German Past and the Family present*«, March 6: The Burdens of History: Post-Holocaust Generations in Dialogue – Nassau Community College, Garden City, NY; Abraham J. Peck: »*Second Generation Struggle*«, March 8, same place; Ralph Giordano: »*How can these generations breathe?*« (documentary film and paper); March 8: The concert with the Hawthorne String Quartet of the Boston Symphony Orchestra – program by Michael Shapiro and Mark Ludwig.

2000

Fifteenth PHDG presentation: 30th Holocaust and Churches Annual Scholar Conference – Philadelphia, March 5: Abraham J. Peck – Gottfried Wagner: A genius zero hour? March 5; How to handle German history and German family life after the Shoah, European Parliament, Open Forum Against Racisms and Intolerance, Strasbourg, October 27 (also on video).

2001

Sixteenth PHDG presentation: Abraham J. Peck and Gottfried Wagner, »*Our fathers*«, University of Virginia; April 23.

2002

Seventeenth PHDG presentation: »Der Dialog ist möglich – Susannne Wolf im Gespräch mit Abraham J. Peck und Gottfried Wagner über ihre Post-Holocaust-Dialog-Gruppe«, Wiener Schauspielhaus, February 10, (also on video), with Prof. Erika Weinzierl;

Eighteenth PHDG presentation: Discussion on the Former Milwaukee Synagogue on May 19–20; Portland University, Maine – Meeting for the Book Project, October 30–November 4.

2004

Nineteenth PHDG presentation: Gottfried Wagner and Abraham Peck, »*Why Post-Holocaust Germans and Jews must create a dialogue*«; Temple Emanu-El, Toronto, October 31.

2005

Twentieth to Twenty-second presentation: Gottfried Wagner and Abraham J. Peck: »*The need for a dialogue for groups in conflict – Germans, Jews and family history*«, University of Tulsa and Tulsa Community Centre, March 29–30; Hockaday School Dallas and University of Dallas, Texas, March 31 and April 1; Radio interview with Tulsa University Radio, March 29.
Common Trip to Germany and Poland August 12–August 22 for the present book »***Unsere Stunde Null***«;
Twenty-third PHDG presentation: November 3, Hockaday School, Dallas, Texas: presentation of the common trip to Germany and Poland.

2006

Video by Gottfried Wagner, The Post-Holocaust-Dialog-Group as an Example of Post-Holocaust-Dialogue: Giorno della memoria, May 28, video da Gottfried Wagner: Auschwitz – Rimane ancora qualcosa su cui discutere?
Gottfried Wagner – Abraham Peck:
Unsere Stunde Null: Deutsche und Juden nach 1945.
Familiengeschichte, Holocaust und Neubeginn.
Historische Memoiren,
Wien: Böhlau Verlag 2006.

Andere Veröffentlichungen von Gottfried Wagner und Abraham Peck 1991–2006 :

Gottfried Wagner: »*As a Wagner in Israel*« March 4, 1991*, Abraham Peck: »*Jewish Displaced Persons*« **, The Ewin Mellen Press, UK 1992, * pp. 193–209, ** idem pp. 461–468. – Abraham Peck: »*Between Bayreuth and Landsberg*« – *The Burden of being Abraham J.Peck*«. – Gottfried Wagner: »*Experiences and Hopes: From Bayreuth to Tel Aviv*. Proposals for a Dialogue Between Post Holocaust Germans and Jews«, Studies in the Shoah, Volume XVI, University Press of America, Lanham-New York-London 1996, pp. 323– 342. – The Gottfried Wagner–Abraham Peck Dialogue as a microcosm of the German-Jewish Quest for Dialogue – Knowing the Other and Questions of Rapprochement – A Post Holocaust Dialogue: Gottfried Wagner and Abraham Peck with a Response by Dan Bar On, in: Studies in the Shoah, Volume XVII, University Press of America, Lanham-New York-London 1997, pp. 417–430; »*Dialogue between the Children of the Victims and the Victimizers*« with Dr. Dan Bar-On, Ben Gurion University, Negev, Dr. Abraham Peck, American Jewish Archives, Cincinnati and G. H. Wagner within the 23rd Annual Scholar Conference on »Holocaust and Churches« in Tulsa, Oklahoma,

March 8. – The Third Biennial Conference on Christianity and the Holocaust and 24 Annual Scholar's Conference on the Holocaust and German Church Struggle, Rider University, Lawrenceville, New Jersey, March 6–8, 1994. – Abraham Peck: »*From Monologues to Dialogues: Overcoming a history that will not go away*«; Gottfried Wagner: »*From Monologues to Dialogues – Overcoming problems of communications within the PH-Generations and hoping for future common missions*« – March 6, 1994; Rider University Volume III 1994, pp. 1–24. – The Holocaust Remembering for the Future II, Berlin, Conference in 1994 on CD-Rom: Gottfried Wagner: From Monologues to Dialogues, (also in German). – *German Life (magazine)*, issue May 1995, *Germans and Jews in Dialogue*: Abraham Peck: »*Is there anything to discuss?*«; Gottfried H. Wagner: »*Creating a culture of disobedience – German identity in a Post-Holocaust world – Die Welt nach Auschwitz – Ungehorsam als Weg aus dem Haß* – »*Will the hatred of the fathers become the hatred of the sons*«, Gondroms Festspielmagazin, Bayreuth 1995: – Gespräche unterwegs, Gottfried Wagner u.a. über die Post-Holocaust-Dialog-Gruppe, Phino Verlag Arnstadt-Weimar, 1996. – Gottfried Wagner: »*Wird der Haß der Väter zum Haß der Söhne? Die Welt nach Auschwitz: Ungehorsam als Weg aus dem Haß*«; Abraham Peck: »*Deutsche und Juden im Dialog – Gibt es etwas zu diskutieren?*«, in: »Als man Juden alles, sogar das Leben raubte…«. Über die nachträgliche Wirkung nationalsozialistischer Zerstörung, Lichtig-Verlag, Berlin 1996, pp. 16–25. – Autobiography »*Wer nicht mit dem Wolf heult*« by Gottfried Wagner, from 1997 to 2006 published in German (five editions), English (UK/USA), French, Japanese, Italian, Romanian and Czech; there were more than 500 book reviews, also dealing with the dialogue of Gottfried Wagner and Abraham Peck. – Post Holocaust Jewish German Dialogue Face to Face: Hubert Locke, Abraham Peck & Gottfried Wagner, in: »Confronting the Holocaust« – mandate for the 21st Century, Studies in the Shoah, Volume XIX, University Press of America, 1997. – A Post Holocaust Dialogue: Gottfried Wagner and Abraham Peck with a response by Dan Bar-On, in: »The Use and the Abuse of Knowledge«, 23rd Annual Scholar Conference on the Holocaust and the German Church Struggle, Tulsa, March, published in: Studies in the Shoah, Volume XVII, University Press of America, 1997; – »*Post Holocaust Jewish German Dialogue: Face to Face* with questions of Hubert Locke (chair of the panel) under the title: The Minneapolis Dialogue – 5 years after the foundation of the PHDG: 1. how much do you move beyond your starting point 2. what does it mean to be a minority in society 3. Can our dialogue help to understand the need to have a victim-victimizer dialogue and to what end? 4. What are the stories of your fathers you will pass to yours sons?, in: Studies in the Shoah, Vol. XIX, University Press of America, Lanham-New York-Oxford, 1997, pp. 113–144. – Eternal Flame Award by the Philadelphia Centre on the Holocaust, Genocide and Human Rights, given in Seattle in March 1998 during the Annual Scholar Conference on the Holocaust and Churches for Jan Colijn and Gottfried Wagner. – All die Väter, Täter, Opfer, Kinder: Spektrum, Die Presse, July 3–4, 1999. – Second Generation Voices – Reflections by Children of Holocaust Survivors & Perpetrators: Gottfried Wagner, »*To be German after the Holocaust*«; Abraham Peck: »*Taking Leave of the Wrong – Identities or An Inability to Mourn: Post-Holocaust Germans and Jews*«, Syracuse University

Press, Syracuse-New York 2001, pp. 336–364. – Gottfried Wagner/Abraham Peck, Unsere Stunde Null: Deutsche und Juden nach 1945. Familiengeschichte, Holocaust und Neubeginn – Historische Memoiren, Wien, Böhlau Verlag, 2006.

Anmerkung Gottfried Wagner: In der Zeit von 1992 bis 2006 sprach ich auf vier Kontinenten zum Thema der Zweiten Generation und das Interesse der Medien war groß. Die Dokumentation dazu liegt in meinem Archiv in Cerro Maggiore bei Mailand vor, das auch die sehr umfangreiche Korrespondenz von Abraham Peck und mir und mit anderen Autoren enthält, die im Bereich der Erforschung des Post-Holocaust Dialogs tätig sind, wie u.a. Ralph Giordano, Steven Jacobs, Jan Coljin, Michael Shapiro, Janice Hamer, Yehuda Nir, David Cline, Henry Knight, Leonard Grob und viele andere.

Bildnachweis von Gottfried Wagner

I. Bayreuther Weltanschauung

1 Richard Wagner im Gralstempel
Bayreuther Wagner Erlösungskult – Fotomontage von Gottfried Wagner.

2 J. A. Gobineau
Joseph Arthur Graf Gobineau (1816–1882), Rassentheoretiker, Hauptwerk: *Essai sur l'inégalité des races* (4 Bde., 1853–1855), Untergang der weißen Elite-Rasse durch Mischung mit anderen Rassen, Degeneration, inspirierte Wagner zu den Regenerationsschriften. Besuchte in den Jahren 1880–1881 Bayreuth.

3 H. S. Chamberlain
Houston Stewart Chamberlain (1855–1927), Rassentheoretiker unter dem Einfluss von Richard Wagner; Schwiegersohn Wagners durch Heirat mit Eva Wagner, Hauptschrift: *Grundlagen des 19. Jahrhunderts* (1899), einer der Lieblingsautoren von Hitler, den er seit September 1923 persönlich kannte.

4 AdolfHitler
Hitler (1889–1945) am Königsee bei Berchtesgaden, 1936 – Fotografie von Heinrich Hoffmann.

5 Alfred Rosenberg
Alfred Rosenberg (1893–1946), Parteiphilosoph, Rassentheoretiker und Leiter des Außenpolitischen Amtes der NSDAP, ab 1919 Hitlers Gefolgsmann, Hauptwerk: *Der Mythus des zwanzigsten Jahrhunderts* (1930), stark von Gobineau und Chamberlain beeinflusst, die zweite »NS-Bibel« neben Hitlers *Mein Kampf*.

Hinweis: Foto 1–5 im Archiv Gottfried Wagner

II. Die Wagners vor Hitler

6 Weihnachten in Wahnfried – Selbstvergottung der Familie Wagner in Bayreuth
Die Heilige Familie Paul Joukowsky 1880 [Archiv Gottfried Wagner]
Die heilige Familie, Gemälde von Paul Joukowsky aus dem Jahr 1880, militanter Wagnerianer. Das Bild entstand für das Weihnachtsfest 1880, rechts Joukowsky als Joseph, Siegfried Wagner als Jesuskind, die Schwestern Blandine von Bülow, Isolde Wagner und Eva Wagner als musizierende Engel, Daniela von Bülow als Maria, Mutter Gottes.

7 Die Familie Wagner 23. August 1881 vor der Villa Wahnfried, Parkseite [Archiv Gottfried Wagner], Fotografie von Adolf von Groß, Blandine, Heinrich von Stein (Erzieher von Siegfried Wagner), Cosima Wagner, Richard Wagner, Paul von Joukowsky (sitzend), erste Reihe: Isolde mit Neufundländerwelpe, Daniela, Neufundländer, Eva und Siegfried.

8 Die Familie Wagner um 1900 [Archiv Gottfried Wagner]
von links: Marie Gravina (Tochter von Blandine), Daniela, Blandine Gräfin Gravina, Guido Gravina (Sohn von Blandine), Siegfried, Henry Thode (Danielas Mann), Isolde, Eva, Cosima, Manfred Gravina (Sohn von Blandine).

9 Siegfried mit Winifred und den Kindern, 1922 [Archiv Gottfried Wagner]
Siegfried mit Wolfgang (links) und Wieland (rechts), vor Siegfried Verena, Winifred mit Friedelind auf den Stufen der Treppe zur Stadtseite von Villa Wahnfried.

III. Die Familie Wagner und Hitler

10 Taschengeld mit Führerfotos – Hitler – Wolfi und Wieland 1929 [Archiv Gottfried Wagner].
Wolfgang (rechts) und Wieland (links) fotografieren »Onkel Wolf« (1929). – Die Fotos waren ein großer finanzieller Erfolg im »Dritten Reich«.

11 Bei der Grundsteinlegung des Richard Wagner Denkmals in Leipzig am 6. März 1934, Fotografie von Heinrich Hoffmann, 1934 [Archiv Gottfried Wagner]
Von links: vorne Winifred Wagner, dahinter Wieland Wagner, neben Winifred Hitler, Leipzigs Oberbürgermeister Carl Friedrich Goerdeler, Gauleiter Martin Mutschmann und Joseph Goebbels.

12 Wieland und Wolfgang mit »Onkel Wolf«, 1936 [Archiv Gottfried Wagner].

13 Winifred, Hitler, Wieland und Wolfgang vor der Villa Wahnfried, 1940 [Archiv Gottfried Wagner]
links: Artur Kannenberg (Hitlers persönlicher Kellner auf Reisen), Wolfgang Wagner, Winifred, ein Adjutant, Hitler, Julius Schaub (Hitler Adjutant) und Wieland Wagner.

IV. Die Drexelsche Familie

14 Ellen Drexel als Ballettelevin 1934, unten rechts als Montage: Ellen Drexel-Wagner und Gustav Drexel mit den Eltern Adolf Drexel und Thora Nissen-Drexel in Wiesbaden 1934 [Archiv Gottfried Wagner].

15 Familie Gustav Drexel: vorne Gottfried Wagner, Gustav und Henny Drexel, dahinter Renate Alberts Drexel, Renate Drexel, Christa Drexel, Wiesbaden 2001 [Archiv Gottfried Wagner].

V. Kindheit und Jugend Gottfried Wagners in Bayreuth

16 Neu-Bayreuther Firmenwerbung 1953 – Eva, Wolfgang, Gottfried und Ellen Wagner, 1953 [Archiv Gottfried Wagner].

17 Neu-Bayreuther Firmenwerbung: Gottfried Wagner vor dem Schwan aus der Inszenierung seines Vaters Wolfgang, 1953 [Archiv Gottfried Wagner].

VI. Aus dem Leben Gottfried Wagners

18 Gottfried Wagner mit Lotte Lenya bei einem Kurt-Weill-Konzert in der Fisher Concert Hall, New York März 1978 [Archiv Gottfried Wagner].

19 Gottfried Wagner mit Frau Teresina in Massada/Israel – Januar 1990 [Archiv Gottfried Wagner].

20 Gottfried Wagner im Europarlament, 27. Januar 1999 vor einer Diskussion über seine Autobiographie *Wer nicht mit dem Wolf heult* [Archiv Gottfried Wagner].

21 Gottfried bei Proben zu *Songspiel Mahagonny* im Theater von Esortil Dezember 1999 [Archiv Gottfried Wagner].

22a Poster von der ersten regielichen Umsetzung einer Szene der Oper *Lost Childhood* durch Gottfried Wagner, 10. Mai 2001 in New York [Archiv Gottfried Wagner].

22b Yehuda Nir, Janice Hamer, Mary Azrael und Gottfried Wagner in New York, März 2000 [Archiv Gottfried Wagner].

23 Gottfried und seine italienische Familie in Cerro Maggiore, August 2003 [Archiv Gottfried Wagner].

VII. Gottfried Wagner und Abraham Peck

24 Harry Guterman mit Abraham Peck und Gottfried Wagner in Tulsa 1993.

25 In Landsberg vor dem Gefängnis, in dem Hitler 1923/24 inhaftiert war, 12. August 2005: von links nach rechts: Alberto Galli, Eugenio Wagner, Gottfried Wagner, Abraham Peck.

26 In Bayreuth vor der Villa Wahnfried, 13. August 2005 – von links nach rechts: Gottfried Wagner, Abraham Peck, Eugenio Wagner, Alberto Galli.

27 Abraham Peck und Gottfried Wagner in Auschwitz-Birkenau, 18. August 2005.

Hinweis: Foto 16, 17, 18, 21, 23 von Gottfried Wagner aufgenommen. © Gottfried Wagner.

Abbildungsnachweis von Abraham J. Peck

1 Synagoge in Zwolen, Polen.

2 Die von den Nazis zerstörte Synagoge in Linshits/Leczyca (Polen) (© Jewish Gen).

3 Drei Brüder meiner Mutter vor dem Zweiten Weltkrieg (links Zelig Kolton, geb. 1903, umgekommen im Konzentrationslager Ebensee 1944).

4 a–e Dokumente aus dem KZ Buchenwald, die den Aufenthalt meines Vaters dort bestätigen. Er wird unter dem Namen Szulim Pik geführt (1944) (©Thüringes Hauptstaatsarchiv Weimar, Archiv Buchenwald).

5 Befehl zur Häftlingsüberstellung vom KZ Stutthof nach Dresden (© Eva Unterman, Tulsa, Oklahoma).

6 Liste der Häftlinge, die von Stutthof nach Dresden abtransportiert wurden (die Nr. 266 ist meine Mutter) (© Eva Unterman, Tulsa, Oklahoma).

7 Strohschuh-Abteilung, in der meine Mutter arbeitete (Ghetto Litzmannstadt).

8 Am Arm meines Vaters im DP-Lager Landsberg (1947).

9 Mit einem Hund in DP-Lager Landsberg (1948).

10 Major Irving Heymont (links) hält eine Ansprache vor den Lagerinsassen, Rabbi Rosenberg fungiert als Übersetzer (Landsberg, 1945) (© American Jewish Archives, Cincinnati, Ohio).

11 Dr. Samuel Gringauz (mit Mütze) im Gespräch mit dem amerikanischen General Onslow Rolfe während dessen Besuch in Landsberg (1945) (© American Jewish Archives, Cincinnati, Ohio).

12 U.S.S. General C. H. Muir, das Schiff, mit dem meine Eltern und ich aus Bremerhaven nach Boston kamen (November/Dezember 1949).

13 Eine jüdische Neujahrskarte: Meine Mutter, mein Vater und ich (1949).

14 Namensliste mit Emigranten auf der U.S.S. General C. H. Muir.

15 Seite der Namensliste der Displaced Persons auf der U.S.S. General C. H. Muir mit dem Familiennamen Pik (Dezember 1949).

16 Abraham Peck im Gespräch mit einem Bewohner von Leczyca (Polen), der sich an die Familie seines Vaters erinnert; daneben Eugenio und Alberto (August 2005).

17 Franziskanska 56, von den Deutschen in Franzstraße umbenannt, die erste Wohnung meines Vaters im Ghetto Lodz (Aufnahme 2005).

18 Abraham Peck mit Stephan Kwapisiencz, der sich an die Familie seiner Mutter in Zwolen erinnert (August 2005).

19 Gedenkplakette an das HDP-Lager Landsberg (Aufnahme August 2005).

20 Erinnerungstafel an den Todesmarsch jüdischer Gefangener von Landsberg /Kaufering nach Dachau (Landsberg, 2005).

21 Franz Xaver Rößle mit Abraham Peck, Eugenio und Alberto in Landsberg (August 2005).
22 Ulica Zydowksa (Judengasse): 1939 begann hier das Ghetto Linshits/Leczyca (Aufnahme 2005).
23 Pfarrer Zbigniew Luczak, ein Priester aus Linshits/Leczyca, der mir bei meiner Spurensuche half (August 2005).
24 Stelle des ehemaligen jüdischen Friedhofs in Zwolen, der von den Nazis zerstört wurde. Heute ist nichts mehr davon übrig. (Aufnahme August 2005).
25 Schandauer Straße 68, die Zigarettenfabrik, in der meine Mutter von November 1944 bis Februar 1945 arbeitete (Aufnahme Dresden 2005).
26 Mahnmal für die jüdischen Zwangsarbeiter, die in der Fabrik in der Schandauerstraße litten und starben (Dresden 2005).
27 Der Steinbruch, in dem mein Vater im KZ Buchenwald gearbeitet hat (Aufnahme August 2005).

Alle Fotos, außer 2, 4–6, 9–10: privat.

Schlussfoto:
Gottfried Wagner und Abraham J. Peck im Gespräch über ihr Buch mit Schülerinnen der Hockaday School in Dallas/Texas, November 2005, Privatarchiv.

Die Autoren:

GOTTFRIED WAGNER,
freiberuflicher Musikhistoriker und multimedialer Regisseur mit dem Schwerpunkt deutsch-jüdischer Geschichte des 19. und 20. Jahrhunderts (u.a. Antisemitismus und Musik, Kurt Weill, »Entartete Musik«, Kultur in Theresienstadt), setzte sich mit der Geschichte des »Dritten Reichs« und dessen Folgen bis heute in Verbindung mit dem Antisemitismus von Richard Wagner, seinem Urgroßvater, und den engen Kontakte der Familie Wagner zu Hitler, auseinander. Er ist besonders an ethischen Fragen nach dem Holocaust interessiert.

ABRAHAM J. PECK,
leistete Pionierarbeit als Historiker im Bereich der Geschichte von Holocaust-Überlebenden und der jüdischen Internierungslager (Jewish DP camps) nach 1945. Er ist Direktor des akademischen Beirates für Christlich-Jüdisch-Islamische Post-Holocaust-Studien an der Universität von Southern Maine in Portland/USA, lehrt dort im Fachbereich Geschichte und ist als amtierender Wissenschaftler für Judaistik am Sampson Center für Diversity mit Schwerpunkt der Überwindung von religiösen Konflikten tätig.

Beide Autoren sind die Begründer der *Post-Holocaust-Dialog-Gruppe* (1992). Ihre Dialogarbeit ist besonders den Post-Holocaust-Generationen gewidmet. Beide verbindet das Engagement für Menschenrechte und zwischenreligiöse Dialoge.

Anmerkungen

I. Kapitel: S. 31 – 94

1 Vgl. Gordon A. Craig, Über die Deutschen, München 1992, S. 165–166.
2 Christoph Schulte, Deutschtum und Judentum – Ein Disput unter Juden aus Deutschland, Stuttgart 1992, S. 18.
3 Ebd., S. 21–22.
4 Eckart Conze/Gabriele Metzler (Hg.), Deutschland nach 1945 – Ein Lesebuch zur deutschen Geschichte von 1945 bis zur Gegenwart, München 1997, S. 277.
5 Vgl. Craig, Über die Deutschen, S. 166.
6 Vgl. Schulte, Deutschtum und Judentum, S. 10.
7 Ebd., S. 8.
8 Ebd., S. 10–12.
9 Jörg von Uthmann, Doppelgänger, du bleicher Geselle. Zur Pathologie des deutsch-jüdischen Verhältnisses, München 1976, S. 37.
10 Ebd., S. 53–54.
11 Ebd., S. 85.
12 Ebd., S. 52.
13 Ebd., S. 51.
14 Ebd., S. 49.
15 Der Autor verwendet in seinem gesamten Text das Wort Shoah und meint damit das hebräische Wort mit der Bedeutung »Vernichtung, Katastrophe«. Der Begriff meinte heute in Besonderen die Ermordung der europäischen Juden, die von den Nazis während des Zweiten Weltkrieges begangen wurden, vgl. Bruno Segre, La Shoah, Il Genocidio degli Ebrei d'Europa. Milano 1998, S. 119.
16 Vgl. Jürgen Schröder (Hg.), Die Stunde Null in der deutschen Literatur, Stuttgart 1995, S. 14.
17 Zitiert nach Abraham J. Peck, Radicals and Reactionaries. The Crisis of Conservatism in Wilhelmine Germany, Washington, DC 1978.
18 Gerschom Scholem, Against the Myth of the German-Jewish Dialogue, in: Werner J. Dannhauser (Hg.), On Jews and Judaism in Crisis, New York 1976, S. 61–64.
19 Sabine Reichel, What Did You Do in the War, Daddy? Growing Up German, New York 1989, S. 144.
20 Dan Diner, Negative Symbiose: Deutsche und Juden nach Auschwitz, in: Babylon 1 (1986), S. 9–20.
21 Sandor L. Gilman, Negative Symbiosis. The Reemergence of Jewish Culture in Germany after the Fall of the Wall, in: Klaus L. Berghahn (Hg.), The German-Jewish Dialogue Reconsidered. A Symposium in Honor of George L. Mosse, New York 1996, S. 209.
22 Paul Mendes-Flohr, German Jews. A Dual Identity, New Haven/London 1999. Mendes-Flohr nennt das erste Kapitel seines Buches »The Bifurcated Soul of the German Jew« (Die gespaltene Seele des deutschen Juden).
23 Für eine Diskussion der *Stunde Null* siehe Abraham J. Peck, Zero Hour and the Development of Jewish Life in Germany after 1945, in: A Pariah People? Jewish Life in Germany after 1945, Cincinnati 1988, S. 1–11; Geoffrey J. Giles (Hg.), »Stunde Null«: The End and the Beginning Fifty Years Ago, Washington, DC 1997.
24 Michael Brenner, Wider den Mythos der ›Stunde Null‹-Kontinuitäten im innerjüdischen Bewußtsein und deutsch-jüdischen Verhältnis nach 1945, in: Menora. Jahrbuch für deutsch-jüdische Geschichte (1992), S. 155.

II. Kapitel: S. 95 – 244

1 Richard Wagner, »Erkenne Dich selbst« [1881], in: Sämtliche Schriften und Dichtungen, Band 10, Leipzig 1911, S. 274.

2 Ulrich Drüner, Schöpfer und Zerstörer, Richard Wagner als Künstler, Köln/Weimar 2003, S. 307.
3 Ebd., S. 307–308.
4 Cosima Wagner, Das zweite Leben, Briefe und Aufzeichnungen 1883–1930, Brief an Hans Richter vom 29. April 1889, München 1980, S. 176 – vgl. auch Cosima Wagner, Die Tagebücher Band 1 und 2, München 1976–1977.
5 Karl Müssel, Bayreuth in acht Jahrhunderten – Geschichte der Stadt, Bayreuth 1993, S. 193–194.
6 50. Todestag von Richard Wagner.
7 Gespräch des Autors mit Winifred Wagner im Siegfried-Wagner-Haus Mitte April 1975.
8 Vgl. den Film von Hans Jürgen Syberberg aus dem Jahre 1975: »Winifred Wagner und die Geschichte des Hauses Wahnfried von 1914–1975«.
9 Müssel, Bayreuth, S. 191–192.
10 Sebastian Haffner, Germany: Jekyll & Hyde, 1939 – Deutschland von innen betrachtet, München 1998 [1990], S. 28.
11 In diesem Zusammenhang sei auch auf Hermann Rauschnings und Henry Pickers Aufzeichnungen von Gesprächen mit Hitler aus den Jahren 1940 bzw. 1942 hingewiesen, in denen beide Autoren ihn zu Wagner befragten, siehe Hermann Rauschning, Gespräche mit Hitler, Zürich u.a. 1940, zahlreiche Nachdrucke; Henry Picker, Hitlers Tischgespräche im Führerhauptquartier, Wiesbaden 1983. Auch die Autobiographie von August Kubizek, Adolf Hitler, mein Jugendfreund, Graz 1953, Nachdruck 1995, sowie zahlreiche Wagner-Studien sind hier zu nennen: Paul Lawrence Rose, Richard Wagner und der Antisemitismus, München 1999, engl. Original unter dem Titel: Wagner. Race and Revolution, London 1992; Marc A. Weiner, Antisemitische Fantasien. Die Musikdramen Richard Wagners, Berlin 2000, in Englisch unter dem Titel: Richard Wagner and the Anti-Semitic Imagination, Lincoln 1995; Joachim Köhler, Wagners Hitler. Der Prophet und sein Vollstrecker, München 1997; Ders., Der letzte der Titanen. Richard Wagners Leben und Werk, München 2001; Annette Hein, »Es ist viel Hitler in Wagner«. Rassismus und antisemitische Deutschtumsideologie in den Bayreuther Blättern (1878–1938), Tübingen 1996; Hartmut Zelinsky, Richard Wagner. Ein deutsches Thema. Eine Dokumentation zur Wirkungsgeschichte Richard Wagners 1876–1976, Neuauflage Wien 1983 sowie das bereits angeführte Werk von Drüner, Schöpfer und Zerstörer.
12 Winifred Wagner gegenüber Gottfried Wagner Mitte April 1975 in Bayreuth.
13 Franz Stassen, Erinnerungen an Siegfried Wagner, 1942, Richard-Wagner-Nationalarchiv Bayreuth.
14 Vgl. auch den Brief Chamberlains an Adolf Hitler, 7. Oktober 1923 oder die Neujahrskarte vom 1. Januar 1924, in: Zelinsky, Richard Wagner, S. 169–170.
15 Michael Karbaum, Studien zur Geschichte der Bayreuther Festspiele (1876– 1976). Teil 2. Dokumente und Anmerkungen, Regensburg 1976, S. 65.
16 Ebd. Vgl. Richard-Wagner-Nationalarchiv Bayreuth, in: Brigitte Hamann, Winifred Wagner oder Hitlers Bayreuth, München 22002 (TB-Ausgabe), S. 119–120, ohne genaue Quellenangabe.
17 Zelinsky, Wagner, S. 169, dort auch der Brief Chamberlains vom 7. Oktober 1923 (siehe Anm. 14).
18 Winifred Wagner an Helena Boy, 6. Dezember 1923, siehe Hamann, Winifred Wagner, S. 97, Anm. 93.
19 Winifred Wagner an Hermann Ernst, 2. November 1971, siehe Hamann, Winifred Wagner, S. 99, Anm. 100.
20 Kubizek, Hitler, S. 117–118.
21 Wer war wer im Dritten Reich. Ein biographisches Lexikon, Frankfurt am Main 1989, S. 370–371.
22 Henry Picker, Hitlers Tischgespräche im Führerhauptquartier, Wiesbaden 1983, S. 116.
23 Winifred Wagner zu Gottfried Wagner, Mitte April 1975, Privatarchiv Gottfried Wagner.
24 Liselotte Schmidt am 14. Januar 1932, Briefe an ihre Eltern im Richard-Wagner-Nationalarchiv Bayreuth.
25 Winifred Wagner an Gottfried Wagner, Mitte April 1975, Privatarchiv Gottfried Wagner; Hans Schemm (1891–1935) verunglückte bei einem Flugabsturz Anfang März 1935 und wurde mit allen Ehren von Partei und in Anwesenheit der Familie Wagner beerdigt, vgl. auch Hamann, Winifred Wagner, S. 212, Anm. 87.
26 Winifred Wagner an Helene Roesner, 10. Oktober 1934, siehe Hamann, Winifred Wagner, S. 299, Anm. 119.
27 Winfried Wagner an Gottfried Wagner, Mitte April 1975, Privatarchiv Gottfried Wagner.
28 Wolfgang Wagner, Lebens-Akte, München 1994, S. 442–445.

29 Hamann, Winifred Wagner, S. 347, ohne Quellenangabe, aber Winifred Wagner gegenüber Gottfried Wagner, Mitte April 1975.
30 Vgl. Brief von Winifred Wagner an Weckherlin, 9. Juni 1976, Hamann, Winifred Wagner, S. 348, Anm. 126.
31 Winifred Wagner an Helene Roesner, 11. September 1937, Hamann, Winifred Wagner, S. 350, Anm. 131.
32 Adolf Hitler, Monologe im Führerhauptquartier 1941–1944, hg. von Werner Jochmann, Hamburg 1980, S. 225, Eintrag zum 24./25. Januar 1942.
33 Vgl. Hamann, Winifred Wagner, S. 357, die diese illegale Devisenschieberei als »sicher« bezeichnet.
34 Ebd., S. 358.
35 Winifred Wagner zitiert aus Richard Wagners Regenerationsschrift *Erkenne Dich selbst* von 1881.
36 In: Karbaum, Studien, Teil 2, S. 119f.
37 Ebd.
38 Mitteilung von Winifred Wagner gegenüber Gottfried Wagner im April 1975, vgl. Hamann, Winifred Wagner, S. 374, ohne Quellenangabe (siehe Anm. 16).
39 Helmut Paulus, Die Reichskristallnacht, in: Archiv für die Geschichte von Oberfranken (1998), S. 430f.
40 Hamann, Winifred Wagner, S. 382.
41 N. Roller, ohne Datum, Theatermuseum Wien.
42 Zusammenstellung von Otto Strobel, Leiter der Richard-Wagner-Gedenkstätte, vom 1. Oktober 1951.
43 Institut für Zeitgeschichte, München, ZS 2238, Schirach.
44 Völkischer Beobachter vom 3. August 1939.
45 Meta Kropf, Bayreuther Festspielsommer, München 1978, S. 42f.
46 Winifred Wagner in einem Gespräch mit dem Autor Mitte April 1975 im Zusammenhang mit den Dreharbeiten zum Film »Winifred Wagner und die Geschichte des Hauses Wahnfried von 1914–1975«.
47 Bayerisches Hauptstaatsarchiv München, CIC Verhör vom 14. September 1946.
48 Völkischer Beobachter vom 26. August 1939.
49 Winifred Wagner an Friedelind Wagner, 10. September 1939, Archiv Neill Thornborrow.
50 Winifred Wagner an Friedelind Wagner, 10. September 1939, Archiv Neill Thornborrow.
51 Hamann, Winifred Wagner, S.401.
52 Ergebnis der Gespräche Gottfried Wagners mit Winifred Wagner im April 1975.
53 Bayerisches Hauptstaatsarchiv München, Spruchkammerakten, Verhör Winifred Wagner, S. 90f.
54 Friedelind Wagner, Nacht über Bayreuth, Köln 1997, S. 333.
55 Ebd.
56 Vgl. den Film über Winifred Wagner von Syberberg 1975 (wie Anm. 8).
57 Winifred Wagner an unbekannte Freundin, 14. Mai 1941 – Privatarchiv, vgl. Hamann, Winifred Wagner, S. 422–423, Anm. 96.
58 Winifred Wagner an Gottfried Wagner, Mitte April 1975, Privatarchiv Gottfried Wagner.
59 Albert Speer, Spandauer Tagebücher, Frankfurt am Main 1975, S. 156.
60 Kurt Overhoff, Neu-Bayreuth, in: Staatsbriefe 6–7, München 1991, S. 30ff.
61 Akte Tietjen, Beilage zu den Spruchkammerakten, Bundesarchiv Berlin.
62 Eidesstattliche Erklärung vom 1. März 1947, Bundesarchiv Berlin.
63 Hamann, Winifred Wagner, S. 437.
64 Picker, Hitlers Tischgespräche, S. 372, Absatz 149.
65 Tagebuch Gertrud Strobel, Eintrag vom 25. August 1942, Richard-Wagner-Nationalarchiv, ebd. S.446.
66 Renate W. Schotack, Hinter Wahnfrieds Mauern, Hamburg 1998, S. 256.
67 Zdenko von Kraft, Der Sohn. Siegfried Wagners Leben und Umwelt, Graz 1969, S. 256.
68 Tagebuch Gertrud Strobel, Eintrag vom 20. Oktober 1942 (wie Anm. 65).
69 Hamann, Winifred Wagner S.448.
70 Ebd., S. 449.
71 Ebd.
72 Winifred Wagner an Adolf Hitler, 8. März 1943 – Privatarchiv.

73 Geoffrey Skelton, Wieland Wagner, The Positive Sceptic, New York 1971, S. 71.
74 Vgl. Familiendokumentation von Martin Alberts, Epstein im Taunus: Aus der Geschichte der Famiglie Drexel.
75 Original bei Gustav Drexel, Wiesbaden, dem jüngeren Bruder von Ellen Drexel-Wagner.
76 Ellen Wagner, Autobiographische Aufzeichnung vom 13. Oktober 1982, Archiv Gottfried Wagner, Cerro Maggiore (Mi).
77 Ebd., Eintrag Ende Oktober 1982.
78 Ebd., Eintrag Ende Oktober 1982.
79 Archiv Gottfried Wagner, Cerro Maggiore (Mi).
80 Eintrag Ellen Wagner von Ende Oktober 1982 (wie Anm. 76).
81 Hinweis Ellen Wagners vom 1. Mai 1997 an Gottfried Wagner in Wiesbaden.
82 Winifred Wagner an Helena Roessner, 15. Mai 1943, siehe Hamann, Winifred Wagner, S. 462, Anm. 59 – Ellen Drexel-Wagner berichtete dem Autor ebenfalls von diesem Treffen.
83 Richard Wilhelm Stock, Richard Wagner und seine Meistersinger, Nürnberg 1943, Vorwort.
84 Hamann, Winifred Wagner, S. 468–469.
85 Akte (Bodo) Lafferentz, Berlin Dokument Center.
86 Vgl. Winifred Wagner an Fritz Kempfler, 12. Februar 1944, Richard Wagner Frauenverband und Bayreuther Bund (Privatarchiv).
87 Vgl., Aude Yung-de Prevaux, Jacques und Lotka. Eine Liebe in der Zeiten der Résistance, Köln 2001, und die Aussage Winifreds in Gesprächen mit Blandine Jeanson und Gottfried Wagner im August 1967 in Bayreuth.
88 Hamann, Winifred Wagner, S. 474.
89 Otto Daube, Begegnungen eines Neuzigjährigen, Typoskript, S. 450, Deutsche Richard Wagner Gesellschaft, Bayreuth.
90 Bayreuther Kurier vom 21. Juli 1944.
91 Gespräche des Autors im Dezember 1975 mit Wolfgang Wagner.
92 Winifred Wagner an Gerdy Troost, 3. März 1963, vgl. Hamann, Winifred Wagner, S. 479, Anm. 114..
93 Winifred Wagner, Konzept vom 16. Oktober 1944, vgl. Hamann, Winifred Wagner, S. 485f., Anm. 143.
94 Hamann, Winifred Wagner, S. 482.
95 Tagebuch Gertrud Strobel, Eintrag vom 3. Dezember 1944 (wie Anm. 65).
96 Ebd., Gertrud Strobel, Eintrag vom 6. November 1944.
97 Albrecht Bald/Jörg Skiebeleit, Das Außenlager Bayreuth des KZ-Flossenbürg, Wieland Wagner und Bodo Lafferentz im »Institut für physische Forschung«, Bayreuth 2003, S. 124.
98 Ebd., S. 84, Fußnote 20.
99 Ebd., S. 486. Tagebuch Gertrud Strobel, Eintrag vom 6. November 1944 (wie Anm. 65).
100 Hamann, Winifred Wagner, S. 486.
101 Ebd., S. 486.
102 Ebd., S. 487. Fußnotenhinweis von Hamann dazu: Gesprächsaufzeichnung Brigitte Hamann mit Verena Lafferentz-Wagner.
103 Ebd., S. 487 mit gleichem Fußnotenhinweis.
104 Winifred Wagner, 13. März 1971, Institut für Zeitgeschichte München.
105 Wieland Wagner an Winifred Wagner, 22. Dezember 1944, New York Public Library.
106 Heinz Tietjen an Winifred Wagner, 17. Dezember 1944, Richard-Wagner-Nationalarchiv Bayreuth.
107 Tagebuch Gertrud Strobel, Eintrag vom 22. Dezember 1944 (wie Anm. 65).
108 Wieland Wagner an Winifred Wagner, 5. Januar 1945, New York Public Library, übersetzt von CIC-Agent Joseph Stein.
109 Ebd.
110 Ebd.
111 Tagebuch Gertrud Strobel, Eintrag vom 8. Januar 1945 (wie Anm. 65).
112 Hamann, Winifred Wagner, S. 490, beruft sich auf ein Gespräch mit Wolfgang Wagner, ohne Zeitgabe.
113 Gutachten von Wilhelm Hieber, 2. Dezember 1948, Bayerisches Staatsarchiv München, Spruchkammerakten.

114 Tagebuch Gertrud Strobel, Eintrag vom 4. Juni 1943 (wie Anm. 65).
115 Ebd., Eintrag vom 12. Januar 1945.
116 Ebd., Eintrag vom 4. Januar 1945.
117 Ebd., Eintrag vom 18. Januar 1945.
118 Aussage von Verena Lafferentz gegenüber Brigitte Hamann, Juli 2000, vgl. Hamann, Winifred Wagner, S. 496.
119 Winifred Wagner an Werner Meyer, in: Werner Meyer, Götterdämmerung, April 1945, Percha 1975.
120 Hamann, Winifred Wagner, S. 498.
121 Ebd., Winifred Wagner an eine Unbekannte, 30. März 1945, S. 499.
122 Tagebuch Gertrud Strobel, Eintrag vom 5. April 1945 (wie Anm. 65).
123 5. April 1945, nach Brigitte Hamann, S. 501.
124 Ebd., S. 502.
125 Ellen Drexel-Wagner am 1. Mai 1997 im Gespräch mit dem Autor.
126 Hamann, Winifred Wagner, S. 502.
127 Liste Otto Strobel vom 1. Oktober 1951, vgl. Hamann, Winifred Wagner, S. 502, Anm. 221.
128 Wolfgang Wagner, Lebens-Akte, S. 118.
129 Hamann, Winifred Wagner, S. 504.
130 Ellen Drexel-Wagner, Bericht vom 1. Mai 1997 an den Autor.
131 Hamann, Winifred Wagner, S. 503.
132 Winifred Wagner an Friedelind Wagner, 13. Juni 1947, Nachlass Friedelind Wagner, Archiv Neill Thornborrow.
133 Bericht Wolfgang Wagners über die Vernehmung von Winifred Wagner durch den CIC am 14. September 1946 – da der Wortlaut des Briefes unbekannt ist mit Vorbehalt.
134 Hamann, Winifred Wagner, S. 516; die Autorin glaubt dieser nicht nachweisbaren Version von Wolfgang Wagner, siehe S. 506.
135 Tagebuch Gertrud Strobel, Eintrag vom 13. April 1946 (wie Anm. 65).
136 Vgl. den Film über Winifred Wagner von Syberberg 1975 (wie Anm. 8).
137 Dieser Teil des Kapitels basiert auf folgenden Publikationen: Eva Hoffman, Shtetl: The Life and Death of a Small Town and the World of Polish Jews, Boston/New York 1997; Gershon David Hundert/Gershon C. Bacon, The Jews in Poland and Russia. Biographical Essays, Bloomington 1984; Joseph Marcus, Social and Political History of the Jews in Poland, 1919–1939, Berlin/New York 1983; Iwona Irwin-Zarecka, Neutralizing Memory. The Jew in Contemporary Poland, New Brunswick/Oxford 1989; Magdalena Oplalski/Israel Bartal, Poles and Jew. A Failed Brotherhood, Hanover, New Hampshire 1992); Polin. A Journal of Polish-Jewish Studies (Oxford: Institute for Polish-Jewish Studies); Michael Riff, The Face of Survival. Jewish Life in Eastern Europe Past and Present, London 1992; Byron L. Sherwin, Sparks Amidst the Ashes. The Spiritual Legacy of Polish Jewry, New York/Oxford 1997; Michael C. Steinlauf, Bondage to the Dead Poland and the Memory of the Holocaust, Syracuse, New York 1997.
138 Simon Dubnow, History of the Jews in Russia and Poland, Vol. I, Philadelphia 1916, S. 100.
139 Isaiah Taub, Australia Jewish News, 14. April 1989.
140 Zu *kinnui,* siehe Benzion C. Kaganoff, A Dictionary of Jewish Names and their History, New York 1977, S. 127, S. 185.
141 Berl Kahn, Jews in Zwolin, in: Ders. (Hg.), Yizkor Book Zwolen, New York 1982, S. 8.
142 Für eine Beschreibung der Alexander Chassidim durch ein Mitglied der Gemeinde siehe Isaac Goodfriend, By Fate or by Faith. The Saga of a Survivor, Atlanta 2001, Kapitel 1 »Hasidim«.
143 J. Karsh, »Yiddish Lodz«, Melbourne 1974, S. 7.
144 Ebd., S. 11.
145 Marcus, Social and Political History, S. 113. Marcus schätzt, dass der jüdische Anteil in der Textilindustrie Polens am Vorabend des Zweiten Weltkriegs mindestens 70 Prozent betrug.
146 Rabbi Leiserowski überlebte den Holocaust und spielte eine wichtige Rolle im Rabbinat, das das jüdische Leben in München und die jüdischen DP-Lager kontrollierte. Später diente er viele Jahre lang als orthodoxer Oberrabbiner von Philadelphia.

147 Für eine lebendige Schilderung des Lebens in Balut für dem Krieg, siehe Israel Rabon, Balut, Warschau 1934 [Jiddisch].
148 Lucjan Dobroszycki (Hg.), The Chronicle of the Lodz Ghetto, 1941–1944, New Haven 1984, S. xviii.
149 Israel Tabaksblat, Hurbn Lodz, Buenos Aires 1946, S. 31 [Jiddisch].
150 Julian Baranowksi, The Lodz Ghetto, 1940–1944. Vademecum, Lodz 2003, S. 36
151 Leonard Tushnet, The Pavement of Hell, New York 1972, S. 185.
152 Ebd., S. 194ff.
153 Felicja Karay, Death Comes in Yellow. Skarzysko-Kamienna Slave Labor Camp, Amsterdam 1996, S. xvi.
154 Tushnet, Pavement of Hell, S. 164.
155 Zitiert bei Solomon Bloom, Dictator of the Lodz Ghetto, in: Commentary 7 (1949), S. 120.
156 Karay, Death Comes in Yellow, S. 67ff.
157 Felicja Karay, Teaching the Holocaust Through Music and Camps Literature Written in Camps, Vortrag bei der Internationalen Tagung für Holocaust-Studien, Yad Vashem, S. 2.
158 Karay, Death Comes in Yellow, S. 162ff.
159 Ebd., S. 82.
160 Ebd., S. 122.
161 Ebd., S. 72.
162 »Der erfüllte Schwur«, in: Inforiot. Alternative News und Termine für Brandenburg, 21. April 2005, S. 4.
163 Lucille Eichengreen, From Ashes to Life: My Memories of the Holocaust, San Francisco 1975.
164 Ich bin Eva Unterman dankbar, dass sie mir die Abschriften der Transportlisten zur Verfügung stellte.
165 Chanan Werebejczyk, Zeugenaussage über das Arbeitslager »Bernsdorf & Co.«, S. 4.
166 Roman Halter, »Holocaust Memorial Day«, Genealogy Channel, Great Britain, 2005.

III. Kapitel: S. 245 – 316

1 Brigitte Hamann, Winifred Wagner oder Hitlers Bayreuth, München 22005 (TB-Ausgabe), S. 564.
2 Bayerisches Hauptstaatsarchiv München, Spruchkammerakten, Urteil vom 2. Juli 1947.
3 Vgl. Elsa Bernstein, Das Leben als Drama. Erinnerungen an Theresienstadt, Hamburg 2005, Kommentar Rita Bake/Birgit Kiupel, S. 14: »Die Welt der Sagen und der religiös aufgeladene Kosmos Richards Wagners beeindruckten und inspirierten Elasa früh. 1876 setzte sie mit stundenlangem Weinen durch, bei der Erstaufführung vom ›Ring des Nibelungen‹ dabei zu sein: ›Ich durfte den letzten Zyklus beiwohnen und ward Richard Wagner als die jüngste Festspielbesucherin vorgestellt.‹«
4 Hamann, Winifred Wagner, S. 517.
5 Ebd., S. 565.
6 Ebd., S. 548–549, vgl. auch Bayerisches Hauptarchiv München (wie Anm. 2), Zeuge Spitzer und Kröninger.
7 Vgl. Fränkische Presse vom 2. Dezember 1948.
8 Wolfgang Wagner an Wieland Wagner, 15. Juni 1948, siehe Hamann, Winifred Wagner, S. 562, Anm. 190.
9 Ebd.
10 Hamann, Winifred Wagner, S. 562.
11 Helena Roesener, 22. August 1948, siehe Hamann, Winifred Wagner, S. 563, Anm. 193.
12 Vgl. Hamann, Winifred Wagner, S. 528.
13 Ebd., S. 527.
14 Ebd.
15 Ebd.
16 Ebd., S. 535.
17 Wieland Wagner an Kurt Overhoff, 6. Mai 1946.
18 Renate W. Schostack, Hinter Wahnfrieds Mauern, Hamburg 1998, S. 225.
19 Wolfgang Wagner, Lebens-Akte, München 1994, S. 145–146.

20 Ebd., S. 74–75.
21 Vgl. den Film von Hans Jürgen Syberberg aus dem Jahre 1975: »Winifred Wagner und die Geschichte des Hauses Wahnfried von 1914–1975«.
22 Winifred Wagner an Gerdy Troost, 6. Juni 1949, siehe Hamann, Winifred Wagner, S. 567, Anm. 209.
23 Vgl. Wolfgang Wagner, Lebens-Akte, S. 48.
24 Wolfgang Wagner, Winifred Wagner, 21. Januar 1949, vgl. Hamann, Winifred Wagner, S. 568.
25 Hamann, Winifred Wagner, S. 569 ohne Quellenangabe des Zitats.
26 Brief vom 15. Mai 1949, Archiv der Akademie der Künste Berlin.
27 Ebd., S. 571, Zeile 19.
28 Ebd., S. 571.
29 Rainer Trübsbach, Geschichte der Stadt Bayreuth, Bayreuth 1993, S. 354.
30 Hamann, Winifred Wagner, S. 573.
31 Bayreuther Festspielbuch 1951, S. 15–18 aus der Feder Zdenko von Krafts.
32 Kopie der Postkarte im Archiv des Autors in Cerro Maggiore/Mailand.
33 Hamann, Winifred Wagner, S. 588, Anm. 99 – vgl. auch den Film über Winifred Wagner von Syberberg 1975 (wie Anm. 21).
34 Winifred Wagner an Hans Grimm, 8. Juli 1950, vgl. Hamann, Winifred Wagner, S. 589.
35 Brief von Winifred Wagner an Ilse Ernst, 22. August 1958, siehe Hamann, Winifred Wagner, S. 587, Anm. 95.
36 Hamann, Winifred Wagner, S. 585.
37 Kurt Overhoff, Neu-Bayreuth, in: Staatsbriefe 6–7, München 1991, S. 16.
38 Winifred Wagner an Gerdy Troost, 11. Juni 1973, siehe Hamann, Winifred Wagner, S. 596, Anm. 142.
39 Winifred Wagner an Gerdy Troost, 18. Februar 1963, vgl. Hamann, Winifred Wagner, S. 584, Anm. 77.
40 Hamann, Winifred Wagner, S. 584.
41 So gegenüber Gottfried Wagner bei verschiedenen Treffen mit seiner Großmutter 1964 und 1965.
42 Auszug aus dem Brief von Wieland Wagner im Buchexemplar Zieglers im Richard-Wagner-Nationalarchiv Bayreuth.
43 Winifred Wagner an Ilse Ernst, 25. August 1965, vgl. Hamann, Winifred Wagner, S.604, Anm. 178.
44 Winifred Wagner an Gerdy Troost, 23. November 1966, vgl. Hamann, Winifred Wagner, S.604, Anm. 179.
45 Hamann, Winifred Wagner, S. 601.
46 Winifred Wagner an Gerdy Troost, 11. November 1968, vgl. Hamann, Winifred Wagner, S. 606, Anm. 189.
47 Alexander und Margarete Mitscherlich, Die Unfähigkeit zu trauern, München 1977, Neuausgabe, S. 262.
48 München 1970, S. 115.
49 Winifred Wagner an Gerdy Troost, vgl. auch Hamann, Winifred Wagner, S. 605–606, Anm. 185.
50 Frankenpost Hof am 16. Januar 1969.
51 Hamann, Winifred Wagner, S. 609.
52 Ebd., S. 610.
53 Ebd., S. 610, Anm. 210.
54 Ebd., S. 610, Anm. 211.
55 Winifred Wagner an Gerdy Troost, 15. August 1969. Vgl. ebd., S. 589, Anm. 103.
56 Winifred Wagner mündlich zu Gottfried Wagner.
57 Hamann, Winifred Wagner, S. 591.
58 Winifred an Gerdy Troost bereits 1964, vgl. ebd., S. 594.
59 Interview Winifred Wagner mit David Irving, 13. März 1971, Institut für Zeitgeschichte, München.
60 Winifred Wagner an Gerdy Troost; 11. Juni 1973, vgl. auch Hamann, Winifred Wagner, S. 611, Anm. 217.
61 Winifred Wagner, in: Zeit Magazin, Hamburg Nr. 19, 30. April 1976.
62 Ebd.
63 Vgl. Gottfried Wagner, Wer nicht mit dem Wolf heult, Köln 1997.
64 Vgl. Bettina Fehr, Erinnerungen, Bonn 2005, Privater Druck.
65 Jiddisches Wort für »verrückt«.

66 Eckart Conze/Gabriele Metzler (Hg.), Deutschland nach 1945. Ein Lesebuch zur deutschen Geschichte von 1945 bis zur Gegenwart, München 1997, S. 271.

67 Ebd., S. 273.

68 Vgl. Anm. 63.

69 Karl Lubomirski, Die Zeitpendel (I predali del tempo), Florenz 1990, S. 25.

70 Vgl. Anm. 63, Bezug auf den Brief von Wolfgang Wagner an Gottfried Wagner, 2. Februar 1990.

71 Vgl. dazu eine ausführliche Dokumentation im Kapitel »Vaters letzter Brief« in: Wer nicht mit dem Wolf heult, vgl. Anm. 63.

72 »Wall Street Journal« vom 7. Januar, die »Repubblica« vom 15. Januar, die »Aftenposten« vom 18. Januar oder den sachlichen Bericht über meine Israelreise in der »Neuen Zürcher Zeitung« vom 8. Februar 1990 unter dem Titel: »Richard Wagner in Israel, Anzeichen für eine Wiederannäherung«, vgl. auch die Stellungnahmen von Prof. Shy Burstyn und Herzl Shmueli vom Februar 1990.

73 Irving Heymont an Joan Heymont, 19. September 1945, in: Irving Heymont, Among the Survivors of the Holocaust – 1945. The Landsberg DP Camp Letters of Major Irving Heymont, United States Army, Cincinnati 1982, S. 5.

74 Samuel Gringauz, Jizker, in: Landsberger Lager-Cajtung, 8. Oktober 1945, Nr. 1 (Jiddisch).

75 Leo Schwarz, The Redeemers, New York 1953, S. 18, Anm.

76 Irit Keynan, The Yishuv's Mission to the Displaced Persons' Camps in Germany: The Initial Steps, August 1945–May 1946, in: Israel Gutman/Avital Saf (Hg.), She'erith Hapletah, 1944–1948: Rehabilitation and Political Struggle, Jerusalem 1990, S. 231–248.

77 Zur Gewalt gegen Juden in Polen in der Nachkriegszeit siehe David Engel, Patterns of Anti-Jewish Violence in Poland, 1944–1946, in: Yad Vashem Studies 26 (2004).

78 Isabella Leitner, Saving the Fragments. From Auschwitz to New York, New York 1986, S. 77ff., dt. Ausgabe: Fragmente ihrer Erinnerung an Auschwitz, Ravensburg 21996 und öfter.

79 Einige Passagierlisten sind zu finden unter http://www.angelfire.com/zine2/muir/shipshistory.html.

80 Elie Wiesel, A Jew Today, New York 1978, S. 185–208; dt. Ausgabe: Jude heute. Erzählungen, Essays, Dialoge, Wien 1987.

81 Die Sztyme der Sheris Hapleita, Montreal 1963, S. 29.

82 Dorothy Rabinowitz, New Lives. Survivors of the Holocaust Living in America, New York 1976, S. 43.

83 Rabinowitz, New Lives, S. 196.

84 Zitiert in Anita Shapira, »The Yishuv and the Survivors of the Holocaust, in: Studies in Zionism 7.2 (1986), S. 301.

85 Koppel S. Pinson, Jewish Life in Liberated Germany. A Study of the Jewish DPs, in: Jewish Social Studies 9.2 (1947), S. 110.

86 Ebd., S. 114.

87 Zum Verständnis der Entwicklung des Wiedergutmachungsprozesses und dessen Bedeutung für die Überlebenden, siehe Christian Pross, Wiedergutmachung: Der Kleinkrieg gegen die Opfer, Bodenheim 2001.

88 Mehr zu Leben und Werk von Petra Kelly insbesondere bei Sara Parkin, The Life and Death of Petra Kelly, New York 1995 und bei Alice Schwarzer, Eine Tödliche Liebe: Petra Kelly und Gert Bastian, Köln 1993.

89 George W. F. Hallgarten, Imperialismus vor 1914. Die soziologischen Grundlagen der Außenpolitik europäischer Großmächte vor dem Ersten Weltkrieg, 2 Bde., München 1963.

90 George W. F. Hallgarten, Als die Schatten fielen. Erinnerungen vom Jahrhundertbeginn zur Jahrtausendwende, Frankfurt am Main 1969.

91 Volker R. Berghahn, Germany and the Approach of War in 1914, New York 1973; Ders., Rüstung und Machtpolitik: zur Anatomie des »Kalten Krieges« vor 1914, Düsseldorf 1973.

92 Michael Balfour, Der Kaiser: Wilhelm II. und seine Zeit, Berlin 1967.

93 Geoff Eley, Reshaping the German Right: Radical Nationalism and Political Change after Bismarck, New Haven 1980.

94 Siehe u.a. Robert Gellately, Die Gestapo und die deutsche Gesellschaft: die Durchsetzung der Rassenpolitik 1933–1945, Paderborn 1993.

95 Seine beste Veröffentlichung zu diesem Thema ist: Werner Jochmann, Die Ausbreitung des Antisemitismus in: Werner Mosse/Arnold Paucker (Hg.), Deutsches Judentum in Krieg und Revolution 1916–1923, Tübingen 1971, S. 27–65.

96 Peter Freimark/Arno Herzig (Hg), Die Hamburger Juden in der Emanzipationsphase 1780–1870, Hamburg 1989.

97 Dirk Stegmann, Die Erben Bismarcks. Parteien und Verbände in der Spätphase des Wilhelminischen Deutschlands, Sammlungspolitik 1897–1918, Köln 1970.

98 Peter-Christian Witt, Die Finanzpolitik des Deutschen Reiches von 1903 bis 1913. Eine Studie zur Innenpolitik des Wilhelminischen Deutschland, Lübeck/Hamburg 1970.

99 Jens Flemming, Landwirtschaftliche Interessen und Demokratie. Ländliche Gesellschaft, Agrarverbände und Staat 1890–1925, Bonn 1978.

100 Fritz Fischer, Griff Nach der Weltmacht. Die Kriegszielpolitik des kaiserlichen Deutschlands 1914–1918, Düsseldorf 1961.

101 Fritz Fischer, Krieg der Illusionen. Die Deutsche Politik von 1911 bis 1914. Düsseldorf 1969.

102 Nach Eckart Kehr (1902–1931), einem deutschen Historiker, der darlegte, dass die Außenpolitik des Deutschen Kaiserreichs fast ausschließlich auf die Befriedigung der Innen- und Wirtschaftspolitik ausgerichtet war. Seine bekannteste Arbeit ist seine Dissertation, die er 1927 unter der Anleitung von Friedrich Meinecke schrieb: Schlachtflottenbau und Parteipolitik, 1894–1901, Berlin 1930. Bedeutsam ist auch der von Hans-Ulrich Wehler herausgegebene Band mit Kehrs Schriften, Der Primat der Innenpolitik, Berlin 1965.

103 Roger Chickering, We Men Who Feel Most German: A Cultural Study of the Pan-German League, 1886–1914, Boston 1984.

104 Heinz Hagenlücke, Deutsche Vaterlandspartei. Die nationale Rechte am Ende des Kaiserreiches, Düsseldorf 1997.

105 Mein wissenschaftlicher Kollege in Potsdam, Geoff Eley, stellte gemeinsam mit einem anderen britischen Historiker, David Blackbourn, die Kehrsche Schule und die Sonderweg-Theorie in einem bedeutenden Werk ernsthaft in Frage: Mythen deutscher Geschichtsschreibung: die gescheiterte bürgerliche Revolution von 1848, Frankfurt am Main 1980.

106 Zu seinen wichtigsten Bücher gehören: Samuel Sandmel, We Jews and Jesus, New York 1965; The Genius of Paul; a Study in History, New York 1958 und Anti-Semitism in the New Testament, Philadelphia 1978.

107 Zum Leben von Jacob Rader Marcus und seinem reichen wissenschaftlichen Werk siehe Randall M. Falk, Bright Eminence: The Life and Thought of Jacob Rader Marcus: Scholar, Mentor, Counselor, for Three Generations of Rabbis and Lay Leaders of America, Malibu 1994.

108 Abraham J. Peck, A Jew, whose ancient roots were cut, shares his Holocaust, in: Cincinnati Post, 11. April 1977, S. 7.

109 Helen Epstein, Kinder des Holocaust: Gespräche mit Söhnen und Töchtern von Überlebenden, München 1987.

110 Abraham J. Peck, Radicals and Reactionaries. The Crisis of Conservatism in Wilhelmine Germany, Washington, DC 1978.

111 Jules Isaac, The Teaching of Contempt. Theological Roots of Anti-Semitism, New York 1964.

112 Eine Sammlung von Greenbergs wichtigsten Aufsätzen findet sich in: Irving Greenberg, For the Sake of Heaven and Earth. The New Encounter between Judaism and Christianity, Philadelphia 2004.

113 Zu ihren wichtigsten Werken zählen Yaffa Eliach, Hasidic Tales of the Holocaust, New York 1982; There Once Was a World: A 900-Year Chronicle of the Shtetl of Eishyshok, Boston 1998.

114 Rosemary Radford Reuther, Faith and Fratricide: The Theological Roots of Anti-Semitism, New York 1974.

115 Abraham J. Peck (Hg.), Jews and Christians after the Holocaust, Philadelphia 1982.

116 Veröffentlicht in: Proceedings of the Eight World Congress of Jewish Studies, Jerusalem 1982, S. 187–196.

117 »Hitler Victims Meet Liberators Again«, in: The New York Times, 12. Oktober 1981, S. 11.

118 Abraham J. Peck, The Lost Legacy of Holocaust Survivors, in: Shoah. A Journal of Resources on the Holocaust 3.2–3 (1982), S. 33–37.

119 Mein Kollege und ebenfalls Sohn von Überlebenden, Professor Benny Kraut, hat eine Geschichte der Congregation verfasst: Benny Kraut, German-Jewish Orthodoxy in an Immigrant Synagogue: Cincinnati's New Hope Congregation and the Ambiguities of Ethnic Religion, New York 1988.

120 Hans Steinitz, Fünfzigster Geburtstag in Cincinnati, in: Aufbau, 25. November 1983, S. 3.

121 Mary Lowenthal Felstiner, To Paint Her Life: Charlotte Salomon in the Nazi Era, New York 1994.

122 »Peck Examines Jewish Life in Germany«, in: American Israelite, 5. Februar 1987.

123 »Forum Confronts Viability of Jewish Life in Germany«, in: The Northern California Jewish Bulletin, 13. November 1997, S. 3.

124 Abraham J. Peck (Hg.), The German-Jewish Legacy in America, 1938–1988: From Bildung to the Bill of Rights, Detroit 1989; Abraham J. Peck/Uri D. Herscher (Hg.), Queen City Refuge: An Oral History of Cincinnati's Jewish Refugees from Nazi Germany, West Orange, N.J. 1989.

125 Jacob R. Marcus/Abraham J. Peck (Hg.), Among the Survivors of the Holocaust – 1945. The Landsberg DP Camp Letters of Major Irving Heymont, United States Army, Cincinnati 1982.

IV. Kapitel: S. 317 – 372

1 Vgl. seinen bedeutenden Band G. Jan Coljin/Izaal Colijn, Ruin's Wheel. A father on War, a son on Genocide, Comteq 2006.

2 Helen Epstein, Kinder des Holocaust. Gespräche mit Söhnen und Töchtern von Überlebenden, München 1990, S. 9–10.

3 Peter Sichrovsky, Wir wissen nicht, was morgen wird, wir wissen wohl was gestern war – Junge Juden in Deutschland und Österreich, Köln 1985, S. 180; Ders., Schuldig geboren: Kinder aus Nazifamilien, Köln 1987.

4 Ebd., S. 17–18. Sichrovsky wurde später Berater von Jörg Haider, dem rechtsradikalen FPÖ-Führer in Kärnten.

5 Henry F. Knight, Celebrating Holy Week in a Post Holocaust World, Louisville-Kentucky 2005.

6 Brief von Abraham Peck vom 8. März 1991, Archiv Gottfried Wagner, Cerro Maggiore (Mi).

7 Elie Wiesel, A Jew today, New York 1978, S. 185–208.

8 Yael Danieli, The Aging Survivor of the Holocaust. On die achievement of integration in aging survivors of the Nazi Holocaust, in: Journal of Geriatric psychiatry 14.2 (1983), S. 209.

9 Ebd., S. 17.

10 Sabine Reichel, What Did You Do in the War, Daddy? Growing Up German, New York 1989, S. 144.

11 Abraham J. Peck, Trauerarbeit und die Legende der *She'Erith Hapletah*, Vortragsmanuskript.

12 Reichel, What Did You Do, S. 183.

13 Helen Epstein, Children of the Holocaust, New York 1979, S. 144.

14 Die Unfähigkeit zu trauern, Frankfurt am Main 1987, vgl. Peck, Trauerarbeit, S. 18.

15 Ralph Giordano, Die zweite Schuld oder Von der Last Deutscher zu sein, Hamburg 1987.

16 Margarete Mischerlich, Erinnerungsarbeit – zur Psychoanalyse der Unfähigkeit zu trauern, Frankfurt am Main 1987, S. 42.

17 Ebd., S. 99.

18 Peck, Trauerarbeit.

19 Reichel, What did you do, S. 148–149.

20 Der Rettungsring.

21 Peck, Trauerarbeit.

22 Cambridge, Massachusetts 1989; in Deutsch unter dem Titel »Die Last des Schweigens: Gespräche mit Kindern von Nazi-Tätern«, Frankfurt am Main 1993.

23 Dan Bar-On, Einleitung zu den Texten von Abraham Peck und Gottfried Wagner über das Thema »Deutsche und Juden, eine Generation nach der Shoah«, während des 23. jährlichen wissenschaftlichen Konferenz über

»Der Holocaust und der Deutsche Kirchenkampf«, 8. März 1993, University of Tulsa, Oklahoma, veröffentlicht in: The Uses and Abuses of Knowledge, Lanham/New York/London 1997, S. 428–430.

24 Der große Duden, Band 5, Fremdwörterbuch, Mannheim 1966, S. 292.

25 Meyers Großes Taschenlexikon, Band 10, 1987, S. 193.

26 Bruno Bettelheim, Aufstand der Massen. Die Chance des Individuums in der modernen Gesellschaft, Frankfurt am Main 1989 [1960], S. 320–321.

27 Es steht im Zusammenhang mit Alexander und Margarete Mitscherlich, Die Unfähigkeit zu trauern, München 1967.

28 Margarete Mitscherlich, Zur Psychoanalyse der Unfähigkeit zu trauern, Frankfurt am Main 1993, S. 124–125.

29 Vgl. die Studie von Kurt Grünberg, Schweigen und Verschweigen, in: Christian Staffa/Katherine Klinger (Hg.), Die Gegenwart der Geschichte des Holocaust. Intergenerationelle Tradierung und Kommunikation der Nachkommen, Berlin 1988, S. 158ff.

30 Vgl. Giordano, Die zweite Schuld, S. 9ff.

31 Siehe Arno Gruen, Der Verlust des Mitgefühls – Über die Politik der Gleichgültigkeit, München 1997, S. 89.

32 Ebd., S. 89.

33 Ebd., S. 276.

34 Ebd.

35 Deutsche und Juden im Dialog, Gibt es etwas zu diskutieren? Im Sammelband: Nea Weissberg-Bob (Hg.), Als man Juden alles, sogar das Leben raubte... Über die nachträgliche Wirksamkeit nationalsozialistischer Zerstörung, Gespräche mit Nachkommen von Tätern und Opfern, Berlin 1996, S. 16f.

36 Gottfried Wagner, Wer nicht mit dem Wolf heult, Köln 1997, S. 27.

37 Gottfried Wagner, Twilight of the Wagners. The Unveiling of a family's legacy, New York 1999, S. 3– 4.

38 Houston Stewart Chamberlain, Die Grundlagen des 19. Jahrhunderts, 2 Bde., München 1899.

39 Hardy L. Schmidt (Hg.), Houston Stewart Chamberlain. Auswahl aus seinen Werken, Breslau 1934, S. 65–67.

40 Zu den Angehörigen der zweiten Generation, die an dieser Eides-Zeremonie teilnahmen, zählte Menachem Rosensaft, Sohn zweier prominenter Holocaust-Überlebenden: Joseph (Jossel) und Hadassah Rosensaft, z"l, geboren 1948 im DP-Lager Bergen-Belsen/Hohne. Menachem Rosensaft ist der Gründer des International Network of Children of Jewish Holocaust Survivors und Mitglied des United States Holocaust Memorial Museum Council.

41 Beispiele sind das Fortunoff Archiv an der Yale University, die Oral-History-Sammlung des United States Holocaust Memorial Museum und die Survivors of the Shoah Visual History Foundation.

42 Siehe oben Kapitel II.3.

43 Im Dezember 1988 war Menachem Rosensaft Mitglied einer fünfköpfigen Delegation amerikanischer Juden, die mit dem PLO-Vorsitzenden Jassir Arafat in Kopenhagen zusammentraf, um ernsthafte Gespräche zwischen Israel und den Palästinensischen Behörden einzuleiten. Heftig kritisiert von zahlreichen Angehörigen der amerikanischen jüdischen Gemeinde, änderte der Vorsitzende Rosensaft seine Ansichten in Bezug auf Arafat und den Dialog und warf dem PLO-Vorsitzenden im März 1990 »Arglist« vor. Siehe »Rosensaft Calls Arafat Shamir's ›Mirror Image‹«, Washington Report on Middle East Affairs, März 1990, S. 42.

44 Eva Hoffman, After Such Knowledge: Where Memory of the Holocaust Ends and History Begins, New York 2003, S. 103.

45 Siehe z. B. die Bücher und Artikel des israelischen Wissenschaftlers Dan Bar-On, einschließlich Holocaust Perpetrators and Their Children: A Paradoxical Morality in: Journal of Humanistic Psychology 29.4 (1989), S. 424–443; Children of Perpetrators of the Holocaust: Working Through One's Own Moral Self, in: Psychiatry 53 (1990), S. 229–245; Legacy of Silence: Encounters with Children of the Third Reich, Cambridge, Mass. 1989. Siehe auch u.a. Doette von Westernhagen, Die Kinder der Täter: Das Dritte Reich und die Generation danach, München 1987; Peter Sichrovsky, Täter: Das Dritte Reich und die Generation danach, München 1987; Peter Sichrovsky, Schuldig geboren: Kinder aus Nazifamilien, Köln 1987; Niklas Frank (Sohn des nationalsozialistischen Generalgouverneurs von Polen Hans Frank), Der Vater. Eine Abrechnung, München

1987; Stephan und Norbert Lebert, Denn Du Trägst meinen Namen. Das schwere Erbe der prominenten Nazi-Kinder, München 2000.

46 Zu den wichtigsten Dialoggruppen von Angehörigen der zweiten Generation zählen The Austrian Encounter; The Harvard Encounter Group, gefördert von Mona Weissmark; das Compassionate Listening Project; das International Summer Program on the Holocaust; To Reflect and Trust; The Foundation Trust; One by One; und Second Generation Trust.

47 Ein bemerkenswertes Beispiel ist der Artikel von Mary H. Rothschild, ehemaliges Mitglied des Deutsch-Jüdischen Dialogs, die ihren Beitrag bei einer einwöchigen Begegnung in Berlin mit den folgenden Worten beendete: »Gottfried, der ehemaliger Hitlerjunge, saß neben mir, und auch Inge, die Tochter eines SS-Angehörigen. Ich habe ihnen für ihren Mut gedankt, gegen das ›Erbe des Schweigens‹ ihrer Kultur und sogar einiger Verwandter und Freunde anzukämpfen. Tränen flossen und ich versuchte nicht, sie zu trocknen. Inge und Gottfried ergriffen beide meine Hand. Ich fühlte unsere Verbindung und ihre Liebe und in diesem Augenblick erfüllte mich Dankbarkeit wie ein Gebet: ›Auch wenn ich durch das Tal des Todesschatten wandere, werde ich kein Übel fürchten, denn du bist bei mir‹, meine deutschen Mitbürger, die zweite Generation aufrechter Nichtjuden, die mit uns gehen und ihre Last des Holocaust tragen. I n A u g e n b l i c k e n w i e d i e s e n w e i ß i c h a u f m i t e i n e r B e s t i m m t h e i t , w i e n i c h t s a n d e r e s s i e m i r v e r m i t t e l n k a n n , d a s s e s G o t t g i b t « [Hervorhebung im Original]. Zitiert aus Mary H. Rothschild, Transforming Our Legacies: Heroic Journeys for Children of Holocaust Survivors and Nazi Perpetrators, in: Journal of Humanistic Psychology 40.3 (2000), S. 55.

48 Ralph Giordano, Die zweite Schuld oder Von der Last Deutscher zu sein, München 1990, TB-Ausgabe.

49 Gottfried Wagner, Wer nicht mit dem Wolf heult, Köln 1997.

50 Eine in Washington, DC, vom 14.–17. Januar 2000 abgehaltene Konferenz mit dem Titel »Life Reborn. Jewish Displaced Persons 1945–1951« beschäftigte sich mit diesem Thema.

51 Siehe Hannah Yablonka, Survivors of the Holocaust: Israel After the War, London 1998.

52 Michael Berenbaum/Abraham Peck (Hg.), The Holocaust and History. The Known, The Unknown, The Disputed and the Reexamined, Bloomington 1998.

53 Thomas Albrich, Exodus durch Österreich. Die jüdischen Flüchtlinge 1945–1948, Innsbruck 1987; Ders. (Hg.), Flucht nach Eretz Israel. Die Bricha und der jüdische Exodus durch Österreich nach 1945, Innsbruck 1998.

54 Joan Porat, Peck to Head new Holocaust Museum Houston, in: American Israelite, 20. Februar 1997.

55 Peter Balakian, Black Dog of Fate: An American Son Uncovers His Armenian Past, New York 1998.

56 Jean M. Peck, At the Fire's Center. A Story of Love and Holocaust Survival, Champaign 1998.

57 Samuel Huntington, Der Kampf der Kulturen. Die Neugestaltung der Weltpolitik im 21. Jahrhundert, Rheda-Wiedenbrück 1996.

58 Feisal Abdul Rauf, What's Right with Islam: A New Vision for Muslims and the West, San Francisco 2004.

59 http://www.holocaustforum.gov.se/conference/official_documents/declaration/index.htm, deutscher Text: http://www.auswaertiges-amt.de/www/de/aussenpolitik/kulturpolitik/grundsaetze/holocaust_stockholm_html.

60 Tony Judt, From the House of the Dead: On Modern European Memory, in: The New York Review of Books 52.15 (6. Oktober 2005).

61 Judt, From the House of the Dead.

62 Pierre Nora, Between History and Memory: *Les Lieux de Memoire*, in: Representations 26 (1989), S. 7.

63 Maurice Halbwachs, On Collective Memory. Herausgegeben und übersetzt von Lewis A. Coser, Chicago 1992, S. 169.

64 Zitiert bei Jay Winter, The Generation of Memory: Reflections on the »Memory Boom« in Contemporary Historical Studies, in: German Historical Institute Bulletin 27 (Herbst 2000), S. 1.

65 Dagmar Barnouw, The Certainties of Evil and the Politics of Not-Forgetting, http://hnn.us/articles/19093.html, History News Network, 26. Dezember 2005.

66 Siehe auch Dagmar Barnouw, The War in the Empty Air. Victims, Perpetrators, and Postwar Germans, Bloomington 2005.

67 German Studies Association Annual Meeting, 2005, https://www.g-s-a.org/conferences/2005/program_sessions.asp.
68 Peter Novick, The Holocaust in American Life, New York 1999.
69 Norman G. Finkelstein, The Holocaust Industry: Reflections on the Exploitation of Jewish Suffering, London 2000.
70 Charles S. Maier, A Surfeit of Memory? Reflections on History, Melancholy and Denial, in: History and Memory 5.2 (Herbst/Winter 1993), S. 136–151.
71 Efraim Sicher, The Future of the Past: Countermemory and Postmemory in Contemporary American Post-Holocaust Narratives, in: History and Memory 12.2 (2000), S. 59.
72 Marianne Hirsch, Family Frames: Photography, Narrative and Postmemory, Cambridge 1997, S. 22.
73 James E. Young, At Memory's Edge: After Images of the Holocaust in Contemporary Art and Architechture, New Haven 2000, S. 2.
74 Sicher, The Future of the Past, S. 57.
75 Zygmunt Bauman, The Holocaust's Life as a Ghost, Tikkun 13.4 (1998), S. 33–38.
76 Sicher, The Future of the Past, S. 84.
77 Tom Segev, Israel and the Memory of the Holocaust, in: Le Monde diplomatique (April 2001).
78 Ebd.
79 Hannah Yablonka, The Development of Holocaust Consciousness in Israel: The Nuremberg, Kapos, Kastner, and Eichmann Trials, in: Israel Studies 8.3 (2003), S. 22.
80 Dalia Ofer, Tormented Memories: The Individual and the Collective, in: Israel Studies 9.3 (2004), S. 137–138.
81 Segev, Israel and the Memory of the Holocaust.
82 Sicher, The Future of the Past, S. 65.
83 Bjorn Krondorfer, Remembrance and Reconciliation. Encounters between Young Jews and Germans, New Haven 1995, S. 120–121.
84 Ebd., S. 121.
85 Harold Marcuse, Legacies of Dachau: The Uses and Abuses of a Concentration Camp, 1933–2001, Cambridge 2001.
86 Mary Nolan, Germans as Victims During the Second World War. Air Wars, Memory Wars, in: Central European History 38.1 (2005), S. 15.
87 Theodor W. Adorno, What Does Coming to Terms with the Past Mean?, in: Geoffrey H. Hartman (Hg.), Bitburg in Moral and Political Perspective, Bloomington 1986.
88 Margarete und Alexander Mitscherlich, Die Unfähigkeit zu trauern, München 1968.
89 Zitiert aus: Anthony D. Kauders, History as Censure. »Repression« and »Philo-Semitism« in Postwar Germany, in: History & Memory 15.1 (2003), S. 99.
90 Ebd., S. 98.
91 Ebd., S. 105.
92 Ebd.
93 Ebd.
94 Dorothee Wierling, The Changing Legacy of 1945 in Germany: A Round-Table Discussion between Doris Bergen, Volker Berghahn, Robert Moeller, Dirk Moses, and Dorothee Wierling, in: German History 23.4 (2005), S. 530.
95 Zitiert aus: Aleida Assmann, Persönliche Erinnerung und kollektives Gedächtnis in Deutschland nach 1945, in: Hans Erler (Hg.), Erinnern und Verstehen. Der Völkermord an den Juden im politischen Gedächtnis der Deutschen, Frankfurt am Main 2003, S. 128.
96 Robert Moeller, The Changing Legacy of 1945 in Germany: A Round-Table Discussion between Doris Bergen, Volker Berghahn, Robert Moeller, Dirk Moses, and Dorothee Wierling, in: German History 23.4 (2005), S. 536.
97 Nolan, Germans as Victims, S. 8.

98 Zitiert aus: Robert G. Moeller, Germans as Victims? Thoughts on a Post-Cold War History of World War II's Legacies, in: History & Memory 17.1&2 (2005), S. 160–161.
99 Hans Erler, Einleitung: Erinnern und politisches Gedächtnis in Deutschland, in: Erinnern und Verstehen, S. 9–10.
100 Nolan, Germans as Victims, S. 19.
101 Ebd.
102 Daniel Jeremy Goldhagen, Hitlers willige Vollstrecker: ganz gewöhnliche Deutsche und der Holocaust, Berlin 1996, S. 166.
103 Vernichtungskrieg: Verbrechen der Wehrmacht 1941–1944, konzipiert von dem in Hamburg ansässigen Institut für Sozialforschung.
104 Nolan, Germans as Victims, S. 14.
105 W. S. Sebald, Luftkrieg und Literatur, München/Wien, 1999, S. 12.
106 Günter Grass, Im Krebsgang, Göttingen 2002.
107 Zitiert aus Moeller, Germans as Victims?, S. 148–149.
108 Berlin 2002.
109 Nolan, Germans as Victims, S. 30–31.
110 Norbert Frei in: Die Zeit, 21. Oktober 2004.
111 Harald Welzer, Von der Täter- zur Opfergesellschaft: Zum Umbau der deutschen Erinnerungskultur, in: Erinnern und Verstehen, S. 104.
112 Harald Welzer, Grandpa Wasn't a Nazi: The Holocaust in German Family Remembrance, New York 2005, S. 9. Siehe auch: Harald Welzer/Sabine Moller/Karoline Tschuggnall (Hg.), Opa war kein Nazi. Nationalsozialismus und Holocaust im Familiengedächtnis, Frankfurt am Main 2002.
113 Siehe die vom American Jewish Committee in Auftrag gegebene Studie Tom W. Smith, The Holocaust and Its Implications. A Seven-Nation Comparative Study, New York 2005, wonach das Wissen über den Holocaust recht groß ist, aber nicht so groß, wie zu erwarten wäre.
114 Welzer/Moller/Tschuggnall, »Opa war kein Nazi«.
115 Ein Beispiel, die Deutschen als Opfer hinzustellen, ereignete sich während eines *Yom Hashoha*-Vortrags, den Professor Atina Grossman von der Cooper Union in New York vor einem Auditorium von Überlebenden und Söhnen und Töchtern der Zweiten Generation in Tenafly, New Jersey, 1997 hielt. Professor Grossman, die selbst Jüdin ist, sprach über ihre Forschungsarbeit über das Leid der Deutschen im Berlin der Nachkriegszeit. Grossman sprach von der Tatsache, dass sich »die Deutschen als Opfer sehen, wie sich die Juden als Überlebende sehen.« Die »bittere Erfahrung« deutscher Frauen war für sie Berechtigung genug, sich als Opfer zu betrachten, behauptete sie. Zuhörer im Saal verliehen ihrem »Schock und Abscheu« Ausdruck. Weitere Unterbrechungen folgten: »Das interessiert uns nicht.« »Das ist uns egal!!« Siehe Miryam Z. Wahrman, Six Candles But No Englightenment. A Holocaust Commemoration Marred, http://www.jcn18.com/newstand/wahrman/6candle2.htm.
116 Joschka Fischer in: Die Zeit, 28. August 2003

V. Kapitel: S. 373 – 392

1 Lodzer Judaica. Museum Historii Miasta Losz – Gegen das Vergessen – Für Demokratie e.V. Lodz/Bonn 1996.
2 Eugenio Wagner an Abraham Peck, E-Mail vom 10. April 2005.
3 Abraham Peck an Eugenio Wagner, E-Mail vom 18. April 2005.
4 Abraham Peck an Dr. Eva Reinhold-Weisz, Auszug aus einer E-Mail vom 15. September 2005.
5 Martin Gilbert, Atlas of the Holocaust, New York 1993, S. 31–33.
6 Abraham Peck, The Town Where the Holocaust Was Born.
7 Ebd., S. 4.

8 Ebd., S. 12–13.
9 Eos Verlag Erzabtei St. Ottilien 2001.
10 Ebd.
11 Vgl. auch den Dokumentarband Mahnmal Landsberg – Eine Dokumentation mit dem Bericht über die Enthüllung des Mahnmals am 20. November 1994 der Stadt Landsberg, herausgegeben von der Stadt Landsberg 1994. Es fehlen in der Stadt noch Hinweisschilder auf die hier genannten Orte.
12 Thomas Urban, Polen unter deutscher Besetzung, in: Christoph Studt (Hg.), Das Dritte Reich. Ein Lesebuch zur deutschen Geschichte 1933–1945, München 1995, S. 219.
13 Robert S. Witrich, Antisemitism. The Longest Hatred, New York 1991, S. 158 , übersetzt vom Autor.
14 Monika Grübel, Judentum, Köln 1996, S. 85–86.
15 Ebd., S. 82.
16 Chester G. Cohen, Shtetl finder: Jewish communities in the 19th and 20th centuries, New York 1989; Gilbert, Atlas of the Holocaust, S. 30–31.
17 Lodzer Judaica, S. 18–20.
18 www.zwolen.pl.
19 muzeumzwolen@wp.pl.
20 www.deathcamps.org./occupation.
21 Daniela Schetar-Köthe/Friedrich Köthe, ADAC Reiseführer Polen, München 2004, S. 49.
22 Eugeni usz Duda, Jewish Cracow, Kraukau 2003, S. 106–108.
23 Hinweis von Abraham Peck mit Text in Englisch in einer E-Mail an Gottfried Wagner, 7. April 2006.
24 Enzyklopädie des Holocaust. Die Verfolgung und Ermordung der europäischen Juden, Bd. 1, München 1995, S. 117.
25 Bonn 1997.
26 Hamburg 1999.
27 Siehe Kapitel III.4.
28 Thomas Meyer, Rabbis für alle, in: Die Zeit, 12. August 2004.
29 Julia Gogol/Lutz Henke/Izabela Kazejak u.a., Eine große Tradition ohne Kontinuität. Die Jüdische Gemeinde in Breslau seit 1945, http:// oral-history.euv.ffo.de/html/juedischeGemeinde.html.
30 David Engel, Patterns of Anti-Jewish Violence in Poland, 1944–1946, in: Yad Vashem Studies 26 (2004), S. 21, Anm. 33.
31 Zitiert im Drehbuch zu *Schtetl*, http:/www.logtv.com/films/shtetl/scriptmenu.html.
32 Danuta Dabrowska/Abraham Wein (Hg.), The Communities of Lodz and its Region, Jerusalem 1976, S. 154.
33 Ryszard Rosin (Hg.), Leczyca.Dzieje Miasta, Leczyca 2001, S. 468.
34 Franciszek Pieper, Auschwitz Concentration Camp: How It Was Used in the Nazi System of Terror and Genocide and the Economy of the Third Reich, in: Michael Berenbaum/Abraham Peck (Hg.), The Holocaust and History. The Known, The Unknown, The Disputed and the Reexamined, Bloomington 1998, S. 371–386.
35 Deborah Dwork/Robert Jan van Pelt, Auschwitz. 1270 to the Present, New York 1996.
36 Jonathan Kaufman, A Hole in the Heart of the World. Being Jewish in Eastern Europe, New York 1997.

Anhang S. 393–398

1 5. Juli 2005.
2 Jürgen Manemann, After-Words. Post-Holocaust Struggles with the Forgiveness, Reconciliation, Justice, Seattle/London 2004, S. 142.
3 John K. Roth, Ethics after Auschwitz, perspectives, critiques, and Responses, St. Paul, Minesota 1999, S. XV, Übersetzung vom Autor mit der Hilfe von Prof. J. Manemann, vgl. E-Mail von J.Manemann vom 3. Mai 2006 an Gottfried Wagner.

4 Manemann, After-Words, S. 143.
5 Eugene J. Fisher ist Direktor des Sekretariats für ökumenische und interreligiöse Beziehungen der US-amerikanischen Katholischen Bischofskonferenz.
6 Manemann, After-Words, S. 146–147.
7 Ebd., S. 152.
8 Ebd., S. 152 unten.
9 J. J. Petuchowski/C. Thoma, Lexikon der jüdisch-christlichen Begegnung, Freiburg/Basel/Wien 1994, S. 136–137.
10 Amos Oz, Help us to divorce, Israel & Palenstine: Between Right and Right, London 2003, S. 78–79, übersetzt vom Autor.
11 1943–1945.
12 Verena Kast, Zeit der Trauer, Stuttgart 2006, S. 7f.
13 Ich meine den Tod von Mamma Antonietta, die am 16. Februar 1921 in Cerro Maggiore geboren wurde und dort auch verschied.
14 Kast, Zeit der Trauer, S. 74.
15 Vgl. Peter Hahne, Die Macht der Manipulation, Holzgerlingen 2005, S. 18.
16 Primo Levi, Ist das ein Mensch? Ein autobiographischer Bericht (Deutsch von Heinz Riedt), München 1992, S. 7.
17 Vgl. Religion und Terror, Stimmen zum 1.. September [2001] aus Christentum, Islam und Judentum, Münster 2002.
18 Vgl. Manemann, After-Words, S. 206.
19 Ebd., S. 206.
20 The New York Times, 18. Mai 2005.
21 Jüdisches Leben in Deutschland seit 1945, Frankfurt am Main 1988, S. 243ff.
22 Wolfgang Wagner, Lebens-Akte, München 1992.
23 Lea Fleischmann, Dies ist nicht mein Land. Eine Jüdin verlässt die Bundesrepublik, Hamburg 1980, S. 261.
24 Der Originalbeitrag ist in Italienisch verfasst, die Übersetzung ist von Gottfried Wagner.
25 Der Originalbeitrag in Italienisch von Eugen Wagner wurde von Gottfried Wagner übersetzt.
26 Steven A. Luel/Paul Marcus (Hg), Psychoanalytic Reflections on the Holocaust: Selected Essays, New York 1984, 172ff.
27 Paul Rusesabagina (mit Tom Zoellner), An Ordinary Man. An Autobiography, New York 2006, S. 192–193; dt. Ausgabe: Ein gewöhnlicher Mensch, Berlin 2006.
28 Zitiert aus: Abraham J. Peck, »Our Eyes Have Seen Eternity«: Memory and Self-Identity among the *She'erith Hapletah*, in: Modern Judaism 17.1 (1997), S. 69.
29 Gottfried Wagner, Wer nicht mit dem Wolf heult, Köln 1997, S. 374–376.

Personenregister

Adenauer, Konrad 311
Adorno, Theodor 117, 199, 254, 309, 366, 369
Aeschlimann, Roland 132
Albrich, Thomas 283 f.
Ali, Muhammad 197
Allende, Salvador 215
Anders, Günther 149
Animashaun, Najim 292 f.
Arafat, Jassir 273
Arendt, Hannah 19, 117, 122, 254
Arndt, Benno von 56
Arnstein, Fanny 21
Asch, Sholem 68
Auerbach, Phillip 88
Aufricht, Ernst Josef 145
Aufricht, Margot 145
Aumeir, Hans, Aufseher (Konzentrationslager Auschwitz und Kaufering) 320

Bach, Johann Sebastian 113
Baeck, Leo 25, 223
Bahlsen, Hans 103
Balakian, Peter 287
Balfour, Michael 204, 206
Baptist, Johann 174
Bar-On, Dan 254 f., 261, 265, 308
Bär, Emma 63
Barbie, Klaus, Henker von Lyon 58
Barenboim, Daniel 162
Barnouw, Dagmar 303 f.
Barrack, Charles 235, 238
Barth, Herbert 123, 126 f., 129
Bastian, Gert 203
Bathory, Stephan 69
Bauer, Oswald Georg 126
Bauer, Herr 178 f.
Bauman, Zygmunt 305
Baus, Hans 124
Bayer, Wolfgang 61
Bechstein, Lotte 124
Becker, Lis 63
Beidler, Franz 97
Beitz, Berthold, 103
Béjart, Maurice 112
Below, Nikolaus von 124
Berenbaum, Michael 282
Berghahn, Volker 204, 206, 217
Bergson, Henri 302
Bernstein, Elsa 96
Bernstein, Leonard 147
Bethmann 34, 101
Bettauer, Hugo 284 f.
Bettelheim, Bruno 117, 257 f.
Biebow, Hans 92
Bismarck, Otto von 116
Blaustein, Isolde 166
Blobel, Paul 320 f.
Bloch, Ernst 33, 112, 117, 119, 123, 130, 132, 136
Bloch, Karola 132
Böhm, Karl 62, 137, 146, 150
Böll, Heinrich 116
Bondi, August 284
Bormann, Martin 38, 49, 63, 128
Born, Max 354
Boy, Helena, Freundin von Winifred Wagner 42
Bradfisch, Otto 330
Brandt, Karl 47
Brandt, Willi 121, 125 ff., 132
Braun, Eva 64
Bräutigam, Matthias 341 f., 369
Brecht, Bertolt 127, 131 f., 141, 143, 145, 147, 165, 268
Breker, Arno 114, 129, 324, 352
Brenner, Michael 29
Broder, Henryk 304
Broderson, Moshe 75
Brown, John 284
Bülow, Blandine von 35, 57
Bülow, Daniela von 34 f., 42
Bülow, Hans von 34 f.
Bumbry, Grace 112
Burstyn, Shai 163, 165
Busch, Fritz 145
Busch, Hans 145 f., 150
Busoni, Ferruccio 147
Busoni, geb. Apfel, Hannah 146 f., 247
Busoni, Raffaele 146

Camus, Albert 374
Capistranus, Johannes 68

Casal, Pablo 113
Celan, Paul 66, 277
Chamberlain, Houston Stewart 34 f., 37 f., 40 f., 156, 264, 267 f.
Chanoch, Uri 282
Chapin, Schuyler 147
Chaplin, Charly 120
Chéreau, Patrice 136
Chichibu, Prinz (Bruder des japanischen Kaiser Hirohito) 44
Chrzanowska, Mazgorzata 328, 331 f., 359 f.
Churchill, Winston 48
Clausberg, Carl 337, 340
Clay, Lucius, amerikanischer Militärgeneralgouverneur 98
Cleaver, Eldridge 197
Cline, David 344 f.
Cohen, Hermann 354
Cohn-Bendit, Daniel 121
Coljin, Jan 245, 249

Daube, Otto 58
Davis, Angela 199
Dernburg, Maria 100
Diebold, Bernhard 33
Diner, Dan 28, 380
Dmowski, Roman 70
Dorn, Dieter 150
Drexel, Adolf Heinrich 52
Drexel, Christa 112
Drexel, Ellen, erste Frau Wolfgangs und Mutter des Autors 31, 52 f.
Drexel, Ernst 56
Drexel, Gustav 55, 105, 112
Drexel, Hans Christoph 52
Drexel, Henny 112
Drexel, Thora, Großmutter des Autors 105, 112
Dubnow, Simon 71
Durkheim, Emile 302
Dutschke, Rudi 121
Dwork, Deborah 367
Dzigan, Shimon 75

Eaton, John 146
Eberhard, Paul 55
Ebner, Alfred 308
Edwards, Douglas 230
Eichengreen, Lucille 91
Eichmann, Adolf 165, 232, 285, 306
Eidam, Rosa 40
Eisenhower, Dwight D. 185
Elborgen, Ismar 223
Elena, Christoph, rumänische Kinder 170
Eley, Geoff 214
Eliach, Yaffa 230
Emil, Freund Wolfgangs, zu Beginn des 2. Weltkriegs in Polen gefallen 115
Epstein, Helen 227, 241, 245 ff., 251
Epstein, Mathew 149
Erhard, Ludwig 124
Ernestina, Freundin von Antonietta Malacrida, der Schwiegermutter des Autors 376
Ernst, Ilsa 118, 124
Ewell, Tom 291 f.

Faiman, David 247
Faiman, Ofra 247
Falkenberg, Paul 147
Fedorenko, Feodor 189
Fehr, Bettina 139, 158, 247
Fehr, Götz 139
Felstiner, Mary 235, 238
Feuchtwanger, Lion 145
Feuchtwanger, Martha 145
Finkelstein, Norman 304
Finzi, Bruno 247
Fiorenza, Bischof 288
Fischer, Fritz 201, 217 f.
Fischer, Joschka 315
Fisher, Eugene 374
Flachová, Anna 247
Fleischmann, Lea 381
Flemming, Jens 217
Floris, Colonnel 96
Flotow, Pfarrer 113
Franco, Caudillo Francisco 106
Frank, Anne 321
Frank, Hans 43, 45, 335
Frankfurter, David 313
Frankel, Zacharias 354
Frankl, Viktor 321
Frei, Norbert 314
Freimark, Peter 217
Frenkel, J. 355
Freud, Sigmund 21 f., 117
Friedrich der Große 59, 213
Friedrich, Götz 129 ff., 155
Friedrich, Jörg 313

Friedrich, Norbert 120
Fuchs, Günter 330
Furtwängler, Wilhelm 51, 56, 60
Fyman, Ruth Buchler 249

Galinski, Heinz 237
Galli, Alberto 153, 317 f., 322 ff., 335, 337 f., 340 f., 344 f., 348, 350, 359 f., 368, 370, 382 f.
Galli, Enzo 153
Galli, Silvia 9, 153, 318
Ganor, Solly 282
Gebirtig, Mordechai 297
Gellately, Robert 214
Gens, Jacob 83
Genscher, Hans-Dietrich 132
Geyer, Ludwig 32, 46, 101, 142
Gierowski, Jozef 365
Giesler, Paul 51
Gilbert, Martin 318
Giordano, Ralph 15, 29, 157 ff., 247, 251, 374
Glatt-Behr, Dorothea 126
Globocnik, Odilo 285
Gobineau, Joseph Arthur Graf 32, 34, 156, 267
Godard, Jean-Luc 121
Goebbels, Joseph 50 ff., 124
Goebbels, Magda 52,
Goethe, Johann Wolfgang von 23, 113, 213, 342
Goldhagen, Daniel 312
Goldstein, Dr. 90
Gontard, Gerd von 141 f.
Göring, Edda 118, 124
Göring, Emmy 124
Göring, Hermann 50, 319, 323
Gorlinksi, Aleksei K. 232
Göth, Amon 365
Gottlieb, Henriette 37, 96, 128, 352
Gottschalk, Alfred 224
Grabowski, Pan 189
Graetz, Heinrich 354
Graff, Milcom 141
Graff, Yveta 141
Grannell, Andrew 292
Grass, Günter 116, 303, 313
Greenberg, Rabbi Irving 230
Gregor-Dellin, Martin 126, 130, 137
Grinberg, Zalman 186
Gringeauz, Samuel 389
Grob, Lenard 249
Grossman, Albert 351
Grossman, Heide 351
Grossmann, Alfred 322 f.
Grossmann, Heide 322 f.
Grossmann, Samuel 176, 187, 244
Gruber, Gernot 132
Gruen, Arno 260
Grütter 124
Guterman, Frania 10, 282
Guterman, Golda 360
Guterman, Harry 17, 282, 349 f., 360
Guterman, Ursula 282

Haber, Fritz 354
Haffner, Leo 160
Haffner, Sebastian 39
Halbwachs, Maurice 302 f.
Hallgarten, George W. F. 204
Haider, Jörg 283
Hamer, Janice 247, 380
Hardt, Karin 54
Harpprecht, Renate 20
Hartmann, Rudolf 104
Hausner, Gideon 232
Havel, Olga 139
Heine, Heinrich 139
Henderson, Sir Nevile, englischer Botschafter 47
Herbie und Howie, Zimmergenossen von Peck 195 ff.
Herscher, Uri 224
Heß, Ilse 102, 118, 124
Heß, Rudolf 42, 49, 173 f., 270, 319, 335, 338, 340
Heydrich, Reinhard 285
Heymont, Irving 175, 179, 241 f., 244, 282, 321, 349 f.
Hilger, Ewald 129, 136
Himmler, Heinrich 48, 57, 62, 124, 204, 335
Hindemith, Paul 143
Hirsch, Marianne 305
Hirth, Georg 99
Hitler, Adolf („Onkel Wolf") 15, 22, 31, 34 ff., 39 ff., 56 ff., 78, 80 f., 95 f., 99 ff., 102, 107 ff., 122 ff., 128 ff., 141, 143, 153, 156 f.,159 ff., 167, 170, 173 f., 180, 189, 233, 242 f., 246, 248 f., 251, 256, 263, 264, 269, 285, 310 f., 319 ff., 327, 344, 350 ff., 381, 389
Hlond, August, Kardinal 325
Hoffman, Eva 67, 273
Hoffman, Heinz 215

Hohenemser, Henry 117, 120 f.
Holcer, Benjamin 365
Holzinger, Emil 144
Holzinger, Siegfried 144
Horkheimer, Max 117, 199, 254
Humphrey, Hubert 202
Huntington, Samuel 294
Hussein, Saddam 288

Ingber, Abie 225
Irving, David 127
Isaac, Jules 229
Ising, Pater 154
Isserles, Moses 364

Jacobs, Ralph (ursprünglich Ralf) Albert 249
Jacobs, Steven L. 249 f., 253
Jaspers, Karl 311
Jens, Walter 130
Jochmann, Werner 217
Johannes XXIII., Papst 229, 288
Johannes Paul II., Papst 70, 154, 325, 335, 358, 366, 377
Johnson, Lyndon B. 196
Josielewicz, Berek 69
Jost, Jules 320
Judt, Tony 302

Kac, Szymon 365
Kaltenbrunner, Ernst 285
Kapp, Wolfgang 37
Karbaum, Michael 129
Kast, Verena 377
Katzenelson, Izchak 75
Kauders, Anthony 310
Kaufman, Jonathan 371
Kaufmann, Karl 124
Keber, Israel 321
Kellenbach, Katharina von 308
Keller, Simcha 331, 359
Kelly, Petra 202 f.
Kemp, Barbara 50
Kempfler, Fritz 62, 97, 124
Khmelnitzky, Hetman Bohdan 69
Kiesinger, Kurt-Georg 124
King, Angus 292
Kinski, Helga 247
Kipnis, Alexander 128
Kirchner, Gernot 237
Kirchner, Peter 237
Klemperer, Otto 143 f., 166
Klindworth, Henriette, geb. Karop 36
Klindworth, Karl 36
Klindworth, Senta, geb. Winifred Williams 35 f.
Klönne, Moritz 103
Knight, Henry 249
Knittel, Albert 45
Koch, Dodo 152
Kohan, Chajim 365
Kohl, Helmut 236
Kojetinsky, Maximilian 127
Kolton, Abraham Joseph 73
Kolton, Asher 73
Kolton, Beryl 73, 92
Kolton, Eli 73
Kolton, Perle (geb. Mandelman) 73
Kolton, Pinchas 73
Kolton, Roza 73
Kolton, Schmuel 73
Kolton, Selig 73
Kolton, Yankel 73, 230
Kolton, Yeheskiel 73
Komski, Jan 367
Kosciuszko, Tadeuz 69
Kraft, Zdenko von 123
Krauss, Clemens, Dirigent 51
Kraus, Beatrix 132
Krause, Kurt 87
Kraut, Benny 225
Kreisky, Bruno 285
Kremslehner, Peter 138
Kröll, Dorle 116
Kröll, Joachim 116
Kröll, Maria 116
Kröll, Ursula 116
Kröninger, Gustav 97
Krupp 117
Kwapisiencz, Stephan 333, 362
Kubizek, August 124
Kuhnemann, Paul 87
Kupfer, Harry 162

Lafferentz, Bodo 57, 59 f., 62 f., 101, 163
Lafferentz Hohmann, Amelie 96, 163
Lafferentz, Wieland 123
Lang, Fritz 145
Lanke, Arthur 139
Lasalle, Ferdinand 354

Laskoska, Dorota 331
Lehman, Israel O. 224
Lehmann, Hans Peter 127
Leiserowski, Rabbi Boruch 79, 82
Leitner, Isabella 181
Leitner, Lotka 57 f.
Lenin, Wladimir 33
Lenya, Lotte 132, 140 ff., 146
Lesniewski-Laas, Marek 347
Levi, Hermann 32
Levi, Primo 379, 382 f.
Levi-Strauss, Claude 166
Levine, Harry 205
Levine, Hetty 205
Lichtblau, Offizier 96
Liebenberg, Eva 128
Lienhart, Josef 160, 168
Lipman, Rabbi Eugene 90, 94
List, Emanuel 128
Liszt, Franz 33, 57, 120, 147, 155 f., 323, 352
Littell, Franklin 172, 266
Litzmann, Karl 78
Locke, Hubert 248, 266, 268 f.
Lodes, Gunda, Wahltante des Autors aus der Kindheit 108, 137, 344
Lodes, Hans 108
Lodes, Opa 108
Löw, Emil 39
Lubin, Germaine 58
Lubomirski, Karl 157 f., 160
Luczak, Zbigniew 327, 358 f., 403
Ludendorff, Erich 270
Lueger, Karl 284
Luel, Steven 385
Lulu, Opernfigur Alban Bergs 141
Lunacarskij, Anatolij 33

Maazel, Lorin 125
Mack, Dietrich 126, 129, 137
Mack, Gudrun 127, 151
Maharam (Meir von Rothenburg) 236
Maier, Charles 304
Makart, Hans 39
Manemann, Jürgen 373 f.
Mann, Thomas 212, 311
Mao Tse Tung 198
Marcus, Dr. Jacob Rader 222 ff.
Marcus, Jean (Genia) 198, 204 ff., 241
Marcuse, Herbert 198 f., 308
Mark, Bernard 282
Marx, Karl 21, 117 f., 198
Marzynski, Marian 356 f.
Matiasek, Hellmuth 150, 152
Matzenauer, Margarethe 128
Mayer, Hans 117, 130, 166
McLaughlin, Marion 148
Meier, Christian 20
Meinecke, Friedrich 29
Mendelssohn-Bartholdy, Felix 142
Mendes-Flohr, Paul 28
Mengele, Josef 181, 320, 337 f.
Messerschmidt, Kurt 198, 296
Merz, Oswald 97
Metzger-Lattermann, Ottilie 37, 96, 128, 352
Mewes, Emil-Rudolph 109
Meyer, Henry 369
Meyer, Michael A. 224
Meyer-Lindenberg, Johannes 140, 151 f., 247
Meyer-Oertel, Friedrich 150, 152
Michels, Werner, und Helmut, Jugendfreunde des Autors 109
Mickiewicz, Adam 70
Mitford, Unity 110
Mitscherlich, Alexander 122, 142, 251, 309
Mitscherlich, Margarete 122, 142, 251, 258, 309
Moritz 110
Morrison, Monsignore 190
Mosley, Oswald 110, 118, 124
Mott, Albert 198 ff., 202, 204
Mozart, Wolfgang Amadeus 113
Muggeridge, M. 379
Muir, Charles H. 181
Müssel, Karl 34 f., 38
Mussolini, Benito 44 f., 57, 122, 153, 319

Naor, Yaacov 256
Nechemiah, Isaac 71 f.
Neumann, Angelo 32
Newman, Robert 142
Nichols, Sharon 291
Nietsche, Friedrich 160 f.
Nir, Yehuda 247
Nissen, Thora Auguste Franziska 53, 55
Nolan, Mary 313
Nora, Pierre 302 f.
Novick, Peter 304
Nowak, Stanislaw 365
Nowakowska, Elszbieta 333, 362

Nuer, Claire 335
Nuer, Lara 335
Nutkiewicz, Michael 235

Ohlendorf, Otto 320 f.
Orff, Carl 150
Orphanage, Margate 36
Osiander, Karin 59
Overhoff, Musiklehrer 52, 99, 111
Oz, Amos 375 f.

Padover, Saul 310
Pattenaude,Richard 290
Paul VI., Papst 122
Paulus, Martin 242
Peck, Abby Suzanne 221, 385 f.
Peck, Abraham J. 65, 181, 191, 220, 245, 250, 256, 258, 266, 272, 281, 299, 319, 331, 345
Peck (Pik), geborene Kolton, Anna (Anje) 65, 249, 258, 333
Peck, geborene Marcus, Jean (Genia) 198, 204 ff., 241
Peck, Joel David 230, 348, 386 f.
Peck (Pik), Shalom Wolf 65, 84, 90 f., 249, 258, 326, 342, 373, 378
Pelt, Robert Jan van 367
Perdol, Frantisek 189
Petuchowski, Jacob J. 224, 375
Picker, Henry 42
Pieper, Franciszek 367
Pik, Chaim Leib 72, 77
Pik, Hinda Leah 72, 78
Pik, Matthias 72
Pik, Miriam Bracha (Berkovich) 71 f.
Pik, Rachel 72, 78, 84
Pik, Rivka 72
Pik, Simcha Gershon 72
Pilsudski, Marschall Josef 71, 324
Pinson, Koppel S. 185
Piper, Klaus 137
Pischner, Hans 113
Pitz, Wilhelm 120
Poe, Edgar Allan 22
Pohl, Oswald 320 f.
Pöhner, Konrad 61, 102
Popp, Lehrer 109
Posset, Anton 243, 282
Praetorius, Emil 51, 62, 97, 99, 102
Preminger, Otto 217
Prevaux, Aude Yung de 58
Prevaux, Trolley de 57 f.
Prevot, Blandine De 120
Prevot, Daniela De 120
Price, Arnold H. 203

Rabon, Israel 75
Radford Ruether, Rosemary 230
Raim, Edith 242
Rashi (Reb Shlomo Yitzchak) 236
Rauf, Imam Feisal Abdul 296
Rauschning, Hermann 22
Reichel, Sabine 27, 251 f.
Reinhardt, Max 141, 144
Reisinger, Hans 97, 104
Rexroth, Dieter 129
Riccadonna, Giuliano, Priester 153 f.
Riedts, Heinz 379
Riefenstahl, Leni 322, 351
Riemerschmid, Thomas 242
Rilke, Rainer Maria 377
Rindfleisch, bayrischer Edelmann 174
Ritter, Karl 124
Roesner, Helena 56, 98
Rollwagen, Hans 97
Rosenberg, Alfred 35, 44, 49, 52
Rosenberg, Leibel 234 f.
Rossbach, Gerhard 103
Rössel, Magdalena 349
Rossetti, Antonietta 153 ff., 348, 376 ff., 384
Rossetti, Antonio 153
Rossetti-Wagner, Teresina, Frau des Autors 139, 152 ff., 161 f., 164 f., 170 f., 348, 358, 377 f.
Rossetti-Galli, Francesca 153
Rößle, Evi 322
Rößle, Franz Xaver 241, 282, 320 ff., 349 ff.
Roth, John K. 373
Roth, Joseph 328
Rubinstein, Artur 75, 329, 332
Rudel, Hans Ulrich 122
Rumkowski, Mordechai 82 ff., 86
Rusesabagina, Paul 389
Russel, Bertrand 317

Sachs, Harvey 156
Salomon, Charlotte 235
Salomon, Frank 35
Sandmel, Samuel 220
Sauerbruch, Ernst Ferdinand 115

Schadewaldt, Wolfgang 112
Schaffranek, Fritz 282 f.
Schemm, Hans 38
Schickelgruber, Hitlers Großvater 46
Schiller, Friedrich 23, 213, 342
Schindler, Oskar 365
Schleicher, Kurt von 38, 128
Schlörb-Wenzel, Gertrud 342
Schmidt, Helmut 236
Schmidt, Lieselotte 43
Schmidt, Paul 124
Schnauber, Cornelius 145
Schneider, Karlheinz 238
Schoenberg, Arnold 145
Schoenberg, Ronald 145
Schoenberg, Barbara 145
Schoenerer, Georg von 284
Schoeps, Julius 238
Schoeps, Hans Joachim 238
Scholem (Sholem), Gershom 21, 27, 28
Schorr, Friedrich 37, 128
Schulte, Christoph 19 f.
Schutz, Otto 186
Schweitzer, Albert 113
Sebald, W. S. 313
Segev, Tom 307
Seidl, Arthur 33
Selig, Asher 221
Seyß-Inquart, Arthur 285
Shapiro, Michael 247
Shmueli, Herzl 162 ff., 166
Sicher, Efraim 305, 417
Sichrovsky, Peter 246 f.
Siemens 117
Silbermann, Kurt 234
Silja, Anja 111
Slonimski, Antoni 67
Solinski, Ignacy 72 f., 78, 193, 358
Solinskis Frau 78
Sparer, Malcolm 235, 236, 238
Speer, Albert 124 ff., 133
Spencer, Charles 120, 137, 247
Spencer, Diana 120
Spencer, Germaine 137, 247
Spitzer, Georg 97
Sprankel, Arthur 54
Springorum, Otto 103
Staeger, Ferdinand 46
Stalin, Josef 33, 95, 327
Stassen, Franz 55
Staufenberg, Claus Graf 58
Steininger, Rolf 283 f.
Stegmann, Dirk 217, 413
Steinitz, Hans 234
Stern-Täubler, Selma 223
Strauss, Richard 150
Streicher, Julius 39
Strobel, Gertrud 59, 61, 128 ff.
Strobl, Otto 97
Sundgard, Arnold 146
Susman, Margarete 27
Syberberg, Hans Jürgen 96, 101, 133 ff.
Szyk, Artur 75
Symonette, Lys 144

Taub, Isaiah 72
Taub, Samuel-Elie 73
Thadden, Adolf von 118, 121
Thälmann, Ernst 213
Theiß, Friedrich 63
Thode, Henry 34
Thoma, C. 375
Tietjen, Heinz 49 ff., 55 f., 58, 60, 62, 99, 102
O'Toole, Peter 217
Toscanini, Arturo 48
Tracy, David 230
Troost, Gerdy 101, 111, 118, 122 ff., 131
Troost, Paul Ludwig 118
Tsevat, Mattityahu 224
Tuwim, Julian 74, 329, 356

Uthmann, Jörg von 21 f.

Valentin, Karl 344
Vambery, Paul 144 f.
Varnhagen, Rachel 21
Vielhaber, Erika 52
Vinny und Joe, Peiniger von Peck 188
Voss, Egon 126, 129

Wächtler, Fritz, Gauleiter 63
Wagner, Beatrix 135, 137 f., 148, 151
Wagner, Cosima 31, 33 ff., 40, 57, 61 f., 101, 126, 137, 156, 263, 267, 324, 351
Wagner, Daphne 104
Wagner, Eberhard, Freund des Autors 132, 323 f., 344
Wagner, Ellen 63 f.

Wagner, Eugenio 140, 152 f., 170 ff., 317 ff., 322 ff., 335, 337 f., 340 f., 344 f., 348, 350, 352, 359 f., 368, 370, 381 ff.
Wagner, Eva 34 f., 42, 61 ff., 104 f., 111, 113, 119, 135, 267
Wagner, Friedelind 38, 43, 46 ff., 97 f., 105, 113, 118, 142,144, 147, 150, 154, 157
Wagner, Friedrich 32
Wagner, Gertrud (Frau von Wieland) 59, 97
Wagner, Gottfried 139, 159, 245, 256, 274 ff., 298, 317
Wagner, Gudrun, zweite Frau Wolfgangs 148
Wagner, Iris 104
Wagner, Isolde 35
Wagner, Johanna Rosine 32
Wagner, Katharina, Halbschwester des Autors 151
Wagner, Nike 104, 135
Wagner, Richard 15, 23, 31 ff., 36 ff., 40, 42, 45 f., 55, 57, 96, 100 f., 107, 113, 123, 126, 130 f., 133, 137, 141 f., 143, 145 ff., 150, 160, 168 f., 245, 255, 263 f., 266 ff., 340, 351 f.
Wagner, Siegfried 31, 35 ff., 40, 42 ff., 55, 58, 60, 100, 103, 113
Wagner, Verena 38, 43 f., 52, 57, 59, 62, 96, 163
Wagner, Wieland 15, 31, 38, 42 ff., 56 ff., 96 ff., 113 ff., 126, 129, 131, 133, 135, 168, 264, 335, 352
Wagner, Winifred 15, 31, 36 ff., 42 ff., 56 f., 58, 60 ff., 95 ff., 113 ff., 126, 131, 133 f., 136, 142, 147 f., 156, 256, 264, 269 f., 321, 324, 352
Wagner, Winifred (Cousine von Gotthard) 163
Wagner, Wolfgang 15, 31, 38, 42 ff., 55 ff., 96 ff., 113 ff., 133, 135, 159, 256, 268
Wagner, Wolf-Siegfried 57, 104
Wajs, Piotr 363
Waldheim, Kurt 283
Walser, Martin 312
Walter, Bruno 144, 166
Warburg, Eric 236
Warburg, Lotte 96
Weil, Hermann 128
Weill, Kurt 131 f., 137, 139 ff., 146, 158, 162, 164 f., 247, 268
Weinberg, Mark 282
Weinberg, Werner 224
Welzer, Harald 314
Werfel, Franz 143
Werner, Eric 142 f.
Wesendonck, Mathilde 57
Wessely, Otmar 132
White, John 142
Wieck, Michael 247
Wiesel, Elie 183, 220, 230, 232 f., 250, 382
Wiesenthal, Simon 285
Wild, Oberbürgermeister 151
Wilford, Ronald 149
Willhelm II., Kaiser 206, 267
Willi und Hans, deutsche Soldaten in Linshits während des 1. Weltkriegs 77, 81
Williams, Emily Florence, geb. Karop 36
Williams, John 36
Wise, Isaac Mayer 237
Wistrich, Robert 42
Witt, Peter-Christian 217
Wojtyla, Karel 334, 366
Wolf, Dr. 143
Wolf, Karl 124
Wolf, Werner 130
Wolfe, Thomas 346
Wolzogen, Hans von 32, 43
Wotan und Alberich, Opernfiguren aus Richard Wagners *Der Ring der Nibelungen* 165
Wood, Joseph 290
Würzburger, Dr. Karl 96, 103

Yablonka, Hannah 306
Young, James 305

Zankl 110
Zemlinsky, Alexander von 145
Ziegler, Hans Severus 52, 117 f., 123 f.
Zimmermann, Dominikus 174, 243
Zuckerman, Yitzhak (Antek) 184
Zuckmayer, Karl 144
Zweig, Arnold 124